projeto
Teláris

estudar HISTÓRIA

Daniel Almeida/Arquivo da editora

a liderança de seus grupos, desencadeando ações variadas: lutas, conspirações, etc.

Aqueles que se destacam por sua liderança, posicionamento ou por suas ações podem vir a ser conhecidos como heróis pelas gerações seguintes.

Heróis ou vilões?

Ser considerado herói – ou vilão – de um determinado momento ou acontecimento histórico está muito relacionado à visão que cada grupo social tem da ação dessas pessoas ao longo do tempo. Ou seja, uma pessoa considerada vilã para um grupo social pode ser vista como herói por outro grupo social. Por exemplo: Tiradentes, no século XVIII, foi considerado um traidor pelos governantes portugueses. Já no século XIX, o grupo que implantou a república no Brasil o escolheu como herói. Também Zumbi dos Palmares, assassinado a mando do governo português no século XVII por liderar revoltas contra a escravidão, é hoje um símbolo da luta dos negros pelos seus direitos de cidadão.

Eu também posso ser herói?

Os heróis são figuras simbólicas escolhidas para representar os ideais de um determinado grupo, povo ou nação. Na medida em que nos envolvemos com questões importantes de nosso tempo, como quando tentamos modificar situações consideradas injustas ou prejudiciais à sociedade, também estamos agindo como heróis.

Fique ligado!

Sempre que você ler sobre heróis e vilões na História, tente ficar atento para o fato de que ao lado deles sempre existiu um grande número de indivíduos e grupos sociais que tornaram possível suas ações. Tente entender quem pertencia a esses grupos, suas motivações e ações.

Reflita sempre sobre as razões que fizeram com que algumas pessoas tenham se destacado da multidão e entrado para a História como heróis ou vilões. Essa reflexão ajuda a entender o movimento da História e a perceber a importância das ações individuais e dos grupos no interior dos processos sociais mais amplos.

Nenhuma mudança ou acontecimento ocorre pela ação de um único indivíduo. A participação coletiva e a organização da sociedade são tão decisivas quanto as ações das grandes personalidades. Todos aqueles que se mobilizam por mudanças e lutam por elas são também heróis, ainda que anônimos, da História.

A mudança não é feita por um único indivíduo.

Jarbas Oliveira/Agencia/FSP/Folhapress

Passeata de estudantes cearenses contra fraudes no Enem. Fortaleza, 2011.

NOSSAS MUITAS INTELIGÊNCIAS!

O ser humano tem capacidades variadas. As capacidades verbal e matemática são as mais lembradas, mas há muitas outras, como as habilidades para os esportes ou para a música. Todas igualmente válidas. Ou seja, todos nós temos muitas ***inteligências****. Elas funcionam combinadas e muitas vezes uma, ou mais de uma, se destaca em relação às outras.*
Saiba quais são essas inteligências. Isso vai ajudá-lo a se conhecer melhor e a descobrir suas aptidões.

Ícones e infográfico: Bruno Algarve/Arquivo da editora

INTELIGÊNCIA MUSICAL

Ouvir músicas, tocar instrumentos, interpretar sons e cantar são as aptidões que mais se destacam nesse tipo de inteligência.

INTELIGÊNCIA CORPORAL

Interagir com o mundo por meio do contato manual e corporal, ter habilidade para o esporte, a dança e a construção de objetos são as aptidões que predominam.

INTELIGÊNCIA LÓGICO-MATEMÁTICA

Contar e classificar objetos, criar tabelas e gostar de solucionar problemas complexos são habilidades que se destacam.

INTELIGÊNCIA LINGUÍSTICA

A aptidão para atividades de comunicação centradas no uso da palavra falada ou escrita é própria desse tipo de inteligência.

INTELIGÊNCIA ESPACIAL

Habilidade especial para orientar-se no espaço, usar mapas e visualizar um objeto de um ângulo diferente, como no jogo de xadrez, bem como aptidão para as artes visuais e artes gráficas são características da inteligência espacial.

INTELIGÊNCIA INTERPESSOAL

Perceber mudanças de humor, de motivação e de intenções nas pessoas e ter facilidade de interação com os outros seres humanos são habilidades que sobressaem.

INTELIGÊNCIA INTRAPESSOAL

Habilidade de perceber os aspectos mentais e emocionais das pessoas e aptidão para a autorreflexão e para atividades que requerem escrita ou pesquisa, em projetos individuais e independentes, são características predominantes na inteligência intrapessoal.

Você já parou para pensar no papel dos indivíduos nas transformações e mudanças ocorridas nas sociedades ao longo do tempo? Será que são apenas os grandes personagens que fazem a História?

Os grandes indivíduos fazem a História... ... mas não a fazem sozinhos!

Museu Histórico Nacional do Rio de Janeiro, Rio de Janeiro

Quem são os heróis?

Daniel Almeida/Arquivo da editora

Uma ideia relativamente comum é que as grandes mudanças ocorridas na História aconteceram por causa das ações de indivíduos específicos que tomaram decisões importantes e com isso modificaram a sociedade do seu tempo. De acordo com essa ideia, dom Pedro I seria o responsável pela proclamação da Independência do Brasil, ou Napoleão Bonaparte o responsável por ter construído um grande império para a França. Estudar História, nesse caso, se limitaria a conhecer essas figuras e seus feitos. Essa concepção de que tudo que ocorre na História é provocado pela ação de alguns indivíduos — os grandes heróis — não é mais aceita pela maioria dos estudiosos.

Os historiadores hoje defendem que as rupturas e as permanências ocorridas ao longo do tempo são provocadas por processos mais complexos, como fatos econômicos, políticos e culturais, ou ações realizadas por grupos sociais variados, como a burguesia, o proletariado, os partidos políticos e grupos socialmente excluídos, como indígenas, negros, mulheres, etc.

Daniel Berehulak/Getty Images

Manifestantes na praça Tahrir, no Cairo, em junho de 2012. Após a queda de Hosni Mubarak, eles protestam contra irregularidades na eleição do novo presidente egípcio.

A questão não é simples assim. Por exemplo, a descoberta de ouro no Brasil no século XVII provocou diversas mudanças naquela sociedade, fazendo com que diferentes grupos sociais e políticos se articulassem em busca de seus interesses. Os povos indígenas lutaram contra as invasões de suas terras pelos mineradores; representantes da Coroa portuguesa passaram a exigir maior arrecadação de tributos; mineradores se revoltaram contra o aumento dos impostos. Dentro desse contexto, alguns indivíduos assumiram

O nome do Projeto Teláris se inspira na forma latina telarium, que significa "tecelão", para evocar o entrelaçamento dos saberes na construção do conhecimento.

Use esse QR Code para acessar o *site* exclusivo do Projeto Teláris. Basta fazer o *download* de um leitor de QR Code no seu celular ou *tablet* e posicionar a câmera como se fosse fotografar a imagem acima.

projeto Teláris

Gislane Azevedo
Reinaldo Seriacopi

História 9

Séculos XX e XXI

Gislane Azevedo

- Mestre em História Social pela Pontifícia Universidade Católica de São Paulo (PUC-SP)
- Professora universitária, pesquisadora e ex-professora de História do Ensino Fundamental e Médio nas redes privada e pública

Reinaldo Seriacopi

- Bacharel em Língua Portuguesa pela Universidade de São Paulo (USP) e em Comunicação Social pelo Instituto Metodista de Ensino Superior (IMS-SP)
- Editor especializado na área de História

Coautores da coleção *História em movimento* e do *Projeto Voaz – História* (Editora Ática), para alunos do Ensino Médio

55º Jabuti 2013

editora ática

editora ática

Diretoria de conteúdo e inovação pedagógica
Mário Ghio Júnior
Diretoria editorial
Lidiane Vivaldini Olo
Gerência editorial
Luiz Tonolli
Editoria de Ciências Humanas
Heloisa Pimentel
Edição
Regina Gomes,
Mirna Acras Abed Moraes Imperatore,
Thamirys Gênova da Silva e Mariana Renó Faria (estags.)
Arte
Ricardo de Gan Braga (superv.),
Andréa Dellamagna (coord. de criação),
Katia Kimie Kunimura (editora de arte)
e Casa de Tipos (diagram.)
Revisão
Hélia de Jesus Gonsaga (ger.), Rosângela Muricy (coord.),
Ana Paula Chabaribery Malfa,
Luís Maurício Bôa Nova, Patrícia Travanca e
Brenda Morais (estag.)
Iconografia
Sílvio Kligin (superv.),
Sara Plaça (pesquisa),
Cesar Wolf e Fernanda Crevin (tratamento de imagem)
Ilustrações
Suryara Bernardi
Cartografia
Eric Fuzii, Marcelo Seiji Hirata, Márcio Santos de Souza,
Robson Rosendo da Rocha e Alessandro Passos da Costa

Foto da capa: James Harrison/Shutterstock/Glow Images

Avenida das Nações Unidas, 7221, 3º andar, Setor C
Pinheiros – São Paulo – SP – CEP 05425-902
Tel.: 4003-3061
www.atica.com.br / editora@atica.com.br

Dados Internacionais de Catalogação na Publicação (CIP)
(Câmara Brasileira do Livro, SP, Brasil)

Azevedo, Gislane
Projeto Teláris : história : ensino fundamental 2 / Gislane Azevedo, Reinaldo Seriacopi. – 2. ed. – São Paulo : Ática, 2015. – (Projeto Teláris : história)

Obra em 4 v. para alunos do 6º ao 9 ano. Conteúdo: 6º ano. Da Pré-História à Antiguidade – 7º ano. Idade Média e Idade Moderna – 8º ano. Idade Contemporânea – 9º ano. Séculos XX e XXI.

1. História (Ensino fundamental) I. Seriacopi, Reinaldo. II. Título. III. Série.

15-03001 CDD-372.89

Índice para catálogo sistemático:
1. História : Ensino fundamental 372.89

2017

ISBN 978 85 08 17259 7 (AL)
ISBN 978 85 08 17258 0 (PR)
Cód. da obra CL 738808
CAE 542 443 (AL) / 542 444 (PR)

2ª edição
4ª impressão

Impressão e acabamento
Bercrom Gráfica e Editora

Apresentação

Olhe para seus amigos em sala de aula. Provavelmente você vai observar a presença de pessoas com variados gostos, estilos, feições e crenças.

Alguns, por exemplo, têm olhos escuros, outros claros; uns cabelos lisos, outros encaracolados. É provável que também haja pessoas com diferentes crenças religiosas e mesmo aqueles que não professam nenhuma religião. Em geral tem gente que adora rock e outros que gostam de *rap*, música sertaneja ou regional. Há ainda os que curtem futebol e os que nem querem ouvir falar do esporte. É muita diferença, não é mesmo?

Se pensar bem, não é só na sala de aula que você encontra tanta diversidade de gostos, crenças, etc. Nossa cidade, nosso país e o mundo inteiro são formados por pessoas e povos bastante variados.

Mas como será que surgiram tantas diferenças? De modo geral essa diversidade é resultado da vivência que as pessoas ou povos tiveram nos variados lugares do planeta ao longo do tempo. Ou seja, a diversidade está relacionada à história dos povos e grupos humanos.

Como você pode perceber, o **estudo da História** é fundamental para entendermos o mundo em que vivemos.

Esta coleção tem entre seus objetivos ajudar você a conhecer a história dos grupos humanos que compõem nosso país, assim como a história de outras sociedades e povos que viveram em outras épocas, nas mais diferentes regiões do planeta.

Acreditamos que esse conhecimento é o primeiro passo para cultivarmos o respeito pelos outros e assim transformar nosso mundo em um lugar onde todos possam viver felizes — mesmo com nossas diferenças!

Um grande abraço,

Os autores

Conheça seu livro de História

① Abertura de Unidade

Apresenta uma imagem em página inteira e um pequeno texto de introdução ao conceito da Unidade. Cada volume tem quatro Unidades.

Cada Unidade é identificada por um **ícone amarelo**, que se repete em **azul** nas páginas ímpares. Os ícones ajudam a localizar a Unidade e o capítulo com mais facilidade.

Ponto de partida

Esta seção traz questões que ajudam você a refletir sobre o conceito que será trabalhado na Unidade.

Continuação da abertura

Esta dupla de páginas amplia, com textos e imagens, a discussão prévia dos conceitos da Unidade.

② Abertura de capítulo

Todos os capítulos começam com uma ou duas imagens e textos que tratam de assuntos do presente. Assim, você perceberá que a História tem tudo a ver com o dia a dia de todos nós.

Glossário

Os termos e conceitos destacados no texto em **laranja** remetem ao glossário na lateral da página, que apresenta sua definição.

③ Seções

Ao longo dos capítulos, você encontra várias seções como:

Você sabia? – pequeno texto que desenvolve um aspecto do texto principal;

Passado presente – reforça a relação entre as questões do passado e do presente;

As palavras têm história – associa uma palavra do texto ao contexto histórico em que surgiu ou apresenta palavras que mudaram de sentido ao longo do tempo;

Enquanto isso... – aparece no final do capítulo e mostra outros acontecimentos históricos que ocorreram na mesma época tratada no capítulo.

Imagem condutora

Todas as vezes que você vir uma imagem com moldura **vermelha**, fique atento. Ela será analisada em detalhes nas páginas seguintes.

④ Raio X

Seção especial para a análise de variados tipos de documentos históricos.

Esta coleção traz aspectos da história do Brasil e do mundo narrados em linguagem atraente, sempre relacionando o passado com o presente. Imagens diversas servem de ponto de partida para a apresentação dos assuntos. As atividades auxiliam você a fixar o conteúdo estudado e estimulam a reflexão sobre seu cotidiano.

5

6
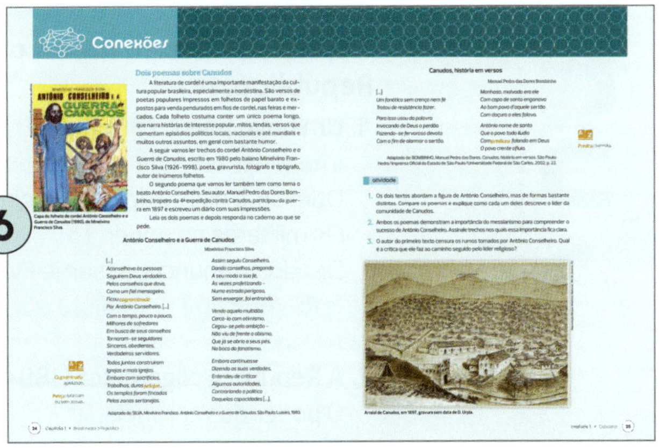

7 8 9
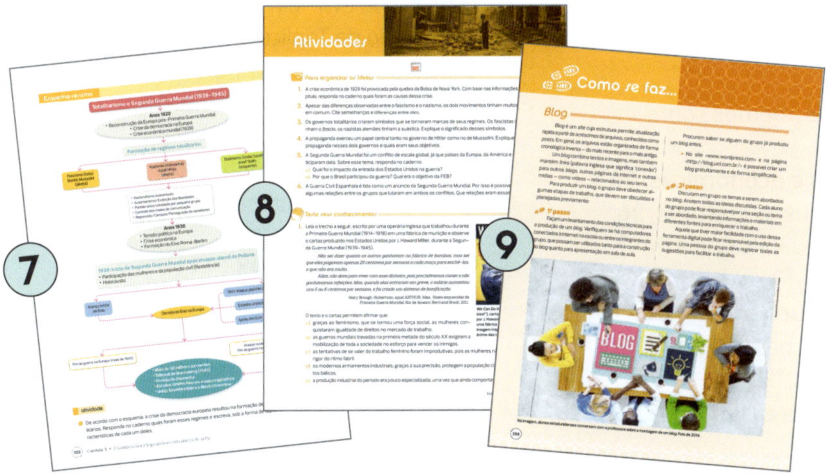

Ponto de chegada

Esta seção encerra a Unidade e traz dois ou mais documentos históricos para você discutir e refletir sobre o assunto estudado.

⑤ Olho vivo

Seção que traz imagens de diversas épocas e lugares. Por meio da observação e leitura, você perceberá que as imagens são documentos históricos que representam interesses e visões de mundo de pessoas e de grupos sociais.

⑥ Conexões

Seção que trabalha a interdisciplinaridade, mostrando que a História dialoga com as outras disciplinas.

⑦ Esquema-resumo

Encerra os capítulos com uma síntese dos assuntos trabalhados.

⑧ Atividades

No final dos capítulos você vai encontrar atividades variadas, como:

Para organizar as ideias – exercícios de compreensão de texto.

Teste seus conhecimentos – questões objetivas em formato de testes de vestibular.

Diálogos – reflexões sobre a sua comunidade e a História.

Interpretando documentos – análise de diferentes tipos de documentos históricos.

Nosso mundo hoje – textos jornalísticos sobre questões atuais.

Hora de refletir – relações entre o conceito do capítulo e o tema da Unidade.

Minha biblioteca – indicação de leituras complementares.

Mundo virtual – indicação de *sites* para pesquisa.

⑨ Como se faz...

Esta seção contribui para o seu desenvolvimento escolar. Por meio dela, você vai receber orientações para fazer fichamentos, entrevistas, pesquisas, resumos, entre outras tarefas.

CONTEÚDO DIGITAL

Este ícone indica que há conteúdo digital disponível em: www.projetotelaris.com.br

Sumário

Unidade 1 Cidadania

Georges Méliès/Album/Latinstock

Sumário

Unidade 2 Violência

Acervo UH/Folhapress

Sumário

Unidade 3 Liberdade

Popperfoto/Getty Images

Sumário

Unidade 4 Consumismo

Tarso Sarraf/Agif/Folhapress

Unidade 1

Peter Turnley/Corbis/Latinstock

Na foto de 1989, cidadãos da antiga Tchecoslováquia se manifestam, em Praga, durante o movimento popular que culminou com a deposição do governo.

Cidadania

Na Grécia antiga, os homens livres tomavam as decisões na ágora (a praça das assembleias). Na América do Norte, Thomas Jefferson (1743-1826) proclamava que "todos os homens nasceram iguais". Na França do século XVIII, a voz do povo gritava: "às armas, às armas, cidadãos!".
A cidadania é uma conquista do ser humano. Ao longo da História, o conceito de cidadania foi ampliado por lutas e conflitos, passando a reunir uma série de valores sociais que determinam o conjunto de direitos e deveres de um cidadão.

Ponto de partida

1. Em sua opinião, de que forma as pessoas em sua cidade exercem a cidadania?
2. Como você e seu grupo de amigos podem exercer o papel de cidadãos?

Os direitos e deveres de todos nós

Você sabia que tem direitos garantidos pelo Estatuto da Criança e do Adolescente? Direito de ter um lar e de ser criado e educado pela família; direito de aprender e, portanto, de frequentar a escola, de brincar, de se divertir; direito de ser protegido contra todo tipo de violência; e muitos outros direitos.

Mas você também tem deveres. Deve tratar bem as pessoas, estudar, ir à escola, respeitar seus pais, professores e colegas, deve ser tolerante com pessoas diferentes de você, deve ajudar a preservar o meio ambiente, e assim por diante.

Direitos e deveres são duas faces da cidadania, ou seja, da condição de ser cidadão. Ser cidadão é isto: ter direito à vida, à liberdade, à igualdade perante a lei, à educação, ao trabalho, à saúde, etc. É poder participar de movimentos sociais, associações de bairro, sindica-

Marcha da Consciência Negra no centro de Porto Alegre (RS), em 20 de novembro de 2013, organizada pelas lideranças do Movimento Negro gaúcho em defesa de uma sociedade sem preconceito, racismo ou qualquer forma de discriminação.

Cau Guebo/Futura Press

Trinta casais homossexuais participam de casamento gay coletivo no Parque da Liberdade, no centro da cidade de Fortaleza (CE), em 7 de junho de 2014. O casamento foi aprovado pela Câmara Municipal em maio do mesmo ano e o evento foi organizado pela Coordenadoria de Políticas para a Diversidade Sexual da Secretaria de Cidadania e Direitos Humanos (SCDH) da Prefeitura de Fortaleza.

tos e partidos políticos. Enfim, a cidadania está intimamente ligada à liberdade de expressão e de organização. Mas ser cidadão é também ter deveres, respeitar as leis e os direitos alheios, preservar os bens públicos, o meio ambiente, entre outras obrigações.

Esses direitos e a própria ideia de cidadania não existiram sempre, em todas as épocas. Eles são, na verdade, uma conquista de muitas lutas ao longo do tempo e que se consolidaram após o Iluminismo, principalmente com a Revolução Francesa e com o movimento de independência dos Estados Unidos. No Brasil, os direitos humanos começaram a se afirmar e ampliar com a abolição da escravidão, em 1888, e a Proclamação da República, no ano seguinte.

Nesta Unidade estudaremos como a cidadania foi exercida nos anos iniciais da República no Brasil.

Jarbas Oliveira/Futura Press

Luciano Freire/Futura Press

Protesto de indígenas e de integrantes do Movimento dos Trabalhadores Sem-Teto (MTST) contra a Copa do Mundo, em Brasília (DF), em 27 de maio de 2014.

Capítulo

1 Brasil: nasce a República

Certamente, você já assistiu a jogos da seleção brasileira de futebol, vôlei, basquete ou outro esporte. Reparou que antes das partidas são cantados os hinos nacionais do Brasil e do país adversário? E que muitos torcedores brasileiros usam nas roupas ou pintadas no rosto as cores da bandeira do Brasil? Já pensou na razão para isso?

O hino nacional e a bandeira são símbolos importantes de uma nação. Representam o país em eventos e competições internacionais. E contribuem para criar sentimentos de identidade entre as pessoas e o país do qual fazem parte.

Bandeiras e hinos não são os únicos símbolos de um país. Existem muitos outros, como monumentos, pinturas, canções, livros, histórias, heróis, entre outros. Nenhum símbolo, porém, dura para sempre. Uma transformação social ou uma mudança na forma de governo podem provocar a criação de **novos símbolos** para representar a **ruptura** com o passado.

No caso do Brasil, isso fica muito claro na passagem da Monarquia para a República, em 1889. Com a implantação da forma republicana de governo, ocorreu um forte movimento de elaboração de novos símbolos nacionais.

Execução do Hino Nacional durante a abertura de um dos maiores encontros de motociclistas do país, realizado entre os dias 27 e 29 de abril de 2012 no Parque do Peão em Barretos (SP).

Guilherme Soares/Futura Press

As pessoas que promoveram o movimento republicano queriam mostrar que não só o governo mudava, mas que a própria sociedade se tornava algo diferente do que existia antes. Uma das expressões dessa intenção foi a criação de uma nova bandeira para o Brasil. Com ela, saía de cena o símbolo do Brasil Império e inaugurava-se o símbolo do Brasil República.

Neste capítulo, estudaremos as mudanças ocorridas com a ruptura de 1889, mas também veremos que muita coisa permaneceu inalterada na sociedade, apesar da substituição da Monarquia pela forma republicana de governo.

1 Um novo país?

CONTEÚDO DIGITAL

Um novo país estava nascendo. Isso era o que muitas pessoas pensavam em 1889, quando, depois de 67 anos, a Monarquia chegou ao fim no Brasil e foi substituída pela República. Seria de fato um novo país?

A mudança de regime marcava o início de um **período de transição** na sociedade brasileira. O país – que ficara livre da escravidão pouco mais de um ano antes – experimentava agora outras novidades: passaria a viver sob novas leis (uma Constituição republicana seria aprovada em 1891) e poderia escolher seus governantes por meio de eleições.

Essas transformações envolviam não só a criação de um novo governo mas também a adoção de **símbolos** que representassem a **grande mudança política**. Um deles seria uma nova bandeira, para substituir a da Monarquia.

Além da bandeira, outros símbolos – como monumentos, quadros, esculturas, hinos – seriam criados com o intuito de representar o nascimento da nova nação. Todo esse esforço tinha por objetivo convencer as pessoas de que a República começava a superar as antigas estruturas sociais, políticas e econômicas que haviam caracterizado o Império. (Veja a seguir o boxe *Imagens: verdade ou representação?*.)

Imagens: verdade ou representação?

A produção de imagens foi uma das primeiras formas que o ser humano encontrou para registrar e compartilhar seus conhecimentos, crenças e emoções. Milhares de anos antes de inventar a escrita, os grupos humanos já se expressavam por meio de inscrições e pinturas nas rochas e em paredes de cavernas.

Pode ser que você nunca tenha pensado nisso, mas uma imagem – pintura, ou mesmo fotografia – não é um registro fiel da 'verdade'. Ou seja, ela não mostra algo como 'realmente aconteceu'.

Ao ler uma imagem precisamos ter preocupações semelhantes às que temos ao ler um texto: qual é a ideia central do autor da imagem? O que o autor quer informar? Por que a imagem foi produzida? Com que intenção?.

Podemos dizer, portanto, que as imagens são **representações** de uma realidade, de uma cena, de uma pessoa, de um momento histórico. Por trás de sua produção há interesses, mensagens que se deseja passar, aspectos que se deseja destacar ou esconder.

Ao longo desta coleção você trabalhou com várias atividades baseadas em imagens. Em alguns desses exercícios uma imagem principal foi utilizada para conduzir boa parte do capítulo. Em outros casos, você foi convidado a analisar o significado das imagens. Por meio desses exercícios você com certeza percebeu que as imagens, juntamente a outras evidências, podem ser um excelente recurso para nos auxiliar na compreensão das sociedades e de sua história.

Entretanto, apesar do otimismo de muitas pessoas, a mudança de regime não significou o fim das desigualdades sociais e étnicas que marcavam a sociedade brasileira nos tempos do Império. Houve **mudanças**, sim, mas houve também **permanências**.

Vejamos primeiro as mudanças. Para melhor compreendê-las, observe a imagem a seguir.

Otimismo diante do novo regime

A imagem abaixo reproduz uma tela intitulada *A pátria*, pintada pelo artista fluminense Pedro Bruno em 1919. Ou seja, a pintura foi feita trinta anos depois da Proclamação da República, que ocorreu em 1889. O quadro representa um grupo de mulheres que costuram uma grande bandeira. Também estão representadas algumas crianças.

imagem condutora

Fotos: Pedro Bruno/Museu da República, RJ.

A Pátria (1919), óleo sobre tela, de Pedro Bruno, representando o nascimento de uma nova nação após a Proclamação da República. O quadro está exposto no Salão Ministerial do Museu da República, no Palácio do Catete, Rio de Janeiro (RJ).

Detalhe da tela *A Pátria*, representando as filhas do militar Benjamin Constant.

Quem são as personagens da cena? Por que foram escolhidas? Elas representam a esposa e as filhas de Benjamin Constant, militar que teve papel destacado no processo de Proclamação da República.

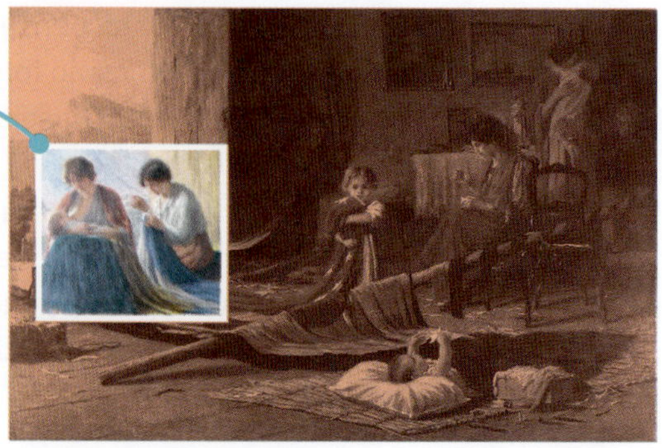

A escolha dessas personagens está diretamente relacionada ao tema do quadro. A confecção da bandeira é, na verdade, uma **alegoria** do nascimento da nova nação. Como se a bandeira representasse a República nascendo cheia de otimismo. A imagem de crianças, entre elas um bebê coberto pela bandeira (veja o detalhe abaixo), reforça o sentimento de esperança positiva em relação ao futuro da nação.

A Z

Alegoria: obra de pintura ou escultura que representa uma ideia abstrata por meio de formas ou figuras. Neste caso, a costura da bandeira representa a criação de um novo país.

O bebê representado na tela *A Pátria* é uma alegoria do novo Brasil que nascia com a implantação da República.

Para enfatizar a força alegórica da cena, o pintor introduziu um "herói" do passado que representaria o **ideal republicano** na história do Brasil. Para isso, o artista utilizou um recurso muito sutil: pintou alguns quadros dentro de sua própria tela. Um deles, pendurado na parede ao fundo, representa Tiradentes. Observe o detalhe abaixo.

Tiradentes, escolhido pelo novo regime como herói da pátria, também foi representado na tela de Pedro Bruno. Sua imagem aparece representada em um quadro no fundo da sala.

Fotos: Pedro Bruno/Museu da República, RJ.

Tiradentes foi um dos participantes da Inconfidência Mineira, em 1789. Nos primeiros anos da República, políticos, artistas e intelectuais o escolheram como o grande herói brasileiro, pois Tiradentes foi condenado à morte e enforcado em 1792 por ter participado de um movimento de oposição à Monarquia. Para muitas pessoas, **Tiradentes simbolizava a liberdade e a justiça** que seriam alcançadas com o regime republicano.

Outra referência importante do quadro diz respeito à **participação da elite** na instauração da República. Foram principalmente os militares, intelectuais e políticos que derrubaram a monarquia e instituíram o novo regime. A opção pela representação da família de Benjamin Constant, portanto, é uma forma de reforçar a ideia de que a República foi obra de um grupo da elite. As camadas baixas da população, que praticamente não participaram do movimento, estão ausentes da pintura de Pedro Bruno.

A presença da elite pode ser observada em outro detalhe do quadro. Na parede do fundo, além de Tiradentes, outra personagem é representada também em uma pequena tela: o marechal Deodoro da Fonseca (veja o detalhe). Ele foi um dos militares que lideraram o movimento de 15 de novembro de 1889 e tornou-se o primeiro presidente da jovem República.

Fotos: Pedro Bruno/Museu da República, RJ.

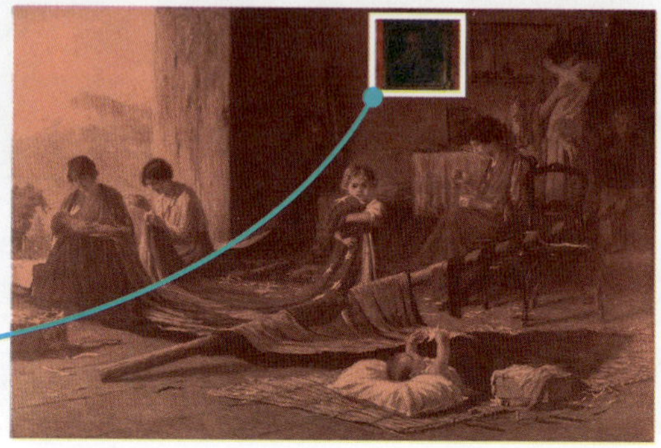

Assim como Tiradentes, o marechal Deodoro da Fonseca, primeiro presidente do Brasil, também foi representado na tela de Pedro Bruno em um quadro no fundo da sala.

Os militares no poder

Os primeiros anos do novo regime foram marcados pela grande participação de militares nas decisões políticas. Isso ocorreu, em parte, em razão do papel desempenhado por integrantes das Forças Armadas na derrubada da Monarquia. Assim, logo após a Proclamação da República, foi constituído o Governo Provisório, presidido pelo marechal Deodoro da Fonseca. Esse governo dirigiu o país até fevereiro de 1891, quando o Congresso Nacional elegeu indiretamente Deodoro da Fonseca para a Presidência da República e o marechal Floriano Peixoto para a vice-Presidência.

Durante o governo do marechal Deodoro da Fonseca o Poder Legislativo elaborou a **primeira Constituição republicana**, promulgada em 1891. A nova Carta, que substituiu a Constituição do Império, em vigor desde 1824, não só definiu a forma de governo como **presidencialista** como estabeleceu a divisão do poder do Estado entre os poderes Executivo, Legislativo e Judiciário, em vigor até os dias de hoje.

A Z

Presidencialista: nessa forma de governo republicano, o presidente da República é o chefe do Estado e do governo. Ele nomeia seus ministros e exerce o Poder Executivo. Outra forma de governo republicano é a parlamentarista. Nesse caso, o chefe do governo é um primeiro-ministro nomeado pelo Parlamento (Poder Legislativo).

Uma das novidades da nova Carta foi a **separação entre o Estado e a Igreja**. A partir de então não existiria mais uma religião oficial, seria garantida **liberdade religiosa** e a Igreja deixaria de ter influência nas decisões do Estado, como havia ocorrido durante o Império. Entretanto, permaneceu no Brasil a forte presença do catolicismo, que foi representada na pintura de Pedro Bruno pela imagem de Nossa Senhora, mãe de Jesus, que aparece sobre a mesa ao fundo, logo abaixo do quadro retratando Tiradentes (veja detalhe a seguir).

Fotos: Pedro Bruno/Museu da República, RJ.

A representação da imagem de Nossa Senhora na tela de Pedro Bruno evidencia a forte presença da religião católica na sociedade brasileira.

Deodoro renuncia, assume Floriano

O mandato do marechal Deodoro deveria terminar em 1894, mas seu governo terminou antes, em razão de uma série de problemas. Por exemplo: a política econômica adotada com o objetivo de aumentar o dinheiro em circulação no país levou o Brasil a uma profunda crise econômica e financeira, provocando a falência de vários bancos. Ao mesmo tempo, deputados e senadores começaram a aprovar leis que limitavam o poder do presidente. Insatisfeito com essas restrições, Deodoro adotou medidas autoritárias: fechou o Congresso e decretou estado de sítio. A reação a essas medidas foi forte: pouco depois, sem apoio do Exército, o marechal Deodoro renunciou à presidência em novembro de 1891.

O marechal Floriano Peixoto assumiu a presidência e também enfrentou graves problemas. Seu governo foi marcado por duas grandes revoltas, uma na atual região Sul do país e outra no Rio de Janeiro, como mostra o boxe a seguir.

A Revolução Federalista e a Revolta da Armada

No Rio Grande do Sul irrompeu, em 1893, a Revolução Federalista. O objetivo dos revoltosos era tirar do poder o presidente do Estado (correspondente ao atual cargo de governador), aliado político de Floriano Peixoto. Conhecidos como *federalistas* ou *maragatos*, os revoltosos queriam a adoção do parlamentarismo, em lugar do presidencialismo estabelecido pela Constituição.

A Revolução Federalista gerou uma verdadeira guerra civil no Rio Grande do Sul, opondo *federalistas* e *pica-paus* (defensores do governo). O conflito estendeu-se para os estados de Santa Catarina e Paraná, terminando em 1895 com a vitória dos pica-paus. Estima-se que cerca de 12 mil pessoas tenham morrido durante o conflito.

Suas consequências foram sentidas na então capital do país, a cidade do Rio de Janeiro, onde irrompeu, no mesmo ano de 1893, a Revolta da Armada, um movimento organizado por oficiais da Marinha e alguns marinheiros. Amparados na Constituição, os revoltosos exigiam a saída de Floriano Peixoto da presidência e a eleição de um novo presidente, alegando que o mandato de Floriano era inconstitucional.

Isso porque a Constituição de 1891 previa que caso um presidente não completasse ao menos metade de seu mandato, seu sucessor deveria ser escolhido por meio de novas eleições. De fato, entre a eleição indireta de Deodoro da Fonseca, em fevereiro de 1891, e sua renúncia, em novembro do mesmo ano, passaram-se nove meses e não os dois anos mínimos, exigidos por lei.

Em setembro de 1893, os revoltosos tomaram alguns barcos atracados na baía de Guanabara e passaram a bombardear a cidade do Rio de Janeiro, exigindo a renúncia de Floriano Peixoto. O movimento, contudo, sofreu uma contraofensiva do governo e, em abril de 1894, a Revolta da Armada já havia sido sufocada.

Apesar da crise, o marechal cumpriu seu mandato até o final. Nas eleições presidenciais de 1894 foi sucedido por Prudente de Morais, um representante das elites paulistas. Veja a seguir a linha do tempo do Período Republicano, que estudaremos neste volume.

Henrique Bernardelli/Museu da República, Rio de Janeiro

Marechal Deodoro proclama a República.

Acervo CPDOC/FGV

Bustos de Getúlio Vargas retirados das ruas após a queda de seu governo (out. 1945).

Wilson Pedrosa/Agência Estado

Fernando Collor deixa o governo.

Período republicano — Hoje

1889 Proclamação da República (15 de novembro)

1930 Revolução de 1930

1945 Queda de Getúlio Vargas

1964 Golpe militar

1985 Eleição de Tancredo Neves

1992 *Impeachment* de Fernando Collor

2010 Eleição de Dilma Rousseff

2014

Acervo Iconographia/ Reminiscências

Gaúchos diante do obelisco da Avenida Central no Rio de Janeiro (RJ) em outubro de 1930.

Agência JB/Arquivo da editora

Tanques diante do Congresso Nacional.

Wilton Júnior/Agência Estado

Dilma Rousseff, a primeira mulher eleita presidente do Brasil.

2 A República oligárquica (1894-1930)

No início deste capítulo, abordamos as mudanças ocorridas no Brasil com a queda da Monarquia e a instauração da República; mas acrescentamos que a mudança de regime não significou o fim das **desigualdades sociais e étnicas** observadas na sociedade brasileira desde os tempos do Império. Essas desigualdades foram intencionalmente deixadas de fora na pintura de Pedro Bruno, mais preocupado em salientar os desejos dos grupos dominantes.

É necessário sempre levar em conta essa aparente contradição: nos processos históricos convivem **mudanças** e **permanências**. A passagem da Monarquia para a República no Brasil é um exemplo disso.

De fato, o regime político mudou em sua esfera mais alta, ou seja, o governante deixou de ser um imperador para ser um presidente eleito. Mas o que ocorria na base e na estrutura da pirâmide do poder?

Em primeiro lugar, a **exclusão** da maioria da população não sofreu grandes alterações. Os chefes políticos locais, chamados de **coronéis** e apoiados pelos grandes proprietários rurais, também não mudaram. Esses chefes eram os mesmos que controlavam a vida no interior do país nos tempos do Império.

A Z

Coronéis: chefes políticos do interior que exerciam enorme poder sobre o eleitorado, durante a primeira fase da República. Geralmente, os coronéis eram grandes proprietários de terras.

O poder dos coronéis

Os coronéis do interior estavam na base de um **sistema político** caracterizado pelos especialistas como **oligárquico**. Vejamos mais de perto o que é isso.

Um governo oligárquico é aquele em que o poder está nas mãos de um **pequeno grupo de pessoas** e a maioria da população é excluída das decisões políticas. Essa característica marcou as primeiras décadas da República brasileira.

Hugo Leal/Biblioteca Municipal Mario de Andrade, SP

O político gaúcho Pinheiro Machado é representado nesta caricatura de Hugo Leal, feita em 1911, como o símbolo do desrespeito das oligarquias à Constituição e aos interesses do povo.

Os coronéis controlavam a política nas suas regiões. Garantiam seu **poder local** por meio de alianças com políticos estaduais e nacionais. Para isso, obrigavam a população de suas regiões a votar nesses políticos. Em troca, recebiam deles certos favores, como a aprovação de verbas para uma ou outra melhoria em suas regiões.

O poder dos coronéis dependia diretamente de sua capacidade de mobilizar **jagunços** para intimidar a população e manter o controle das eleições.

O **voto aberto** facilitava o controle do eleitorado pelos coronéis. Estes podiam intimidar os eleitores com ameaças e ações violentas. Para isso, lançavam mão de seus jagunços. Podiam também comprar o voto do eleitor em troca de diversos tipos de favores (veja o boxe a seguir).

A Z

Jagunço: homem armado a serviço dos grandes proprietários de terras. Seus serviços eram utilizados nos conflitos entre coronéis ou entre grandes proprietários e trabalhadores com pouca ou nenhuma terra.

Eleições fraudulentas

A Constituição de 1891 promoveu grandes alterações no sistema eleitoral. Durante o Império, as eleições eram censitárias, ou seja, só podia votar quem possuísse certa renda. A nova Constituição excluiu esse critério.

Entretanto, isso não significou uma grande ampliação da participação política, pois a nova lei proibia o voto aos analfabetos, mendigos, soldados e membros de ordens religiosas. Além disso, também excluía as mulheres.

Como mais de 80% da população era analfabeta, a grande maioria estava impedida de votar. Com tantas pessoas excluídas, nas eleições presidenciais de 1894, apenas 1,3% da população votou. Dessa forma, nesse período o presidente era o candidato das **elites**.

O problema não era apenas a exclusão. Além de limitadas, as eleições eram marcadas por fraudes e pelo uso da violência. As fraudes eram facilitadas pelo fato de o voto não ser secreto. Não havia urnas indevassáveis, nas quais o eleitor pudesse votar sem ser visto. As pessoas eram obrigadas a marcar seu voto diante dos **mesários**, muitos dos quais obedeciam às ordens dos chefes políticos locais.

J. Carlos/Revista *Careta*, 1910/Fundação Biblioteca Nacional, Rio de Janeiro, RJ.

Charge de J. Carlos publicada no Rio de Janeiro (RJ), na revista *Careta* n. 97, de 9 abr. 1910.

A Z

Elite: o termo elite, no singular, ou elites, no plural, designa os grupos mais ricos e/ou influentes da sociedade. No Brasil do final do século XIX, esses grupos eram formados principalmente por grandes proprietários de terras, banqueiros e grandes comerciantes. Originalmente, porém, elite significa o que há de melhor em uma sociedade.

Mesário: pessoa que faz parte de uma mesa eleitoral.

Em certos casos, alguns jagunços se afastaram dos coronéis e passaram a agir por conta própria. Atuavam em bandos armados, especialmente nos sertões nordestinos. Havia também outros grupos armados, formados por pessoas em conflito com os grandes fazendeiros. Esses bandos levavam vida nômade e seus integrantes eram conhecidos como **cangaceiros** (veja o boxe a seguir).

O cangaço

Os cangaceiros viviam de pequenos assaltos. Ameaçavam os grandes fazendeiros e as cidades do sertão nordestino. Às vezes, alguns deles agiam a serviço dos grandes proprietários. Os cangaceiros atuaram entre meados do século XIX e as quatro primeiras décadas do século seguinte.

Apesar dos roubos, esses homens e mulheres eram vistos muitas vezes, pelas populações rurais mais pobres, como uma espécie de **justiceiros** e de **protetores do povo**.

O mais famoso de todos os cangaceiros foi Virgulino Ferreira da Silva (1900-1938), conhecido pelo apelido de **Lampião**. Com seu bando, Lampião realizou assaltos em diversos estados do Nordeste. Foi morto pela polícia em 1938, quando sofreu uma emboscada em Sergipe.

J. Borges/Acervo do artista

Lampião e Maria Bonita [s.d.], xilogravura de J. Borges.

A política dos governadores

Durante o governo de Campos Salles (1898-1902) foi estabelecida a **política dos governadores**. Por esse acordo, os governos estaduais se comprometiam a apoiar o governo federal por meio de seus deputados e senadores no Congresso Nacional. Comprometiam-se também a assegurar apenas a eleição de candidatos favoráveis ao governo central.

Storni/*O Filhote*, 1910/Fundação Casa de Rui Barbosa, Rio de Janeiro, RJ.

Charge de Bluff (pseudônimo do desenhista Storni) publicada no Rio de Janeiro (RJ), no jornal *O Filhote* n. 22, em 10 fev. 1910.

Em troca, o governo federal assumia o compromisso de apoiar os grupos dominantes nos estados e a respeitar sua autonomia e a dos municípios, controlados pelos coronéis.

Essas práticas dificultavam enormemente a atuação de forças de oposição e afastavam ainda mais a população das decisões políticas. Os **grandes proprietários** e outros grupos economicamente importantes dos estados de São Paulo, Minas Gerais, Rio de Janeiro, Rio Grande do Sul, Bahia e Pernambuco foram os que mais se beneficiaram com o controle oligárquico da vida política.

A ideia de que apenas uma **pequena elite** deveria comandar a República foi garantida por meio da **exclusão** de grande parte da população das decisões políticas. Além disso, como veremos a seguir, quando movimentos populares ameaçaram seu controle, as elites não hesitaram em usar a força militar para manter-se no poder.

3 Guerra no campo: Canudos e Contestado

Nos primeiros tempos republicanos, ocorreram **revoltas** e **contestações populares** que ameaçaram o controle político dos grupos oligárquicos. Suas motivações eram variadas, mas havia certas características comuns a todas essas revoltas: a pobreza e a exclusão política da população.

Havia grandes desigualdades sociais no campo. Um pequeno grupo de grandes proprietários era dono da maior parte das terras, enquanto a maioria da população rural tinha pouca ou nenhuma terra. Essa era uma herança dos tempos coloniais e do Império. As mudanças verificadas com a passagem da Monarquia para a República não alteraram essa situação.

O controle dos coronéis, a **concentração das terras** nas mãos de poucos e a dificuldade de encontrar trabalho provocavam miséria e insatisfação. A fome era comum em muitas regiões do país. Essas condições provocaram a formação de movimentos de contestação e de revolta da população rural.

A religiosidade popular desempenhou papel de grande importância em várias dessas revoltas. As dificuldades e a fome estimulavam o apelo à ajuda divina. Assim, quando aparecia no interior alguém que se dizia santo ou milagreiro, milhares de pessoas desesperadas e sem esperança de ajuda do governo começavam a segui-lo.

Esse tipo de movimento é conhecido como **messianismo**. Movimentos messiânicos ocorreram no Brasil em diversas épocas e regiões. Os mais conhecidos são os de **Canudos** e do **Contestado**.

Canudos foi uma comunidade criada no interior da Bahia por volta de 1893, sob a liderança de Antônio Conselheiro, homem considerado santo por seus seguidores (veja a seção *Conexões* a seguir). Já o movimento do Contestado (1912-1916) ocorreu em uma região entre os estados do Paraná e de Santa Catarina. Da mesma forma que em Canudos, a pobreza e a religiosidade popular criaram nessa região as condições para a formação de uma comunidade liderada por pessoas místicas, consideradas milagreiras.

Ambas as comunidades começaram a atrair pessoas de muitas regiões, na maioria pobres, e isso ameaçava o controle político dos coronéis.

Convocadas pelo governo, as Forças Armadas foram mobilizadas para sufocar os dois movimentos. Em Canudos, para onde foram enviados 8 mil soldados do Exército, o conflito se transformou numa verdadeira guerra. Cerca de 30 mil sertanejos foram mortos até 1897, quando Canudos foi totalmente arrasada (veja a seção *As palavras têm história*). Já no Contestado, as forças do governo mataram mais de 20 mil pessoas, incluindo mulheres, crianças e idosos.

A Z

Messianismo: crença na vinda de um salvador, um messias, enviado por Deus para libertar da miséria e do sofrimento um povo ou um grupo social oprimido.

Leia o livro *Os sertões*: a luta, de Euclides da Cunha, adaptação de Carlos Ferreira, Desiderata.

Claro Gustavo Jansson/Arquivo da editora

João Maria de Agostinho, líder do movimento do Contestado, chamado de monge e profeta por seus seguidores, em fotografia da época.

As palavras têm história

Favela

Favela ou faveleiro é um arbusto típico do sertão nordestino. O nome dessa planta chegou a batizar um morro nas proximidades do local onde se formou a comunidade de Canudos.

Após o conflito, muitos soldados que combateram Canudos voltaram ao Rio de Janeiro. O governo havia prometido casas aos soldados vitoriosos. Porém, a promessa não foi cumprida e eles improvisaram suas moradias no Morro da Providência. A partir de então, por recordação da campanha ou por semelhança com o morro baiano, passaram a chamar o morro da Providência de Morro da Favela. Com o tempo, a palavra *favela* começou a ser usada para designar as habitações pobres de outros morros cariocas.

Conexões

Dois poemas sobre Canudos

Minelvino Francisco Silva/Arquivo da editora

Capa do folheto de cordel *Antônio Conselheiro e a Guerra de Canudos* (1980), de Minelvino Francisco Silva.

A literatura de cordel é uma importante manifestação da cultura popular brasileira, especialmente a nordestina. São versos de poetas populares impressos em folhetos de papel barato e expostos para venda pendurados em fios de cordel, nas feiras e mercados. Cada folheto costuma conter um único poema longo, que narra histórias de interesse popular, mitos, lendas, versos que comentam episódios políticos locais, nacionais e até mundiais e muitos outros assuntos, em geral com bastante humor.

A seguir vamos ler trechos do cordel *Antônio Conselheiro e a Guerra de Canudos*, escrito em 1980 pelo baiano Minelvino Francisco Silva (1926-1998), poeta, gravurista, fotógrafo e tipógrafo, autor de inúmeros folhetos.

O segundo poema que vamos ler também tem como tema o beato Antônio Conselheiro. Seu autor, Manuel Pedro das Dores Bombinho, tropeiro da 4ª expedição contra Canudos, participou da guerra em 1897 e escreveu um diário com suas impressões.

Leia os dois poemas e depois responda no caderno ao que se pede.

Antônio Conselheiro e a Guerra de Canudos

Minelvino Francisco Silva

[...]
Aconselhava às pessoas
Seguirem Deus verdadeiro.
Pelos conselhos que dava,
Como um fiel mensageiro,
Ficou ***cognominado***
Por Antônio Conselheiro. [...]

Com o tempo, pouco a pouco,
Milhares de sofredores
Em busca de seus conselhos
Tornaram-se seguidores
Sinceros, obedientes,
Verdadeiros servidores.

Todos juntos construíram
Igrejas e mais igrejas.
Embora com sacrifícios,
Trabalhos, duras ***pelejas****,*
Os templos foram fincados
Pelas zonas sertanejas.

Assim seguiu Conselheiro,
Dando conselhos, pregando
A seu modo a sua fé,
Às vezes profetizando –
Numa estrada perigosa,
Sem enxergar, foi entrando.

Vendo aquela multidão
Cercá-lo com otimismo,
Cegou-se pela ambição –
Não viu de frente o abismo,
Que já se abria a seus pés,
Na boca do fanatismo.

Embora continuasse
Dizendo as suas verdades,
Entendeu de criticar
Algumas autoridades,
Contrariando a política
Daquelas capacidades [...].

Cognominado: apelidado.

Peleja: luta com ou sem armas.

Adaptado de: SILVA, Minelvino Francisco. *Antônio Conselheiro e a Guerra de Canudos*. São Paulo: Luzeiro, 1980.

Canudos, história em versos

Manuel Pedro das Dores Bombinho

[...]
Um fanático sem crença nem fé
Tratou de resistência fazer.

Para isso usou da palavra
Invocando de Deus o perdão
Fazendo-se fervoroso devoto
Com o fim de alarmar o sertão.

Manhoso, malvado era ele
Com capa de santo enganava
Ao bom povo d'aquele sertão
Com doçura a eles falava.

Antônio nome de santo
Que o povo todo iludia
*Com **prédicas** falando em Deus*
O povo crente afluía.

Adaptado de: BOMBINHO, Manuel Pedro das Dores. *Canudos, história em versos*. São Paulo: Hedra/Imprensa Oficial do Estado de São Paulo/Universidade Federal de São Carlos, 2002. p. 22.

Prédica: sermão.

atividade

1. Os dois textos abordam a figura de Antônio Conselheiro, mas de formas bastante distintas. Compare os poemas e explique como cada um deles descreve o líder da comunidade de Canudos.
2. Ambos os poemas demonstram a importância do messianismo para compreender o sucesso de Antônio Conselheiro. Assinale trechos nos quais essa importância fica clara.
3. O autor do primeiro texto censura os rumos tomados por Antônio Conselheiro. Qual é a crítica que ele faz ao caminho seguido pelo líder religioso?

Arraial de Canudos, em 1897, gravura sem data de D. Urpia.

4 Mudanças sociais e econômicas

Vulcanização: modificação da borracha natural obtida pela sua combinação com enxofre, para atribuir-lhe maior força, elasticidade e resistência a temperaturas altas e baixas.

Os anos finais do século XIX e o início do século XX foram marcados por grandes mudanças na economia e na sociedade brasileira.

Do ponto de vista econômico, o café continuava como a principal fonte de riquezas. Entretanto, novos produtos e atividades econômicas começavam a entrar em cena. Um desses produtos era a **borracha** (veja o boxe a seguir). E havia também, ainda tímido, um lento processo de industrialização.

Borracha: uma riqueza efêmera

A seringueira é uma árvore de cujo tronco é possível extrair um líquido espesso chamado látex, que serve de matéria-prima para a fabricação de borracha e de outros produtos.

Em 1839, o inventor estadunidense Charles Goodyear aperfeiçoou o processo de vulcanização da borracha. Isso tornou possível a produção de pneus em grande escala.

A partir de 1890, a borracha se tornou um produto fundamental para os países industrializados. Por essa época, a bicicleta e posteriormente o automóvel se popularizavam como meios de transporte.

A seringueira é nativa da Amazônia, região que podia fornecer a matéria-prima da borracha nesse momento em que a indústria automobilística começava a nascer. Estima-se que em 1900 mais de 60% da borracha utilizada no mundo inteiro era de origem brasileira.

Assim, quase da noite para o dia, a borracha se tornou o segundo produto mais exportado pelo Brasil, atrás apenas do café. Essa rápida expansão econômica provocaria grandes transformações no norte do país, onde várias cidades cresceram e enriqueceram.

Belém (PA) e Manaus (AM) foram as que mais se beneficiaram com a exportação do produto. Belém era o porto de saída da borracha e Manaus, a principal cidade na zona produtora. Esse enriquecimento favoreceu o surgimento de uma intensa vida cultural e permitiu a realização de reformas urbanas e a modernização das construções, sobretudo em Manaus.

Entretanto, a prosperidade promovida pela exploração da borracha na Amazônia logo chegaria ao fim. Sempre de olho nos lucros, os ingleses transportaram mudas de seringueiras para regiões da Ásia, como Ceilão (atual Sri Lanka) e Cingapura, e passaram a produzir borracha de forma mais eficaz e racional.

Vendida a preços mais baixos no mercado internacional, a borracha dessas regiões deixou para trás o produto brasileiro. Em 1919, a exportação brasileira de borracha mal chegava a 10% do mercado mundial.

Xinhua/Imago/Fotoarena

Mulher coleta látex em plantação de Banyuwangi, Indonésia. Foto de 2013.

Leia o livro *No tempo dos seringais*, de Aldrin Moura de Figueiredo, Saraiva.

Como vimos, a prosperidade trazida pela borracha teve vida curta. Entretanto, na mesma época em que a economia da borracha declinava, tinha lugar a **primeira expansão industrial** no Brasil.

Essa expansão foi particularmente forte em São Paulo, onde as fazendas de café haviam gerado grandes riquezas. Essas riquezas acumuladas foram investidas em outras atividades, entre elas, a abertura de novas indústrias. Além disso, a expansão das ferrovias e o crescimento urbano e populacional estimulavam o surgimento de **novos negócios** e o crescimento da **oferta de empregos**.

As fábricas que surgiram nesse período eram relativamente diversificadas: produziam tecidos, roupas, calçados, chapéus, alimentos e outros produtos. Em 1907, havia no país pouco mais de 3 200 fábricas, a maior parte delas no Rio de Janeiro (RJ) e em São Paulo (SP). Alguns anos depois, em 1920, esse número havia saltado para cerca de 13 mil fábricas espalhadas pelo Brasil.

As transformações econômicas foram acompanhadas por mudanças na sociedade brasileira. Para começar, houve um forte crescimento populacional e urbano durante esse período. Uma das causas desse crescimento foi a chegada de milhares de **imigrantes europeus** a partir de 1870.

Em 1872, ainda no Império, a população brasileira estava próxima dos 10 milhões de habitantes. Em 1920, já chegava a mais de 30 milhões. Só no Rio de Janeiro vivia 1 milhão de pessoas.

Autor desconhecido/Biblioteca da Casa de Portugal, SP.

Nos primeiros tempos da industrialização as fábricas costumavam empregar mão de obra infantil. Na foto, seção de latoaria de fábrica de conservas em Porto Alegre (RS), no início do século XX.

Livraria Eugen Currlin, Blumenau/Arquivo da editora

No início do século XX, Fortaleza, capital do Ceará, passou por grandes mudanças urbanas. Na foto, Praça do Ferreira, em cartão-postal editado por volta de 1925.

Reformas urbanas e Revolta da Vacina

No início do século XX, as cidades brasileiras não contavam com infraestrutura para atender às demandas básicas de seus moradores. Eram raros os locais onde havia sistema de esgoto e de abastecimento de água, iluminação elétrica, calçamento e um sistema de transportes. Até mesmo o Rio de Janeiro, capital do Brasil na época, sofria com esses problemas.

O crescimento da capital não foi acompanhado por qualquer planejamento urbano, por isso boa parte dos cerca de 700 mil habitantes da cidade vivia em **cortiços** na região central. Por causa das más condições sanitárias, os moradores do Rio de Janeiro estavam expostos a diversas **doenças**, sobretudo a varíola, a febre amarela e a peste bubônica.

Em 1902, o então presidente Rodrigues Alves deu início a um processo de remodelação urbana no Rio de Janeiro, visando ampliar o cais do porto e construir novas e largas avenidas para facilitar a circulação de pessoas e mercadorias. O projeto também buscava mostrar que a capital do Brasil havia alcançado o **padrão de desenvolvimento europeu**.

Nessa época foram construídos edifícios públicos que ainda hoje são referências arquitetônicas e culturais da cidade, como a Biblioteca Nacional e o Teatro Municipal. Centenas de cortiços, lojas e habitações populares foram demolidos para a construção das novas avenidas, que passaram a contar com iluminação elétrica e novas linhas de bondes. Além disso, foram proibidos antigos hábitos, como a venda de animais (vacas, porcos, galinhas) nas ruas e a prática de urinar no espaço público.

Essas medidas, contudo, privilegiaram apenas a elite carioca, que passou a frequentar os novos ambientes. Os mais pobres foram desalojados de suas moradias nas regiões centrais e obrigados a migrar para os morros que circundavam a cidade, onde construíram moradias precárias, formando assim as primeiras favelas.

Ao mesmo tempo que ocorria a reforma urbana, o governo lançou uma **campanha de saúde pública** para erradicar as doenças que mais atingiam os moradores. O primeiro foco da campanha foi a peste bubônica, doença transmitida pela pulga dos ratos. Para combatê-la, o governo estimulou a caça aos ratos: quem entregasse roedores mortos aos agentes de saúde pública receberia certa quantia pelo serviço. Muitas pessoas passaram a criar ratos em casa para receber mais dinheiro do governo.

Em seguida, foi a vez da febre amarela, transmitida pela picada do mosquito *Aedes aegypti*, o mesmo que transmite a dengue. O governo montou um verdadeiro exército encarregado de pulverizar veneno pela cidade para matar o agente transmissor da doença.

Para combater a varíola, doença provocada por vírus, o governo aprovou uma lei que tornava obrigatória a vacinação. Quem recusasse a vacina deveria ser coagido por meio da força e ainda pagar uma multa.

A notícia dessas medidas gerou grande polêmica. Alguns políticos argumentavam que a obrigatoriedade da vacinação era um ataque à liberdade dos cidadãos. Muitas famílias entenderam que as mulheres seriam obrigadas a se expor para os agentes de saúde. Inconformada, a população foi às ruas em protesto e entrou em confronto com a polícia.

Os conflitos, que duraram dias, foram marcados por saques, formação de barricadas, tiroteios e até uma tentativa malsucedida de deposição do presidente Rodrigues Alves por oficiais do Exército. A **Revolta da Vacina**, como ficou conhecido o movimento, terminou com um saldo de 23 mortos e 900 pessoas presas; entre estas, muitas acabaram deportadas para o Acre, onde foram submetidas a trabalhos forçados. As manifestações, contudo, levaram o governo a revogar a obrigatoriedade de vacinação.

Cortiço: conjunto de pequenas habitações, formadas às vezes por um só cômodo e reunidas em um único espaço. Essas habitações davam para um pátio comum, com um banheiro coletivo e uma só cozinha para todos os moradores.

Augusto Malta/Coleção Pereira Passos/Arquivo Geral da Cidade do Rio de Janeiro

Centenas de casas foram destruídas para a construção da avenida Central, na cidade do Rio de Janeiro (RJ), no início do século XX. Foto de 1906.

5 Muito trabalho, pouco salário

Desde finais do século XIX, o Brasil passou a atrair um grande número de imigrantes. No começo, eles vinham da Europa; mais tarde, passaram a vir também da Ásia. Eram homens, mulheres e crianças que chegavam ao país para trabalhar principalmente nas fazendas de café do sudeste.

Muitos desses imigrantes se transferiram depois para as cidades, onde passaram a trabalhar como **operários** nas fábricas e em outras atividades. No início do século XX, mais de 90% dos trabalhadores de São Paulo, principal centro de imigração, eram estrangeiros.

Enquanto o sudeste recebia um grande número de imigrantes e estes se tornavam uma parcela importante do operariado fabril, as demais regiões brasileiras contaram principalmente com trabalhadores nacionais para garantir a mão de obra necessária ao avanço da industrialização.

Imigrantes ou nativos, o certo é que esses operários enfrentavam condições muito duras de vida e de trabalho. Não havia leis de proteção aos trabalhadores, como direito a férias, descanso semanal remunerado e aposentadoria, a exemplo do que existe nos dias de hoje. O ambiente de trabalho em geral era **insalubre**, propício a acidentes; além disso, a mão de obra infantil era amplamente utilizada.

Os salários eram muito baixos. Calcula-se que naquela época um trabalhador de fábrica adulto ganhava menos da metade do que era necessário para sustentar a família. Por isso era comum que as mulheres e as crianças também trabalhassem, a fim de complementar o orçamento.

Leia o livro *Além do portão da vila*, de Eliana Martins, SM.

A Z

Insalubre: ambiente escuro, mal arejado e que faz mal à saúde.

Autoria desconhecida/Arquivo da editora

Família de imigrantes alemães que trabalhavam na Companhia Hering, fundada em 1880 pelos irmãos Bruno e Hermann Hering, em Blumenau (SC). Fotografia da época, de autor desconhecido.

Museu de História da Fotografia Alinari, Florença, Itália.

Mulheres confeccionam chapéus em fábrica de seda ítalo-brasileira, em São Paulo (SP), c. 1930.

Mulheres e crianças nas indústrias

Na indústria têxtil, por exemplo, havia mais mulheres trabalhando do que homens. Em São Paulo, mais de 70% dos trabalhadores na indústria eram mulheres. Com seus salários, elas contribuíam para aumentar a renda familiar e para o sustento da casa.

Autor desconhecido/Jornal *A Voz do Povo*, Órgão do PCB, AL.

Fotografia do início do século XX, na qual são vistos alguns homens, tendo ao lado várias crianças e, ao fundo, um grupo de mulheres, todos operários de uma fábrica de tecidos em Alagoas (SE).

A situação das crianças de famílias operárias se assemelhava à das mulheres. Para ajudar os pais, muitas delas eram obrigadas a trabalhar desde muito jovens. As horas de trabalho, porém, significavam tempo **fora da escola**. Como você pode imaginar, a situação de vida dessas pessoas era bem diferente das mulheres e crianças de elite retratadas no quadro de Pedro Bruno.

O ensino público não estava ao alcance de todos. Muitas crianças pobres eram excluídas da educação escolar e permaneciam sem acesso a instituições de ensino. Isso dificultava a redução do **analfabetismo** e provocava a **exclusão política** dessas pessoas. Como a Constituição impedia os analfabetos de votar, as pessoas nessa condição ficavam impedidas de exercer plenamente sua cidadania.

A Policia e a Gréve

A attitude de severa e destemida energia assumida pelo chefe da policia, Dr. Aurelino Leal, que fechou os centros onde se reuniam os propagandistas da gréve e os agitadores da classe proletaria, obteve o resultado pretendido. Impediu o desenvolvimento e generalisação da greve e encaminhou para o terreno pacifico das negociações entre operarios e patrões uma questão que ameaçava perturbar gravemente a ordem e provocar uma reacção violenta e deshumana. As nossas photographias registram os acontecimentos succedidos na Praça Tiradentes na occasião em que o chefe da policia encerrou a séde da Federação Operaria.

CPDOC/Fundação Getúlio Vargas, RJ.

A greve carioca de 1917. Rio de Janeiro (RJ), *Revista da Semana*, de 4/8/1917.

Explodem as greves

Os trabalhadores reagiram às péssimas condições de vida e de trabalho a que estavam submetidos com protestos, greves e tentativas de organização de tipo sindical. Ideias socialistas e anarquistas, trazidas para o Brasil quase sempre por imigrantes europeus, espalharam-se rapidamente entre os trabalhadores. Isso estimulou a realização de greves e a luta por melhores condições de vida e de trabalho em diversas regiões do país, como São Paulo, Rio de Janeiro, Porto Alegre, Curitiba, Recife, Salvador, entre outras.

As greves provocaram forte reação dos empresários e dos governos. A **repressão policial** se tornou comum. Trabalhadores eram presos e espancados durante as manifestações. O governo brasileiro chegou a criar uma lei autorizando a **expulsão** de imigrantes envolvidos nesses movimentos.

A imprensa operária e a imprensa negra

Um dos instrumentos que facilitaram a organização dos trabalhadores foi a imprensa operária. Apesar da repressão do governo, nessa época se formaram vários jornais anarquistas, socialistas (a partir de 1922, também comunistas) e de associações operárias.

Esses jornais divulgavam ideias contrárias ao capitalismo e a favor da criação de uma **sociedade mais justa e igualitária**. Além disso, publicavam informações que poderiam contribuir para a organização dos trabalhadores.

Com poucos recursos materiais, essas publicações em geral tinham vida curta. Uma exceção foi o jornal anarquista *A Plebe*, publicado em São Paulo de 1917 até 1930.

CAM/O Parafuso/Arquivo da editora

Capa do jornal *O Parafuso*, de 28/10/1919, com ilustração representando a destruição das oficinas do jornal anarcossindicalista *A Plebe*. O ataque teve participação ostensiva dos órgãos de repressão.

E' assim que se confirma a victoria do esforço de um pugilo de bravos luctadores! A Casa do Negro, será a crystalisação perfeita de uma idéa que se torna realidade. A sua installação representa o alvorecer de uma época promissora. E' uma conquista que deve ser analysada, porem, deve merecer os aplausos e o apoio de toda a collectividade negra.

TRIBUNA NEGRA

PELA UNIÃO SOCIAL E POLITICA DOS DESCENDENTES DA RAÇA NEGRA

Director: Augusto P. dos Neves — Redactor-Chefe: Manoel A. Santos

Secretario: Fernando Góes — Gerente: José Correia Leite

ANNO I | São Paulo, 1.ª Quinzena de Setembro | NUM. 1

Victoria de um povo, significa coragem, sacrificio, abnegação, resistencia, e uma grande renuncia pessoal em beneficio da collectividade.

A mocidade negra, dentro desta nova arrancada deve estar sufficientemente preparada para a victoria.

Trajectoria do Ideal

Manoel Antonio dos Santos

A MOCIDADE NEGRA

Henrique Antunes Cunha

Jornal Tribuna Negra/Acervo Arquivo Público do Estado de São Paulo

Primeira página do jornal *Tribuna Negra*, de setembro de 1935.

Sob a República oligárquica, o preconceito contra a população negra se fortaleceu e se espalhou pela sociedade. Na época, o governo criou leis que limitavam as expressões culturais dos negros. Em resposta ao preconceito e à discriminação, os afrodescendentes passaram a expressar suas ideias em jornais que ficaram conhecidos como **imprensa negra**.

Surgiram assim diversas publicações, muitas delas de curta duração, em várias cidades do Brasil. Esses periódicos valorizavam temas de interesse da comunidade negra, denunciavam o racismo e a violência e defendiam medidas de igualdade social.

6 Os militares protestam

Não só os trabalhadores urbanos e parte da população rural questionavam a ordem sob a República oligárquica, setores militares também desempenharam papel importante na contestação política. A partir das primeiras décadas do século XX, sinais de insatisfação começaram a se manifestar nas Forças Armadas, especialmente entre os militares de baixa patente.

Em 1910, por exemplo, cerca de 2,3 mil marinheiros se rebelaram no Rio de Janeiro contra as péssimas condições de trabalho e os castigos físicos nos navios da Marinha de guerra (veja o boxe a seguir).

Revolta da Chibata

No início do século XX, as condições de trabalho na Marinha brasileira deixavam muito a desejar. Baixos salários, longas horas de trabalho, alimentação de péssima qualidade e relatos de violência sexual faziam com que apenas a população pobre e marginalizada ocupasse os cargos de baixa patente na corporação. Com frequência, menores, órfãos e prisioneiros – muitos deles negros – eram alistados à força para fazer os trabalhos mais pesados nos navios, enquanto os brancos, membros da elite, ocupavam as patentes mais altas.

Além disso, os marujos estavam sujeitos a castigos físicos constantes, como a palmatória, a prisão a ferros e a chibata – o castigo mais temido. Esse tipo de punição estimulou diversas rebeliões de marinheiros desde a década de 1890. A mais importante delas ocorreu em 1910, no Rio de Janeiro, com a participação de cerca de 2 300 marujos.

A Revolta da Chibata, como ficou conhecida, teve início quando o marujo Marcelino Rodrigues Menezes foi acusado de portar duas garrafas de aguardente no encouraçado Minas Gerais, onde fazia suas tarefas. O castigo de 250 chibatadas a que foi submetido indignou seus companheiros, que deram início à revolta sob a liderança de João Cândido.

A rebelião logo se estendeu para outras embarcações de guerra. Unidos, os marujos apontaram os canhões dos navios para o Palácio do Catete, então sede da Presidência da República, exigindo o fim dos castigos físicos, melhoria das condições de trabalho e de alimentação. O governo respondeu que aceitava as condições impostas pelos revoltosos e lhes prometeu, inclusive, anistia (perdão) se depusessem as armas.

Entretanto, finalizada a revolta – que se estendeu por seis dias – o governo não cumpriu o prometido: os rebeldes foram presos e condenados. Muitos deles foram enviados para o Acre a fim de trabalhar na construção da ferrovia Madeira-Mamoré. João Cândido ficou preso na Ilha das Cobras (RJ) por dois anos. As penas aplicadas aos marujos foram pesadas, mas a revolta conseguiu extinguir o uso da chibata na Marinha brasileira.

Autor desconhecido/Acervo Iconographia

Marinheiros do cruzador *Barroso*, participantes da Revolta da Chibata no Rio de Janeiro (RJ), em 1910.

Nos primeiros anos da década de 1920 teve início um movimento de militares que exigia grandes mudanças. Formado principalmente por jovens oficiais das Forças Armadas – os **tenentes** –, o movimento defendia profundas reformas na política brasileira, como o **voto secreto**, o fim das fraudes nas eleições, medidas para impedir o controle da vida política pelas oligarquias e a **expansão do sistema de ensino**.

Tenente: termo que designa um posto na hierarquia militar e também o ocupante desse posto. Os tenentes são oficiais recém-saídos de uma academia militar. São geralmente jovens.

Esse movimento, que ficaria conhecido como **tenentismo**, promoveu algumas revoltas importantes. A primeira delas explodiu no Rio de Janeiro em julho de 1922 e ficou conhecida como **Os 18 do Forte**. Dois anos depois, eclodiu uma nova revolta, dessa vez em São Paulo. Os rebeldes chegaram a ocupar a capital paulista, mas foram obrigados pelas tropas do governo a abandoná-la. Assim, tanto a primeira quanto a segunda revolta fracassaram.

Entretanto, os rebeldes que se retiraram de São Paulo em 1924 marcharam para o Paraná, onde se reuniram a outro grupo de "tenentes", comandados pelo capitão Luís Carlos Prestes, que haviam se rebelado no Rio Grande do Sul.

Esse encontro deu origem à **Coluna Prestes**, que marcharia pelo interior do Brasil durante mais de dois anos em busca de apoio popular. Nesse período (1924-1927), os rebeldes da Coluna Prestes percorreram mais de 25 mil quilômetros e travaram diversos combates contra as forças governistas. Não tendo obtido o apoio que buscava, o grupo se retirou para a Bolívia em 1927.

Apesar de não ter alcançado resultados práticos, a luta dos tenentes e da Coluna Prestes demonstrou a existência de uma profunda **crise** na República brasileira. A vontade de mudanças crescia e as críticas contra a corrupção e as fraudes aumentavam. Como veremos no Capítulo 4, a essas críticas se somariam outros problemas que contribuiriam de forma decisiva para o fim a República oligárquica.

CARLOS PRESTES
A FRENTE DA INSURREIÇÃO ARMADA NO RIO!
A MANHÃ
2ª EDIÇÃO
SOB O SEU COMMANDO LEVANTOU-SE, ESTA MADRUGADA, A GUARNIÇÃO DESTA CAPITAL
O MOVIMENTO ESTENDE-SE A TODO O TERRITORIO DO PAIZ
Em S. Paulo, o commando das forças revolucionarias foi assumido pelo general Miguel Costa
O AVISO DE PRESTES aos seus companheiros

Jornal *A Manhã*/Arquivo da editora

Ilustração representando Carlos Prestes na manchete do Jornal *A Manhã*, de 27/11/1935, "À frente da insurreição armada no Rio!"

A Semana de Arte Moderna

Foi também na década de 1920 que artistas e intelectuais brasileiros passaram a propor novas formas de pensar e de se expressar. Influenciados pelo **movimento modernista** que se afirmava na Europa, esses artistas e intelectuais rejeitavam formas de expressão que consideravam envelhecidas e ultrapassadas.

O movimento mais conhecido de questionamento e renovação cultural foi a Semana de Arte Moderna de 1922, realizada em São Paulo. (Sobre o tema, veja a seção *Olho vivo* a seguir.)

Olho vivo

Escândalo em São Paulo

A Semana de Arte Moderna reuniu representantes das artes visuais, músicos, escritores e intelectuais no Teatro Municipal de São Paulo entre 13 e 17 de fevereiro de 1922. O principal objetivo do evento era propor novas formas de expressão artística e cultural. Em outras palavras, romper com os antigos conceitos do século XIX, que ditavam a produção artística no Brasil, para criar uma **arte essencialmente brasileira** e, ao mesmo tempo, afinada com o movimento modernista europeu.

Na época, a Semana provocou escândalo e foi muito atacada pelos críticos e pelas elites, acostumados com as formas de representação já consagradas.

1. O Vale do Anhangabaú ocupa a área central da tela. Em meio às linhas horizontais, as curvas que delineiam o jardim dão a sensação da profundidade do vale em relação ao restante da cena.

2. Em azul, o riacho do Anhangabaú. Na língua tupi, Anhangabaú significa "rio" ou "água do mau espírito". Em 1906, o riacho foi canalizado e deixou de ser visto, embora corra subterraneamente. Já não era possível ver o riacho em 1925, quando Tarsila pintou esta tela.

3. A sensação de profundidade da pintura é criada pela sucessão de planos e por uma sutil utilização das cores. Por exemplo, o verde-escuro dá a ilusão de profundidade do vale. Em primeiro plano, vemos a árvore, a bomba de gasolina, o poste de luz, o piso amarelo e canteiros verdes. Em seguida vem o Vale do Anhangabaú, e sobre ele o Viaduto do Chá, sustentado por duas estruturas metálicas pretas. A distribuição das cores também contribui para a sensação de profundidade.

4. Nesta tela, Tarsila usa cores chapadas: amarelo-claro, azul, verde, laranja, salmão. Quase não há gradação de tom ou ideia de volume.

5. Algumas linhas verticais (tronco da árvore, bomba, poste) se contrapõem às faixas horizontais da pintura (o piso amarelo-claro, o rio azul e o gramado verde-escuro ao fundo).

A tela reproduzida abaixo foi pintada por Tarsila do Amaral (1886-1973), artista que não participou da Semana, mas cuja obra expressa bem os ideais que animaram o movimento modernista brasileiro nos anos 1920. Tarsila soube como ninguém aliar a estética modernista a aspectos da cultura popular brasileira. Com isso, criou uma linguagem artística própria e contribuiu para revolucionar a pintura no Brasil.

Tarsila do Amaral/Pinacoteca do Estado de São Paulo

São Paulo **(1925), óleo sobre tela de Tarsila do Amaral.**

(6) Os primeiros bondes elétricos começaram a circular pelo Viaduto do Chá em 1902. Nessa época, São Paulo começou a trocar os bondes puxados por burros por outros mais modernos, como o que a artista retratou.

(7) Atrás do viaduto, os prédios são representados em forma de retângulos.

(8) As formas geométricas são características de uma das correntes do modernismo. A representação dos objetos é simplificada: o que vale são as formas e linhas essenciais. Veja como o desenho da árvore é esquemático: a copa é representada por um círculo verde e o tronco é quase um cilindro marrom.

(9) Essa figura geométrica azulada dá uma ideia de montanha. É o penúltimo plano da tela, antes do céu em azul mais claro.

(10) Ao contrário dos dias de hoje, era permitido afixar painéis de publicidade nos edifícios de São Paulo. Atenta a essa forma de comunicação urbana, Tarsila representou um painel publicitário, mas, em vez de um anúncio, pintou apenas números.

(11) A bomba de gasolina e o poste de eletricidade são referências à vida moderna.

Fontes: Cidade de São Paulo. *Site* oficial de turismo da Cidade de São Paulo. Disponível em: <http://tinyurl.com/lx3me37>. Acesso em: jan. 2015; AMARAL, Aracy. *Tarsila:* sua obra e seu tempo. São Paulo: Edusp/Editora 34, 2003; CHIOVATTO, Mila Milene e AIDAR, Gabriela. *Material de apoio à prática pedagógica:* século X, Tarsila do Amaral e Lasar Segall. São Paulo: Pinacoteca do Estado, 2010; Instituto Itaú Cultural (ed.). *Praça Ramos, viaduto do Chá, praça do Patriarca*. São Paulo: ICI, 1994.

Enquanto isso...

O nascimento do cinema

CONTEÚDO DIGITAL

Na época em que o Brasil vivia seus primeiros anos de República, surgia na Europa uma grande novidade: o cinema.

Em 1895, os irmãos Lumière exibiram em Paris, capital da França, um filme que registrava o movimento de um trem. O registro cinematográfico durava apenas alguns minutos, mas foi suficiente para causar um grande alvoroço na plateia, assustada com o avanço da locomotiva.

A sensação de realidade impressionou e confundiu a todos. A partir de então, o invento passou por sucessivos aperfeiçoamentos, o que tornou possível a produção e a divulgação de filmes em toda parte.

A novidade logo se popularizou, tanto na Europa quanto na América, especialmente nos Estados Unidos. Também chegou ao Rio de Janeiro, como podemos ver abaixo, na última foto à direita.

Nascia assim a chamada Sétima Arte, e com ela a poderosa e lucrativa indústria cinematográfica.

Georges Méliès/Album/Latinstock

Viagem à Lua, filme do diretor francês Georges Méliès, produzido em 1902. Considerado o primeiro filme de ficção do cinema mundial, apresenta recursos inovadores de animação e efeitos especiais sofisticados para a época. A cena mais famosa é a da nave pousando no "olho" da Lua, como mostra a imagem.

SSPL/Getty Images

Cinematographe, inventado por Auguste (1862-1954) e Louis (1864-1948) Lumière, uma combinação de câmera, projetor e impressora. Com essa máquina, os irmãos Lumière apresentaram a primeira exibição cinematográfica no Grand Café, em Paris, França, em 28 de dezembro de 1895.

Autoria desconhecida/Arquivo da editora

Cinematographo Rio Branco, no Rio de Janeiro (RJ). Foto tirada em cerca de 1907. Com a abertura da avenida Central (atual avenida Rio Branco) e o início do fornecimento de energia elétrica em 1905, as salas de cinema se multiplicaram, atraindo grande público em busca de entretenimento. Mais tarde, essa região da cidade passou a ser chamada de Cinelândia.

Esquema-resumo

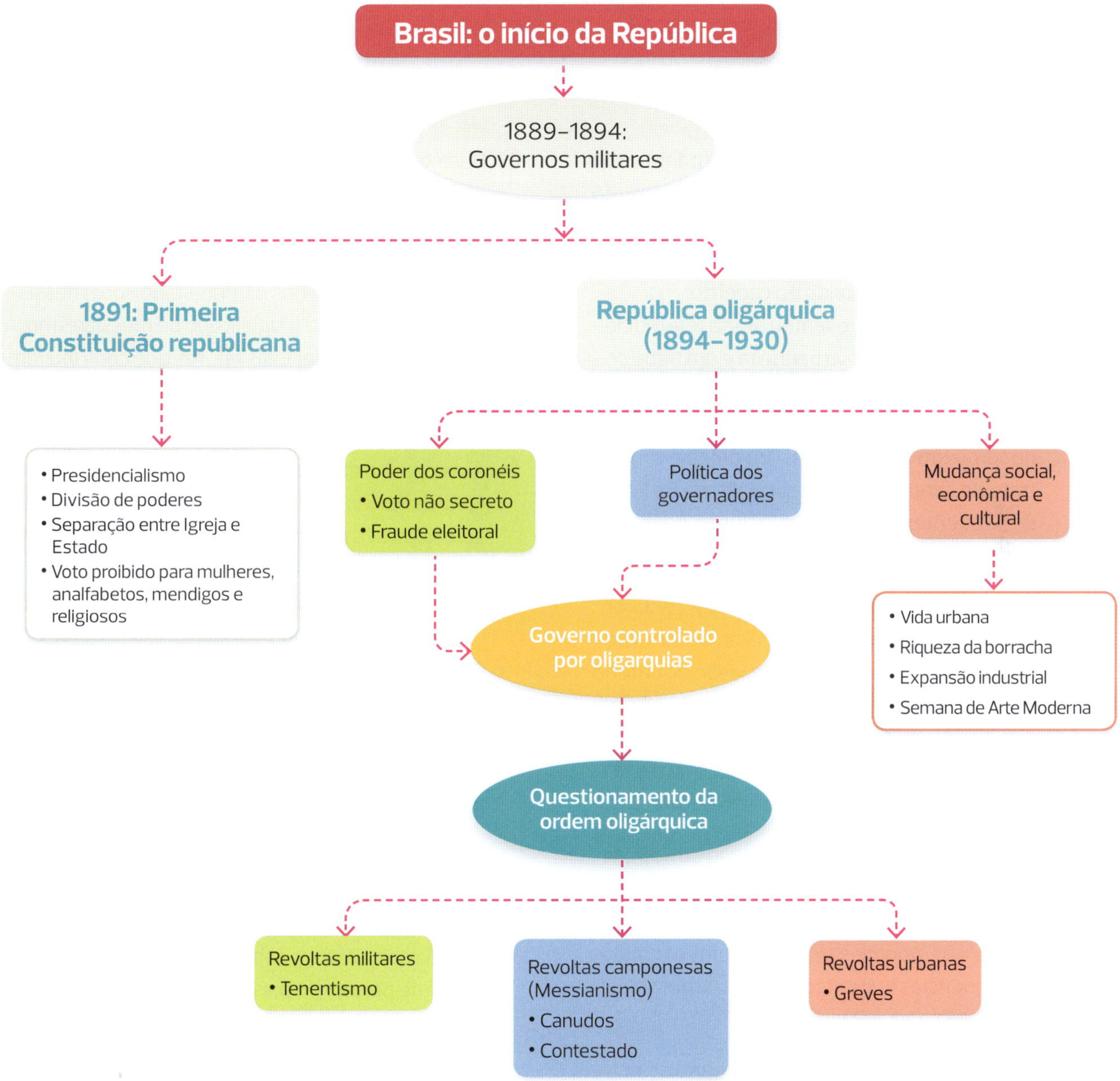

atividade

De acordo com o esquema, a República oligárquica se definiu com base na primeira Constituição republicana e por meio de um modelo de organização política estabelecido a partir de 1894. Em grupo com seus colegas, discuta quais as principais características do regime estabelecido no Brasil nesse período. Em seguida, faça um resumo em seu caderno.

Atividades

Para organizar as ideias

1. Observe novamente a tela *A pátria* (página 16), pintada por Pedro Bruno em 1919. Trata-se de uma alegoria do nascimento da nova nação. Com base na leitura dessa imagem e do intertítulo *Um novo país?* (página 15), responda no caderno:
   a) Por que o autor representou nessa tela mulheres costurando a nova bandeira e um bebê coberto por essa bandeira?
   b) No fundo da tela o artista representou vários quadros em uma parede. Um deles é um retrato de Tiradentes. Que simbolismo da figura de Tiradentes justifica sua inclusão na tela de Pedro Bruno?

2. A primeira Constituição republicana, criada em 1891, promoveu várias mudanças no sistema político brasileiro. Uma delas foi a exclusão do critério censitário, previsto na Constituição de 1824 para determinar quem tinha direito ao voto. Essa mudança, porém, não significou ampliação da participação política. Explique por que isso ocorreu.

3. A queda da Monarquia e a instauração da República provocaram diversas mudanças no Brasil. Mas os processos históricos não são marcados apenas por mudanças. Aponte e explique alguns exemplos de permanências que caracterizaram a passagem da Monarquia para a República.

4. O sistema político do período compreendido entre 1894 e 1930 ficou conhecido como República oligárquica. Esse nome é uma referência ao controle exercido por uma pequena elite sobre a vida política no Brasil desse período. De que forma a elite oligárquica conseguia garantir esse controle?

5. Durante o período da República oligárquica explodiram diversos movimentos de revolta popular no campo. Sobre esses movimentos, responda no caderno:
   a) Uma característica comum a diversos movimentos, como Canudos e Contestado, foi o messianismo. Explique o significado de messianismo.
   b) Assinale os principais fatores que contribuíram para o crescimento da popularidade de líderes religiosos como Antônio Conselheiro.

6. A campanha de saúde pública que resultou na Revolta da Vacina buscou erradicar os focos transmissores das três principais doenças que assolavam a população do Rio de Janeiro: a peste bubônica, a febre amarela e a varíola. Descreva as atitudes tomadas pelo governo para atingir esse objetivo e aponte a reação dos habitantes da cidade.

7. A situação do operariado brasileiro sob a República oligárquica era bastante precária. Os baixos salários e a exploração nas fábricas motivaram a organização e a luta dos trabalhadores por melhores condições de vida. Explique como ocorreu a organização desses movimentos operários.

8. Nas duas primeiras décadas do século XX, uma parcela dos militares passou a criticar e a contestar o regime político do país, num movimento conhecido como "tenentismo". Descreva, no caderno, o que pretendiam os tenentes e quais foram as principais ações realizadas por esses militares.

9. A Revolta da Chibata revela a que violência era institucionalizada na Marinha brasileira, ou seja, era permitida e aceita pelas autoridades. Explique como os marinheiros se rebelaram contra essa situação.

Teste seus conhecimentos

1. O movimento de Canudos, ocorrido no sertão da Bahia, está relacionado às:
   a) injustiças sociais e à miséria dos pequenos agricultores, desprotegidos das políticas oficiais.
   b) posturas antimonarquistas dos cangaceiros da região.
   c) andanças, combates e matanças de Lampião, Rei do Cangaço, pela caatinga.
   d) aproximações do estado republicano à Igreja católica.

e) ordenações de padres despreparados e sem conhecimento teológico suficiente para o exercício do sacerdócio.

2. No começo do século XX, a economia brasileira passou por algumas mudanças importantes, como a diversificação da produção, com a borracha e outros produtos, e um lento processo de industrialização. Responda no caderno, assinalando **V** para as opções verdadeiras e **F** para as falsas, levando em consideração as seguintes afirmativas sobre o tema:

a) O desenvolvimento da indústria automobilística fez com que a borracha ganhasse um grande valor comercial. Por isso, a Amazônia passou por um acelerado desenvolvimento econômico com a exportação da borracha produzida localmente no início do século XX.

b) A exportação da borracha possibilitou a intensificação da vida cultural das cidades de Belém e Manaus e também a realização de reformas urbanas, especialmente em Manaus.

c) A borracha brasileira entrou em declínio rapidamente com a concorrência de regiões na Asia, que produziam a mercadoria com valores muito mais baixos.

d) A expansão industrial no Brasil foi bastante acelerada no início do século XX. Em 1907, existiam pouco mais de 20 mil fábricas no Brasil. Em 1920, esse número já ultrapassava 200 mil.

A questão 1 foi adaptada de vestibular (UFRS).

Nosso mundo hoje

Em 1792, durante a Revolução Francesa, a Monarquia foi derrubada e substituída pela República. Para representar o novo regime, os franceses criaram uma figura alegórica: uma mulher vestida à moda romana, usando um **barrete frígio**. Essa jovem, apelidada de Marianne, representa a República Francesa e personifica os valores nacionais de liberdade, igualdade e fraternidade (veja também a seção *Você sabia?* a seguir). Essa representação da República foi adotada também no Brasil, como podemos ver nas imagens abaixo.

A primeira delas, de autoria de Angelo Agostini, foi publicada na *Revista Illustrada*, em setembro de 1890, cerca de dez meses depois da proclamação da República. A charge fazia alusão às eleições que iriam definir os deputados encarregados de elaborar a primeira Constituição do Brasil republicano. A segunda imagem, do cartunista Storni (sob o pseudônimo de Bluff), foi publicada na revista *O Filhote*, duas décadas depois, em janeiro de 1910.

Observe as duas representações, depois responda no caderno ao que se pede.

Ângelo Agostini/Revista *Illustrada*, 1890/Fundação Biblioteca Nacional, Rio de Janeiro, RJ.

Charge de Angelo Agostini, 1890.

Storni/*O Filhote*, 1910/Fundação Biblioteca Nacional, Rio de Janeiro, RJ.

Charge de Storni, 1910.

1. De que maneira a figura da República é representada em cada charge? Aponte semelhanças e diferenças entre elas.

2. Com base na leitura do capítulo, o que explica essas diferentes formas de representar a República brasileira?

Você sabia?

O barrete frígio é uma espécie de gorro originariamente usado pelos moradores da Frígia (antiga região da Ásia Menor, onde fica a atual Turquia). Durante o Império Romano, era usado pelos antigos escravos que tinham conseguido a emancipação. No século XVIII, ganhou o significado de símbolo da liberdade tanto na guerra de independência dos Estados Unidos como durante a Revolução Francesa.

Vários países do continente americano que se tornaram independentes no século XVIII adotaram o barrete frígio como emblema em brasões, bandeiras e selos nacionais. Veja as imagens a seguir.

Reprodução/Arquivo da editora

Efígie da República, Brasil, século XIX.

Biblioteca do Congresso dos EUA, Washington D.C., Estados Unidos.

Selo do Senado dos Estados Unidos.

Bandeira do estado de Santa Catarina, Brasil.

Reprodução/Arquivo da editora

Diálogos

- Na década de 1920, vários artistas e intelectuais brasileiros começaram a propor novas maneiras de pensar, escrever e se expressar em literatura, poesia, artes visuais, música, arquitetura, cinema, fotografia. Influenciados pelo modernismo europeu, eles rejeitavam as formas tradicionais vigentes no Brasil. O movimento não se restringiu à Semana de 1922, em São Paulo, mas ganhou artistas e intelectuais em diversas regiões do país. Em grupo, com os colegas, escolham uma obra desse período e organizem uma exposição apresentando as características da obra e informações sobre seu autor.

Hora de refletir

Como vimos, durante o período da República oligárquica o controle do país estava nas mãos de uma pequena elite. Hoje, até mesmo os jovens que não atingiram a idade mínima para votar podem participar da vida política do país. Nos Conselhos Municipais da Juventude, podem manifestar suas opiniões e sugestões para a criação de leis e políticas voltadas para a juventude.

- Em grupo, com os colegas, discutam como essa e outras formas de participação contribuem para garantir o exercício da cidadania e a luta pelos direitos.

Minha biblioteca

***Além do portão da vila*, de Eliana Martins, SM.**
Por meio da personagem Cora, moradora de uma vila de imigrantes italianos no Belenzinho, em São Paulo (SP), a autora aborda as transformações do país nos primeiros anos do século XX.

***No tempo dos seringais*, de Aldrin Moura de Figueiredo, Saraiva.**
Conhecendo o dia a dia da sociedade amazônica entre o final do século XIX e o início do século XX, o leitor saberá um pouco mais sobre o ciclo da borracha.

***Os sertões*: a luta, de Euclides da Cunha, adaptação de Carlos Ferreira, Desiderata.**
Adaptação do clássico de Euclides da Cunha para HQ ilustrada por Rodrigo Rosa.

Mundo virtual

<http://redememoria.bn.br>
Rede da memória virtual brasileira, *site* da Fundação Biblioteca Nacional, com texto e *links* para fotografias sobre as reformas urbanísticas do Rio de Janeiro no início do século XX.

<http://tinyurl.com/7wsk7fv>
A Fundação Casa de Rui Barbosa disponibiliza seu acervo de 9 mil folhetos de literatura de cordel.

Acesso em: jan. 2014.

Capítulo 2

Primeira Guerra Mundial e Revolução Russa

Você sabe qual é o maior país do mundo em extensão? Se você disse Rússia, acertou em cheio. O território russo ocupa uma área de 17 milhões de quilômetros quadrados, ou seja, praticamente o dobro do tamanho do Brasil.

Ocupando uma área tão grande, a Rússia abriga em seu interior uma enorme variedade étnica: cerca de 150 grupos étnicos diferentes vivem no país. Como explicar diversidade tão grande?

Uma das razões é que muitos desses povos foram conquistados pelos russos entre os séculos XVII e XIX, época em que o país viveu um grande processo de expansão territorial.

Nesse período a Rússia era governada por imperadores absolutistas, os czares, que controlaram o país até o começo do século XX. Nessa época, enquanto vários países europeus viviam condições mais democráticas de governo, a população russa continuava sem nenhum tipo de direito político, social ou trabalhista.

Aleksandr Kondratuk/RIA Novosti/Agência France-Presse

Comemoração do Sabantuy, festival de verão celebrado por tártaros, grupo étnico turcomano que vive na região de Chelyabinsk, Rússia. Foto de 2012.

Juliane Thiere/Alamy/Latinstock

Grupo de bashkires ou basquírios, povo iraniano que habita a Rússia, principalmente a República do Bascortostão (também chamada de Baquíria, Basquíria ou Basquiristão). Foto de 2012.

Em 1917, essa grave situação culminou em uma revolução. Além de tirar o país das mãos do czar, os revolucionários, defensores do socialismo, organizaram a saída dos russos da Primeira Guerra Mundial (1914-1918), o primeiro conflito global do mundo contemporâneo. A seguir, vamos conhecer as condições que propiciaram a Primeira Guerra Mundial e também a Revolução Russa.

1 Avanços na virada do século

No final do século do século XIX e início do século XX, os Estados Unidos e diversos países da Europa viveram um período de grandes avanços tecnológicos. Bicicleta, metrô, bonde elétrico, automóvel, avião, telégrafo, rádio e trator são algumas das invenções desse período. Era a chamada **Segunda Revolução Industrial**.

Avanços também ocorreram no campo das ciências. Os esforços de pesquisadores e a elaboração de vacinas contra doenças como tuberculose, cólera e tétano conseguiram aumentar a expectativa de vida da população.

Essa época também foi um período de forte efervescência na vida cultural. A invenção do cinema e a difusão da imprensa contribuíram para democratizar o acesso ao lazer e às informações. Em alguns países europeus a educação se tornou obrigatória e gratuita, elevando, assim, o padrão educacional da população.

Do ponto de vista social e político, a sociedade europeia também passou por mudanças. As eleições livres se consolidaram como um princípio da democracia, e as mulheres saíram às ruas exigindo o direito de votar e de serem votadas. Em 1906, as finlandesas tornaram-se as primeiras europeias a conquistar esse direito, que pouco a pouco se espalhou para outros países do continente.

A vida em alguns países da Europa parecia tão próspera e feliz para as camadas alta e média da população que esse período ficou conhecido como *Belle Époque*, expressão francesa que significa Bela Época.

Pierre-Auguste Renoir/Museu d'Orsay, Paris.

O baile no Moulin de la Galette **(1876), óleo sobre tela de Pierre-Auguste Renoir.**

A imagem ao lado é uma reprodução da tela *O baile no Moulin de la Galette*, do pintor francês Pierre-Auguste Renoir. A pintura representa uma cena da vida cotidiana burguesa na segunda metade do século XIX em Paris, capital da França. É visível nessa tela a atmosfera alegre e despreocupada da *Belle Époque*. Esses eram os sentimentos dominantes entre as pessoas ricas ou pertencentes às camadas médias da população parisiense da época.

2 Problemas sociais e econômicos

Por trás da atmosfera despreocupada e aparentemente feliz da *Belle Époque*, havia sérios problemas de ordem econômica e social no continente europeu. A população rural, por exemplo, vivia em condições miseráveis em boa parte do continente. Em nações como Itália, Espanha, Portugal e Alemanha a situação no campo era tão ruim que milhares de pessoas abandonavam sua terra natal em busca de uma vida melhor do outro lado do Atlântico, em países como Estados Unidos, Canadá, Brasil e Argentina. Eram os imigrantes.

Você sabia?

Somente para o Brasil vieram, entre 1870 e 1907, cerca de 2 milhões e 200 mil imigrantes europeus. Os principais grupos eram formados por italianos, portugueses, espanhóis e alemães.

Nos países da Europa oriental a situação era ainda pior. Nessas nações, a economia era basicamente rural. Na Rússia, por exemplo, cerca de 85% da população vivia no campo. Ali, as condições de vida dos mais pobres eram desesperadoras.

Nas fábricas europeias, os operários recebiam salários extremamente baixos, e muitos deles trabalhavam mais de 14 horas por dia. Não havia direitos trabalhistas e os direitos políticos eram praticamente inexistentes. O acesso à educação também era privilégio de poucas pessoas.

Camponeses da província de Niji, em fila para receber alimentos da Cruz Vermelha russa, durante as devastadoras crises de seca e fome em 1891-1892. Foto de 1892.

The Granger Collection/Other Images

Rivalidade entre as potências

O quadro descrito era agravado pelo clima de tensão e rivalidade entre as grandes potências europeias. Em alguns casos, as divergências eram resultado de disputas de fronteiras na própria Europa. Os franceses, por exemplo, não se conformavam em ter perdido parte de seu território na **Guerra Franco-Prussiana**.

Havia também divergências causadas pelas disputas em torno das colônias da África e da Ásia. Os italianos e os alemães, por exemplo, conquistaram menos territórios africanos e asiáticos do que os ingleses e os franceses. Isso porque a **Itália** e a **Alemanha** só conseguiram se unificar na segunda metade do século XIX, enquanto a Inglaterra e a França já eram países unificados há vários séculos.

As nações europeias tinham grande interesse em estabelecer colônias nos continentes africano e asiático, pois essas regiões eram centros produtores de matérias-primas para as indústrias europeias. Além disso, a população desses continentes representava um importante mercado consumidor para os produtos fabricados na Europa.

A Z

Guerra Franco-Prussiana: conflito que envolveu a França e a Prússia (reino que, juntamente com outros, daria origem à atual Alemanha). Começou em 1870 e terminou em 1871, com a vitória dos prussianos.

Itália e Alemanha: até meados do século XIX, tanto a Alemanha como a Itália não existiam como Estados unificados. Seus territórios eram formados por diversos pequenos reinos, ducados e cidades. A unificação desses reinos, ducados e cidades deu origem à Itália, entre 1860 e 1870, e à Alemanha, em 1871.

Difusão de ódio e racismo

Tudo isso contribuía para que na época houvesse grande rivalidade entre as potências europeias. Além das disputas por mercados e colônias, havia ressentimentos nacionais, como no caso da França em relação aos territórios perdidos para a Alemanha na Guerra Franco-Prussiana.

Os governos e a imprensa utilizavam essas disputas para incentivar a rivalidade e o ódio entre países vizinhos. Cartazes e panfletos com frequência ridicularizavam outros povos; ideias racistas eram também difundidas pela imprensa.

Alguns grupos étnicos que viviam sob o domínio de grandes potências lutavam por se constituir em nações independentes, o que também contribuía para aumentar a hostilidade entre povos europeus. Esse foi o caso dos búlgaros, sérvios, romenos e armênios – entre outros –, que começaram a se mobilizar contra o domínio do **Império Turco Otomano**.

Leonard Raven-Hill/Revista Punch, 1912/Leemage/AFP

"O ponto de ebulição", charge publicada em periódico britânico em outubro de 1912. No cartum, são representados Alemanha, França, Rússia, Império Austro-Húngaro e Inglaterra tentando segurar a tampa do caldeirão fervente de tensões imperialistas e nacionalistas nos Bálcãs e impedir uma guerra na Europa. A tentativa teve êxito em 1912 e 1913, mas falhou em 1914, resultando na Primeira Guerra Mundial.

A "paz armada"

Nesse contexto, o período que estamos estudando, entre o final do século XIX e o início do século XX, foi marcado por grandes tensões na Europa. Foi uma época caracterizada principalmente pela busca de equilíbrio entre as grandes nações em relação ao poder político, econômico e militar. Para alcançar esse equilíbrio, as potências europeias investiam cada vez mais em armamentos e em novas tecnologias voltadas para a guerra. Foi a época da "paz armada".

Como consequência dessas disputas, as potências europeias se agruparam em alianças para se defender de possíveis ataques de potências rivais. Como veremos a seguir, essas alianças foram fundamentais para a eclosão da Primeira Guerra Mundial (1914-1918).

A Z

Império Turco Otomano: Império criado em 1299 e que em seu momento de maior expansão englobava as regiões da atual Turquia, Grécia, Oriente Médio e norte da África. Teve fim em 1922.

3 A Primeira Guerra Mundial

Embora tenha começado como um conflito europeu, a **Grande Guerra**, como foi chamada na época, envolveria também vários outros países do mundo. Assumiu, assim, contornos mundiais. Foi só depois da Segunda Guerra Mundial (1939-1945), a ser estudada no próximo capítulo, que a Grande Guerra ficou conhecida como Primeira Guerra Mundial.

O estopim do conflito foi o assassinato do príncipe herdeiro do **Império Austro-Húngaro** em junho de 1914. O crime ocorreu na cidade de Sarajevo, capital da Bósnia-Herzegovina, província da **península Balcânica** dominada pelo Império Austro-Húngaro. Seu autor foi um estudante nacionalista **bósnio** ligado a uma organização secreta apoiada pelo governo da **Sérvia**. Exatamente um mês depois desse fato, o governo austro-húngaro declarou guerra à Sérvia.

A Rússia era aliada da Sérvia. Em resposta à declaração de guerra dos austro-húngaros, o governo russo colocou suas tropas de prontidão. Diante disso, os alemães, que eram aliados dos austro-húngaros, declararam guerra à Rússia.

A Z

Império Austro-Húngaro: reino que reunia as regiões das atuais Áustria e Hungria.

Península Balcânica: ponta de terra que avança pelo mar Mediterrâneo no sudeste da Europa, entre a Itália e a Turquia. Região onde se encontram hoje a Grécia, a Bulgária, a Sérvia e outros países. É também chamada de Bálcãs.

Bósnio: os bósnios são um dos povos da península Balcânica.

Sérvia: os sérvios são um povo eslavo aparentado com os russos, também eslavos.

Daniel/Interfoto/Latinstock

Ilustração de 1914, depois colorizada, que representa o assassinato do arquiduque Francisco Ferdinando, herdeiro do Império Austro-Húngaro, e de sua esposa, Sofia, em Sarajevo, em junho de 1914. O crime, cometido pelo sérvio Gavrilo Princip, serviu de pretexto para o início da Primeira Guerra Mundial.

Tríplice Aliança × Tríplice Entente

Quando o conflito começou, os países europeus estavam agrupados em dois grandes blocos:

- a **Tríplice Aliança**, formada por Alemanha, Áustria-Hungria e Itália, apoiadas pelos turcos e pelos búlgaros;
- e a **Tríplice Entente**, formada por França, Inglaterra e Rússia, com apoio dos sérvios, gregos, belgas e romenos.

Europa em 1914

Banco de imagens/Arquivo da editora

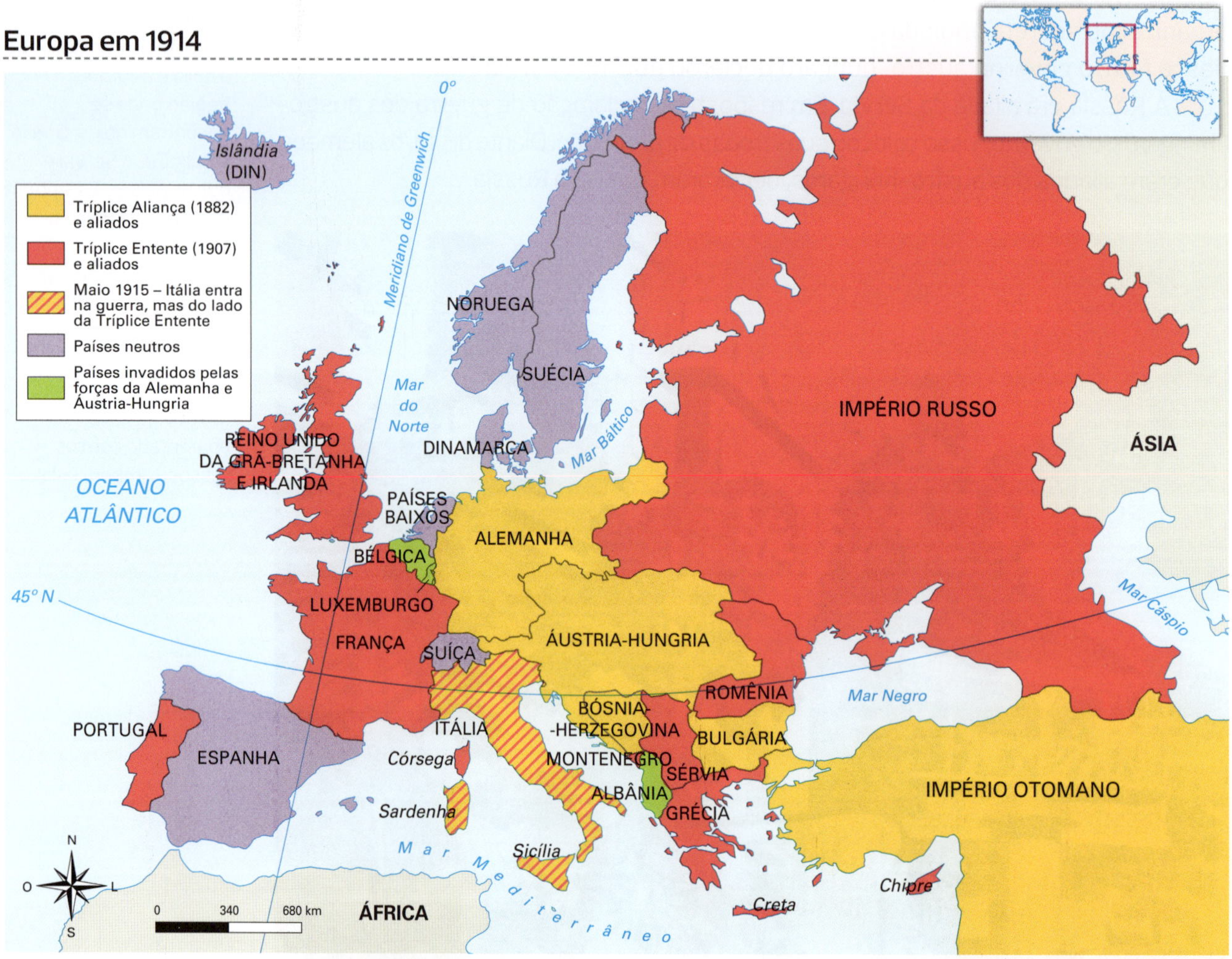

Adaptado de: DUBY, Georges. *Grand Atlas Historique*. Paris: Larousse, 2006.

À medida que o conflito se desenrolava, alguns países mudaram de lado e outros se somaram aos que já estavam em combate. O governo da Itália, por exemplo, embora antes da guerra estivesse no grupo da Tríplice Aliança, manteve-se neutro até 1915. Ao entrar no conflito, colocou-se ao lado da Tríplice Entente.

O governo do Japão aparentemente não tinha interesse nas disputas europeias. Entretanto, entrou na guerra também ao lado da Tríplice Entente. Seu objetivo era ficar com as possessões alemãs no oceano Pacífico.

Os governos do Brasil e dos Estados Unidos, inicialmente neutros, passaram a apoiar a Tríplice Entente, ao lado da qual entraram no conflito em 1917.

Convocação geral

O cartaz reproduzido nesta página foi publicado pelo Comitê Parlamentar de Recrutamento em Londres, Inglaterra em 1915, no início da Primeira Guerra Mundial. Foi desenhado por Robert Baden-Powell, tenente-general do Exército Britânico, fundador do **escotismo**. Repare nas iniciais RBP no canto inferior direito. Em sua opinião, o que o autor do cartaz pretendia transmitir? Como você descreveria esse cartaz? Você consegue entender o texto em inglês que acompanha a imagem?

A Z

Escotismo: é um movimento educacional mundial e voluntário que se propõe a desenvolver, nos jovens, valores como honra, responsabilidade, respeito, disciplina. Também o trabalho em equipe e a vida ao ar livre estão entre as principais premissas do escotismo.

imagem condutora

Divisão de Impressos e Fotografias/Biblioteca do Congresso, Washington (DC)

Cartaz produzido por Robert Baden-Powell (1857-1941). Representa uma tentativa de convencer os cidadãos britânicos a participar da Primeira Guerra Mundial.

Pela bandeira representada em posição central, podemos concluir que o cartaz trata da participação do **Reino Unido** no conflito. O cartaz se refere, portanto, a um Estado específico. Apesar disso, o objetivo com que foi elaborado pode ser estendido a outros participantes do conflito. De fato, outras nações fizeram uso da mesma ideia para transmitir mensagens semelhantes, convocando seus cidadãos a participar da guerra.

Reino Unido: oficialmente **Reino Unido da Grã-Bretanha e Irlanda do Norte** é um Estado insular da Europa, localizado em frente à costa noroeste do continente europeu. Inclui a ilha da Grã-Bretanha, a parte noroeste da ilha da Irlanda e várias ilhas menores. O Reino Unido é uma união política de quatro países: Inglaterra, Irlanda do Norte, Escócia e País de Gales. Embora esses quatros países se apresentem individualmente em algumas situações (competições esportivas internacionais, por exemplo), é o Reino Unido que os representa em situações formais como a União Europeia e as Nações Unidas.

Você sabia?

O uso de cartazes como forma de mobilizar a população para a guerra foi bastante utilizado nesse período por quase todos os países beligerantes. Esse recurso gráfico baseado em uma ilustração didática e um texto curto e direto era uma forma de atingir a todos, até mesmo analfabetos e crianças. Um dos grandes acervos de imagens da Primeira Guerra Mundial é formado por cartazes.

Mobilização e patriotismo

A intenção das pessoas que patrocinaram a produção do cartaz da página anterior era mobilizar a população para participar do esforço de guerra. Como podemos observar, várias pessoas foram representadas na cena: um escoteiro (de costas, entregando uma caixa ao soldado que empunha uma espingarda); um marinheiro manejando um canhão, um trabalhador segurando uma marreta; uma mulher separando fileiras de balas sobre uma mesa, uma enfermeira, e à direita, um homem de terno, de mãos nos bolsos, que apenas parece observar. Todas as pessoas, exceto esse homem, estão fazendo alguma coisa que diz respeito ao conflito.

Apenas esse homem parece alheio aos preparativos para a guerra e olha tudo com indiferença. A frase escrita em letras grandes "Are YOU in this?" – que significa algo como "e VOCÊ, está nisso?" – destaca a palavra YOU (VOCÊ) exatamente para atingir o observador e provocar seu envolvimento. O sentido da mensagem do cartaz é reforçar que o país precisa da participação de toda a sociedade no esforço de guerra.

A fisionomia tranquila das pessoas representadas nos permite pensar que o autor desse cartaz quis passar uma ideia de determinação e serenidade. De fato, a imagem transmite a expectativa das pessoas no início da guerra: quando o conflito começou, boa parte da população europeia experimentava um forte sentimento patriótico e via o acontecimento com entusiasmo e uma certa tranquilidade. De modo geral, a população dos países envolvidos acreditava que os soldados retornariam vitoriosos para casa e o conflito terminaria rapidamente.

Tecnologia destrutiva

Entretanto, não foi isso que aconteceu. A Primeira Guerra Mundial durou quatro longos anos e foi marcada por extrema violência, em razão dos novos armamentos desenvolvidos nos anos anteriores e também durante o conflito. Foi no decorrer da Grande Guerra que, pela primeira vez na história, foram utilizados gases mortíferos, veículos blindados, submarinos e aeronaves (veja a seção *Olho vivo* nas páginas 50-51). Só a Marinha britânica contava com 73 submarinos.

As metralhadoras também desempenharam papel fundamental na carnificina. Algumas delas tinham capacidade de 800 ou até mil tiros por minuto: um poder de fogo infinitamente superior ao dos antigos armamentos.

Os antigos navios de casco de madeira de muitos países foram substituídos pelos revestidos de ferro. Os velhos canhões foram trocados por outros mais modernos, como o que é representado no cartaz (veja o detalhe abaixo). Com isso, o alcance dos disparos se tornou muito maior. Canhões desenvolvidos pelos alemães eram capazes de alcançar alvos a 130 quilômetros de distância.

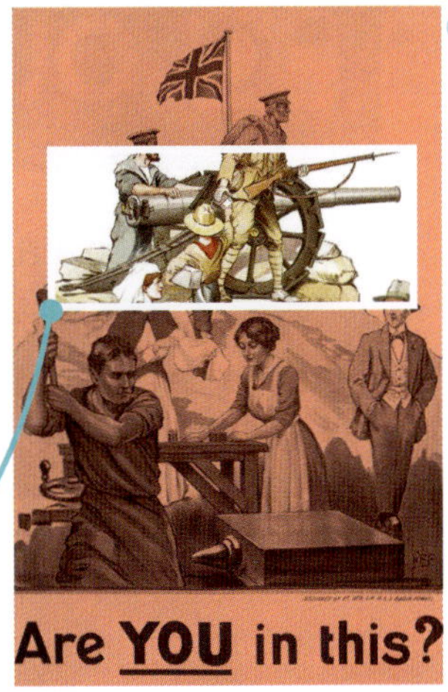

Fotos: Divisão de Impressos e Fotografias/ Biblioteca do Congresso, Washington (DC)

Representação de um canhão. Detalhe do cartaz de Robert Baden-Powell.

Boa parte dessa tecnologia foi usada contra a população civil. Cidades, vilas, e campos agrícolas foram bombardeados. A guerra e a morte já não se restringiam aos campos de batalha, mas invadiam os lares e afetavam a todos.

Como os governos não estavam preparados para uma guerra prolongada, não fizeram estoques de alimentos para abastecer a população. Em consequência, o racionamento de comida e a fome se impuseram em boa parte da Europa. O número de civis mortos no conflito, seja pelas armas, seja pela fome, chegaria a cerca de 6 milhões de pessoas.

As estratégias de combate

Observe a seguir um detalhe ampliado do cartaz que estamos analisando. Dois militares representam os combatentes na frente de batalha. O da esquerda, com a mão pousada sobre o canhão, veste um uniforme de marinheiro. Ele representa a Marinha. O outro, de uniforme cáqui, representa o Exército. Cerca de 60 milhões de europeus do sexo masculino foram mobilizados na Primeira Guerra Mundial.

Fotos: Divisão de Impressos e Fotografias/Biblioteca do Congresso, Washington (DC)

Representação de combatentes da Marinha e do Exército. Detalhe do cartaz de Robert Baden-Powell.

Olho vivo

Zepelim: uma arma cruzando os céus

O primeiro conflito a usar aeronaves em missões de defesa e ataque foi a guerra de 1914-1918. Entre os diversos tipos de aeronave, os dirigíveis rígidos – ou balões motorizados – destacavam-se como arma ideal para promover bombardeios aéreos.

Criado pelo conde alemão Ferdinand von Zeppelin (1838-1917), o primeiro dirigível rígido fez seu voo inaugural em 2 de julho de 1900, na Alemanha. Era uma espécie de balão com o formato de um charuto.

Assim como seu contemporâneo, o inventor e aviador brasileiro Alberto Santos Dumont (1873-1932), Zeppelin gastou fortunas no desenvolvimento de sua invenção.

Os zepelins, como passaram a ser chamados os dirigíveis, foram usados inicialmente no transporte de

1. O dirigível era formado por uma estrutura de metal revestida de tecido.

2. Na cauda estava o leme de direção. Ele servia para virar o dirigível à esquerda ou à direita. O piloto contava ainda com outros instrumentos. Entre eles, o leme de profundidade, que permitia controlar o movimento de subida e descida da aeronave.

3. Os motores, colocados na gôndola traseira, impulsionavam o dirigível para a frente. Dessa forma, ele não dependia de correntes de ar para se deslocar.

4. A cavidade da estrutura de metal era preenchida com balões cheios de hidrogênio, gás que permitia a elevação da aeronave por ser mais leve do que o ar. Como o hidrogênio é extremamente inflamável, foi substituído mais tarde pelo gás hélio.

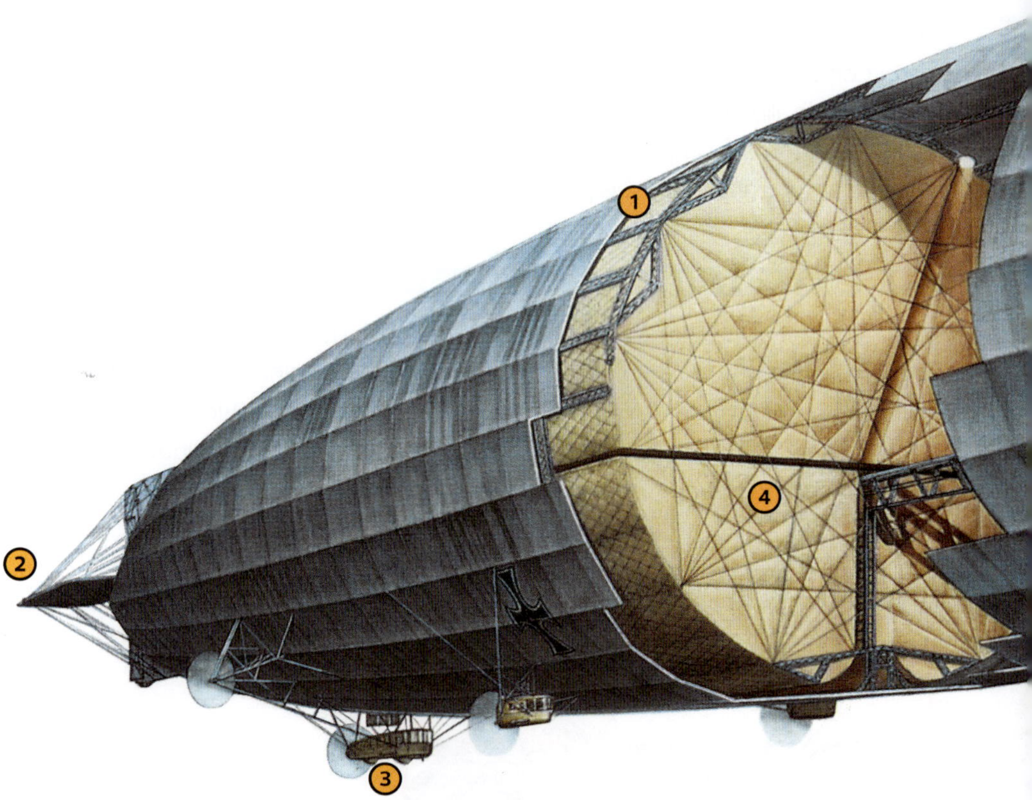

passageiros. Durante a Primeira Guerra Mundial foram empregados como escoltas de navios e, principalmente, em ataques aéreos noturnos. Os alemães chegaram a ter cem dessas aeronaves.

Ao contrário dos aviões, os dirigíveis eram silenciosos. Isso fazia deles uma arma mortal, pois podiam se aproximar das forças inimigas durante a noite sem ser notados e tinham capacidade para transportar grande quantidade de bombas. Tinham, porém, algumas desvantagens: eram altamente inflamáveis e dependiam muito das condições do tempo. Além disso, suas dimensões os tornavam um alvo fácil para as baterias antiaéreas inimigas.

Jonathan Potter/Time-Life

(5) Os dirigíveis recebiam um prefixo gravado na fuselagem, composto de uma letra e um número. Nos alemães, a letra empregada era L ou LZ (iniciais da expressão Luftschiffbau Zeppelin, que significa Construtora de Dirigíveis Zeppelin).

(6) Para uso na artilharia aérea foram adaptadas metralhadoras. Geralmente, afixadas sobre a fuselagem do dirigível.

(7) Acoplada à estrutura de metal, essa gôndola dianteira acomodava os motores, os controles, os tripulantes e os passageiros.

Esquema de funcionamento de um zepelim.

Fontes: GRANT, R. G. Flight. *100 Years of Aviation*. New York: Dorling Kindersley Limited/ Smithsonian Instituion's National Air and Space Museum, 2007; MOTT, H. P. *Primeira Guerra Mundial*. Rio de Janeiro: Nova Fronteira, 2008; BARREIRA, Solange. A volta dos dirigíveis. Revista *Galileu*. Disponível em: <http://galileu.globo.com/edic/89/tecnologia1.htm>. Acesso em: jan. 2015.

Estratégia: neste caso, é a definição de objetivos gerais a serem alcançados pelas forças militares, o planejamento das ações e a organização dessas forças para a conquista dos objetivos estabelecidos visando à vitória final no conflito em que estão envolvidas.

No início da Primeira Guerra Mundial, as tropas foram mobilizadas em campo aberto na tentativa de conquistar territórios inimigos. Esse tipo de **estratégia** militar é conhecido como **guerra de movimento**. Mas as perdas humanas foram muito grandes. Os exércitos substituíram então essa estratégia pela **guerra de trincheiras**.

Tropas russas em uma trincheira junto ao rio Dvina, em fotografia de setembro de 1917.

Peter Newark/The Bridgeman Art Library / Keystone Brasil

As trincheiras eram valas profundas e estreitas, mas de grande extensão, nas quais ficavam soldados fortemente armados. Eram protegidas por arame farpado e tinham por objetivo impedir o avanço das tropas inimigas. Os soldados inimigos também ocupavam trincheiras próximas, nas mesmas condições.

A guerra de trincheiras trouxe poucos resultados para ambos os lados e fez com que a guerra se prolongasse. Também foi a causa da morte de milhões de soldados, que além de enfrentar o fogo inimigo, eram presas fáceis das doenças provocadas pelo frio e pela chuva, além de ratos e piolhos que infestavam as trincheiras.

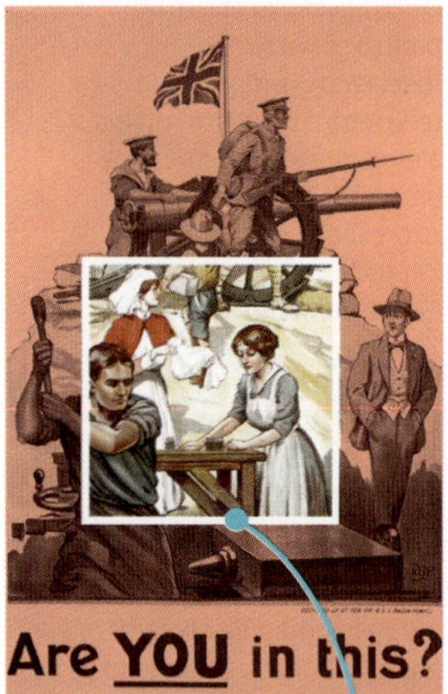

A participação das mulheres

Representação da presença de mulheres na guerra. Detalhe do cartaz de Robert Baden-Powell.

Fotos: Divisão de Impressos e Fotografias/Biblioteca do Congresso, Washington (DC)

A situação das mulheres durante a guerra não foi muito melhor que a dos homens. Além de cuidar da sobrevivência de crianças, idosos, feridos e inválidos que retornavam dos campos de batalha, as mulheres também desempenharam muitas tarefas que anteriormente eram exclusividade masculina.

Como se pode ver no detalhe do cartaz, as mulheres trabalharam em fábricas de armamentos, de munição, de máscaras de gás, de peças de avião, entre muitas outras indústrias. Também prestaram serviços de enfermagem, higiene, comunicações e outros setores. Somente na França havia, em 1918, mais de 1 milhão de mulheres cuidando de armamentos.

No Império Austro-Húngaro, 42% dos trabalhadores da indústria pesada em 1916 eram mulheres. Nos campos, como boa parte dos homens estava nas frentes de batalha, as mulheres passaram a cuidar das tarefas agrícolas. Também coube a muitas delas a reconstrução de casas e vilas destruídas pelos bombardeios.

O papel decisivo dos Estados Unidos

Em 1917, três anos após seu início, a guerra estava longe de terminar. Nesse momento, os alemães começaram a atacar e afundar navios de países que não participavam diretamente do conflito. Alegavam que embora os governos desses países se dissessem neutros, estavam fornecendo alimentos e outros produtos aos inimigos da Alemanha. Esse seria o caso dos Estados Unidos e do Brasil, que tiveram embarcações afundadas pelos alemães.

Em resposta, os governos estadunidense e brasileiro declararam guerra à Alemanha em 1917 (veja o boxe a seguir).

A entrada do Brasil não chegou a alterar os rumos da guerra. Em compensação, a entrada dos Estados Unidos, também ao lado da Tríplice Entente, faria toda a diferença. A nação norte-americana era naquele momento uma das mais desenvolvidas do mundo em termos tecnológicos. Muitas das inovações da Segunda Revolução Industrial eram estadunidenses.

O Brasil na Primeira Guerra Mundial

Aliado da Tríplice Entente, formada por Inglaterra, França e Rússia, o Brasil foi o único país da América do Sul a participar da Primeira Guerra Mundial. Entretanto, com tropas mal preparadas e equipamentos militares obsoletos, a participação do Brasil resumiu-se ao envio de navios de inspeção para vigiar o movimento dos inimigos na costa norte da África. O governo brasileiro também enviou uma missão de 92 médicos para tratar de feridos na França.

Iconographia/Reminiscências

Cartaz brasileiro [s.d.] para alistamento no Tiro de Guerra, com frase (em vermelho) de Wenceslau Braz (1868-1966), presidente do Brasil entre 1914 e 1918. O Tiro de Guerra (TG) é uma instituição militar do Exército brasileiro encarregada de formar soldados e reservistas.

A rendição da Tríplice Aliança

Além de equipamentos militares tecnologicamente avançados para a época, os Estados Unidos enviaram para os campos de batalha da Europa mais de 4 milhões de soldados.

Embora os russos tenham saído do conflito em março de 1918 (assunto que veremos mais adiante), o apoio estadunidense à Tríplice Entente rompeu o equilíbrio de forças entre as nações em guerra.

Com a entrada dos Estados Unidos, as forças adversárias da Tríplice Entente recuaram e, a partir de outubro de 1918, uma a uma as nações da Tríplice Aliança se renderam. Dessa forma, saíram derrotadas da guerra a Alemanha, e os impérios Austro-Húngaro e Turco Otomano.

K.J. Historical/Corbis/Latinstock

Cartaz, de 1917, convocando as mulheres a comprar bônus de guerra para ajudar o exército dos Estados Unidos durante a Primeira Guerra Mundial.

O Tratado de Versalhes

Entre 1919 e 1920, os vencedores do conflito realizaram algumas conferências nas quais foram estabelecidos acordos para o pós-guerra. A liderança desses encontros ficou a cargo dos representantes dos Estados Unidos, da Inglaterra e da França. Como as principais conversações foram realizadas no Palácio de Versalhes, na França, **os acordos assinados após a Primeira Guerra Mundial são chamados genericamente de Tratado de Versalhes.**

Observe o mapa desta página. Ele representa a Europa após a assinatura dos acordos de paz. Compare-o com o da página 46. Você vai perceber que após o fim da guerra a organização política do continente mudou bastante. Os impérios Austro-Húngaro e Turco Otomano deixaram de existir. Enquanto o primeiro deu origem à Áustria, Hungria e Tchecoslováquia, o segundo resultou na Turquia.

A Europa depois de 1918

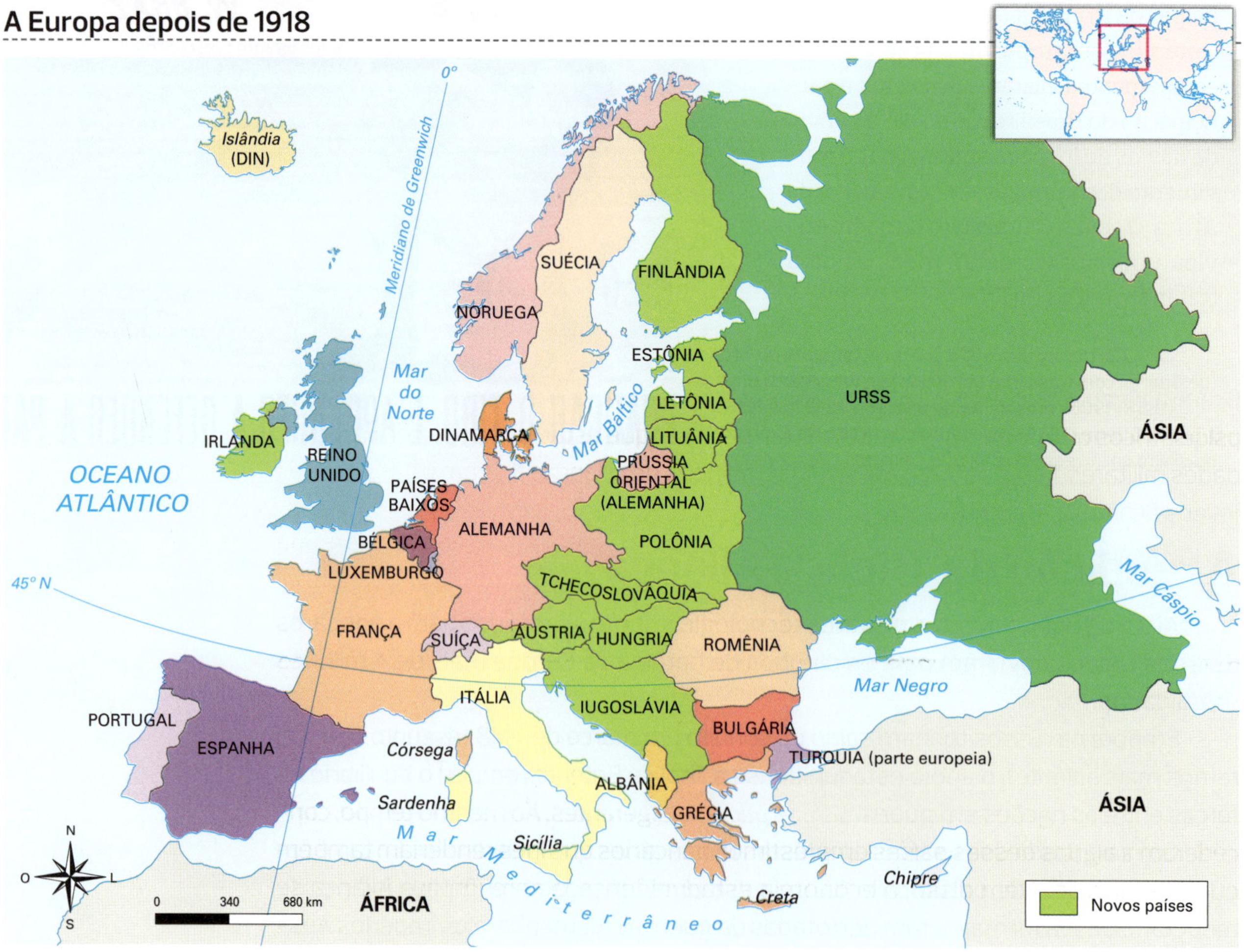

Banco de imagens/Arquivo da editora

Adaptado de: DUBY, Georges. *Grand Atlas Historique*. Paris: Larousse, 2006.

As regiões controladas pelos turcos otomanos no Oriente Médio e no norte da África passaram para o domínio de ingleses e franceses. O interesse das duas potências europeias era controlar as reservas de petróleo e de outros minerais valiosos dessas regiões.

Ao mesmo tempo, a Alemanha teve seu poderio militar muito reduzido. Ficou proibida, por exemplo, de manter uma aviação militar ou armamentos como canhões e submarinos. Teve de devolver à França as regiões anexadas na Guerra Franco-Prussiana, além de ceder territórios a outros países. Foi obrigada a entregar suas colônias aos franceses e aos ingleses e pagar uma gigantesca indenização de guerra aos países vencedores, compromisso que deixou sua economia em estado deplorável.

Outra decisão importante adotada nos encontros de Versalhes foi a criação da Liga das Nações, uma organização internacional que reuniu diversos países. Com sede em Genebra, na Suíça, a Liga das Nações foi criada com o objetivo de garantir a paz e a segurança mundial. Acabou dando origem à atual Organização das Nações Unidas – a ONU.

Col. Hulton-Deutsch/Corbis/Latinstock

Refugiados alemães, jovens e crianças, abandonam a região do Ruhr, na Alemanha, em março de 1923, enquanto tropas francesas e belgas ocupam a área para garantir o pagamento da dívida do governo alemão aos vencedores da Primeira Guerra Mundial. Foto de 1923.

As consequências da guerra

A Primeira Guerra Mundial mostrou ao mundo o quanto a **tecnologia** e a **ciência** podem ser usadas para provocar **sofrimento** e **morte** entre os seres humanos.

Segundo alguns cálculos, morreram nessa guerra cerca de 15 milhões de pessoas, entre civis e militares. Além delas, cerca de 20 milhões ficaram inválidos. Outros ficaram incapacitados por causa da neurose de guerra, um conjunto de problemas psiquiátricos que podem se manifestar em pessoas que estão ou estiveram em atividades militares. Famílias foram destruídas, milhões de crianças ficaram órfãs e muitos jovens ficaram desempregados.

A Alemanha, particularmente, saiu arrasada do conflito, pois foi esse país que recebeu o maior número de sanções por parte das potências vencedoras. Em poucos anos, a situação humilhante vivida pelos alemães resultaria em outra guerra ainda mais devastadora: a Segunda Guerra Mundial (1939-1945), que estudaremos no próximo capítulo.

Os maiores beneficiários da guerra foram os Estados Unidos. No período em que se mantiveram neutros, no começo do conflito, obtiveram enormes lucros com a venda de produtos agrícolas e industriais aos países beligerantes. Ao mesmo tempo, concederam a alguns desses países empréstimos bancários que lhes renderiam também enormes lucros. Além disso, a economia estadunidense já apresentava índices de crescimento muito altos. Todos esses fatores somados fariam dos Estados Unidos a maior potência econômica e política do planeta.

atividades

Interpretando documentos

Observe novamente a pintura *O baile no Moulin de la Galette*, de Pierre-Auguste Renoir, feita em 1876 e reproduzida na página 42. Depois observe ao lado uma tela de Marcel Duchamp intitulada *Nu descendo uma escada, nº 2*, de 1912. As duas obras datam da *Belle Époque*. A partir da observação dessas imagens, responda no caderno ao que se pede:

Reprodução/Museu de Arte da Filadélfia, EUA.

1. As pinturas são bem distintas entre si. Ao compará-las é possível dizer que ambas expressam o otimismo da *Belle Époque*? Justifique sua resposta com elementos das imagens.
2. A tela de Duchamp apresenta elementos que expressam a ideia de máquina, tecnologia e movimento, o que pode ser relacionado com o desenvolvimento tecnológico e bélico do período. De que maneira esse desenvolvimento tecnológico propiciou a "paz armada" entre as principais potências europeias?
3. Essas duas obras de arte ajudam a pensar nas mudanças ocorridas durante a *Belle Époque* e de que modo o otimismo da época deu lugar a tensões que explodiriam na Primeira Guerra Mundial. Podemos pensar também em obras que expressam problemas e tensões de outros tempos e lugares. Cite uma obra (música, artes visuais, filme, peça de teatro, literatura, programa de televisão, etc.) que possibilite uma reflexão sobre a atual sociedade brasileira e justifique sua escolha.

Diálogos

O forte nacionalismo entre os povos europeus no período que antecedeu a Primeira Guerra Mundial levou a rivalidade entre as nações ao extremo, estimulando a intolerância em relação aos estrangeiros.

Essa hostilidade entre povos diferentes ainda ocorre em diversas partes do mundo e provoca consequências desastrosas para muitas sociedades.

- Reunidos em grupo, organizem uma breve encenação que mostre a importância da convivência pacífica entre povos de diferentes origens e culturas. (Veja na seção *Como se faz...*, ao final deste volume, orientações sobre como criar uma dramatização.)

Calendário russo: em 1917, a Rússia utilizava um calendário diferente do calendário ocidental (gregoriano). Pelo calendário russo, a queda do czar ocorreu em fevereiro e os comunistas chegaram ao poder em outubro; pelo calendário ocidental, esses fatos ocorreram em março e em novembro. Daí o nome Revolução de Outubro. Em 1918, a recém-formada URSS adotou o calendário ocidental.

4 A Revolução Russa

CONTEÚDO DIGITAL

Em 1917, houve na Rússia uma grande revolução. O czar foi derrubado em fevereiro e no mês de outubro, de acordo com o **calendário russo**, os comunistas tomaram o poder.

O cartaz reproduzido a seguir foi criado pelo poeta russo Vladimir Maiakovski (1893-1930), que também foi crítico literário e dramaturgo. Esse cartaz **foi elaborado para fazer propaganda** da Revolução Russa de novembro de 1917, primeira experiência de instauração do **comunismo** no mundo (veja o boxe a seguir).

Comunismo e socialismo

No começo do século XX, os ideais do comunismo e do socialismo estavam em alta na Europa. Em geral, seus defensores eram intelectuais e trabalhadores que se dividiam em facções ou partidos diferentes, cada um deles com suas particularidades.

De modo geral, a intenção dos adeptos do comunismo e do socialismo era criar uma sociedade igualitária, na qual não houvesse o que chamavam de "exploração do homem pelo homem", ou seja, na qual não houvesse nem ricos (exploradores) nem pobres (explorados).

Para transformar seu projeto em realidade, esses grupos defendiam a tomada do poder do Estado pelos trabalhadores. Pretendiam, assim, estabelecer um governo de operários sob seu controle.

Entre outras medidas, esse governo deveria extinguir a propriedade privada dos meios de produção e circulação – como fábricas, grandes propriedades rurais e bancos – e colocá-la nas mãos da sociedade ou do Estado. Dessa forma, segundo seus defensores, deixariam de existir as desigualdades sociais.

V. Maiakovski/Museu Central Estatal da História Contemporânea da Rússia

imagem condutora

Cartaz alusivo à Revolução Russa, produzido por V. Maiakovski em 1917, onde se lê: "Veja quem o soldado defendia antes; eis quem ele defende agora".

Ao criar esse cartaz, Maiakovski tinha por objetivo convencer as pessoas de que a vida após a Revolução de 1917 seria melhor do que antes. Para isso, dividiu o cartaz em duas cenas. A cena do alto representa sua visão da sociedade russa antes da Revolução; a cena de baixo mostra como teria ficado a sociedade após a Revolução de 1917. Observe bem as duas cenas. O que mais lhe chama a atenção? Em sua opinião, quais as questões centrais abordadas no cartaz?

A legenda da parte superior diz "Veja quem o soldado defendia antes". Na cena, aparecem várias figuras que seriam representativas das elites da sociedade russa antes de 1917. A seguir, vamos conhecer um pouco essa sociedade representada na parte de cima do desenho.

Um império absolutista

Por volta de 1910, a Rússia era o maior império territorial do mundo. Uma das características desse império é que ele ocupava regiões de dois continentes: o europeu e o asiático (veja a localização da Rússia no mapa da página 46). Com 132 milhões de habitantes, a Rússia também era gigantesca em termos populacionais.

Contudo, sob muitos aspectos, a Rússia conservava formas de organização política, econômica e social que os países industrializados da Europa já tinham abandonado havia muito tempo. Sua estrutura política, por exemplo, ainda se baseava na **monarquia absolutista**. Não existiam leis ou qualquer outro sistema que limitasse o poder do imperador (chamado de czar).

Monarquia absolutista: forma de governo na qual o rei tem poderes quase absolutos. Seu auge ocorreu na Europa ocidental entre os séculos XVI e XVIII.

O todo-poderoso czar

No cartaz que estamos analisando, o czar é representado pelo personagem que usa uma coroa na cabeça (sobre o termo *czar*, veja a seção *As palavras têm história*, a seguir).

As instituições políticas russas eram praticamente as mesmas desde o século XVII. Ao contrário dos países da Europa ocidental, a Rússia não tinha Constituição nem eleições livres. Não havia uma imprensa independente nem formas democráticas de organização.

Representação do czar russo. Detalhe do cartaz sobre a Revolução Russa produzido em 1917 por V. Maiakovski.

Fotos: V. Maiakovski/Museu Central Estatal da História Contemporânea da Rússia

As palavras têm história

Czar

Czar era o título usado pelos monarcas russos desde 1546. A palavra tem sua origem no latim *Caesar*, título dos antigos imperadores romanos. A mulher do czar era chamada de czarina.

Para governar e manter a população sob controle, o czar contava com a ajuda da polícia política, dos funcionários públicos, do Exército e da **Igreja ortodoxa**.

A polícia política era conhecida como Ochrana. Ligada diretamente ao czar, era responsável por vigiar, prender, torturar e até mesmo matar as pessoas que supostamente agissem contra o governo.

A partir das décadas finais do século XIX, a ausência de liberdade na Rússia fez aumentar o número de grupos **clandestinos** que lutavam contra a monarquia absolutista. Com isso aumentava também o número de perseguidos pela Ochrana. Maiakovski, o autor do cartaz, por exemplo, foi preso diversas vezes sob a acusação de pertencer a partidos políticos clandestinos.

Na parte superior do cartaz, podem-se ver, ao fundo, duas pessoas enforcadas que representam as vítimas da Ochrana. Repare no detalhe a seguir:

Igreja ortodoxa: instituição cristã que rompeu com o papado de Roma em 1054.

Clandestino: grupo ou pessoa que precisa atuar secretamente por sofrer perseguição política ou religiosa.

Fotos: V. Maiakovski/Museu Central Estatal da História Contemporânea da Rússia

Representação das vítimas da Ochrana, a polícia secreta do czar. Detalhe do cartaz sobre a Revolução Russa produzido em 1917 por V. Maiakovski.

O papel do Exército

No mesmo cartaz, o militar que tem a mulher no colo representa o Exército russo. Observe o detalhe. Embora fosse formado por grande contingente de soldados, o Exército russo estava muito atrás das Forças Armadas dos países industrializados. Seus armamentos eram antigos e seus soldados não estavam preparados para enfrentar uma guerra como a que teve início em 1914.

V. Maiakovski/Museu Central Estatal da História Contemporânea da Rússia

O militar de quepe representa o Exército russo. Detalhe do cartaz sobre a Revolução Russa criado em 1917 por V. Maiakovski.

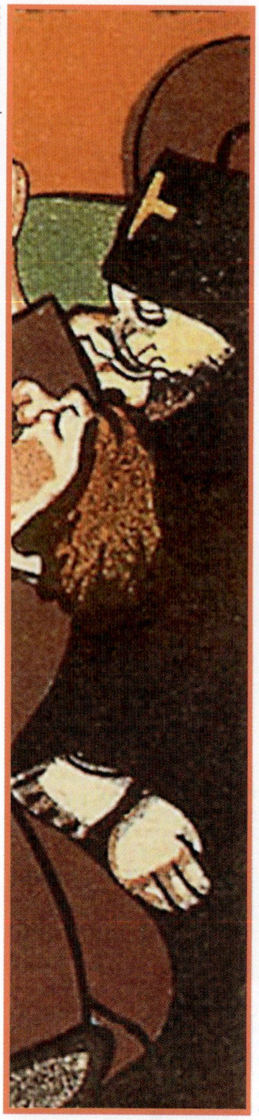

Fotos: V. Maiakovski/Museu Central Estatal da História Contemporânea da Rússia

Representante da Igreja ortodoxa. Detalhe do cartaz sobre a Revolução Russa produzido por V. Maiakovski em 1917.

O papel da Igreja

Outro sustentáculo do império era a Igreja ortodoxa. Muito ligada ao Estado, ela dependia do dinheiro do governo para se sustentar. Sua mais alta administração – o Santo Sínodo – era nomeada diretamente pelo czar. Na imagem, a Igreja ortodoxa está representada pelo religioso de preto no canto direito, como podemos ver no detalhe ao lado.

Nobreza rural × camponeses

Mas não foi só na política que a Rússia ficou defasada em relação às novas ideias em circulação na Europa e nos Estados Unidos desde o século XVIII. Na entrada do século XX, a modernização tecnológica ocorrida com a Revolução Industrial ainda estava ausente do cotidiano da população. A economia russa era predominantemente rural e utilizava técnicas e equipamentos ultrapassados. Como resultado, o rendimento agrícola era baixíssimo.

Boa parte das terras pertencia à nobreza rural, uma elite formada por apenas 107 mil famílias. Essa elite era sustentada por milhões de camponeses sem terra que trabalhavam nas grandes propriedades rurais.

Enquanto a elite levava uma vida luxuosa, os camponeses viviam em condições desumanas e sem nenhum tipo de direito trabalhista ou social.

Autoria desconhecida/Arquivo da editora

Camponeses e a vida no campo na Rússia pré-revolucionária. Foto de c. 1914-1917.

Donos de fábricas × trabalhadores

Na Rússia dessa época, o setor industrial era mais moderno que o rural. Entretanto, havia desigualdades semelhantes às que dividiam o campo em ricos e pobres. De um lado estavam os capitalistas donos das fábricas (meios de produção). Essas pessoas ou grupos foram representados no cartaz de Maiakovski pela figura do homem gordo, que, sentado sobre um saco de dinheiro, empanturra-se de comida e bebida.

Fotos: V. Maiakovski/Museu Central Estatal da História Contemporânea da Rússia

O capitalista, na visão de Maiakovski. Detalhe do cartaz sobre a Revolução Russa produzido por V. Maiakovski em 1917.

Representação do operário. Detalhe do cartaz sobre a Revolução Russa produzido por V. Maiakovski em 1917.

No outro extremo, estavam os trabalhadores industriais (operários), que não tinham direitos e viviam em condições de extrema pobreza. No cartaz, os pobres estão representados pelo personagem que carrega todo o peso da sociedade nas costas.

Greves e manifestações

No início do século XX, os trabalhadores russos começaram a reivindicar mudanças, inspirados nas conquistas políticas e sociais de outros países europeus, como liberdade de pensamento e de organização, imprensa livre, Constituição, eleições democráticas, direitos sociais e trabalhistas, entre outras. Assim, greves nas fábricas e manifestações nas ruas se tornaram cada vez mais frequentes.

Formaram-se também novos partidos e publicações clandestinas com base em ideais **anarquistas e comunistas**. Alguns grupos, mais do que reformas, desejavam a derrubada do czarismo e a implantação de um governo popular.

A Z

Anarquistas e comunistas: a diferença entre esses dois grupos estava no desejo dos anarquistas de suprimir o Estado e a propriedade privada de um só golpe. Os comunistas, ao contrário, pensavam que era preciso tomar o poder sem suprimir o Estado e instaurar uma "ditadura do proletariado" que conduzisse a sociedade ao socialismo.

Esse desejo por mudanças ampliou-se em 1905, ano em que a Rússia perdeu a guerra contra o Japão por disputas territoriais na China. O conflito debilitou ainda mais a economia russa, gerando consequências sociais graves no país. As revoltas populares e as greves aumentaram e até mesmo a elite passou a se reunir em jantares e movimentos de oposição ao regime czarista.

Em janeiro de 1905, em São Petersburgo, capital do país, milhares de trabalhadores foram às ruas em uma grande manifestação pacífica. As tropas do czar dispararam contra a multidão, provocando a morte de cerca de mil pessoas. Com esse acontecimento, a revolta se espalhou praticamente por todo o território.

Yuri Maslyaev/Imperial War Museum, Londres, Inglaterra.

***Domingo Sangrento em São Petersburgo*, Rússia, 1905. Pintura de Ivan Vladimirov (1870-1947) que representa o episódio conhecido como Domingo Sangrento, em que manifestantes que levavam uma petição ao czar Nicolau II foram massacrados pela Guarda Imperial em frente ao Palácio de Inverno, em 22 de janeiro de 1905.**

Nas cidades, a luta em prol de uma Constituição e de direitos trabalhistas tornou-se cada vez mais intensa. No curso dessas lutas, os trabalhadores criaram uma nova forma de organização democrática: os **sovietes**.

A Z

Sovietes: conselhos formados por trabalhadores eleitos democraticamente nas fábricas e bairros operários. Organizados durante a Revolução de 1905, foram extintos pela repressão do governo. Voltaram a se formar no começo de 1917.

Acuado e com medo de perder o poder, o czar prometeu melhorias sociais e o fim do regime absolutista. Chegou a convocar eleições gerais para uma espécie limitada de Parlamento na Rússia, a Duma, destinada a elaborar uma Constituição. Ao mesmo tempo, ordenou movimentos de repressão aos sovietes, entre os quais o de São Petersburgo, liderado por Leon Trotski. Quando as agitações diminuíram, o czar voltou atrás em muitas de suas promessas.

De 1906 à participação na Primeira Guerra

Nos anos seguintes, a situação da Rússia não melhorou. Embora ocorressem eleições para a Duma, ela era dissolvida sempre que o perfil dos deputados não agradava ao czar. A repressão aos movimentos de oposição também continuou, provocando a prisão e, às vezes, a morte dos que contestavam o regime.

Mas o que parecia impossível aconteceu a partir de 1914: a crise da Rússia piorou ainda mais. Naquele ano, como vimos, o país entrou na Primeira Guerra Mundial, mobilizando cerca de 15 milhões de soldados. Muitos deles, porém, não tinham nem mesmo botas ou armamentos, o que provocaria um grande número de mortes e deserções.

Em 1917, a economia russa praticamente entrou em colapso. A fome e o desemprego se instauraram e a revolta popular tomou as ruas. Os sovietes ressurgiram.

Observe a seguir mais um detalhe do cartaz que estamos estudando neste capítulo. As frases escritas nas bandeiras carregadas pelo agricultor, pelo operário e pelo soldado são um resumo das reivindicações dos trabalhadores em 1917: terra, democracia, República e liberdade.

Fotos: V. Maiakovski/Museu Central Estatal da História Contemporânea da Rússia

Representação das reivindicações dos camponeses, operários e soldados russos. Detalhe do cartaz sobre a Revolução Russa produzido por V. Maiakovski em 1917.

A Duma assume o poder

Em 12 de março de 1917, a população tomou as ruas de várias cidades do país e, sem apoio, o czar foi obrigado a renunciar. Assumiu o poder um governo provisório. Seus componentes eram os políticos mais conservadores da Duma, ou seja, pessoas que não desejavam mudanças muito radicais na sociedade, como o fim da propriedade privada.

Embora tenha adotado medidas como jornada de trabalho de 8 horas, legalização de partidos políticos e anistia aos presos políticos, esse governo não abraçou algumas das causas mais importantes para os trabalhadores e para os sovietes, como a saída da Primeira Guerra Mundial e a reforma agrária.

Os bolcheviques implantam o comunismo

Aproveitando a situação, o líder do grupo **bolchevique**, Vladimir Lenin, que se encontrava exilado no exterior, voltou à Rússia em abril de 1917. Lenin era contra o governo provisório e achava que os sovietes deveriam tomar o poder para instalar um regime socialista.

Outra figura de destaque ao lado de Lenin foi Leon Trotski, líder do mais importante grupo soviete do país, o de Petrogrado (antiga São Petersburgo, que mudara de nome). Trotski discordara de Lenin no passado, mas nesse momento se tornou um dos principais dirigentes do Partido Bolchevique.

A Z

Bolchevique: ala mais radical do Partido Operário Social Democrata Russo, de caráter socialista. Tinha como proposta central "todo poder aos sovietes!". Foi esse grupo que liderou a Revolução de Outubro de 1917 (conforme o calendário russo).

Os bolcheviques propunham a entrega do poder aos sovietes. Um de seus lemas era **Paz, Pão e Terra**. Com ele, conquistaram rapidamente o apoio da população. Na noite de 6 para 7 de novembro de 1917, derrubaram o governo provisório e assumiram o poder, instalando, pela primeira vez na História, um governo comunista.

Rue des Archives/The Granger Collection/Keystone

Lenin (ao centro) e Trotski (batendo continência), junto a uma multidão durante as comemorações do terceiro aniversário da Revolução Russa em 7 de novembro de 1920.

Os símbolos do novo regime

Observe novamente a parte inferior do cartaz. O que você percebe nela? O cenário é o mesmo, mas os personagens da parte superior, que representavam o antigo regime russo, saíram de cena. Em seu lugar há três novas figuras que simbolizam a Rússia pós-Revolução.

A primeira delas, podemos concluir pela foice na mão esquerda, representa um camponês. A segunda figura leva um martelo. Representa, portanto, um operário. A terceira carrega uma arma. Trata-se de um soldado.

A legenda que acompanha essa cena inferior não deixa dúvidas sobre a intenção do cartaz de enaltecer a Revolução Bolchevique. Diz ela: "Eis quem o soldado defende agora". Dessa forma, a cena superior do cartaz representa a Rússia pré-revolucionária e a cena inferior dele, a Rússia pós-1917 na visão dos revolucionários.

Fotos: V. Maiakovski/Museu Central Estatal da História Contemporânea da Rússia

Representação de personagens que simbolizam a Rússia pós-Revolução: camponês, operário e soldado, da esquerda para a direita. Detalhe do cartaz de V. Maiakovski.

A crença de uma vida melhor após a Revolução era tal que, na parte inferior do cartaz, o artista pintou um céu limpo, sem as nuvens escuras que aparecem na parte superior (reveja a imagem principal da página 57).

Você sabia?

Os bolcheviques acreditavam que, ao chegar ao poder, faziam isso em nome dos operários e dos camponeses. No início tinham certa razão para pensar assim, pois seu governo se apoiava nos sovietes operários, camponeses, soldados e marinheiros.

Por essa razão, os instrumentos de trabalho que simbolizam os camponeses (uma foice) e os operários (um martelo) foram inscritos na bandeira da Rússia soviética (mais tarde, esse nome mudaria para União das Repúblicas Socialistas Soviéticas – URSS).

A foice e o martelo se tornariam também o maior símbolo dos partidos comunistas no mundo.

Autor desconhecido/Arquivo da Editora

Bandeira do Partido Comunista russo

Bolcheviques promovem mudanças

Ao tomar o poder, uma das primeiras medidas dos bolcheviques foi retirar a Rússia da Primeira Guerra Mundial. Para isso, o governo revolucionário assinou um tratado de paz em separado com a Alemanha.

Visando atender as reivindicações populares, os bolcheviques confiscaram as propriedades da nobreza rural e da Igreja e **estatizaram** alguns bancos e indústrias.

Essas medidas provocaram descontentamento entre os empresários, grandes proprietários rurais e capitalistas estrangeiros que investiam no país. Também os generais e outros oficiais do Exército e da Marinha que apoiavam o czar se mostravam insatisfeitos.

Esses grupos se articularam para retomar o poder e organizaram exércitos contrarrevolucionários. Contaram para isso com a ajuda dos governos de vários países estrangeiros, temerosos de que essa revolução de cunho socialista se espalhasse pela Europa. Assim, entre 1918 e 1921 a Rússia viveu uma sangrenta guerra civil.

Estatizar: é o ato de passar para o domínio do Estado uma empresa que antes pertencia a particulares. Assim, o Estado passa a ser o proprietário dessa empresa.

TopFoto/AGB Photo/Keystone

Vítimas da guerra civil na Rússia, [s.d.]. Foto do início do século XX.

Do sonho socialista à ditadura

A guerra civil arrasou a economia e a sociedade russa. Cerca de 13 milhões de pessoas morreram no conflito. Apesar dessas perdas, os bolcheviques, que haviam mudado o nome de seu grupo para Partido Comunista, venceram o conflito. Para evitar novas rebeliões e revoltas, o governo comunista implantou uma forte centralização do poder.

Entre outras medidas, determinou a extinção dos partidos adversários, passou a controlar a imprensa e a reprimir os opositores. Muitas pessoas foram presas e executadas, entre elas o czar e sua família. Até mesmo os sovietes, que eram um importante espaço de discussão democrática dos problemas do país, transformaram-se em meros executores das ordens do Partido Comunista, único que podia funcionar.

Nasce a URSS

O sonho de uma sociedade democrática e livre estampado na bandeira do operário e do soldado no cartaz de 1917 tornou-se ainda mais distante após 1922, ano em que o país passou a se chamar **União das Repúblicas Socialistas Soviéticas** (**URSS**). Nessa época, por motivo de doença, Lenin teve de se afastar do governo, vindo a falecer dois anos depois.

Após disputas internas, o poder passou para as mãos de Josef Stalin, que governaria o país de 1924 até sua morte, em 1953. Stalin exerceu o poder de forma extremamente autoritária, perseguindo e assassinando seus opositores.

Sob o governo de Stalin, até mesmo os líderes da Revolução de 1917 – com exceção de Lenin, que já havia morrido – foram eliminados. Esse foi o caso de Leon Trotski, um dos mais importantes dirigentes da Revolução de Outubro, que criticava o fim da vida democrática nos sovietes e o excesso de poder nas mãos de Stalin.

Após a Segunda Guerra Mundial (1939-1945), a União Soviética transformou-se em uma das grandes potências mundiais. Entretanto, os ideais socialistas de uma sociedade igualitária e justa foram perdidos sob o governo de Stalin.

Dessa forma, a sociedade soviética transformou-se em um Estado burocratizado, controlado por uma elite de funcionários ligados ao Partido Comunista, e o povo passou a viver sem liberdade e sem participação política (veja no capítulo 5 deste volume mais informações sobre a URSS e sobre a expansão do socialismo no mundo).

Wikipedia/Wikimedia Commons

O canal que une o mar Báltico ao mar Branco, próximo à região de São Petersburgo, foi construído entre 1931 e 1933 por prisioneiros do Gulag, a agência do governo de Stalin que administrava os campos de trabalhos forçados. Mais de 100 mil homens e mulheres, prisioneiros poíticos do Gulag, cavaram toda a extensão do canal usando picaretas, pás e carrinhos de mão. Concluído em apenas 20 meses, o projeto custou a vida de milhares de prisioneiros. Foto de c. 1931-1933.

Enquanto isso...

A Revolução Mexicana

Em 1917, no mesmo ano em que os comunistas tomavam o poder na Rússia, no México era aprovada uma Constituição avançada para a época. De fato, ela foi a **primeira Constituição do mundo a atribuir aos direitos trabalhistas a mesma importância das liberdades individuais e políticas**.

A Constituição mexicana garantia ao trabalhador uma série de direitos, tais como: limitação da jornada de trabalho, proteção da maternidade e idade mínima para admissão nos trabalhos industriais. Essas conquistas foram resultado de vários anos de luta dos movimentos populares mexicanos.

No início do século XX, as desigualdades sociais eram muito grandes no México. No campo, cerca de 850 fazendeiros eram donos de quase todo o território, enquanto milhões de camponeses não tinham terra para plantar.

Em 1910, teve início um movimento revolucionário que mobilizou camponeses e operários sob a liderança de Pancho Villa (1878-1923) e Emiliano Zapata (1879-1919). Villa e Zapata eram líderes camponeses. Eles lutavam por uma reforma agrária que distribuísse a terra entre os camponeses e pela derrubada do governo. O presidente foi deposto em 1911, mas as lutas camponesas prosseguiram por vários anos.

Além da Constituição, considerada um dos maiores ganhos desse movimento, os revolucionários fizeram aprovar uma Lei Agrária que desapropriou as terras dos grandes fazendeiros e as distribuiu entre os camponeses.

Agustin Casasola/Akg-images/Latinstock

Os líderes revolucionários mexicanos Francisco 'Pancho' Villa (1877-1923), no centro da fotografia, e Emiliano Zapata (ao lado de Villa, com sombreiro no joelho), no Palácio Presidencial da Cidade do México. Foto de 1914.

Esquema-resumo

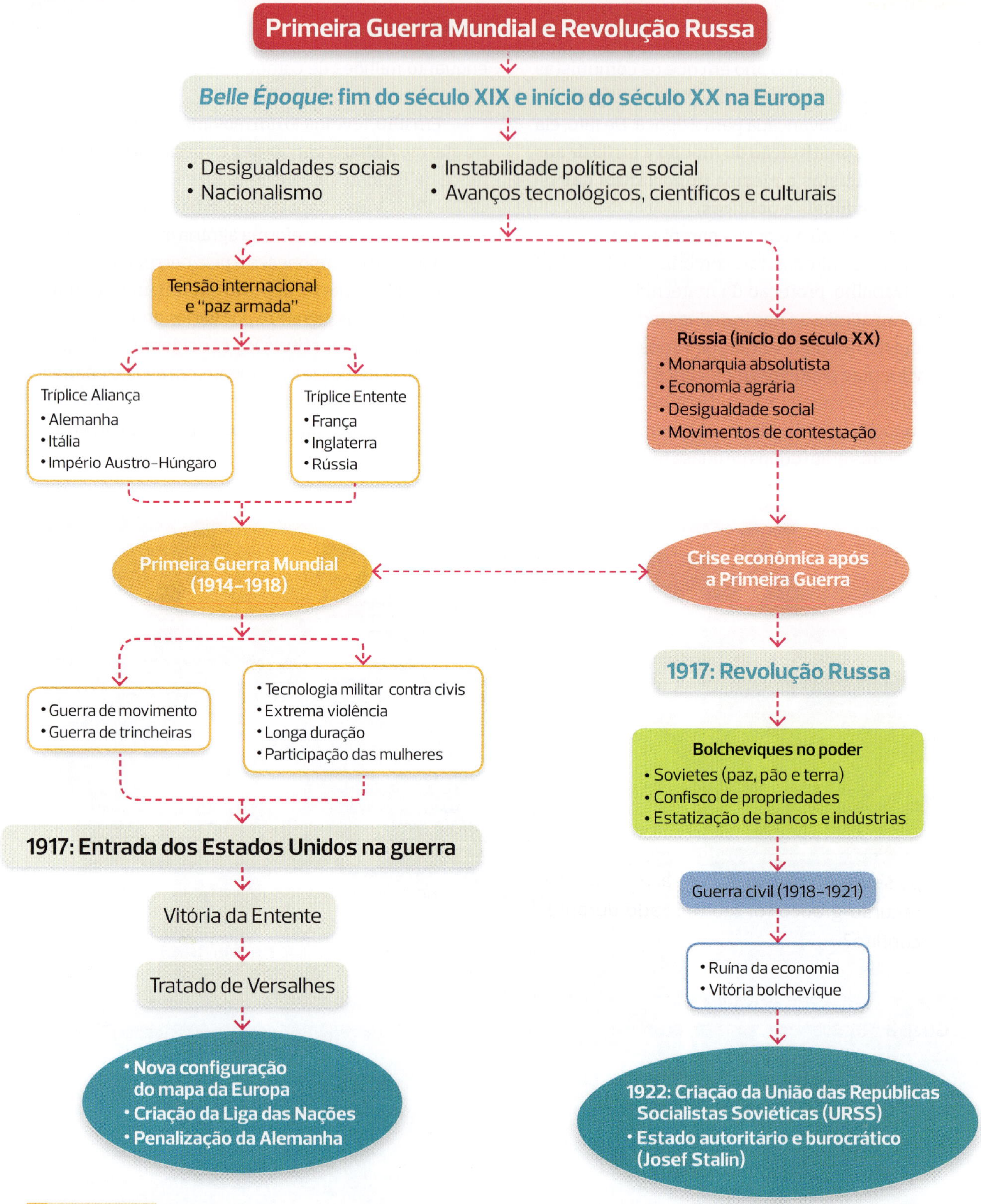

atividade

- Com base nas informações do esquema, escreva no caderno um texto explicando de que maneira o contexto histórico da Europa no fim do século XIX e começo do XX ajuda a entender o início da Primeira Guerra Mundial e da Revolução Russa.

Atividades

Para organizar as ideias

1. Leia o trecho a seguir, depois responda no caderno.

   A vida em alguns países da Europa parecia tão próspera e feliz para as camadas alta e média da população que esse período ficou conhecido como Belle Époque, *expressão francesa que significa 'Bela Época'.*

   a) Por que a vida na Europa parecia próspera e feliz para as camadas alta e média da população?
   b) Apesar do clima de felicidade em parte da sociedade, a Europa estava repleta de problemas sociais. Cite alguns deles.

2. Às vésperas da Primeira Guerra Mundial (1914-1918) foram criadas duas alianças entre as potências europeias. Explique que alianças eram essas e que nações elas reuniam.

3. Observe a imagem condutora da página 47, um cartaz divulgado na Inglaterra na Primeira Guerra Mundial. A partir da análise da imagem, responda no caderno:
   a) Qual foi a intenção do governo ao produzir esse cartaz?
   b) Os cartazes foram muito utilizados pelos países envolvidos na guerra. Por que esse recurso gráfico foi tão utilizado durante o conflito?

4. O avanço da tecnologia bélica tornou a Primeira Guerra Mundial um conflito letal, com muitas perdas humanas. Por isso, os exércitos utilizaram como estratégia a guerra de trincheiras. Explique no que consistia e quais foram seus resultados.

5. Como a Primeira Guerra Mundial afetou o cotidiano das mulheres europeias?

6. Compare os mapas das páginas 46 e 54 e escreva um resumo das principais medidas previstas no Tratado de Versalhes que resultaram em mudanças no mapa da Europa após o fim da guerra.

7. No início do século XX, a Rússia era o maior império territorial do mundo. Entretanto, as condições políticas, econômicas e sociais do país eram consideradas ultrapassadas. Apresente argumentos que comprovem essa afirmação.

8. Em 1905, a violenta repressão do czar a uma manifestação pelas ruas da capital levou à radicalização dos protestos em toda a Rússia. Explique como a organização popular pôs em risco o poder absolutista do czar Nicolau II.

9. Como vimos, a situação da Rússia era marcada por problemas sociais, econômicos e políticos que se agravaram com a entrada do país na Primeira Guerra Mundial. A tensão chegou ao ápice em 1917, abrindo caminho para a revolta popular que culminou na Revolução Russa. Descreva como o movimento revolucionário derrubou o regime e alcançou o poder a partir de 1917.

10. Em 1917, os bolcheviques derrubaram o governo provisório e assumiram o poder, instaurando um governo comunista. Que medidas foram adotadas por esse governo e como foram recebidas?

11. Explique o significado da afirmação: "O sonho de uma sociedade democrática e livre estampado na bandeira do operário e do soldado no cartaz de 1917 tornou-se ainda mais distante após 1922, ano em que o país passou a se chamar União das Repúblicas Socialistas Soviéticas (URSS)".

12. No início do século XX, a Revolução Mexicana promoveu transformações importantes na sociedade do país. Aponte algumas delas.

Teste seus conhecimentos

1. A Primeira Guerra Mundial foi denominada por seus contemporâneos como "Grande Guerra". Essa denominação aponta para uma diferença substantiva desse conflito. Comparada às guerras do século XIX, na Primeira Guerra,
   a) a duração do conflito foi maior, pois a guerra de trincheiras impedia os avanços militares.
   b) a infantaria destacou-se como opção estratégica no combate ao inimigo.
   c) os acordos diplomáticos foram responsáveis pelo fortalecimento do equilíbrio europeu.
   d) as ações bélicas tiveram alcance mundial porque se desenvolveram em todos os continentes.
   e) as inovações tecnológicas, utilizadas em larga escala, ampliaram o potencial beligerante.

2. A Revolução Russa, liderada pelos bolcheviques, pretendia criar uma sociedade democrática e livre na Rússia. Porém, os conflitos que tiveram início após a Revolução provocaram mudanças nos rumos políticos do movimento. Responda no caderno, assinalando **V** para as opções verdadeiras e **F** para as falsas, levando em consideração as seguintes afirmativas sobre os desdobramentos da Revolução a partir da década de 1920:
   a) A guerra civil, ocorrida entre 1918 e 1921, foi vencida pelos bolcheviques, porém estes foram obrigados a criar um regime centralizado para evitar novas revoltas.
   b) O Partido Comunista, como os bolcheviques passaram a ser chamados, permitiu a manutenção dos partidos políticos e a livre discussão de ideias contrárias ao regime comunista.
   c) Com a morte de Stalin, a liderança do Partido Comunista ficou a cargo de Lenin, que exerceu o governo de forma extremamente autoritária.
   d) O governo soviético criou um Estado burocrático, controlado por uma elite de funcionários ligados ao Partido Comunista, fato que restringiu muito a liberdade e a participação política da sociedade.

A questão 1 foi adaptada de vestibular (UFG).

Interpretando documentos

A propaganda foi uma importante aliada na difusão dos ideais revolucionários na Rússia. Por meio dela, a população era convocada a participar de lutas e campanhas organizadas pelo governo bolchevique. O cartaz a seguir fazia parte de uma campanha de erradicação do analfabetismo no país. Um decreto assinado por Lenin determinava que todas as pessoas entre 8 e 50 anos de idade eram obrigadas a se alfabetizar em sua língua materna. Neste cartaz estão os seguintes dizeres: "Das trevas à luz, da batalha aos livros, da tristeza à alegria.".

Observe-o com atenção e responda no caderno ao que se pede.

Autor desconhecido/Arquivo da editora

Cartaz de autoria desconhecida que circulou na União Soviética entre 1917-1921.

1. Que argumentos, no texto e na imagem do cartaz, são usados para mobilizar a população contra o analfabetismo?
2. De que maneira o conteúdo do cartaz e a campanha em favor da alfabetização podem ser associados aos movimentos revolucionários na Rússia durante o período estudado?
3. A luta pela erradicação do analfabetismo tem mobilizado governos e movimentos sociais em diversos países. Em sua opinião, qual é a importância da alfabetização para uma sociedade?

Hora de refletir

A partir de março de 1917, a população da Rússia foi às ruas para exigir que o governo retirasse o país da guerra e adotasse medidas favoráveis aos trabalhadores, como melhores salários e reforma agrária.

1. Reunidos em duplas, reflitam sobre a importância da participação cidadã na luta por mudanças sociais, políticas e econômicas na sociedade em que vivemos.
2. A seguir, elaborem um *slogan* convocando a população a se organizar para defender mudanças sociais que vocês consideram importantes para o Brasil.

N.B. Terpsikhorov/Col. Sergo Grigorian, Londres, Inglaterra.

Cartaz soviético (1931-1940), publicado em Moscou, em que se faz propaganda da educação pré-escolar para todas as crianças russas.

A.A. Radakov/Col. Sergo Grigorian, Londres, Inglaterra.

"O conhecimento rompe as correntes da escravidão". Cartaz russo de 1920, litografia colorida de Radakov A. A., publicada em Moscou.

Minha biblioteca

A Revolução Mexicana, de Mariza de Carvalho Soares. São Paulo: FTD. (Coleção Para conhecer melhor).
Uma reflexão sobre esse violento movimento de contestação que contou com grande participação popular, especialmente dos camponeses.

Editora FTD/Arquivo da editora

Mundo virtual

<http://tinyurl.com/pj57e6q>
Coleção de cartazes da Revolução Russa do acervo digital da Biblioteca Pública de Nova York. *Site* em inglês, mas basta clicar sobre a imagem para vê-la num tamanho maior.

<http://tinyurl.com/739aztw>
Coleção de cartazes norte-americanos do período da Primeira Guerra Mundial no acervo digital da Biblioteca do Congresso Nacional, em Washington D.C. *Site* em inglês, mas basta clicar sobre a imagem para vê-la num tamanho maior.

<www.youtube.com/watch?v=lKMOTD6AALg>
Série de documentários com 10 episódios produzida pela TV inglesa BBC sobre a Primeira Guerra Mundial. Os filmes retratam diferentes visões do conflito, mostrando a guerra na Rússia, Arábia, África, entre outros países.

<www.youtube.com/watch?v=_YOG6aiSl8k>
Documentário sobre os acontecimentos que resultaram na Revolução Russa de 1917. Embora a narração e as legendas tenham baixa qualidade, trata-se de um material precioso, com imagens da época recuperadas de arquivos do próprio czar, dos sovietes e de arquivos militares de diversos países. Apresenta também imagens da Primeira Guerra Mundial.

Acesso em: jan. de 2015.

Ponto de chegada

Escolher seus representantes políticos por meio do voto é um direito do cidadão. Os documentos a seguir abordam questões que envolvem esse direito no Brasil.

O primeiro deles é uma charge de Newton Silva a respeito de um hábito que, infelizmente, ainda persiste no país: a venda do voto em troca de favores. O segundo contém trechos de um artigo publicado no Plenarinho, *site* do governo federal voltado para os jovens. O autor do artigo explica como as redes sociais estimulam a participação política dos cidadãos.

Depois de ler os documentos, responda no caderno às questões propostas.

DOCUMENTO 1 – Charge

Newton Silva/Acervo do artista

SILVA, Newton. Disponível em: <www.jangadeiroonline.com.br/charge/charge-do-dia-compra-de-voto/>. Acesso em: nov. 2011.

DOCUMENTO 2 – Artigo de *site*

Antes, o mundo virtual era utilizado somente para ler, ver imagens ou jogar. Agora, cada um tem a possibilidade de produzir e publicar seus próprios conteúdos na rede. Os usuários não são mais somente consumidores, mas também autores de fotografias, textos, vídeos e muito mais!

Assim, as redes sociais também estão mudando o jeito como as pessoas veem a política. Muita gente que acreditava não ter nada a ver com o assunto, que via essas questões como distantes demais, agora percebe que tudo isso está bem próximo da vida cotidiana. Graças às redes sociais, os eleitores podem saber mais sobre seus candidatos, pesquisar se eles fizeram um bom trabalho como governantes ou se já foram envolvidos com corrupção. Além disso, como muitos políticos também têm páginas pessoais na internet, os eleitores podem cobrar que eles cumpram suas propostas. [...]

Qualquer informação pode ser encontrada a qualquer hora na rede, e não existe arma melhor para combater os maus políticos do que a informação. Com ela, é possível contestar, debater, lutar pelo voto consciente de cada brasileiro.

Que tal aproveitar para pesquisar informações sobre os candidatos em quem os adultos que você conhece pretendem votar?! Ajudando-os a escolher bem o voto, você ainda participa desse momento tão importante das eleições. A democracia agradece. E o futuro de todos os brasileiros também.

PLENARINHO. *Rede social*: uma ajuda e tanto nas eleições!. Disponível em: <http://tinyurl.com/ne23e4a>. Acesso em: jan. 2015.

1. Em geral, as charges abordam aspectos da realidade de forma satírica. No caso do Documento 1, que problema é abordado e como o artista o satiriza?
2. Mesmo com o voto secreto e maior circulação de informações, ainda há casos de compra de votos no Brasil. Você conhece situações nas quais pessoas negociaram o voto por dinheiro ou algum tipo de benefício? Em sua opinião, por que o voto consciente é parte importante da prática da cidadania?
3. O Documento 2 afirma que o uso da internet e de suas redes sociais pode contribuir para que as pessoas exerçam a cidadania. Identifique um argumento do texto que justifique tal afirmação.
4. Com base nos conhecimentos desenvolvidos nesta Unidade, assinale um problema que para você ainda limita a cidadania no Brasil. Depois, crie uma charge a respeito da questão.

Suryara Bernardi/Arquivo da editora

Unidade 2

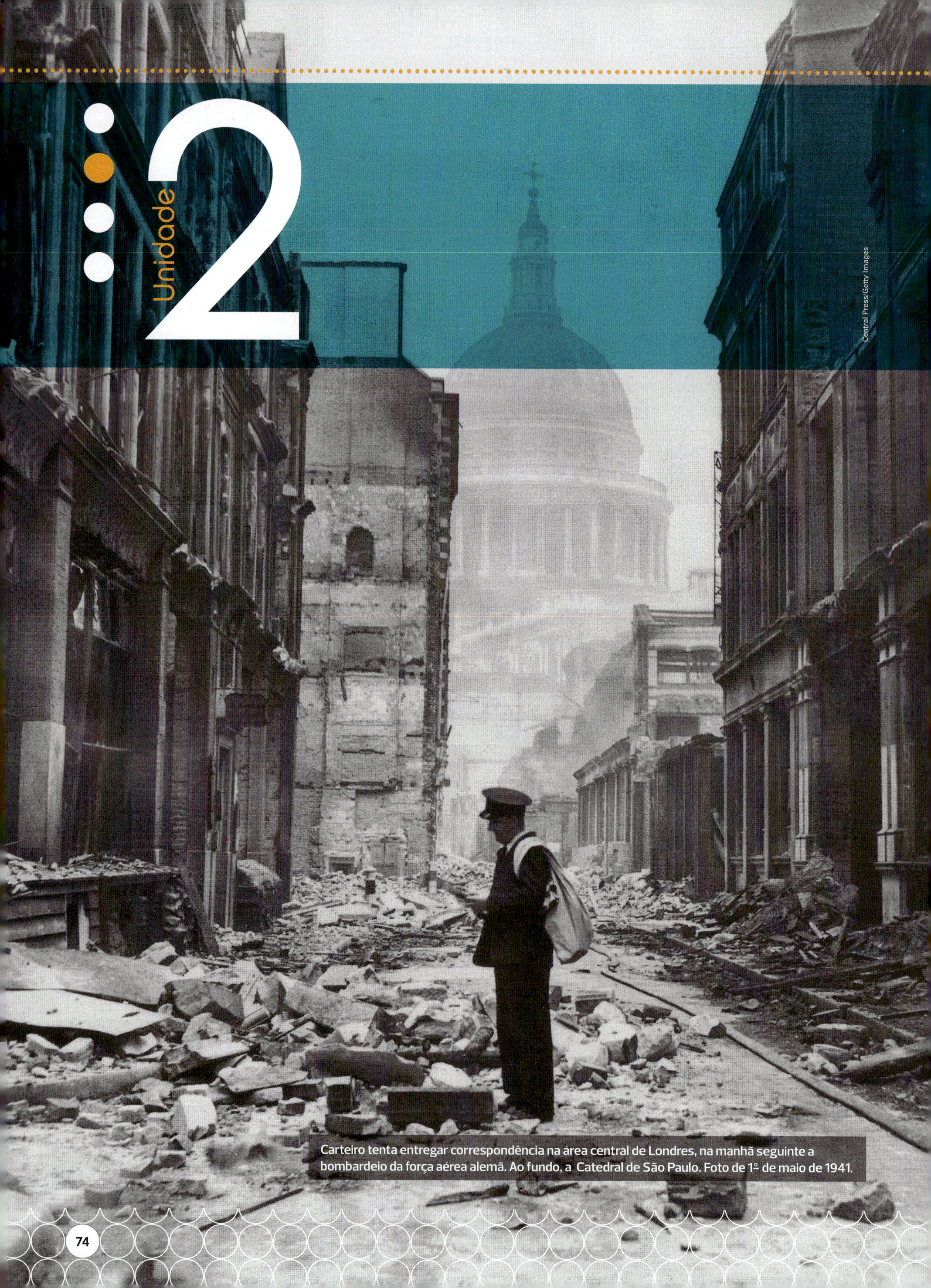

Carteiro tenta entregar correspondência na área central de Londres, na manhã seguinte a bombardeio da força aérea alemã. Ao fundo, a Catedral de São Paulo. Foto de 1º de maio de 1941.

Central Press/Getty Images

Violência

A vida em sociedade tem como base a cooperação entre os indivíduos. Porém, muitas vezes, observamos que essa cooperação é insuficiente. Pior ainda: há momentos em que a cooperação é deixada de lado e dá lugar à violência. A violência se manifesta de diferentes maneiras: agressão física, assassinato, censura, várias formas de discriminação e exclusão, entre outras. Pode ser exercida por um indivíduo, por um grupo ou pelo Estado.

Nesta Unidade veremos de que forma a violência marcou a primeira metade do século XX.

Ponto de partida

1. A violência se manifesta de diferentes maneiras. Você já observou manifestações de violência em sua vida cotidiana? Comente essas manifestações.
2. Em sua opinião, o que podemos fazer para diminuir a violência na sociedade em que vivemos?

Diga não à violência

De forma geral, violência é todo ato de desrespeito contra uma pessoa; um ato de força que um indivíduo ou grupo impõe a outro. Xingar alguém é uma prática violenta, assim como a agressão física.

No trânsito e nas estradas, o excesso de velocidade, dirigir um carro depois de ingerir bebida alcoólica, ultrapassar um sinal vermelho, tudo isso é violência, pois coloca em risco a vida de outras pessoas.

Há muitas outras variedades de violência. Em nosso cotidiano, as mais explícitas são os assaltos, o tráfico de drogas, os assassinatos.

Mas há violência também quando uma pessoa não consegue receber atendimento médico neces-

Tarso Sarraf/Folhapress

Em foto de 2011, familiares, amigos e ativistas do Movimento dos Trabalhadores Rurais Sem Terra (MST) acompanham o funeral do casal de líderes extrativistas José Claudio Ribeiro da Silva e Maria do Espírito Santo da Silva, assassinados no dia 24 de maio de 2011 na cidade de Nova Ipixuna, no sudeste do Pará, cidade a 390 quilômetros de Belém. Em julgamento realizado em 2013, o acusado de ser mandante do assassinato foi absolvido; em agosto de 2014, esse julgamento foi anulado e o acusado foi preso.

Ciclistas deitados durante manifestação em repúdio ao atropelamento do ciclista David Santos Souza, que perdeu o braço em acidente ocorrido na avenida Paulista, na cidade de São Paulo (SP). Foto de 10 de março de 2013.

sário e urgente na fila de prontos-socorros e hospitais.

Em certos casos, a violência pode se manifestar silenciosamente, por meio do desprezo, da exclusão, do preconceito, da discriminação, do isolamento de pessoas em razão de suas opiniões, sexo, etnia, cor da pele, crenças ou comportamentos.

Nesta Unidade abordaremos formas extremas de violência que atingiram países inteiros e envolveram o planeta em duas guerras mundiais. Estudaremos também o período entreguerras e a formação de Estados que empregaram a violência como recurso permanente para oprimir suas populações: os Estados totalitários.

Fabio Braga/Folhapress

Daniel Castellano/AGP/Folhapress

Durante votação do projeto de lei Paraná Previdência, manifestantes entraram em confronto com a Polícia Militar em frente à Assembleia Legislativa do Paraná. Policiais usaram bombas de efeito moral, gás de pimenta e balas de borracha para conter os manifestantes. Foto de 29 de abril de 2015.

Capítulo 3

O totalitarismo e a Segunda Guerra Mundial (1939-1945)

Entre junho e julho de 2014 o Brasil sediou a vigésima edição da Copa do Mundo de Futebol. Essa foi a segunda vez que o país foi sede da competição. A primeira foi em 1950, quando o Brasil perdeu a final para o Uruguai. Embora nosso país já tenha conquistado esse campeonato cinco vezes, parece que, em casa, o Brasil não joga bem: em 2014 também não venceu o torneio.

Considerado o principal campeonato de futebol do mundo, esse torneio é organizado pela FIFA (Federação Internacional de Futebol) e realizado a cada quatro anos, sempre em um país diferente.

As três primeiras copas do mundo foram realizadas em 1930, 1934 e 1938. A quarta edição estava prevista para 1942, porém só foi realizada em 1950, no Brasil. Qual foi a razão desse atraso?

O fato é que, entre 1939 e 1945, países dos cinco continentes estiveram envolvidos em uma sangrenta guerra que provocou a morte de 50 milhões de pessoas. Era a Segunda Guerra Mundial. Por isso, durante esse período, foram cancelados eventos esportivos como a Copa do Mundo de 1942 e as Olimpíadas de 1940 e 1944.

Mas como essa guerra começou? Que fatores foram responsáveis pelo conflito? Que consequências ele trouxe para o mundo?

Neste capítulo analisaremos as causas e o desenrolar da Segunda Guerra Mundial. Estudaremos também um fenômeno recente na História: o **totalitarismo**, um caso extremo de controle da sociedade adotado na época por países como Itália e Alemanha.

A Z

Totalitarismo: forma de organização do Estado na qual o poder pertence a um único partido, que governa de modo extremamente autoritário. Todos os outros partidos são extintos. O grupo no poder suprime a liberdade, controla a imprensa e utiliza o terror para submeter a sociedade. Para ele, todas as pessoas são suspeitas. O Estado totalitário caracteriza-se ainda por exercer uma vigilância constante sobre a vida privada das pessoas.

CONTEÚDO DIGITAL

Fabrizio Bensch/AP Foto/Glow Images

Em foto de 13 de julho de 2014, jogadores da seleção da Alemanha dançam ao redor da taça comemorando sua vitória na Copa do Mundo depois de derrotar a Argentina na final disputada no estádio do Maracanã, no Rio de Janeiro (RJ).

1 O mundo depois da Primeira Guerra Mundial

A Primeira Guerra Mundial (1914-1918), estudada no Capítulo 2, afetou duramente a economia das nações europeias envolvidas no conflito. Os gastos com material bélico para as Forças Armadas haviam esgotado os recursos financeiros desses países. Pior que isso, os custos humanos foram gigantescos: cerca de 15 milhões de mortos e 20 milhões de feridos e mutilados.

Estabelecida a paz, a vida precisava voltar ao normal. Era necessário reconstruir o que tinha sido destruído: estradas, hospitais, escolas, edifícios e muito mais. As indústrias, que haviam se concentrado na produção de armamentos, voltariam aos poucos à produção anterior ao conflito (veja o boxe *Os Anos Loucos*).

Na Inglaterra e na França, o processo de recuperação teve início nos primeiros anos da década de 1920. Para isso, contaram com empréstimos concedidos principalmente pelos Estados Unidos, que, como vimos no capítulo anterior, tiveram lucros gigantescos com o conflito.

Já os alemães enfrentavam enormes dificuldades para reconstruir o país e, além disso, pagar indenizações às nações vencedoras, como estabelecido pelo Tratado de Versalhes (veja o Capítulo 2).

Em 1924, os Estados Unidos começaram a investir grandes somas de dinheiro na Alemanha para apoiar a recuperação da economia. Só assim a Alemanha conseguiria pagar as dívidas de guerra aos países vencedores – que, por sua vez, poderiam quitar suas próprias dívidas com os Estados Unidos.

Os Anos Loucos

Assim que a Primeira Guerra Mundial terminou, as pessoas sentiram necessidade de viver intensamente para recuperar o tempo perdido e superar os traumas causados pelo longo conflito.

Berlim (na Alemanha) e Paris (na França) tornaram-se importantes centros culturais. Embalados pelo *jazz* (gênero musical levado para a Europa pelas tropas dos Estados Unidos) e pelo *charleston* (um tipo de dança), homens e mulheres se divertiam nos *shows* noturnos.

Nos cinemas, multidões assistiam aos últimos filmes de Hollywood.

A moda também mudou. Nessa década surgiram as primeiras roupas confeccionadas especialmente para a prática de esportes. Acompanhando os tempos, as longas cabeleiras femininas cederam lugar a cabelos curtíssimos.

Esse período de efervescência, que ficou conhecido como **Os Anos Loucos**, terminou em 1929, ano em que o mundo viveu uma das maiores crises econômicas da História (veja o boxe da página 87).

Photo12/Getty Images

Noite no cabaré **(1929), ilustração de Fabius Lorenzi (1880-1969).**

A origem das ideias totalitárias

Sociedade democrática: organização social na qual os direitos e as liberdades individuais são respeitados e o governo é eleito periodicamente pelos cidadãos em eleições livres.

Apesar dos esforços para promover a reconstrução da Europa, os efeitos da guerra deixaram muitos europeus desiludidos com a **sociedade democrática**. Diante das dificuldades do pós-guerra, muitas pessoas criticavam os governos democráticos e questionavam sua capacidade de resolver os problemas que se apresentavam.

Nesse cenário, surgiram movimentos que propunham a substituição do regime democrático por um Estado forte que organizasse a economia e restaurasse a ordem. Além de se opor à democracia, tais movimentos eram violentamente anticomunistas e antissocialistas.

Para as pessoas que participavam desses movimentos, a ação coletiva sob o comando de um líder enérgico, capaz de tirar a nação da crise, era mais importante que as liberdades individuais.

Eram, portanto, movimentos autoritários, pois valorizavam mais a autoridade e o poder do líder do que a liberdade de escolha dos cidadãos. Eram também movimentos de caráter nacionalista, pois colocavam os interesses da nação acima de tudo. Esses movimentos extremistas foram organizados principalmente em países nos quais a crise do pós-guerra criara enormes dificuldades no dia a dia da população.

Na década de 1920, a Alemanha passa por uma grave crise econômica, com inflação alta, e o governo imprime grande quantidade de notas de dinheiro. Na foto, de janeiro de 1923, funcionários do governo alemão descarregam caixas de papel-moeda em Berlim.

Gamma-Keystone/Getty Images

Perfil dos regimes autoritários

Embora houvesse diferenças entre eles, ao chegar ao governo, os movimentos totalitários mostraram diversas características em comum:

- concentração do poder nas mãos de um pequeno grupo de pessoas, organizadas em um partido único;
- extinção das liberdades e dos direitos individuais e coletivos;
- repressão sem limites, que estabelecia rígido controle sobre a vida pública e privada das pessoas;
- uso dos meios de comunicação de massa para exaltar o governo e a figura do líder e para difundir a ideologia do partido;
- perseguição implacável aos socialistas, comunistas e outros opositores do regime;
- censura e controle dos meios de comunicação, violência e ódio contra as minorias, como homossexuais, imigrantes, ciganos e judeus;
- capacidade de mobilizar o apoio de amplos setores da população, apesar da repressão exercida.

Essa nova forma de controle do poder recebeu o nome de **totalitarismo**.

Vejamos a seguir as manifestações desse novo fenômeno histórico na Itália, na Alemanha e na União Soviética (URSS).

A Z

Ideologia: conjunto de ideias, crenças, tradições, princípios e mitos defendidos por um indivíduo ou grupo social, de uma época ou de uma sociedade.

Bettmann/Corbis/Latinstock

Em 16 de maio de 1933, em Berlim, Alemanha, os livros confiscados por este grupo de jovens nazistas foram levados a uma grande fogueira e queimados em uma praça da cidade. Foto de 1933.

atividades

Para organizar as ideias

- Após a Primeira Guerra Mundial, movimentos extremistas conquistaram cada vez mais seguidores na Europa. Descreva o contexto econômico e social que propiciou a expansão desses movimentos.

Teste seus conhecimentos

- Sobre o contexto de emergência do nazifascismo na Europa, marque a alternativa correta:
  a) Período marcado pela descrença na democracia, em diversas nações europeias.
  b) Período de declínio do nacionalismo, principalmente nos países que foram derrotados na Primeira Guerra Mundial.
  c) Período de grande prosperidade das economias nacionais, especialmente nos países que compunham a aliança vitoriosa na Primeira Guerra Mundial.
  d) Período marcado pelo chamado "fim das ideologias" e pela expansão do liberalismo.
  e) Período de paz entre as nações e tolerância racial e étnica nos países ocidentais.

O totalitarismo na Europa

Repare nas duas fotografias desta página. A primeira delas registra uma cena que teve lugar na Alemanha em 1939. Trata-se de um desfile militar realizado por ocasião do 50º aniversário do ditador Adolf Hitler. Na foto, Hitler está em pé, com o braço erguido na saudação nazista, no camarote branco, bem no centro da imagem (veja o detalhe na página 84).

A segunda foto foi tirada na Itália, em 1940. A pessoa que aparece em primeiro plano é Benito Mussolini, ditador que assumiu o poder na Itália em 1922: ele olha sorrindo para uma multidão reunida para ouvir seu discurso.

Hulton-Deutsch Collection/Corbis/Latinstock

imagem condutora

Tropas nazistas desfilam pelas ruas de Colônia, na Alemanha, em 1939, em comemoração ao aniversário de Adolf Hitler. Fotografia sem autoria.

Underwood & Underwood/Corbis/Latinstock

imagem condutora

No balcão do Palácio Veneza, Benito Mussolini fala à multidão no Dia do Armistício (11 de novembro), data em que se comemora o fim da Primeira Guerra Mundial. Roma, Itália, 1940. Fotografia sem autoria.

As duas fotografias mostram aspectos comuns aos regimes dos dois ditadores: **manifestações de massa, grandes desfiles militares** para exibir o **poder** do governo e o **culto ao líder**, endeusado pela propaganda.

Elas nos ajudarão a compreender melhor alguns aspectos desse processo histórico.

2 O fascismo italiano

Logo que a Primeira Guerra Mundial (1914-1918) terminou, um grande sentimento de insatisfação tomou conta da população italiana. Mesmo tendo sido uma das nações vencedoras, a Itália não foi recompensada com a partilha dos territórios alemães, como previam os tratados de paz.

As pessoas questionavam a validade da guerra diante da morte de mais de 600 mil italianos, além de 1 milhão de feridos, entre civis e militares.

A crise econômica assolava o país. Para piorar, não havia trabalho para os soldados que voltavam da frente de batalha. O desemprego atingia grande parte da população, obrigada a enfrentar uma **inflação** descontrolada que corroía seu poder de compra.

A Z

Inflação: aumento geral dos preços dos produtos. Prejudica principalmente os pobres, cujos salários perdem poder de compra.

As ideias de Mussolini

No contexto descrito acima, em 1919 um ex-militante socialista, Benito Mussolini (1883-1945), reuniu um grupo de ex-combatentes e de desempregados e fundou um movimento denominado ***Fascio di Combattimento***. Mussolini havia sido socialista, mas agora defendia ideias nacionalistas, autoritárias e anticomunistas.

O nome do grupo derivava de um símbolo de poder do Império Romano: um feixe de varas (*fascio*) que sustenta um machado (veja a imagem ao lado). Com ele, Mussolini e seus seguidores queriam mostrar a necessidade de recuperar a grandeza da antiga Roma. Por causa do *fascio*, o movimento de Mussolini ficaria conhecido como fascismo.

Pouco a pouco, Mussolini conquistou adeptos em toda a Itália. O primeiro *Fascio di Combattimento* serviu de modelo para a organização de outros, os *fasci di combattimento* distribuídos pelo país inteiro.

Os militantes fascistas organizavam grupos armados uniformizados com camisas pretas. Essas milícias reprimiam com violência os adversários políticos, principalmente comunistas e socialistas.

Coleção particular/The Bridgeman/Keystone

***Fascio*, símbolo de poder do Império Romano, transformado em símbolo do fascismo por Mussolini.**

O fascismo no poder

Em 1921, os diversos *fasci di combattimento* se reuniram para formar o **Partido Nacional Fascista**, sob o comando de Mussolini. No ano seguinte, militantes fascistas de toda a Itália marcharam até Roma, onde ocuparam prédios públicos e estações ferroviárias. Essa manifestação, conhecida como **Marcha sobre Roma**, foi o ponto de partida para a chegada do Partido Fascista ao poder. Diante da situação, o rei da Itália, Vítor Emanuel III, convidou Mussolini a ocupar o cargo de primeiro-ministro.

Aos poucos, Mussolini passou a ganhar mais e mais poder: extinguiu os demais partidos e indicou pessoas de sua confiança para cargos políticos e administrativos. Nas escolas e universidades, os professores eram obrigados a exaltar as realizações do regime e idolatrar a vida do ditador. Para ter controle sobre a população, Mussolini se valeu dos meios de comunicação, usando amplamente jornais, rádios e documentários para divulgar seu governo.

Em 1927, Mussolini instituiu a *Carta del Lavoro* (*Carta do Trabalho*), na qual fazia algumas concessões aos trabalhadores (como seguro de acidente de trabalho e jornada de oito horas), mas em contrapartida instituía sobre eles um rígido controle, proibindo as greves e extinguindo os sindicatos. Perseguiu ferozmente os opositores por meio de sua polícia secreta, fazendo com que 300 mil pessoas se refugiassem no exterior.

Dessa forma, em 1928, o governo fascista já se configurava como uma ditadura comandada por Benito Mussolini.

3 O nazismo alemão

As ideias fascistas não ficaram restritas à Itália. Em outros países da Europa elas também encontraram acolhida e constituíram a base de movimentos **ultranacionalistas** e antissocialistas. Esse foi o caso da Alemanha, onde o fascismo assumiu sua forma extrema, o **nazismo**.

Ultranacionalista: pessoa ou grupo que defende a homogeneidade étnica como base para a manutenção da ordem política e social de uma nação. Em geral essa ideia está ligada à xenofobia, isto é, à aversão aos estrangeiros. Trata-se de uma ideologia político-filosófica de extrema-direita.

Em 1918, pouco antes de terminar a Primeira Guerra Mundial, o imperador alemão, Guilherme II, renunciou ao trono. Foi então proclamada a República. No começo de 1919, grupos revolucionários socialistas tentaram tomar o poder à mão armada, mas foram derrotados, seus líderes, presos e, alguns, executados.

A jovem República que nascia – conhecida como República de Weimar – teve de enfrentar uma situação muito difícil em seus primeiros anos. Em 1923, a população convivia com uma das maiores inflações da História: os preços das mercadorias subiam várias vezes no mesmo dia. Para ter uma ideia, era necessário um carrinho de mão cheio de dinheiro para comprar uma caixa de ovos.

Crise favorece Hitler

Nesse contexto, surgiram grupos ultranacionalistas que propunham a formação de um Estado forte que resgatasse os "tempos áureos" da história alemã. Entre eles, estava o **Partido Nacional-Socialista dos Trabalhadores Alemães** (que deu origem à expressão **nazista**), cujo líder era um ex-cabo do Exército: Adolf Hitler (1889-1945).

Hulton-Deutsch Collection/Corbis/Latinstock

Hulton-Deutsch Collection/Corbis/Latinstock

Adolf Hitler. Detalhe da fotografia de tropas nazistas desfilando pelas ruas de Colônia, na Alemanha, em 1939, em comemoração ao aniversário de Hitler.

Hulton-Deutsch Collection/Corbis/Latinstock

Adolf Hitler (de costas, acima da multidão) assiste a desfile das tropas SA carregando cartaz "Morte ao marxismo". Abaixo de Hitler, com a cabeça raspada, está Julius Streicher, editor do jornal nazista *Der Stürmer*, parte da máquina de propaganda nazista. Foto de 1926.

Antissocialista e hábil orador, Hitler começou a conquistar a opinião de desempregados, comerciantes arruinados, funcionários públicos sem partido e uma parcela significativa da burguesia industrial. No ambiente de desespero em que vivia a maior parte da população, ele prometia a recuperação da grandeza passada da nação alemã.

Além de ferrenho anticomunista, Hitler era **antissemita**. Admirador de Mussolini, seguiu o exemplo fascista e organizou milícias armadas para perseguir seus adversários políticos. Essas milícias eram chamadas de **Tropas de Assalto** e conhecidas pela sigla **SA**.

Em 1923, estimulado pela Marcha Sobre Roma, Hitler incitou os nazistas a ocupar a cidade de Munique. Mas a tentativa fracassou e Hitler foi preso. Durante o ano em que permaneceu no cárcere, ele escreveu *Mein Kampf* (*Minha Luta*), obra na qual explica a **ideologia nazista. Essa ideologia se baseava no culto à força e ao poder, na submissão do indivíduo ao Estado e, sobretudo, na luta racial**.

O ódio como proposta política

Hitler e seus seguidores consideravam os alemães como descendentes diretos da raça ariana. Na mitologia nazista, tratava-se de uma raça branca e "pura", ou seja, que nunca havia se miscigenado com nenhuma outra.

Dessa forma, procurava justificar a superioridade alemã sobre outras etnias consideradas inferiores, como os eslavos, os negros, os ciganos e, sobretudo, os judeus. Para os nazistas, juntamente aos comunistas, os judeus eram os culpados por quase todos os males do mundo e só haveria um meio para proteger os **povos germânicos**: agrupá-los em um só império.

A Z

Antissemita: que ou aquele que alimenta preconceito e ódio contra os semitas, em especial aos judeus.

Povos germânicos: denominação comum a vários povos cuja língua tinha origem comum e que habitavam a Germânia, região da Europa localizada além dos limites do Império Romano, entre os rios Reno, Vístula e Danúbio e os mares Báltico e do Norte. Entre os anos 300 e 800 ocorreram migrações de vários desses povos, que a partir da Europa Central se espalharam por todo o continente. Entre esses povos estavam os saxões, visigodos, ostrogodos, anglos, alanos e outros.

Assim como fizeram os fascistas, Hitler adotou um símbolo que representasse os nazistas. Esse símbolo foi a suástica.

Observe a imagem a seguir. Repare nas bandeiras colocadas atrás do público que assiste à parada militar. No centro de um círculo branco há uma espécie de cruz de braços dobrados. Essa cruz é a suástica (veja seu significado original na seção *As palavras têm história*).

Hulton-Deutsch Collection/Corbis/Latinstock

Hulton-Deutsch Collection/Corbis/Latinstock

A suástica, símbolo do nazismo. Detalhe da fotografia de tropas nazistas desfilando pelas ruas de Colônia, na Alemanha, em 1939, em comemoração ao aniversário de Adolf Hitler.

As palavras têm história

A suástica

A suástica era um símbolo dos arianos, povo que ocupou regiões da Índia milhares de anos antes de Cristo. Seu nome, de origem sânscrita (idioma falado pelos arianos), significa 'boa sorte, bem-estar'.

Na década de 1930, os nazistas acreditavam fazer parte de uma raça ariana superior. Como o alemão e o sânscrito pertencem ao mesmo grupo de línguas, os nazistas adotaram a suástica como emblema.

Nas mãos desses extremistas, a suástica deixou de ser um símbolo de bem-aventurança e passou a ser um signo assustador para aqueles que se viam subjugados pelo regime nazista.

Hitler ascende ao poder

Em 1929, teve início uma gigantesca crise econômica que atingiu todos os países capitalistas. Milhões de trabalhadores perderam o emprego nos Estados Unidos e em toda a Europa. Na Alemanha, havia cerca de 3 milhões de desempregados em 1930; dois anos depois, esse número tinha dobrado (veja a seguir o boxe sobre a crise de 1929).

Nessas circunstâncias, Hitler começou a ser visto por muitos alemães como um líder capaz de resgatar o país do caos em que se encontrava. Assim, nas eleições de 1932, o Partido Nazista recebeu uma quantidade significativa de votos, conquistando pouco mais de um terço das cadeiras do Parlamento alemão.

No ano seguinte, o presidente da Alemanha, marechal Paul von Hindenburg, convidou Hitler para ocupar o cargo de chanceler (primeiro-ministro). Com a morte do marechal, em 1934, Hitler tornou-se também presidente da República e deu início ao período conhecido como **Terceiro Reich** (Terceiro Império), que duraria até 1945.

No poder, Hitler suspendeu os direitos e garantias civis e passou a perseguir seus opositores políticos (comunistas, líderes sindicais, entre outros), assim como as minorias (ciganos, judeus, homossexuais). O antissemitismo tornou-se uma política de Estado. Tinha início uma época de terror.

Akg-Images/Latinstock

A crise econômica na Alemanha após a Primeira Guerra Mundial gerou desemprego em massa. Nesta fotografia tirada entre 1930 e 1933 vemos uma fila de desempregados na cidade de Hannover.

A quebra da Bolsa de Nova York e seus efeitos

A crise econômica de 1929 tem sua origem em meados da década de 1920, quando os países europeus, recuperados da Primeira Guerra Mundial, diminuíram as exportações dos Estados Unidos. Ao longo dos anos seguintes, as exportações estadunidenses foram diminuindo gradativamente, mas o agricultores e as indústrias do país não reduziram sua produção. O grande estoque de mercadorias sem compradores acabou resultando em uma crise de superprodução. Sem ter quem comprasse seus produtos, as ações dessas empresas na Bolsa de Nova York despencaram. Tentando evitar perdas maiores, as pessoas que tinham ações dessas empresas tentavam vendê-las, mas ninguém queria comprá-las.

Em 24 de outubro de 1929, o preço das ações baixou tanto que levou ao *crash* (quebra) da Bolsa de Nova York. O impacto desse acontecimento, para os Estados Unidos, para a Europa e todo o restante do mundo, foi catastrófico: milhões de investidores perderam dinheiro, fábricas fecharam, trabalhadores foram demitidos, agricultores perderam suas terras. A fome e a miséria se espalharam pelo mundo, deixando cerca de 30 milhões de pessoas desempregadas.

O Brasil também foi atingido, pois os Estados Unidos eram o principal comprador do café, na época o principal produto de exportação brasileiro. Sem dinheiro, os Estados Unidos deixaram de comprar o produto brasileiro. Com o excedente de sacas de café, os preços caíram, levando muitos cafeicultores à crise e muitos trabalhadores ao desemprego.

Reprodução/Arquivo da editora

Em fotografia sem data, queima de café em Santos, litoral do estado de São Paulo, patrocinada pelo governo Vargas, no início dos anos 1930.

Meios de comunicação e totalitarismo

Doutrinação: transmissão de valores, crenças, ideais e atitudes específicos, dados como princípios que devem ser seguidos por determinado grupo ou sociedade. Em geral, a doutrinação não admite questionamento ou contestação, ou seja, não admite que as pessoas discordem ou pensem de modo diferente daquilo que lhes foi ensinado.

Voltemos às duas imagens da página 82. Observe a multidão reunida para ouvir o discurso de Mussolini e no desfile militar em homenagem a Hitler.

As cenas registradas mostram que ambos tinham conseguido seduzir grande parte da população de seus países.

Por um lado, isso foi conseguido com a intimidação dos opositores e a censura aos meios de comunicação. Por outro (e talvez este tenha sido o meio mais eficaz), tanto Mussolini quanto Hitler apostaram na propaganda como instrumento de governo e na **doutrinação** de crianças e jovens para conquistar o apoio da população (veja abaixo o boxe *A doutrinação de crianças e jovens*).

A doutrinação de crianças e jovens

Um dos recursos dos regimes totalitários para conquistar adeptos consistia no trabalho com as novas gerações. Desde os primeiros anos escolares, **as crianças eram bombardeadas pela propaganda fascista e nazista**.

Na Itália, meninos e meninas aprendiam Matemática por meio de cálculos sobre o salário que Mussolini ganhava em 1902; nas aulas de italiano, praticava-se caligrafia escrevendo, repetidamente, alguns lemas do regime. Nas escolas alemãs, as crianças eram obrigadas a repetir orações em louvor ao *Führer* (guia).

Fora da sala de aula, rapazes e moças eram obrigados a se associar a organizações que promoviam encontros, práticas esportivas e diversas atividades ao ar livre, como acampamentos e desfiles. Essas associações funcionavam como espaço de "educação permanente" da juventude e de difusão das ideologias do nazismo e do fascismo.

Para a juventude, pertencer a um desses grupos era algo muitas vezes prazeroso. Repare como a fotografia ao lado transmite essa impressão. Reunidas em uma grande manifestação, as crianças exibem sorrisos de felicidade.

World History Archive/TopFoto/Keystone Brasil

Benito Mussolini (ao fundo) assiste a desfile da juventude fascista na cidade de Roma. Fotografia de 28 de abril de 1945.

A propaganda procurava atingir a grande massa da população e abarcava todos os meios de expressão. Por exemplo: os jornais e as revistas só podiam publicar artigos favoráveis ao partido e aos líderes do governo, e jamais uma crítica, por mínima que fosse. Cartazes com imagens e frases de efeito eram afixados em todos os lugares (veja o cartaz ao lado).

Christel Gerstenberg/Corbis/Latinstock

Cartaz nazista nas eleições de 1932. Alemães pobres e a frase "Nossa última esperança: Hitler".

O rádio era, na época, o grande meio de comunicação (ainda não havia televisão). Na Itália, assim como na Alemanha, as emissoras retransmitiam incessantemente os discursos dos líderes.

Fotografias e filmes encarregavam-se de criar a imagem ideal do líder. As cenas com discursos inflamados para grandes massas tinham como objetivo demonstrar a força do governo, assim como a fidelidade e o apoio de italianos e alemães aos regimes totalitários implantados em seus países. Observe no detalhe a seguir como o ditador italiano parece feliz com o efeito de seu discurso.

Ao mesmo tempo, esse tipo de imagem era uma forma de alimentar o culto da população aos seus líderes. Na Itália, Mussolini era chamado de *Duce* (do latim, *dux*, chefe). Na Alemanha, Hitler era o *Führer* (guia).

As paradas e os desfiles militares, como o das tropas alemãs, que vimos na primeira imagem da página 82, eram verdadeiros espetáculos de rua que tiveram importante papel no fortalecimento dos regimes totalitários. Esses eventos procuravam criar, na mente dos militantes e das pessoas comuns, a ideia de uma comunidade coesa, solidária e poderosa, irmanada em torno de seus líderes.

Underwood & Underwood/Corbis/Latinstock

Underwood & Underwood/Corbis/Latinstock

Benito Mussolini. Detalhe da fotografia da página 82 que retrata Mussolini discursando para a multidão.

4 O totalitarismo soviético

A Z

Direita: em política, a palavra "direita" tem origem na Revolução Francesa e designa pessoas, grupos ou governos com posições políticas e sociais mais conservadoras. Oposta a esse termo está a palavra "esquerda", usada para definir pessoas, grupos ou governos que apoiam mudanças mais radicais na sociedade (como a reforma agrária, por exemplo) e valorizam a igualdade econômica e social entre as pessoas. O termo "centro", por sua vez, em geral, designa pessoas ou grupos com posições políticas moderadas e que podem variar conforme a situação. No contexto que estamos estudando, os fascistas e os nazistas são de direita. Os socialistas, de esquerda.

O totalitarismo não foi apenas um fenômeno de **direita**; também a União Soviética, sob o stalinismo, sofreu um processo no qual a sonhada democracia socialista foi substituída pelo pesadelo de um Estado policial e totalitário. Veja no boxe abaixo algumas diferenças entre os três regimes totalitários apresentados neste capítulo.

Entre 1918 e 1921, anos que se seguiram à Revolução de Outubro (releia o capítulo anterior), a Rússia viveu uma guerra civil que, ao terminar, deixou o país arrasado.

Além dos problemas internos, a Rússia ficou isolada pois o socialismo não se consolidou em outros países e os governos capitalistas eram violentamente contrários ao regime soviético.

O líder da Revolução de Outubro, Lenin, morreu em 1924. Após uma disputa no Partido Comunista, Josef Stalin, secretário-geral do partido, assumiu o governo.

Stalin e o terror

Stalin centralizou o poder e adotou uma política econômica de incentivo à indústria pesada – de máquinas e equipamentos – e à coletivização forçada da agricultura.

Hidrelétricas, ferrovias, indústrias químicas e siderúrgicas, fábricas de equipamentos foram construídas por todo o país. O governo estatizou as propriedades rurais (dando origem a diversas cooperativas) e submeteu os camponeses às mesmas estratégias de produção aplicadas na indústria.

Todo esse investimento foi feito por um regime totalitário que se configurou como uma das ditaduras mais brutais do século XX. Sob a liderança de Stalin, o governo soviético suprimiu os direitos individuais e coletivos, adotou o terror como forma de subordinar a população e instituiu departamentos de propaganda a fim de difundir os ideais stalinistas.

Os opositores do governo eram enviados para *gulags* (campos de concentração) ou para a Sibéria. Os líderes do Partido Bolchevique foram presos e executados. Trotski, expulso da União Soviética em 1929, refugiou-se no México, onde foi assassinado em 1940, a mando de Stalin.

Os regimes totalitários e suas diferenças

Apesar de apresentarem características em comum, o fascismo italiano, o nazismo alemão e o stalinismo soviético não eram idênticos. Havia divergências, concepções ideológicas distintas e diferentes modos de organização do Estado e da economia.

Enquanto o nazismo e o fascismo foram movimentos de extrema-direita, o stalinismo foi de extrema-esquerda. Os **nazistas** e **fascistas**, entendiam que **indústrias**, **fábricas** e **bancos** deveriam pertencer à **iniciativa privada**. Para esses dois regimes, o Estado devia interferir na economia para garantir o desenvolvimento do capitalismo e beneficiar grupos industriais e financeiros. Muitas empresas italianas e alemãs não só apoiaram como se beneficiaram do nazismo e do fascismo.

Já o **stalinismo** defendia a completa **interferência do Estado** na produção e o **fim** da propriedade privada. Assim, o regime stalinista obrigou os camponeses a abandonarem suas pequenas propriedades agrícolas e a se organizarem em fazendas coletivas, manteve sob controle estatal todo o desenvolvimento industrial da União Soviética.

O **nazismo** foi o único desses regimes totalitários a defender a ideia de **superioridade biológica** e **racial**. Para os nazistas, a "raça germânica" – ou ariana – seria uma "raça pura e superior". Assim, os arianos teriam o direito – e até o dever – de subjugar povos considerados "inferiores", como os judeus e os ciganos. A crença nessa suposta superioridade levou o regime nazista a pôr em prática um plano de eliminar os judeus, como veremos adiante.

atividades

Nosso mundo hoje

Infelizmente, aspectos da ideologia nazista persistem até hoje. Atualmente, é possível encontrar, tanto na Alemanha como em outros lugares do mundo, grupos organizados que defendem ações violentas contra certas minorias.

No Brasil, desde o fim dos anos 1980, há na região Sul e em São Paulo gangues neonazistas que costumam agredir principalmente nordestinos e homossexuais. A reportagem a seguir aborda esse tema. Depois de lê-la, responda às perguntas no caderno.

Grupos de extrema-direita não são exclusividade da Alemanha. Estão espalhados por todo o mundo e no Brasil têm atuado de maneira devastadora e muito pouco discreta. Os principais núcleos neonazistas estão localizados na região Sul e no estado de São Paulo.

– Os neonazistas seguem a ideia da instituição de uma raça pura através da eliminação dos que não se enquadram nela, eles escolhem pessoas que devem ser eliminadas por pertencerem a uma "subespécie" –, afirma o delegado Paulo César Jardim, da 1ª DP de Porto Alegre, que indiciou 35 neonazistas no Rio Grande do Sul nos últimos dez anos.

No código de condutas de um neonazista, um dos requisitos é saber lutar, andar armado e estar sempre pronto para um combate. Além disso, eles costumam tatuar o corpo com diversos símbolos e desenhos que fazem apologia à doutrina de Hitler.

A Delegacia de Crimes Raciais e Delitos de Intolerância (Decradi) registra em São Paulo a existência de 25 gangues, apesar de uma tendência recente de recrutamento, reagrupamento e polarização dessas gangues. As mais conhecidas no Brasil são a Resistência Nacionalista, Ultradefesa, White Power, Carecas do Brasil e Kombat RAC.

Apesar de nem todos os skinheads *partilharem da ideologia hitleriana – muitos apenas apreciam o visual* punk *e são contra a violência e a intolerância – é entre eles que o neonazismo tem maior aderência. Os neonazistas brasileiros atuam contra* gays*, negros, movimentos de esquerda, entre outras minorias.*

Adaptado de: CORREIO DO BRASIL. *Atuantes também no Brasil, grupos neonazistas preocupam a Alemanha*, 14 nov. 2011. Disponível em: <correiodobrasil.com.br/onda-de-ataques-neonazistas-preocupa-a-alemanha/328208/>. Acesso em: jan. 2015.

1. Com base nas informações do texto, descreva as principais características dos neonazistas brasileiros.

2. Quais são os grupos mais perseguidos pelos neonazistas brasileiros? Há alguma diferença entre as práticas dos neonazistas brasileiros e o nazismo praticado por Hitler antes e durante a Segunda Guerra Mundial?

3. Uma das características do nazismo e do neonazismo é a intolerância, ou seja, o desrespeito às diferenças étnicas, culturais, políticas e religiosas entre as pessoas. Em dupla, reflitam sobre a importância de se praticar a tolerância. Ao final, escrevam um poema incentivando a tolerância entre as pessoas.

Para organizar as ideias

- Vimos no capítulo anterior que o socialismo implantado na Rússia em 1917 foi, em grande parte, resultado do sonho de revolucionários que desejavam construir uma sociedade mais igualitária e democrática. Por que podemos dizer que o líder soviético Josef Stalin significou o fim desse sonho?

5 A Segunda Guerra Mundial

Na década de 1930, o cenário político europeu era de muita tensão. Um clima de insatisfação se fazia sentir em diversos países. Entre os motivos de descontentamento destacava-se o fato de que os acordos assinados após o fim da Primeira Guerra haviam criado novos países, separando arbitrariamente etnias e grupos populacionais que até então estavam unidos. Além disso, com vimos, a crise econômica provocada pela quebra da Bolsa de Nova York, em 1929, havia se alastrado, deixando boa parte da população europeia sem emprego. Para tentar equilibrar as forças e fazer valer seus interesses mais imediatos, os países se juntaram em blocos, estabelecidos segundo as afinidades ideológicas e políticas dos participantes.

Democracia liberal: forma de governo na qual a organização política é pautada pela defesa dos direitos dos cidadãos e na menor interferência possível do Estado na economia.

O primeiro grupo era formado pelas **democracias liberais**: Inglaterra, França e Estados Unidos. O segundo, por países de economia capitalista, mas com regimes autoritários: Itália, Alemanha, Espanha, Grécia, Polônia e Turquia. A União Soviética, isolada politicamente da Europa, formava o terceiro bloco.

Alguns acordos de não agressão e de cooperação foram criados entre os participantes de blocos diferentes, como os assinados pelos governos da França e da União Soviética e os que foram estabelecidos entre a Alemanha e a Inglaterra.

Entretanto, em 1936, um tratado firmado por representantes da Alemanha e da Itália criou o **Eixo Roma-Berlim**, ao qual veio se juntar, mais tarde, o Japão.

Dessa forma, o clima entre os países europeus tornou-se cada vez mais tenso. Hitler e Mussolini não escondiam seu desejo de expansão territorial. **Nesse cenário conturbado, teve início a Segunda Guerra Mundial, que se estendeu de 1939 a 1945**.

O começo do conflito

A expansão italiana teve início em 1935, quando Mussolini ordenou a invasão da Etiópia, na África. Pouco tempo depois, tropas italianas ocuparam também a Albânia, na Europa.

A Alemanha não ficou atrás. Em 1938, tropas alemãs ocuparam e anexaram a Áustria e regiões da Tchecoslováquia. Em 1º de setembro de 1939, invadiram a Polônia.

Diante desses fatos, os governos da França e da Inglaterra declararam guerra à Alemanha.

Começava assim a Segunda Guerra Mundial. Utilizando poderosa Força Aérea Alemã (*Luftwaffe*) e estratégias de ataques-surpresa (*blitzkrieg*, guerra-relâmpago), em poucos meses as tropas alemãs conquistaram Noruega, Luxemburgo, Bélgica, Holanda e parte da França.

Resistência: a luta da população civil

Enquanto os governos de várias nações europeias tentavam minar o poderio alemão nas frentes de guerra, muitas pessoas da sociedade civil se organizaram em movimentos clandestinos para lutar contra os invasores. Esses movimentos, constituídos por pessoas de ambos os sexos, ficaram conhecidos pelo nome genérico de **Resistência**.

Os combatentes da Resistência atuavam nas cidades e nos campos. Muitos pegavam em armas ou realizavam atentados contra instalações nazistas.

Na própria Alemanha e na Itália, formaram-se também movimentos de resistência aos governos de Hitler e Mussolini. Grupos de opositores alemães, por exemplo, denunciavam as atrocidades nazistas por meio de panfletos, enquanto centenas de cidadãos praticavam atos de desobediência civil (como o boicote ao recrutamento militar) ou ajudavam os judeus e outros perseguidos a fugirem do país.

Mas nem todas as pessoas dos países ocupados aderiram à Resistência. Muitas tinham medo de se manifestar contra os invasores. Outras não escondiam suas simpatias em relação às ideias nazifascistas e colaboraram abertamente com os inimigos da democracia. Essas pessoas ficaram conhecidas como **colaboracionistas**.

Col. Hulton-Deutsch/Corbis/Latinstock

Em foto de 1944, mulheres italianas da Resistência anti-fascista descansam e verificam suas armas enquanto aguardam instruções dos Aliados, perto da cidade de Castellucio, na Itália.

Você sabia?

Quando a Segunda Guerra terminou, muitos colaboracionistas foram perseguidos por pessoas ligadas à Resistência. Na França, por exemplo, mulheres que tiveram relacionamento afetivo com soldados alemães tiveram suas cabeças raspadas. Muitas delas foram obrigadas a desfilar nas ruas usando apenas as roupas de baixo.

1940: o conflito se amplia

Animado com as conquistas territoriais nazistas, Mussolini decidiu abandonar a neutralidade e, em junho de 1940, entrou no conflito ao lado dos alemães. Nesse mesmo ano o **Eixo Roma-Berlim** ganhou a adesão do Japão, país que desde 1939 já controlava antigas colônias asiáticas dos países europeus ocupados pelos alemães.

Com o propósito de dominar a Europa, as tropas nazistas passaram a atacar a Inglaterra. Valendo-se da invenção do radar, instrumento de localização ainda desconhecido dos alemães e da Real Força Aérea (RAF), os ingleses conseguiram barrar a ofensiva nazista. Diante dessa situação, o Eixo Roma-Berlim direcionou seu ataque aos países do Mediterrâneo, como o norte da África e a região dos Balcãs (veja no mapa da página 94 as regiões ocupadas).

A guerra na Europa e no norte da África

Adaptado de: WORLD History Atlas: Mapping the Human Journey. Londres: Dorling Kindersley, 2005.

O ataque à URSS e a entrada dos Estados Unidos na guerra

Se o ano de 1940 marcou grandes avanços para os países do Eixo, 1941 foi o momento em que as forças adversárias, denominadas **Aliados**, descobriram que a Alemanha não era invencível.

Em junho de 1941, um milhão de soldados alemães iniciaram a invasão da União Soviética. No entanto, as dificuldades enfrentadas em razão de um inverno extremamente rigoroso e uma grande contraofensiva dos soviéticos impediram que os alemães conquistassem o país.

Sovfoto/Uig/AGE Fotostock/AGB Photo

Civis da União Soviética fogem da zona de guerra, após invasão alemã. Foto de 1941.

Em dezembro de 1941, na mesma época em que os soldados alemães que haviam sobrevivido recuavam na União Soviética, o Japão lançava um ataque aéreo fulminante contra Pearl Harbor, base militar estadunidense no oceano Pacífico. Em resposta, o governo do presidente Roosevelt, dos Estados Unidos, declarou guerra ao Japão e aos outros países do Eixo. Além disso, conclamou outras nações no mundo, como o Brasil, a fazer o mesmo (veja o boxe da próxima página).

awkz/Interfoto/Latinstock

Em foto de 7 de dezembro de 1941, explosão do navio "USS Shaw" durante o ataque aéreo japonês a Pearl Harbor, base militar estadunidense no oceano Pacífico.

O Brasil entra na guerra

O Brasil manteve-se neutro em relação ao conflito por alguns anos. Mas, em 1942, o presidente Getúlio Vargas (veremos mais sobre o assunto no Capítulo 4), pressionado pelo governo dos Estados Unidos e por amplos setores da população brasileira, declarou guerra aos países do Eixo.

Em 1943, foi formada a Força Expedicionária Brasileira (FEB), destacamento militar que representaria o Brasil na guerra. O primeiro grupo desse destacamento partiu em julho de 1944. Sua missão era ajudar os estadunidenses a libertar a Itália, na época parcialmente ocupada por tropas alemãs.

Mais de 25 mil homens da FEB e da Força Aérea Brasileira (FAB) participaram das operações. Mesmo perdendo mais de 900 militares nos combates, as tropas brasileiras obtiveram vitórias importantes, como a conquista da cidade de Turim e a ocupação de Monte Castelo, que se encontrava nas mãos dos alemães.

Força Aérea Brasileira/FAB/MIL

Senta a Pua!, símbolo e grito de guerra da Força Aérea Brasileira durante a Segunda Guerra Mundial.

Além de enviar soldados à Itália, o governo brasileiro estabeleceu bases aéreas (destinadas a servir de postos de abastecimento aos aviões estadunidenses) e navais (de onde partiam navios torpedeiros, antissubmarinos).

Em 1946, uma vez terminada a guerra, a Força Expedicionária Brasileira foi desfeita.

Reprodução Iano Andrade/Portal Brasil

A Força Expedicionária Brasileira, conhecida pela sigla FEB, combateu ao lado dos Aliados na Campanha da Itália, durante a Segunda Guerra Mundial. Na foto, chegada de soldados brasileiros ao porto de Nápoles. Foto sem data.

A força dos Aliados

O conflito ganhou uma nova dimensão com o apoio dos Estados Unidos e da União Soviética ao bloco dos Aliados. Lentamente, as forças do Eixo começaram a perder suas posições: no norte da África, na União Soviética e nos países europeus ocupados.

Em janeiro de 1943, os alemães sofreram uma fragorosa derrota em território soviético. Era o começo do fim para Hitler e o nazismo. Em 6 de junho de 1944, cerca de 3 milhões de soldados ingleses e estadunidenses desembarcaram no norte da França e marcharam rumo à Alemanha. Esse dia entraria para a História como o **Dia D**.

Enquanto isso, o Exército Vermelho (como era conhecido o Exército soviético) atravessava o leste da Europa também em direção à Alemanha.

Em abril de 1945, as tropas soviéticas ocuparam Berlim, capital da Alemanha. Em questão de dias, os dois maiores líderes do Eixo estariam mortos: Hitler cometeu suicídio e Mussolini foi fuzilado pelos *partigiani* (combatentes da Resistência italiana). Finalmente, em 7 de maio de 1945, os alemães se renderam. Terminava, assim, a guerra em solo europeu (veja no boxe a seguir como foi a vida da população civil europeia durante a guerra).

O cotidiano da população durante a guerra

A Segunda Guerra Mundial afetou não só a vida dos militares, como também a dos civis dos países envolvidos. Um dos maiores problemas enfrentados por eles foi o do abastecimento. Diante da falta de alimentos, as pessoas eram obrigadas a racionar manteiga, açúcar, farinha de trigo e outros produtos de primeira necessidade. Ao mesmo tempo, os governos compravam a maior parte da colheita agrícola, que era redistribuída entre a população.

Procurava-se evitar desperdício: restos de comida e cascas de fruta viravam ração para os animais. Pedaços de lençóis, fraldas de pano (ainda não existiam fraldas descartáveis) e retalhos serviam para remendar qualquer tipo de tecido. Os combustíveis estavam reservados a médicos, ambulâncias e veículos militares. Com a falta de carvão para o aquecimento, famílias inteiras reuniam-se em um único cômodo das casas para se aquecerem. As pessoas dormiam cedo, principalmente porque, à noite, as luzes das cidades eram apagadas completamente para dificultar a orientação dos inimigos durante ataques aéreos e terrestres.

Quando soava o toque de recolher, todas as pessoas deveriam ficar abrigadas nos lugares em que se encontravam. Era especialmente forte a preocupação em preservar as crianças. Na Inglaterra, por exemplo, o governo providenciava a remoção das crianças de cidades sob risco de bombardeio. Assim, elas eram enviadas de trem para o campo, onde seriam cuidadas por parentes ou mesmo por famílias de desconhecidos.

Como já havia ocorrido na Primeira Guerra Mundial, as mulheres tiveram participação importante na Segunda Guerra. Em torno de 1945, mais de 2 milhões de mulheres trabalhavam na indústria bélica, fabricando navios, aeronaves, veículos e armamentos. Elas também estavam presentes nas fábricas e fazendas, dirigindo tratores e caminhões, garantindo apoio logístico aos combatentes e atuando em muitas áreas antes reservadas aos homens. Nos países Aliados, milhares delas se alistaram como enfermeiras e serviram na linha de frente. Centenas de outras participaram da Resistência em países como a França, a Itália e a Polônia.

Aproximadamente 2 milhões de mulheres judias foram mortas no Holocausto. Também foram perseguidas e assassinadas pelos nazistas centenas de mulheres pertencentes a grupos étnicos minoritários, como os ciganos, além de mulheres com deficiências físicas.

TopFoto/Keystone Brasil

Abrigadas em trincheiras em Kent, Inglaterra, crianças de famílias de trabalhadores rurais observam os bombardeios aéreos durante a Segunda Guerra Mundial. Foto de 1940.

Akg-Images/Latinstock

Em foto de setembro de 1939, durante a Segunda Guerra Mundial, mães se despedem de seus filhos que embarcam para cidades do interior, fugindo dos bombardeios que ameaçam Londres, capital da Inglaterra.

Popperfoto/Getty Images

Em foto de 1945, mulher trabalha como soldadora em fábrica da Inglaterra.

O fim da Guerra no Pacífico

Restava ainda a Guerra no Pacífico. Embalados pela vitória sobre os alemães e sem sinal de que seus inimigos orientais se renderiam, os Estados Unidos decidiram lançar a bomba atômica, recém-inventada, sobre as cidades japonesas de Hiroxima e Nagasaki.

Lançadas, respectivamente, nos dias 6 e 9 de agosto de 1945, as bombas arrasaram as duas cidades: 200 mil pessoas morreram instantaneamente. Milhares de outras perderiam suas vidas nos anos seguintes, em consequência da radiação. Abalado com a destruição, o governo japonês se rendeu. Chegava ao fim a Guerra no Pacífico.

A Guerra no Pacífico

Banco de imagens/Arquivo da editora

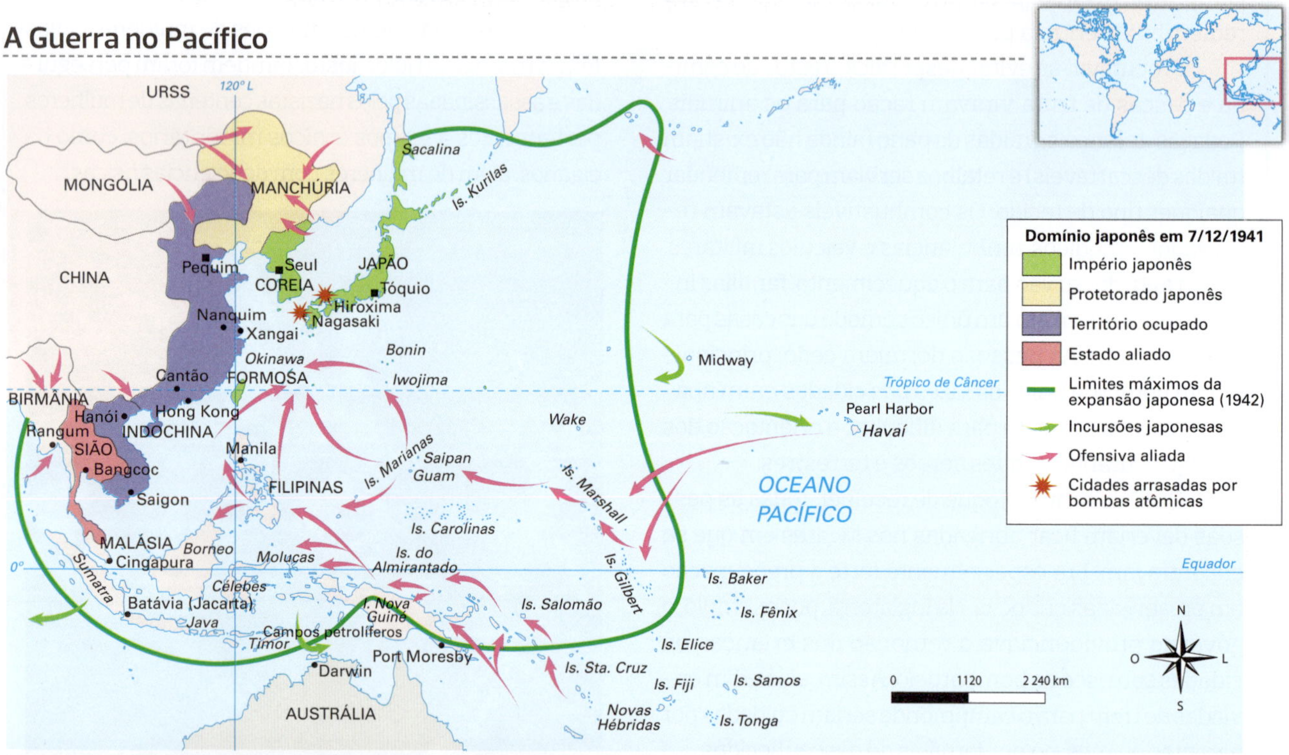

Adaptado de: WORLD History Atlas: Mapping the Human Journey. London: Dorling Kindersley, 2005.

Corbis/Latinstock

Na manhã de 6 de agosto de 1945, os Estados Unidos jogaram a primeira bomba atômica durante a Segunda Guerra Mundial. O alvo foi a cidade de Hiroxima, que teve 69% das construções completamente destruídas e por volta de 80 mil mortos instantâneos. Foto de novembro de 1945.

6 O pós-Guerra

CONTEÚDO DIGITAL

Com o término da Segunda Guerra Mundial, era hora de contar as perdas humanas: 50 milhões de mortos, dos quais 15 milhões de militares e 35 milhões de civis. Na Europa, os nazistas foram responsáveis pela morte de 6 milhões de judeus nos campos de concentração (veja o boxe a seguir).

Boa parte dos países envolvidos diretamente nos conflitos estavam em escombros, com cidades destruídas, campos devastados, rodovias e ferrovias inutilizadas. Em muitos lugares, a fome e as doenças dizimavam ainda mais a população. Muitas crianças tinham ficado órfãs e muitos ex-combatentes estavam mutilados ou sofriam neuroses de guerra.

Entre 1945 e 1946 foi instalado na cidade alemã de Nuremberg um tribunal para julgar 24 importantes lideranças nazistas por seus crimes de guerra. Entre os réus, doze foram condenados à morte e três à prisão perpétua, além de outros condenados a 10 ou 20 anos de prisão.

Holocausto

O antissemitismo nazista foi responsável por um dos maiores **genocídios** de todos os tempos: o extermínio sistemático de milhões de judeus em campos de concentração. Esse massacre sem paralelo na História ficaria conhecido como **holocausto**.

A perseguição aos judeus na Alemanha começou assim que os nazistas chegaram ao poder, em 1933. Os judeus foram proibidos de se casar com pessoas "arianas", de ocupar cargos públicos e obrigados a usar um distintivo especial de identificação: uma estrela de Davi costurada na roupa. Mais tarde, foram condenados a viver em guetos (bairros cercados e fortemente policiados).

Com a guerra e a ocupação de outros países, os nazistas passaram a confinar os judeus em campos de concentração, onde eram submetidos a trabalhos forçados e não tinham condições mínimas de alimentação, higiene e saúde.

Milhares de judeus morreram de fome, doença e exaustão. Muitos serviram de cobaias humanas em experimentos e pesquisas "científicas" dos médicos nazistas.

A partir de 1942, milhões foram executados em câmaras de gás. Quando a guerra acabou e os exércitos aliados começaram a libertar os prisioneiros, o cenário era de horror: milhares de prisioneiros subnutridos e cadáveres abandonados ao ar livre.

A Z

Genocídio: extermínio em massa de pessoas pertencentes a um grupo étnico, nacional ou religioso.

Holocausto: entre os antigos hebreus, assim era chamado o sacrifício de animais pelo fogo.

Universal History Archive/Getty Images

Prisioneiros trabalhando em campo de concentração na Alemanha. Os campos de trabalho forçado foram construídos antes mesmo da Segunda Guerra Mundial, como nos mostra esta foto da década de 1930.

Os acordos de paz, a ONU e a Guerra Fria

Entre julho e agosto de 1945, os chamados Três Grandes – Estados Unidos, União Soviética e Inglaterra – reuniram-se na Alemanha para discutir os termos da paz. Esses acordos ficaram chamados de **Conferência de Potsdam**, nome da cidade onde ocorreu o encontro. Nesse acordo foi determinada a divisão da Alemanha.

Os países aliados determinaram a divisão da Alemanha em quatro zonas de influência, cada uma sob o controle de um país: Inglaterra, França, Estados Unidos e União Soviética. Geograficamente localizada na zona que cabia aos soviéticos, a cidade de Berlim também foi repartida entre essas quatro nações.

Decidiu-se também que Alemanha deveria pagar indenizações aos países vencedores e que os líderes nazistas seriam julgados por uma corte internacional, o Tribunal de Nuremberg. Também ficou combinada a criação de uma entidade internacional destinada a preservar a paz. Dessa forma nasceu a Organização das Nações Unidas (ONU), fundada em 26 de junho de 1945, em substituição à Liga das Nações, que foi extinta.

Com o fim da guerra, começava um período histórico no qual os Estados Unidos e a União Soviética se tornaram as duas maiores potências mundiais. Ao redor delas se formaram dois blocos opostos: de um lado, o bloco **capitalista**, liderado pelos Estados Unidos; do outro, o bloco **comunista**, com a União Soviética à frente.

Esse período foi dominado por tensões entre os dois blocos, conhecidas como **Guerra Fria** (leia o Capítulo 5). Com a extinção da União Soviética, em 1991, a Guerra Fria chegaria ao fim (veja o Capítulo 8).

Soldados britânicos ajudam a população civil no trabalho de reconstrução de cidades inglesas devastadas pelos bombardeios aéreos. Foto de 1945.

Col. Hulton-Deutsch/Latinstock

Enquanto isso...

A Guerra Civil Espanhola

Em 1931, enquanto na Itália o fascismo completava 10 anos no poder, na Espanha ocorriam eleições para uma Assembleia Constituinte, nas quais saíram vitoriosos os socialistas, os comunistas e os anarquistas. Essa vitória era resultado do descontentamento da população com a ditadura militar que governou a Espanha entre 1923 e 1930.

Com o triunfo da esquerda, o rei abdicou do trono e foi proclamada a República. Nos anos seguintes, a sociedade espanhola dividiu-se em dois grupos. Um deles era a Falange, partido de direita, com tendência fascista, apoiado pela Igreja e por grandes proprietários de terra, militares e empresários.

O outro grupo era a Frente Popular, de esquerda, apoiado por setores democráticos republicanos, pelos trabalhadores e por parte da classe média.

Em 1936, sob o comando do general Francisco Franco (1892-1975), os falangistas deram um golpe de Estado. Os trabalhadores pegaram em armas para combatê-los. Era o começo da **Guerra Civil Espanhola**.

Franco recebeu ajuda dos governos de Hitler e Mussolini. A Frente Popular contou com a colaboração dos soviéticos e das Brigadas Internacionais, formadas por mais de 50 mil pessoas oriundas de 53 países. A guerra terminou em 1939 com a vitória dos falangistas. Franco assumiu todo o poder, no qual permaneceria até 1975, ano de sua morte.

World History Archive /TopFoto

Grupo de combatentes da Frente Popular, no início da Guerra Civil Espanhola. Foto de 1936.

Karger-Decker/Interfoto/Latinstock

Dolores Ibárruri, líder comunista espanhola conhecida como *La Pasionaria*, fala aos soldados das Brigadas Internacionais, durante a Guerra Civil Espanhola (1936-1939), na cidade de Madrid. Foto de 1937.

Esquema-resumo

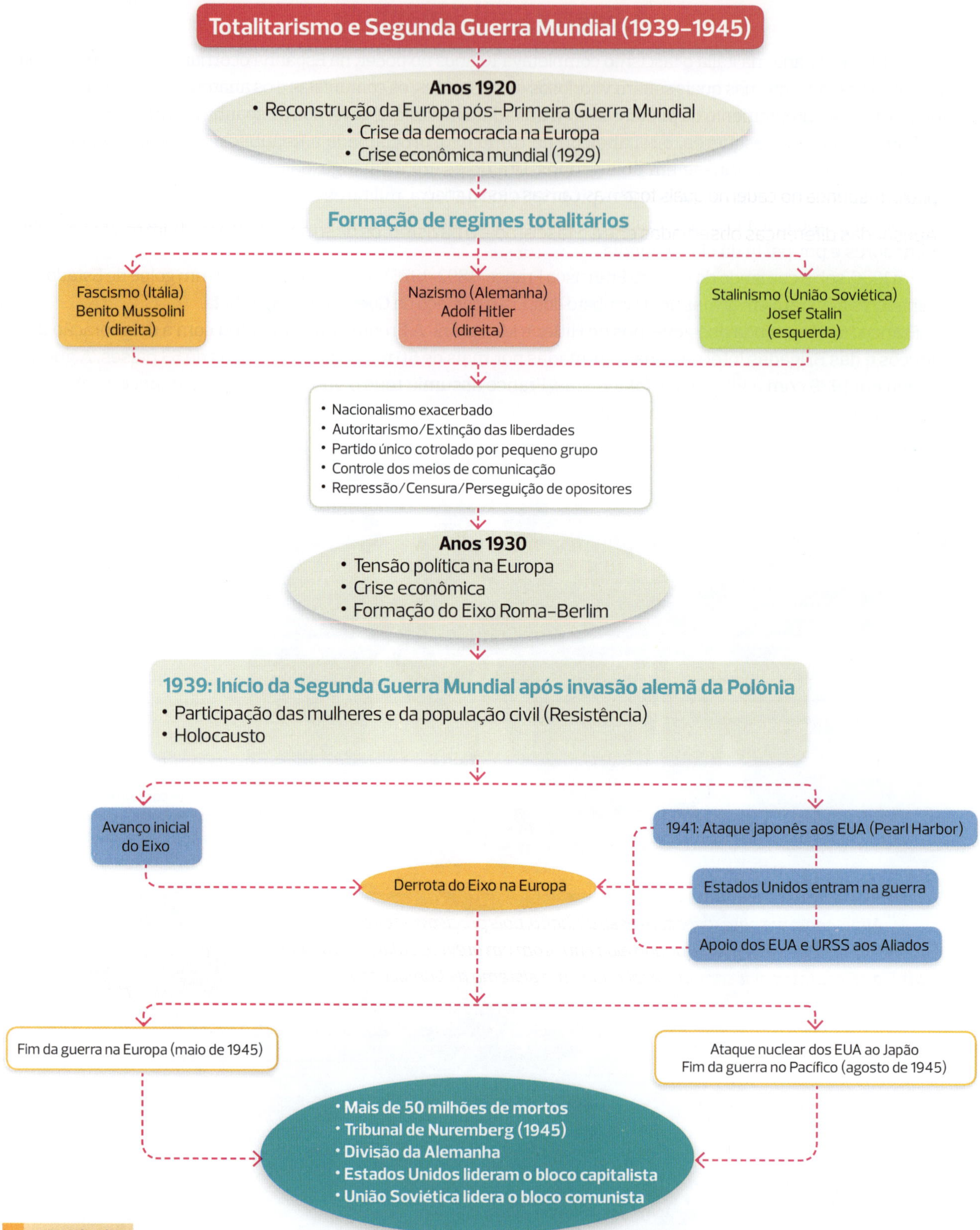

atividade

De acordo com o esquema, a crise da democracia europeia resultou na formação de diferentes regimes totalitários. Responda no caderno quais foram esses regimes e escreva, sob a forma de tópicos, as principais características de cada um deles.

Atividades

CONTEÚDO DIGITAL

Para organizar as ideias

1. A crise econômica de 1929 foi provocada pela quebra da Bolsa de Nova York. Com base nas informações deste capítulo, responda no caderno quais foram as causas dessa crise.
2. Apesar das diferenças observadas entre o fascismo e o nazismo, os dois movimentos tinham muitos aspectos em comum. Cite semelhanças e diferenças entre eles.
3. Os governos totalitários criaram símbolos que se tornaram marcas de seus regimes. Os fascistas italianos tinham o *fascio*, os nazistas alemães tinham a suástica. Explique o significado desses símbolos.
4. A propaganda exerceu um papel central tanto no governo de Hitler como no de Mussolini. Explique como era a propaganda nesses dois governos e quais eram seus objetivos.
5. A Segunda Guerra Mundial foi um conflito de escala global, já que países da Europa, da América e da Ásia participaram dela. Sobre esse tema, responda no caderno:
   a) Qual foi o impacto da entrada dos Estados Unidos na guerra?
   b) Por que o Brasil participou da guerra? Qual era o objetivo da FEB?
6. A Guerra Civil Espanhola é tida como um anúncio da Segunda Guerra Mundial. Por isso é possível estabelecer algumas relações entre os grupos que lutaram em ambos os conflitos. Que relações eram essas?

Teste seus conhecimentos

1. Leia o trecho a seguir, escrito por uma operária inglesa que trabalhou durante a Primeira Guerra Mundial (1914-1918) em uma fábrica de munição e observe o cartaz produzido nos Estados Unidos por J. Howard Miller, durante a Segunda Guerra Mundial (1939-1945).

> *Não sei dizer quanto as outras ganhavam na fábrica de bombas, mas sei que eles pagavam apenas 25 centavos por semana a cada moça para enchê-las, o que não era muito.*
>
> *Aliás, não dava para viver com esse dinheiro, pois precisávamos comer e não ganhávamos refeições. Mas, quando elas entraram em greve, o salário aumentou uns 5 ou 6 centavos por semana, e foi criado um sistema de bonificação.*
>
> Mary Brough-Robertson, apud ARTHUR, Max. *Vozes esquecidas da Primeira Guerra Mundial*. Rio de Janeiro: Bertrand Brasil, 2011.

Corbis/Latinstock

We Can Do It! **("Nós podemos fazer isso!"), cartaz de propaganda criado por J. Howard Miller em 1943 para uma fábrica estadunidense como imagem inspiradora para levantar o ânimo das trabalhadoras.**

O texto e o cartaz permitem afirmar que:

a) graças ao feminismo, que se tornou uma força social, as mulheres conquistaram igualdade de direitos no mercado de trabalho.
b) as guerras mundiais travadas na primeira metade do século XX exigiram a mobilização de toda a sociedade no esforço para vencer os inimigos.
c) as tentativas de se valer do trabalho feminino foram improdutivas, pois as mulheres não se adaptaram ao rigor do ritmo fabril.
d) os modernos armamentos industriais, graças à sua precisão, protegem a população civil dos enfrentamentos bélicos.
e) a produção industrial do período era pouco especializada, uma vez que ainda comportava o trabalho feminino.

2. Leia o trecho a seguir, depois responda no caderno.

Nós queremos, um dia, não mais ver classes nem castas; portanto comecem já a erradicar isso em vocês mesmos. Nós queremos, um dia, ver no Reich uma só peça, e vocês devem já se educar nesse sentido. Nós queremos que esse povo seja, um dia, obediente, e vocês devem treinar essa obediência. Nós queremos que esse povo seja, um dia, pacífico, mas valoroso, e vocês devem ser pacíficos.

Adolf Hitler, no Congresso Nazista de Nüremberg, 1933. In: *O triunfo da vontade*, filme de Leni Riefenstahl, 1935.

O trecho identifica algumas das características do projeto nazista, que governou a Alemanha entre 1933 e 1945. Entre elas, a:

a) defesa da adoção do comunismo, expressa na ideia de supressão de classes.
b) recusa do uso da violência, expressa na ideia de povo pacífico.
c) submissão total da sociedade ao Estado, expressa na ideia de obediência.
d) ampliação do acesso ao ensino básico, expressa na ideia de autoeducação.
e) eliminação das divisões nacionais, expressa na ideia de Reich (Império).

3. O ingresso dos Estados Unidos e o fortalecimento da União Soviética mudaram os rumos da Segunda Guerra Mundial. Responda no caderno, marcando **V** para as opções verdadeiras e **F** para as falsas, levando em consideração as seguintes afirmativas sobre os rumos da Segunda Guerra Mundial a partir de 1943:

a) Em janeiro de 1943, os alemães conseguiram importantes vitórias no território soviético, conquistando as principais cidades da região e praticamente derrotando o exército comunista.
b) Em junho de 1944, tropas aliadas norte-americanas e inglesas tiveram sucesso no desembarque no norte da França e começaram a marchar em direção à Alemanha. Esse desembarque ficou conhecido como Dia D.
c) Os alemães se renderam em 1945, após tropas soviéticas ocuparem Berlim e Hitler cometer suicídio. A rendição alemã significou o fim da guerra na Europa.
d) A Guerra no Pacífico chegou ao fim de forma negociada, já que o Japão ficou isolado após a rendição alemã e não pôde continuar lutando contra os Estados Unidos.

Interpretando documentos

Leia os dois textos a seguir. O primeiro é a *Lei da proteção do sangue e honra alemães*, criada pelo governo nazista da Alemanha em 1935. O segundo é um fragmento do diário escrito por Anne Frank, uma menina judia que vivia na Holanda no período em que os nazistas ocuparam o país e iniciaram a perseguição aos judeus da região. Para sobreviver, Anne Frank e sua família passaram a viver escondidos no sótão de uma residência. Após a leitura dos dois trechos, responda no caderno ao que se pede.

Documento 1

Lei da proteção do sangue e honra alemães

Art. 1º -

1) São proibidos os casamentos entre judeus e cidadãos de sangue alemão ou aparentado. Os casamentos celebrados apesar dessa proibição são nulos e de nenhum efeito, mesmo que tenham sido contraídos no estrangeiro para eludir a aplicação desta lei.

[...]

Art. 2º - As relações extramatrimoniais entre judeus e cidadãos de sangue alemão ou aparentado são proibidas.

Art. 3º - Os judeus são proibidos de terem como criados em sua casa cidadãos de sangue alemão ou aparentado com menos de 45 anos.

Art. 4º -

1) Os judeus ficam proibidos de içar a bandeira nacional do Reich e de envergarem as cores do Reich.

2) Mas são autorizados a engalanarem-se com as cores judaicas. O exercício dessa autorização é protegido pelo Estado.

Art. 5º -

1) Quem infringir o artigo 1º será condenado a trabalhos forçados.

[...]

3) Quem infringir os arts. 3º e 4º será condenado à prisão, o que poderá ir até um ano e multa, ou a uma ou outra destas duas penas.

[...]

Documento 2

Diário de Anne Frank

Cada dia, uma notícia nova. Esta manhã foi preso o nosso verdureiro, por abrigar em casa dois judeus. Foi para nós um golpe duro, não só por sabermos que aqueles pobres judeus estão agora à beira do abismo, mas pelo próprio homem.

O mundo está virando, gente respeitável vai para os campos de concentração, prisões e celas solitárias, enquanto uma escória fica a governar velhos e moços, ricos e pobres. Um é apanhado na armadilha por causa do mercado negro, outro, porque auxilia judeus ou outras pessoas que precisam ir para o underground*, qualquer um que não seja membro do NSB (partido nazista holandês) não sabe o que lhe poderá acontecer, de um dia paro o outro.*

A prisão desse homem representa grande perda para nós. As meninas não podem, nem lhes é permitido, transportar nossa ração de batatas; portanto, a única solução é comer menos. Vou lhe contar o que faremos, e é claro que não será coisa agradável. Mamãe diz que cortaremos de uma vez a refeição da manhã, comendo pão e mingau à hora do almoço e batatas fritas ao jantar. Se for possível, uma ou duas vezes por semana teremos legumes ou alface e nada mais. Passaremos fome, mas qualquer coisa é preferível a sermos descobertos.

FRANK, Anne. *O diário de Anne Frank*. São Paulo: Círculo do Livro, 1974. p. 208.

1. A *Lei da proteção do sangue e honra alemães*, de 1935, é um dos primeiros exemplos das restrições impostas aos judeus nos territórios controlados pelos nazistas. Já o trecho do diário de Anne Frank, escrito em 1944, evidencia a perseguição aos judeus. Descreva essas diferentes formas de perseguição.
2. O massacre perpetrado pelos nazistas contra os judeus ficou conhecido como Holocausto. Explique o que foi o Holocausto e quais foram suas consequências para a comunidade judaica da Europa.
3. O antissemitismo é um dos exemplos da intolerância exercida durante a Segunda Guerra Mundial. O preconceito e a discriminação podem culminar em violência física ou mesmo no extermínio de um povo, cultura ou religião. Aponte exemplos de ações que podem contribuir para combater a intolerância em nosso dia a dia.

Hora de refletir

- Neste capítulo vimos como, para combater os governos totalitários, muitas pessoas se organizaram em movimentos de Resistência. A atuação desses grupos em diversos países da Europa ocorreu de várias formas: distribuição de folhetos, transmissões de rádio, organização de fugas, etc. A Resistência também promoveu ações armadas contra fascistas e nazistas.

  O uso da violência para combater a violência não ocorreu só na Segunda Guerra Mundial. Essa prática foi um dos métodos utilizados contra a opressão no decorrer de toda a História da humanidade.

  Com base nessa constatação, discuta com os colegas: é justo combater práticas violentas com a violência ou seria melhor recorrer a métodos pacíficos de luta? Ao final, apresentem para a sala a conclusão do grupo.

Minha biblioteca

***Neruda para jovens*: antologia poética, de Pablo Neruda, José Olympio.**
Nos versos do poeta chileno Pablo Neruda, o leitor reconhecerá a defesa da liberdade, entre outros temas. Sua obra foi influenciada pela Guerra Civil Espanhola (1936-1939).

***O menino do pijama listrado*, de John Boyne, Companhia das Letras.**
Narrativa sobre a amizade de Bruno, um garoto alemão que ignora a guerra e a perseguição aos judeus, e Shmuel, garotinho judeu que vive do "outro lado da cerca", em um campo de concentração.

***O diário de Anne Frank*, edição integral, de Pressler Mirkam e Otto H. Frank (Ed.), Record.**
A íntegra do diário da jovem Anne Frank, que viveu escondida em um sótão com sua família durante a perseguição nazista na Segunda Guerra Mundial.

Mundo virtual

<http://tinyurl.com/3smmsj7>
Site do Arquivo Nacional do governo dos Estados Unidos da América com imagens da Segunda Guerra Mundial em alta resolução. Em inglês, mas, para acessar as fotos, basta clicar nos *links* (indicados em azul).

<www.sentandoapua.com.br/portal/>
Site desenvolvido para registrar a história da aviação militar brasileira na Segunda Guerra Mundial.

Acesso em: jan. 2015.

Capítulo 4

Brasil: da Revolução de 1930 à ditadura civil-militar

Será que você já teve vontade de saborear os deliciosos quitutes preparados por Tia Nastácia ou de ouvir as histórias contadas por Dona Benta? Já pensou em viver as aventuras de Pedrinho e Narizinho, ouvir os conselhos do Visconde de Sabugosa ou ter em mãos o pó de pirlimpimpim da Emília, só para dar sumiço na malvada Cuca e no levado Saci?

Todo esse universo mágico do Sítio do Pica-Pau-Amarelo, que há quase um século vem povoando a imaginação das crianças brasileiras, foi criado pelo escritor José Bento Monteiro Lobato. Nascido em 1882 na cidade de Taubaté, no interior do estado de São Paulo, Monteiro Lobato escreveu em 1920 *A menina do narizinho arrebitado*, uma história que mais tarde foi republicada como o primeiro capítulo de *Reinações de Narizinho*, hoje considerado o primeiro livro infantil do Brasil e de onde vêm esses personagens.

CONTEÚDO DIGITAL

Além de livros infantis, Monteiro Lobato também escreveu para o público adulto e em muitos textos fez severas críticas à realidade brasileira de seu tempo. A figura do Jeca Tatu, por exemplo, foi criada por Lobato para simbolizar os atrasos vividos pelo Brasil no começo do século XX.

Neste capítulo vamos conhecer alguns dos problemas a que Monteiro Lobato se referia. Também veremos em que medida a ruptura política, que levou Getúlio Vargas ao poder em 1930, conseguiu transformar a realidade denunciada por Monteiro Lobato.

Ed. Monteiro Lobato & Cia./Arquivo da editora

Capa do livro *A menina do narizinho arrebitado*, de Monteiro Lobato. Lançado em 1920 pela Monteiro Lobato & Cia., nunca foi reeditado, a não ser em uma pequena tiragem fac-similar.

Manoel Victor Filho/Ed. Brasiliense

Capa do livro *Reinações de Narizinho*, de Monteiro Lobato. Ilustrações de Manoel Victor Filho. 48ª edição. São Paulo: Brasiliense, 1993.

1 O Brasil nas primeiras décadas do século XX

A imagem a seguir representa uma importante personagem da literatura brasileira: o Jeca Tatu, criado pelo escritor Monteiro Lobato (1882-1948) em 1918. Jeca Tatu é um caboclo brasileiro, vive na área rural, esquecido pelo poder público, e convive com doenças provocadas muitas vezes pela falta de higiene e saneamento básico.

A personagem **Jeca Tatu foi criada para revelar a insatisfação de Monteiro Lobato com certos aspectos da vida no Brasil no início do século XX**.

Monteiro Lobato/LR Editores Ltda./CBBA

Jeca Tatu, uma das mais famosas personagens de Monteiro Lobato. O caipira ilustrou inúmeras edições de um almanaque distribuído gratuitamente em todas as farmácias do país até a década de 1980.

Na visão de Lobato, a maior parte dos brasileiros, principalmente os habitantes da zona rural, era preguiçosa, desassistida pelo Estado, sem noções de higiene e pouco saudável. Por essas características, as pessoas eram incapazes de enfrentar as dificuldades do dia a dia. Para Lobato, faltava no Brasil uma energia renovadora e isso deixava o país em situação de inferioridade em relação às nações desenvolvidas da época. Ou seja, a figura do Jeca Tatu podia ser entendida como uma síntese dos problemas que afligiam o país naquele momento.

Como você pode perceber, essa visão do caipira era preconceituosa em relação ao trabalhador rural do país. Representava uma visão elitista a respeito da maior parte do povo brasileiro, uma vez que Monteiro Lobato responsabilizava a população rural por sua própria miséria e em parte pelo atraso do Brasil.

Mais tarde, Monteiro Lobato mudou de opinião a respeito do caipira. Passou a considerar então que a responsabilidade pela miséria do Jeca estava na dependência do país para com as nações industrializadas, que sufocavam o desenvolvimento do Brasil. O Jeca Tatu passou a representar um trabalhador vítima da exploração e morador de um Brasil subdesenvolvido, agrário e rural, muito distante das estruturas urbanas e industriais dos países mais desenvolvidos do mundo naquele momento.

O Brasil em 1960

Veja a seguir fotos tiradas no dia 2 de fevereiro de 1960. Na primeira imagem, um grande número de veículos, a maioria fabricada no Brasil, está prestes a entrar em Brasília, nova capital do Brasil, que seria inaugurada em abril daquele mesmo ano.

Na outra foto, o presidente da República, Juscelino Kubitschek (1956-1961), agita uma bandeira brasileira a bordo de um Romiseta, primeiro automóvel a ser produzido em série no Brasil.

Arquivo/Agência Estado

Juscelino Kubitschek entrando em Brasília à frente da Caravana Nacional da Integração, em fevereiro de 1960. A caravana partiu dos quatro pontos cardeais do território brasileiro em direção à nova capital do Brasil.

Veículos da indústria automobilística, já fabricados no Brasil, desfilam na praça dos Três Poderes em Brasília, ainda em construção. Foto de fevereiro de 1960.

Acervo UH/Folhapress

Compare as duas fotos da página ao lado com a imagem do Jeca Tatu. Elas representam realidades semelhantes ou diferentes? Quais são as diferenças entre elas? Quanto tempo separa uma realidade da outra?

É evidente que são duas realidades bem diferentes. Parecem muito distantes no tempo, mas não é bem assim. Apenas 42 anos separam os dois momentos: 1918 – ano em que Monteiro Lobato publicou o livro *Urupês*, no qual apareceu o Jeca Tatu – e 1960, ano em que as fotos da página ao lado foram tiradas.

De 1930 a 1960: grandes mudanças

O que aconteceu nesse intervalo de 42 anos? Que mudanças ocorreram no país nesse período? Como foi possível saltar do Brasil agrário do Jeca Tatu para o Brasil industrial, moderno e dinâmico dos vibrantes anos 1950-1960?

O fato é que entre a década de 1930 e a de 1960, o Brasil passou por grandes transformações, algumas mais lentas, outras mais aceleradas, mas que mudaram o perfil da sociedade brasileira. Em meados da década de 1960, o Brasil havia deixado de ser um país agrário e passara a ter na indústria e nos serviços as suas principais atividades econômicas. Novos hábitos surgiram, novos padrões de consumo também. Um novo tipo de vida social e cultural afirmou-se nesse período.

Entretanto, algumas características do país criticadas por Lobato na figura do Jeca Tatu, como a dependência econômica e o descaso com que o povo era tratado, permaneceram. Isso porque a modernização, embora rápida, ocorreu de maneira muito desigual, favorecendo apenas alguns grupos sociais, como as elites e setores das classes médias urbanas. A grande maioria da população, tanto urbana como rural, pouco ou nada recebeu dos benefícios da modernização. Para entender essas mudanças, vamos voltar um pouco no tempo.

2 A Revolução de 1930

Como vimos, antes de 1930, os governos brasileiros estiveram sob o controle quase exclusivo dos grupos ligados à produção e à exportação agrícola. Entre eles, destacavam-se as oligarquias ligadas ao café dos estados de São Paulo e Minas Gerais (sobre o assunto, releia o Capítulo 1).

Esse controle das oligarquias baseadas no café foi abalado nas eleições para presidente da República de 1930. Na época, o presidente era Washington Luís. Seu candidato, apoiado pelas oligarquias de São Paulo e de outros estados, era o paulista Júlio Prestes.

Revista *Careta*, 1930/Fundação Biblioteca Nacional, Rio de Janeiro

Charge de Storni, capa da Revista *Careta*, Rio de Janeiro (RJ), na edição de 22 de novembro de 1930.

Entretanto, as oligarquias dos estados de Minas Gerais, Rio Grande do Sul e Paraíba defendiam os nomes do gaúcho Getúlio Vargas para presidente e do paraibano João Pessoa para vice-presidente.

O candidato vitorioso nas urnas foi Júlio Prestes. Mas os partidários de Getúlio Vargas protestaram, alegando que tinha havido fraude para dar a vitória ao candidato de Washington Luís. Entre essas pessoas estavam antigos "tenentes" das rebeliões de 1922 e 1924 e da Coluna Prestes (sobre o tenentismo, veja o Capítulo 1). Eles argumentavam que era preciso ir à luta armada para derrubar Washington Luís e impedir a posse de Júlio Prestes. Getúlio, porém, reconheceu a vitória de Júlio Prestes.

Getúlio Vargas chega ao poder

Em julho de 1930, João Pessoa, o candidato a vice na chapa de Getúlio, foi assassinado no Recife. O crime foi cometido por razões particulares e não políticas. Apesar disso, os partidários mais exaltados de Getúlio puseram a culpa em Washington Luís. Isso fortaleceu a ideia de luta armada proposta pelos "tenentes".

Bettmann/Corbis/Latinstock

Posse de Getúlio Vargas, cercado por almirantes e generais brasileiros, no cargo de presidente do governo provisório do Brasil, no Palácio do Catete, Rio de Janeiro, em 19 de novembro de 1930.

Dessa forma, em 3 de outubro de 1930 teve início no Rio Grande do Sul, em Minas Gerais e na Paraíba um movimento armado cujo objetivo era derrubar Washington Luís e colocar Getúlio Vargas no poder.

O movimento foi vitorioso em 24 de outubro de 1930. No dia 3 de novembro, Vargas tomou posse como presidente da República.

3 A Era Vargas

Getúlio Vargas foi o presidente que por mais tempo governou o Brasil. O primeiro período no qual ele esteve à frente do governo durou 15 anos, de novembro de 1930 a novembro de 1945. Posteriormente, ele governou durante quatro anos (1950 a 1954). Para facilitar a compreensão e recuperar as características de cada período, os historiadores costumam dividir em fases o longo governo de Getúlio Vargas.

- **Governo Provisório**: da chegada ao poder em 1930 até a eleição de Vargas para a Presidência da República, de forma indireta, pela Assembleia Constituinte em 1934. Um dos marcos desse período foi a promulgação de uma nova Constituição.
- **Governo Constitucional**: período democrático que vai da posse em 1934 até a implantação da ditadura em 1937 (Estado Novo). Época marcada por muitas lutas políticas na sociedade, como as que envolveram a Ação Integralista Brasileira (AIB) e os grupos de esquerda ligados à Aliança Nacional Libertadora (ANL).
- **Estado Novo**: período ditatorial que vai de 1937 a 1945. Durante essa fase, Vargas governou por decreto e outorgou uma Constituição de inspiração fascista: suspendeu as garantias individuais, aboliu o direito de reunião e extinguiu os partidos políticos.
- **Período Democrático**: da eleição direta em 1950 até o suicídio de Vargas em 1954. Época marcada por greves e escassez de alimentos.

Revista *Careta*, 1945/Fundação Biblioteca Nacional, Rio de Janeiro

Charge de Théo, publicada na Revista *Careta*, Rio de Janeiro (RJ), em 1934.

A seguir vamos conhecer alguns aspectos dos governos de Getúlio Vargas e as mudanças ocorridas no Brasil.

Mudanças políticas

Ao chegar ao poder, Getúlio era apoiado por algumas oligarquias regionais, pelos "tenentes" que haviam participado das revoltas nos anos anteriores, por setores das classes médias e por muitos trabalhadores urbanos. Amparado na força desses grupos, Vargas inaugurou um período de exceção, centralizando o poder em suas mãos. Para isso, dissolveu todas as esferas do poder Legislativo (Congresso Nacional, Assembleias Legislativas estaduais e Câmaras municipais), destituiu os governadores dos estados, indicando para os cargos vagos interventores de sua confiança, e anulou a Constituição de 1891.

Em maio de 1933 aconteceram as eleições para a escolha dos parlamentares encarregados de elaborar a nova Constituição brasileira. Essa foi a primeira eleição do Brasil na qual as mulheres puderam participar tanto como eleitoras quanto como candidatas, assegurando, assim, uma antiga reivindicação feminista. Dentre os 214 deputados constituintes eleitos, havia uma mulher, a médica paulista Carlota Pereira de Queiroz.

Col. Carlota Queiroz/Arquivo da editora

A jornalista Antonieta de Barros (1901-1952), primeira mulher a participar da Assembleia Legislativa de Santa Catarina (SC). Foto sem data.

A nova Constituição foi promulgada em julho de 1934. Suas principais novidades foram a incorporação da legislação trabalhista (veja o boxe da página seguinte), a nacionalização dos recursos do subsolo e a possibilidade de nacionalização de empresas estrangeiras.

A Constituição estabeleceu ainda que o presidente teria um mandato de quatro anos e seria escolhido por eleições com voto livre e direto. A única exceção deveria ser o primeiro pleito, feito de forma indireta pelos próprios constituintes. Getúlio Vargas foi escolhido para ocupar o cargo, dando fim ao Governo Provisório ao tomar posse de forma legal em 1934, amparado por uma Constituição.

Col. particular/Arquivo da editora

Instalação da Assembleia Constituinte de 1934, da qual participou Carlota Pereira de Queiroz, a primeira mulher eleita deputada federal no Brasil.

A legislação trabalhista

Uma das principais ações do primeiro governo Vargas foi o estabelecimento de uma legislação trabalhista, ou seja, de um conjunto de leis destinadas a regulamentar as relações de trabalho entre patrões e empregados. Uma legislação assim não existia no Brasil antes de 1930.

Com a nova legislação, diversos direitos foram assegurados aos trabalhadores: jornada de trabalho de oito horas diárias, férias, Justiça do Trabalho, salário mínimo, aposentadoria, entre outros benefícios. Esses direitos integraram a CLT (Consolidação das Leis do Trabalho), de 1943, em vigor até hoje.

Entretanto, ao lado desses direitos, o governo de Getúlio estabeleceu uma série de controles sobre os trabalhadores, especialmente sobre sua forma de organização sindical.

Os direitos assegurados pela legislação trabalhista de Vargas se restringiram aos trabalhadores urbanos. Não foram estendidos aos trabalhadores rurais e domésticos. Somente a partir da década de 1960 é que esses trabalhadores começaram a ter acesso aos direitos trabalhistas.

Você sabia?

Muitos paulistas, que haviam perdido o poder com a Revolução de 1930, ficaram descontentes com essas primeiras medidas do presidente Vargas. Um dos pontos mais criticados foi a nomeação de um interventor que não era civil nem paulista para governar São Paulo. Os paulistas também reivindicavam uma nova Constituição para o Brasil.

A tensão no estado cresceu e, no dia 9 de julho de 1932, parte da população paulista se revoltou contra o governo, dando início a uma guerra civil que ficou conhecida como Revolução Constitucionalista. Isoladas, as tropas de São Paulo acabaram derrotadas pelas forças nacionais após três meses de intensos confrontos em diversas regiões do estado.

Disputas ideológicas

O período constitucional do governo de Getúlio Vargas foi marcado por uma grande polarização política e ideológica. Nessa época, ganharam destaque dois movimentos políticos antagônicos: a Ação Integralista Brasileira (AIB), uma organização de extrema-direita, e a Aliança Nacional Libertadora (ANL), de esquerda.

A AIB foi fundada em 1932 por pessoas que simpatizavam com a ditadura fascista de Benito Mussolini, na Itália. Liderado pelo jornalista e político Plínio Salgado (1895-1975), o movimento integralista tinha como lema "Deus, Pátria e Família". Para os integralistas, a economia deveria ser dirigida pelo Estado, e este, por seu turno, deveria ser controlado por um partido único, eliminando-se a democracia representativa.

Acervo Iconographia/Reminiscências

Integralistas partem do Rio de Janeiro (RJ) para São Paulo (SP), onde participariam de manifestação na praça da Sé em 7 de outubro de 1934, dissolvida pela Frente Única Antifascista.

Já a ANL surgiu em 1935 sob a liderança do comunista Luís Carlos Prestes. Embora o Partido Comunista do Brasil (PCB) tivesse grande ascendência sobre o movimento, seus participantes faziam parte de uma série de tendências de esquerda: socialistas, liberais, anti-integralistas, estudantes e ex-tenentistas compunham o grupo. Assim como os integralistas, eram também nacionalistas, porém adotavam um discurso anti-imperialista. Seus filiados, que segundo estimativas chegaram a algo entre 70 mil e 100 mil, defendiam que o governo deveria suspender o pagamento da dívida externa, nacionalizar as empresas estrangeiras e fazer uma reforma agrária.

A ANL foi declarada ilegal por Getúlio Vargas apenas quatro meses depois de sua fundação. Desde então, o grupo passou a atuar na ilegalidade, junto ao PCB. Em 1935, a ANL liderou insurreições militares em Natal, Recife e no Rio de Janeiro, com o intuito de tomar o poder e implantar o comunismo no Brasil. Os levantes, conhecidos como **Intentona Comunista**, fracassaram, desencadeando uma forte repressão aos militantes de esquerda no Brasil.

A ditadura do Estado Novo

O clima de tensão gerado pela Intentona Comunista permaneceu até 1937, quando teve início a corrida para as eleições presidenciais previstas para o ano seguinte. Vargas, desejoso de permanecer no poder, teve a oportunidade de dar um golpe de Estado quando o alto-comando do Exército afirmou ter descoberto um plano de conspiração comunista contra seu governo. O suposto plano, chamado de Plano Cohen, era totalmente falso. Elaborado por um oficial integralista, serviu de pretexto para que Getúlio Vargas ordenasse o fechamento do Congresso, o cancelamento das eleições e a instauração de um regime ditatorial com base no argumento de que o país corria o risco de um golpe comunista.

Iniciava-se uma nova fase do governo de Vargas, o Estado Novo (1937-1945). Nesse período, o governo extinguiu todos os partidos politicos, inclusive a Ação Integralista Brasileira. Em represália, os participantes do grupo tentaram, em 1938, tomar o poder por meio de um golpe que fracassou. Muitos integralistas foram presos e exilados. A AIB foi extinta, seguindo o mesmo caminho percorrido pela Aliança Nacional Libertadora três anos antes.

O Estado Novo foi marcado pelo controle dos meios de comunicação (como veremos na página 117), por forte repressão aos opositores do governo e pela participação do Brasil na Segunda Guerra Mundial. Antes de entrar no conflito, o governo Vargas teve uma certa aproximação ideológica com os governos totalitários de direita (Itália e Alemanha), mas pressionado pelos Estados Unidos, o Brasil acabou entrando na guerra ao lado dos Aliados.

Fotos: D.I.P./Arquivo da editora

Ilustrações (autor desconhecido) da cartilha *A Juventude no Estado Novo*, produzida pelo Departamento de Imprensa e Propaganda (DIP) em torno de 1940. Criado em 1939, o DIP foi decisivo na manutenção da ditadura do Estado Novo pela difusão de imagens de progresso e desenvolvimento associadas à figura de Getúlio Vargas.

A industrialização

No início do século XX, o Brasil era um país essencialmente agrário, cuja principal fonte de riqueza era o café, responsável por abastecer cerca de 75% de toda a produção mundial. Poucas eram as indústrias existentes no país. Em 1907, por exemplo, o Brasil contava com apenas 3 120 estabelecimentos industriais, a maior parte concentrada no Rio de Janeiro.

Com os lucros obtidos com a venda do café, alguns cafeicultores decidiram diversificar seus negócios e passaram a investir também na construção de indústrias, começando a expandir o parque industrial brasileiro. Em 1920, São Paulo superou o Rio de Janeiro e tornou-se o principal centro industrial do país. Ainda assim, o Brasil não contava com indústrias de base, como **siderúrgicas** ou metalúrgicas, capazes de produzir aço, ferro e outras matérias-primas para expansão e diversificação do parque industrial brasileiro. Havia basicamente indústrias produtoras de artigos de bens de consumo não duráveis, como chapéus, calçados, roupas, etc.

Com a chegada de Getúlio Vargas ao poder, essa situação começou a se modificar. O governo de Vargas decidiu estimular a industrialização e passou a interferir na produção industrial, até então relegada à iniciativa privada.

A Z

Siderúrgica: indústria que produz aço e ferro para serem utilizados em outras indústrias, como a de máquinas. Assim como a indústria metalúrgica, que produz alumínio, cobre, ferro e outros metais, é chamada de "indústria de base" porque seu produto final serve de matéria-prima para outras indústrias.

Durante o **Estado Novo**, o governo iniciou a construção da Companhia Siderúrgica Nacional (CSN), da Companhia Vale do Rio Doce (atual Vale), voltada para a mineração, da Fábrica Nacional de Motores e da Companhia Hidrelétrica do São Francisco. Quando voltou ao poder, na década de 1950, Vargas continuou com sua política nacionalista, criando a Petrobras, estatal responsável pela extração de petróleo.

Essas indústrias de base garantiram o crescimento industrial do Brasil nos anos seguintes, fornecendo as condições necessárias para a instalação e a criação de novas empresas públicas e privadas no país. Tais investimentos foram fundamentais para que o Brasil deixasse de ser uma nação agrária e rural e se transformasse em um país industrializado e urbano.

Acervo pessoal/Arquivo da editora

Acervo Iconographia/Reminiscências

Nas fotos, vista geral e interior da Fábrica Nacional de Motores (FNM) em Duque de Caxias (RJ). Fotos da década de 1950.

Crescimento econômico e urbanização

Como resultado da política econômica implantada pelo governo Vargas, a produção industrial brasileira cresceu em média mais de 11% ao ano entre 1933 e 1939.

A expansão industrial fez com que muitas pessoas deixassem o campo e migrassem para as grandes cidades em busca de emprego, pois era ali que estavam instaladas as fábricas. São Paulo, centro urbano que mais cresceu, recebeu um grande número de migrantes, vindos principalmente do Nordeste e de Minas Gerais.

Tarsila do Amaral/Tarsila do Amaral Empreendimentos/Coleção particular

Segunda classe (1933), óleo sobre tela de Tarsila do Amaral. Esta obra representa um grupo de migrantes no momento em que desembarcam de um trem. Repare na expressão de cansaço e desânimo das pessoas, que provavelmente vinham do campo, onde os trabalhadores não estavam sob a proteção das leis trabalhistas.

Você sabia?

O governo de Getúlio Vargas também incentivou a ocupação do interior do Brasil. Para isso, lançou uma campanha conhecida como **Marcha para o Oeste**.

Isso ocorreu em 1940, logo após a fundação da cidade de Goiânia, que em seguida seria oficializada como capital do estado de Goiás.

Além da ocupação do interior, com a Marcha para o Oeste, o governo pretendia criar um grande número de pequenas propriedades rurais que passassem a produzir alimentos e matérias-primas para as indústrias. Havia ainda interesse em transformar o Centro-Oeste em uma região consumidora de mercadorias industriais produzidas no Brasil.

Esse processo de ocupação do interior do Brasil também teve como resultado diversos conflitos travados entre os novos moradores e os povos indígenas que viviam na região. As relações violentas assim como a falta de imunidade para as doenças trazidas pelos migrantes resultaram na morte de muitos indígenas. Outros grupos indígenas foram confinados em reservas.

Acervo UH/Folhapress

Getúlio Vargas se encontra com indígenas em 22 de janeiro de 1954, tendo como intérprete o sertanista Orlando Villas-Bôas. Vargas foi o primeiro presidente do Brasil a visitar uma área indígena: em 1940, esteve em uma aldeia Carajá. Sua política de governo incorporou ideias como valorização da cultura popular e das etnias nativas; além disso, a intervenção do Estado na educação e na cultura atingiu um grau sem precedentes. Com o objetivo de promover o desenvolvimento econômico e social, o governo Vargas se empenhou em moldar uma identidade nacional calcada na imagem de um Brasil moderno.

O papel dos meios de comunicação

Geralmente, entendem-se como modernas as sociedades com certo grau de industrialização e nas quais predomina a vida nas cidades sobre a vida no campo; que oferecem uma grande variedade de serviços (bancos, lojas, escolas, cinemas, transportes coletivos, restaurantes, teatros, hospitais e outros); e nas quais as relações entre as pessoas são impessoais e não baseadas em laços de parentesco ou de vizinhança (por exemplo, nos grandes centros, travamos diariamente contato com pessoas que não conhecemos).

No Brasil, como vimos, o processo de modernização começou a tomar impulso a partir de 1930. Um dos fatores que impulsionaram esse processo foi a **expansão dos meios de comunicação de massa**. Naquele momento, o principal veículo de comunicação era o rádio, inventado em 1895 e em operação no Brasil desde 1923. Na década de 1930, o rádio começou a chegar às regiões mais remotas do país.

Entre os anos 1930 e 1960, as principais emissoras de rádio estavam no Rio de Janeiro. Eram famosos seus programas de auditório, transmitidos ao vivo e com a presença de artistas no palco. Esse contato direto entre o público e seus cantores e cantoras prediletos deu origem aos fã-clubes, impulsionou a indústria do disco e a publicação de revistas sobre o mundo do rádio.

Por essa época, o cinema também se destacou como importante meio de comunicação de massa. A maior parte dos filmes divulgados vinha dos Estados Unidos. Com isso, a influência cultural norte-americana ampliou-se.

O governo de Getúlio Vargas não demorou a perceber a importância dos meios de comunicação de massa (do rádio, sobretudo) e passou a utilizá-los de forma cada vez mais intensa e planejada (veja o boxe *As ações do Departamento de Imprensa e Propaganda (DIP)* na próxima página).

Acervo Iconographia/Reminiscências

A cantora Dalva de Oliveira na Rádio Cruzeiro do Sul, em São Paulo (SP), rodeada de astros e estrelas da era do rádio, entre eles o compositor Herivelto Martins, o violonista Canhoto (Américo Jacomino) e o flautista Benedito Lacerda. Foto sem data.

Acervo Iconographia/Reminiscências

Em foto de 1942, família do Rio de Janeiro (RJ) ouve, pelo rádio, o discurso de Ano Novo do então presidente Getúlio Vargas. Nessa época, era comum as famílias se reunirem em torno do aparelho para ouvir seus cantores prediletos, novelas de rádio, noticiários e outros programas.

As ações do Departamento de Imprensa e Propaganda (DIP)

Em 1939, já durante o Estado Novo (1937-1945), foi criado o Departamento de Imprensa e Propaganda (DIP). Como o próprio nome dá a entender, o órgão era encarregado de elaborar a propaganda oficial do Estado Novo por meio de jornais, livros, filmes, cartazes, cartilhas, revistas e programas de rádio, divulgando sempre uma imagem positiva do governo varguista. Ao mesmo tempo, o DIP censurava todo tipo de material que contivesse ideias contrárias ao governo, perseguindo intelectuais, escritores e artistas em geral.

Desde sua criação, a atuação do DIP foi intensa. O órgão foi responsável pela construção da imagem de Getúlio Vargas como "pai dos pobres", ou seja, um presidente preocupado em atender as necessidades das camadas mais baixas da sociedade brasileira.

Entre outras funções, o DIP coordenava a produção da **Voz do Brasil**, programa radiofônico sobre as realizações do governo. Esse programa era transmitido obrigatoriamente em cadeia nacional de rádio, sempre às 19 horas, horário em que as famílias em geral estavam reunidas em casa. O programa existe até hoje, embora as emissoras possam transmiti-lo em horários diferentes.

Além do rádio, o DIP lançou mão do cinema, estabelecendo a exibição obrigatória de cines-jornais favoráveis ao governo em todos os cinemas do Brasil. Nesse período, a utilização da propaganda a serviço do regime e de sua ideologia foi comum a outros governos autoritários, como os da Itália fascista e da Alemanha nazista.

Você sabia?

Durante o período de atuação do DIP, as letras de música que exaltavam a malandragem passaram a ser censuradas e seus versos eram modificados para que defendessem a ideia do trabalhismo. As escolas de samba também foram obrigadas a apresentar sambas-enredo com temáticas históricas e patrióticas.

4 O governo JK e os "anos dourados"

Com o fim do governo de Getúlio Vargas conhecido como Estado Novo, em 1945, o Brasil passou por um período democrático que se estendeu até 1964. Nesse período, o processo de industrialização assumiu grandes proporções com o **Plano de Metas, instituído no governo de Juscelino Kubitschek, também chamado de JK (1956-1961)**. Com esse plano, o governo pretendia instalar no Brasil indústrias como a de bens duráveis (automóveis, eletrodomésticos, etc.) e a de máquinas, equipamentos e matérias-primas industriais.

Com o Plano de Metas, várias grandes empresas estrangeiras, chamadas de **multinacionais**, se estabeleceram no Brasil. A partir daí, a modernização ganhou um ritmo ainda mais rápido do que o do período anterior.

Em poucos anos, foram construídas usinas hidrelétricas, como a de Furnas e a de Três Marias, e a siderúrgica Usiminas, todas em Minas Gerais. Ao mesmo tempo, muitas indústrias automobilísticas estrangeiras instalaram-se no país, a maioria no **ABC paulista**, onde fomentaram o surgimento de pequenas indústrias de autopeças. O Rio de Janeiro, por seu lado, foi a principal sede da indústria naval.

Neste mesmo período, o **Produto Interno Bruto (PIB)** cresceu a uma taxa média de 8% ao ano. Dessa forma, durante o governo JK (1956-1961), o país registrou um crescimento de 80% em sua produção industrial, dando um importante salto econômico. Ainda assim, esses avanços permaneceram concentrados no Sudeste, aumentando as disparidades regionais do país, intensificadas nos primeiros tempos da industrialização.

A Z

Multinacional: empresa com instalações em mais de um país, em geral originária de um país de economia desenvolvida, com filiais em outros países. Por exemplo, uma indústria automobilística alemã com filiais no Brasil.

ABC paulista: região próxima à cidade de São Paulo, formada pelos municípios de Santo André, São Bernardo do Campo e São Caetano. Foi nessa região que se concentrou inicialmente a indústria automobilística.

Produto Interno Bruto (PIB): é a soma das riquezas produzidas por um país durante um ano.

Você sabia?

Maior arquiteto brasileiro e um dos maiores do mundo, Oscar Niemeyer (1907-2012) foi importante parceiro nas propostas de modernização implantadas por Juscelino Kubitschek. No período em que JK era prefeito de Belo Horizonte (1940-1945), Niemeyer projetou o Conjunto Arquitetônico da Pampulha, um complexo de lazer que se tornou um marco da arquitetura nacional. Com JK na Presidência da República, coube a Niemeyer, junto com o urbanista Lúcio Costa (1902-1998), o projeto arquitetônico de Brasília, cidade que hoje é Patrimônio Cultural da Humanidade.

As transformações urbanas

O início da produção de automóveis no Brasil provocou um aumento no número de carros nas ruas e, com isso, mais mudanças nas cidades. Avenidas largas foram construídas para que o trânsito pudesse fluir. Pontes, viadutos e túneis também passaram a fazer parte da paisagem das maiores cidades do país.

O transporte coletivo urbano também passou por mudanças. Os bondes elétricos, principais meios de transporte em algumas grandes cidades, foram pouco a pouco substituídos por ônibus movidos a óleo *diesel*.

Entretanto, a principal expressão das transformações urbanas pelas quais o Brasil passou nesse período foi a construção de Brasília, cidade projetada para ser a nova capital do país, cuja inauguração ocorreu em 21 de abril de 1960.

Trabalhadores terminam de construir o aeroporto da nova capital federal, Brasília. Ao fundo, um avião da Real Aerovias, companhia aérea brasileira fundada em 1945 e extinta em 1961. Foto de abril de 1957.

Arquivo/Agência Estado

Conexões

As cidades crescem

A urbanização e a modernização modificaram a paisagem das grandes cidades brasileiras. Os bondes elétricos cederam seu lugar aos ônibus, as quitandas foram substituídas pelos supermercados e muitas casas antigas foram derrubadas para que, em seu lugar, fossem erguidos prédios de apartamentos.

A seguir apresentamos dois documentos que fazem referência a esse processo, vivido em muitas cidades brasileiras entre 1930 e 1960. O primeiro documento é o samba "Saudosa maloca", escrito por Adoniran Barbosa em 1951. O segundo é um gráfico que representa o crescimento dos edifícios em Belo Horizonte em 1940.

Após a leitura dos documentos, responda no caderno às questões propostas.

DOCUMENTO 1 – Letra de samba

Si o senhor não tá lembrado
Dá licença de contá
Que aqui onde agora está
Esse adifício arto
Era uma casa veia
Um palacete assobradado
Foi aqui seu moço
Queu, Mato Grosso e o Joca
Construímo nossa maloca
Mais um dia
Nóis nem pode se alembrá
Veio os homi c'as ferramentas
O dono mandô derrubá
Peguemo todas nossas coisas
E fumos pro meio da rua
Apreciá a demolição
Que tristeza que nóis sentia
Cada táuba que caía
Duía no coração
Mato Grosso quis gritá
Mais em cima eu falei:
Os homis tá cá razão
Nós arranja outro lugar
Só se conformemo quando o Joca falou:
"Deus dá o frio conforme o cobertor"
E hoje nóis pega a páia nas grama do jardim
E prá esquecê nóis cantemos assim:
Saudosa maloca, maloca querida,
Dim dim donde nóis passemos os dias feliz de nossa vida
Saudosa maloca, maloca querida,
Dim dim donde nóis passemo os dias feliz de nossa vida.

BARBOSA, Adoniran. Saudosa maloca. In: ______. *Meus momentos* (CD). EDM, 2004.

DOCUMENTO 2 – Gráfico

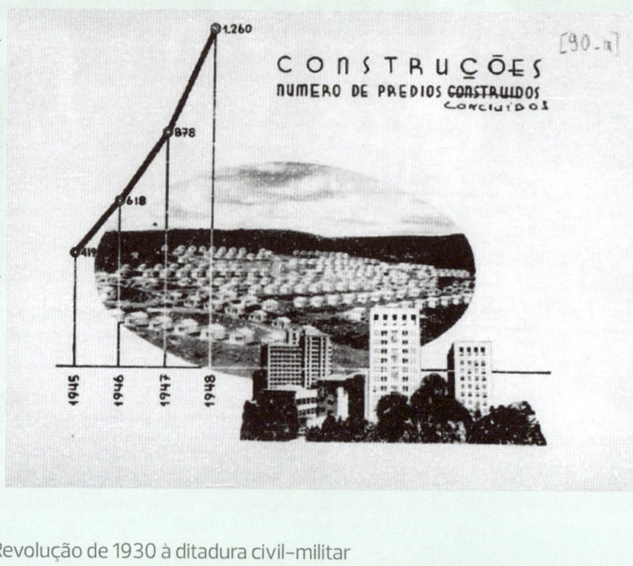

Arquivo Público da Cidade de Belo Horizonte, MG.

Gráfico que representa o crescimento das construções em Belo Horizonte (MG) a partir da segunda metade da década de 1940.

atividades

1. Como é comum em várias palavras da língua portuguesa, *maloca* pode ter vários significados. Veja abaixo qual deles se aproxima mais do sentido da canção do Documento 1.

Maloca: *substantivo feminino (1817)*
1 conjunto de habitações de indígenas; aldeia
2 (1899) grande choça coberta de palmas secas, us. como habitação por várias famílias índias, esp. sul-americanas
3 p.ext. B casa muito pobre, bastante rústica; choupana, rancho, barracão
4 p.ext. B domicílio familiar; casa, lar
5 B S.E. B S. cr. esconderijo de pessoas, de mercadoria roubada ou contrabandeada
6 B S. cr. casa de marginal; local onde dormem marginais
7 AL abrigo feito na praia
8 AL cassino clandestino
9 pej. magote de gente que não inspira confiança; malta, súcia < m. de ladrões >
9.1 B S. grupo de malfeitores, de bandidos; corja
10 B N.E. magote de gado que, quando das vaquejadas, os vaqueiros ajuntam e conduzem para os currais
11 TO B N.E. gado que se fixa em pastos certos e determinados nas fazendas de criação
12 PA grande quantidade de peixes; cardume

HOUAISS, Antônio; VILLAR, Mauro de Salles; FRANCO, Francisco Manoel de Mello. *Grande dicionário Houaiss da língua portuguesa.* Disponível em: <http://houaiss.uol.com.br/busca?palavra=maloca>. Acesso em: 31 maio 2015.

2. Você conhece outras palavras da língua portuguesa relacionadas à maloca? Qual o sentido delas?

3. Na letra da canção, o narrador está em primeira ou em terceira pessoa? Quem é esse narrador?

4. De que modo os dois documentos que você leu podem ilustrar o desenvolvimento urbano entre os anos 1930 e 1960 no Brasil?

5. O lugar onde você mora tem passado por transformações urbanas? Converse sobre isso com os colegas e depois escrevam a letra de uma canção descrevendo essas mudanças.

Alice Brill/Acervo Instituto Moreira Salles

Em foto da década de 1950, obras no Vale do Anhangabaú, na cidade de São Paulo (SP). Ao fundo, à esquerda, construção do prédio do Banco do Brasil; à direita, o edifício Martinelli; ao fundo, em último plano, o prédio Banco do Estado de São Paulo.

Mudanças no cotidiano

Nesse período a produção de eletrodomésticos, como geladeiras, máquinas de lavar roupa, liquidificadores, batedeiras, fogões a gás, etc., cresceu muito no país. Isso facilitou a aquisição desses artigos pelas famílias brasileiras.

O Cruzeiro/Biblioteca Municipal Mário de Andrade

Propaganda da geladeira Gelomatic 700 movida a querosene – a modernidade chegava ao campo. Anúncio publicado na revista *O Cruzeiro*, de 17 de dezembro de 1955.

Assim, as tarefas domésticas se modificaram. Com a geladeira e o fogão a gás, os alimentos passaram a ser armazenados, processados e preparados em casa de maneiras diferentes do que se costumava fazer até então. Isso, por sua vez, provocou mudanças nas formas de vender os alimentos, o combustível para o fogão e até mesmo os produtos de limpeza para lavagem de louças e panelas.

Os antigos empórios, quitandas, vendas e açougues, onde se compravam produtos a granel, começaram a ser substituídos pelos supermercados. Agora, era possível fazer as compras de forma mais rápida, pois um mesmo estabelecimento comercial (o supermercado) passou a oferecer diferentes tipos de produtos em embalagens e tamanhos padronizados.

Por outro lado, costumes antigos, como comprar fiado e só pagar no dia em que se recebia o salário, começaram a desaparecer, pois as relações de conhecimento e confiança entre vendedores e consumidores se perderam pouco a pouco.

Você sabia?

Os supermercados ampliaram o acesso a mercadorias que facilitavam o trabalho doméstico e que melhoravam o dia a dia das pessoas.

Só para citar alguns exemplos: as escovas e os cremes dentais, antes de consumo restrito, se generalizaram e começaram a substituir o juá (produto extraído do juazeiro), o carvão ou os pedaços de gaze na higiene bucal; o sabão produzido em casa passou a ser trocado pelos sabonetes industrializados e o sabão em pedra, pelos detergentes líquidos ou em pó.

Surgiram produtos de higiene e cuidados pessoais descartáveis, como absorventes e curativos. E, no que se refere aos alimentos, o óleo vegetal em lata começou a substituir a gordura animal na preparação da comida.

Rádio e televisão nos anos 1950

Essa **segunda onda de industrialização**, iniciada em 1956, provocou uma grande **mudança** na forma de vida e nos **hábitos** das pessoas, sobretudo nas **grandes cidades** brasileiras. A televisão entrou em cena ainda nos anos 1950. Em meados da década seguinte superaria o rádio nas preferências de grande parte da população urbana. Mas em 1958, quando o Brasil conquistou pela primeira vez a Copa do Mundo de Futebol, na Suécia, ainda era pelo radinho de pilha de fabricação nacional que a população acompanhava os jogos. Foi nessa época que o futebol brasileiro passou a ser considerado o melhor do mundo: os gols de Pelé e os dribles de Garrincha encantavam torcedores de todo o planeta.

No mesmo período, um estilo musical que ficou conhecido como *bossa nova*, criado por João Gilberto, Tom Jobim e outros, passou a ser ouvido e cantarolado no Brasil e no exterior.

As mudanças que estamos vendo, juntamente com a fama internacional do país, promovida pelo futebol e pela música popular, injetaram ainda mais confiança e otimismo em parte da imprensa e da população, consolidando a ideia de que o país havia chegado à modernidade. Mais tarde esse período seria chamado de *anos dourados*.

Intercontinentale/Agência France-Presse

O atacante brasileiro Garrincha dribla o galês Mel Hopkins, em partida de quartas de final da Copa do Mundo em Gotemburgo, Suécia, em 19 de junho de 1958.

Arquivo *O Estado de S. Paulo*/Agência Estado

Durante décadas, radinho de pilha e tabela representavam a melhor forma de acompanhar os jogos da Copa. Foto sem data.

Você sabia?

A bossa nova é um gênero musical moderno, derivado do samba e com influências do *jazz* norte-americano. O novo estilo foi lançado pelo violonista e cantor João Gilberto, intérprete de *Chega de saudade*, de Tom Jobim e Vinícius de Morais, considerada a canção inaugural desse estilo e movimento musical.

O teatro e o cinema

Entretanto, a virada na produção cultural não se limitou à música. Também o cinema e o teatro passaram por grandes transformações.

Em 1955, foi lançado o filme *Rio, 40 graus*, de Nelson Pereira dos Santos. Com ele, teve início o movimento conhecido como *Cinema Novo*.

Até então, os filmes produzidos no Brasil eram principalmente comédias sem outras preocupações que não fossem fazer rir. Com o **Cinema Novo**, entraram em cena os **problemas sociais** e a vida de pessoas que **não** haviam sido beneficiadas com a **modernização** da sociedade brasileira.

Esses filmes, influenciados pelo cinema italiano do pós-guerra, abordavam a pobreza dos morros e das favelas cariocas e a vida no sertão nordestino.

Divulgação/Arquivo da editora

Cena do filme *Rio, 40 graus*, de Nelson Pereira dos Santos, que deu início ao Cinema Novo ao ser lançado em 1955.

Acervo Última Hora/Arquivo do Estado de São Paulo

Cena da peça teatral *Orfeu da Conceição*, de Vinícius de Morais, encenada em 1956. Em primeiro plano, a atriz Ruth de Sousa, que abriu caminho para o artista negro no Brasil – foi a primeira atriz negra a subir ao palco do Teatro Municipal do Rio de Janeiro.

Grandes inovações também foram introduzidas no teatro por grupos como o Teatro Experimental do Negro (TEN), o Teatro de Arena e o Teatro Oficina, no início dos anos 1960. Assim como ocorria com o Cinema Novo, esses grupos também estavam voltados para a crítica social e política.

Você sabia?

O Teatro Experimental do Negro (TEN) nasceu em 1944 com a proposta de resgatar e afirmar os valores humanos e culturais dos afrodescendentes no Brasil. Dirigido pelo ator e ativista social Abdias do Nascimento (1914-2011), o grupo exerceu forte pressão na luta pela igualdade dos afrodescendentes, divulgando suas ideias pelo jornal *O Quilombo*.

5 Desigualdades sociais

O processo de modernização mudou muita coisa na vida da maioria da população brasileira. Entretanto, não chegou a resolver grande parte dos problemas do país. Em alguns casos, eles até aumentaram.

Um desses problemas foi a permanência (e, em alguns casos, o aumento) das desigualdades entre as diversas regiões brasileiras. Isso porque o crescimento econômico verificado entre 1930 e 1960 beneficiou muito mais o Sudeste – onde estão o Rio de Janeiro e São Paulo – do que o Norte e o Nordeste.

A industrialização, principal fator da modernização, concentrou-se na região Sudeste e, mesmo aí, foi mais acentuada em São Paulo do que em outros estados. Em 1959, mais da metade de tudo que era produzido pelas indústrias brasileiras saía do estado de São Paulo.

Um reflexo dessa desigualdade foram as **migrações**. Entre 1930 e 1960, centenas de milhares de pessoas saíram de seu estado natal no Norte e no Nordeste para morar e trabalhar em São Paulo e em outras regiões do Sudeste. Buscavam emprego e uma vida melhor, pois era no Sudeste que estavam concentradas as indústrias e a maior parte das riquezas produzidas no país.

A Z

Migração: deslocamento de pessoas de um país para outro, ou de uma região para outra dentro de um mesmo país.

Acervo Iconographia/Reminiscências

Parada para descanso de retirantes nordestinos em viagem à região Sul em um pau de arara, como ficaram conhecidos os caminhões que transportavam migrantes. Foto de 1952.

6 Da eleição de Vargas em 1950 ao golpe de 1964

As décadas de 1950 e 1960 foram, como vimos, de modernização e mudanças econômicas e culturais. Tudo parecia sorrir no país da bossa nova e das Copas de 1958 e 1962, esta última vencida no Chile pela seleção brasileira de futebol. Mas em política as coisas não iam tão bem. Em 1952, com o aumento do custo de vida, ocorreram manifestações contra a carestia. No ano seguinte, uma greve chegou a paralisar 300 mil trabalhadores em São Paulo e no Rio de Janeiro.

Em 1954, o governo aumentou o salário mínimo em 100%, mas essa medida desagradou os empresários, que passaram a fazer forte oposição a Vargas. Membros das Forças Armadas e alguns políticos começaram a defender o afastamento de Getúlio. Em 24 de agosto de 1964, o presidente Getúlio Vargas não resistiu aos ataques da oposição e se matou com um tiro no coração. Getúlio era apoiado pelos sindicatos de trabalhadores e pelo Partido Trabalhista Brasileiro (PTB). Na oposição, o principal partido era a União Democrática Nacional (UDN).

Em 1960, a UDN apoiou a candidatura de Jânio Quadros, ex-governador de São Paulo, à Presidência da República. **Jânio Quadros venceu as eleições, mas renunciou ao cargo sete meses depois**.

Acervo *Última Hora*/Arquivo do Estado de São Paulo

Abaixo de um cartaz de cinema, propaganda política dos candidatos Jânio Quadros, Milton Campos e Carlos Lacerda na campanha para presidente da República de 1960.

O governo João Goulart

Quem deveria assumir a Presidência era o vice-presidente João Goulart, mais conhecido como Jango. Goulart era do PTB e ligado aos sindicatos de trabalhadores. Por causa disso, a oposição e os militares quiseram impedir sua posse, acusando-o de simpático ao comunismo. Mas Jango foi apoiado pelo governador do Rio Grande do Sul, Leonel Brizola, também do PTB.

Muitos políticos temiam que a briga entre Brizola e os adversários de Jango provocasse uma guerra civil. Para impedir que isso acontecesse, o Congresso Nacional aceitou dar posse a Jango, mas retirou dele alguns poderes. Assim, foi instituído o **parlamentarismo**, regime no qual o chefe de governo é o primeiro-ministro nomeado pelo Congresso, e não o presidente.

Em 1963, houve um **plebiscito** para decidir se o regime parlamentarista deveria continuar ou se o Brasil deveria voltar ao **presidencialismo**. A maioria dos eleitores votou pelo presidencialismo.

A Z

Plebiscito: consulta ao povo sobre uma questão específica, em geral por meio de votação de tipo *sim* ou *não*.

Presidencialismo: regime político em que a chefia do governo cabe a um presidente.

Acervo UH/Folhapress

O presidente João Goulart em Porto Alegre (RS), foto de 1º de setembro de 1961.

As reformas

Fortalecido pelo plebiscito, Jango procurou promover uma série de reformas na sociedade e na economia. Entre as medidas propostas se destacavam as reformas agrária, urbana e tributária, além da **nacionalização** de empresas estrangeiras nas áreas de serviços, como telefonia e energia.

Essas medidas provocavam revolta entre os grupos mais ricos da sociedade e entre os chefes militares e a oposição política. Todos eles acusavam as reformas propostas pelo governo de favoráveis ao comunismo. Entre os militares, teve início uma conspiração para derrubar o presidente da República.

A Z

Nacionalizar: pôr sob o controle ou propriedade do Estado uma empresa ou serviço.

O golpe civil-militar

No dia 31 de março de 1964, forças do Exército baseadas em Minas Gerais, cujo governador era da UDN, começaram a se deslocar para o Rio de Janeiro. O objetivo era depor o presidente João Goulart por meio de um golpe de Estado. Imediatamente, chefes militares de todo o país colocaram suas tropas de prontidão em apoio aos golpistas de Minas.

Arquivo *O Estado de S. Paulo*/Agência Estado

No dia 31 de março de 1964, viaturas do Exército se deslocam para o Rio de Janeiro. Foto de 1964.

Diante desses fatos, no dia 1º de abril o Congresso Nacional declarou vaga a Presidência da República, embora o presidente ainda estivesse em território brasileiro. Sem apoio militar, Jango exilou-se no Uruguai. Em Brasília, o presidente da Câmara dos Deputados, Ranieri Mazzili, assumiu provisoriamente a Presidência da República. Logo o governo seria ocupado pelos chefes militares. Era o começo de uma ditadura que permaneceria 21 anos no poder, conforme veremos no Capítulo 7.

Arquivo *O Estado de S. Paulo*/Agência Estado

Em foto de 31 de março de 1964, populares comemoram na praça da Sé, em São Paulo (SP), a tomada do Rio de Janeiro pelos militares e a queda do então presidente João Goulart.

Enquanto isso...

Marcha sobre Washington

Na mesma época em que as reformas propostas por Jango provocavam polêmica no Brasil, nos Estados Unidos os negros se lançavam à luta por direitos civis.

O fim da escravidão nos Estados Unidos (1865) não representou a extensão dos direitos civis aos negros. Durante um século após a abolição, os afrodescendentes foram discriminados e segregados. Não podiam estudar em escolas destinadas somente aos brancos nem frequentar os mesmos lugares que eles. Nos ônibus, só podiam se sentar nos bancos de trás. Até mesmo os bebedouros e as Bíblias para juramentos eram separados.

O racismo e a discriminação contra os negros eram particularmente fortes no sul dos Estados Unidos. Em 1954, a Suprema Corte de Justiça declarou inconstitucional a segregação existente nos estados sulistas. No ano seguinte, uma costureira negra, Rosa Parks, foi presa em Montgomery, no Alabama, por ter se recusado a ceder seu assento a um homem branco e dirigir-se ao fundo do ônibus. Em solidariedade a ela, os negros deixaram de utilizar os transportes públicos da cidade por um ano, de dezembro de 1955 a dezembro de 1956.

Era o início de uma longa luta dos afrodescendentes por direitos civis. Em 1963, 250 mil pessoas se reuniram em Washington, D.C., a capital do país, para reivindicar a integração racial e o direito dos negros à moradia, ao emprego, ao voto, entre outras exigências. A manifestação ficou conhecida como Marcha sobre Washington.

Como resultado, em julho de 1964 o Congresso dos Estados Unidos aprovou a Lei dos Direitos Civis, que estabelecia o fim da segregação racial em todo o país.

Entretanto, a violência contra líderes do movimento negro norte-americano continuaria por alguns anos. Em fevereiro de 1965, foi assassinado em Nova York o ativista negro Malcom X. Pouco mais de três anos depois, em abril de 1968, o assassinato no Tennessee de outro grande líder, Martin Luther King, chocou o mundo inteiro.

Hulton-Deutsch/Corbis/Latinstock

Reverendo Martin Luther King diante da multidão que participou da Marcha sobre Washington, organizada pelo Movimento dos Direitos Civis, contra a discriminação racial. Em 28 de agosto de 1963, o ativista negro pronuncia o famoso discurso que começava com "I have a dream" ("Eu tenho um sonho").

Esquema-resumo

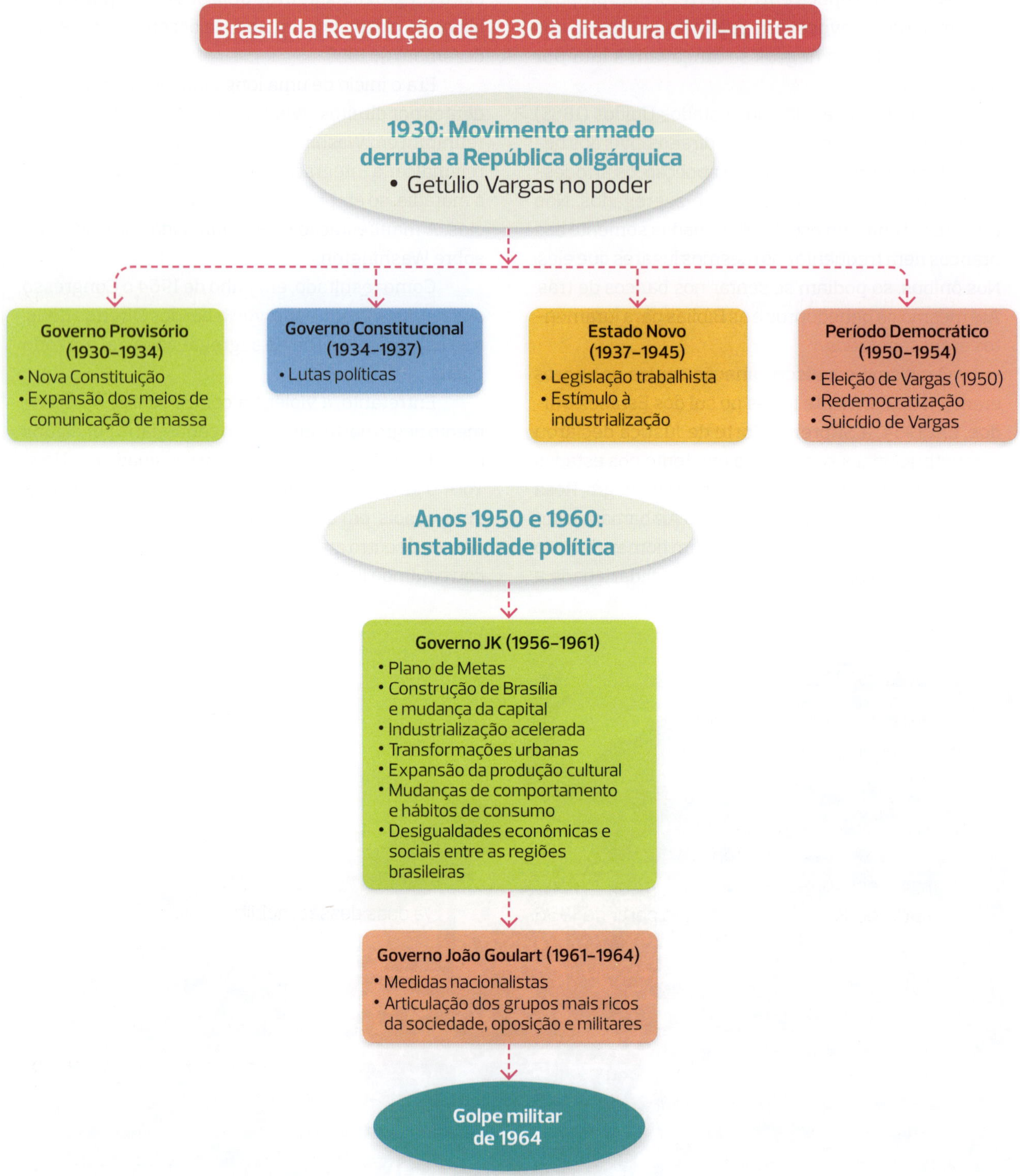

atividade

Com base nos elementos do esquema e na leitura do capítulo, indique no caderno as principais **mudanças** ocorridas na sociedade brasileira a partir do governo Vargas e também as **permanências**, isto é, aspectos que não tiveram alteração significativa na sociedade brasileira.

Atividades

Para organizar as ideias

1. Uma das bases de apoio do governo Vargas eram as camadas urbanas que se beneficiaram com a aprovação de uma série de leis trabalhistas. Cite as principais medidas do governo de Getúlio que beneficiaram os trabalhadores urbanos.
2. Descreva as principais novidades presentes na Constituição de 1934.
3. Descreva as principais características da Ação Integralista Brasileira (AIB) e da Aliança Nacional Libertadora (ANL).
4. Explique como Getúlio Vargas decretou o Estado Novo, atentando para o contexto político da época.
5. A industrialização do Brasil entre as décadas de 1930 e 1960 modificou certos hábitos e comportamentos, principalmente da população urbana. Cite e explique três mudanças visíveis no comportamento dos brasileiros que resultaram da modernização econômica.
6. Explique de que maneira a modernização econômica do período propiciou o desenvolvimento das cidades e da vida urbana entre 1954 e 1964.
7. A popularidade de Juscelino Kubitschek estava relacionada, entre outros motivos, ao sucesso de seu plano econômico, o Plano de Metas. Explique os efeitos dessa política no Brasil a partir de 1956.
8. Durante os "anos dourados", a produção cultural brasileira teve grande desenvolvimento. Aponte alguns exemplos da influência da modernização e do otimismo na produção cultural desse período.
9. Explique como a industrialização e a modernização contribuíram para aumentar as desigualdades regionais e sociais no Brasil.
10. Em 1960, Jânio Quadros foi eleito presidente, mas renunciou em 25 de agosto de 1961. Esse gesto desencadeou uma grave crise política, uma vez que a posse do vice, João Goulart, era vetada por três ministros militares. A solução encontrada pelo Congresso foi alterar o sistema de governo do país. Explique como isso ocorreu e quais foram os desdobramentos dessa mudança para o governo de João Goulart.
11. Em 1964, um golpe de Estado instituiu a ditadura civil-militar no Brasil. Explique os motivos que culminaram nesse golpe.
12. Em meados dos anos 1950, nos Estados Unidos, os afrodescendentes se mobilizaram em intensa campanha pela conquista de seus direitos civis. Explique as razões desses movimentos e descreva duas dessas mobilizações.

Teste seus conhecimentos

1. Na década de 1950, o Brasil viveu os "anos dourados", quando o governo adotou uma política industrializante, estimulada pelo processo de internacionalização da economia. No que diz respeito às zonas urbanas, essas mudanças se refletiram na vida das pessoas na medida em que foram:
   a) ampliados os níveis de automação das indústrias nacionais, com vistas a conseguir maior qualidade e melhores preços de seus produtos no mercado internacional.
   b) adotados novos modelos de organização do trabalho e aplicadas novas tecnologias, gerando o denominado "desemprego estrutural".
   c) introduzidas as técnicas de propaganda com a criação de um grande complexo de comunicação e informação, voltado para os mais variados tipos de consumidores.
   d) desenvolvidas as indústrias de bens de consumo duráveis, cujos produtos ajudaram a mudar os costumes dos brasileiros.

2. A República oligárquica chegou ao fim com o movimento armado organizado por Getúlio Vargas e seus aliados. Responda no caderno, assinalando **V** para as opções verdadeiras e **F** para as falsas, levando em consideração as seguintes afirmativas sobre esse movimento:

a) As eleições de 1930 abalaram o acordo entre as oligarquias, já que o grupo de São Paulo e alguns outros estados defendiam a candidatura de Júlio Prestes, enquanto o grupo de Minas Gerais, Rio Grande do Sul e Paraíba defendia a candidatura de Getúlio Vargas.

b) Júlio Prestes saiu vitorioso nas eleições, porém seus opositores fizeram acusações de que as eleições foram fraudadas. Um grupo minoritário, aquele que estava ligado aos antigos "tenentes" das rebeliões ocorridas na década de 1920, defendia a luta armada contra a posse do candidato eleito.

c) O assassinato de João Pessoa, o candidato a vice na chapa de Getúlio Vargas, fortaleceu os grupos que defendiam a luta armada contra o candidato eleito, Júlio Prestes.

d) O movimento armado teve início em outubro de 1930, impedindo a posse de Júlio Prestes. Em seu lugar, Getúlio Vargas assumiu a presidência em novembro do mesmo ano.

3. Observe a imagem da página 122. Trata-se de uma propaganda da geladeira Gelomatic 700 a querosene. A imagem permite a reflexão sobre algumas mudanças importantes que ocorriam no Brasil nos anos 1950. A partir da análise da imagem, assinale, no caderno, **V** para as opções verdadeiras e **F** para as falsas, levando em consideração as seguintes afirmativas sobre o tema:

a) Foi nesse período que a produção interna de eletrodomésticos começou a crescer, o que facilitou a expansão do consumo desse tipo de mercadoria pelas famílias brasileiras.

b) A imagem constrói uma representação do eletrodoméstico como um facilitador da vida.

c) A geladeira aberta, ao fundo da imagem, indica que a bebida foi retirada de lá. As expressões tranquilas de todos reforçam a ideia de praticidade e facilidade promovida pela geladeira.

d) Apesar da expansão do consumo de eletrodomésticos, a economia brasileira não estava em expansão no período.

A questão 1 foi adaptada de vestibular (UFRN).

Diálogos

O rádio, o cinema e depois a televisão influenciaram a população brasileira a partir da década de 1930, introduzindo novos hábitos e costumes no modo de se vestir, de se alimentar, etc. Os meios de comunicação de massa exercem essa influência até os dias de hoje.

1. Você consegue perceber essa influência entre as pessoas de sua própria geração? Cite exemplos.

2. Indique aspectos dessa influência que você considera positivos e aspectos que considera negativos.

Nosso mundo hoje

A produção de veículos no Brasil recebeu grande impulso a partir da década de 1950, quando diversas indústrias automobilísticas se instalaram no país. Desde então a produção brasileira tem crescido a cada ano, favorecendo a aquisição de automóveis e facilitando a locomoção das pessoas. Entretanto, o aumento da produção de veículos provoca também **problemas ambientais e de trânsito**. Nas grandes cidades, os engarrafamentos, a poluição e o estresse dos motoristas são alguns dos reflexos do uso cotidiano de automóveis. O texto a seguir propõe algumas soluções. Leia-o e responda no caderno às atividades propostas.

*Como parte das atividades do movimento do **Dia Mundial sem Carro**, o **Ipea** lançou um estudo analisando as políticas do governo voltadas para o setor de transportes no Brasil. Segundo o estudo, o Brasil viveu, nos últimos quinze anos, um crescimento muito forte no transporte individual motorizado, principalmente carros e motos, e uma redução no uso de transporte público, encarecendo os serviços e piorando a qualidade de ônibus, trens e metrô.*

Do ponto de vista da eficiência energética e ambiental, essa é uma tendência bastante preocupante. Enquanto a frota de automóveis cresceu 7% ao ano e a de motocicletas, 15%, o transporte público perdeu, em geral, cerca de 30% da sua demanda no período, diz o relatório.

Os pesquisadores, no entanto, acreditam que o Brasil pode reduzir os problemas gerados pelo excesso de carros e tráfego sem prejudicar economicamente o setor automobilístico ou colocar empregos em risco.

Isso porque ainda há um bom espaço para que a indústria cresça, já que a taxa brasileira de veículos por habitante é pequena – em média, há 15 veículos para cada 100 habitantes no Brasil. Taxa muito menor do que a dos países desenvolvidos, que chega a 50, ou dos Estados Unidos, com 80 veículos por 100 habitantes. Os pesquisadores acreditam que as pessoas podem continuar comprando carros, e o que precisa mudar é a forma de uso desses veículos – no dia a dia, menos carros e mais transporte público.

O texto do Ipea cita o caso das cidades europeias e japonesas. "Na Europa e no Japão, por exemplo, a taxa de motorização da população é alta, mas o uso dos veículos individuais é relativamente baixo. As pessoas têm automóveis, mas utilizam, no dia a dia, o transporte público ou transporte não motorizado. Os automóveis atendem viagens eventuais e familiares, o que constitui um padrão de uso mais sustentável do que o norte-americano, por exemplo, em que o automóvel assume papel predominante nos deslocamentos."

Para que isso ocorra, é preciso investir na melhoria do transporte público, tornando trens, ônibus e metrôs mais atraentes para a utilização no dia a dia, em deslocamentos entre casa e trabalho, por exemplo.

Adaptado de: É possível diminuir os congestionamentos sem reduzir a venda de carros?. Revista *Época*, 22 set. 2011. Disponível em: <http://tinyurl.com/pna6x3j>. Acesso em: fev. 2015.

A Z

Dia Mundial sem Carro: movimento que começou na Europa no final do século passado. Seu objetivo é alertar contra os problemas causados pelo uso excessivo de automóveis e convocar as pessoas a utilizar outros meios de transporte que não causem poluição, como a bicicleta. O Dia Mundial sem Carro é celebrado em 22 de setembro.

Ipea: sigla do Instituto de Pesquisa Econômica Aplicada. É uma fundação ligada ao governo federal. Desenvolve pesquisas que ajudam o governo a adotar medidas voltadas para o desenvolvimento do país.

1. Que informação da pesquisa do Ipea provocou mais preocupação entre os pesquisadores brasileiros? Por que essa informação indica problemas futuros para o trânsito no Brasil?
2. O texto afirma que o problema não é a aquisição de automóveis e sim a forma como as pessoas os utilizam. Como o texto justifica essa conclusão? Qual é a solução sugerida para superar os problemas do trânsito nas grandes cidades brasileiras?
3. Reúna-se a seu grupo de colegas e, juntos, elaborem uma campanha publicitária com o objetivo de sensibilizar as pessoas para o uso consciente de automóveis e motocicletas.

Hora de refletir

A partir da década de 1940, cidades como São Paulo e Rio de Janeiro tiveram um vertiginoso crescimento. Junto com esse crescimento, aumentaram os problemas urbanos, entre eles, a violência. Embora se manifeste em diversos lugares, a violência ocorre mais intensamente nas grandes cidades.

1. Reúna-se em grupo com colegas e juntos debatam sobre como, em certas circunstâncias, o rápido crescimento das cidades cria condições para o aumento da violência.
2. Para terminar, escrevam um texto que expresse as conclusões do grupo e apresentem-no à classe.

Minha biblioteca

***A república bossa-nova*: a democracia populista (1954-1964), de José Dantas Filho e Francisco Fernando Monteoliva, Atual.**
A obra analisa letras de música, charges, cartas, fotos, artigos de jornal e outros documentos para, com base neles, lançar luz sobre o período histórico conhecido como "anos dourados".

***O jovem JK*, de Roniwalter Jatobá, Nova Alexandria.**
Por meio da biografia de Juscelino Kubitschek, com todas as dificuldades de uma origem pobre, o leitor compreenderá como se formou uma das mais populares personalidades políticas do Brasil.

***Revolução Constitucionalista de 1932 em quadrinhos*, de Maurício Pestana, Imprensa Oficial.**
Na linguagem dos quadrinhos, os principais episódios da Revolução de 1932 narrados por um jovem.

Mundo virtual

<http://tinyurl.com/6pa5bde>
Exposições virtuais do Arquivo Nacional, com vários textos e galerias sobre o período estudado neste capítulo.

Acesso em: fev. 2014.

Ponto de chegada

Os documentos que você vai ler agora abordam a questão da violência. O primeiro deles é uma canção gravada em 1987 pela banda de *rock* Titãs. O segundo é uma tabela extraída de um estudo do Instituto Sangari sobre a violência no Brasil nos últimos anos. Depois de analisá-los, desenvolva no caderno as atividades propostas.

DOCUMENTO 1 – Letra de música

Violência

Sérgio Britto e Charles Gavin (1987)

Suryara Bernardi/Arquivo da editora

O movimento começou, o lixo fede nas calçadas.
Todo mundo circulando, as avenidas congestionadas.
O dia terminou, a violência continua.
Todo mundo provocando todo mundo nas ruas.
A violência está em todo lugar.
Não é por causa do álcool,
Nem é por causa das drogas.
A violência é nossa vizinha,
Não é só por culpa sua,
Nem é só por culpa minha.
Violência gera violência.
Violência doméstica, violência cotidiana,
São gemidos de dor, todo mundo se engana...
Você não tem o que fazer, saia pra rua,
Pra quebrar minha cabeça ou pra que quebrem a sua.
Violência gera violência.

Com os amigos que tenho não preciso inimigos.
Aí fora ninguém fala comigo.
Será que tudo está podre, será que todos estão vazios?
Não existe razão, nem existem motivos.
Não adianta suplicar porque ninguém responde,
Não adianta implorar, todo mundo se esconde.
É difícil acreditar que somos nós os culpados,
É mais fácil culpar deus ou então o diabo.

TITÃS. Violência. In: ______. *Jesus não tem dentes no país dos banguelas*, (CD). WEA, 1987. Disponível em: <http://tinyurl.com/74sln2t>. Acesso em: mar. 2012.

DOCUMENTO 2 – Estatística

Região	Número de homicídios							
	Brancos				Negros			
	2002	2004	2007	2011	2002	2004	2007	2011
Norte	495	475	409	576	2 323	2 628	3 416	4880
Nordeste	1 214	1 060	1 218	1488	7 943	8 599	12 547	16029
Sudeste	12 258	10 246	7 044	5947	13 620	13 023	10 435	9431
Sul	3 768	4 263	4 624	4859	806	1 004	1 155	1215
Centro-Oeste	1 117	1 098	1 013	1025	2 223	2 448	2 640	3652
Brasil	18 852	17 142	14 308	13895	26 915	27 702	30 193	35207

Fontes: *Mapa da violência 2010*: anatomia dos homicídios no Brasil. Disponível em: <www.sangari.com/midias/pdfs/MapaViolencia2010.pdf>; WAISELFISZ, Julio Jacobo. *Mapa da violência 2013*: homicídios e juventude no Brasil. Disponível em: <www.cebela.org.br/site/common/pdf/Mapa_2013_Jovens.pdf>. Acesso em: fev. 2014.

1. Os autores da canção afirmam: "violência gera violência". Qual é o significado desse verso? Você concorda com essa afirmação? Justifique sua resposta.
2. Uma das ideias da canção é que não é possível determinar um único motivo ou culpado para o aumento da violência e da insegurança. Em sua opinião, quais seriam as causas do aumento da violência no Brasil nos últimos anos?
3. A tabela do Documento 2 compara os índices de homicídios entre brancos e negros em cada região brasileira e no país como um todo. Debata com mais um colega sobre esse problema social e, juntos, levantem hipóteses para explicar essa situação.
4. A comparação dos dados demonstra mudanças no número de homicídios ao longo do tempo. Com base nesses dados, monte um gráfico de linhas que reflita os números de homicídios no Brasil. Em seguida, analise-o e compare a situação da população negra com a da população branca.
5. Reúnam-se em grupos e elaborem uma letra de música que tenha como tema a violência. Depois, mostrem seu trabalho à classe.

Unidade 3

Purepix/Alamy/Other Images

Meninos mergulham no lago Pichola, na cidade de Udaipur, no Rajastão, Índia. Foto de 2011.

Liberdade

Liberdade é um conceito cujo significado varia de acordo com o lugar, o grupo social e o tempo. Por exemplo: no Brasil do século XIX, a liberdade para os negros escravizados significava a alforria; já para as elites, representava o fim do domínio de Portugal sobre o Brasil.

No século XX, para muitos, liberdade era o direito de expressar livremente suas ideias e lutar contra a opressão do Estado. Nesta Unidade veremos a luta pela liberdade no Brasil e em outras partes do mundo.

Ponto de partida

1. Em que situações de seu cotidiano você sente que é uma pessoa livre?
2. Pense nos grupos com quem você convive (família, escola, amigos) e nos espaços que frequenta.
   - Em sua opinião, as pessoas desses grupos e espaços respeitam a liberdade umas das outras?
   - Explique sua resposta.

O que significa ser livre?

Se lhe perguntassem o que significa ser livre, certamente você teria a resposta na ponta da língua. De uma forma ou de outra, todos nós sabemos o que é ser livre e como a liberdade é importante para nossa vida. Mas será que ela tem sempre o mesmo significado? Será que a liberdade é resultado apenas de atitudes individuais?

Quando se vive em sociedade, a liberdade individual e a coletiva precisam ser garantidas por lei. Imagine uma sociedade em que todas as pessoas fizessem aquilo que quisessem, sem levar em conta os interesses das demais. Existiria algum acordo entre todas elas?

Provavelmente, seriam milhões de vontades divergentes tentando predominar umas sobre as outras. Por

Marcello Casal Jr/Abr/Radiobrás

Denis Tyrin/Associated Press/Glow Images

Em 18 de março de 2015, uma delegação de cerca de 100 indígenas da Bahia, composta por povos Pataxó, Pataxó Hahãehãe, Kaimbé, Kariri e Tupinambá, protesta na Esplanada dos Ministérios, em Brasília, contra a reinstalação da comissão especial que vai analisar a Proposta de Emenda à Constituição (PEC) 215. O texto da emenda transfere ao Congresso Nacional a decisão final sobre a demarcação de terras indígenas no Brasil. De acordo com o Conselho Indigenista Missionário (Cimi), o grupo reivindica a garantia de direitos, o respeito à Constituição e a continuidade dos processos de demarcação de terras, além de defender a preservação da natureza diante da exploração promovida por setores econômicos como madeireiros, garimpeiros e empreiteiras.

isso, é necessário estabelecer certos deveres comuns a todos para que os direitos também sejam respeitados.

Em termos políticos, a liberdade tem a ver com a possibilidade de se manifestar e participar das decisões políticas. O direito de discordar, a livre expressão, os debates, as demonstrações de insatisfação, tudo isso revela o grau de liberdade alcançado por uma sociedade.

A liberdade se manifesta também na configuração das relações entre o governo de um país e seu povo, assim como na das relações entre os países.

Nesta Unidade estudaremos, entre outros assuntos, de que modo o sentimento de liberdade esteve na origem dos movimentos de independência dos povos da África e da Ásia em relação ao colonialismo das potências europeias.

Em 21 de setembro de 2014, milhares de pessoas marcham no centro de Moscou em manifestação contra o conflito na Ucrânia e a suposta cumplicidade da Rússia. O governo de Kiev e países ocidentais acusam Moscou de fornecer equipamentos e tropas aos rebeldes pró-Rússia do leste ucraniano, mas o governo de Vladimir Putin nega as acusações. O conflito, que já se estende por meses, aumentou o sentimento nacionalista entre os russos. Muitos veem o leste da Ucrânia como território de direito da Rússia, e os canais estatais de televisão têm se posicionado fortemente contra as autoridades ucranianas.

Akintunde Akinleye/Reuters/Latinstock

Em foto de 2014, estudantes participam de manifestação pela libertação de meninas sequestradas de uma escola na aldeia de Chibok, Lagos. Em abril de 2014, o grupo terrorista Boko Haram invadiu uma escola no norte da Nigéria e sequestrou mais de 200 alunas.

Capítulo 5

A Guerra Fria e a expansão do socialismo

Observe na foto abaixo a Estação Espacial Internacional (EEI), mais conhecida como ISS (sigla em inglês para *International Space Station*), um laboratório espacial que está a 340 quilômetros da superfície da Terra. Dependendo de uma série de fatores, como condições climáticas, dia e horário, é possível ver essa estação espacial a olho nu, como uma luz branca cruzando o céu.

Reprodução/NASA

CONTEÚDO DIGITAL

Estação Espacial Internacional vista do Endeavour, em foto de 2010.

A ISS começou a ser construída em 1998 por empresas de diversos países, liderados pelos Estados Unidos e pela Rússia. Desde 2000, ela recebe astronautas; os primeiros foram o estadunidense William Shepherd e os russos Yuri Gidzenko e Sergei Krikalev.

Essa parceria entre russos e estadunidenses não causa estranheza hoje em dia. Mas há cerca de sessenta anos, seria praticamente impossível. Naquela época, Estados Unidos e União Soviética (Estado do qual a Rússia fazia parte) eram grandes inimigos. Os Estados Unidos lideravam o bloco de países capitalistas, e a União Soviética estava à frente dos países comunistas.

A principal característica desse período foi um fenômeno conhecido como Guerra Fria. Um de seus acontecimentos mais empolgantes foi a corrida espacial, na qual Estados Unidos e União Soviética disputavam a conquista do espaço. Neste capítulo vamos conhecer alguns outros aspectos da Guerra Fria.

1 As superpotências

Em 1945, ao terminar a Segunda Guerra Mundial, boa parte das nações envolvidas no conflito estava arrasada, com grandes perdas humanas e materiais.

Ao mesmo tempo, as relações de poder no mundo haviam mudado. Antes da Primeira Guerra Mundial (1914-1918), a principal potência era a Inglaterra. No período entreguerras (1918-1939), os Estados Unidos se consolidaram como a principal potência do mundo.

Entretanto, a Inglaterra e a França ainda eram fortes e a União Soviética se afirmava pouco a pouco. Além disso, a Alemanha e o Japão também começavam a se impor como potências adversárias da democracia.

Com a Segunda Guerra Mundial, essas relações sofreram novas mudanças. Derrotada, a Alemanha foi dividida entre as potências vencedoras. O Japão, também derrotado, passou momentaneamente para segundo plano, enquanto a Inglaterra e a França começavam a perder seus impérios coloniais e se tornavam potências menos expressivas.

Em contrapartida, os Estados Unidos e a União Soviética se projetavam como duas **superpotências**.

Autor desconhecido/Bridgeman Art Library/Keystone

Cartaz de 1963 para promover o turismo na União Soviética – "um país de progresso científico e social".

Capitalistas × comunistas

Durante a guerra, os dois países – Estados Unidos e União Soviética – estiveram do mesmo lado na luta contra o nazismo. Terminado o conflito, seguiram por **caminhos radicalmente opostos**. O principal motivo da discórdia entre eles era de natureza ideológica: enquanto os Estados Unidos representavam a ideologia **capitalista**, a União Soviética defendia o **comunismo** (veja o boxe a seguir).

O que é ideologia?

Uma das primeiras vezes em que se usou a palavra ideologia *foi na França, em 1801. O termo nasceu com o objetivo de nomear uma área dos estudos humanos, a "ciência das ideias". Ao longo dos tempos, o significado dessa expressão variou bastante e hoje não existe apenas uma interpretação sobre ele.*

No sentido aqui usado, ideologia *significa sistema de ideias e de crenças (políticas, econômicas, culturais, etc.) mais ou menos coerentes. Esse sistema de ideias pode predominar em uma sociedade, ou pode ser expressão de um grupo social ou mesmo de uma pessoa.*

Para entendermos melhor esse termo, vejamos algumas das principais características ideológicas do capitalismo e do comunismo.

- ***Propriedade privada** – O sistema capitalista se baseia na propriedade privada dos meios de produção e circulação das riquezas, no trabalho assalariado e na liberdade de mercado. No capitalismo, as pessoas podem ser proprietárias de fazendas, indústrias, bancos, etc. (esses são os meios de produção e circulação das riquezas). O Brasil é um país capitalista.*

  Para a ideologia comunista, ao contrário, os meios de produção devem pertencer ao Estado e os trabalhadores também recebem salários por seu trabalho. Ou seja, não deve haver propriedade privada dos meios de produção e circulação das riquezas.
- ***Concepção de trabalho** – No capitalismo, os donos dos meios de produção vendem suas mercadorias visando o lucro. Para produzir essas mercadorias, porém, eles dependem dos trabalhadores, que não têm a propriedade dos meios de produção e recebem um salário por seu trabalho.*

Fontes: CHAUI, Marilena. *O que é ideologia.* São Paulo: Brasiliense, 1981. SILVA, Kalina Vanderlei; SILVA, Maciel Henrique. *Dicionário de conceitos históricos.* São Paulo: Contexto, 2006.

Foi nesse contexto que teve início a **Guerra Fria**, em 1947, quando o governo dos Estados Unidos denunciou a falta de liberdade na União Soviética e lançou uma agressiva política de combate ao comunismo. A Guerra Fria terminou em 1991, ano em que ocorreu a **extinção da União Soviética** (assunto a ser estudado no Capítulo 8).

A expressão Guerra Fria foi criada para designar um tipo de conflito no qual os principais adversários – Estados Unidos e União Soviética – se hostilizavam, mas nunca chegam ao confronto militar direto.

Isso não impedia, porém, que as duas superpotências estimulassem seus aliados em outras regiões do mundo a entrar em guerra. Cada superpotência procurava, dessa forma, afirmar seu controle sobre determinada região. Assim foram as guerras entre comunistas e capitalistas na Coreia (1950-1953) e no Vietnã (1959-1975), abordadas mais adiante (página 158).

Além disso, a Guerra Fria também foi marcada pelo temor mundial de que ocorresse um conflito **nuclear** generalizado entre as duas superpotências.

Nuclear: esse termo refere-se aqui a bombas de altíssimo poder de destruição. A bomba atômica, lançada pelos norte-americanos sobre Hiroshima e Nagasaki, no Japão, é um dos tipos de bomba nuclear.

Nuclear Weapon Archive/Arquivo da editora

A bomba RDS-1 foi a primeira bomba nuclear soviética. Foto de 1949.

A Guerra Fria

Observe a imagem desta página. Em sua opinião, qual é o significado dela? Quem é o homem sentado sobre o barco? Para onde esse barco navega? Em primeiro plano vemos um *iceberg* que mais parece um rochedo. Por que será que ele foi pintado de vermelho? E por que foram desenhados alguns monumentos de pedra sobre esse *iceberg*? Há na ilustração algumas palavras em inglês, mas é provável que você consiga compreendê-las, pois são vocábulos simples, como *red* (vermelho). Qual será o significado de tudo isso?

Trata-se da ilustração da capa de uma revista de história em quadrinhos publicada nos Estados Unidos em 1960 (a data aparece no canto inferior direito da imagem). Seu título é *The RED Iceberg* [O *iceberg* VERMELHO] e a cena representada pode nos ajudar a entender algumas das tensões entre os Estados Unidos e a União Soviética durante a Guerra Fria. Vamos analisar a imagem mais detalhadamente.

Os *icebergs* são enormes blocos de gelo que se desprendem de geleiras e passam a flutuar no oceano. Uma vez no mar, apenas 10% do *iceberg* fica acima da superfície. Os 90% restantes permanecem ocultos sob as águas. Dessa forma, o *iceberg* engana quem o avista, pois parece muito menor do que realmente é. Assim, ele se torna um perigo para os barcos, que podem ser destruídos ao se chocar com eles.

imagem condutora

1960 Impact Publications/Arquivo da editora

O *iceberg* VERMELHO – história em quadrinhos de 1960 que alertava os Estados Unidos sobre os perigos do comunismo. Propaganda comum durante a Guerra Fria.

Tendo em mente essas informações, repare que na parte superior do *iceberg* há uma foice e um martelo estilizados e pintados de preto. Como vimos no capítulo 2, a foice e o martelo são os principais símbolos do comunismo. A cor vermelha também é uma importante referência à ideologia comunista no mundo e era a cor da bandeira da União Soviética, como podemos ver na página seguinte. É possível concluir, portanto, que o autor usou o desenho do *iceberg* para simbolizar o comunismo.

1960 Impact Publications/Arquivo da editora

1960 Impact Publications/Arquivo da editora

Detalhe da imagem *O iceberg VERMELHO*. Nessa ilustração, o *iceberg* simboliza o comunismo.

Odin M. Eidskrem/Shutterstock/Glow Images

Bandeira da União Soviética de 1923 a 1983.

Em segundo plano, um pouco atrás do *iceberg*, vemos um barco que transporta um homem alto, magro, sério, de barbicha e chapéu. Trata-se do Tio Sam, figura criada em torno de 1812 para personificar o governo dos Estados Unidos. Em geral é representado com as cores da bandeira estadunidense: vermelha, branca e azul. Compare as cores da roupa do Tio Sam com as cores da bandeira dos Estados Unidos, reproduzida abaixo.

Para que não haja dúvidas sobre o que representa o barco, há em seu casco a inscrição USA, sigla de United States of America (Estados Unidos da América).

1960 Impact Publications/Arquivo da editora

Brailescu Cristian/Shutterstock/Glow Images

Bandeira dos Estados Unidos.

1960 Impact Publications/Arquivo da editora

Detalhe da imagem *O iceberg VERMELHO*. O barco com o Tio Sam a bordo simboliza os Estados Unidos.

Considerando as duas partes da imagem, além do título e da data da publicação, podemos deduzir que a capa da revista representa os Estados Unidos (capitalismo) e a União Soviética (comunismo) no período da Guerra Fria. Vamos conhecer um pouco mais sobre esses países nessa época.

2 Os Estados Unidos na Guerra Fria

Os Estados Unidos saíram da Segunda Guerra Mundial fortalecidos. Sua economia havia crescido muito com o comércio praticado com os países envolvidos no conflito. Além disso, sua força bélica – coroada pelo domínio da **tecnologia atômica** – fez dos Estados Unidos a nação mais poderosa do planeta.

Entretanto, havia a União Soviética. Até o começo da Segunda Guerra Mundial o país era a única nação comunista do mundo. Ao final do conflito, a superpotência já estava protegida por um bloco de países no qual o comunismo foi implantado graças à ação do exército soviético. Eram todos países do Leste Europeu, como a Hungria, a **Tchecoslováquia**, a Romênia, a Polônia, entre outros. Observe o mapa a seguir.

A Z

Tchecoslováquia: nos anos 1990, esse país foi dividido em dois: República Tcheca e Eslováquia.

Capitalistas e comunistas na Europa (1949)

Banco de imagens/Arquivo da editora

Adaptado de: WORLD History Atlas: Mapping the Human Journey. Londres: Dorling Kindersley, 2005.

Lápide: pedra tumular com a inscrição do nome do falecido.

Alguns países do Leste Europeu estão representados na imagem por **lápides** de pedra com nomes como Hungary (Hungria) e Czechoslovakia (Tchecoslováquia). Há dois nomes de países da Ásia, North Korea (Coreia do Norte) e China, que se tornaram comunistas mais tarde. Veja o detalhe abaixo.

1960 Impact Publications/Arquivo da editora

1960 Impact Publications/Arquivo da editora

Detalhe da imagem *O iceberg VERMELHO*: as lápides de pedra trazem nomes de países que na época tinham governos comunistas.

Além de estar presente nos países do Leste Europeu, as ideias do comunismo vinham se espalhando por diversas nações da Ásia e da África, que na época ampliavam suas lutas contra o neocolonialismo (veja o próximo capítulo).

Pulfer/Interfoto/Latinstock

"Abram alas para o Plano Marshall" – cartaz do programa de reconstrução da Alemanha e outros países europeus no pós-guerra. O projeto foi desenvolvido pelo governo norte-americano e recebeu o nome do então secretário de Estado, George Marshall.

A reação dos Estados Unidos

Tudo isso era fonte de preocupação para o governo dos Estados Unidos, que, em 1947, anunciou sua intenção de intervir em qualquer região do mundo que, a seu ver, estivesse em risco de cair sob o controle dos comunistas. Essa política ficaria conhecida como **Doutrina Truman** – nome do presidente estadunidense na época.

Também em 1947, o governo dos Estados Unidos lançou um programa de **ajuda econômica** às principais nações capitalistas europeias, que se encontravam abaladas pela guerra. Até mesmo os ex-inimigos, como Alemanha e Itália, foram beneficiados pelo dinheiro norte-americano. Essa ajuda ficou conhecida como **Plano Marshall** (sobre a Alemanha, veja a seção *Você sabia?* a seguir).

Você sabia?

Após a Segunda Guerra Mundial, a Alemanha foi dividida em quatro zonas de ocupação, administradas por representantes de Estados Unidos, França, Inglaterra e União Soviética. Em 1949, as três zonas ocupadas pelas potências capitalistas foram unificadas. Com a unificação, foi criado um país capitalista independente: a República Federal da Alemanha, mais conhecida como Alemanha Ocidental. Em resposta, o governo soviético transformou sua zona de ocupação em outro país: a República Democrática da Alemanha, ou Alemanha Oriental, comunista (veja o mapa da página anterior). O Plano Marshall beneficiou a Alemanha Ocidental, mas não a Alemanha Oriental.

No mesmo ano de 1947, o governo norte-americano criou a **Central de Inteligência Americana (CIA)**, um serviço secreto baseado em atividades de espionagem, que tinha permissão para interferir em outros países. Ao longo da Guerra Fria, a CIA ajudou a derrubar governos, a promover assassinatos e a treinar torturadores de governos anticomunistas. Tudo isso com a justificativa de impedir a expansão do "perigo vermelho" pelo mundo.

Uma rede de espiões dos Estados Unidos espalhou-se pelo mundo tentando se infiltrar entre os comunistas e descobrir seus planos. Os comunistas, por sua vez, também tinham sua rede de espionagem e procuravam descobrir os segredos do governo dos Estados Unidos. Esses espiões contavam com sofisticados equipamentos tecnológicos, como podemos ver na seção *Raio X* a seguir.

Raio X

Paul Knapp/Miniature Engineering Museum, Carlsbad, CA, EUA.

Echo 8, câmera/isqueiro fabricada em 1951 por indústria japonesa.

Que objeto é esse?

Trata-se da Echo 8, uma câmera fotográfica em miniatura escondida no interior de um isqueiro. Foi fabricada no Japão entre 1951 e 1956 e utilizada pelos serviços de espionagem durante a Guerra Fria.

Como era seu funcionamento?

Na lateral do isqueiro, atrás de uma pequena abertura, ficavam escondidas as lentes da câmera. Para tirar uma foto, bastava abrir a tampa do isqueiro e apontar as lentes para o objeto a ser fotografado. Ao acender o isqueiro, a câmera disparava. Com um filme de 6 mm × 6 mm, que ficava no interior do isqueiro, era possível tirar até vinte fotos.

O que essa evidência histórica nos diz acerca do desenvolvimento da tecnologia nesse período?

O exemplo nos permite constatar que a Guerra Fria influenciou a tecnologia da época, promovendo o desenvolvimento de equipamentos de espionagem que contribuíram para a manutenção das rivalidades ideológicas do período.

Ainda em sua luta contra o comunismo, em 1949, o governo dos Estados Unidos organizou uma aliança militar com os governos dos principais países capitalistas da Europa ocidental mais o Canadá. O tratado que criou essa aliança, chamada **Organização do Tratado do Atlântico Norte (Otan)**, previa que um ataque armado a um de seus membros seria considerado uma agressão contra todo o grupo. Era um recado bem direto à União Soviética, que, por sua vez, poucos meses depois, revelaria ao mundo ter dominado também o processo de fabricação da bomba atômica.

Em luta contra o comunismo

Voltemos à imagem condutora. Na cena, o barco que representa os Estados Unidos navega em direção ao *iceberg* vermelho. O que o autor da imagem quis dizer com isso? Ele está afirmando que os Estados Unidos caminham rumo ao comunismo. Mas, na visão do autor da imagem, como isso estaria acontecendo?

1960 Impact Publications/Arquivo da editora

Para responder a essa pergunta, vamos reparar melhor na expressão do Tio Sam. Observe no detalhe ao lado que ele mantém uma expressão tranquila enquanto o barco se aproxima do *iceberg*. De pernas cruzadas e braços relaxados, ele não parece nem um pouco preocupado com a situação.

1960 Impact Publications/Arquivo da editora

Detalhe da imagem *O* iceberg *VERMELHO* no qual o Tio Sam foi representado com expressão tranquila e despreocupada.

James Montgomery Flagg/K. J. Historical/Latinstock

Tio Sam dizendo "Eu quero você no Exército dos Estados Unidos" – famoso cartaz de recrutamento criado pelo ilustrador James Montgomery Flagg em 1917.

Se você tem dúvidas, veja nesta outra imagem, ao lado, como o Tio Sam costuma aparecer quando sua atitude é mais intimidadora, incisiva. Nesse caso, ele é representado com expressão séria, olhar penetrante e o dedo indicador apontado para o observador, como se estivesse se dirigindo diretamente a ele.

No caso da capa da história em quadrinhos da página 143, ao desenhar o Tio Sam em atitude passiva, o ilustrador parece chamar a atenção para o fato de que o risco do comunismo não está sendo percebido. A imagem transmite um alerta: o comunismo é um perigo maior do que aparenta ser. Como se o barco dos Estados Unidos, ao se aproximar do *iceberg* vermelho, ou seja, ao abraçar ideais comunistas, pudesse afundar. A advertência parece ser que essas ideias destruiriam o país.

Quem teria publicado a imagem da capa de *O iceberg VERMELHO*, que procura alertar os norte-americanos para o "perigo vermelho" ou o "perigo do comunismo"?

A revista foi publicada em 1960 pela *Impact*, um selo da *Catechetical Guild* (Liga Catequética), empresa católica e anticomunista ativa entre 1942 e 1972 nos Estados Unidos. As revistas eram distribuídas principalmente nas escolas católicas. Essa e outras organizações engajadas no combate ao comunismo produziam **material de doutrinação**, como cartilhas, livros, folhetos, filmes e desenhos, tanto para crianças como para adultos.

Essas organizações surgiram e cresceram por causa do **medo generalizado** que havia na sociedade estadunidense em relação ao comunismo.

O macarthismo

Uma das fases mais graves dessa caçada ao comunismo se deu com o **macarthismo**, política de perseguição sistemática posta em prática pelo governo norte-americano a todas as pessoas suspeitas de simpatizar com os ideais comunistas. O termo macarthismo derivou do nome do senador Joseph McCarthy, que em 1950 assumiu a liderança do **Comitê de Atividades Antiamericanas**, órgão criado em 1945 pelo Congresso dos Estados Unidos para identificar, vigiar e punir pessoas suspeitas de envolvimento com o comunismo.

Muitos trabalhadores, intelectuais, funcionários públicos e artistas acusados de serem comunistas ou simpatizantes do comunismo foram presos, perderam seus empregos ou tiveram que se refugiar no exterior. Esse foi o caso, por exemplo, do cineasta Charlie Chaplin, que se exilou na Suíça para fugir das perseguições do macarthismo.

Bettman/Corbis/Latinstock

Em foto de 1947, astros e estrelas de cinema, liderados por Lauren Bacall e Humphrey Bogart, atravessam uma rua de Washington, DC, capital dos Estados Unidos, para prestar depoimento ao Comitê de Atividades Antiamericanas.

Você sabia?

A produção de peças de propaganda, cartazes, cartilhas e filmes foi um recurso muito utilizado tanto pelos Estados Unidos como pela União Soviética durante a Guerra Fria. Ao mesmo tempo que atacava o país adversário, esse material de **propaganda ideológica** servia também para enaltecer o próprio país. Observe os cartazes da seção *Conexões* a seguir. Ambos foram produzidos no período da Guerra Fria. O primeiro, na União Soviética; o outro, nos Estados Unidos.

Conexões

Propaganda na Guerra Fria

A propaganda foi um dos recursos mais utilizados pelos governos dos países envolvidos na Guerra Fria. Por meio dela, eles afirmavam sua ideologia e incutiam nas pessoas um sentimento de terror diante da possibilidade de vitória do inimigo.

Tanto o governo dos Estados Unidos quanto o da União Soviética buscavam explicitar as vantagens de suas sociedades e de seus modos de vida em detrimento do modo de vida do adversário. Programas de rádio, filmes e pôsteres espalhados por todo o país serviam como armas de propaganda nesse combate ideológico.

Os documentos históricos reproduzidos aqui são exemplo disso. O primeiro, feito em 1949 na União Soviética, alerta para os crimes que, segundo os soviéticos, faziam parte do estilo de vida norte-americano e eram frequentes nos Estados Unidos. O segundo, feito em 1947 nos Estados Unidos, representa a visão norte-americana do que poderia acontecer com o país sob o domínio do comunismo.

Observe os documentos, depois responda no caderno às questões propostas.

M. Cheremnykh/Arquivo da editora

Cartaz soviético de 1949 com propaganda contra os Estados Unidos – "Estilo de vida norte-americano. A cada 21 segundos uma série de crimes é cometida nos Estados Unidos".

Catechetical Guild/Arquivo da editora

Assim será o amanhã? A América sob o comunismo! **– capa de revista em quadrinhos dos anos 1950 com propaganda contra o comunismo.**

atividades

1. No primeiro documento, os soviéticos se referem a alguns dos problemas que, segundo eles, afetavam a sociedade capitalista norte-americana. Que problemas eram esses?
2. O segundo documento representa, na visão do governo estadunidense, o que iria acontecer com os Estados Unidos sob o domínio comunista. Que recursos gráficos foram empregados para alertar contra o sistema soviético? Em sua opinião, que tipos de sentimento o governo estadunidense desejava provocar nas pessoas?
3. Os dois documentos sugerem que cartazes e gibis de propaganda ideológica receberam atenção especial e investimentos do governo e de setores sociais das superpotências. Em sua opinião, por que esses documentos constituem formas eficazes de propaganda e comunicação?
4. Em grupos de três a quatro alunos, elaborem um cartaz chamando a atenção para um assunto ou questão de sua comunidade que o grupo julgar importante. Para desenvolver esse trabalho coletivo, primeiro conversem em grupo para decidir qual será o tema do cartaz. Depois, pensem nas imagens que podem ilustrar o cartaz e no texto a ser elaborado. Esta atividade pode ser feita com o auxílio dos professores de Arte e de Língua Portuguesa. No fim da atividade, organizem um mural para expor todos os cartazes elaborados pela classe (vejam na seção *Como se faz...* orientação sobre como elaborar um mural).

③ A União Soviética e a Guerra Fria

Assim como os Estados Unidos, a União Soviética também saiu fortalecida da Segunda Guerra Mundial. Durante o conflito, o país foi invadido pelos alemães e o número de soviéticos mortos chegou a mais de 20 milhões de pessoas. Apesar disso, a União Soviética se firmou como potência militar: seu Exército libertou do nazismo vários países do Leste Europeu e chegou a Berlim, na Alemanha, antes das tropas inglesas e estadunidenses.

Em termos econômicos, a União Soviética também passou a ser respeitada, pois deixara de ser um país predominantemente agrário para se tornar a terceira maior potência industrial do mundo.

Os países do Leste Europeu ocupados pelo exército soviético aderiram pouco a pouco ao comunismo. Isso levou o líder inglês Winston Churchill a declarar que uma **cortina de ferro** havia caído sobre eles.

Corrida armamentista e espionagem

Estados Unidos e União Soviética haviam sido aliados na luta contra o nazismo. Entretanto, a expansão do comunismo pelo Leste Europeu era vista com temor pelos governos dos países capitalistas.

Por seu lado, o governo soviético também desconfiava de seus antigos aliados. Assim, procurou equilibrar suas forças militares em relação às dos Estados Unidos. Para isso, promoveu pesquisas que levariam à produção da bomba atômica, arma que só os Estados Unidos possuíam na época. Essas pesquisas culminaram em 1949, com a explosão da primeira bomba atômica soviética em um teste nuclear.

Com esse acontecimento, tinha início uma corrida armamentista entre os dois países que levaria à produção de armas nucleares em número suficiente para destruir o mundo várias vezes. A tensão mundial originada dessa corrida ficaria conhecida como **terror nuclear**.

Popperfoto/Getty Images

Durante a Guerra Fria tanto a União Soviética quanto os Estados Unidos aproveitavam todo e qualquer grande evento para demonstrações de poderio econômico ou militar, como a exposição do míssil SS4 no tradicional desfile do Primeiro de Maio em Moscou (URSS). Foto de 1960.

Mas as disputas não pararam por aí. Ao mesmo tempo que investia em armas cada vez mais destrutivas, o governo soviético apoiava movimentos armados – em regiões da África e da Ásia – contrários ao domínio imperialista dos países capitalistas. Alguns desses movimentos eram claramente comunistas.

Para contrapor-se à aliança militar liderada pelos Estados Unidos – a Otan –, em 1955 a União Soviética criou o **Pacto de Varsóvia**, acordo de cooperação militar entre as nações comunistas do Leste Europeu.

TopFoto/AGB Photo

Em foto de 4 de fevereiro de 1960, Nikita Krushchev assina o Pacto de Varsóvia.

Em 1959, triunfou em Cuba, na região da América conhecida como Caribe, uma revolução liderada por Fidel Castro. Nos anos seguintes, esse novo governo cubano se inclinou para o comunismo e passou a receber apoio econômico e militar do governo soviético.

Assim como os Estados Unidos, a União Soviética também criou uma agência destinada a promover operações secretas no exterior e a organizar **serviços de espionagem**. Tratava-se da **KGB**, sigla para Comitê para Segurança do Estado. A KGB também desempenhava diversas tarefas de espionagem interna, reprimindo aqueles que não compactuassem com o regime.

Coexistência pacífica

Josef Stalin, o ditador que governava a União Soviética desde 1924, morreu em 1953. Seu sucessor, Nikita Kruschev, propôs então uma política de "coexistência pacífica" entre os blocos socialista e capitalista. Mas não era o fim da Guerra Fria nem do regime totalitário na União Soviética.

Em 1956, Kruschev denunciou os crimes de Stalin, mas, enquanto isso, apertava o controle sobre os países comunistas do Leste Europeu. Assim, ainda em 1956 tanques soviéticos esmagaram de forma sangrenta uma rebelião na Hungria. Mais tarde, em 1968, tropas soviéticas ocuparam a Tchecoslováquia para impedir que ali florescesse uma experiência comunista mais democrática e independente.

Esse controle soviético sobre os países comunistas do Leste Europeu produziu na Alemanha Oriental o Muro de Berlim (sobre isso, veja o boxe *O Muro de Berlim*, a seguir).

O Muro de Berlim

CONTEÚDO DIGITAL

Observe novamente o mapa da Europa durante a Guerra Fria (página 145). Agora, compare-o com o mapa atual do continente neste boxe.

Repare como a divisão política das nações europeias no passado era diferente da atual (por exemplo, novos países foram criados). Além disso, durante a Guerra Fria havia duas Alemanhas, e não uma apenas, como atualmente.

Na Alemanha Ocidental, capitalista, vigorava uma forma democrática de governo, sob a qual as pessoas tinham liberdade de opinião e outros direitos. Além disso, a economia da Alemanha voltara a crescer com a ajuda do Plano Marshall.

Já a Alemanha Oriental, comunista, não tinha o mesmo desenvolvimento e seu governo não respeitava as liberdades públicas. Como resultado da falta de liberdade, muitas pessoas começaram a fugir da Alemanha comunista para a Alemanha capitalista. Entre 1949 e 1961 cerca de 3,5 milhões de alemães

Europa (2014)

Banco de imagens/Arquivo da editora

Adaptado de: IBGE. *Atlas geográfico escolar*. 4. ed. Rio de Janeiro, 2007.

O Muro de Berlim, como ficou conhecido o conjunto de cercas, muros e torres de controle, tornou-se um dos maiores símbolos da Guerra Fria. O Muro dividiu a cidade durante 28 anos. Mas sua simbologia vai além da Guerra Fria. Ele representa também a intolerância a que pode chegar o ser humano. Mostra como a incapacidade de dialogar, respeitar as diferenças e encontrar saídas políticas para os problemas da sociedade pode nos impedir de viver em liberdade.

orientais – um sexto da população do país – se refugiaram na Alemanha Ocidental.

Com o objetivo de **impedir as fugas** de seu território, o governo da Alemanha Oriental instalou cercas de arame farpado, campos minados, cães de guarda, torres de vigilância e muitos soldados ao longo de sua fronteira com a Alemanha Ocidental.

Entretanto, a capital da Alemanha Oriental, Berlim, tinha características especiais. Estava situada no interior da Alemanha comunista, mas sua parte ocidental ficava sob controle das potências capitalistas. Dessa forma, as fugas continuaram de Berlim Oriental para Berlim Ocidental.

Em 1961, o governo soviético determinou o bloqueio completo dos acessos a Berlim Oriental. Em apenas uma noite, foram erguidas cercas acompanhadas de 302 torres de observação, redes eletrificadas com alarmes e outros mecanismos antifuga na fronteira que dividia a cidade em duas. Posteriormente, foram erguidos muros como o da foto abaixo.

Akg-Images/Latinstock

Moradores de Berlim Ocidental erguem seus bebês gêmeos para mostrá-los aos avós, que vivem do outro lado do muro, em Berlim Oriental. Foto de setembro de 1961.

A conquista do espaço

Satélite artificial: é qualquer objeto feito pelo ser humano e colocado em órbita em torno da Terra ou de outro planeta.

A luta pela conquista do espaço também mobilizou muitos recursos entre as duas superpotências. A disputa, ou corrida, espacial teve início em 1957, quando os soviéticos lançaram o Sputnik 1, primeiro **satélite artificial** da Terra a ser colocado em órbita.

Poucos dias depois, os soviéticos lançaram o Sputnik 2, que levou a bordo o primeiro ser vivo enviado ao espaço: a cachorrinha Laika.

RIA Nowosti/akg-images/Latinstock

Valentina Tereshkova, astronauta russa e primeira mulher a ser enviada ao espaço em 1963.

Embora os Estados Unidos tenham criado a **Agência Espacial Norte-Americana (Nasa)** em 1958 e enviado um satélite ao espaço naquele mesmo ano, os soviéticos ainda ficaram na frente dos norte-americanos por um bom período.

Em 1961, por exemplo, a União Soviética enviou o **primeiro ser humano ao espaço**. Era Iuri Gagarin, astronauta que ficou 108 minutos em órbita e se tornou um verdadeiro herói em seu país. Somente no ano seguinte, os estadunidenses enviaram seu primeiro tripulante ao espaço. Foi o astronauta John Glenn, que deu três voltas completas em torno do planeta.

A primazia de enviar astronautas à Lua, porém, coube aos Estados Unidos. Em 20 de julho de 1969, a nave norte-americana Apollo 11 pousou no satélite natural da Terra. Levava os astronautas Michael Collins, Edwin Aldrin e Neil Armstrong, que se tornou o primeiro ser humano a pisar na superfície da Lua.

Você sabia?

Muitos satélites artificiais encontram-se hoje em órbita ao redor da Terra. São satélites de comunicação, científicos, militares, espiões, meteorológicos, etc. Boa parte deles já está fora de uso e se transformou em lixo espacial.

A "crise dos mísseis"

Em 1961, os Estados Unidos instalaram mísseis na Turquia, em uma região próxima à fronteira com a União Soviética. O revide soviético não se faria esperar.

De fato, em outubro de 1962, aviões de espionagem dos Estados Unidos revelaram que a União Soviética estava instalando mísseis de ogivas nucleares em Cuba, país situado a cerca de 150 quilômetros da costa norte-americana.

Em resposta, o governo estadunidense anunciou que não aceitaria a instalação de mísseis em Cuba e avisou que ia inspecionar todos os navios que se dirigissem ao país.

Àquela altura, navios soviéticos carregados de mísseis navegavam em direção a Cuba. A população mundial entrou em pânico, pois temia que o incidente provocasse uma **guerra nuclear**. Após treze dias de tensão, as embarcações soviéticas mudaram de rumo.

Com o fim do impasse, foi selado um acordo entre as duas potências: o governo da União Soviética aceitou formalmente não construir base de mísseis em Cuba e, em troca, o governo dos Estados Unidos se comprometeu a não invadir nem apoiar futuras invasões à ilha governada por Fidel Castro.

A crise dos mísseis foi tão grave que em 1963 Estados Unidos, Inglaterra e União Soviética assinaram o primeiro tratado visando regularizar os testes nucleares. Pelo acordo, os três governos assumiam o compromisso de não mais realizar esses testes a céu aberto.

4 O comunismo se expande

Voltemos à imagem condutora que estamos analisando. Observe que, além dos países do Leste Europeu representados pelas lápides no *iceberg* vermelho, há também referências à Coreia do Norte (North Korea, em inglês) e à China como países comunistas.

Essa inclusão dos dois países asiáticos revela que, apesar das medidas de contenção do "perigo vermelho" adotadas pelos Estados Unidos e por outras nações capitalistas, o comunismo se espalhava por diversas regiões do planeta.

Na China, por exemplo, os comunistas chegaram ao poder em 1949, depois de 22 anos de **guerra civil**.

1960 Impact Publications/Arquivo da editora

1960 Impact Publications/Arquivo da editora

Detalhe da capa de *O iceberg VERMELHO*, na qual se vê a relação de países que já haviam adotado o comunismo.

Você sabia?

A China comunista se manteve fechada ao mundo capitalista durante muito tempo. Entretanto, diversas reformas iniciadas em 1976 abriram sua economia aos países capitalistas. Com isso, a China se transformou no país de maior crescimento econômico do mundo. Atualmente, o país se define como uma "república popular socialista unipartidária", embora adote em alguns setores uma economia de mercado, ou seja, de tipo capitalista.

As guerras da Coreia e do Vietnã

O caso da Coreia foi um pouco diferente. Em 1948, a Coreia foi dividida em dois países independentes: a Coreia do Norte (comunista) e a Coreia do Sul (capitalista). As duas nações entraram em guerra em 1950. Os Estados Unidos intervieram no conflito, com apoio da Organização das Nações Unidas (ONU), ao lado das tropas da Coreia do Sul. A guerra terminou em 1953 e a divisão entre os dois países se manteve. A Coreia do Norte permanece comunista até os dias de hoje, assim como a Coreia do Sul continua capitalista.

Em 1954, o território hoje conhecido como Vietnã foi dividido em duas partes: o Vietnã do Norte, comunista, e o Vietnã do Sul, capitalista. Os dois países deveriam ser unificados por meio de eleições. Mas o governo dos Estados Unidos, temendo uma vitória dos comunistas, impediu a realização das eleições. Teve início no sul uma guerra entre guerrilheiros comunistas e forças do governo. Em 1965, tropas dos Estados Unidos começaram a intervir diretamente na guerra, ao lado do governo do Vietnã do Sul.

Na tentativa de derrotar a guerrilha, os estadunidenses utilizaram aviões ultramodernos e artilharia de alto poder destrutivo, além de **armas químicas**, como o *napalm* (veja a seção *As palavras têm história*).

Apesar disso, o conflito terminou em 1975 com a vitória da guerrilha apoiada pelo Vietnã do Norte. As duas regiões foram então unificadas sob o nome de República Socialista do Vietnã, de orientação comunista. Veja a seguir o mapa dos países capitalistas e comunistas na década de 1980.

A Guerra do Vietnã foi um dos primeiros conflitos a serem noticiados diariamente pela TV. As imagens de mortos e feridos que chegavam aos lares estadunidenses contribuíram para que se difundissem no país movimentos que exigiam do governo a retirada imediata de suas tropas no país asiático.

Países capitalistas e comunistas nos anos 1980

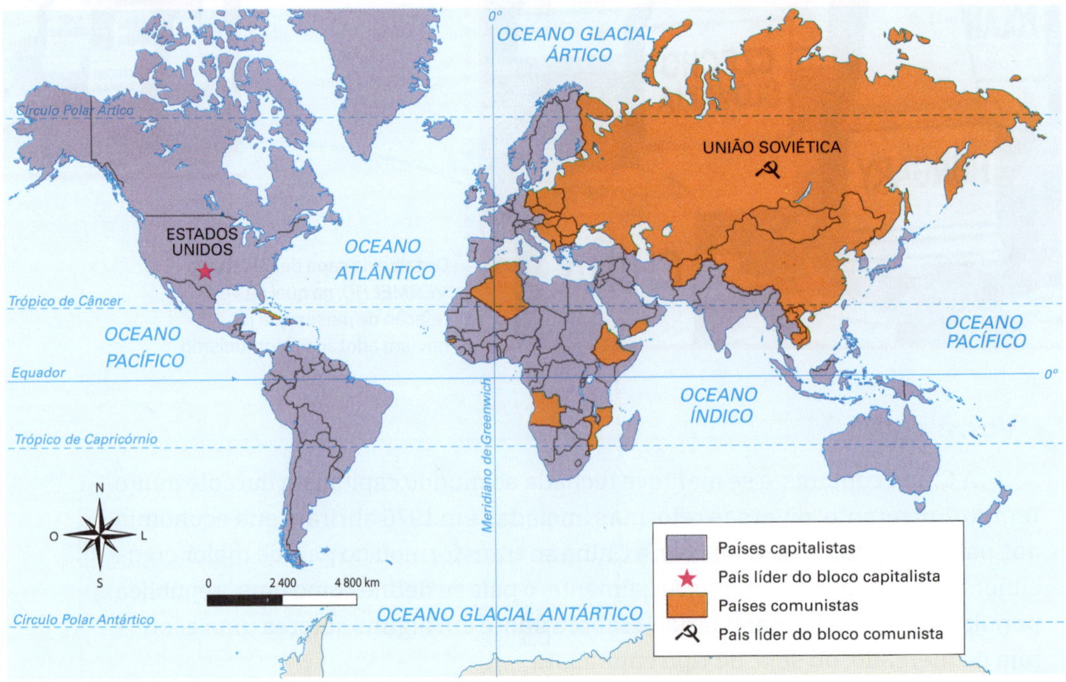

Banco de imagens/Arquivo da editora

Adaptado de: GRAND Atlas Historique. Paris: Larousse, 2006.

As palavras têm história

Napalm

Inventado nos Estados Unidos em 1943, o napalm é uma espécie de gasolina gelatinosa que adere e queima os materiais sobre os quais é lançada. Tem em sua constituição duas substâncias químicas principais, o naftênico (existente em alguns tipos de petróleo) e o palmítico (retirado de óleos e gorduras). Das primeiras letras das duas substâncias foi formado o nome napalm. Essa arma foi muito utilizada pelas forças dos Estados Unidos durante a Guerra do Vietnã, na forma de **lança-chamas** e **bombas incendiárias**. Seu efeito sobre a população civil é devastador. Uma convenção da ONU firmada em 1980 proibiu o uso de armas incendiárias contra populações civis.

Enquanto isso...

Manifestações feministas

Enquanto os Estados Unidos e a União Soviética dividiam o mundo entre capitalistas e comunistas, pessoas em diversas partes do mundo participavam de movimentos sociais que lutavam pela paz ou reivindicavam mais direitos.

A partir do final da década de 1960, ganhou força o movimento feminista, que se espalhou pelo mundo e promoveu grandes passeatas e manifestações em defesa dos **direitos da mulher**. As militantes desse movimento rejeitavam a submissão das mulheres na sociedade. Em termos profissionais, por exemplo, reivindicavam salários iguais aos dos homens no desempenho das mesmas funções.

Na vida pessoal, uma das principais bandeiras feministas era o direito de ter controle sobre o próprio corpo sem ter que "obedecer" a um homem.

Também os jovens foram para as ruas. Embalados pelo *rock and roll*, jovens estadunidenses e de outras nacionalidades protestavam contra a Guerra do Vietnã. Ao som de grupos de *rock*, os jovens participavam de grandes festivais – como o de Woodstock, em 1969 – e pediam: "deem uma chance à paz".

Bettmann/Corbis/Latinstock

Manifestação de grupos feministas durante protesto em Nova York. Foto de 1967.

Esquema-resumo

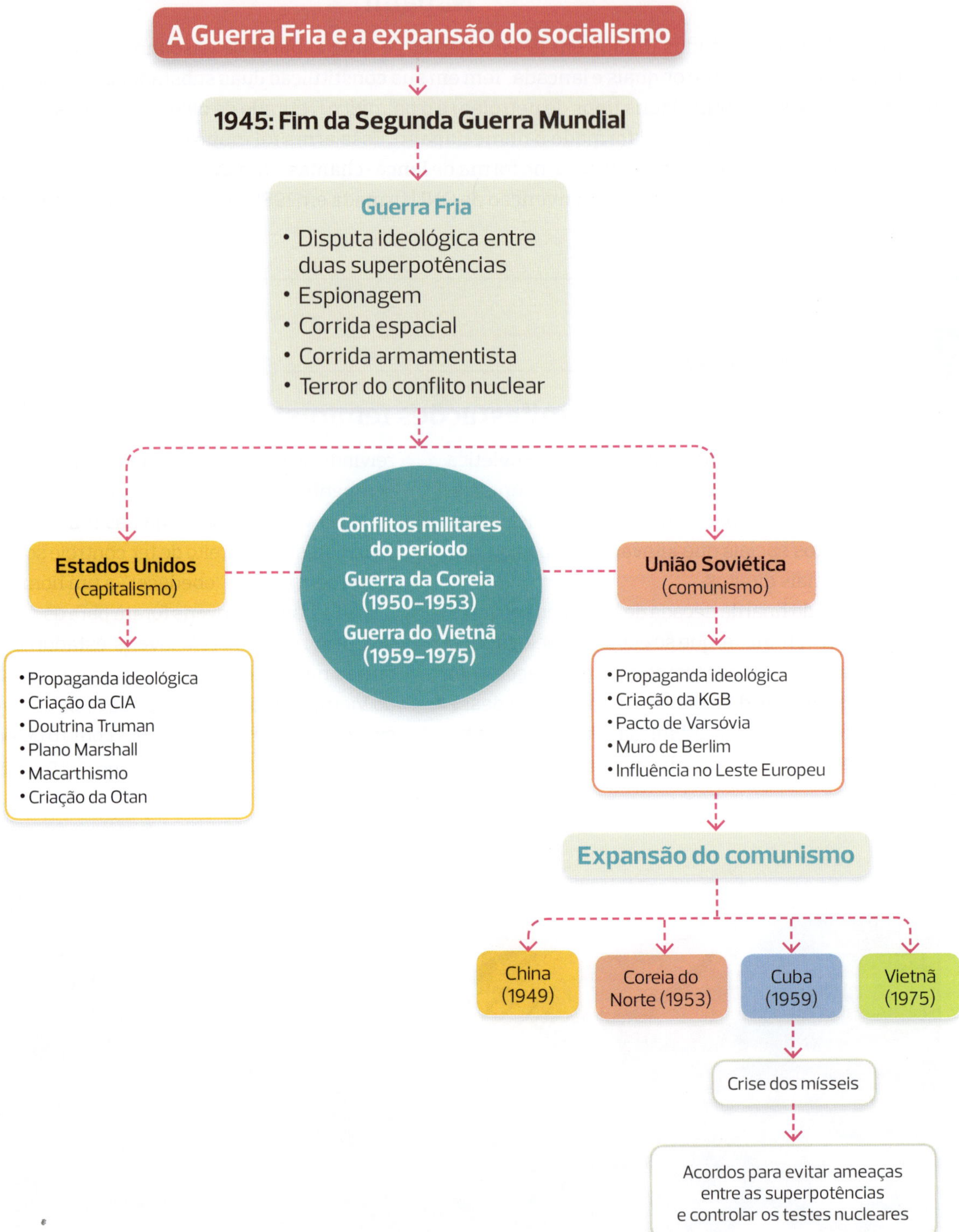

atividade

- Segundo o esquema, após a Segunda Guerra Mundial configurou-se uma disputa entre duas superpotências pelo controle de determinadas regiões do planeta. Essa disputa recebeu o nome de Guerra Fria. Com base nessa informação e na leitura do capítulo, relacione no caderno as principais ações de cada superpotência para garantir o avanço de seus objetivos.

Atividades

CONTEÚDO DIGITAL

Para organizar as ideias

1. Com o fim da Segunda Guerra Mundial, os Estados Unidos e a União Soviética, que juntos lutaram contra o nazifascismo, se tornaram grandes rivais. Explique as razões disso.

2. Após a Segunda Guerra Mundial, boa parte do mundo foi dividida em dois grupos de países. Em um deles vigorava a economia capitalista e o regime democrático de governo, sob a liderança dos Estados Unidos. O outro bloco era comandado pela União Soviética e nele vigorava a economia comunista e regimes de partido único.
   - A esse respeito, cite e explique duas medidas do governo estadunidense que tinham por objetivo fortalecer o capitalismo e evitar a expansão comunista.

3. A disputa entre os Estados Unidos e a União Soviética era uma disputa ideológica. Nesse caso, é importante entender o significado desse conceito. Com base na leitura do boxe *O que é ideologia?* (página 142), explique o sentido atual do termo e apresente algumas diferenças entre as características ideológicas do capitalismo e do comunismo.

4. A expressão Guerra Fria foi utilizada para tratar de uma situação na qual os dois principais adversários da época, Estados Unidos e União Soviética, não se enfrentaram diretamente num conflito militar. Porém, apesar da ausência de um embate direto entre os dois países, a Guerra Fria foi marcada por outras formas de conflito. Descreva como eram esses conflitos.

5. Em 1947, na tentativa de conter a expansão da ideologia comunista em várias regiões do mundo, os Estados Unidos anunciaram a *Doutrina Truman*. Explique no que consistiu essa ação.

6. Observe os mapas das páginas 145 e 158 e responda no caderno.
   a) Quais mudanças podemos perceber nas condições políticas europeias durante o período abordado no capítulo?
   b) Como ficou a Alemanha após o término da Segunda Guerra Mundial?

7. A expansão comunista no mundo foi um processo longo que ocorreu em vários continentes.
   - Em seu caderno, elabore uma ficha na qual constem locais e datas das principais revoluções comunistas.

Teste seus conhecimentos

1. Sobre o período denominado "Guerra Fria", da segunda metade do século XX até a Queda do Muro de Berlim, em 1989, é correto afirmar que:
   a) destacou-se como período de tensão entre duas potências, os EUA e a China democrática, na disputa pelo controle da economia mundial.
   b) desencadeou a descolonização de países na África, Ásia e América, até então domínio dos impérios europeus.
   c) caracterizou-se pela bipolaridade nas relações internacionais com a hegemonia de sistemas antagônicos – o capitalista dos EUA e o comunista da URSS.
   d) deu-se sob o signo do terrorismo das armas nucleares, monopólio da URSS contra os países do Leste Europeu, com vistas à expansão e à conquista da Europa ocidental.
   e) foi marcado pelo papel da União Europeia em oposição à política externa dos EUA no Oriente Médio, sob a égide do terrorismo internacional.

2. A chamada "Crise dos Mísseis", de 1962, que levou as relações Washington-Moscou a um ponto crítico, no contexto da Guerra Fria, foi resultante:
   a) da aproximação entre o governo de Fidel Castro e a URSS.

b) do escândalo político internacional conhecido como Watergate.
c) do fim da política continental norte-americana "Aliança para o Progresso".
d) da afirmação do stalinismo na política interna da URSS.
e) do avanço do macarthismo no Congresso norte-americano.

3. Os Estados Unidos e a União Soviética eram as duas maiores potências no período da Guerra Fria. Para tentar prevalecer sobre os soviéticos, os Estados Unidos adotaram várias medidas de combate ao comunismo. No caderno, assinale **V** para as opções verdadeiras e **F** para as falsas, levando em consideração as seguintes afirmativas sobre essas medidas:
a) Em 1947, os Estados Unidos adotaram a Doutrina Truman como uma tentativa de desestimular a expansão do comunismo para novas regiões do planeta, promovendo empréstimos e financiamento para a expansão econômica dessas regiões.
b) O Plano Marshall previa a intervenção militar dos Estados Unidos em qualquer região que corresse o risco de cair sob o controle dos comunistas.
c) A Central de Inteligência Americana (CIA) era um serviço secreto de espionagem que atuava no interior dos Estados Unidos. As atividades da CIA não se estendiam para outros países.
d) A criação da Organização do Tratado do Atlântico Norte (Otan), em 1949, foi outro esforço dos Estados Unidos para combater a expansão do comunismo. A aliança militar previa a intervenção de todos os seus membros no caso de um ataque inimigo.

As questões 1 e 2 foram adaptadas de vestibulares (UEL-PR e PUC-RS).

Interpretando documentos

Observe a imagem ao lado. Trata-se de um pôster criado em 1968 pelo artista gráfico Roman Cieslewicz (1930-1996) no período da Guerra Fria.

No peito do personagem da esquerda está escrito CCCP (em russo, iniciais das palavras União das Repúblicas Socialistas Soviéticas, o equivalente a URSS), a sigla da União Soviética.

No peito do personagem da direita lê-se USA (iniciais de United States of America, o equivalente a EUA), a sigla dos Estados Unidos.

A partir da observação da imagem, responda no caderno ao que se pede na página ao lado.

David Pollack/Corbis/Latinstock

Pôster criado por Roman Cieslewicz, em 1968.

1. Que mensagem a imagem expressa sobre o poder durante a Guerra Fria?

2. A possibilidade de um conflito direto entre essas duas potências esteve sempre presente no período da Guerra Fria. Porém, durante a "crise dos mísseis", em Cuba, a possibilidade de conflito se tornou iminente. Explique o que foi esse episódio e quais foram seus desdobramentos para os acordos internacionais entre os dois países.

3. Com o fim da Guerra Fria, o equilíbrio de poder entre as duas grandes potências deixou de existir, pois a União Soviética entrou em colapso. A partir de seus conhecimentos do presente e inspirado na imagem trabalhada anteriormente, faça um desenho para representar o arranjo do poder político internacional nos dias de hoje.

Nosso mundo hoje

No final de 2013, a Ucrânia encontrava-se dividida. De um lado, boa parcela da população desejava o ingresso do país na União Europeia. De outro, o governo ucraniano, cedendo a pressões russas, preferia não aderir à União Europeia, mas sim fazer acordos comerciais com o governo da Rússia. Diante do impasse, a população ucraniana foi às ruas e iniciou uma série de protestos exigindo o ingresso do país no bloco europeu. Leia o texto a seguir, com um relato das manifestações populares contra o governo ucraniano, depois responda no caderno ao que se pede.

Manifestantes derrubam estátua de Lenin na Ucrânia

Manifestantes derrubaram uma estátua de Vladimir Lenin, neste domingo, enquanto uma revolta contra a aproximação do governo ucraniano com a Rússia se intensifica no país. Uma multidão gritou "Bom trabalho!" depois que o monumento foi ao chão na Praça da Independência, em Kiev.

Segundo estimativa da polícia, cerca de 100 mil manifestantes se reuniram neste domingo na Praça da Independência para um protesto que os organizadores esperavam reunir um milhão de pessoas, para pressionar o presidente ucraniano, Viktor Yanukovich, a abandonar seu esforço para criar laços mais estreitos com a Rússia.

Essa manifestação deve aumentar as tensões em meio a um impasse entre o governo e manifestantes furiosos sobre a decisão de desfazer um pacto histórico com a União Europeia em favor de um acordo comercial com Moscou.

Os manifestantes estão revoltados com as especulações de que Yanukovich, que se encontrou com o presidente russo Vladimir Putin em Sochi, na sexta-feira, possa levar a Ucrânia a um acordo aduaneiro, uma decisão que a oposição alega se encaixar no projeto de Putin de recriar a União Soviética.

— Queremos uma Ucrânia europeia — disse Vasil Dídukh, de 23 anos, que como muitos dos manifestantes veio do oeste da Ucrânia, a base do poder de Tymoshenko e de outros líderes da oposição.

Os protestos aumentaram os temores pela estabilidade política e econômica no país da ex-União Soviética de 46 milhões de pessoas, que faz fronteira com quatro países da União Europeia e é a principal rota do gás russo para a Europa.

Adaptado de: AGÊNCIA FRANCE-PRESSE. *Manifestantes derrubam estátua de Lenin na Ucrânia*. Disponível em: <http://oglobo.globo.com/mundo/manifestantes-derrubam-estatua-de-lenin-na-ucrania-11006569>. Acesso em: fev. 2015.

1. Com base na leitura do texto e nos seus conhecimentos, qual é a explicação para que a população ucraniana tenha escolhido destruir a estátua de Lenin como forma de protestar contra um possível acordo de seu país com o governo russo?

2. Durante a Guerra Fria, a União Soviética controlou de forma autoritária os territórios do Leste Europeu. A partir da leitura do intertítulo *Coexistência pacífica*, justifique essa afirmação.

3. As manifestações na Ucrânia mostram bem o papel de monumentos, estátuas e outras construções como **símbolos do poder** e da ordem, de grandes conquistas ou de períodos de glória. Pense na comunidade onde você vive e aponte alguns exemplos de monumentos e outros símbolos de poder que existem nesse lugar.

Hora de refletir

Um dos principais aspectos da Guerra Fria foi o **controle ideológico** exercido sobre os **meios de comunicação** e expressão. Na União Soviética esse controle ocorreu praticamente durante os 74 anos de existência do regime. Nos Estados Unidos, o controle sobre a opinião de um amplo grupo de pessoas foi extremamente forte durante os anos do macarthismo, entre o fim da década de 1940 e meados dos anos 1950.

1. Junte-se a colegas de grupo e reflitam sobre a importância do respeito à liberdade de expressão e de criação.
2. Reflitam também se a proibição de livre expressão se justifica em alguma situação.
3. Terminada a reflexão, o grupo deve escolher um representante para expor suas conclusões à classe.

Bettmann/Corbis/Latinstock

Dona de casa norte-americana assiste a pronunciamento do senador Joseph McCarthy durante as audiências, no Senado dos Estados Unidos, de cidadãos acusados de serem comunistas ou simpatizantes do regime político soviético. Foto de 1954.

Minha biblioteca

***Terra vermelha, rio amarelo*, de Ange Zhang, SM.**
Narrativa ambientada na China das décadas de 1960 e 1970. O garoto Ange, filho de escritor e, desde pequeno, entusiasta do exército comunista, descobre as imperfeições do regime ao ver sua vida modificada pela Revolução Cultural.

Edições SM/Arquivo da editora

Mundo virtual

<www.nasaimages.org/>
Site da Nasa, agência espacial norte-americana, com galerias de imagens feitas durante as inúmeras viagens espaciais realizadas desde 1959. *Site* em inglês, mas de fácil navegabilidade, basta clicar nas imagens para vê-las ampliadas.

<www.cienciaviva.pt/rede/space/home/>
Site português *Ciência Viva*, da Agência Nacional para a Cultura Científica e Tecnológica, com projetos, atividades e fóruns sobre a exploração espacial.

Acesso em: fev. 2015.

Capítulo 6

África e Ásia lutam pela independência

Em muitos países africanos, o idioma oficial (ou um dos idiomas oficiais) é uma língua de origem europeia. Na Tanzânia, por exemplo, as línguas oficiais são o suaíli e o inglês. No Mali e no Senegal fala-se francês. Em Camarões, há duas línguas oficiais: o inglês e o francês. Já em Moçambique e Angola, fala-se português.

Isso ocorre porque a maior parte da África foi colonizada por potências europeias entre meados do século XIX e meados do século XX. No caso dos países africanos de língua portuguesa, a colonização começou no século XV. Esse processo de dominação da África (e também de grande parte da Ásia) é conhecido como **neocolonialismo**.

O processo de colonização da África e da Ásia não ocorreu sem resistência dos povos dominados. Desde o começo, vários setores das populações africanas e asiáticas lutaram, às vezes com armas, contra o colonialismo das nações europeias.

Após a Segunda Guerra Mundial (1939-1945), ganharam força os movimentos pela independência. Teve início, assim, o processo de emancipação dos povos da África e da Ásia.

Neste capítulo veremos como as colônias africanas e asiáticas se tornaram países independentes e também estudaremos alguns desdobramentos desse processo.

René Mattes/Hemis/Agência France-Presse

Aspecto de Swakopmund, cidade da Namíbia, a segunda mais populosa do país. Situada no litoral, é o principal balneário da Namíbia e preserva exemplos da arquitetura colonial alemã. Fundada em 1892 como o principal porto da região, é um dos poucos lugares da África onde uma minoria da população fala alemão e tem raízes germânicas. Na foto, uma placa de trânsito em inglês. Foto de 2014.

1 A autodeterminação dos povos

Como vimos no Capítulo 5, a **Segunda Guerra Mundial** provocou mudanças decisivas na configuração política do planeta. Duas nações se firmaram como superpotências e boa parte do mundo foi dividida em dois blocos adversários: um bloco capitalista e outro comunista, liderados respectivamente pelos Estados Unidos e pela União Soviética.

Na África e na Ásia, tomou impulso a **luta contra o domínio das potências colonialistas europeias**. Com o fim da guerra, essa luta ganhou dois aliados de peso: os Estados Unidos e a União Soviética.

Interessados em ampliar suas zonas de influência para outras regiões do planeta, os governos dos Estados Unidos e da União Soviética passaram a defender o princípio da **autodeterminação dos povos**.

Segundo esse princípio, todos os povos têm direito à soberania, ou seja, a se autogovernarem segundo suas próprias leis e escolhas. Essa defesa da autodeterminação dos povos ajudou a mobilizar a opinião pública mundial contra o colonialismo na Ásia e na África e contribuiu para ampliar ainda mais a luta dos povos africanos e asiáticos pela independência.

Em alguns casos, essa emancipação ocorreu por vias pacíficas. Em outros, a independência só foi conquistada por meio da luta armada contra as potências colonizadoras. Vejamos como isso aconteceu.

Meagher/Getty Images

Milhares de argelinos, diante do palácio do Governo, carregam cartazes de Charles de Gaulle, então primeiro-ministro e futuro presidente da França, em manifestação pela independência da Argélia. Foto de maio de 1958.

2 A independência da África

Observe a fotografia desta página.

TopFoto/Keystone

Sessão de abertura da Conferência Nacional de Leopoldville (atual Kinshasa), capital da República Democrática do Congo, com os líderes do Movimento de Libertação Pan-Africano. O presidente do Congo, Joseph Kasavubu (de óculos), cumprimenta o líder do Quênia, Jomo Kenyatta (de *Kufi*). À esquerda na foto (de bengala), o primeiro-ministro de Uganda, Milton Obote, e à direita (com a mão estendida), o ministro das Relações Exteriores do Congo, Justin Bomboko. Foto de 1962.

A foto registra um grupo de africanos que se cumprimentam. Um deles particularmente chama a atenção por estar no centro da imagem e por usar o *kufi*, um gorro tradicional de vários povos da África.

Esse homem de *kufi* é Jomo Kenyatta (1894-1978), de quem falaremos mais adiante. A foto foi tirada em 1962, em Leopoldville (atual Kinshasa), – cidade do antigo Congo Belga (atual República Democrática do Congo).

Essa fotografia de 1962 tem um significado especial para a história do continente africano. Por meio dela, podemos conhecer vários aspectos do processo que resultou na independência dos países africanos a partir de meados do século XX.

Você sabia?

A cidade de Leopoldville foi fundada em 1881 pelo explorador Henry Stanley e recebeu esse nome em homenagem ao rei Leopoldo II (1835-1909) da Bélgica, que financiou a expedição à África.

Leopoldo II foi um dos primeiros governantes europeus a se interessar por colonizar terras africanas. Em seu nome, os belgas conquistaram a região do rio Congo em 1879 e ali fundaram uma colônia que batizaram de **Congo Belga**.

Essa conquista estimulou outras potências europeias a fazer o mesmo. Teve início então a **Partilha da África**, processo de divisão do continente entre as grandes potências europeias, conhecido como **neocolonialismo**. Em 1966, a cidade de Leopoldville passou a se chamar Kinshasa, nome de uma antiga povoação que ali existia antes da chegada dos belgas. É a atual capital da República Democrática do Congo.

O pan-africanismo

Pan-africanismo: ideologia que prega a união dos povos africanos, para que a África tenha voz ativa diante das nações de outros continentes.

A fotografia da página anterior foi feita na abertura de um dos muitos congressos realizados na África pelo movimento conhecido como **pan-africanismo**. O objetivo desses encontros era estimular a união dos povos africanos contra a dominação colonial europeia. Seu lema era: "A África para os africanos".

O pan-africanismo teve suas origens no século XIX. O movimento surgiu entre africanos e descendentes que viviam nos Estados Unidos, Caribe e Europa; seus representantes defendiam uma **identidade única e comum** a todos os afrodescendentes. Essas pessoas passaram a criar, a partir do início do século XX, entidades em prol da independência da África e a organizar congressos e conferências para divulgar suas ideias e projetos.

Até a Segunda Guerra Mundial esses eventos aconteciam, em geral, fora do continente africano, uma vez que as nações colonizadoras impediam a realização de tais encontros nas regiões sob seus domínios. A partir de 1945, no entanto, a população africana envolvida com essas questões passou a enfrentar os governos coloniais e começou a promover esses encontros na África.

Você sabia?

Em 1945, ano em que terminou a Segunda Guerra Mundial, havia na África apenas quatro países independentes: África do Sul, Egito, Etiópia e Libéria. O restante do continente estava sob o domínio de cinco nações europeias: Inglaterra, França, Bélgica, Portugal e Espanha.

Revoltas armadas

Um dos principais líderes do pan-africanismo foi Jomo Kenyatta, o homem de *kufi* que vemos retratado no detalhe abaixo. Kenyatta desempenhou um papel central na conquista da independência do Quênia em 1963, país que se encontrava sob o domínio britânico e do qual se tornou o primeiro presidente. Na década de 1950, Kenyatta liderou um movimento que promovia ações armadas contra os ingleses e por isso foi preso pelas autoridades britânicas.

TopFoto/Keystone

No detalhe, um dos líderes do pan-africanismo, Jomo Kenyatta, futuro primeiro-ministro (1963-1964) e presidente (1964-1978) do Quênia.

Na mesma época em que teve início a luta no Quênia, a França começou a enfrentar revoltas armadas na Tunísia, Marrocos francês e Argélia, as três colônias francesas no norte da África. Enquanto a Tunísia e o Marrocos conquistaram a independência em 1956, na Argélia a luta contra os franceses se estendeu até 1962.

Também no caso das colônias de Portugal a emancipação política só foi possível por meio da **luta armada**.

Uma das razões para isso é que a economia portuguesa era muito dependente das riquezas das colônias africanas. Assim, o governo de Portugal se recusava a ceder às pressões dos africanos que lutavam pela independência de seu povo.

Diante dessa intransigência, surgiram **movimentos guerrilheiros** em quase todas as colônias de Portugal: Cabo Verde, Angola, Moçambique e Guiné-Bissau.

Outra razão que levou os movimentos de independência das colônias portuguesas a lançar mão da luta armada foi o caráter ditatorial do governo de Portugal. Desde 1926 a nação portuguesa era governada por uma ditadura que reprimia toda e qualquer manifestação de oposição. Como costuma acontecer com as ditaduras, a portuguesa era incapaz de dialogar e de negociar com aqueles que discordavam dela, ou que lutavam por seus direitos.

Foi somente em 1974, com a **queda da ditadura em Portugal**, que o novo regime democrático reconheceu oficialmente a independência de suas colônias na África.

A via pacífica

Como vimos, tanto o governo da União Soviética quanto o dos Estados Unidos defendiam a autodeterminação dos povos e, portanto, o fim do colonialismo. Essa tomada de posição das duas maiores potências da época foi um fator de pressão sobre o governo das nações colonialistas. A isso se somava a própria luta dos povos africanos pela independência.

Nessas condições, algumas potências colonialistas passaram a negociar o processo de independência com as lideranças africanas. Tentavam, dessa forma, preservar seus **interesses econômicos** na região. Entre esses interesses estavam, por exemplo, manter as empresas europeias nas ex-colônias e garantir o acesso às riquezas minerais do continente.

Como parte dessa política, o governo da Inglaterra aceitou a independência de muitas de suas colônias na África. Esse foi o caso do Sudão (1956), da Costa do Ouro (atual Gana, 1957), da Nigéria (1960), de Serra Leoa (1961), do Quênia (1963) e de Zâmbia (antiga Rodésia do Norte, 1964), entre outros (veja o mapa na página seguinte).

Com o objetivo de manter sua influência nas regiões colonizadas, o governo da Inglaterra convidou esses países a fazerem parte da **Comunidade Britânica das Nações**, uma associação de Estados soberanos formada pelo Reino Unido e suas antigas colônias.

Da mesma forma que o governo inglês, o governo da França também administrou pacificamente a independência de algumas de suas colônias. Em 1960, quase todas as colônias francesas na África se encontravam emancipadas: Camarões, Madagascar, Costa do Marfim, Senegal, Mali, etc.

A independência da África

Banco de imagens/Arquivo da editora

Adaptado de: DUBY, Georges. *Grand Atlas Historique*. Paris: Larousse, 2006.

Você sabia?

Ao se tornarem independentes da França, alguns territórios não aceitaram nenhum vínculo com sua antiga metrópole, como desejava o governo francês. Guiné, emancipada em 1958, é um exemplo.

As lideranças políticas da Guiné optaram por cortar todos os vínculos com a França. Em represália, o governo francês retirou toda a ajuda econômica e financeira ao país. Além disso, 4 mil franceses que trabalhavam na Guiné em atividades essenciais, como professores, médicos, advogados, funcionários públicos, foram enviados de volta à França. Levaram junto documentos, geradores de energia, telefones, entre outras coisas básicas, deixando a Guiné à própria sorte.

Apesar disso, o exemplo da Guiné incentivou outras ex-colônias francesas a cortar relações com seus antigos colonizadores. Até 1960, praticamente todas as ex-colônias que inicialmente haviam aceitado fazer parte da comunidade francesa também cortaram os vínculos com a França.

Arquivo AFP/Agência France-Presse

Em foto de 1958, guineanos contam votos após o plebiscito no qual o povo da Guiné rejeitou a proposta de pertencer à comunidade francesa. Os franceses se retiraram do país e, em 2 de outubro de 1958, a Guiné se tornou um país independente, a República da Guiné.

atividade

Interpretando documentos

Leia a seguir um trecho do discurso proferido pelo líder sul-africano Nelson Mandela (1918-2013) na década de 1950, quando lutava contra a opressão racial em seu país. Em seguida, responda no caderno ao que se pede:

> [...] *a lição que eu aprendi com a campanha foi que, no fim, não tínhamos alternativa senão a resistência armada e violenta. Repetidas vezes havíamos usado as armas não violentas de nosso arsenal, tais como discursos, representações, ameaças, marchas, greves, faltas ao trabalho, prisão voluntária, mas não valeu de nada, pois tudo o que fazíamos era enfrentado com mão de ferro. Os que lutam pela liberdade aprendem a duras penas que é o opressor quem define a natureza da luta e que em geral nada resta ao oprimido senão usar métodos que espelham os do opressor. Depois de um certo ponto, só se pode combater o fogo com fogo.*

MANDELA, Nelson. *Longo caminho para a liberdade*: uma autobiografia. São Paulo: Siciliano,1995 apud CANDIA, Guilene Detimermane de Souza. *Análise crítica da metáfora no discurso inaugural de Nelson Mandela*. Dissertação de mestrado. São Paulo: PUC, 2009. p. 59.

1. Mandela explica sua posição diante da luta pacífica e da luta armada. Por que ele entende que a luta armada foi necessária para combater a opressão racial na África do Sul?
2. A via pacífica foi possível em outras lutas contra a dominação colonial e a opressão racial e social. Aponte exemplos de regiões onde a luta pacífica foi possível.

Problemas após a independência

As nações africanas enfrentaram muitas dificuldades após a descolonização. Boa parte desses problemas era consequência direta dos anos de dominação e exploração do continente pelas potências europeias. Para entender a natureza dessas dificuldades vamos voltar à fotografia da página 167.

Observe o homem de óculos. Seu nome é Joseph Kasavubu. Na época em que a foto foi tirada, ele era presidente da **República do Congo**.

A-Z

República do Congo: antigo Congo Belga, esse país mudou de nome várias vezes. Atualmente, chama-se República Democrática do Congo.

TopFoto/Keystone

No detalhe, Joseph Kasavubu, primeiro presidente do Congo (1960-1965) após a reconquista da independência.

No século XIX, a ocupação da região do rio Congo pelos belgas (a partir de 1879) foi uma das mais dramáticas e violentas experiências de colonização na África. Milhares de pessoas foram escravizadas, mutiladas e assassinadas para que o governo belga impusesse seu domínio na região. Nasceu assim o **Congo Belga**.

Em janeiro de 1959, ocorreram no Congo Belga grandes manifestações populares contra o colonialismo. Acuado por essas mobilizações, o governo da Bélgica reconheceu a independência de sua antiga colônia.

Durante os 70 anos em que dominaram o Congo, os belgas nada fizeram para melhorar a vida da população congolesa. Ao saírem, não deixaram na ex-colônia nem universidades nem indústrias. Também não promoveram uma transição de poder tranquila, de modo que fizesse com que as autoridades locais se sentissem seguras e capazes de garantir a estabilidade do novo país.

Em junho de 1960, Joseph Kasavubu (o homem de óculos no detalhe da foto da página 171) assumiu o cargo de presidente da jovem República. Para primeiro-ministro foi escolhido Patrice Lumumba, principal líder da luta pela independência do Congo.

Porém, logo ressurgiram as velhas rivalidades existentes entre os diversos grupos étnicos que viviam na região antes da chegada dos belgas. O país atravessou um período de grande **instabilidade política**.

Arquivo AFP/Agência France-Presse

Em foto de 1960, tirada no aeroporto de Leopoldville (atual Kinshasa), missionários europeus deixam o Congo Belga, ex-colônia que passou a se chamar República Democrática do Congo após a independência, em 30 de junho de 1960.

Considerado comunista pelo governo dos Estados Unidos, Lumumba acabou preso e assassinado em 1961, em uma ação que contou com o apoio da CIA, a agência de inteligência do governo estadunidense.

Em meio à crise, o país entrou em uma verdadeira **guerra civil**, com disputas de poder, separação de regiões que não aceitavam se submeter a um governo controlado por etnia diferente da sua, intervenções da ONU (Organização das Nações Unidas), assassinatos, etc. Em 1965, o próprio Kasavubu foi deposto por um golpe militar que colocou o poder nas mãos do general Joseph Mobutu, que implantou uma ditadura militar no país.

Ditaduras militares

A partir de 1965, diversas ditaduras militares foram implantadas em diferentes países africanos após a independência.

Algumas dessas ditaduras foram resultado de luta pelo poder entre grupos do próprio governo. Outras foram implantadas por influência e com o apoio dos governos da União Soviética ou dos Estados Unidos, ou de grupos econômicos europeus e norte-americanos.

No caso das duas superpotências, o grande interesse de seus governos era evitar o crescimento das zonas de influência do regime adversário. Já com os grupos econômicos, o objetivo era garantir para si a exploração das riquezas dos territórios africanos, como diamantes e petróleo.

No final da década de 1960, diversos países, além da República do Congo, haviam sofrido golpes militares: Nigéria, Argélia, Gana, entre outros. No boxe a seguir, estudamos o caso particular de Uganda, ex-colônia britânica situada no leste da África.

Uganda: décadas de ditadura

Na imagem que estamos analisando, Uganda está representada pelo seu primeiro-ministro, Milton Obote, o homem à esquerda segurando uma bengala.

A população de Uganda é formada por diversos grupos étnicos, alguns deles rivais entre si. Na época da colonização, a rádio estatal dessa antiga colônia britânica chegava a transmitir sua programação em 24 línguas africanas diferentes. Isso dá uma ideia da diversidade étnica da região.

Milton Obote se tornou primeiro-ministro de Uganda no ano da independência do país: 1962. Algum tempo depois, foi acusado de corrupção e contrabando de ouro. Em resposta, Obote suspendeu a Constituição, destituiu o presidente e prendeu líderes da oposição. Em 1971, foi deposto pelo general Idi Amin, que assumiu todos os poderes.

Durante a ditadura de Amin, cerca de 400 mil ugandenses foram mortos, boa parte de forma brutal. Por causa dessa violência, ele era chamado pela população de "açougueiro" e "senhor do horror". Seu governo durou até 1975, quando tropas da Tanzânia, com o apoio da população de Uganda, o tiraram do poder.

TopFoto/Keystone

No detalhe, Milton Obote, primeiro-ministro (1962-1966) e presidente de Uganda (1966-1971 e 1980-1985). Seu segundo mandato foi marcado por uma guerra civil que provocou a morte de mais de 300 mil pessoas.

A África do Sul

Os primeiros europeus a colonizar o extremo sul da África foram os holandeses, ainda no século XVII. No século seguinte, chegaram os ingleses, que entraram em conflito com os antigos colonizadores, chamados de **bôeres** ou **africâneres**. Esses conflitos deram origem às **Guerras dos Bôeres** (1880-1881 e 1899-1902), vencidas pelos ingleses. A independência só aconteceu em 1931.

Embora cerca de 75% da população sul-africana fosse negra, os brancos é que detinham o poder político-econômico da região. Os negros enfrentavam uma série de restrições: só podiam circular em determinadas áreas, não tinham pleno direito de voto, etc. Para lutar pelos seus direitos, em 1912 os negros organizaram o **Congresso Nacional Africano (CNA)**, partido político que reivindicava a igualdade racial.

Porém, a situação dos negros agravou-se ainda mais quando, em 1948, os africâneres, que se encontravam no poder, instituíram a política do ***apartheid***, que significa "separação". (Veja o boxe a seguir.)

O *apartheid*

O *apartheid* foi uma **política segregacionista** que entrou em vigor na África do Sul em 1948. Entre outras restrições, o *apartheid* impedia os negros de utilizar os mesmos ônibus ou hospitais, frequentar as mesmas escolas ou morar nas mesmas áreas residenciais reservadas aos brancos. Os bairros e serviços voltados para os negros eram sempre de qualidade muito inferior em relação aos dirigidos à população branca. Até mesmo certas praias não podiam ser frequentadas por pessoas negras.

Além disso, os negros não podiam votar e estavam excluídos do governo. A propriedade das terras também lhes era negada, pois 87% delas estavam reservadas à minoria branca.

Em 1960, durante um protesto contra o *apartheid*, 67 pessoas foram mortas pela polícia e 180 ficaram feridas. Nesse mesmo ano, o CNA foi declarado ilegal, e seu líder, Nelson Mandela, condenado a prisão perpétua.

Three Lions/Getty Images

Crianças brancas brincam em lagoa de um parque público na África do Sul. A placa indica que a lagoa é destinada "apenas para crianças europeias". Foto de 1956.

A opressão de que eram vítimas os negros sul-africanos provocou protestos no mundo inteiro, particularmente a partir da década de 1970. Isso levou diversos governos a adotar medidas para isolar a África do Sul no cenário mundial: sanções econômicas e políticas foram impostas pela Organização das Nações Unidas (ONU), o país foi expulso da Comunidade Britânica e seus atletas foram impedidos de participar de torneios internacionais.

Diante das pressões externas e das lutas internas, em 1990, Nelson Mandela foi libertado e o CNA, legalizado. Em 1994, o *apartheid* chegou ao fim e Mandela foi eleito presidente.

Walter Dhladhla/Agência France-Presse

Cerca de 40 mil pessoas ouvem discurso de Nelson Mandela, então presidente do Congresso Nacional Africano (CNA), no estádio de Mmabatho, em Mafikeng, África do Sul, em 15 de março de 1994, durante campanha pela primeira eleição livre, democrática e multiracial no país. Nessa eleição, que marcou o fim do *apartheid*, Mandela foi eleito presidente.

3 Independências na Ásia

Assim como ocorreu com a África, a descolonização da Ásia só ganhou força após a Segunda Guerra Mundial (1939-1945). Observe o mapa a seguir.

A descolonização da Ásia (décadas de 1940 e 1950)

Banco de imagens/Arquivo da editora

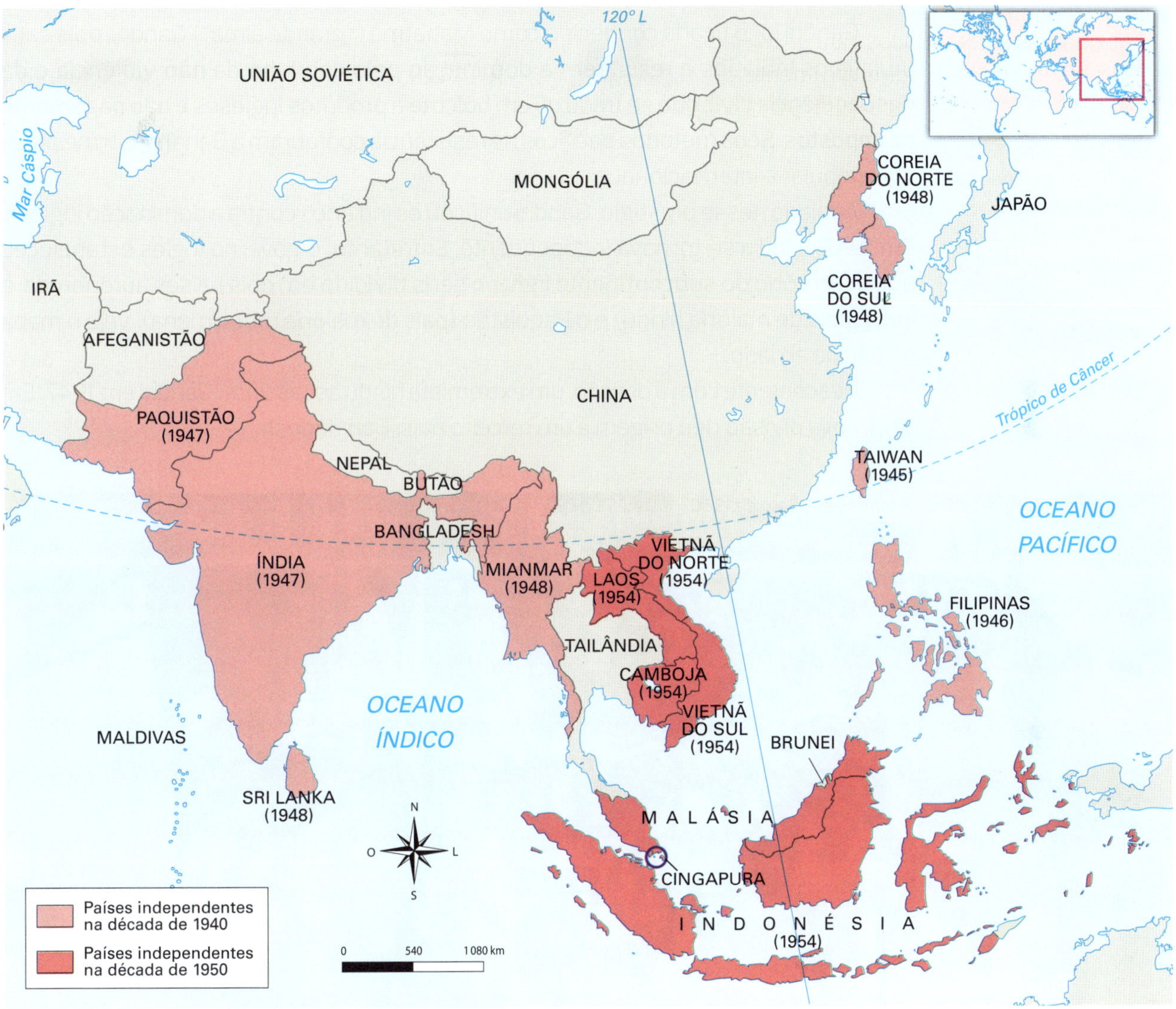

Adaptado de: VICENTINO, Cláudio. *Atlas histórico:* geral e do Brasil. 1. ed. São Paulo: Scipione, 2011.

Na região hoje conhecida como Indonésia, colonizada pelos holandeses, as forças nacionalistas proclamaram a independência em 1945. Mas o governo da Holanda não aceitou a decisão e lançou suas tropas contra os revoltosos até 1949, ano em que reconheceu a independência do país.

As Filipinas, sob o domínio dos Estados Unidos desde 1898, conquistaram sua emancipação em 1946. Já a Indochina, região dominada pelos franceses, só se tornou independente em 1954, depois de uma guerra contra a França, potência da qual era colônia. Com a emancipação, formaram-se ali três países autônomos: Laos, Camboja e Vietnã.

Índia: não violência e desobediência civil

Desobediência civil: forma de protesto que utiliza métodos pacíficos de luta contra o poder do Estado, como a recusa de pagar impostos, a greve geral, a recusa de participar em guerras, etc.

Subcontinente indiano: nome dado a uma região do Sul da Ásia onde se encontram os seguintes países: Índia, Paquistão, Bangladesh, Butão, Nepal, Sri Lanka e Maldivas.

A Índia era uma colônia da Inglaterra desde meados do século XIX. Em 1857, setores da população indiana se revoltaram contra a dominação inglesa em diversos levantes armados conhecidos como **Revolta dos Cipaios**. O movimento foi esmagado no mesmo ano pelos ingleses e seus líderes foram executados.

Em 1919, uma greve geral de trabalhadores indianos, liderada por Mohandas Gandhi, abalou mais uma vez o domínio inglês sobre a Índia.

Gandhi logo ficaria conhecido como Mahatma ("grande alma") Gandhi, pois estimulava os indianos a resistirem à dominação pelo caminho da **não violência** e da **desobediência civil**, que se traduzia em **boicote** a produtos ingleses e **não pagamento de impostos**. Seus métodos pacíficos de resistência conferiram a Gandhi enorme prestígio popular e internacional.

Apoiado nesse prestígio, Gandhi unificou os indianos contra a dominação inglesa. Em 1947, a Índia se tornava independente. Entretanto, o governo inglês estabeleceu que o território do **subcontinente indiano** seria dividido em dois países autônomos: a Índia (país de maioria hindu) e o Paquistão (país de maioria muçulmana). Veja o mapa na página ao lado.

Descontente com a divisão, um extremista hindu assassinou Gandhi em 1947. Em 1971, nova divisão deu origem a um terceiro país: Bangladesh.

Popperfoto/Getty Images

Em fotografia de 1930, marcha de mulheres pelas ruas de Mumbai (Bombaim), a maior cidade da Índia, em protesto contra a prisão de uma mulher durante manifestações que pediam boicote aos produtos britânicos vendidos na Índia.

A divisão do subcontinente indiano

Adaptado de: DUBY, Georges. *Grand Atlas Historique*. Paris: Larousse, 2006.

Enquanto isso...

A luta contra o racismo no Brasil

Enquanto povos da África e da Ásia se mobilizavam para pôr fim ao domínio colonial, no Brasil as lideranças negras promoviam uma intensa campanha para transformar o racismo em crime.

Assim, entre 1945 e 1946 foram realizados vários encontros com o objetivo específico de inserir na Constituição de 1946 um dispositivo que proibisse a prática de racismo, transformando-a em **crime de lesa-pátria**.

A proposta foi encaminhada ao Congresso, mas não foi aprovada. Entretanto, graças a essas e outras mobilizações dos movimentos negros, em 1951 foi aprovada uma lei que fazia do racismo uma **contravenção penal**. Mais tarde, a Constituição de 1988 estabeleceu que o racismo é um crime, estando o infrator sujeito à pena de prisão.

Direção de ABDIAS NASCIMENTO

Quilombo

VIDA, PROBLEMAS E ASPIRAÇÕES DO NEGRO

NÓS

ABDIAS NASCIMENTO

(Continua na pág. 6)

Há preconceito de côr no Teatro?

RESPONDE A NOSSA ENQUETE NELSON RODRIGUES, O DISCUTIDO AUTOR DE "ANJO NEGRO": — "INGENUIDADE OU MÁ FÉ NEGAR O PRECONCEITO RACIAL NOS PALCOS BRASILEIROS"

A QUE ATRIBUE O AFASTAMENTO DO NEGRO OU MESTIÇO DOS NOSSOS PALCOS?

(Continua na pág. 6)

Nelson Rodrigues

DOIS MUNDOS: PRETO E BRANCO, DENTRO DE UM SÓ PAÍS

SOBRE A VIDA DO NEGRO NOS ESTADOS UNIDOS FALA-NOS O BRILHANTE JORNALISTA GEORGE S. SCHUYLER — ESTUDOS NA AMERICA LATINA SOBRE DISCRIMINAÇÃO RACIAL

George S. Schuyler palestrando com o diretor de QUILOMBO

(Continua na pág. 2)

A grande atriz Ruth de Souza no filme "Terra Violenta" — Nota sobre cinema na 6ª. pág.

Ano I N.º 1
RIO DE JANEIRO, 9 DE DEZEMBRO DE 1948
1 CRUZEIRO
COLABORAM: Gilberto Freyre, Guerreiro Ramos, Efraim Tomás Bó, Maria Nascimento, Francisco de Assis Barbosa, J. S. Guimarães.

Primeira página da primeira edição do jornal *Quilombo*, dirigido por Abdias Nascimento, militante da causa afro-brasileira. Rio de Janeiro (RJ), 1948.

Crime de lesa-pátria: tipo de crime contra os interesses públicos de uma nação.

Contravenção penal: infração considerada de menor potencial ofensivo e que deve receber punição; entretanto, é muitas vezes tolerada pela sociedade e pelas autoridades.

Esquema-resumo

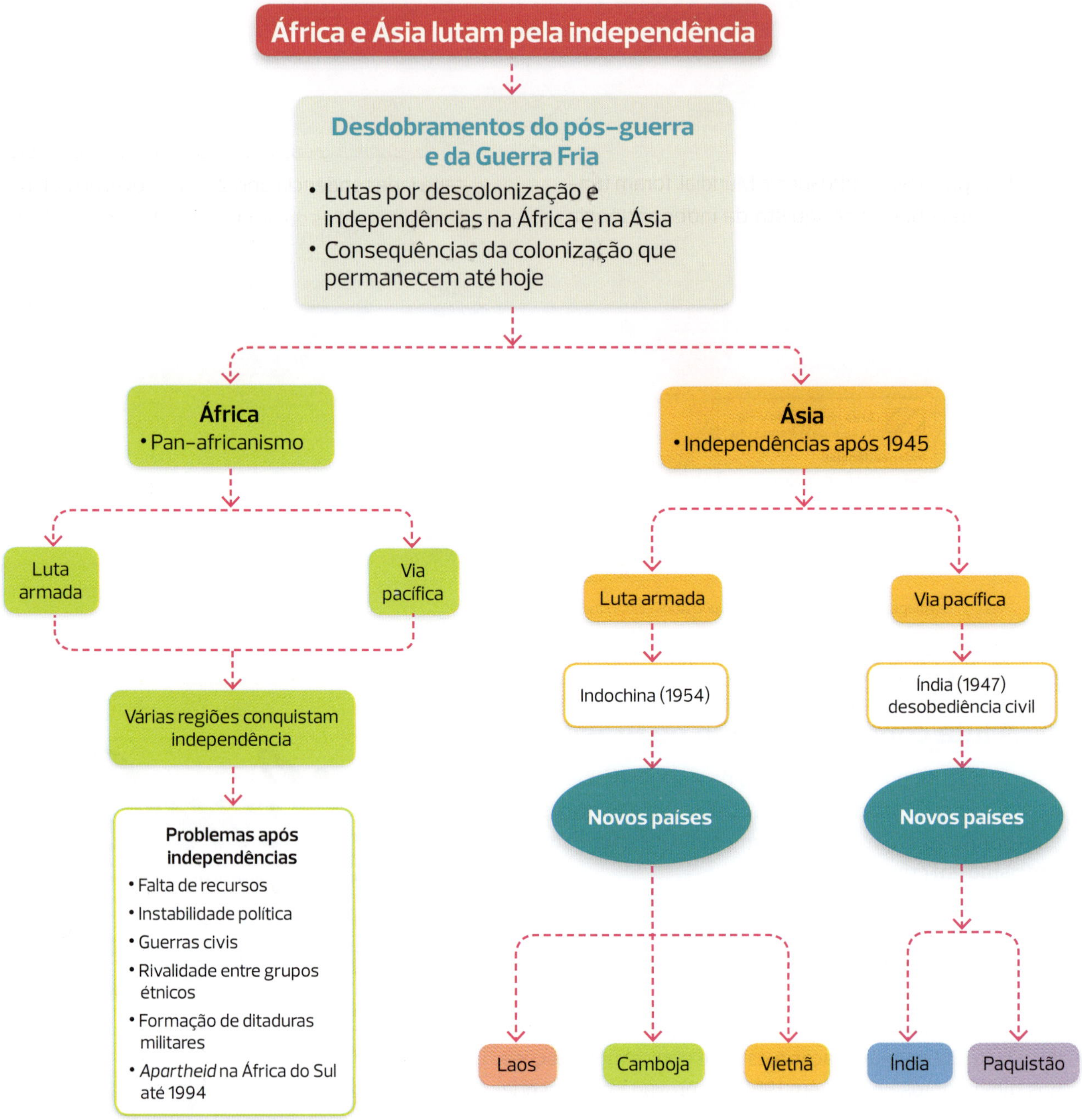

atividade

Com base nos elementos do esquema, escreva no caderno um texto de no máximo dois parágrafos explicando de que modo ocorreram a luta pela descolonização e as independências na África e na Ásia, a partir do período do pós-guerra e da Guerra Fria.

Atividades

Para organizar as ideias

1. As novas relações de poder entre as nações, surgidas após a Segunda Guerra Mundial, foram fundamentais para a conquista da independência pelos povos colonizados da África e da Ásia. De que forma os Estados Unidos e a União Soviética, que defendiam modelos distintos de sociedade, interferiram nessas lutas por independência?

2. Um dos princípios que sustentaram as lutas por independência das colônias africanas e asiáticas foi o da autodeterminação dos povos.
Com base nas informações contidas no capítulo, explique o significado desse princípio.

3. A fotografia da página 167 registra um momento da abertura de um encontro de líderes pan-africanistas em 1962. O que é o pan-africanismo? Qual é a principal ideia defendida por esse movimento?

4. A luta pela independência da África e da Ásia seguiu dois caminhos: a via armada e a via pacífica. O que foi a independência pela via armada? Cite exemplos de povos que escolheram esse caminho.

5. O que foi a independência pela via pacífica? Cite exemplos de países que escolheram esse caminho.

6. A África do Sul constitui um caso à parte no processo de emancipação dos povos africanos. Além de ter sido uma das primeiras colônias a conquistar a independência política, seu governo permaneceu nas mãos de uma minoria branca. Em 1948, essa minoria estabeleceu o *apartheid*. O que foi o *apartheid* sul-africano?

7. Como acabou o *apartheid* na África do Sul?

8. Um dos principais exemplos de independência pela via pacífica é a Índia. Faça um breve fichamento sobre essa experiência da Índia.
Destaque a proposta de não violência, as formas de luta, o papel da liderança na condução do movimento e as principais consequências da independência. (Veja na seção *Como se faz...*, no final do livro, orientações sobre como fazer um fichamento.)

9. A independência das colônias de Portugal na África só aconteceu depois de muitas guerras. Explique por que a luta armada foi necessária para que países como Angola e Moçambique alcançassem sua emancipação.

10. A independência dos territórios africanos provocou, em muitos casos, a ruptura das antigas colônias com suas metrópoles. Esse é o caso da Guiné, antiga colônia francesa. Descreva como ocorreu essa ruptura e como os antigos colonizadores reagiram diante disso.

Interpretando documentos

Os portugueses iniciaram a colonização do território da atual Guiné-Bissau em 1558 e ali permaneceram por mais de quatro séculos. No começo da década de 1960, teve início a guerra da população local contra o regime colonial. Somente em 1974, o governo de Portugal reconheceu a independência de Guiné.

Nas colônias portuguesas, as guerras pela independência inspiraram muitas canções. Uma delas é "Adeus Guiné", escrita por Mario Ferreira, que se tornou um grande sucesso no país. Leia a letra a seguir e depois responda no caderno ao que se pede.

Adeus Guiné

Mario Ferreira

Adeus, Guiné, vou-te deixar
Minha missão está cumprida

Eu digo-te adeus
Guiné, tu bem sabes
que sinto pelos meus
Tão grande saudades
Pensar de criança tenho,
mas tenho com fé em Deus a esperança
ser sempre Guiné

Adeus, Guiné,
tenho já o dever cumprido
Não estou arrependido de tanto por ti lutar
Adeus, Guiné,
serás sempre Portugal
Mas se crescer o teu mal, volto para te salvar

Foi no continente
Jurei pela vida lutar firmemente pela Pátria querida
Quando te deixar, de mim saudade sai
Porque eu vou abraçar minha mãe e meu pai.

Disponível em: <http://ultramar.terraweb.biz/index_z01_cancoes.htm>. Acesso em: jan. 2015.

a) Quem é o personagem-narrador desta canção?
b) Qual é o sentimento demonstrado pelo personagem-narrador desta canção? Exemplifique usando trechos da letra.
c) Encontre na letra da canção passagens que denotam uma visão colonialista de Portugal em relação à Guiné-Bissau. Justifique sua resposta.

Teste seus conhecimentos

1. Analise a charge a seguir, que apresenta alguns elementos dos processos de descolonização ou libertação da África negra durante o século XX. No caderno, aponte a assertiva correta com base na imagem e na história do processo de independência das colônias africanas.

Evandro Alves/Acervo do artista

a) A descolonização foi uma iniciativa dos colonizadores, que, conscientes da importância do princípio de autodeterminação dos povos, afastaram-se para deixar que cada nação africana ainda regida por europeus se tornasse independente.
b) Muitas lideranças africanas implementaram ditaduras pautadas na força quando da sua independência em relação aos europeus.
c) A luta anticolonial foi estimulada pela Segunda Guerra Mundial, quando soldados das colônias foram incorporados aos exércitos nas batalhas da Europa e obtiveram direitos políticos para suas nações em função de

sua participação na derrocada do nazifascismo. Apesar de alguns líderes africanos terem se destacado na luta pela independência, o processo foi solucionado de forma pacífica, evidenciando a conscientização de todos os envolvidos. O pan-africanismo visava congregar as nações independentes em entidades desportivas que auxiliassem na sua afirmação identitária nacional, fazendo uso da Copa da África, Copa do Mundo e Olimpíadas para reforçar a união de suas populações.

2. A descolonização da Ásia ganhou força após o fim da Segunda Guerra Mundial. O processo de independência das colônias foi marcado por diferentes características. Responda no caderno, assinalando **V** para as opções verdadeiras e **F** para as falsas, levando em consideração as seguintes afirmativas sobre a independência das colônias asiáticas:

a) A região da Indonésia foi colonizada por holandeses até 1945, quando forças nacionalistas proclamaram a independência do país. O governo da Holanda não aceitou e enviou tropas para reprimir os revoltosos. Apenas em 1949 a independência do país foi reconhecida.

b) As Filipinas, sob dominação dos Estados Unidos, conquistaram sua independência em 1946, e a Indochina, controlada pelos franceses, conquistou sua independência em 1954. Em seu lugar, formaram-se três países: Laos, Camboja e Vietnã.

c) A independência da Índia ocorreu após uma sangrenta guerra liderada por Mahatma Gandhi contra a dominação inglesa.

d) A independência da Índia garantiu a unidade política do subcontinente indiano sob um único governo, comandado por Gandhi.

A questão 1 foi adaptada de vestibular (UFP).

Hora de refletir

O desejo de liberdade foi um dos principais anseios dos que lutaram pela independência dos povos das colônias africanas e asiáticas no século XX.

Tendo em mente essa busca pela liberdade, discuta com seus colegas de classe as questões a seguir.

1. A conquista da independência significou a conquista da liberdade para todos os africanos?
2. A liberdade é importante para a vida de qualquer ser humano? No que consistiria essa liberdade?
3. Escreva uma síntese de suas reflexões de no máximo dois parágrafos.

Minha biblioteca

***Meninos em guerra*, de Jerry Piasecki, Ática.**
Em uma república africana vivem Thomas, um estudante, e Deng, que ajuda a família na lavoura. Mas o destino os une de forma trágica: sequestrados por uma milícia, os garotos são obrigados a guerrilhar. Em meio a condições desumanas, nasce uma forte amizade.

***Moçambique*, de Júlio Emílio Braz, Moderna.**
Coletânea de contos e lendas desse país africano cuja trajetória histórica está estreitamente ligada ao Brasil.

***Mzungu*, de Meja Mwangi, SM.**
Uma história de amizade entre dois garotos, um branco e um negro, durante a guerra de independência do Quênia.

Reprodução/Ed. Ática

Reprodução/Ed. Moderna

Reprodução/Edições SM

Mundo virtual

<www.youtube.com/watch?v=x30X1S7mtyA>
Interpretação da canção "Adeus Guiné", citada na atividade da seção *Interpretando documentos* deste capítulo, pelo Conjunto Típico Armindo Campos.

<www.casadasafricas.org.br>
O portal Casa das Áfricas, de fácil navegação, é um amplo painel da cultura das sociedades africanas – com textos, entrevistas, vídeos e painéis de imagens.

Acesso em: fev. 2015.

Ponto de chegada

Agora que vimos como a liberdade é fundamental para todos, podemos fechar esta Unidade com uma reflexão sobre dois documentos importantes: alguns artigos da Declaração Universal dos Direitos Humanos, aprovada pela Assembleia Geral das Nações Unidas em 1948, e uma fotografia de 2014.

A fotografia mostra o resgate de refugiados africanos após o naufrágio de um barco inflável na costa da Líbia, país do norte da África que foi colônia da Itália de 1912 até 1943.

Para milhões de refugiados que vêm de países onde há guerra, perseguição, pobreza e fome, a migração representa a única esperança de educação, trabalho e uma vida digna.

Analise os dois documentos e responda, no caderno, às questões propostas.

DOCUMENTO 1 – Artigos de uma Declaração

Artigo 1 – Todas as pessoas nascem livres e iguais em dignidade e direitos. São dotadas de razão e consciência e devem agir em relação umas às outras com espírito de fraternidade.

Artigo 2 – Toda pessoa tem capacidade para gozar os direitos e as liberdades estabelecidos nesta Declaração sem distinção de qualquer espécie, seja de raça, cor, sexo, língua, religião, opinião política ou de outra natureza, origem nacional ou social, riqueza, nascimento, ou qualquer outra condição.

Artigo 3 – Toda pessoa tem direito à vida, à liberdade e à segurança pessoal.

[...]

Artigo 19 – Toda pessoa tem direito à liberdade de opinião e expressão; esse direito inclui a liberdade de, sem interferências, ter opiniões e de procurar, receber e transmitir informações e ideias por quaisquer meios, independentemente de fronteiras.

Adaptado de: Declaração Universal dos Direitos Humanos. Disponível em: <www.dhnet.org.br/direitos/deconu/textos/integra.htm>. Acesso em: maio 2015.

Suryara Bernardi/Arquivo da editora

DOCUMENTO 2 – Fotografia

Massimo Sestini/National Geographic/Getty Images

Em junho de 2014, refugiados africanos vindos da Líbia são resgatados pela Marinha italiana, após o naufrágio do barco inflável em que estavam, a caminho da Itália.

1. Como vimos no Documento 1, a Declaração Universal dos Direitos Humanos é uma reafirmação dos direitos essenciais do ser humano. Em sua opinião, qual é a importância de leis, acordos e declarações que enfatizam a liberdade como condição básica para qualquer pessoa?
2. Por que tantas pessoas deixam sua terra e partem para países mais ricos, mesmo em condições ilegais e arriscando a vida?
3. De que forma o segundo documento evidencia a distância entre o ideal de liberdade do primeiro documento e a realidade vivida por pessoas e grupos sociais?
4. Reúnam-se em grupos e pesquisem imagens que de alguma forma façam referência à liberdade.
   - Selecionem as imagens que vocês julgarem mais expressivas e organizem um mural. Elaborem uma legenda para cada imagem.
   - Para mais informações de como montar um mural, vejam a seção *Como se faz...* no final deste volume.
   - Depois, sob orientação do professor, organizem uma exposição na escola.

Unidade 4

Andres Rodriguez/Alamy/Latinstock

Jovem com sacolas de compras em *shopping* de Recife (PE).

Consumismo

O consumo é uma necessidade do ser humano. Consumimos alimentos para sobreviver, compramos roupas para vestir, vamos ao cinema para nos divertir. Consumimos produtos e serviços para satisfazer nossas necessidades. Porém, é comum encontrar pessoas que consomem muito além de suas necessidades. Compram por impulso, influenciadas pela propaganda ou simplesmente porque sempre desejam possuir as últimas novidades. Essa tendência de comprar indiscriminadamente é chamada de consumismo, uma prática típica do sistema capitalista e que, como veremos, pode trazer sérios riscos aos recursos naturais do planeta.

Ponto de partida

1. Reflita sobre o seu dia a dia e identifique três produtos essenciais à sua vida e três que não lhe fariam falta.
2. Cite três mercadorias ou serviços cujo consumo é promovido pela publicidade (anúncios, comerciais de televisão, cartazes, *outdoors*, etc.). Explique por que as pessoas compram essas mercadorias ou serviços.

Uma ameaça para a Terra

Você costuma comprar coisas por impulso, mesmo sabendo que não vai precisar delas? Adquire produtos por influência da propaganda em televisão, rádio ou internet? Ou você é do tipo que sempre quer ter o modelo mais novo de um produto, ainda que ele tenha poucas diferenças em relação ao modelo antigo que você já tem?

Se você respondeu *sim* a essas perguntas, cuidado: você pode estar se tornando um adepto do consumismo.

Consumismo é o hábito de comprar coisas de forma indiscriminada. Muitas vezes, o produto comprado é desnecessário para quem o adquire e, não raro, a compra é influenciada pelos meios de comunicação de massa.

Vista noturna do distrito de Ginza, na cidade de Tóquio, Japão. Foto de 2014.

Francesco Dazzi/Shutterstock/Glow Images

Consumidores aproveitam promoções em loja da cidade de São Paulo (SP). Foto de 2015.

O consumo exagerado de produtos pode ter consequências muito sérias. As indústrias, interessadas em produzir cada vez mais, aumentam sem parar a extração de matérias-primas e o consumo de energia. Muitas vezes, essa energia é retirada de fontes não renováveis, como o petróleo, o carvão e outros recursos naturais.

Tudo isso, como sabemos, provoca sérios impactos ambientais que ameaçam a vida na Terra.

Nesta Unidade veremos, entre outras coisas, como o consumo desenfreado pode se tornar um grave problema para o planeta em que vivemos.

Vanessa Carvalho/Brazil Photo Press/Folhapress

Lucas Lacaz Ruiz/Folhapress

Catadora de papel empurra carrinho pelas ruas de Pindamonhangaba (SP). Foto de 2010.

Capítulo 7

A ditadura civil-militar brasileira

A **Comissão Nacional da Verdade** (CNV) foi criada em 2011 para investigar as violações de direitos humanos ocorridas no Brasil entre 1946 e 1988. Foram 80 audiências públicas e mais de 1,1 mil depoimentos colhidos em 20 estados brasileiros entre 2012 e 2014.

Um dos principais períodos investigados pela CNV foi o de 1964 a 1985, época em que o Brasil viveu sob uma ditadura civil-militar. Usando como argumento o combate à ameaça de implantação do comunismo no Brasil e a defesa da "moral e dos bons costumes" da sociedade, os militares que governaram o Brasil nesse período suspenderam os direitos civis da população, instituíram a censura aos meios de comunicação, prenderam, torturam e mataram opositores do regime.

CONTEÚDO DIGITAL

O relatório da CNV, finalizado em dezembro de 2014, levantou o nome de 377 pessoas responsáveis diretas por essas práticas, entre elas, os cinco presidentes militares que governaram o Brasil nesse período, militares e policiais acusados de prisões arbitrárias, torturas e assassinatos, médicos-legistas que elaboraram falsos atestados de óbito, entre outros crimes.

De acordo com o relatório, entre 1964 e 1985, a ditadura provocou a morte de 191 opositores do regime e o desaparecimento de outras 210 pessoas. Durante seus dois anos de investigações, os membros da Comissão localizaram os restos mortais de 33 militantes mortos pelo regime que eram dados como desaparecidos.

Neste capítulo estudaremos de que maneira a ditadura afetou a vida da sociedade brasileira. Veremos também como o regime entrou em crise no fim da década de 1970 e início dos anos 1980.

Lalo de Almeida/Folhapress

Instalação em homenagem às vítimas da ditadura militar no Brasil, obra do artista e arquiteto Ricardo Ohtake, inaugurada em dezembro de 2014 no Parque do Ibirapuera, em São Paulo. A obra é composta de cinco chapas brancas com o nome de 463 mortos e desaparecidos durante a ditadura, grafados em baixo-relevo, e 21 placas distorcidas, com aspecto enferrujado, que representam a "irracionalidade" do período, segundo o autor da obra. As peças são atravessadas por uma lança que simboliza a violência sofrida pelos homenageados. Foto de 2014.

1 Tempos sombrios

Arquivo do Jornal *O Estado de S. Paulo*/Agência Estado

No início da ditadura militar, um grupo de presos políticos (sindicalistas, estudantes, militares dissidentes e professores universitários) foi confinado no antigo navio de passageiros Raul Soares, que foi rebocado do Rio de Janeiro para o litoral paulista com esta finalidade. Muitos deles permaneceram por meses no improvisado presídio flutuante. Nesta foto de 25 de abril de 1964, o navio chega rebocado ao porto de Santos (SP).

Entre 1964 e 1985, o Brasil viveu um dos mais períodos mais sombrios de sua história recente. Com a deposição do presidente João Goulart e a ascensão dos militares ao poder, o país viveu uma época em que a liberdade foi deixada de lado e o país entrou em uma ditadura.

Durante os 21 anos desse regime, os brasileiros ficaram proibidos de escolher seus representantes para os principais cargos do Poder Executivo. As eleições diretas para presidente da República, governadores dos estados, prefeitos das capitais e de municípios considerados áreas de segurança nacional foram suspensas.

Os governadores e os prefeitos de capitais e de municípios de segurança nacional passaram a ser escolhidos por meio de eleições indiretas. Os escolhidos eram, em geral, civis que apoiavam o regime. Nesse período, o Brasil teve cinco presidentes, todos eles generais indicados pelo Exército e eleitos também indiretamente, sem enfrentar qualquer adversário.

Muitas pessoas que faziam oposição a esse regime acabaram presas e torturadas, várias delas foram mortas e outras tiveram de se exilar (sair do Brasil e viver em outro país) para sobreviver. A imprensa e as manifestações culturais, como o teatro, o cinema, a música e a literatura, também foram cerceadas, sendo muitas vezes submetidas à **censura prévia**.

A Z

Censura prévia: exame de textos e obras de caráter artístico ou informativo, feito por funcionários do governo militar antes de autorizar sua publicação ou divulgação. As obras consideradas contrárias à política ou à ideologia do governo eram proibidas.

Você sabia?

Ditadura é uma forma de governo na qual todos os poderes estão nas mãos de uma pessoa ou de um pequeno grupo de pessoas. As ditaduras sempre reprimem aqueles que discordam delas e suprimem, ou limitam, as liberdades públicas e privadas.

Ditadura militar é aquela na qual os militares têm o poder de decisão. No caso do Brasil, entre 1964 e 1985, a ditadura tinha essa característica, mas contava com a participação e o apoio de muitos civis, como empresários, políticos, policiais e outros setores da sociedade. Por isso, adotamos neste livro o termo ditadura civil-militar.

Aspectos da ditadura brasileira

Do ponto de vista político, a ditadura civil-militar brasileira caracterizou-se por governos autoritários, que centralizavam o poder em torno do Executivo federal. Embora o Congresso Nacional tenha funcionado na maior parte do tempo, seu poder era limitado. Em diversos momentos desse período, o governo militar anulou o mandato de parlamentares da oposição. O mesmo acontecia nas Assembleias Legislativas: os deputados que faziam oposição à ditadura muitas vezes eram impedidos de continuar a exercer o mandato.

Do ponto de vista econômico, a ditadura intensificou o processo de industrialização que ocorria no país desde a década de 1940. Assim, o governo atraiu investimentos de empresas estrangeiras, que se instalaram no Brasil. Por meio de empresas estatais, procurou consolidar setores básicos da economia, como os de telecomunicações e de energia. Como resultado, o país passou por uma fase de rápido crescimento econômico que foi chamada de "milagre brasileiro" ou "milagre econômico".

Concentração de renda: diz-se que há concentração de renda quando um pequeno grupo da sociedade fica com a maior parte da riqueza produzida, enquanto a maioria da população vive na pobreza.

Do ponto de vista social, esse período foi marcado por uma forte **concentração de renda**, pois a maior parte dos benefícios da modernização favoreceu apenas uma pequena parcela da sociedade brasileira. Outro aspecto social importante foi o crescimento das cidades. Foi nessa época que a população urbana passou a ser maior do que a rural no Brasil.

Durante os 21 anos de ditadura (1964-1985), as características políticas do regime não foram as mesmas. Por isso, o período ditatorial pode ser dividido em três fases:

- **Ditadura com reações oposicionistas (1964-1968).**
- **Endurecimento do regime (1969-1978).**
- **Crise do regime (1978-1985).**

Vamos, a seguir, conhecer um pouco mais sobre cada uma dessas fases.

2 Primeiros tempos de autoritarismo (1964-1968)

Vimos no Capítulo 4 que o presidente João Goulart foi deposto pelos militares entre março e abril de 1964, sob a acusação de levar o país para o comunismo. Vale lembrar que em 1964 o mundo vivia o período da Guerra Fria. Os militares entendiam que, nesse contexto, o Brasil deveria estar ao lado dos Estados Unidos e contra a União Soviética.

Por isso, os militares consideravam inimigos todos aqueles que simpatizassem com a União Soviética, mesmo que fossem brasileiros – nesse caso, eram "inimigos internos".

Ao tomar o poder por meio do golpe de Estado de 1964, os militares montaram uma extensa rede de informações, repressão e censura, com o objetivo de vigiar os oposicionistas e impedi-los de participar da vida política.

Em outubro de 1965, puseram fim aos partidos políticos existentes e introduziram o **bipartidarismo**. Assim, os políticos que apoiavam a ditadura – boa parte oriundos da antiga União Democrática Nacional (UDN) – uniram-se em torno da Aliança Nacional Renovadora (Arena) e os da oposição, em torno do Movimento Democrático Brasileiro (MDB).

Ainda em 1965, o governo militar introduziu eleições indiretas para presidente, governadores e prefeitos de capitais e municípios considerados de segurança nacional.

Bipartidarismo: sistema político caracterizado pela existência de apenas dois partidos, um deles governista, o outro, oposicionista.

Arrocho salarial: mecanismo pelo qual o governo proíbe o aumento dos salários a pretexto de não contribuir para aumentar o custo de vida.

A oposição se fortalece

Diversos setores da população reagiram com indignação a essas medidas autoritárias. Ao contrário do que pretendia o governo, a oposição se fortaleceu, sobretudo a partir de 1967. Entre os estudantes, por exemplo, era forte o descontentamento com o governo militar. Outro setor sensível à insatisfação popular eram os sindicatos, onde começaram a surgir líderes francamente contrários ao autoritarismo e à política de **arrocho salarial** do governo.

Esse sentimento oposicionista também se manifestava na produção cultural: diversos filmes e peças de teatro faziam constantes críticas ao regime. Na música popular, as manifestações de oposição ao governo eram ainda mais fortes.

Artistas como Chico Buarque de Hollanda, Edu Lobo, Geraldo Vandré, Gilberto Gil, Caetano Veloso e Milton Nascimento, entre outros, compuseram canções que criticavam abertamente, ou de forma disfarçada, o governo e o regime. Porém, a produção desses artistas era constantemente vigiada pelos censores. Era comum o governo probir a gravação de uma música e só permitir a exibição de um filme desde que determinadas cenas fossem cortadas.

Em 1968, a oposição à ditadura assumiu grandes proporções. Nesse ano, ocorreram vários conflitos entre estudantes e os órgãos de repressão, policiais, militares e **paramilitares** a serviço do governo. Os trabalhadores também organizaram greves, como a de Contagem, em Minas Gerais. Em Osasco (São Paulo), uma greve com ocupação de fábricas foi duramente reprimida pelo Exército, que prendeu líderes do movimento e um grande número de trabalhadores.

No dia 13 de dezembro de 1968 o governo militar decretou o Ato Institucional número 5, o AI-5, um conjunto de medidas que inauguraram o período mais autoritário e repressivo da ditadura (veja o boxe a seguir).

A Z

Paramilitar: organização que não faz parte das Forças Armadas, mas que tem características de força militar.

Acervo Última Hora/Arquivo do jornal O Estado de S. Paulo

Protesto contra o aumento de preços em restaurante universitário gerou grave conflito no Rio de Janeiro (RJ) entre estudantes e a Polícia Militar (PM). A repressão policial resultou na morte dos estudantes Edson Luís Lima Souto e Benedito Frazão Dutra. Foto de abril de 1968.

Acervo Última Hora/Arquivo do Jornal Estado de S. Paulo

Policiais militares acompanham passeata dos estudantes da Faculdade Nacional de Direito contra a ditadura, em Belo Horizonte (MG). Foto de março de 1966.

Os atos institucionais

O golpe de Estado que derrubou o presidente João Goulart e colocou os militares no poder foi um ato ilegal que violou a Constituição em vigor. Para legitimar o regime então instalado, o comando militar criou o regulamento que ficou conhecido como ato institucional.

Os atos institucionais eram decretos que permitiam ao governo modificar leis, sem que tal decisão passasse pela aprovação do Congresso, como é comum em uma democracia. Por meio desses atos, o governo procurava criar um embasamento legal para suas decisões autoritárias.

Com base no argumento de que os atos institucionais tinham por objetivo combater a corrupção e a subversão, entre 1964 e 1969 foram decretados 17 atos institucionais e mais 104 atos complementares que garantiram ao regime um poder quase absoluto.

Os mais conhecidos foram os cinco primeiros, principalmente o AI-5. Esses atos institucionais autorizavam o governo a suspender direitos políticos, aposentar compulsoriamente funcionários públicos, reformar a Constituição, extinguir os partidos políticos, entre outras medidas.

Conexões

Censura na música popular

Durante a ditadura civil-militar, os compositores precisavam de autorização do governo para gravar suas músicas. Neste caso, a obra censurada foi "Gente fina é outra coisa", canção da cantora e compositora Rita Lee.

Antes de ser gravada, a letra da canção foi encaminhada à Polícia Federal para avaliação. A letra foi analisada por diversos censores, que elaboraram quatro pareceres, todos proibindo a gravação.

Leia a letra da canção, depois leia os pareceres dos censores. Em seguida, responda às questões no caderno.

Acervo UH/Folhapress

Rita Lee e os irmãos Sérgio e Arnaldo Batista, componentes do grupo *Os Mutantes*, no III Festival de Música Popular Brasileira da Record, em São Paulo (SP). Foto de 1967.

Gente fina é outra coisa

Rita Lee

Por que você diz que vai fazer e não faz?
Assim não dá mais
Não não não não não
E eu não posso deixar
Se alguma coisa está errada eu preciso falar
A verdade
A verdade

E eu sei que você está com medo de entrar
Não não não não não
E o que vão pensar
Não não não não não
Não vá se misturar com esses meninos cabeludos
Que só pensam em tocar
E você escuta o papai dizendo

Que gente fina é outra coisa
Mas gente fina é outra coisa

Então você fica nessa indecisão
Não não não não não
Papai tem razão
Não não não não não
E não me venha dizer
Que você vai sair de casa e batalhar pra viver
É mentira
É mentira

Hoje mesmo eu te vi
Pensei que fosse o seu pai
Não não não não não
Que decepção
Não não não não não
Eu fiquei triste de ver
A sua vida começando pelo lado errado
E você está acreditando mesmo
Que gente fina é outra coisa
Mas gente fina é outra coisa

LEE, Rita; TURNBULL, Lúcia. *Cilibrinas do Éden* (LP). Philips, 1974.

- Parecer do técnico de censura José do Carmo Andrade (agosto de 1973):

> 2 — Conclusão: Na letra em exame uma jovem insurge-se contra o pátrio-poder, ao tentar persuadir um amigo a desacreditar de seu pai, para juntar-se a grupo juvenil de comportamento duvidoso. Considerando t[illegible] de matéria para gravação em disco, que terá, por [illegible] grande penetração entre as diversas camadas soc[illegible] levando ainda em conta a sutileza dos versos, q[illegible] põem de imediato a indagação do público em torn[illegible] sagem, manifesto-me pela sua não liberação, nos [illegible] do art. 41, "c", do Dec. nº 20.493/46.
>
> Brasília, 30 de agosto de 19[illegible]
>
> JOSÉ DO CARMO ANDRADE -T.Cens.DI[illegible]

- Parecer da técnica de censura Maria Luísa Barroso Cavalcanti (setembro de 1973):

> Música que teria influência perniciosa na juventude por seu caráter complamativo. Os jovens que seguem os caminhos impostos pela sociedade tradicional, com comportamento semelhante ao do pai é contestado.mAtitude negativa em relação a este comportamento, suponhe a sugestão do que seria positivo: engajamento no mundo marginalizado de jovens rebeldes. Partindo de tal conceito a música poderá ter negada sua liberação, com base nos Arts. 1º e 7º do Decreto-Lei 1.077/70.

- Parecer dos técnicos de censura Jacira da Costa França, João Camelier, Zuleika Santos e Gracieto Moreno da Silva (novembro de 1973):

> 2: CONCLUSÃO: A letra musical ora examinada apresenta conotação anárquica, principalmente nos últimos versos e sua liberação poderia acarretar uma desagregação social e familiar, de conseqüências negativas. Calcados no Decreto 20.493, art. 41, item **C**, somos pela NÃO LIBERAÇÃO.
>
> Brasília, 21 de novembro de 1973.
>
> Jacira da Costa França - Gracieto Moreno da [illegible]
>
> João Camelier - Zuleika Santos

- Parecer da técnica de censura Maria Bemvinda Bezerra (novembro de 1973):

> Realizando a análise censória da letra musical - GENTE FINA - pude constatar que se consubstancia princípios de revolta e uma crítica picante aos costumes,e um desafio aos que não comungam do sistema de vida "hippie", o que enquadra a produção na letra "c", do art.41, do Decr. // 20 493/46, por isso OPINO pela sua não liberação.

Disponível em: <www.censuramusical.com.br>. Acesso em: fev. 2015.

atividade

1. Identifique críticas disfarçadas ao regime militar brasileiro na letra de "Gente fina é outra coisa".
2. Quais são os argumentos dos censores para justificar a não liberação da letra da canção?

③ Os anos de chumbo (1969-1978)

A decretação do AI-5 tornou ainda mais autoritária a ditadura no Brasil. O AI-5 autorizava o presidente da República a fechar o Congresso Nacional, legislar sobre qualquer assunto e intervir em estados e municípios. Permitia ainda que o presidente suspendesse os direitos políticos de qualquer cidadão pelo prazo de dez anos, cassasse mandatos de deputados e senadores e estabelecesse censura prévia às manifestações culturais e à imprensa.

Jaguar
19/02/1970

Jaguar/Acervo *Última Hora*/Arquivo do Jornal *O Estado de S. Paulo*

Charge de Jaguar, publicada no jornal *O Pasquim*, em fevereiro de 1970, ironizando a censura.

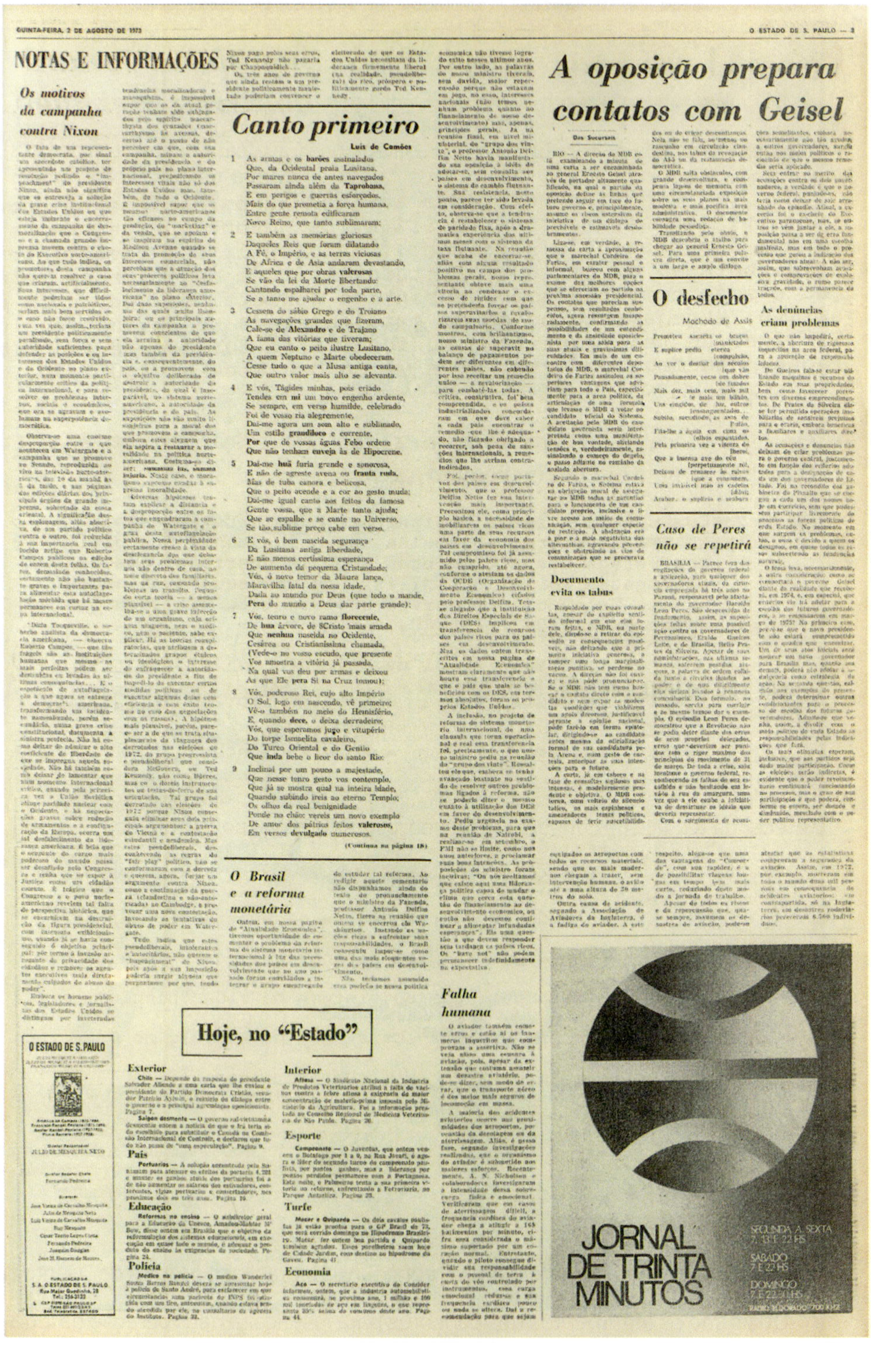

QUINTA-FEIRA, 2 DE AGOSTO DE 1973 — O ESTADO DE S. PAULO — 3

NOTAS E INFORMAÇÕES

Os motivos da campanha contra Nixon

Canto primeiro

Luís de Camões

1 As armas e os **barões** assinalados
Que, da Ocidental praia Lusitana,
Por mares nunca de antes navegados
Passaram ainda além da **Taprobana**,
E em perigos e guerras esforçados,
Mais do que prometia a força humana,
Entre gente remota edificaram
Novo Reino, que tanto sublimaram;

2 E também as memórias gloriosas
Daqueles Reis que foram dilatando
A Fé, o Império, e as terras viciosas
De África e de Ásia andaram devastando,
E aqueles que por obras **valerosas**
Se vão da lei da Morte libertando:
Cantando espalharei por toda parte,
Se a tanto me ajudar o engenho e a arte.

3 Cessem do sábio Grego e do Troiano
As navegações grandes que fizeram,
Cale-se de **Alexandro** e de Trajano
A fama das vitórias que tiveram;
Que eu canto o peito ilustre Lusitano,
A quem Neptuno e Marte obedeceram.
Cesse tudo o que a Musa antiga canta,
Que outro valor mais alto se alevanta.

4 E vós, Tágides minhas, pois criado
Tendes em **mi** um novo engenho ardente,
Se sempre, em verso humilde, celebrado
Foi de vosso rio alegremente,
Dai-me agora um som alto e sublimado,
Um estilo **grandíloco** e corrente,
Por que de vossas águas Febo ordene
Que não tenham **enveja** às de Hipocrene.

5 Dai-me **huã** fúria grande e sonorosa,
E não de agreste avena ou **frauta ruda**,
Mas de tuba canora e belicosa,
Que o peito acende e a cor ao gesto muda;
Dai-me igual canto aos feitos da famosa
Gente vossa, que a Marte tanto ajuda;
Que se espalhe e se cante no Universo,
Se tão sublime preço cabe em verso.

6 E vós, ó bem nascida segurança
Da Lusitana antiga liberdade,
E não menos certíssima esperança
De aumento da pequena Cristandade;
Vós, ó novo temor da Maura lança,
Maravilha fatal da nossa idade,
Dada ao mundo por Deus (que todo o mande,
Pera do mundo a Deus dar parte grande);

7 Vós, tenro e novo ramo **florecente**,
De **hua** árvore, de Cristo mais amada
Que **nenhua** nascida no Ocidente,
Cesárea ou Cristianíssima chamada,
(Vede-o no vosso escudo, que presente
Vos amostra a vitória já passada,
Na qual vos deu por armas e deixou
As que Ele **pera** Si na Cruz tomou);

8 Vós, poderoso Rei, cujo alto Império
O Sol, logo em nascendo, vê primeiro;
Vê-o também no meio do Hemisfério,
E, quando **dece**, o deixa derradeiro;
Vós, que esperamos jugo e vitupério
Do torpe Ismaelita cavaleiro,
Do Turco Oriental e do Gentio
Que **inda** bebe o licor do santo Rio:

9 Inclinai por um pouco a majestade,
Que nesse tenro gesto vos **contemplo**,
Que já se mostra qual na inteira idade,
Quando subindo ireis ao eterno Templo;
Os olhos da real benignidade
Ponde no chão: vereis um novo exemplo
De amor dos pátrios feitos **valerosos**,
Em versos **devulgado** numerosos.

(Continua na página 18)

O Brasil e a reforma monetária

A oposição prepara contatos com Geisel

O desfecho

Machado de Assis

Caso de Peres não se repetirá

Documento evita os tabus

As denúncias criam problemas

Falha humana

Hoje, no "Estado"

JORNAL DE TRINTA MINUTOS

Arquivo/Agência Estado

Página da edição de 2 de agosto de 1973 do jornal *O Estado de S. Paulo*, em que aparece o "Canto Primeiro", do poema *Os Lusíadas*, de Luís de Camões, no lugar de matéria censurada. Esta foi a primeira vez que o jornal utilizou versos do poeta português para preencher o espaço de matérias que haviam sido censuradas.

O AI-5 proibia o ***habeas corpus*** aos presos políticos e determinava que as decisões do governo baseadas nesse ato institucional não podiam ser discutidas na Justiça. Era, assim, um instrumento que impedia a manifestação dos que discordavam do governo e aumentava a perseguição contra eles.

Muitos oposicionistas tiveram que deixar o país e se exilar no estrangeiro. Entre essas pessoas estavam artistas, professores, intelectuais, políticos, estudantes, etc.

Outros, principalmente os mais jovens, passaram a fazer parte de **grupos clandestinos** que combatiam a ditadura pela luta armada. Isso deu origem a um grande número de organizações guerrilheiras.

Vidal Cavalcante/Folhapress

Em foto de 1987, Alzira Grabois, mulher de Maurício Grabois (1912-1973), exibe cartaz que pergunta sobre os mortos e desaparecidos na guerrilha do Araguaia, na qual perdeu um dos filhos e o marido, um dos fundadores do Partido Comunista do Brasil (PcdoB) e um dos principais líderes comunistas do Brasil.

A Z

Habeas corpus: direito que beneficia quem sofre ou se acha ameaçado de sofrer violência ou coação em sua liberdade por parte dos órgãos do governo. Assim, caso uma pessoa seja presa por abuso de poder da polícia, pode pedir sua libertação à Justiça por meio de um *habeas corpus*.

Grupos clandestinos: grupos ilegais que atuam secretamente, fora do controle do governo.

Você sabia?

Muitos presos políticos foram libertados e conseguiram sair do Brasil por causa de ações dos grupos guerrilheiros. No final da década de 1960, alguns grupos organizaram sequestros de diplomatas estrangeiros. Como resgate, exigiam que o governo libertasse presos políticos, que partiam para o exterior, em busca de asilo político. O sequestro mais conhecido foi o de um embaixador dos Estados Unidos, trocado por 15 presos políticos.

Cresce a repressão

Em resposta às ações de guerrilha, o governo endureceu a repressão. Para isso, criou órgãos encarregados de desmantelar os grupos de esquerda, armados ou não, e prender seus integrantes. Assim, os grupos guerrilheiros, após uma fase inicial de sucesso, foram duramente reprimidos pela ditadura.

Os órgãos de repressão submetiam os prisioneiros a longas sessões de tortura para forçá-los a delatar seus companheiros e dar informações sobre as ações que os grupos clandestinos planejavam.

Guinaldo Nicolaevsky/Acervo do fotógrafo

Foto histórica de Guinaldo Nicolaevsky, com a garota Rachel Clemens, em 1979. A menina, para contrariar os pais, recusou-se a cumprimentar o então presidente João Figueiredo. Esse gesto tornou-se um símbolo de resistência à ditadura militar.

Muitos militantes morreram em sessões de tortura, outros perderam a vida em confrontos com a polícia. Outros ainda, foram dados como desaparecidos. Organizações de defesa dos direitos humanos afirmam que 146 militantes presos nessa época nunca mais foram vistos.

Toda essa violência acabou por desmantelar não só os grupos de luta armada, mas também as organizações de esquerda que haviam optado por não pegar em armas naquele momento. No começo dos anos 1970, nenhum desses grupos estava em condições de prosseguir em seu combate à ditadura.

Você sabia?

Na resisistência ao regime militar destacaram-se as associações de moradores dos bairros periféricos das cidades brasileiras. Entre outras ações, essas associações organizavam movimentos por habitação, saúde, transporte e contra a alta do custo de vida. Muitos desses movimentos contaram com o apoio da Igreja católica, que tinha entre seus membros muitos opositores ao regime. Esse era o caso do cardeal dom Paulo Evaristo Arns, de São Paulo; do cardeal de Recife e Olinda, dom Helder Câmara, e de muitos padres e freiras, alguns dos quais foram presos e torturados.

Ame-o ou deixe-o

Com a censura aos meios de comunicação, o governo impedia que jornais, revistas e emissoras de rádio e televisão publicassem notícias contrárias a seus interesses. Ao mesmo tempo, fazia uso da propaganda para divulgar sua ideologia e exaltar o regime e suas realizações.

Dessa forma, procurava isolar os opositores do regime, denunciando-os como inimigos do Brasil. Um dos *slogans* mais repetidos pelas agências do governo nessa época era: "Brasil, ame-o ou deixe-o", como se amar o país fosse apoiar o governo (veja as imagens abaixo).

Reprodução/Arquivo da editora

Cartaz da Assessoria Especial de Relações Públicas (Aerp), durante o governo Médici (1969-1974).

Reprodução/Arquivo da editora

O lema do governo militar foi aqui adaptado para um anúncio de companhia estrangeira que atuava no Brasil. A propaganda foi publicada em jornais e revistas em comemoração ao Dia da Pátria de 1970.

Grande parte da propaganda do governo alardeava o crescimento econômico e suas "grandes obras", como a rodovia Transamazônica, que atravessava parte da região Norte, e a ponte Rio-Niterói. Era a época do "Brasil grande". Esse clima de exaltação da ditadura foi favorecido pela vitória da seleção brasileira de futebol na Copa do Mundo de 1970 e pela comemoração do sesquicentenário (150 anos) da Independência do Brasil.

Entretanto, a realidade não era tão bonita como o governo queria fazer parecer. O acelerado crescimento econômico, por exemplo, ocorreu com uma forte concentração de renda (aumento da desigualdade entre os mais ricos e os mais pobres).

A maior expansão ocorreu nos setores de produção de automóveis e de eletrodomésticos, que cresceram, respectivamente, 26% e 24% por ano, em média, entre 1968 e 1973. Naquela época, esses setores atendiam principalmente às classes média e alta da sociedade brasileira.

O setor de produção de alimentos, por outro lado, cujos consumidores eram principalmente os grupos mais pobres, cresceu apenas 9,4% em média anual no mesmo período. Ou seja, cresceu menos do que a média da economia brasileira naquele período. Isso quer dizer que a oferta de alimentos para os mais pobres não aumentou na mesma proporção que a oferta de automóveis para os grupos mais ricos e intermediários.

Você sabia?

Nos anos 1970, só os grupos mais ricos e intermediários tinham condições de adquirir automóveis. Hoje, porém, muitas pessoas dos grupos menos favorecidos economicamente têm carro.

No campo, o aumento da **concentração de terras** resultou na migração de muitos trabalhadores rurais sem-terra para as cidades. Entretanto, não havia habitações para todos nas grandes cidades; consequentemente, milhares de trabalhadores em todo o país passaram a morar em casas improvisadas e precárias na periferia das cidades e em favelas.

Reprodução/Acervo Ed. Abril

Anúncio do automóvel Ford Corcel, publicado na *Revista Manchete* em 11 de março de 1972. O Corcel foi um automóvel médio produzido no Brasil, de 1968 a 1986.

Concentração de terras: situação na qual um pequeno grupo de grandes fazendeiros é dono da maior parte das terras, enquanto um grande número de trabalhadores rurais não tem terra para plantar.

Inflação e mobilização popular

Em fins de 1973, os preços internacionais do petróleo dispararam. É importante lembrar que na época o petróleo era a principal fonte de matérias-primas industriais e uma das principais fontes de energia no Brasil. Além disso, a produção brasileira de petróleo não era suficiente para atender às necessidades do país. Dessa forma, o Brasil, que importava muito petróleo, foi diretamente atingido por esse aumento de preços.

Um dos resultados disso foi o aumento da inflação a partir de 1974.

Como os salários continuavam controlados, o aumento da inflação provocou insatisfação em muitos setores da sociedade. Esse clima de descontentamento se expressou nas eleições de 1974 para deputados e senadores. Naquele ano, a grande quantidade de votos para o MDB, o partido legal de oposição, surpreendeu o governo.

Para o Senado, por exemplo, o MDB obteve 59% dos votos. Para a Câmara dos Deputados foram 48% dos votos, quase um empate com a Arena, o partido do governo.

Crescia, assim, a insatisfação da sociedade com a ditadura. Os órgãos de segurança do governo, porém, continuaram a reprimir violentamente os grupos de oposição clandestinos.

Em outubro de 1975 o jornalista da TV Cultura Vladimir Herzog foi assassinado em um quartel do Exército, em São Paulo. A morte de Herzog, em decorrência de torturas, indignou o país. Em janeiro do ano seguinte, outro assassinato sob tortura ocorria em São Paulo. Dessa vez, a vítima foi o operário Manuel Fiel Filho, acusado de ser comunista.

Arquivo/Agência Estado

Multidão diante da Catedral da Sé, no centro de São Paulo, na missa em homenagem ao jornalista Vladimir Herzog, morto numa cela do Destacamento de Operações de Informações – Centro de Operações de Defesa Interna (DOI-CODI), em São Paulo, durante o regime militar no Brasil. Foto de outubro de 1975.

A reação da sociedade a essas mortes foi tão forte que o general presidente, Ernesto Geisel, teve que afastar o general Ednardo D'Ávila Mello do comando do II Exército, em São Paulo.

A partir desse momento, a oposição pública ao regime ampliou seu raio de ação. Na periferia das grandes cidades, formaram-se movimentos contra a carestia e por direitos sociais. Em 1976 e 1977, os estudantes universitários retomaram a mobilização estudantil contra o regime.

Acervo Iconographia/Reminiscências

Nos anos seguintes – 1978 e 1979 –, ocorreram importantes greves operárias por todo o Brasil. As greves de maior repercussão foram as da região do ABC paulista. Nesses movimentos começou a se destacar a liderança política de um trabalhador migrante, pernambucano de origem, que se tornaria mais tarde presidente do Brasil: Luiz Inácio da Silva (Lula).

Luiz Inácio da Silva, conhecido como Lula, discursa em assembleia dos metalúrgicos no estádio da Vila Euclides, em São Bernardo do Campo (SP), na greve de 1979.

4 O regime em crise (1978-1985)

Essa fase foi marcada por uma lenta desagregação do regime, que não conseguia mais fazer frente ao aumento da oposição. A crise correspondeu, praticamente, a todo o mandato do general João Batista Figueiredo (1979-1985), último militar a presidir o país. Diante da pressão da sociedade por democracia, Figueiredo foi obrigado a fazer uma série de reformas e concessões que acabaram por favorecer o processo de redemocratização do país.

Uma das razões para a aceleração da crise da ditadura foi o agravamento da situação econômica. Esse agravamento foi provocado por um novo aumento dos preços internacionais do petróleo, em 1979. A crise tornou-se mais séria com o grande aumento da **dívida externa** brasileira, em razão do aumento de juros praticados pelo governo dos Estados Unidos.

O resultado disso tudo foi um aumento ainda mais rápido da inflação e uma forte **recessão econômica** a partir de 1981. A indústria entrou em uma fase difícil e o desemprego aumentou.

Enfraquecido pela crise econômica, o governo viu aumentarem as manifestações contra o regime. As de maior repercussão, na virada da década de 1970 para a de 1980, foram as greves dos trabalhadores, que lutavam por melhores salários e pelo retorno da democracia. Apesar da repressão policial, algumas greves, como as dos metalúrgicos do ABC paulista, em 1980, duraram mais de 40 dias.

A Z

Dívida externa: quando um país não tem recursos para suprir as suas necessidades, o governo (e também as empresas privadas) podem pedir dinheiro emprestado a governos e bancos de outros países, ou a entidades financeiras internacionais, como o Banco Mundial. Esses empréstimos, somados a outros contraídos por empresas estatais e privadas, constituem a dívida externa de um país.

Recessão econômica: situação na qual a economia de um país não cresce, as empresas fecham ou diminuem suas atividades e muitas pessoas perdem o emprego.

A campanha pela anistia

Nessa mesma época, começou a ganhar força no Brasil um movimento que reivindicava a **anistia** dos presos e exilados políticos brasileiros. As articulações em torno dessa ideia surgiram em 1975, com a formação do Movimento Feminino pela Anistia (veja a seção *Raio X* a seguir), liderado pela advogada e ativista Therezinha Zerbini. Aos poucos, a campanha se espalhou pelo país.

A pressão popular deu resultado e, em 1979, o Congresso aprovou uma lei que anistiou tanto os presos políticos quanto as pessoas cassadas e perseguidas pela ditadura. Em contrapartida, deu o perdão aos agentes da ditadura envolvidos em assassinatos e torturas de presos políticos.

Com a aprovação da Lei da Anistia, mais de dez mil pessoas que haviam buscado refúgio no exterior retornaram ao Brasil, ao mesmo tempo em que presos políticos foram postos em liberdade.

Reprodução/Arquivo da editora

Therezinha Zerbini (1928-2015), pioneira do Movimento Feminista pela Anistia, em foto da década de 1970.

A Z

Anistia: ato do poder público que anula as condenações contra uma pessoa ou declara que essa pessoa não será punida pelos delitos que cometeu em determinado período.

Raio X

Que documento é este?

Trata-se de um cartaz criado em 1975 pelo Movimento Feminino pela Anistia, em favor da anistia dos presos e exilados políticos brasileiros.

Que informações podemos obter pela leitura deste documento?

O documento comprova a presença e a luta das mulheres nas campanhas de resistência ao regime ditatorial em vigor na época.

Por que o cartaz traz as datas de 1945 e 1975?

As datas assinalam que nesses dois anos as mulheres se organizaram para lutar em favor da anistia no país. Em 1945, o Brasil vivia a ditadura do Estado Novo (ver Capítulo 4) implantada por Getúlio Vargas; em 1975, o Brasil vivia a ditadura implantada pelos militares.

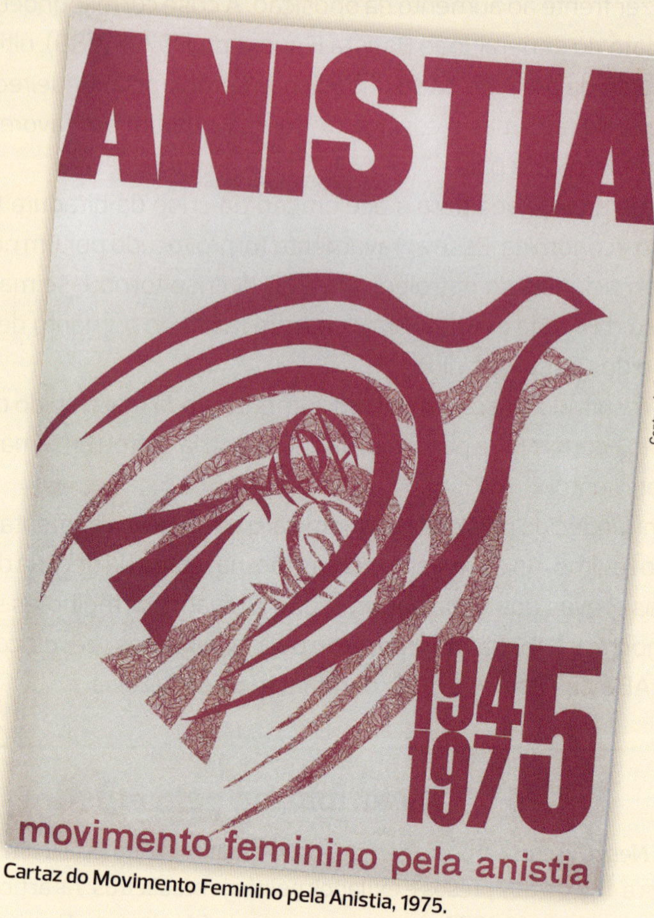

Cartaz do Movimento Feminino pela Anistia, 1975.

Centro de Documentação e Memória (Cedem)/Unesp, São Paulo, SP.

A caminho da redemocratização

Nesse mesmo ano, o Congresso Nacional aprovou o fim do bipartidarismo. Cinco novos partidos se formaram logo em seguida: Partido Democrático Social (PDS); Partido Democrático Trabalhista (PDT); Partido dos Trabalhadores (PT); Partido Trabalhista Brasileiro (PTB) e Partido do Movimento Democrático Brasileiro (PMDB).

Tinha início, assim, o processo de redemocratização, que respondia aos anseios da população. Entretanto, causava descontentamento entre os setores mais "duros" do regime, como os militares e os policiais ligados aos órgãos de repressão política.

A resposta desses setores da ditadura ao processo de redemocratização foi o terrorismo. Assim, em 1980, foram praticados diversos atos terroristas, como a explosão de bancas de jornal que vendiam publicações de oposição e um atentado contra a sede da Ordem dos Advogados do Brasil (OAB) no Rio de Janeiro (RJ).

O caso de maior repercussão, entretanto, ocorreu na noite de 30 de abril de 1981. Naquela noite, comemorava-se o Dia do Trabalho (1º de Maio) com um grande *show* no Centro de Convenções do Riocentro, no Rio de Janeiro. No momento em que já havia nesse local uma enorme multidão, uma bomba explodiu em um carro estacionado nas proximidades. Nele havia um sargento e um capitão do Exército. O sargento morreu na hora. O capitão ficou gravemente ferido.

A intenção dos dois terroristas era colocar a bomba embaixo do palco no qual estavam os artistas, ou mesmo no meio da multidão. Mas a bomba explodiu antes do previsto.

A campanha das Diretas

Apesar desses atentados, a luta pela redemocratização do país não se deteve. Em 1983, os partidos de oposição deram início a uma campanha por eleições diretas para presidente. O movimento, conhecido como **Diretas Já**, ganhou força em 1984, quando foram realizados comícios dos quais participaram milhões de pessoas, em todo o país. A cor escolhida para simbolizar a campanha foi o amarelo.

Amplos setores da sociedade apoiavam o movimento. Mas para restabelecer as eleições diretas era preciso modificar a Constituição imposta pelo governo militar em 1967 e reformada pelo mesmo governo em 1969.

Nesse contexto, a oposição apresentou no Congresso Nacional uma proposta de emenda constitucional destinada a restabelecer as eleições diretas para presidente. No Congresso, porém, a emenda foi derrotada em abril de 1984 pelo partido do governo, o PDS, sucessor da antiga Arena. Dessa forma, a escolha do presidente continuaria a ser feita pelo Colégio Eleitoral, órgão formado por deputados e senadores.

Manifestação organizada por movimentos de mulheres por eleições diretas, no Congresso Nacional, Brasília (DF), 1984.

Cynthia Brito/Olhar Imagem

Enfim, a democracia

Eleito presidente da República de forma indireta pelo Colégio Eleitoral, o político Tancredo Neves canta o Hino Nacional após a vitória, ao lado do vice, José Sarney, e da esposa, Risoleta. Foto de 15 de janeiro de 1985, em Brasília (DF).

A eleição indireta para presidente estava marcada para janeiro de 1985. Com a derrota das Diretas Já, a oposição escolheu o político mineiro Tancredo Neves, do PMDB, como seu candidato. Para vice na chapa oposicionista foi escolhido José Sarney, que havia sido presidente da Arena, partido que apoiara a ditadura, mas que agora alinhava-se com a oposição.

O candidato do PDS, partido do governo, era Paulo Maluf, ex-governador de São Paulo.

Arquivo/Agência Estado

Tancredo Neves venceu a eleição indireta. Sua posse estava marcada para 15 de março de 1985. Mas na véspera da posse, Tancredo adoeceu e foi internado em um hospital de Brasília, onde passou por várias cirurgias. Fragilizado, não resistiu às sucessivas operações e faleceu no dia 21 de abril. Com isso, o ex-líder do partido da ditadura, José Sarney, assumiu a presidência.

Teve início, assim, uma nova fase política, de transição para a democracia, que só se estabeleceria definitivamente com a promulgação da nova Constituição brasileira, em 1988, e com a primeira eleição direta para a Presidência da República, em 1989 (veja boxe a seguir).

A Constituição de 1988

A posse de José Sarney como presidente da República, em março de 1985, representou o fim da ditadura civil-militar. Entretanto, para que a democracia no Brasil se efetivasse, seria necessário, ainda, a eleição direta para a Presidência da República e a promulgação de uma nova Constituição.

Assim, logo após a posse de Sarney foi convocada uma Assembleia Nacional Constituinte para elaborar e aprovar a nova Constituição do Brasil.

A Assembleia Constituinte instalou-se em março de 1987. Em outubro do ano seguinte, era promulgada a Constituição, com 250 artigos. Por apresentar avanços nos direitos civis, políticos e sociais, a nova Carta foi chamada de **Constituição Cidadã**.

A promulgação da Constituição de 1988 inaugurou uma importante etapa na construção da democracia no Brasil. Em relação ao período anterior, ela introduziu princípios e direitos importantes. Entre os 250 artigos estão contemplados a proibição da censura prévia às manifestações culturais, a proibição à prática da tortura, o direito de qualquer pessoa a ter acesso às informações que os órgãos públicos têm a seu respeito (*habeas data*), a licença maternidade (mínimo de 120 dias) e a licença paternidade (5 dias).

João Ramid/Arquivo da editora

O então deputado federal Ulysses Guimarães mostra o livro da Constituição de 1988, após a sessão final dos trabalhos da Assembleia Constituinte em outubro daquele ano.

Enquanto isso...

Ditaduras militares na América Latina

Na mesma época em que vigorava no Brasil uma ditadura, outros países da América do Sul também se encontravam sob o controle de regimes ditatoriais comandados por militares. Esse foi o caso da Bolívia (1964-1982), do Chile (1973-1990) e da Argentina (1966-1973 e 1976-1983), entre outros países. O Uruguai também esteve sob uma ditadura entre 1973 e 1985, mas essa teve um caráter civil-militar.

De modo geral, as justificativas para a instalação das ditaduras militares foram semelhantes às utilizadas no Brasil: impedir o avanço do comunismo e manter seus países alinhados com os Estados Unidos no contexto da Guerra Fria.

Na Argentina, durante a ditadura implantada em 1976, 30 mil opositores do regime foram mortos ou são considerados desaparecidos.

As ditaduras desses países, mais a do Brasil, criaram em 1975 a **Operação Condor**, uma aliança político-militar que tinha por objetivo reprimir e eliminar os opositores. A Operação Condor foi considerada pelos movimentos de defesa dos Direitos Humanos uma "multinacional do terror".

Leia o livro *De cara para o futuro*, de Raimundo Matos de Leão, SM.

Daniel García/Agência France-Presse

Em foto de 30 de março de 1982, em Buenos Aires, manifestantes são empurrados pela polícia para dentro de um camburão durante marcha de protesto dos sindicatos de trabalhadores contra a ditadura militar na Argentina.

Esquema-resumo

A ditadura civil-militar brasileira (1964-1985)

Ditadura com reações oposicionistas (1964-1968)

- Bipartidarismo
- Eleições indiretas
- Arrocho salarial
- Atos institucionais
- Censura e repressão

Endurecimento do regime (1969-1978)

- Ampliação das medidas autoritárias (AI-5)
- Prisões, torturas, exílio de oposicionistas
- Luta armada
- "Milagre econômico"
- Crise econômica a partir de 1974
- Aumento das desigualdades sociais

Crise do regime (1978-1985)

- Lei da Anistia (1979)
- Recessão econômica
- Eleições indiretas (1985)
- Transição para a democracia
- Protestos nas ruas
- Greves operárias
- Campanha das Diretas

Assembleia Constituinte (1987)

Nova Constituição (1988)

Cynthia Brito/Olhar Imagem

Manifestação por eleições diretas organizada por movimentos de mulheres, no Congresso Nacional, Brasília (DF), 1984.

atividade

De acordo com o esquema, a ditadura civil-militar no Brasil pode ser dividida em três fases distintas: a Ditadura com reações oposicionistas (1964-1968); o Endurecimento do regime (1969-1978) e a Crise do Regime (1978-1985). Com a classe dividida em três grupos, cada grupo escolhe uma das fases e explica oralmente aos colegas as principais características do período.

Atividades

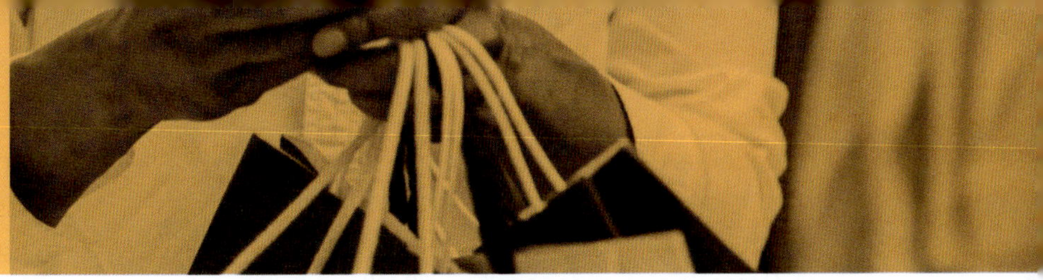

CONTEÚDO DIGITAL

Para organizar as ideias

1. A ditadura civil-militar brasileira durou de 1964 a 1985. Nesse período, o país foi governado por cinco generais do Exército. Apesar das semelhanças entre esses governos, o regime passou por fases diferentes, com características políticas próprias. Identifique essas fases e suas principais características.

2. Os governos militares caracterizaram-se pelo abuso de poder e pela suspensão dos direitos democráticos dos cidadãos. Como os atos institucionais contribuíram para essa situação?

3. A ditadura brasileira fez amplo uso da propaganda para enaltecer o regime. Dê exemplos de como o governo utilizava os meios de comunicação em seu favor para exaltar suas obras e o chamado "milagre econômico".

4. Entre 1968 e 1973 o Brasil viveu um período de crescimento econômico chamado de "milagre brasileiro". Esse crescimento, contudo, não beneficiou toda a população. Explique essa situação.

5. A crise do petróleo, iniciada em fins de 1973, atingiu diretamente a economia brasileira. O impacto da crise ajudou a fortalecer a oposição e as críticas ao regime militar. A partir da leitura do capítulo, responda ao que se pede:
   a) De que maneira a crise do petróleo afetou a economia brasileira?
   b) Por que os efeitos econômicos da crise ajudaram a fortalecer a oposição ao regime militar no Brasil?

6. Apesar de os militares contarem com o apoio de setores das elites – empresários, banqueiros, latifundiários, etc. –, diversos grupos da população, como estudantes, intelectuais e operários, mobilizaram-se contra o regime. Cite algumas dessas manifestações e explique qual foi a reação do governo a elas.

7. Explique a importância da campanha conhecida como Diretas Já para o processo de redemocratização do Brasil.

8. O final dos anos 1980 foi marcado por avanços no processo de redemocratização do Brasil com a promulgação da Constituição de 1988 e as eleições diretas para presidente em 1989. Cite e comente as principais novidades políticas e sociais introduzidas pela nova Constituição.

9. A ditadura militar não foi um fenômeno exclusivo do Brasil, tendo ocorrido simultaneamente em outros países da América do Sul. Aponte quais foram as justificativas utilizadas para a instalação desses regimes nos países da América do Sul.

Teste seus conhecimentos

1. Em 1964 houve uma ruptura institucional no Brasil com o golpe militar que implantou o regime autoritário por um período de mais de duas décadas. Com base nos conhecimentos referentes a esse período histórico, assinale a afirmativa correta:
   a) Foi uma fase de censura, de repressão política e de fortalecimento dos serviços secretos de informação.
   b) Durante o regime militar, prevaleceu a estagnação econômica, com baixos índices de crescimento da economia.
   c) Embora a sustentação do regime fosse militar, os presidentes eram civis.
   d) Foi o período do desenvolvimento neoliberal, caracterizado pelo fim dos monopólios estatais.
   e) Naquele período, o Legislativo foi fechado, ficando proibida qualquer organização partidária.

2. O sentimento de ufanismo (orgulho exagerado do país) foi fortemente estimulado pela ditadura militar. O governo, no período, utilizou diversos recursos para estimular esse tipo de sentimento. No caderno, marque **V** para as opções

verdadeiras e **F** para as falsas, levando em consideração as seguintes afirmativas sobre os usos que a ditadura fez dos sentimentos ufanistas.

a) O fato de a imprensa ser livre dificultava as propagandas positivas, já que jornais e revistas frequentemente denunciavam os crimes cometidos pelo governo.

b) Um *slogan* muito utilizado pelo governo era "Brasil, ame-o ou deixe-o", associando o amor pelo país à aceitação de tudo o que ocorria aqui, especialmente das ações do governo.

c) O governo usava fartamente a propaganda de grandes obras para demonstrar o sucesso de suas políticas e reforçar a ideia de que durante o período o país passava por um forte crescimento econômico.

d) A vitória da seleção brasileira na Copa do Mundo de 1970 e a comemoração do sesquicentenário (150 anos) da independência do Brasil foram utilizadas para criticar o governo militar e não ajudaram no fortalecimento do espírito patriótico.

A questão 1 foi adaptada de vestibular (UEL).

Interpretando documentos

Observe a imagem a seguir. É uma propaganda da Usina Xavantes, hidrelétrica localizada na divisa de São Paulo com o Paraná, inaugurada pelo regime militar no início da década de 1970. Com base na análise da imagem, faça o que se pede.

Reprodução/Arquivo da editora

Propaganda da Usina Xavantes, inaugurada em 1971.

1. A propaganda traz uma mensagem de apoio ao regime, ao mesmo tempo que faz um alerta bem agressivo contra aqueles que criticavam o governo. Explique como essa mensagem é construída na imagem.

2. Esse tipo de propaganda foi muito utilizado durante a ditadura militar. Com base na leitura do intertítulo *Ame-o ou deixe-o* (página 196), aponte qual era a finalidade dessas propagandas.

3. A criação de propagandas patrióticas ou de exaltação do país e do governo é utilizada também em regimes democráticos. Aponte um exemplo atual de propaganda patriótica e explique a mensagem que essa propaganda constrói sobre o país e sobre o governo.

Nosso mundo hoje

A morte do jornalista Vladimir Herzog, em 1975, teve grande impacto no país e acelerou a mobilização por mudanças e pela abertura política no Brasil. Apesar de todas as evidências de sua morte ter ocorrido em decorrência de torturas, o regime militar defendia a tese de suicídio. Apenas em 2012, depois dos trabalhos da Comissão da Verdade a respeito do caso, a justiça autorizou que o atestado de óbito do jornalista fosse modificado. A reportagem a seguir aborda essa questão. Leia e responda ao que se pede.

TJ-SP modifica atestado de óbito de Vladimir Herzog

O juiz Márcio Martins Bonilha Filho, do Tribunal de Justiça de SãoPaulo (TJ-SP), determinou ontem a retificação do atestado de óbito do jornalista Vladimir Herzog, morto nos porões da ditadura militar em outubro de 1975. Com a decisão, o motivo da morte do jornalista será modificado de "asfixia mecânica" para "morte que decorreu de lesões e maus-tratos sofridos na dependência do II Exército de São Paulo (DOI-CODI).

O magistrado atendeu a pedido feito, no final do mês passado, pela Comissão da Verdade, por solicitação da família do jornalista. Em sua decisão, o juiz destacou que a Comissão da Verdade conta com respaldo legal para praticar atos compatíveis com suas atribuições, dentre os quais "a reconstrução da história".

A recomendação de modificar o atestado de óbito foi pedida pela Comissão da Verdade, de forma unânime, no dia 27 de agosto. A versão dos militares era a de que o ex-diretor de jornalismo da TV Cultura havia cometido suicídio nos porões do DOI-CODI. O jornalista compareceu em 24 de outubro de 1975 para depor no II Exército de São Paulo. No dia seguinte, foi apresentado como morto por enforcamento, morte que, segundo os militares, teria sido cometida com o seu próprio cinto.

Adaptado de: *TJ – SP modifica atestado de óbito de Vladimir Herzog*. Disponível em: <http://tinyurl.com/mhw6aeh>. Acesso em: fev. 2014.

1. De que maneira foi modificado o atestado de óbito de Herzog?
2. A tortura e a morte de Vladimir Herzog e depois de Manuel Fiel Filho tiveram grande impacto na sociedade e potencializaram as críticas ao regime militar. Explique de que maneira essas duas mortes afetaram a mobilização pela abertura política e pelo fim da ditadura no Brasil.
3. A Comissão da Verdade e os esforços da sociedade civil e do governo brasileiro pela investigação dos crimes cometidos pela ditadura buscam reparar injustiças ocorridas no passado recente. Em sua opinião, qual é o papel dos historiadores na tarefa de "reconstrução da história", citada pelo magistrado no texto?

Diálogos

O dia a dia de quem viveu durante o regime militar brasileiro foi marcado por diferentes situações: censura aos meios de comunicação, perseguição política, repressão, violência, medo, prisão, morte e desaparecimento de familiares e conhecidos, eleições controladas pelo governo, insegurança, concentração de renda e de terras, lutas pela liberdade de expressão e pelo fim do regime.

Seus avós, pais, parentes ou conhecidos provavelmente têm impressões e lembranças dessa época.

1. Com a ajuda do professor, escolha duas pessoas com mais de 50 anos e faça uma entrevista sobre as lembranças que têm daquele período.
2. Se possível, grave ou filme as entrevistas e coloque-as no *site* da escola junto com as dos colegas, ou em um *blog* criado pelo grupo. Veja no final do volume, na seção *Como se faz...*, orientações de como montar um *blog*.

Hora de refletir

Como vimos, o "milagre econômico" não beneficiou todos os brasileiros igualmente. Enquanto os mais ricos aumentavam sua renda, ampliando assim sua capacidade de consumo, os mais pobres enfrentavam dificuldades para adquirir o básico para sobreviver.

1. Reúnam-se em grupos e reflitam: a diferença entre o poder aquisitivo e o consumo dos diferentes grupos sociais ainda persiste no Brasil?
2. Com base nessa reflexão, façam uma rápida dramatização que expresse a opinião do grupo.
3. Veja no final do volume, na seção *Como se faz...*, o passo a passo de uma dramatização.

Minha biblioteca

***A república dos argonautas*, de Anna Flora, Companhia das Letras.**
Narrativa ambientada em São Paulo, em 1979. Uma garota de 14 anos conta sua rotina e suas atividades que se misturam com a história do Brasil.

***De cara para o futuro*, de Raimundo Matos de Leão, SM.**
Trajetória de Gabriel, que vive no interior da Bahia na década de 1960. Ao perder o pai, é obrigado a enfrentar o mundo sozinho.

***Sherlocks* on the rocks *nas Diretas Já*, de José Arrabal e Reinaldo Seriacopi, Amarilys.**
Um grupo de jovens detetives amadores se envolve em uma série de aventuras ao tentar desmontar uma perigosa quadrilha que planeja realizar uma ousada ação durante o comício pelas Diretas Já que será realizado em São Paulo, em janeiro de 1984.

Mundo virtual

<http://memoriasdaditadura.org.br>
Site com informações variadas a respeito do período em que o Brasil viveu sob uma ditadura civil-militar.

<www.censuramusical.com.br>
Site sobre a censura na produção musical durante o regime militar. Desenvolvido inicialmente como trabalho acadêmico de estudantes de Jornalismo, traz depoimentos, reprodução de documentos oficiais das Divisões de Censura de Diversões Públicas e *links* para importantes *sites* brasileiros de pesquisa.

<http://cpdoc.fgv.br/producao/dossies>
Página *Navegando na História* do *site* do Centro de Pesquisas da Fundação Getúlio Vargas com uma linha do tempo que começa na década de 1930 e vai até 1964.

Acesso em: fev. 2015.

Capítulo 8

O fim da Guerra Fria e os conflitos no Oriente Médio

O que você sabe sobre o Afeganistão? Onde fica esse país? Qual é a sua história?

O Afeganistão fica na Ásia central. A grande maioria de sua população segue o islamismo: o nome oficial do país é República Islâmica do Afeganistão.

Em 2001, o Afeganistão ganhou as manchetes dos jornais. Dizia-se que ali estava escondido ninguém menos do que Osama bin Laden. Quem era Bin Laden? Era um extremista islâmico, acusado de ter organizado os atentados terroristas que destruíram as Torres Gêmeas do World Trade Center de Nova York, nos Estados Unidos, em setembro de 2001, causando a morte de quase 3 mil pessoas.

Em outubro de 2001, tropas estadunidenses, à frente de forças de outros países, invadiram o Afeganistão. O país foi vasculhado e bombardeado, muitas pessoas morreram, mas Bin Laden não foi encontrado (ele seria morto por militares estadunidenses dez anos depois, em maio de 2011, no Paquistão).

Em foto de 2001, camponês afegão, pensativo, junto às sepulturas de seus familiares, mortos durante ataque aéreo dos Estados Unidos ao vilarejo de Kadam, próximo da cidade de Jalalabad, no Afeganistão. Segundo o governo do país, cerca de 200 civis foram mortos durante esse ataque, em outubro de 2001.

STR/Agência France-Presse

Bin Laden foi um produto típico da Guerra Fria e das guerras quentes do Oriente Médio. Em 1979, tropas soviéticas invadiram o Afeganistão. Bin Laden, que havia nascido na Arábia Saudita, foi para lá com o objetivo de lutar contra os invasores. Para isso, recebeu ajuda e treinamento de agentes dos Estados Unidos, que lhe ensinaram técnicas terroristas de combate.

Em 1989, os soviéticos saíram da região. Dois anos depois, a própria União Soviética desaparecia do mapa e a Guerra Fria terminava. Mas em algum lugar do Oriente Médio ou da Ásia central, Osama bin Laden se preparava para utilizar as técnicas terroristas que aprendera. Dessa vez contra seu antigo aliado: os Estados Unidos.

Neste capítulo veremos como ocorreu o colapso da União Soviética e o consequente fim da Guerra Fria. Também estudaremos os conflitos do Oriente Médio, que envolvem palestinos e israelenses, mas também o Iraque, o Irã e seus vizinhos.

1 Uma sociedade vigiada

Como vimos no Capítulo 5, a União Soviética saiu da Segunda Guerra Mundial (1939-1945) como uma das potências mais fortes do mundo, líder do bloco de países comunistas. Seu maior rival eram os Estados Unidos, que estavam à frente do bloco capitalista. Em 1947, teve início a Guerra Fria entre os dois blocos.

Os Estados Unidos tinham (como ainda têm) uma economia capitalista, com base na **propriedade privada** dos meios de produção e na circulação das riquezas (fábricas, terras, bancos, etc.), e um sistema político com base em eleições diretas.

A União Soviética, ao contrário, tinha uma economia baseada na **propriedade estatal** dos meios de produção e circulação e na **planificação econômica**. Seu sistema de governo tinha por base o partido único. Não havia liberdade de oposição. As greves estavam proibidas. O governo censurava a produção cultural. Os artistas que não fizessem trabalhos ajustados aos propósitos do governo poderiam ser punidos ou mesmo enviados para campos de trabalhos forçados. Da mesma forma, a imprensa era rigidamente controlada. Notícias desfavoráveis ao regime não podiam ser divulgadas.

No plano econômico, o governo soviético decidia o que as fábricas deviam produzir, a quantidade de artigos a ser fabricada, o preço das mercadorias, o salário dos trabalhadores, os locais de venda, etc. Em poucas palavras, **não havia liberdade de mercado**.

A Z

Planificação econômica: forma de organização da economia pela qual a produção e a distribuição das riquezas são feitas de acordo com um plano geral estabelecido pelo Estado.

Rolls Press/Popperfoto/Getty Images

Populares observam uma parada militar no dia 1º de maio de 1963, na Praça Vermelha, em Moscou, capital da então União das Repúblicas Socialistas Soviéticas (URSS). Foto de 1963.

O comunismo em crise

Esse intenso controle possibilitou avanço tecnológico em certas áreas (como a exploração espacial, com o lançamento do primeiro satélite artificial da Terra) e a industrialização do país. Com isso, garantiu-se o atendimento das necessidades básicas da população por meio de um sistema de saúde eficiente e uma rede importante de escolas e universidades. Porém, a falta de liberdade entravou a diversificação econômica.

Como o governo controlava toda a produção, raramente as indústrias lançavam novos produtos. Assim, do ponto de vista tecnológico, a indústria soviética ficou para trás em relação à dos países capitalistas desenvolvidos. No contexto da Guerra Fria, o governo preferia investir boa parte dos recursos na **pesquisa de novas armas** e em tecnologias voltadas para a guerra. A produção de alimentos e bens de consumo ficava em um plano secundário.

A falta de concorrência e os baixos salários desestimulavam o trabalho e a produção. Os trabalhadores produziam menos do que podiam e a qualidade dos produtos era baixa. Além disso, a população tinha grande dificuldade para conseguir os artigos simples, como roupas, eletrodomésticos e mesmo alimentos.

Essa situação estimulou a formação de um **mercado paralelo**, no qual era possível encontrar produtos contrabandeados e com preços muito altos. Isso estimulava o descontentamento da população com o regime comunista, além de dificultar ainda mais a expansão econômica do país.

Todas essas dificuldades obrigaram o governo soviético a adotar **medidas reformistas** e iniciar uma tímida **abertura política**. Buscava-se, assim, garantir o crescimento econômico e aliviar as pressões populares que exigiam mudanças. Essas mudanças ganharam força a partir de 1985, ano em que Mikhail Gorbachev assumiu a liderança da União Soviética.

Fábrica localizada na atual República da Geórgia, instalada na antiga União Soviética e posteriormente abandonada, durante a crise do comunismo. Foto de 2011.

Tim White/Getty Images

2 *Perestroika* e *glasnost*

O governo de Gorbachev propôs um conjunto de reformas para **modernizar as estruturas políticas e econômicas** do país. Essas medidas se baseavam em dois princípios: a *perestroika* (que significa 'reconstrução') e a *glasnost* ('transparência').

Com a *perestroika* Gorbachev buscava **liberar a economia soviética**: acabar com os monopólios estatais, autorizar o investimento privado, a entrada de empresas estrangeiras no país e garantir a liberdade dos empresários na economia. O objetivo era **diminuir a ineficiência e aumentar a produtividade** da economia soviética, além de combater a corrupção de funcionários do governo. Ao mesmo tempo, o governo promoveu cortes nos gastos militares e retirou as tropas soviéticas do Afeganistão, país que ocupara em 1979.

A proposta da *glasnost* era garantir a **abertura política** no país, acabar com a perseguição aos opositores do regime, libertar os presos políticos, abolir a censura e possibilitar a criação de novos partidos. Com essas medidas, permitiu-se liberdade de imprensa e livre circulação de livros e jornais que antes eram proibidos.

Enquanto isso, as manifestações contrárias ao regime comunista cresciam nos países do Leste Europeu, pertencentes ao bloco liderado pela União Soviética. Entre 1988 e 1990, um após o outro, esses países se libertaram do comunismo autoritário (veja o boxe a seguir).

Armand Vitaly/Agência France-Presse

Em foto de 16 de novembro de 1988, grupo de manifestantes protesta na cidade de Talim, na então República Socialista Soviética da Estônia, exigindo mais independência em relação à União Soviética. Durante a ocupação soviética, muitos movimentos de revolta se organizaram na Estônia, todos reprimidos pelo governo de Moscou. Em 1989, com a queda da União Soviética, teve início a reestruturação do país e a seguir a independência, em 1992. Nos anos 2000, a Estônia teve um alto crescimento econômico; desde 2004, o país faz parte da União Europeia.

O Leste Europeu e a queda do Muro de Berlim

A crise da União Soviética afetou também os países do Leste Europeu, que se encontravam na zona de influência do regime socialista. Num breve intervalo de tempo, entre 1988 e 1990, Polônia, Tchecoslováquia, Hungria, Alemanha Oriental, Romênia e Bulgária se libertaram do controle soviético e passaram por grandes transformações políticas e econômicas.

A Tchecoslováquia se dividiu em dois países: a República Tcheca e a Eslováquia. Já a Alemanha Oriental fez o movimento inverso e se reunificou com a Alemanha Ocidental, aderindo ao capitalismo e à democracia.

Todos esses países do Leste Europeu abandonaram o regime de partido único e se encaminharam para a democracia. Esse processo recebeu um grande apoio popular e ocorreu de forma pacífica, com exceção da Romênia, onde a "revolução democrática" levou à execução do ditador Nicolau Ceausescu e de sua mulher, acusados de corrupção.

O grande símbolo desse retorno da democracia ao Leste Europeu foi a queda do Muro de Berlim, na Alemanha, em 1989. O muro, construído na década de 1960, no auge da Guerra Fria, dividia a cidade de Berlim em duas partes: uma, capitalista; outra, comunista.

Com a queda do "Muro da Vergonha", como também era chamado, o governo da Alemanha Oriental foi obrigado a autorizar a livre circulação dos seus cidadãos, que com isso poderiam visitar o lado capitalista da cidade sem risco de ser presos ou executados. No ano seguinte, em 1990, a reunificação da Alemanha foi reconhecida formalmente.

DPA/Corbis/Latinstock

Berlinenses comemoram a queda do Muro de Berlim, que ocorreu logo após o governo da Alemanha Oriental abrir alguns pontos de passagem na fronteira, permitindo que alemães orientais fizessem viagens curtas para o lado oeste. Foto de 11 de novembro de 1989.

Desintegração da União Soviética e fim da Guerra Fria

Com o clima de liberdade, as manifestações contrárias ao regime se intensificaram na União Soviética. Diante dessas manifestações, em 1991, alguns militares e dirigentes comunistas que não concordavam com as mudanças tentaram dar um golpe de Estado. Seu objetivo era afastar Gorbachev do poder, barrar as mudanças e fazer o país retornar ao antigo governo autoritário.

Entretanto, o golpe não recebeu nenhum apoio por parte da população e foi facilmente derrotado. Gorbachev se manteve no poder e o processo de mudanças prosseguiu.

Mas a estrutura do Estado soviético era tão rígida que não suportou essa política de reformas. Assim, em fins de 1991, Gorbachev renunciou à Presidência e foi declarado o fim da União Soviética. Diversas repúblicas que formavam a União Soviética se declararam independentes.

Um desses novos países é a Federação Russa (mais comumente chamada de Rússia), que reúne algumas repúblicas e regiões autônomas da antiga União Soviética e manteve boa parte do antigo território soviético. Veja o mapa abaixo.

A desintegração da União Soviética significou também o **fim da Guerra Fria**. Porém, a grande diversidade étnica desse imenso território contribuiria para o surgimento **de lutas de caráter nacionalista e separatista**. A seção *Olho vivo*, a seguir, mostra alguns desses conflitos, que perduram até hoje.

O esfacelamento da União Soviética (1990)

Banco de imagens/Arquivo da editora

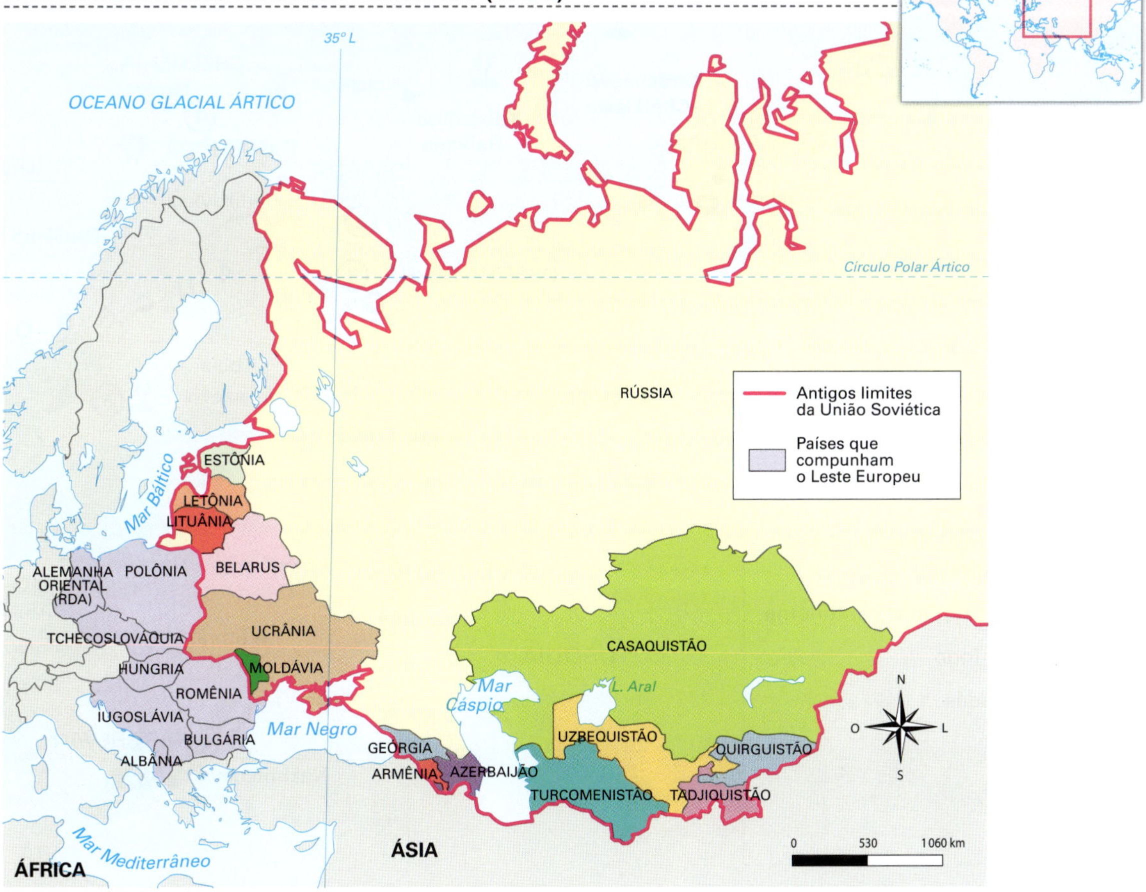

Adaptado de: DUBY, Georges. *Grand Atlas Historique*. Paris: Larousse, 2006.

Olho vivo

Cáucaso: um arco em tensão

Com o fim do socialismo, o território da União Soviética se fragmentou e formaram-se novos países. A Rússia se tornou a força política mais importante da região, garantindo o controle sobre diversas repúblicas no norte do **Cáucaso**, uma área rica em petróleo e cortada por oleodutos que abastecem grande parte da Europa.

Cáucaso: região da Europa oriental e da Ásia ocidental, entre o mar Negro e o mar Cáspio. É formada por uma cordilheira (também chamada de Cáucaso) e pelas planícies circunvizinhas.

Conflitos na região do Cáucaso

Banco de imagens/Arquivo da editora

Adaptado de: LE MONDE DIPLOMATIQUE. *El atlas de las minorías*. Valencia: Fundación Mondiplo, 2012. p. 63.

Essa união da Rússia com outras repúblicas é chamada de Federação Russa. Entretanto, os habitantes de algumas repúblicas da Federação desejam a independência. O governo russo, porém, se recusa a aceitar essa autonomia em razão da importância estratégica, econômica e militar da região.

Diante da resistência russa, têm ocorrido na região confrontos armados, guerras e atentados terroristas. No mapa desta seção, você pode ver os principais focos de tensão envolvendo a Rússia e seus vizinhos.

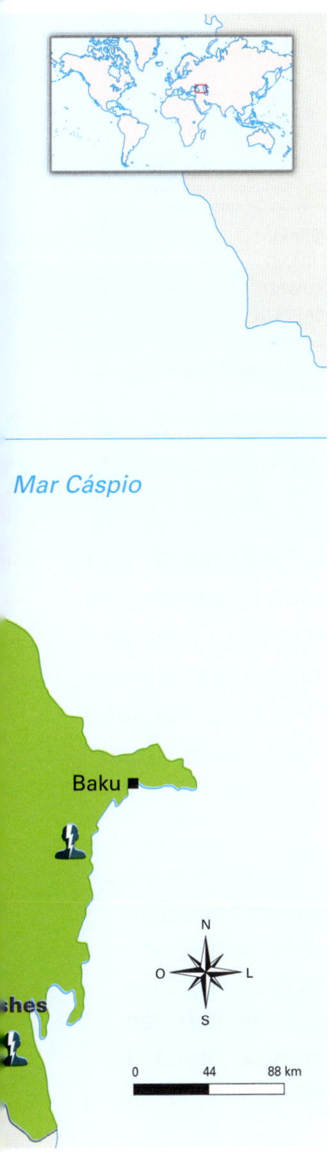

1 A Chechênia integra a Federação Russa e luta pela independência. Na década de 1990, explodiram duas guerras entre a Rússia e as forças separatistas da Chechênia. Tudo isso estimulou o surgimento de movimentos rebeldes e terroristas que realizam ataques e atentados na região.

2 A Ossétia do Norte pertence à Federação Russa. Terroristas chechênios atuam na região, tentando enfraquecer o governo russo. Em 2004, ocorreu ali o atentado terrorista mais violento e grave do Cáucaso, o ataque a uma escola na cidade de Beslan, que matou mais de 300 pessoas, entre elas cerca de 200 crianças.

3 A Ossétia do Sul pertence à Geórgia e busca sua emancipação desde 1989. As tensões provocaram uma guerra entre a Geórgia e a Ossétia em 2008. Os russos apoiam os separatistas e, na época, entraram em uma guerra de cinco dias contra a Geórgia.

4 Rica em petróleo, a República do Daguestão integra a Federação Russa. Desde o final dos anos 1990, terroristas chechênios atuam ali, promovendo ataques e estimulando revoltas contra a Rússia. Isso provocou a invasão da República por tropas russas em 1999.

5 A Geórgia pertenceu à antiga União Soviética e é hoje um país independente. Após a independência, seu governo se aproximou dos Estados Unidos e da Organização do Tratado do Atlântico Norte (Otan), o que desagradou o governo da Rússia. Entre 8 e 12 de agosto de 2008, os dois países travaram uma guerra, cujo resultado foi desfavorável para a Geórgia. A Rússia reconheceu a independência da Ossétia do Sul e de outra província georgiana, a Abkházia.

6 A região de Nagorno Karabakh é disputada pela Armênia e pelo Azerbaijão. Está situada no Azerbaijão, embora sua população seja de maioria armênia e cristã. O Azerbaijão é país de maioria muçulmana. Entre 1992 e 1994, Armênia e Azerbaijão travaram violenta guerra em disputa por esse território.

3 Os conflitos no Oriente Médio

Leia o livro *Nossas festas*: a essência e a história das celebrações judaicas, de Ronaldo Wrobel, Francis.

Leia o livro *Contos árabes para jovens de todos os lugares*, de Maria Luisa Soriano, Algazarra.

O Oriente Médio é uma região situada entre a Europa, a África e a Ásia. Estende-se do mar Mediterrâneo até o Golfo Pérsico (veja o mapa abaixo).

Há milhares de anos, foi o berço de diversas civilizações, como a suméria, a fenícia e a hebraica. No século VII, quase toda a região foi ocupada pelos árabes muçulmanos. Hoje, seu território está distribuído entre países como Turquia, Irã, Síria, Líbano, Iraque, Israel, Arábia Saudita, Iêmen e outros.

Oriente Médio e Afeganistão

Banco de imagens/Arquivo da editora

Adaptado de: IBGE. *Atlas geográfico escolar*. Rio de Janeiro, 2007.

Entre o século XV e o fim da Primeira Guerra Mundial (1914-1918), quase todo o Oriente Médio fez parte do **Império Turco Otomano**. Derrotado neste conflito, junto com a Alemanha e a Áustria, das quais era aliado, o Império Turco Otomano se desfez. Alguns de seus territórios passaram então para o controle da Inglaterra e da França. A Síria e o Líbano, por exemplo, ficaram com a França; a Palestina e o Iraque, entre outros, com a Inglaterra. Quanto à Turquia, tornou-se uma República em 1923.

Você sabia?

O Oriente Médio guarda em seu subsolo cerca de 60% das reservas mundiais de **petróleo**. Os principais países exportadores do produto na região são a Arábia Saudita, o Iraque, o Irã, o Kuwait, o Bahrein, o Qatar e os Emirados Árabes Unidos. Como a maioria dos países desenvolvidos depende da importação de petróleo, qualquer instabilidade na região pode afetar fortemente a economia mundial. Nesse caso, os preços do petróleo tendem a aumentar (como ocorreu em 1973 e 1979), provocando inflação nos países importadores.

Philipus/Alamy/Glow Images

Roda gigante em Sharjah, nos Emirados Árabes Unidos. A cidade é capital do emirado de Sharjah e a terceira maior e mais populosa cidade do país. Faz parte da área metropolitana de Dubai. Está localizada ao longo da costa norte do golfo Pérsico, na península Arábica. Foto de 2014.

O conflito entre palestinos e judeus

A Palestina é uma região do Oriente Médio situada entre o mar Mediterrâneo e o rio Jordão (veja mapa da página seguinte). Na Antiguidade, ali viveram os judeus, ao lado de diferentes povos. No ano 70, os romanos destruíram a cidade de Jerusalém e expulsaram os judeus. Grandes contingentes de judeus se exilaram então em outras regiões do mundo, entre as quais a Europa, onde criaram comunidades judaicas. Nessas comunidades, conservaram sua cultura e suas crenças religiosas.

No final do século XIX, muitos judeus dessas comunidades começaram a voltar para a Palestina. Alegavam que esta era a **Terra Prometida** por Deus ao povo judeu. Essa migração aumentou muito a partir da década de 1930, quando os nazistas começaram a perseguir os judeus na Europa.

Por essa época, como vimos, a Palestina estava sob o controle da Inglaterra. Com o fim da Segunda Guerra Mundial (1919-1945), milhares de judeus deixaram o Leste da Europa para se instalar na Palestina, onde criaram suas próprias comunidades. Essa migração, porém, não agradou os árabes e palestinos que já viviam na região. A tensão entre eles e os judeus começou a explodir em conflitos cada vez mais graves.

Em 1947, o governo inglês retirou suas tropas da região e a Organização das Nações Unidas (ONU) ficou encarregada de encontrar uma solução para o problema da **convivência** entre os judeus, de um lado, e os árabes e palestinos, de outro.

Hulton-Deutsch Collection/Corbis/Latinstock

Após ocuparem a Palestina por 25 anos, os últimos soldados britânicos embarcam para o Reino Unido no porto de Haifa, na Palestina. Foto de 1948.

A proposta da ONU era criar na Palestina dois Estados independentes: um palestino e outro judeu. O Estado judaico ficaria com mais de 56% do território. O Estado palestino, com o restante. Os judeus apoiaram a proposta. Os palestinos e os governos dos países árabes rejeitaram a resolução, alegando, entre outros motivos, que a população árabe-palestina da região era duas vezes maior que a população judaica.

Diante do impasse, em 1948, as lideranças judaicas proclamaram a criação do Estado de Israel. Em resposta, os árabes se organizaram em torno da **Liga Árabe** (aliança militar formada pelos governos do Líbano, Síria, Iraque, Egito e Transjordânia, atual Jordânia), que declarou guerra ao Estado judaico.

A guerra terminou em 1949 com a derrota dos árabes. Vitoriosas, as forças israelenses anexaram territórios que deveriam ficar sob o controle palestino. Além disso, o Egito e a Jordânia se apossaram do restante dos territórios palestinos. A própria cidade de Jerusalém, que deveria se tornar um território internacional, foi dividida entre Israel e Jordânia.

Israel e os territórios palestinos

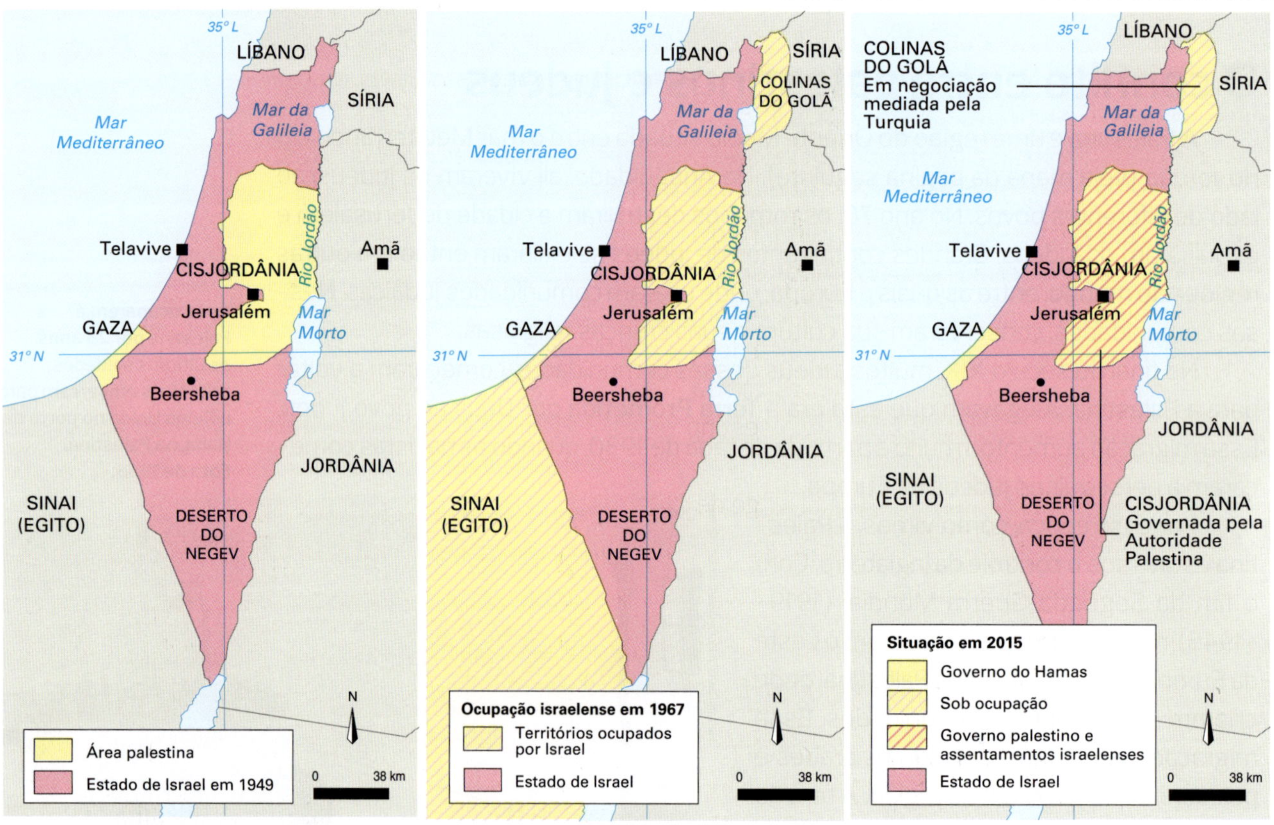

Banco de imagens/Arquivo da editora

Adaptado de: DUBY, Georges. *Grand Atlas Historique*. Paris: Larousse, 2006.

Assim, a Primeira **Guerra Árabe-Israelense**, como o conflito ficou conhecido, teve como resultado a consolidação do Estado de Israel. Quanto ao Estado Palestino, não chegou a ser criado naquele momento nem nas décadas seguintes. Isso desencadeou uma situação de tensão entre os palestinos e os israelenses que perdura até hoje.

Você sabia?

Em 1988, os palestinos chegaram a proclamar um Estado soberano e autônomo, mas esse Estado ainda não é plenamente reconhecido pela comunidade internacional. Em 2011, por exemplo, a Unesco (sigla em inglês da Organização das Nações Unidas para a Educação, a Ciência e a Cultura) tornou-se o primeiro órgão da ONU a reconhecer a Palestina como Estado-membro da entidade. Em represália a essa decisão, o governo dos Estados Unidos, aliado de Israel, promoveu um corte no repasse de verbas à Unesco. Em 2015, mais de 100 países, entre eles o Brasil, reconheciam o Estado da Palestina. Nesse momento, os países da América do Norte e da União Europeia representavam a principal resistência ao reconhecimento do Estado da Palestina.

O saldo da guerra foi catastrófico para os palestinos. Cerca de 750 mil foram expulsos de suas terras e passaram a viver em campos de refugiados em vários países do Oriente Médio. Os que permaneceram em Israel também sofreram um duro revés. Considerados cidadãos de segunda classe, perderam direitos e proteções legais. Marginalizados, muitos decidiram resistir por meio da luta armada. Essa é a origem dos movimentos guerrilheiros que lutam contra o Estado de Israel.

A primeira guerra entre árabes e israelenses foi seguida por outros conflitos nas décadas seguintes. No contexto da Guerra Fria, enquanto Israel conquistou o apoio dos Estados Unidos, os árabes receberam ajuda da União Soviética.

Em 1967, explodiu a **Guerra dos Seis Dias**, entre Israel e uma coalizão de países árabes, com nova vitória israelense. Em 1973, Egito e Síria atacaram Israel na **Guerra do Yom Kippur**, mas a ONU impôs um cessar-fogo.

Terminada a Guerra Fria, os conflitos entre israelenses e palestinos continuam até hoje. Nos **campos de refugiados**, os palestinos vivem em condições miseráveis. Isso tem estimulado a radicalização política de setores desse povo e a formação de grupos armados que cometem atentados contra Israel. O governo de Israel também promove investidas militares contra os palestinos provocando, igualmente, grande número de vítimas.

A paz, portanto, parece estar ainda longe de chegar à região.

Dois tanques israelenses patrulham o leste de Jerusalém, após Israel ter ocupado a Faixa de Gaza e a península do Sinai, no Egito, as Colinas de Golã, na Síria, e a Cisjordânia e o setor árabe de Jerusalém Oriental, no conflito que ficou conhecido como a Guerra dos Seis Dias. Foto de 1967.

Pierre Guillaud/Agence France-Presse

atividade

Interpretando documentos

Leia o trecho a seguir, do escritor israelense Amós Oz, nascido em Jerusalém em 1939.

Depois, responda no caderno ao que se pede:

Os palestinos estão na Palestina porque esta é a sua terra natal. Da mesma forma que a Holanda é a terra natal dos holandeses e a Suécia a dos suecos. Os judeus israelenses estão em Israel porque não há nenhum outro país no mundo ao qual os judeus, como povo, como nação, possam chamar de seu lar.

Os palestinos tentaram, involuntariamente, viver em outros países árabes. Foram rejeitados, às vezes até humilhados e perseguidos, pela chamada "família árabe". Tomaram conhecimento, da maneira mais dolorosa, de sua "palestinidade", pois não eram desejados como libaneses, como sírios, como egípcios ou como iraquianos. Eles tiveram de aprender pelo caminho mais difícil que são palestinos e que este é o único país em que podem viver.

De maneira estranha, o povo judeu teve uma experiência histórica de alguma forma paralela a esta do povo palestino. Os judeus foram expulsos da Europa. Meus pais foram expulsos da Europa há cerca de setenta anos. Exatamente da mesma forma que os palestinos foram expulsos da Palestina.

Quando meu pai era menino, na Polônia, as ruas da Europa estavam cobertas de pichações: "Judeus, vão para a Palestina". Quando meu pai voltou, em visita à Europa, cinquenta anos mais tarde, os muros estavam cobertos de pichações: "Judeus, saiam da Palestina".

Adaptado de: OZ, Amós. *Contra o fanatismo*. 2. ed. Rio de Janeiro: Ediouro, 2004. p.46-47.

1. O autor afirma, no trecho acima, que há um ponto comum na história de judeus e palestinos. Explique o que o escritor considera comum na história dos dois povos.

2. Apesar desse ponto comum, judeus e palestinos vivem uma situação de tensão e conflito na região da Palestina. Aponte as causas e os desdobramentos desses conflitos entre os dois povos.

3. A situação atual dos conflitos entre judeus e palestinos continua longe da solução. Descreva brevemente alguns dos acontecimentos recentes visando à construção de um acordo para minimizar os conflitos na região.

Arquivo Berliner Verlag/Agência France-Presse

"Judeus, caiam fora!", frase pichada acima de uma suástica em muro de Düsseldorf, Alemanha, em foto de 1933.

Col. Roger-Viollet/Agência France-Presse

Em foto de janeiro de 1939, famílias judaicas são tiradas à força de suas moradias, sob a mira de soldados alemães, no gueto de Varsóvia, capital da Polônia.

A Revolução Iraniana

Entre 1941 e 1979, o Irã foi governado pelo xá (rei) Mohamed Reza Pahlevi. Influenciado pelos **costumes ocidentais**, Pahlevi procurou modernizar o país por meio da industrialização e de reformas educacionais e políticas. Era também a favor da **emancipação das mulheres**.

Entretanto, a modernização beneficiava apenas uma pequena parcela da população, formada pela burguesia e pelos grandes proprietários de terras. A grande maioria da população vivia em condições de pobreza. Nas cidades, ao lado de prédios luxuosos, havia favelas e habitações precárias.

Além disso, Reza Pahlevi governava de forma autoritária, como em uma ditadura, sem deixar espaço para os opositores.

Arquivo AFP/Agência France-Presse

Em foto de janeiro de 1979, manifestantes iranianos exibem cartaz com a imagem do aiatolá Ruhollah Khomeini durante demonstração contra o xá realizada em Teerã.

Tudo isso provocava um descontentamento cada vez maior nas camadas pobres e médias da população.

Em 1978, a insatisfação popular chegou ao limite e os protestos saíram do controle do governo. O principal líder da oposição era um religioso muçulmano, o aiatolá Ruhollah Khomeini. Nessa época, ele se encontrava refugiado em Paris.

Em janeiro de 1979, acuado pelas manifestações populares contrárias a seu governo, o xá foi obrigado a fugir do Irã. Khomeini retornou de Paris, assumiu o poder, proclamou a **República Islâmica do Irã** e organizou um governo baseado nos ensinamentos muçulmanos. Esse movimento ficou conhecido como **Revolução Iraniana**.

Apoiado por amplos setores da população, o líder religioso passou a combater os costumes ocidentais. A divulgação de música secular (não religiosa) foi proibida, e as mulheres, obrigadas a usar um véu sobre os cabelos em lugares públicos. O uso de certas roupas também foi proibido.

A Z

Aiatolá: título religioso importante no mundo islâmico.

A Guerra Irã-Iraque (1980-1988)

A Revolução Iraniana provocou receio e preocupação nos países da Europa ocidental e nos Estados Unidos. Temia-se que outros países muçulmanos seguissem o mesmo caminho. Os governos dos próprios países muçulmanos compartilhavam desse temor. Isso levou o Irã a ficar politicamente isolado no cenário internacional. A aproximação com os Estados Unidos se desfez e mesmo o governo da União Soviética olhava com desconfiança o novo regime.

Esse isolamento, somado à desorganização provocada pelo processo revolucionário, deixou o Irã em uma situação vulnerável. Diante disso, o governo do Iraque – país vizinho, também muçulmano, com o qual o Irã tinha uma disputa antiga por fronteiras – decidiu invadir seu território. Era o começo da **Guerra Irã-Iraque** (1980-1988).

O Iraque também passava por mudanças políticas. Em 1979, o vice-presidente Saddam Hussein dera um golpe de Estado e se tornara o novo chefe do governo iraquiano. Para invadir o Irã, contava com um Exército bem equipado e com o apoio do governo dos Estados Unidos.

A invasão teve início em setembro de 1980, mas não foi bem-sucedida, e a guerra se tornou um lento e penoso conflito, com muitas mortes (mais de 700 mil mortes) e pouco avanço. Terminou em 1988, sem nenhum vencedor. Os dois países saíram dela endividados e em grave situação financeira.

Eric Feferberg/Agência France-Presse

Em foto de 1987, durante a Guerra Irã-Iraque, soldado iraniano vigia combatentes iraquianos, confinados em campo de prisioneiros próximo da cidade de Ahvaz, no sudoeste do Irã.

A Guerra do Golfo Pérsico (1991)

O poderio militar do Iraque estimulou os interesses expansionistas do governo de Saddam Hussein. Depois da guerra contra o Irã, suas atenções se voltaram para o Kuwait, um pequeno país vizinho rico em petróleo e que dispunha de saídas privilegiadas para o golfo Pérsico (veja o mapa a seguir).

Os países do golfo Pérsico (século XXI)

Adaptado de: IBGE. *Atlas geográfico escolar*. Rio de Janeiro, 2007.

Em agosto de 1990, tropas iraquianas se lançaram contra o Kuwait. Porém, os países ocidentais, liderados pelo governo dos Estados Unidos, reprovaram a invasão e decidiram usar a força militar para reprimir o governo do Iraque. A força crescente de Hussein e a possibilidade de que controlasse a produção de petróleo da região preocupavam os líderes ocidentais.

Formou-se assim uma coalizão de países, sob a liderança do governo dos Estados Unidos, com o objetivo de promover uma ofensiva militar contra o Iraque. A ação tinha a aprovação da ONU.

O comando das forças da coalizão denominou a ação de **Operação Tempestade no Deserto**. A partir de 21 de janeiro de 1991, o território do Iraque sofreu um intenso bombardeio. Inferiorizado diante de inimigos muito mais fortes, o Exército iraquiano se retirou do Kuwait e a guerra terminou. Havia durado pouco mais de um mês e deixado um saldo de **140 mil mortos**.

Enquanto isso...

A desintegração da Iugoslávia

Na mesma época da Guerra do Golfo, teve início na região dos Bálcãs um movimento de grandes transformações políticas. Havia ali um país que não se submetia ao governo da União Soviética desde 1948. Esse país era a Iugoslávia.

Entre 1945 e 1980, a Iugoslávia foi governada pelo marechal Tito, que ousou desafiar Stalin. O país era formado por **seis repúblicas**: Bósnia-Herzegovina, Sérvia, Croácia, Eslovênia, Macedônia e Montenegro.

Viviam nessas repúblicas populações com **tradições culturais e políticas muito diferentes**. Durante a Segunda Guerra Mundial, Tito havia sido o líder da resistência contra o nazismo nessas regiões. Por isso, desfrutava de grande prestígio político e moral entre a população das várias repúblicas.

Com a morte de Tito, em 1980, vieram à tona conflitos locais em busca de **autonomia e independência**. Em 1991, a Croácia, a Eslovênia e a Macedônia declararam independência. Em seguida, a Bósnia-Herzegovina também se declarou independente. Em ambos os casos houve guerra entre os separatistas e o Exército da Sérvia. Apesar dos conflitos, as quatro repúblicas permaneceram independentes.

Em 1997, a população albanesa de uma província da Sérvia, Kosovo, reivindicou sua emancipação. Em resposta, tropas sérvias invadiram a província. O conflito só foi interrompido em 1999, em decorrência da intervenção da ONU.

Todos esses processos de emancipação provocaram a desintegração da Iugoslávia. Em seu lugar foram criados seis países autônomos: 1) Eslovênia; 2) Croácia; 3) Macedônia; 4) Bósnia-Herzegovina; 5) Sérvia e 6) Montenegro. A região de Kosovo também se declarou independente, mas sua autonomia ainda não é inteiramente reconhecida pela comunidade internacional. Esses novos países e adotaram diferentes formas de **democracia**.

A desintegração da Iugoslávia

Adaptado de: ATLANTE Geografico Metodico De Agostini 2009-2010. Novara: Istituto De Agostini, 2009.

Esquema-resumo

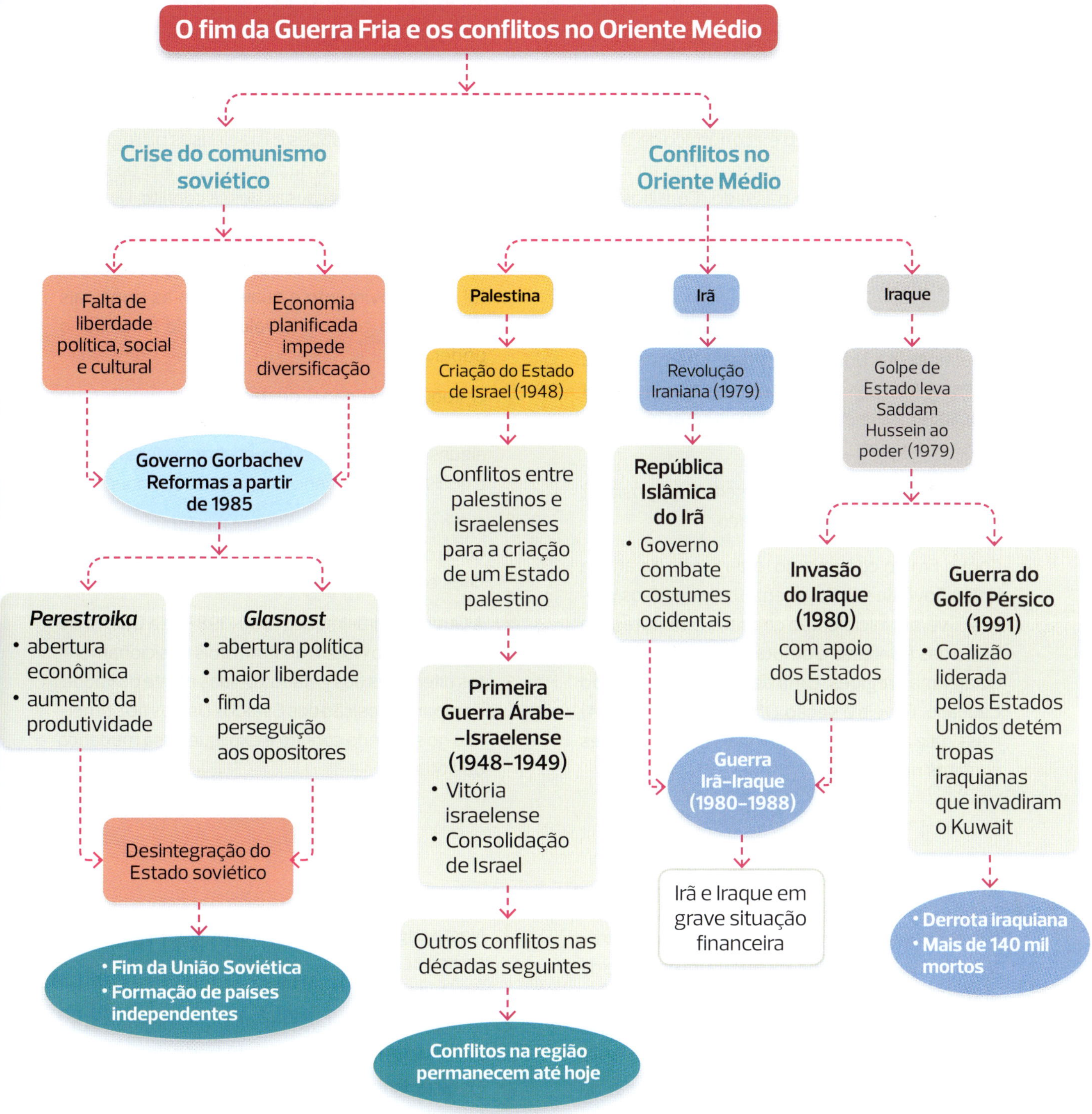

atividade

Com base nos elementos do esquema, escreva no caderno um texto de no máximo vinte linhas narrando os principais acontecimentos relacionados à crise do comunismo soviético.

Atividades

Para organizar as ideias

1. O sistema social, político e econômico da União Soviética entrou lentamente em crise ao longo das décadas do século passado. Com base na leitura do intertítulo *Uma sociedade vigiada* (página 209), explique quais foram as principais causas dessa crise.
2. Mikhail Gorbachev fez reformas econômicas e políticas na União Soviética, chamadas de *perestroika* (a reforma econômica) e *glasnost* (a política). Assinale as principais características dessas medidas.
3. Aponte, resumidamente, os efeitos da *glasnost* sobre o sistema político soviético.
4. Com o fim do comunismo, o território da antiga União Soviética se fragmentou em diversos países. Tiveram início então conflitos e disputas em torno das fronteiras e da luta pela independência de algumas regiões. Uma dessas regiões é a do Cáucaso. Reveja a seção *Olho vivo* (página 214) e assinale algumas das principais causas desses conflitos no Cáucaso.
5. O conflito entre árabes e israelenses na região da Palestina teve início na primeira metade do século XX. Explique as causas desse conflito.
6. A Revolução Iraniana modificou profundamente a sociedade e o governo do Irã. Explique o que foi esse movimento e quais foram as principais medidas do governo revolucionário ao tomar o poder.
7. O Iraque teve papel destacado nas tensões do Oriente Médio, quando se envolveu em conflitos com alguns países vizinhos. Que confrontos foram esses e quais as consequências causadas ao Iraque?
8. O fim do comunismo na Iugoslávia foi acompanhado de conflitos separatistas. Identifique esses conflitos e descreva seus desdobramentos.
9. A Guerra do Irã-Iraque (1980-1988) e a Guerra do Golfo Pérsico (1991) mostram dois posicionamentos diferentes dos Estados Unidos diante do Iraque. Compare a posição dos Estados Unidos no primeiro e no segundo conflito e explique essa mudança de atitude.

Interpretando documentos

O livro *Persépolis*, da iraniana Marjane Satrapi, trata da Revolução Iraniana, da Guerra Irã-Iraque e de outros temas relacionados ao Irã nas últimas décadas do século XX. Marjane Satrapi recorre aos quadrinhos para contar a própria história, desde a infância até a juventude, quando foi estudar na França.

Na página do livro reproduzida a seguir, podemos observar o controle dos costumes e as medidas autoritárias do governo islâmico, visando combater os costumes ocidentais e fortalecer o regime. Depois de ler os quadrinhos, responda no caderno ao que se pede.

1. Nesta página da HQ, a autora comenta alguns costumes ocidentais combatidos pelo regime islâmico. Que costumes são esses?
2. Que punição poderia receber um cidadão surpreendido na prática de costumes ocidentais?
3. Os quadrinhos abordam um ato comum em regimes que tentam controlar a vida dos cidadãos: a delação. Nessa situação, pessoas comuns passam a colaborar com o governo, denunciando conhecidos e vizinhos. Isso significa que esse tipo de governo precisa de colaboração para controlar a população. Com base na leitura dos quadrinhos, pense nesse tema e explique por que os governos autoritários precisam da colaboração da sociedade.

Marjanr/Satrapi/Acervo do artista

SATRAPI. Marjane. *Persépolis*. São Paulo: Companhia das Letras, 2007.

Teste seus conhecimentos

1. Leia o trecho a seguir, depois responda no caderno.

O novo secretário-geral do PC soviético, Mikhail Gorbachev, de 54 anos, assumiu o poder [...]. *Gorbachev é o mais jovem líder soviético desde Josef Stalin* [...].

Jayme Brener, Jornal do século XX.

Sobre esse governo, é correto afirmar que foi caracterizado:

a) pela ampliação do arsenal atômico da União Soviética e dos aliados no Leste Europeu, como decorrência direta do Programa Guerra nas Estrelas do presidente Ronald Reagan.

b) pelo projeto e execução de profundas reformas econômicas e políticas, que superassem a estagnação econômica e garantissem o desenvolvimento da democracia.

c) pelo aumento constante da produtividade soviética na indústria e na agricultura, com o consequente aumento do PIB, que superou o dos Estados Unidos em 1990.

d) pela realimentação da Guerra Fria com a acusação formal contra espiões norte-americanos e ingleses, além do rompimento das relações diplomáticas com a China.

e) pela recuperação de vários princípios da era stalinista, como os planos quinquenais, a coletivização da terra e a obrigatoriedade de salários iguais para os operários industriais.

2. Observe na seção *Olho Vivo* um mapa do Cáucaso, que destaca as tensões na região. Responda no caderno, assinalando **V** para as opções verdadeiras e **F** para as falsas:

a) A região do Cáucaso faz parte da Federação Russa, mas algumas repúblicas desejam a independência e maior autonomia. O governo russo recusa essa proposta e isso cria conflitos entre as repúblicas e a Rússia.

b) A Geórgia e a Rússia travaram uma guerra em agosto de 2008, vencida pelos russos. Isso provocou a fragmentação de parte do território georgiano, com a independência da Ossétia e de Abkházia.

c) Os conflitos na Chechênia já provocaram duas guerras com a Rússia. Existe um forte movimento separatista na região, porém as tensões se apaziguaram após as guerras.

d) A Ossétia do Norte foi palco de ataques terroristas para enfraquecer o governo russo. Em especial, o ataque a uma escola na cidade de Beslan, que matou mais de 300 pessoas.

A questão 1 foi adaptada de vestibular (FGV).

Diálogos

Respeitar a liberdade religiosa é fundamental em uma sociedade democrática. Entretanto, muitos conflitos atuais têm origem em disputas religiosas. O que ocorre na região onde você vive?

1. Quais são as religiões praticadas?
2. Com o auxílio do professor, entreviste quatro pessoas (se possível, de religiões diferentes). Veja como fazer uma entrevista na seção *Como se faz...* ao final deste volume.
3. Pergunte o que cada uma pensa sobre a convivência entre pessoas de religiões diferentes.
4. Escreva um relato do que descobriu, depois apresente-o à classe e converse com os colegas sobre a atividade.

Minha biblioteca

***Almanaque anos 80*, de Mariana Claudino e Luiz André Alzer, Ediouro.**
Um painel da década de 1980 no Brasil em diversos setores, contextualizando a cultura de uma geração.

***Nossas festas: a essência e a história das celebrações judaicas*, de Ronaldo Wrobel, Editora Francis.**
Nesta obra ricamente ilustrada, o leitor tem oportunidade de saber mais sobre o universo do judaísmo.

***O diário de Zlata*, de Zlata Filipovic, Companhia das Letras.**
Diário de uma garota de 11 anos que vivia em Sarajevo quando eclodiu a guerra civil que fragmentou a antiga Iugoslávia.

***Os pichadores de Jabalia*, de Ouzi Dekel, SM.**
Um soldado israelense descobre a riqueza da diversidade e a inutilidade da guerra no campo de refugiados palestinos de Jabalia, na Faixa de Gaza.

Mundo virtual

<http://tinyurl.com/7uewzp4>
Página do *site* da revista *Veja* com um especial sobre o Muro de Berlim, com *links* para todas as matérias que a revista publicou sobre o assunto desde 1969.

Acesso em: fev. 2014.

Capítulo 9

O Brasil e o mundo: séculos XX e XXI

Com mais de 200 milhões de habitantes, o Brasil vem passando por grandes mudanças. No ano de 2014, pela primeira vez o país foi **excluído** do Mapa da Fome, um relatório produzido pela Organização das Nações Unidas (ONU) com o objetivo de dimensionar o problema da fome no mundo. Segundo o relatório, entre 2002 e 2013, o Brasil conseguiu reduzir à metade a porcentagem de sua população que sofre com a fome. Essa é uma conquista histórica: afinal, só podemos falar em **democracia e cidadania** quando **todos** têm os **direitos básicos garantidos**. E a alimentação é um desses direitos.

Outro ponto a ser destacado é a questão do emprego. Em 2014, a taxa de desemprego foi a menor da história do Brasil: 4,8%. Para entender o que isso significa, basta compará-la com a de países como a França, que terminou 2014 com 10,4% de taxa de desemprego, e a Espanha, com 23,7%.

Apesar dessas conquistas, o Brasil ainda tem problemas muito graves, como a violência. Segundo dados da Anistia Internacional, 56 mil pessoas foram assassinadas em 2012, sendo 30 mil jovens, dos quais, 77% negros.

Não fica atrás a violência contra as mulheres e os grupos LGBT (Lésbicas, *Gays*, Bissexuais, Travestis, Transexuais e Transgêneros). A cada 100 minutos, uma mulher é assassinada no Brasil; a cada 28 horas acontece uma morte motivada por homofobia.

Assassinato, violência e preconceito ameaçam negros, mulheres e pessoas que fazem parte de grupos LGBT, entre outros. Se desejamos um país melhor para viver, precisamos construir uma sociedade não violenta, que respeita e valoriza as diferenças.

Neste capítulo vamos refletir sobre essas questões e conhecer melhor a realidade contemporânea do Brasil e do mundo.

Rogério Reis/Pulsar Imagens

Escola rural na comunidade quilombola de Santa Maria do Tracuateua, localizada no município de Moju (PA). Foto de 2009.

1 Rupturas e permanências no século XX

Há **várias formas** de perceber o **tempo**. Há o tempo cronológico, medido por relógios e calendários. Há o tempo da natureza, relacionado às mudanças de estação, à época do plantio, da colheita, etc. E há, finalmente, o **tempo histórico**, que é o objeto central da História.

O tempo histórico está relacionado à **noção de processo**, ou seja, a uma **sequência** de **fatos, acontecimentos, permanências e mudanças** no decorrer do **tempo**.

O tempo histórico nem sempre coincide com o tempo cronológico.

Veja o século XX, por exemplo. Do ponto de vista cronológico, começou em 1901 e terminou em 2000. Entretanto, o historiador Eric Hobsbawm o chamou de "o breve século XX", que teria começado em 1914 e terminado em 1991. Este seria o tempo histórico do século XX.

Ao fazer essa afirmação, Hobsbawm queria dizer que as características mais marcantes do século XX estão situadas entre esses dois extremos cronológicos. Ou seja, 1914, quando teve início a Primeira Guerra Mundial, e 1991, quando a União Soviética deixou de existir.

De fato, entre 1914 e 1991 ocorreram os dois maiores conflitos mundiais pelos quais já passou a humanidade: a Primeira e a Segunda Guerra Mundial. Nos dois conflitos, as forças em combate lançaram mão da mais avançada tecnologia militar da época e foram responsáveis por uma escalada de violência sem precedentes, sobretudo contra a população civil.

Everett Collection/Latinstock

O proletariado revolucionário está unido sob a grandiosa bandeira vermelha dos pensamentos de Mao Tse-tung, diz a legenda deste cartaz divulgado em 1967, durante a Revolução Cultural. O cartaz representa pessoas de diferentes profissões e grupos étnicos exibindo o chamado *Livro Vermelho* ou *Livrinho Vermelho*, como é mais conhecido no Ocidente, uma coletânea de citações do presidente da República Popular da China, Mao Tse-tung, e uma forma de culto à sua personalidade.

O mundo dividido

Outra característica do "breve século XX" foram as disputas entre capitalistas e comunistas. Por muito tempo, o mundo ficou dividido entre dois blocos antagônicos liderados, respectivamente, pelos Estados Unidos (capitalista) e pela União Soviética (comunista). Foi a época da Guerra Fria. Muito do que aconteceu no mundo durante esse período esteve relacionado às disputas entre as duas nações: a corrida armamentista, o terror nuclear, a corrida espacial, a expansão do comunismo no mundo, etc.

Quando, em 1991, a União Soviética se desintegrou, boa parte das questões centrais que marcaram o século XX se dissolveram, naquilo que em História chamamos de **rupturas**. Não que as características ou os problemas mundiais tenham mudado de um dia para outro. Na verdade, o próprio esfacelamento da União Soviética (estudado no Capítulo 8) foi resultado de um **processo** amplo que começou bem antes de 1991.

Além disso, atualmente, alguns países ainda conservam aspectos e formas de organização baseados no modelo soviético de sociedade, como é o caso da Coreia do Norte e, em menor escala, da China (são as **permanências históricas**).

Por outro lado, o fim das disputas entre os Estados Unidos e a União Soviética não afastou o perigo de um conflito nuclear. Hoje, muitos países produzem armas nucleares, como a bomba atômica. Isso representa um sério perigo para a paz mundial, pois entre alguns desses países há rivalidades e disputas que podem levar a uma nova guerra.

Temos assim algumas permanências da etapa anterior no mundo pós-1991: nem tudo é mudança na História. Entretanto, não resta dúvida que 1991 marcou o fim de certas características do mundo contemporâneo e o começo de novos processos históricos.

Que processos seriam esses? Como podemos descrever o mundo no período compreendido entre a dissolução da União Soviética e os dias de hoje? Em sua opinião, quais são as principais características da sociedade em que vivemos?

Indígena faz *selfie* durante a quarta edição dos Jogos Tradicionais Indígenas do Pará, realizados de 4 a 10 de setembro de 2014 na cidade de Marudá, distrito do município de Marapanim (PA). Os jogos reuniram 600 indígenas de 13 etnias do Pará e 2 etnias convidadas. Foto de 2014.

Tarso Sarraf/Agif/Folhapress

2 O tempo presente

Uma das características mais marcantes do nosso mundo é a aceleração das comunicações e dos transportes. Se você conversar com seus pais ou parentes mais velhos, vai descobrir que as comunicações no mundo eram bem mais lentas e limitadas até poucas décadas atrás. Internet, celular, fax, por exemplo, são muito recentes. Também os meios de transporte eram mais restritos.

Nos últimos vinte ou trinta anos, os meios de comunicação tiveram mudanças radicais. Hoje, as possibilidades de comunicação não têm paralelo na História. Pessoas separadas por milhares de quilômetros, ou nas **antípodas** do planeta, podem se comunicar de forma instantânea: basta um clique do *mouse* ou um toque na tela.

Novas e amplas estradas, ampliação das redes de metrô, o trem-bala em alguns países, expansão das linhas aéreas, amplo acesso a meios de transporte individual (como carros e motos) contribuíram nesse processo que muitos chamam de "encurtamento das distâncias".

Com todos esses avanços, as informações, produtos industriais e culturais (estilos de vida, músicas, filmes ou apresentações de artistas transmitidos ao vivo via satélite) e movimentos sociais (como passeatas e manifestações) chegam rapidamente (alguns instantaneamente) a quase todos os lugares do mundo.

A Z

Antípodas: regiões situadas em pontos opostos do globo terrestre. Exemplo: Brasil e Japão, polo sul e polo norte, etc. Um lugar é antípoda do outro nestes casos.

A economia transnacional

Outra importante característica do mundo contemporâneo é a **economia transnacional**, ou seja, aquela que tem como base empresas que não estão ligadas a nenhum país específico, nem mesmo àqueles nos quais tiveram origem.

Essas empresas são chamadas de transnacionais e sua organização é diferente das **multinacionais**. Ambas ainda existem, mas o lugar das multinacionais vem sendo disputado pelas transnacionais.

Multinacionais: empresas que têm sede geralmente em um país desenvolvido e filiais em outros países. Por exemplo, empresas estadunidenses que exploram o petróleo nos Estados Unidos, no Oriente Médio e em outros lugares do mundo.

Nas empresas transnacionais, a sede pode estar em um país que oferece benefícios fiscais (como isenção de impostos) enquanto a equipe que projeta os produtos fica em outro país, geralmente em uma região de alta tecnologia. A matéria-prima dos produtos, por sua vez, é extraída em países pobres, onde é mais barata. A fábrica também é instalada em regiões pobres, onde os salários são baixos. Às vezes, os componentes do produto são fabricados em países diferentes. Por fim, a venda do produto ao consumidor final pode ser feita em lugares do mundo que ofereçam margens de lucro mais atraentes para a transnacional.

A globalização

Como você pode perceber, em poucos anos o mundo viveu grandes mudanças em termos sociais, culturais e econômicos. Tivemos, por assim dizer, uma dissolução das fronteiras que separavam as economias e as culturas dos diversos povos. Hoje, quase todos os países e povos estão intimamente ligados. Esse processo é conhecido como **globalização** (veja o boxe na página seguinte sobre o consumismo no mundo atual).

Leia o livro *Para entender o mundo*, de Odile Gandon, SM.

O processo da globalização é possível graças à aceleração dos meios de comunicação e dos transportes que vimos anteriormente. Outro fator que contribui nesse processo é o amplo desenvolvimento tecnológico alcançado pelas sociedades humanas entre o final do século XX e o início do século XXI.

Na economia, esse processo tornou possível encontrar fontes de matérias-primas mais baratas em qualquer lugar do mundo com uma simples consulta na internet, transportar essas matérias-primas rapidamente de um lugar para outro e fabricar produtos cada vez mais sofisticados em pouco tempo. Apoiado nesse desenvolvimento tecnológico, um executivo pode administrar uma empresa mesmo sem estar fisicamente presente nela. Todas essas condições asseguram que os lucros das empresas sejam cada vez maiores.

Pontus Lundahl/TT News/Reuters/Latinstock

A parlamentar sueca Barbro Westerholm (à esquerda, no pódio) dirige-se a Edward Snowden (na tela, em Moscou), durante cerimônia em Estocolmo, Suécia, em dezembro de 2014. Snowden, ex-administrador de sistemas da CIA (Agência Central de Inteligência) e ex-contratado da NSA (Agência de Segurança Nacional), foi perseguido pelo governo dos EUA por ter divulgado pela internet informações secretas de programas governamentais de vigilância global. Em agosto de 2013, Snowden exilou-se na Rússia. Na foto, ele é premiado por ter divulgado ações do governo estadunidense que, segundo o Parlamento da Suécia, violam princípios da democracia. Foto de 2014.

Consumismo: o planeta ameaçado

No mundo globalizado, é cada vez maior o estímulo ao consumo. A ideologia dominante incentiva a substituição constante de produtos por outros mais avançados tecnologicamente. Nessa perspectiva, tudo o que as pessoas têm em mãos se torna descartável com pouco tempo de uso. Adquirir produtos que acabaram de sair das fábricas ou que determinado artista está usando tornou-se objetivo de vida de muita gente.

A TV, o cinema, a internet, a publicidade bombardeiam as pessoas o tempo inteiro com um discurso que prega o consumo do "novo", do "melhor", do "mais bonito", seja um produto digital, um aparelho doméstico, um carro ou uma novidade divulgada por uma celebridade nacional ou internacional.

Segundo alguns especialistas, o consumismo tem se revelado um problema sério e de graves consequências para a sociedade contemporânea.

Seduzidas e embaladas pelo consumismo, muitas pessoas tendem a substituir as relações afetivas (familiares e de amizade) pela compra compulsiva.

Sem refletir sobre as reais necessidades de possuir determinados produtos, muitas pessoas se comprometem com dívidas com as quais não podem arcar. Há casos de pessoas que chegam a praticar atos ilegais para realizar o desejo de ter um tênis ou um celular da moda.

Com o descarte cada vez maior e mais rápido dos produtos, o acúmulo de lixo, principalmente de produtos tecnológicos, tornou-se outro sério problema para o planeta. Muitos produtos levam séculos para se desfazer na natureza e vários têm componentes que poluem o solo, levando substâncias tóxicas para a agricultura e para os **lençóis freáticos** que abastecem as populações.

Estudos de especialistas em todo o mundo mostram que o planeta não tem condições de continuar a fornecer os recursos necessários a esse consumo desenfreado. Se continuarmos nesse ritmo, a Terra, nosso lar no espaço sideral, corre o risco de entrar em colapso. O que será dela no futuro, e das gerações que nos sucederão?

A Z

Lençóis freáticos: rios subterrâneos.

Gary Moon/Alamy/Latinstock

Voluntários fazem coleta de aparelhos eletrônicos descartados a fim de levantar fundos para programa educacional na cidade de Grass Valley, no estado da Califórnia, Estados Unidos. Foto de 2014.

atividades

1. Observe a foto do boxe acima. Trata-se de um posto de recolhimento de aparelhos eletrônicos para reciclagem nos Estados Unidos. A foto foi feita em 2014 e representa um aspecto importante da lógica econômica do mundo globallzado. Com base na observação da imagem, responda no caderno:
   a) Que aspecto do mundo globalizado é representado na imagem? Justifique sua resposta.
   b) Qual é o impacto social e ambiental que a lógica econômica representada na imagem provoca para o planeta e para a sociedade contemporânea? Justifique sua resposta.
2. Existe uma diferença entre tempo histórico e tempo cronológico. O primeiro é o período em que decorre um processo histórico com suas mudanças e permanências. O tempo cronológico é a medida dos anos. Com base nessa distinção, explique de que maneira o historiador Eric Hobsbawm separa o tempo histórico do tempo cronológico em seu conceito de "breve século XX".

O neoliberalismo entra em cena

As mudanças econômicas a que nos referimos não ocorreram de repente. Em grande parte, tiveram início na década de 1970. Foi nessa época que alguns políticos e economistas passaram a defender certos princípios econômicos conhecidos como neoliberalismo.

De modo geral, os defensores do neoliberalismo diziam que os Estados (governos) não tinham condições de manter certos investimentos na sociedade.

Você sabia?

O termo neoliberalismo é uma referência a uma doutrina criada principalmente na Inglaterra, no século XVIII: o liberalismo. Neo é um prefixo de origem grega. Significa novo. Assim, neoliberalismo quer dizer novo liberalismo. O liberalismo pregava a liberdade individual nos campos econômico, político e religioso. Também era contrário (assim como o neoliberalismo) à intervenção do Estado nessas questões.

O neoliberalismo, formulado na segunda metade do século XX, resgatou princípios do liberalismo econômico do passado, ou seja, defende a liberdade de mercado e opõe-se à intervenção do Estado na economia.

Como vimos no Capítulo 5, depois da Segunda Guerra Mundial (1939-1945), foi necessário que os governos dos países europeus injetassem muito dinheiro para recuperar a economia e amparar os grupos mais pobres da sociedade. Criaram, assim, redes de proteção aos trabalhadores, com eficientes serviços de saúde e educação financiados pelo Estado, seguro-desemprego, encurtamento da jornada de trabalho, garantia de uma renda mínima, entre outras medidas socioeconômicas. Em economia, esse tipo de política voltada à proteção dos grupos socialmente vulneráveis é chamado de **Estado de bem-estar social**.

Entretanto, os gastos com esse tipo de proteção social eram muito altos. Para os neoliberais, esses gastos eram antieconômicos, pois desviavam investimentos que podiam ser aplicados na produção e não motivavam os trabalhadores a produzir mais. Para os **neoliberais**, o Estado deveria intervir o mínimo possível na economia. Por isso, esse tipo de política é também chamado de **Estado mínimo**. As empresas estatais (como as que cuidavam de saneamento, extração de minérios, telefonia) deviam ser privatizadas, ou seja, vendidas à iniciativa privada.

Diziam os neoliberais que o Estado deveria afrouxar as regras dos sistemas financeiros para facilitar a vida das empresas e eliminar as **barreiras alfandegárias** para intensificar o comércio mundial. A justificativa para essas medidas é que elas promoveriam a expansão do mercado e assim beneficiariam todos os grupos sociais e todos os países.

Estado de bem-estar social: tipo de organização política e econômica em que o Estado é o agente regulamentador da vida social, política e econômica do país. Dentro dessa perspectiva, cabe ao governo, em parceria com sindicatos e empresas privadas, criar condições ou promover a execução de programas de moradia, saúde, educação, previdência social e emprego. Esse tipo de política econômica foi implantado principalmente após a crise econômica de 1929 e ampliado depois da Segunda Guerra Mundial.

Barreiras alfandegárias: são os impostos cobrados por um país sobre os produtos importados. Os neoliberais defendem que com sua eliminação, os produtos importados passam a competir em pé de igualdade com os produtos nacionais.

Hulton Archive/Keystone/Getty Images

Professor em escola sueca lê contos infantis para seus alunos. Foto de 1960.

A desestatização da economia

Até os anos 1970, o Estado tinha uma presença muito forte em diversas sociedades capitalistas. Além de cuidar das áreas estratégicas do país (como energia, minério, etc.), em alguns lugares, por meio de **empresas estatais,** os governos forneciam serviços básicos à população, como saneamento (água e esgoto), telefonia, saúde, educação, etc.

Para os políticos e economistas neoliberais, esses serviços e funções deveriam ser retirados das mãos do Estado e transferidos para a iniciativa privada. Eles queriam também que a função do Estado de garantir o bem-estar e dar assistência à população mais pobre fosse diminuída. Isso queria dizer diminuir políticas públicas voltadas para os desempregados, os idosos e os mais pobres e necessitados (veja na página seguinte o boxe *O lugar dos idosos*).

Essas ideias se concretizaram a partir da eleição de Margaret Thatcher para primeira-ministra da Inglaterra em 1979, e de Ronald Reagan para presidente dos Estados Unidos em 1980. Esses dois políticos e suas equipes iniciaram um amplo processo – seguido por muitas nações do mundo, inclusive o Brasil (a partir da década de 1990) – de desestatização da economia, ou seja, de diminuição da presença do Estado na vida econômica, de modo a deixar as empresas mais livres.

Bettmann/Corbis/Latinstock

Encontro entre o presidente dos Estados Unidos, Ronald Reagan, e a primeira-ministra britânica, Margaret Thatcher, para discutir a crise da Inglaterra com a Argentina, na guerra pela posse das Ilhas Malvinas. Foto de junho de 1982.

Os blocos econômicos

Outra característica dessa época foi a formação de **blocos econômicos** de países em várias regiões do mundo. O objetivo era assegurar melhor capacidade de negociação de cada país e eliminar barreiras alfandegárias entre os membros de cada bloco.

Dessa forma, os países de um bloco poderiam comerciar entre si sem cobrar impostos sobre as importações. Essa política provocou um importante aumento do comércio no interior dos diversos blocos.

O mais antigo desses blocos começou a ser criado bem antes, em 1957, com a formação da Comunidade Econômica Europeia (também chamada de Mercado Comum Europeu). Em 1992, depois de várias mudanças e ampliações, esse bloco passou a se chamar União Europeia (UE). No começo de 2015, a UE reunia 28 Estados-membros, principalmente na Europa. Dezenove deles adotaram uma mesma moeda, o euro.

Outros blocos econômicos se formaram nos anos 1990, entre eles o Acordo de Livre Comércio da América do Norte (Nafta), formado pelos Estados Unidos, Canadá e México, e o Mercado Comum do Sul (Mercosul), que reúne Argentina, Brasil, Paraguai, Uruguai e Venezuela.

Enrique Marcarian/Reuters/Latinstock

Presidentes Evo Morales, da Bolívia; José Mujica, do Uruguai; Dilma Rousseff, do Brasil; Cristina Kirchner, da Argentina; Horacio Cartes, do Paraguai e Nicolás Maduro, da Venezuela, durante reunião do Mercosul realizada na cidade de Paraná, capital da província de Entre Ríos, Argentina, em dezembro de 2014.

O lugar dos idosos

Nos governos neoliberais, a população de idosos é quase sempre vista como um problema. Além de não trabalhar formalmente e por isso não gerar impostos e renda, esse segmento da população recebe aposentadoria (em geral paga pelo governo) e tende a usar com bastante frequência os sistemas de saúde. Por isso, entre as medidas implantadas pelos governos neoliberais muitas vezes há corte de verbas nas áreas de assistências aos idosos e aprovação de leis que dificultam a aposentadoria, entre outras ações com objetivos semelhantes.

Mas será justo, depois de trabalhar a vida inteira e de pagar impostos, que esses cidadãos não possam usufruir de uma velhice digna e bem assistida?

Segundo a ONU, os governos precisam lidar com essa situação de modo adequado, pois em todo o mundo a população de idosos tende a aumentar: em 2050 serão 2 bilhões de pessoas com mais de 60 anos.

Assim, é urgente que os governos encontrem formas de garantir uma velhice minimamente confortável e segura a seus cidadãos. Uma das preocupações, por exemplo, é treinar e capacitar cuidadores e familiares para lidar com os mais velhos. A criação de espaços sociais adequados e médicos especializados nessa faixa etária também são medidas importantes.

No Brasil a proporção de idosos é alta e tende a aumentar nos próximos anos. Com a melhoria da qualidade de vida e os avanços da medicina, o processo de envelhecimento da população se intensificou. Hoje, as pessoas com 60 anos ou mais já representam cerca de 13% da população do país, isto é, cerca de 26 milhões de pessoas.

O mais triste é que no Brasil os idosos enfrentam muitas dificuldades e sofrem vários tipos de violência: agressões físicas e psicológicas, abandono e exploração financeira. Do primeiro trimestre de 2011 até o primeiro trimestre de 2014, o Disque-100 (serviço gratuito da Presidência da República de denúncia de violação de Direitos Humanos) registrou 77 059 denúncias de violações de direitos humanos contra pessoas idosas.

E sabe quem são os principais responsáveis por essa violência? As próprias famílias, justamente aqueles que melhor deveriam cuidar dos mais velhos.

Neoliberalismo: bom para quem?

A promessa de que as políticas neoliberais resolveriam os problemas econômicos, reduzindo a pobreza no mundo e acelerando o desenvolvimento global, não se efetivaram na prática. Muitos estudos revelam que esse tipo de política deixou a **população mais pobre** e sem assistência do Estado. Quem enriqueceu foram as empresas privadas e os grupos mais ricos da sociedade. Além disso, nas últimas décadas, o mundo se viu às voltas com crises econômicas que colocaram em risco a própria economia mundial.

Em 2008, teve início nos Estados Unidos uma crise de grandes proporções que atingiu todos os países do mundo. Uma de suas causas foi justamente o afrouxamento do controle exercido pelo Estado sobre os sistemas financeiros (uma das propostas dos neoliberais).

Sem o controle do Estado, bancos poderosos e grandes seguradoras desenvolveram formas de especulação que antes eram proibidas. Quando esse sistema veio abaixo em 2008, empresas de financiamento, bancos e seguradoras de vários lugares do mundo decretaram falência.

Em foto de 2015, acampamento de pessoas sem-teto na cidade de Seattle, no estado de Washington, Estados Unidos. O cartaz de papelão brinca com a frase *Home Sweet Home* (Lar Doce Lar) pois a palavra *homeless* corresponde a sem-teto.

David Ryder/Reuters/Latinstock

As **bolsas de valores** do mundo inteiro despencaram e teve início uma crise mundial. O desemprego aumentou muito nos países que aplicaram políticas neoliberais, inclusive nos Estados Unidos. Contra os princípios do neoliberalismo, mais de 4 trilhões de dólares foram injetados na economia pelos governos de diversos países para impedir o agravamento da crise.

No início de 2015, alguns países apontavam uma leve melhora de sua situação econômica. Os Estados Unidos, por exemplo, apresentaram um pequeno crescimento econômico e diminuição nos índices de desemprego. Ainda assim o país começou o ano com quase 6% de sua população desempregada.

Também em outros lugares do mundo a situação econômica ainda era grave no início de 2015. Muitos países europeus, por exemplo, continuavam com taxas de desemprego bastante altas e taxa de crescimento econômico muito baixas. A economia mundial só não estava pior porque alguns países de desenvolvimento médio (nem muito pobres nem muito ricos), que haviam resistido a certas propostas neoliberais, tiveram melhor desempenho econômico no período pós-2008. Esse tem sido o caso das nações reunidas na sigla **BRICS**.

Bolsa de Valores: é um tipo de instituição na qual são vendidos papéis chamados de ações que representam frações do capital de uma empresa. Os preços dessas ações variam de acordo com a situação da empresa e da economia. Quando se diz que uma bolsa despencou, significa que o valor das ações de todas as empresas caiu repentinamente e de forma acentuada.

BRIC: é uma sigla composta das letras iniciais de quatro países: Brasil, Rússia, Índia e China. Esses países são considerados potências emergentes, pois têm tido um crescimento econômico significativo. Em 2011, a África do Sul também passou a fazer parte do grupo, por isso a sigla que os representa ganhou um *s* (de South Africa, nome em inglês da África do Sul): **BRICS**.

Jon Nazca/Reuters/Latinstock

Manifestantes protestam no segundo aniversário do movimento 15-M em Málaga, sul da Espanha, em 12 de maio de 2013. O movimento teve início em 15 de maio de 2011 e ficou conhecido como 15-M ou "Revolução Espanhola". Começou nas redes sociais e internet, convocando a população a repudiar a corrupção do governo e a falta de oportunidade para os jovens. Reuniu multidões em dezenas de cidades da Espanha e acabou se estendendo para a comunidade espanhola na Itália, Inglaterra, Estados Unidos e México, entre outros países.

Você sabia?

Nem todos os países do mundo aceitaram sem restrições as propostas do neoliberalismo. Em alguns deles, os governos procuraram estabelecer limites para a política neoliberal. Foi o caso dos governos da China e da Índia. Eles exigiram, por exemplo, que as empresas estrangeiras que desejassem fazer investimentos em seus territórios o fizessem em associação com empresas nacionais. Impediram assim que as empresas nacionais fossem absorvidas pelas estrangeiras. Talvez não seja por acaso que a China e a Índia sejam os países cujas economias têm apresentado os mais altos índices de crescimento nas últimas décadas.

Outro mundo é possível?

A crise iniciada em 2008 agravou as condições de vida dos grupos de baixa renda em quase todos os países e aumentou a disparidade entre ricos e pobres no mundo. Houve uma explosão da desigualdade, o que dificulta a luta contra a pobreza global. Calcula-se hoje que 1% da população mundial tem mais riqueza do que os restantes 99% da população do planeta.

A fome, o desemprego, a falta de saneamento básico em muitas regiões do mundo se tornaram ainda maiores. No começo de 2015, cerca de 201 milhões de pessoas da **população economicamente ativa** estavam desempregadas no mundo, 31 milhões a mais que antes da crise iniciada em 2008.

A Z

População economicamente ativa: é formada pelas pessoas em idade de trabalhar.

Por todos esses problemas, a política neoliberal vem sendo alvo de críticas em vários lugares do mundo. Essas críticas, em muitos casos, são acompanhadas de movimentos formados por pessoas de diferentes origens e condições sociais.

Você sabia?

Como o neoliberalismo está muito associado à globalização, de modo geral, as manifestações contrárias ao neoliberalismo são conhecidas como *movimentos antiglobalização*. Mas o curioso é que esses movimentos também são globalizados: muitos se organizam em vários países de forma simultânea. Quase todos utilizam a internet como instrumento de mobilização. Uma de suas formas de ação é o boicote mundial a determinados produtos.

Esses movimentos envolvem uma grande variedade de críticas e reivindicações. Alguns criticam o agronegócio e argumentam que a agricultura familiar é a única que pode produzir sem agrotóxicos e de maneira diversificada. Outros, como os ecologistas, protestam contra a destruição da natureza para favorecer o consumo desenfreado.

Organizações Não Governamentais (ONGs) de direitos humanos denunciam empresas transnacionais que usam trabalho análogo à escravidão, muitas vezes empregando crianças em suas fábricas.

Até mesmo os Estados Unidos, a maior economia liberal do mundo, passaram a ser alvo de manifestações. A partir de 2011 diversas cidades estadunidenses, inclusive Nova York, foram sacudidas por manifestações contra a ganância dos banqueiros e a impunidade dos responsáveis pela crise de financeira de 2008. No Japão, na Espanha e em várias outras cidades europeias passaram a ocorrer manifestações contra a política econômica neoliberal, que beneficiava algumas poucas pessoas em detrimento da maioria (veja a seção *Raio X* na página a seguir). Na Grécia, as manifestações antiliberais influenciaram as eleições. No final de 2014 foi eleito um governo de esquerda com um discurso de austeridade contrário ao receituário neoliberal que levou o país a uma taxa de desemprego de 27,8%.

Em foto de 2015, manifestação pacífica contra a Otan (NATO) em Munique, Alemanha.

Sergey Kuznetzov/Alamy/Glow Images

Raio X

Que documento é este?

É uma fotografia que mostra uma manifestação organizada pelo *Anonymous*, rede de entidades ativistas que se define como um "movimento da internet" com "estrutura de comando descentralizada, que opera mais pelas ideias do que por diretrizes". A rede *Anonymous* atua em diversos lugares do mundo, mobilizando pessoas pela internet para participar de movimentos em defesa da liberdade de expressão, da liberdade na internet e a favor dos direitos das pessoas contra atitudes autoritárias dos governos.

Jorge Dan Lopez/Reuters/Latinstock

Manifestantes do grupo *Anonymous* protestam na Guatemala contra a corrupção no governo do país. Foto de 2015.

Qual o significado da máscara usada pelos manifestantes?

A máscara faz referência a um personagem de ***V de Vingança*** (no original, ***V for Vendetta***), série de *graphic novels* escrita por Alan Moore, ilustrada por David Lloyd e adaptada para o cinema em ***V de Vingança***, filme de 2005 dirigido por James McTeigue. Publicada entre 1982 e 1988 (no Brasil, em 1989), a HQ se passa no Reino Unido, em um futuro imaginário em que um misterioso revolucionário luta contra um governo totalitário. Esse personagem usa uma máscara estilizada de Guy Fawkes (1570-1606), figura real da história da Inglaterra, um soldado que participou de um complô para assassinar o rei absolutista Jaime I. Na época, a conspiração foi descoberta e Fawkes foi condenado à morte por traição e tentativa de assassinato.

O grupo *Anonymous* adotou como emblema a máscara de Guy Fawkes, que ficou conhecida em manifestações ao redor do mundo como um símbolo da luta do povo contra a opressão.

É possível interpretar um documento sem conhecer o contexto em que foi produzido?

Como vimos em outras atividades desta seção, um documento traz diversas informações que podem ser compreendidas apenas por meio de sua análise.

No caso da máscara usada pelo *Anonymous*, porém, temos uma situação diferente. A máscara em si não traz informações suficientes. Sua escolha pelos ativistas provavelmente se baseou na história da personagem da HQ e do filme. Acontece que por trás dessas representações existe um personagem histórico real. Assim, para entender a origem dessa máscara é necessário conhecer o contexto histórico. No século XVII, Guy Fawkes foi visto pelo Estado como traidor, mas seus companheiros e apoiadores o viam como um símbolo da luta contra a opressão. Essa referência simbólica foi também adotada pelo *Anonymous*.

Como vimos neste livro, os pontos de vista mudam ao longo do tempo, assim como os significados atribuídos aos sujeitos históricos. Ou seja: assim como neste exemplo, fatos e evidências históricas precisam estar contextualizados para serem mais bem interpretados.

O terrorismo

CONTEÚDO DIGITAL

Fundamentalista: é uma forma de extremismo religioso que defende seus dogmas como verdade indiscutível. No caso dos muçulmanos, os fundamentalistas pretendem impor sua versão da lei islâmica ao Estado e à sociedade. Há também fundamentalistas em outras crenças religiosas, não só entre os muçulmanos.

A essa insatisfação difusa que percorre o mundo juntaram-se, em alguns lugares, fatores de ordem cultural. É o que ocorre no Oriente Médio com grupos muçulmanos **fundamentalistas**, que rejeitam os costumes ocidentais. Alguns desses grupos vêm utilizando outra forma de manifestar seu descontentamento: o terrorismo.

Para os fundamentalistas islâmicos, a globalização é uma ameaça aos valores culturais, éticos e religiosos cultivados em seus países. Alguns acreditam que a televisão, o cinema, a música e a publicidade do mundo ocidental estariam corrompendo os valores tradicionais dessas sociedades.

Diante do que consideram uma "ameaça" a seus valores, grupos islâmicos radicais passaram a lançar ataques terroristas em diferentes lugares do mundo. O maior desses ataques ocorreu em setembro de 2001, quando o grupo conhecido como *Al-Qaeda* promoveu vários atentados simultâneos nos Estados Unidos. Um deles destruiu as Torres Gêmeas do World Trade Center, em Nova York, provocando a morte de milhares de pessoas.

Em represália, o governo dos Estados Unidos deu início a uma série de ações militares contra países que, segundo ele, poderiam abrigar ou dar apoio a grupos terroristas. Essa política ficou conhecida como **Guerra ao Terror**.

Em nome dessa suposta Guerra ao Terror, forças dos Estados Unidos, à frente de tropas de outros países, invadiram o Afeganistão em 2001. Em 2003, invadiram também o Iraque. Dessa vez, o pretexto foi a suspeita de que o governo desse país promovia a produção de armas de destruição em massa. Suspeita que nunca foi confirmada.

Em 2011, Osama bin Laden, o principal acusado pelo ataque às Torres Gêmeas, foi assassinado por forças estadunidenses. Entretanto, outros grupos fundamentalistas que atuam por meio do terror, promovendo ataques e realizando sequestros, continuam a agir em diversos lugares do mundo. Veja no boxe a seguir os principais grupos extremistas que ameaçam o mundo.

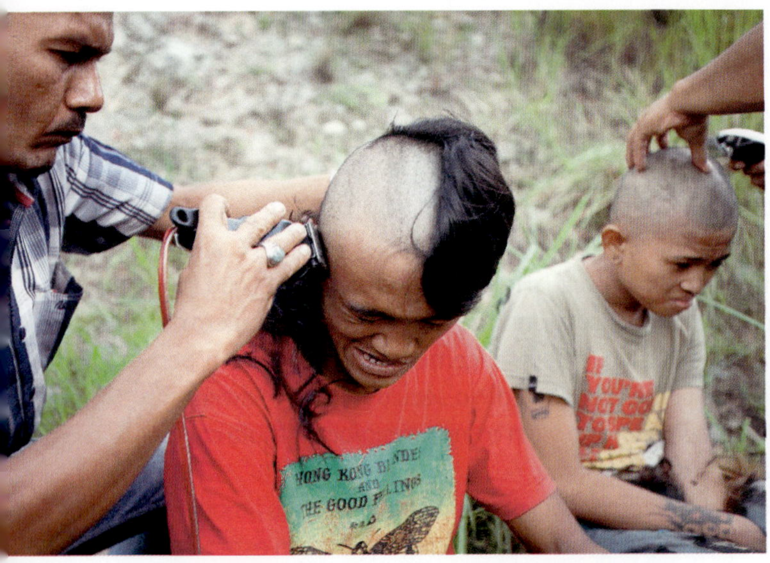

Chaideer Mahyuddin/Agence France-Presse

Após um *show* de *punk rock* na capital da província de Aceh, governada por islâmicos conservadores, a polícia prendeu 65 jovens, que foram forçados a cortar o cabelo, tomar banho em um lago, trocar de roupa e orar. A justificativa da polícia foi que "os jovens estavam manchando a imagem da província islâmica". Foto de dezembro de 2011.

Corneilius Poppe/Agência France-Presse

Aos 15 anos de idade, a paquistanesa Malala Yousafzai foi atacada por fundamentalistas islâmicos com tiros na cabeça por defender o acesso das meninas e dos adolescentes à educação. Em 2014, Malala dividiu o Prêmio Nobel da Paz com Kailash Satyarthi, ativista indiano defensor dos direitos das crianças. Na foto, Malala discursa durante a cerimônia em Oslo, Noruega. Foto de 2014.

Grupos extremistas

Nos últimos anos, têm se tornado comuns notícias de assassinatos brutais de civis, filmados e publicados na internet, e matérias sobre o treinamento militar de crianças que se tornam guerrilheiras precoces de alguns grupos. Alguns desses grupos passaram a queimar livros e destruir obras de arte que representam outras religiões.

Veja a seguir os principais grupos que ocupam o noticiário por atos extremistas.

Al-Qaeda

Origem: Afeganistão, 1988; atua nesse país e também no Paquistão, Quênia, Síria, Índia, Somália. Ações eventuais em países da Europa e dos Estados Unidos.

Objetivo: Combater a influência ocidental nos países muçulmanos – atacando inclusive governos islâmicos considerados "liberais demais"– e implantar a **sharia**, *o código moral islâmico interpretado de forma extrema pelo grupo. O assassinato de civis, por exemplo, é permitido em prol dos objetivos dos terroristas. A Al-Qaeda ganhou notoriedade após os atentados de 11 de setembro de 2001 e espalhou o terrorismo por países do Ocidente, do Oriente Médio e da África, influenciando várias outras organizações.*

Taleban

Origem: Afeganistão e Paquistão, 1994.

Objetivo: O grupo governou o Afeganistão de 1996 até a invasão estadunidense em 2001, quando foi tirado do poder pelos Estados Unidos sob a acusação de proteger Osama bin Laden e terroristas da Al-Qaeda, de quem o Taleban era aliado. Mas o grupo continuou ativo no país, com a meta de implementar a sharia, *assim como no Paquistão, onde tem o nome de Tehrik-i-Taliban Pakistan e promove sucessivos ataques. O governo paquistanês, que já foi próximo do grupo na época do domínio talibã no vizinho Afeganistão, tenta dialogar com os terroristas em seu país, sem sucesso. Já o Afeganistão recebe treinamento de contraterrorismo das forças dos Estados Unidos e da Otan, mas não consegue extinguir os ataques.*

Atentados notórios: massacre em escola de Peshawar, no Paquistão, 16 de dezembro de 2014 (145 mortos, incluindo 132 crianças); ataque a um mercado em Mohmand Agency, Paquistão, em 9 de julho de 2010 (104 mortos); tentativa de assassinato da adolescente ativista Malala Yousafzai, ganhadora do prêmio Nobel da Paz de 2014, em 9 de outubro 2012. O Tehrik-i-Taliban Pakistan assumiu a autoria dos três atos.

Estado Islâmico

Origem: Iraque e Jordânia, 1999, como "Organização do Monoteísmo e Jihad"; atua também na Líbia e Síria.

Objetivo: Dissidente da Al-Qaeda no Iraque, o grupo se estruturou e tomou o mundo de surpresa em 2014 quando conseguiu ocupar territórios e criar um califado entre a Síria e o Iraque, onde hoje se concentra. Mesmo sofrendo constantes ataques aéreos dos Estados Unidos e sendo combatido por Egito, Jordânia, Iraque e Síria, além de forças curdas, o Estado Islâmico assusta tanto pelo avanço militar quanto pelos brutais assassinatos cometidos contra reféns e cidadãos vistos como inimigos do regime. O grupo também governa a partir da sharia, *o código moral islâmico interpretado de forma radical. Seu líder, Abu Bakr al-Baghdadi, é apontado pelos terroristas como sucessor de Maomé, e o Estado Islâmico exige que os muçulmanos prestem sua devoção a ele. O alcance da organização não fica restrito à área invadida: com os recentes recrutamentos de ocidentais, o Estado Islâmico tem se tornado uma ameaça também na Europa e na América do Norte, que temem atentados em seus próprios países e a saída de cidadãos, muçulmanos ou não, para se juntar ao grupo.*

Boko Haram

Origem: Nigéria, 2002; atua na Nigéria, no Chade, em Níger e em Camarões.

Objetivo: O Boko Haram é mais um grupo que busca a implantação da sharia, *que seria incorporada na Nigéria, o país mais populoso da África, a partir de um golpe. Os terroristas têm sua base no norte do país, de maioria muçulmana, onde dominam um território de aproximadamente 50 mil* m^2. *Mas o sul, região da capital Lagos e majoritariamente cristão, também começa a sentir as ameaças. Os sequestros e assassinatos em massa, no entanto, ocorrem principalmente no norte e na região central do país. Nigéria, Camarões e Chade, com apoio técnico e financeiro dos Estados Unidos, tentam combater o Boko Haram, que até o momento tem se mostrado uma ameaça concentrada apenas na África Ocidental. Em abril de 2014 o grupo sequestrou 276 meninas de uma escola (219 ainda estavam desparecidas em março de 2015) e já promoveu assassinatos em massa.*

Adaptado de: UOL. *Entenda o que querem e como surgiram os grupos extremistas que ameaçam o mundo*, 27 fev. 2015. Disponível em: <http://noticias.uol.com.br/internacional/ultimas-noticias/2015/02/27/entenda-o-que-querem-os-grupos-extremistas-que-ameacam-o-mundo.htm>. Acesso em: 27 fev. 2015.

Você sabia?

Somente em 2011 o governo estadunidense retirou seus soldados do Iraque. De acordo com o *site* Iraq Body Count, entre 2003 e 2011, pelo menos 114 mil civis morreram vítimas das ações militares ocorridas no país. Muitas dessas pessoas eram crianças e jovens com menos de 18 anos. Quanto ao Afeganistão, a previsão do governo estadunidense era retirar seus militares do país em 2014.

atividades

Interpretando documentos

No texto a seguir, o religioso Frei Betto sugere algumas ideias sobre o combate ao terrorismo. Depois de lê-lo, responda às questões no caderno.

[...]

Haveria paz se os países mais ricos se aliassem, não para bombardear um povo miserável como o do Afeganistão ou do Iraque, mas para combater as causas do terror. Como evitar o terrorismo se o capital goza no planeta de uma liberdade de circulação negada às pessoas; se um passageiro é arrancado de um voo por ter cara de árabe; se o governo dos Estados Unidos rasga o **Protocolo de Kyoto***, de proteção ambiental; e se retira da* **Conferência de Durban** *sobre o racismo?* [...]

O atentado terrorista aos Estados Unidos, em 11 de setembro (de 2001), foi hediondo. Condenável sob todos os aspectos. Mas deveria ao menos servir para o Ocidente meditar sobre suas relações com a África, a Ásia e a América Latina. O que resta na África após décadas de colonização italiana, belga, francesa e inglesa?

Miséria, guerras, epidemias. A Aids ameaça, hoje, a vida de 25 milhões de africanos.

Não podemos mudar de planeta, ao menos por enquanto. Se as nações ricas querem vencer o terrorismo, só há uma solução: vencer as causas que produzem terroristas. O que significa investirem seus recursos para que a vida digna e feliz [...] *seja um direito de todos, e não privilégio de uma minoria.*

[...]

Adaptado de: FREI BETTO. *A paz dos meus sonhos.*
Disponível em: <http://tinyurl.com/75283qf>.
Acesso em: 18 fev. 2015.

A Z

Protocolo de Kyoto: acordo estabelecido entre os governos de diversos países em 1997, em Kyoto, no Japão, para reduzir a emissão dos gases que provocam o aquecimento exagerado da atmosfera.

Conferência de Durban: conferência mundial contra o racismo, a discriminação racial e a intolerância realizada em Durban, na África do Sul, em 2001.

1. Segundo Frei Betto, o terrorismo no mundo contemporâneo está intimamente ligado à questão social. Assinale passagens do texto em que o autor deixa isso claro. Em seguida, escreva um pequeno texto com as razões pelas quais você concorda ou não com a opinião do autor.

2. Reúnam-se em grupos. Cada grupo deverá escrever a letra de uma canção que tenha como tema central a busca pela paz. Em seguida, mostrem o texto à classe.
   - Se alguém de seu grupo souber tocar algum instrumento musical, peçam a ajuda desse colega para interpretar a canção.

3 O Brasil no fim da ditadura

A política econômica neoliberal chegou ao Brasil durante o governo de Fernando Collor de Melo, primeiro presidente eleito de forma direta após o período de ditadura militar (sobre o governo militar, releia o Capítulo 7). Collor assumiu a presidência em 1990, quando o país vivia uma séria crise econômica, provocada, entre outros fatores, por uma grande dívida externa e uma inflação muito alta.

Essa situação de crise era decorrente, principalmente, da política econômica dos governos militares, que contraíram muitos empréstimos no exterior. Em 1985, ao terminar o ciclo militar, a dívida externa brasileira era altíssima – 105 bilhões de dólares.

Os militares haviam praticado também uma política protecionista em relação à indústria nacional. Argumentando ser necessário defender as empresas nacionais da concorrência estrangeira, os governos militares impediram, de diversas formas, que produtos do exterior viessem para o Brasil. Ao mesmo tempo, passaram a fornecer **subsídios** às empresas nacionais. O dinheiro desses subsídios vinha de empréstimos de bancos estrangeiros.

Norma Albano/Agência Estado

Consumidores observam prateleiras vazias em supermercado da cidade de São Paulo (SP) durante o Plano Verão, pacote econômico do governo Sarney, lançado em 1989.

A Z

Subsídios: neste caso, ajuda financeira concedida pelo Estado a empresas particulares ou estatais.

A indústria sucateada

Acomodados a essa situação protecionista, os empresários brasileiros não investiam na modernização do parque industrial nem em inovações tecnológicas. Assim, tanto as empresas como os produtos brasileiros ficaram cada vez mais desatualizados em relação aos similares estrangeiros, perdendo competitividade.

No final da década de 1970 e no começo dos anos 1980, a situação internacional mudou. Em 1979, os preços internacionais do petróleo deram um salto. O Brasil foi particularmente prejudicado por esse aumento, pois importava grandes quantidades do produto.

Ao lado disso, os juros dos empréstimos que o governo brasileiro contraía junto aos bancos estrangeiros também aumentaram. Nessas circunstâncias, a dívida externa disparou. Com o aumento da **dívida externa** e dos preços do **petróleo,** teve início uma **inflação** que cresceria a taxas alarmantes nos **anos 1980** (veja a seção *Você sabia?* a seguir). Muitas indústrias entraram em crise ou faliram. O desemprego aumentou.

Redi/Acervo Última Hora

Charge de Redi sobre o alto custo de vida no país, publicada no jornal *Última Hora*, edição de 25 de janeiro de 1971.

Você sabia?

A inflação é um processo muito pernicioso para a sociedade. Diante da alta dos preços, os grupos mais ricos passam a investir no sistema financeiro. Isso significa que em vez de aplicar seu dinheiro em negócios que gerem empregos – fábricas, comércio, serviços –, essas pessoas preferem especular na Bolsa de Valores ou aplicar seu dinheiro em fundos bancários de investimento. Para os trabalhadores, a situação é ainda pior. Se a inflação é muito alta, as mercadorias são remarcadas quase diariamente, mas o salário é o mesmo no final do mês. Essa diferença resulta na perda do poder de compra do trabalhador.

4 A volta do governo civil

Como vimos no Capítulo 7, em 1985 ocorreram eleições indiretas para presidente da República. Venceu o candidato da oposição, Tancredo Neves. Antes de tomar posse, porém, o presidente eleito faleceu. Quem assumiu o cargo foi o vice-presidente eleito José Sarney (1985-1990). Durante o governo Sarney, a **inflação** subiu a níveis altíssimos e a **crise econômica** se acentuou.

As primeiras eleições livres e diretas para presidente ocorreriam em 1989. O vencedor foi Fernando Collor de Melo, que no segundo turno das eleições concorreu com Luiz Inácio Lula da Silva, ex-operário, líder das greves no ABC paulista entre os anos 1970 e 1980. Collor prometia "modernizar" o país e acabar com a inflação.

Estabilidade financeira e privatizações

Quando Collor assumiu a Presidência, em março de 1990, a inflação girava em torno de 84% ao mês (só para você ter uma ideia do que isso representa, em 2011 a inflação chegou a 6,3% ao ano).

Jonas Cunha/Agência Estado

Em 21 de agosto de 1992, no Rio de Janeiro (RJ), estudantes participam de manifestação pedindo o *impeachment* do presidente Fernando Collor de Mello.

Apesar das promessas de campanha, o governo de Fernando Collor não conseguiu acabar com a inflação. Já a política "modernizante" se traduziu principalmente na implantação de **políticas neoliberais** no país. Durante o período em que Collor governou (1990-1992), dezoito empresas estatais foram privatizadas. A primeira foi a Usiminas, siderúrgica localizada em Ipatinga (MG) e uma das estatais mais lucrativas do país.

Foi também nesse momento que houve a redução das tarifas de importação e o mercado brasileiro passou a receber grande variedade de produtos estrangeiros. Esse processo levou à **falência** diversas empresas nacionais e elevou substancialmente o **desemprego** e a **pobreza**.

Dois anos após ter iniciado seu governo, diversas denúncias de corrupção e uma intensa campanha popular levaram Fernando Collor a sofrer um processo de ***impeachment***. Com isso, ele se afastou da Presidência. Foi substituído no cargo pelo vice-presidente Itamar Franco.

A Z

Impeachment: palavra da língua inglesa que significa impedimento ou impugnação de mandato. É uma medida pela qual o Poder Legislativo afasta do cargo um governante que pratica crime de responsabilidade.

Governos FHC

Durante o governo de Itamar Franco o Brasil alcançou estabilidade econômica. Isso foi conseguido por meio do Plano Real, um plano econômico posto em prática pela equipe do então ministro da Fazenda Fernando Henrique Cardoso. Com o Plano Real, a inflação foi controlada e a economia voltou a apresentar índices positivos.

Amparado pelo controle da inflação, Fernando Henrique Cardoso (FHC) se candidatou à Presidência, derrotando seu principal adversário, Luiz Inácio Lula da Silva em 1994. Em 1998, Fernando Henrique seria **reeleito presidente**, novamente vencendo Lula.

O governo de Fernando Henrique ampliou ainda mais as políticas de estabilização econômica. Também ampliou a aplicação da política neoliberal no país. Diversas estatais brasileiras foram vendidas ao capital privado, como a Companhia Vale do Rio Doce, uma das maiores produtoras e exportadoras de minério de ferro do mundo, e a Companhia Siderúrgica Nacional.

Ao mesmo tempo, o governo de Fernando Henrique Cardoso também contabilizou alguns avanços importantes. No plano político, a Lei de Responsabilidade Fiscal, que obriga os governantes a não gastar mais do que arrecadam, foi implementada. No plano social, diminuíram os índices de mortalidade infantil e de crianças fora da escola. Seu governo também promoveu importantes avanços no combate à Aids.

Lula Marques/Folhapress

Durante o governo de Fernando Henrique Cardoso (1995-2002), o Ministério da Saúde lançou diversos programas de combate à Aids, como este *Livro da Família*, em 1999.

Governo Federal/Ministério da Saúde

Cartaz elaborado pelo Ministério da Saúde. Foto sem data.

5 O Brasil do século XXI

Leia o livro *Carvoeirinhos*, de Roger Mello, Companhia das Letrinhas.

A implantação da política neoliberal acentuou uma das mais perversas características do Brasil: a desigualdade social e econômica.

Para se ter uma ideia, em 2002 o Coeficiente Gini referente ao Brasil era de 0,545. Esse é um cálculo usado internacionalmente para medir a concentração de renda: quanto mais próximo de 0, mais igualitário o país; quanto mais próximo de 1, maior a concentração de renda. No caso do Brasil, esse índice revelou a existência no país de um pequeno número de pessoas muito ricas, cercadas por uma multidão de pessoas muito pobres.

Dados oficiais do período também apontam que 53 milhões de brasileiros viviam abaixo da linha da pobreza. Isso significa dizer que essas pessoas viviam com cerca de dois dólares por dia – não tinham renda suficiente para cobrir os gastos mínimos de alimentação, moradia, transporte e vestuário. E para piorar, cerca de 23 milhões de pessoas desse mesmo grupo viviam em situação ainda pior: na indigência, sobrevivendo com menos de um dólar por dia. A taxa de desemprego girando em torno de 9% era um agravante dessa situação.

Insatisfeitos com essas disparidades, os movimentos sociais e amplos setores da população elegeram Luiz Inácio Lula da Silva para presidente do Brasil em 2002. Oriundo do movimento sindical e com um discurso de prioridade para a área social, Lula foi eleito duas vezes, tendo governado o Brasil de 2003 a 2006 e de 2007 a 2010.

Durante os dois mandatos de Lula, o Brasil se destacou por ser uma das nações do mundo cuja economia cresceu, apesar da grave crise mundial. O desemprego, que em 2001 era da ordem de 9,3%, em outubro de 2011 havia caído para 5,8 %.

Cesar Diniz/Pulsar Imagens

Professor e aluno escrevem na lousa na Escola Municipal Vereador Manoel Domingos Pereira, em Alcântara (MA). Foto de 2014.

Houve também uma grande redução da pobreza no país, graças, em parte, ao programa *Bolsa Família* de distribuição de renda, implementado pelo governo Lula. Durante os oito anos de seus governos, em média, a renda dos mais ricos subiu 10%, enquanto a dos mais pobres cresceu 68%. Isso significa que 13,1 milhões de pessoas consideradas muito pobres conseguiram sair dessa condição. Essa melhoria das condições socais do país fez como que, ao final de seu segundo governo, Lula conseguisse eleger sua candidata Dilma Rousseff em 2010. Continuando com a política de melhoria das condições sociais das famílias muito pobres, Dilma também se reelegeu para um segundo mandato em 2014, para governar de 2015 a 2018.

Que país queremos construir?

Mesmo com esses avanços, o Brasil ainda tem muitos problemas para resolver. É o caso da concentração de terras nas mãos de um pequeno grupo de latifundiários e empresários do agronegócio, do desmatamento da Amazônia, dos problemas ambientais. Também permanecem as constantes violações dos direitos indígenas e dos quilombolas (principalmente a tomada de suas terras); problemas da infraestrutura básica do país, que impedem a circulação de produtos com eficiência e rapidez; a situação da educação que ainda não tem a qualidade necessária para formar profissionais competitivos para o mercado de trabalho, entre outros problemas.

A corrupção, tanto na esfera pública como na esfera privada, é outro entrave ao pleno desenvolvimento da sociedade brasileira. Milhões de reais dos cofres públicos são desviados para as contas bancárias de políticos corruptos. Esses recursos poderiam ser usados para a construção de escolas e hospitais e para melhorar as condições de vida dos setores mais carentes da população. Particularmente nos últimos anos, a sociedade brasileira foi bombardeada por inúmeras denúncias de corrupção envolvendo funcionários públicos, políticos, membros dos governos e diretores de empresas privadas. Essas denúncias ajudaram a engrossar as manifestações que sacudiram o país a partir de 2013.

Você sabia?

Conhecido como *Manifestações dos 20 centavos*, *Manifestações de junho* ou *Jornadas de junho*, o movimento que tomou as ruas do país em 2013 começou com passeatas organizadas pelo Movimento Passe Livre (MPL), que contestava o aumento das tarifas de transporte. A violência policial desproporcional aos atos organizados pelo MPL provocou indignação e apoio ao movimento, levando milhares de pessoas às ruas em todo país.

Essas mobilizações não tinham uma plataforma única de reivindicações. Indivíduos e grupos protestavam contra o aumento das tarifas dos transportes, o excesso de gastos com as obras para a Copa do Mundo de 2014, a violência policial contra a população pobre e/ou negra, as denúncias de abusos e corrupção da esfera governamental.

Edson Grandisoli/Pulsar Imagens

Manifestantes do Movimento Passe Livre em frente à Catedral Metropolitana de São Paulo (SP) em junho de 2013.

A situação dos grupos vulneráveis

A situação de grupos sociais, étnicos e sexualmente desprotegidos é particularmente difícil no Brasil, uma vez que esses grupos sofrem diversos tipos de preconceito. É o caso das mulheres, dos negros, homossexuais, indígenas, trabalhadores rurais sem-terra, entre outros grupos.

As mulheres em geral recebem salários até 20% inferiores aos dos homens e encontram menos oportunidades de emprego no mercado de trabalho. Em situação semelhante vivem os negros, que enfrentam maiores dificuldades que os brancos para ter acesso à educação e à saúde. E além dessas desigualdades econômicas e sociais, todos esses grupos enfrentam outro grave problema da sociedade brasileira: a violência.

Violência: de quem é a culpa?

Os números são estarrecedores: em 2012 morreram no Brasil 112,709 pessoas vítimas da violência. São casos de assassinatos, violência no trânsito, entre outros. Esses dados indicam o país como o sétimo mais violento do mundo. O Brasil ocupa a mesma vergonhosa posição quanto a assassinatos de jovens (população de 15 a 29 anos) e ainda ocupa o quarto lugar mundial no *ranking* de acidentes de trânsito.

Segundo dados da ONU, o Brasil tem uma das polícias mais violentas do mundo: 6,11 pessoas foram mortas por dia, em 2013. Em cinco anos, a polícia brasileira matou cinco vezes mais pessoas do que a polícia dos Estados Unidos em 20 anos (e os EUA têm cerca de cem milhões de habitantes a mais que o Brasil).

Em relação à mulher a situação não é diferente: entre 2009 e 2011 foram registrados 16,9 mil feminicídios, ou seja, morte de mulheres por conflito de gênero (situação em que a pessoa é morta por ser mulher). É igualmente grave o quadro de violência homofóbica no Brasil: no ano de 2012, foram reportadas 27,34 violações de direitos humanos de caráter homofóbico por dia.

Nem mesmo a infância e a adolescência escapam da violência: segundo dados do IBGE, um em cada cinco jovens na faixa dos 13 aos 15 anos pratica **bullying** no Brasil.

Como podemos observar, a violência está disseminada pela sociedade brasileira. E de quem será a responsabilidade por um país tão violento? Talvez de todos nós.

Estudos apontam que quanto maior a desigualdade social e econômica em um país, maior o índice de violência nessa sociedade. As sociedades com alto índice de escolarização, com oportunidades iguais de acesso a trabalho, moradia e educação tendem a ser menos violentas. Nesse sentido, o governo do Brasil, em todas as suas instâncias, é responsável por criar condições para que todos tenham boas oportunidades de vida, contribuindo assim para a diminuição da violência.

A Z

Bullying: expressão da língua inglesa (*bully* = 'valentão') que se refere a todas as formas de atitudes agressivas, verbais ou físicas, intencionais e repetitivas, dirigidas a uma pessoa ou a um grupo.

Fabio Rodrigues Pozzebom/ABr/Radiobrás

Na foto, Maria da Penha Maia Fernandes, que ficou paraplégica depois que seu então marido tentou assassiná-la. Sua luta pela condenação do ex-marido levou o governo a aprovar em 2006 a Lei Maria da Penha, que visa coibir a violência doméstica e familiar contra a mulher. Foto de 2013.

Entre outras tarefas que competem ao governo podemos citar, por exemplo, a desmilitarização da polícia, assim como o treinamento de policiais para tratar a população com dignidade.

Mas nem todas as medidas para combater a violência dependem do governo. Boa parte da violência no Brasil envolve ações, comportamentos e atitudes das pessoas no dia a dia. Muitos casos de violência no trânsito, por exemplo, são provocados por motoristas que dirigem alcoolizados. Outros tipos de violência estão relacionados a atitudes de ódio, preconceito, racismo e homofobia. Por isso, para combater a violência em nosso país, precisamos refletir sobre nossos comportamentos e mudar nossas atitudes.

Governo Federal/Secretaria dos Direitos Humanos

Cartaz divulgado em 2011.

As diferenças de gênero, etnia, religião, opiniões e preferências de cada um não justificam a prática da violência e a disseminação do ódio. O mundo em que vivemos foi construído por diferentes sociedades e culturas ao longo da História. Se desejamos um mundo melhor do que este em que vivemos hoje, será necessário fazer a nossa parte.

Se de fato desejamos um Brasil melhor, onde os direitos de todos sejam respeitados, precisamos respeitar a integridade física e as escolhas dos outros. Além da igualdade de condições a todos os brasileiros, precisamos também garantir o respeito à diversidade e à diferença.

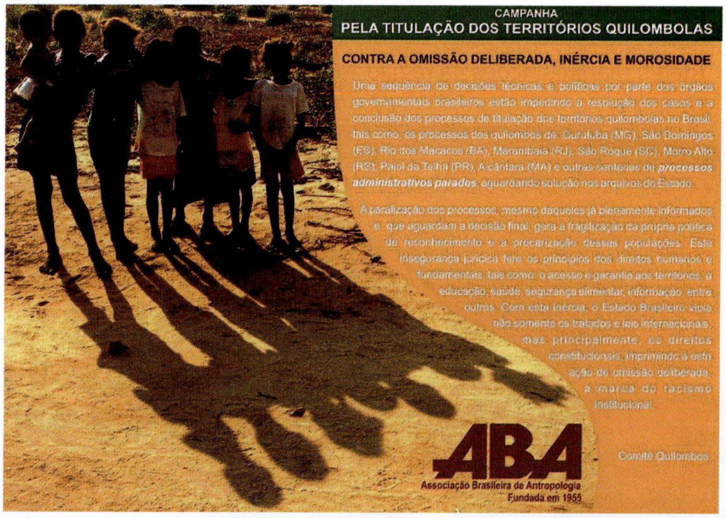

Reprodução/Associação Brasileira de Antropologia

Cartaz da Campanha Nacional pela Regularização de Terras Quilombolas. Foto de 2014.

Marcelo Camargo/ABr/Radiobrás

Lideranças indígenas promovem a Semana de Mobilização Nacional Indígena 2015 no Acampamento Terra Livre (ATL), montado na Esplanada dos Ministérios, em Brasília (DF). Foto de 2015.

Enquanto isso...

A Primavera Árabe

Em dezembro de 2010 teve início na Tunísia, no norte da África, um movimento popular por democracia e contra a corrupção. Milhares de pessoas saíram às ruas para exigir o afastamento do presidente, que governava o país desde 1987. O movimento triunfou e logo se estendeu para outros países no norte da África e do Oriente Médio.

Como envolveu países de população árabe e muçulmana em sua maioria, esse movimento foi chamado de Primavera Árabe.

Além da Tunísia, os protestos levaram à queda dos chefes de Estado do Egito e da Líbia e provocaram inúmeras manifestações na região. No entanto, em 2015, passados quatro anos do início da Primavera Árabe, não se pode dizer que a democracia avançou na região.

No Egito atual há mais repressão do que no período do governo deposto. Milhares de oposicionistas estão presos; há restrições ao uso das mídias e à presença de ONGs e grupos de direitos humanos, e a violência contra as mulheres é extrema.

Na Tunísia, berço da Primavera Árabe, em dezembro de 2014 a população elegeu para presidente o ex-primeiro-ministro do governo deposto. Vários países da região são governados por ditaduras, monarquias absolutistas ou grupos religiosos fundamentalistas.

Asmaa Waguih/Reuters/Latinstock

Manifestantes protestam no Cairo contra o governo do Egito, segurando cartazes com a foto do ministro do Interior, Mohamed Ibrahim, com os dizeres: "Procurado, o assassino de Shaimaa al-Sabbagh". No local da manifestação, a ativista Shaimaa al-Sabbagh foi morta durante protesto em 29 de janeiro de 2015, um dia antes do aniversário do movimento popular que derrubou o presidente Hosni Mubarak em 2011.

Esquema-resumo

O Brasil e o mundo: séculos XX e XXI

1991: Início de novos processos históricos

Globalização

- Políticas neoliberais
- Economia transnacional
- Estímulo ao consumo
- Aceleração das comunicações e dos transportes

- Intervenção mínima do Estado na economia
- Aumento da desigualdade social
- Lutas antiglobalização
- Terrorismo

Brasil neoliberal

Governos adotam medidas neoliberais

- Collor (1990-1992)
- Itamar Franco (1992-1994)
- FHC (1995-2002)

- Abertura do mercado
- Privatizações
- Estabilização da economia (Plano Real)

- Crescimento da desigualdade social
- Avanço do neoliberalismo
- Alguns avanços sociais e políticos

Insatisfação de movimentos sociais e amplos setores da população

Governos Lula e Dilma (2003-2014)

- Diminuição da desigualdade social

Problemas sociais, políticos e econômicos ainda precisam ser resolvidos

atividade

Com base nas informações do esquema e na leitura do capítulo, explique no caderno de que maneira as políticas neoliberais afetaram a sociedade brasileira e como os governos dos anos 1990 até o presente lidaram com esses efeitos.

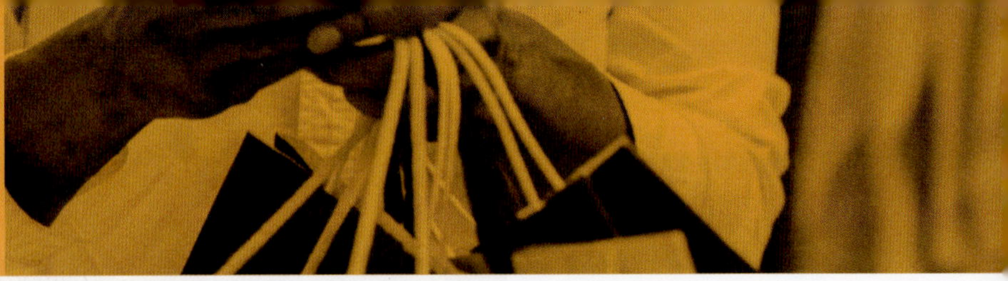

Atividades

Para organizar as ideias

1. Vimos neste capítulo que cada período histórico tem características que lhe são próprias. Uma característica das sociedades humanas das últimas décadas tem sido a globalização. Assinale alguns dos principais aspectos da globalização.

2. Atualmente, convivemos com o crescente impacto dos avanços tecnológicos em nosso cotidiano. Como a tecnologia contribui para o processo de globalização?

3. A globalização acelerou a circulação de mercadorias e de informações, mas não promoveu melhor distribuição de renda entre ricos e pobres. Que fatos atuais podem comprovar essa afirmação?

4. O desenvolvimento econômico do mundo contemporâneo deu origem a empresas transnacionais. Essas empresas se diferenciam das empresas nacionais e das multinacionais. Aponte quais são as diferenças entre as empresas nacionais, as multinacionais e as transnacionais.

5. Explique algumas das principais ideias defendidas pelo neoliberalismo e assinale algumas das críticas feitas a esse princípio econômico.

6. A política econômica neoliberal ganhou espaço no Brasil a partir da década de 1990. Cite as principais mudanças ocorridas na economia brasileira entre os governos de Fernando Collor e Fernando Henrique Cardoso.

7. O resultado da adoção das políticas neoliberais no Brasil foi o crescimento da desigualdade social e econômica. Essas disparidades ajudaram na eleição de Luiz Inácio Lula da Silva e também de Dilma Rousseff à Presidência do país. Aponte alguns dos resultados econômicos e sociais alcançados por esses governos, bem como alguns dos problemas que ainda não foram resolvidos.

8. As manifestações populares de 2013 estão relacionadas aos avanços e limites das mudanças sociais inauguradas a partir do governo Lula em 2003. De que maneira podemos relacionar essas manifestações com os limites das mudanças sociais ocorridas no país a partir desse governo?

Teste seus conhecimentos

1. As políticas neoliberais promoveram mudanças importantes na forma de organização do Estado e sua atuação sobre a sociedade. Responda no caderno, assinalando **V** para as opções verdadeiras e **F** para as falsas, levando em consideração as seguintes afirmativas sobre as propostas políticas do neoliberalismo:
   a) Os defensores do neoliberalismo entendiam que a principal função do Estado era investir em políticas sociais que ajudassem a diminuir as desigualdades sociais.
   b) Uma medida defendida pelos teóricos do neoliberalismo é a estatização de grandes empresas, especialmente as que cuidam do saneamento, extração de minérios e telefonia.
   c) Para intensificar o comércio mundial, os teóricos do neoliberalismo defendem o endurecimento das barreiras alfandegárias e o endurecimento das regras do sistema financeiro.
   d) As medidas neoliberais se concretizaram a partir da eleição de Margaret Thatcher para primeira-ministra da Inglaterra em 1979.

2. A partir da redemocratização do Brasil (1985), é possível observar mudanças econômicas significativas no país. Entre elas,
   a) exclusão de produtos agrícolas do rol das principais exportações brasileiras;
   b) privatização de empresas estatais em diversos setores, como os de comunicação e de mineração;

c) ampliação das tarifas alfandegárias de importação, protegendo a indústria nacional;
d) implementação da reforma agrária sem pagamento de indenização aos proprietários;
e) continuidade do comércio internacional voltado prioritariamente aos mercados africanos e asiáticos.

3. Leia o texto a seguir, depois responda no caderno.

Eles acham que se as forças do mercado agirem livremente a produção aumentará, beneficiando a todos. São favoráveis, também, à privatização das empresas estatais, da assistência médica, das escolas e da previdência social, com o objetivo de acabar com os gastos públicos excessivos. Acreditam ainda que, com a diminuição dos impostos, os empresários terão mais recursos para investir e que a liberação das importações e a abertura total da economia para o capital estrangeiro serão benéficas para a economia do país.

O texto retrata, em linhas gerais, o ideário e a postura dos:

a) neoliberais;
b) nacionalistas;
c) mercantilistas;
d) neocolonialistas;
e) economistas clássicos.

As questões 2 e 3 foram adaptadas de vestibulares (Fuvest e Fatec).

Interpretando documentos

A charge desta seção foi criada pelo cartunista Angeli. Observe-a com atenção e responda, no caderno, às questões propostas.

1. Que aspecto específico da política neoliberal é criticado na charge?

Angeli/Acervo do cartunista

— Torneiro: uma vaga. *Motoboy*: duas vagas. Garçom...

Charge de Angeli sobre o desemprego. Foto de 2011.

2. Releia o capítulo e dê exemplos de fatores responsáveis pela situação representada na charge.

3. Com um colega, analisem a charge e citem uma medida que poderia combater o problema abordado. Considerem, para isso, os recursos proporcionados pela globalização.

Nosso mundo hoje

Um dos problemas políticos que mais aparecem nos meios de comunicação de massa é a corrupção. É muito comum que as pessoas apontem esse problema como algo diretamente relacionado com os políticos e suas práticas. Porém, o texto a seguir trata da questão de outro ponto de vista, ressaltando que a corrupção não é algo exclusivo dos políticos, mas que pode ser encontrado no dia a dia do brasileiro. Após a leitura do texto, responda ao que se pede.

Lista aponta 10 "práticas de corrupção" do dia a dia do brasileiro

Quase um em cada quatro brasileiros (23%) afirma que dar dinheiro a um guarda para evitar uma multa não chega a ser um ato corrupto, de acordo com uma pesquisa realizada pela Universidade Federal de Minas Gerais e o Instituto Vox Populi.

Os números refletem o quanto atitudes ilícitas, como essa, de tão enraizadas em parte da sociedade brasileira, acabam sendo encaradas como parte do cotidiano.

"Muitas pessoas não enxergam o desvio privado como corrupção, só levam em conta a corrupção no ambiente público", diz o promotor de Justiça Jairo Cruz Moreira.

Ele é coordenador nacional da campanha do Ministério Público "O que você tem a ver com a corrupção", que pretende mostrar como atitudes que muitos consideram normais são, na verdade, um desvirtuamento ético.

Como lida diariamente com o assunto, Moreira ajudou a BBC Brasil a elaborar uma lista de dez atitudes que os brasileiros costumam tomar e que, por vezes, nem percebem que se trata de corrupção.

- *Não dar nota fiscal*
- *Não declarar Imposto de Renda*
- *Tentar subornar o guarda para evitar multas*
- *Falsificar carteirinha de estudante*
- *Dar/aceitar troco errado*
- *Roubar TV a cabo*
- *Furar fila*
- *Comprar produtos falsificados*
- *No trabalho, bater ponto pelo colega*
- *Falsificar assinaturas*

"Aceitar essas pequenas corrupções legitima aceitar grandes corrupções", afirma o promotor. "Seguindo esse raciocínio, seria algo como um menino que hoje não vê problema em colar na prova ser mais propenso a, no futuro, subornar um guarda sem achar que isso é corrupção."

Adaptado de: BARBA, Mariana Della. *Lista aponta 10 "práticas de corrupção" do dia a dia do brasileiro*. Disponível em: <www.bbc.co.uk/portuguese/noticias/2012/11/121024_corrupcao_lista_mdb.shtml>. Acesso em: dez. 2013.

1. De acordo com o texto, que tipo de atitude realizada pelo cidadão comum pode ser considerado corrupção? Qual é o impacto desse tipo de atitude na sociedade brasileira como um todo?
2. Um dos problemas do Brasil contemporâneo é a corrupção. Aponte por que a corrupção é um problema social bastante grave para o desenvolvimento do Brasil.
3. Como vimos no texto, a corrupção não acontece apenas na esfera pública, mas também na esfera privada. Ou seja, no cotidiano, há inúmeras ocasiões nas quais as pessoas podem tomar atitudes consideradas corruptas. Você já presenciou casos como os citados na reportagem? Como você reagiu? Pense em algumas medidas simples que podem ajudar as pessoas a evitar esse tipo de prática.

Diálogos

O crescimento econômico e as melhorias sociais das últimas décadas modificaram as condições de vida da população brasileira. Apesar disso, as desigualdades sociais no Brasil ainda são muito grandes. Assim, o grupo mais rico da sociedade detém uma renda 50 vezes superior à dos grupos mais pobres, e ainda há muitas dificuldades a serem superadas nas áreas da educação, assistência social, saúde e emprego.

1. Em grupos, e com o auxílio do professor, elaborem um jornal sobre o município em que vivem.

2. Nos artigos e reportagens, procurem abordar tanto os aspectos positivos quanto os principais problemas da região.

3. Consultem para isso a seção *Como se faz...* no final deste volume, onde vocês encontrarão informações sobre a produção de um jornal.

Hora de refletir

Como vimos no capítulo, o estímulo ao consumo é uma das características das sociedades contemporâneas. Muitas vezes, a publicidade induz os consumidores a comprar por impulso, sem pensar se realmente precisam deste ou daquele produto. Diante disso, reflita sobre seus hábitos de consumo e responda no caderno.

1. Até que ponto você e sua família compram produtos motivados pela publicidade?
2. Elabore uma lista de produtos consumidos em sua casa que você considera supérfluos ou que foram adquiridos por influência da publicidade.
3. Mostre sua relação à classe e compare-a com as dos colegas.

Minha biblioteca

***A floresta canta!*, de Magda Pucci e Joana Resek, Fundação Peirópolis.**
Uma expedição sonora por terras indígenas do Brasil, para descobrir a diversidade da música indígena, bem diferente dos sons que estamos acostumados a ouvir nas cidades.

***Carvoeirinhos*, de Roger Mello, Companhia das Letrinhas.**
Nessa obra, o autor fala sobre o trabalho infantil nas carvoarias, uma das facetas das desigualdades sociais e dos problemas econômicos de grande parte da população brasileira nos dias atuais.

***De olho na corrupção*, de Ivan Jaf e Rita Biason, Ática.**
Por meio de uma história e de textos informativos, o livro convida à reflexão sobre o tema de forma leve, mas abrangente.

***O outro lado da moeda*, de Anamelia Bueno Buoro, Beth Kok e Eliana Aloia Atihé, Ibep. (Coleção Arte na Escola).**
A partir de obras dos artistas plásticos Cildo Meireles, Jac Leirner e Rubem Grilo, o livro discute os valores do cotidiano, especialmente o dinheiro.

***Para entender o mundo*, de Odile Gandon, SM.**
Com uma linguagem clara e informativa, o livro promove uma reflexão sobre economia, geopolítica e meio ambiente, no contexto do mundo globalizado.

Reprodução/Ed. Companhia das Letrinhas

Reprodução/Edições SM

Mundo virtual

<www.jblog.com.br/hojenahistoria.php>
Blog da edição *on-line* do *Jornal do Brasil* com matérias do acervo da publicação sobre os principais fatos ocorridos em uma mesma data de anos diferentes, no Brasil e no mundo.

<http://veja.abril.com.br/tema/11-de-setembro-10-anos-depois>

<http://tinyurl.com/475q5l8>
Site do Instituto Akatu a respeito do consumo consciente.

<http://tinyurl.com/kv4qbo2>
Portal destinado ao público jovem com informações variadas, como a cultura da paz, sustentabilidade, etc.

Acesso em: maio 2015.

Ponto de chegada

O primeiro documento que você vai ler transmite alguns princípios sugeridos pela Organização Não Governamental (ONG) Akatu, que desenvolve um trabalho sobre o consumo consciente. O segundo é uma tirinha. Você certamente já conhece as histórias em quadrinhos da Turma da Mônica, criadas por Mauricio de Sousa. Mônica tem consciência de que é preciso evitar os desperdícios e não comprar sem necessidade.

Depois de ler os documentos, desenvolva no caderno as atividades propostas.

DOCUMENTO 1 – Cartilha

Doze princípios do consumidor consciente

1. *Planeje suas compras. Compre menos e melhor.*
2. *Avalie os impactos de seu consumo no meio ambiente e na sociedade.*
3. *Consuma só o necessário. Reflita sobre suas reais necessidades e tente viver com menos.*
4. *Reutilize produtos. Não compre outra vez o que você pode consertar e transformar.*
5. *Separe seu lixo. Reciclar ajuda a economizar recursos naturais e a gerar empregos.*
6. *Use crédito com responsabilidade. Pense bem se você poderá pagar as prestações.*
7. *Informe-se e valorize as práticas de responsabilidade social das empresas.*
8. *Não compre produtos piratas. Assim você contribui para gerar empregos e combater o crime organizado.*
9. *Contribua para a melhoria dos produtos e serviços. Envie às empresas sugestões e críticas construtivas.*
10. *Divulgue o consumo consciente. Levante essa bandeira junto aos amigos e familiares.*
11. *Cobre dos políticos. Exija ações que viabilizem a prática do consumo consciente.*
12. *Reflita sobre seus valores. Avalie os princípios que guiam suas escolhas e hábitos de consumo.*

Adaptado de: AKATU. *Guia – Doze princípios do consumidor consciente*, 22 nov. 2006. Disponível em: <http://tinyurl.com/n8xbkx4>. Acesso em: fev. 2015.

Suryara Bernardi/Arquivo da editora

DOCUMENTO 2 – História em quadrinhos

Mauricio de Sousa/Mauricio de Sousa Produções Ltda.

1. Os princípios propostos pela Akatu sugerem a prática do consumo consciente. Que efeitos eles teriam caso fossem colocados em prática?

2. Nos princípios propostos pela Akatu, há orientações que podemos seguir em nosso dia a dia.
   - Cite três dessas orientações que ainda não fazem parte de sua rotina.
   - Explique que dificuldades você tem para colocá-las em prática.

3. Em sua opinião, a tirinha da Turma da Mônica (Documento 2) faz algum tipo de crítica? Em caso positivo, que crítica seria essa? Que opinião você tem sobre esse tema?

Como se faz...

Blog

Blog é um *site* cuja estrutura permite atualização rápida a partir de acréscimos de arquivos, conhecidos como *posts*. Em geral, os arquivos estão organizados de forma cronológica inversa – do mais recente para o mais antigo.

Um *blog* combina textos e imagens, mas também mantém *links* (palavra inglesa que significa 'conexão') para outros *blogs*, outras páginas da internet e outras mídias – como vídeos – relacionados ao seu tema.

Para produzir um *blog*, o grupo deve obedecer algumas etapas de trabalho, que devem ser discutidas e planejadas previamente:

1º passo

Façam um levantamento das condições técnicas para a produção de um *blog*. Verifiquem se há computadores conectados à internet na escola ou entre os integrantes do grupo, que possam ser utilizados tanto para a construção do *blog* quanto para apresentação em sala de aula.

Procurem saber se alguém do grupo já produziu um *blog* antes.

- No *site* <www.wordpress.com> e na página <http://blog.uol.com.br/> é possível criar um *blog* gratuitamente e de forma simplificada.

2º passo

Discutam em grupo os temas a serem abordados no *blog*. Anotem todas as ideias discutidas. Cada aluno do grupo pode ficar responsável por uma seção ou tema a ser abordado, levantando informações e materiais em diferentes fontes para enriquecer o trabalho.

Aquele que tiver maior facilidade com o uso dessa ferramenta digital pode ficar responsável pela edição da página. Uma pessoa do grupo deve registrar todas as sugestões para facilitar o trabalho.

Rawpixel/Shutterstock/Glow Images

Na imagem, alunos estadunidenses conversam com a professora sobre a montagem de um *blog*. Foto de 2014.

3º passo

Documentos diversos como fotografias, filmes, letras de músicas, gráficos e depoimentos podem enriquecer o trabalho, mas devem ter relação com o conteúdo proposto e estar devidamente identificados.

- Toda e qualquer utilização de material não produzido pelo grupo deve ter a citação de autor e fonte (livro, jornal, revista, etc., onde o material foi publicado ou veiculado) e data de publicação ou produção (em caso de filme, música ou fotografia). E, o mais importante, deve-se pedir autorização ao autor para reproduzir seu trabalho no *blog*.

4º passo

As *tags* – 'rótulo' ou 'legenda' em inglês – são palavras-chave usadas para identificar e localizar o conteúdo de um *blog* ou *site*. Essas palavras devem auxiliar o visitante a encontrar o tema desejado da maneira mais rápida e fácil possível.

5º passo

O *blog* deve conter espaço para depoimentos ou questões de leitores que queiram opinar ou tirar alguma dúvida sobre o assunto publicado. Uma ou duas pessoas do grupo de trabalho devem ser escolhidas para responder às questões levantadas pelos leitores.

6º passo

O nome do *blog* deve ser curto ou bastante criativo para que as pessoas possam se lembrar dele sempre. Divulguem o endereço do *blog* entre amigos e professores e procurem mantê-lo atualizado.

- Este *blog* pode servir também para discutir outros assuntos relevantes para a classe, além dos temas propostos pelo grupo.

Dramatização

Dramatização é uma apresentação teatral que pode ser feita na escola ou em outro lugar com espaço suficiente para um aluno ou grupo se apresentar para uma plateia. Esta atividade contribui para a compreensão dos conteúdos e para a socialização, estimula a criatividade e facilita a memorização.

A apresentação pode ser individual ou envolver alguns alunos. Pode ser também uma representação coletiva, da qual todos os alunos da turma participam.

A base de uma dramatização é um tema ou um texto, que pode ser improvisado ou previamente elaborado e adaptado segundo os objetivos a serem alcançados.

A dramatização na escola promove o enriquecimento cultural e a linguagem oral e corporal, além de favorecer o convívio social entre os alunos.

Antônio Cunha/CB/D.A Press

Cena da peça *Sua Incelença Ricardo III*, com o grupo Clowns de Shakespeare, apresentada durante o Festival Cena Contemporânea no Museu da República, na Esplanada dos Ministérios, em Brasília (DF). Criado em 1993, em Natal (RN), o grupo tem como principal linha de pesquisa a comicidade na obra de William Shakespeare. Foto de 2011.

Veja a seguir algumas etapas que podem auxiliar na realização de uma dramatização.

1º passo

Escolha do tema e definição dos objetivos da dramatização

Com base nas discussões em sala de aula e nas orientações do professor, é preciso escolher o tema da dramatização. Para isso, deve-se levar em conta:

a) se há condições para que ela seja encenada;

b) se ela é coerente com o objetivo do trabalho.

Nessa etapa é importante pensar:

- Que mensagem o grupo pretende transmitir?
- Quais são os recursos materiais e humanos disponíveis?
- Quanto tempo se tem para realizar a dramatização?
- Onde ela será encenada?

2º passo

Elaboração do roteiro

Depois de estabelecer um objetivo a ser alcançado com a dramatização, é preciso definir quem fará parte do grupo, que função desempenhará de acordo com o talento de cada um (diretor, roteirista, ator, cenógrafo) e o tipo de texto que servirá de base para a apresentação. O texto pode ser:

- previamente elaborado; nesse caso, ele pode sofrer cortes ou acréscimos;
- um texto dramático criado pelos alunos com base em conteúdos já estudados;
- uma adaptação de um texto narrativo transformado em texto dramático.

3º passo

Elaboração do texto da dramatização

O roteiro deve conter todas as informações sobre a dramatização: resumo da história, descrição dos cenários e das personagens, suas falas e cenas.

Na elaboração de um texto dramático deve-se considerar:

- a definição dos momentos mais representativos da ação;
- as personagens (protagonistas e coadjuvantes);
- as caracterizações física e psicológica das personagens, que devem ser bem visíveis;
- a escolha de trajes, adereços, modos de falar e andar que possam ajudar na caracterização das personagens.

A transformação de um texto narrativo em um texto dramático deve levar em conta os seguintes aspectos:

- existência ou não de um narrador;
- distinção entre personagens principais e secundárias;
- o texto narrativo deve ser transformado em falas das personagens.

4º passo

Preparação da dramatização

Esta etapa envolve:

- a distribuição de papéis;
- a escolha e a preparação de adereços para as personagens e para o espaço cênico;
- a construção do cenário, a confecção das roupas e a instalação de som e luz, entre outros recursos audiovisuais;
- a organização do espaço onde vai ser feita a representação cênica.

5º passo

Ensaio

Antes da apresentação oficial, é necessário ensaiar a dramatização, exercitando as falas e ações das personagens e testando cenários e equipamentos:

- o diretor e o roteirista devem aproveitar esse momento para fazer os ajustes necessários;
- a troca de opiniões e as sugestões de todos são importantes nesta etapa de montagem da dramatização;
- o ambiente dos ensaios e da apresentação deve ser calmo e organizado.

6º passo

Encenação da dramatização para o público no dia e local combinados

7º passo

Discussão sobre a dramatização

Após a exibição, é importante organizar uma roda de conversa para ouvir sugestões e críticas do público. O grupo pode avaliar se os resultados alcançados estão de acordo com o objetivo inicial do trabalho e falar sobre a experiência de representar as personagens.

Entrevista

Entrevista é uma conversa na qual uma pessoa (no caso, o entrevistador) pede informações e opiniões a outra (o entrevistado), sobre um assunto escolhido ou sobre a vida do entrevistado. Por meio dessa atividade é possível conhecer opiniões de diferentes pessoas sobre determinado tema, ampliando as possibilidades de debate em sala de aula.

Uma vez definido o tema a ser abordado, é necessário preparar com antecedência as perguntas e a ordem em que elas devem ser feitas ao entrevistado. Isso evita que as informações procuradas deixem de ser obtidas. Ao preparar o roteiro da entrevista, deve-se considerar o tema a ser tratado, o objetivo, o tempo de que se dispõe para realizar a entrevista e o local em que ela será feita.

Leia a seguir alguns passos que podem auxiliar na realização de uma entrevista.

1º passo

Elaboração do plano da entrevista

Uma vez definido o tema, é preciso pensar nas informações que se pretende obter (ou seja, qual é o objetivo da entrevista). Depois é necessário escolher uma pessoa que possa dar essas informações.

O meio de registro da entrevista também deve ser definido: se ela será anotada, filmada ou gravada em áudio.

2º passo

Roteiro de perguntas

Evidentemente, as perguntas devem estar relacionadas com o tema escolhido. Para obter respostas mais completas, procure elaborar questões mais abertas, aquelas às quais não se pode responder apenas com "sim" ou "não".

As perguntas devem ser simples e escritas com clareza para evitar dúvidas.

O número de questões não deve ser exagerado para que a entrevista não se torne cansativa.

Evite começar as perguntas usando "Na sua opinião", pois as respostas já são opiniões do entrevistado.

3º passo

Preparação da entrevista

Verifique a disponibilidade do entrevistado e marque a entrevista com antecedência. Nesse momento deve ser dito ao entrevistado quais assuntos serão abordados.

Peça a autorização da pessoa para filmar ou gravar a entrevista (se for o caso).

Combine o horário e o local onde ocorrerá a entrevista. Escolha um local calmo e silencioso para que não haja interferência na conversa.

Prepare e teste os materiais necessários (gravador ou câmera) antes da entrevista. Não se esqueça de levar papel e caneta para anotações, caso ocorram falhas no equipamento ou mesmo para tomar nota de pontos que considere importantes.

4º passo

Treinamento

Procure fazer uma entrevista-teste com alguém que possa dar dicas sobre as perguntas e também para analisar sua atitude diante do entrevistado. Essa é mais uma oportunidade para testar o uso de equipamentos de gravação ou de filmagem.

Tente memorizar as perguntas para facilitar a conversa com o entrevistado; assim você evita que o encontro se torne um questionário. Não é necessário seguir rigorosamente a ordem das perguntas: tudo depende do rumo da conversa e das declarações do entrevistado. Mesmo assim, não deixe de ter à mão o roteiro escrito, caso esqueça alguma pergunta.

5º passo

Entrevista

Não se esqueça de anotar ou gravar a data e o local da entrevista.

Atenção com a postura (modo de se sentar) e o vocabulário durante a entrevista. Não use gírias ao falar com o entrevistado.

Faça uma pergunta de cada vez e ouça atentamente as respostas enquanto faz os registros (anotando ou gravando).

Procure deixar que as questões ocorram naturalmente, como em um diálogo, evitando que a entrevista assuma um caráter de "interrogatório policial". Se durante a conversa surgir um fato novo e interessante, não previsto nas perguntas, procure explorar a questão.

Evite dar suas opiniões sobre o assunto e respeite as opiniões do entrevistado. Ao final da conversa, agradeça ao entrevistado e se despeça.

Dica

Procure chegar ao local da entrevista mais cedo do que o combinado para preparar o ambiente e os materiais. Não deixe de levar as perguntas escritas, folhas em branco, caneta e demais equipamentos (filmadora, gravador ou celular, se necessário).

6º passo

Redação da entrevista

Depois da entrevista é preciso organizar as respostas colhidas (se a entrevista foi gravada ou anotada) e transcrevê-las para o computador ou para o papel.

O entrevistador não deve adulterar o pensamento do entrevistado. Se alguma ideia não estiver clara, procure esclarecê-la consultando novamente o entrevistado. Se não for possível fazê-lo, o melhor é não publicar essa ideia.

A entrevista deve ter uma abertura, na qual o entrevistado é apresentado, isto é, são informados seu nome, sua idade, sua profissão, o tema principal da entrevista e o que a motivou.

Elimine as respostas repetidas, aquelas em que o entrevistado diz a mesma coisa com outras palavras. O mesmo deve ser feito em relação às perguntas.

As respostas não devem começar repetindo os mesmos termos das perguntas. Por exemplo, se a pergunta for "Quais são os principais pontos do novo projeto?", a resposta não deve ser iniciada começando por "Os principais pontos são...". Procure dizer algo como "Segundo o entrevistado, o novo projeto apresenta as seguintes propostas...".

Sempre que o entrevistado não responder a uma pergunta ou a deixar incompleta, você pode usar reticências.

Fichamento

O fichamento é uma forma de coletar e de organizar as informações de um texto para melhor compreendê-lo e para utilizá-lo em consultas posteriores. Você pode fazer isso em fichas soltas ou nas páginas do seu caderno. A ficha pode ser em papel, cartão ou outro suporte que contenha os dados de uma pessoa ou de um assunto estudado. Também é possível encontrar fichas em papelarias.

Após o primeiro momento da leitura, no qual se busca entender o texto como um todo, é necessário registrar na ficha os principais conceitos e ideias do autor.

Também é importante procurar e anotar em um quadrinho dentro da ficha o significado de termos desconhecidos. Esse procedimento permite organizar melhor o conhecimento.

1º passo

Leitura atenta do texto

Procure compreender os conceitos utilizados e as principais ideias do autor. Identifique termos e palavras desconhecidos e pesquise seu significado em um dicionário.

2º passo

Estrutura do fichamento

Para melhor organizar as informações e o conhecimento obtido na leitura, elabore o fichamento com a seguinte estrutura:

1. Referências bibliográficas da obra: sobrenome do autor (em letras maiúsculas), nome do autor. *Título da obra* (em itálico). Cidade onde foi publicada: nome da editora, ano de publicação e número de páginas.

2. Pequeno resumo do texto: pode ser escrito ao final da leitura do texto e das anotações feitas na ficha (ou no caderno). Com base nessa leitura, redija um pequeno resumo.

3. Anotação das partes específicas que compõem o texto e as referências das páginas: procure tomar nota dos trechos mais importantes, que resumam as ideias centrais do autor. Se copiar uma frase mais longa, utilize aspas. Ao anotar, indique sempre a(s) página(s) correspondente(s) do documento original.

Veja a seguir um modelo de fichamento de uma matéria publicada no *site* da revista *História Viva*, em 13 de janeiro de 2011.

Matéria original:

13 de janeiro de 2011

Esfinges milenares reveladas no Egito

Escavações em uma antiga estrada do império dos faraós revelam 12 monumentos que datam do século IV a.C.

por Heloísa Broggiato

Prospecções realizadas em uma antiga avenida de 2,7 km de comprimento e 76 metros de largura, que ligava os templos faraônicos de Luxor e Karnak, no Egito, revelaram a existência de 12 esfinges datadas da época do rei Nectanebo I (380-362 a.C.), anunciou o Conselho Supremo de Antiguidades do país. De acordo com os arqueólogos, o caminho foi construído pelo faraó Amenhotep III (1410-1372 a.C.) e restaurado, quase mil anos depois, por Nectanebo I. O local é considerado um dos sítios arqueológicos mais importantes de Luxor.

Junto à avenida das esfinges, foi descoberta também uma passagem que partia do local em direção ao rio Nilo. A estrada, mencionada em diversos textos antigos, tem cerca de 600 metros e foi usada por Amon, o rei dos deuses, na visita anual à sua esposa Mut, no templo de Luxor, e também durante procissões.

No local foram encontradas ainda pedras originárias da região de Assuã, o que demonstra a importância da estrada no tempo em que era usada. As escavações continuam em andamento.

Conselho Egípcio de Antiguidades/Agência France-Presse

Foto divulgada em 15 de novembro de 2010 pelo Conselho Egípcio de Antiguidades mostra uma das doze esfinges que datam do reinado de Nectanebo I (380-362 a.C.) descobertas por arqueólogos egípcios em uma estrada ladeada de esfinges na cidade de Luxor. A estrada leva ao templo de Mut, cultuada como deusa-mãe no Egito antigo.

Heloísa Broggiato é jornalista, tradutora, cientista política e mestre em política internacional e segurança pela Universidade de Bradford, na Inglaterra.

Fichamento:

1. Referências bibliográficas da obra:

BROGGIATO, Heloísa. "Esfinges milenares reveladas no Egito". Escavações em uma antiga estrada do império dos faraós revelam 12 monumentos que datam do século IV a.C. *História Viva*, 87. São Paulo: Duetto Editorial, jan. 2011. Disponível em: <http://tinyurl.com/49svxjl>. Acesso em: dez. 2014.

2. Resumo do texto:

A matéria, publicada em janeiro de 2011, informa sobre importante descoberta arqueológica no Egito — doze esfinges da época do rei Nectanebo I (380 a.C.-362 a.C.), localizadas em uma antiga avenida de 2,7 km de comprimento e 76 m de largura. Junto à avenida foi descoberto também um caminho que ligava o local ao rio Nilo. Essa área é considerada um dos sítios arqueológicos mais importantes de Luxor.

3. Anotações e citações de trechos da matéria:

- "De acordo com os arqueólogos, o caminho foi construído pelo faraó Amenhotep III (1410-1372 a.C.) e restaurado, quase mil anos depois, por Nectanebo I."
- "A estrada, mencionada em diversos textos antigos, tem cerca de 600 metros e foi usada por Amon, o rei dos deuses, na visita anual à sua esposa Mut, no templo de Luxor, e também durante procissões."

Jornal

Elaborar um jornal da classe ou da escola pode ser um trabalho divertido e ao mesmo tempo importante para desenvolver habilidades e competências, tais como as de investigar e compreender melhor o contexto escolar; conhecer procedimentos internos de um meio de comunicação importante em nossa sociedade; e ser capaz de expressar com clareza pontos de vista individuais e coletivos.

A prática de pesquisa e a redação de diferentes tipos de texto também são bastante aprimoradas na elaboração de um jornal.

O texto jornalístico é caracterizado por uma linguagem clara e direta. A estrutura da notícia é composta de abertura, desenvolvimento e conclusão. Já na abertura do texto de uma notícia (chamada de lide, do inglês *lead*) encontramos respostas para seis questões básicas: o quê, quem, quando, onde, como e por quê. Fazer rascunhos sobre fatos ocorridos na escola pode ajudar na elaboração de uma notícia.

Veja a seguir alguns passos que podem auxiliar na elaboração de um jornal:

1º passo

Perfil do jornal e perfil do leitor

- Definição do perfil temático do jornal:
  - Será porta-voz dos alunos ou da direção da escola?
  - Vai abordar temas gerais e atualidades de toda a comunidade ou somente da escola?
  - Vai debater assuntos polêmicos?
- Definição do leitor da publicação:
  - colegas, pais, professores e funcionários;
  - ou toda a comunidade.

Essa definição é importante para estabelecer o modo pelo qual os textos serão elaborados.

2º passo

Projeto gráfico

Projeto gráfico é um esboço inicial das características visuais que deve ter o jornal. Ele define, por exemplo, o tamanho e o formato do jornal, se ele deve ter duas, três ou quatro colunas, se terá imagens coloridas ou só em preto e branco, etc.

- Decisão em grupo dos detalhes do projeto gráfico para definir a aparência do jornal:
  - escolha do nome e da forma de divulgação do jornal (impresso, mural ou meio eletrônico);
  - escolha do tipo das letras para os títulos, textos e legendas;
  - definir o uso ou não de cores;
  - definir o uso de imagens e quais (fotografia, ilustração, etc.);
  - escolha das seções que farão parte do jornal;
  - indicar em um quadro a relação dos responsáveis pela produção do jornal.

> **Dica**
>
> Analisar o projeto gráfico de outros jornais ajuda na escolha dos elementos acima

3º passo

Definição das seções do jornal

- Definir que seções farão parte do jornal e distribuí-las entre os membros do grupo: capa, editorial, atualidades, entrevista, artes plásticas/literatura, quadrinhos/charges, cinema, teatro, etc.

4º passo

Divisão de tarefas

- Divisão das tarefas entre os integrantes do grupo de acordo com os temas propostos e as datas de entrega dos trabalhos.

> **Dica**
>
> Avalie a disponibilidade de recursos materiais, como papel, máquinas fotográficas, gravadores para entrevista, computadores, etc.

5º passo

Entender a linguagem jornalística

- Destacamos, a seguir, alguns termos da linguagem jornalística que podem ajudar na elaboração do trabalho:
  - **Artigo** – Texto que transmite a opinião e a interpretação do autor sobre um fato. Geralmente é assinado e não reflete necessariamente a opinião da publicação.
  - **Editorial** – É a opinião do grupo que publica o periódico sobre temas importantes. Não é assinado.

- **Entrevista** – Contato pessoal entre o repórter e uma ou mais pessoas (fontes) para coleta de informações. Também designa um tipo de matéria jornalística redigida sob a forma de perguntas e respostas (conhecida igualmente como pingue-pongue).
- **Legenda** – Texto curto colocado ao lado, abaixo ou dentro de foto ou ilustração, que acrescenta informações à imagem.
- **Lide** – Abertura de um texto jornalístico. Pode apresentar sucintamente o assunto, destacar o fato principal ou criar um clima que atraia o leitor para o texto. O tradicional responde a seis questões básicas: o quê, quem, quando, onde, como e por quê.
- **Manchete** – Título principal, em letras grandes, no alto da primeira página de um jornal. Indica o fato jornalístico de maior importância entre as notícias contidas na edição. Também pode ser o título de maior destaque no alto de cada página.
- **Notícia** – Relato de fatos atuais, de interesse e de importância para a comunidade e para o público leitor.
- **Nota** – Pequena notícia.
- **Pauta** – Agenda ou roteiro dos principais assuntos a serem investigados e noticiados numa publicação jornalística.
- **Reportagem** – Conjunto de providências necessárias à elaboração de uma notícia jornalística: pesquisa, cobertura de eventos, apuração, seleção dos dados, interpretação e tratamento.

Dica

É importante buscar a procedência e a exatidão das informações a serem divulgadas e discutir as consequências e implicações relacionadas ao fato narrado.

Fonte: Revista *Nova Escola*. Disponível em: <http://revistaescola.abril.com.br/lingua-portuguesa/pratica-pedagogica/jornal-sala-aula-423555.shtml>. Acesso em: 19 jul. 2011.

Linha do tempo

A elaboração de uma linha do tempo é uma atividade de pesquisa, reflexão e ordenação de acontecimentos históricos para localizá-los cronologicamente em meio a um grande número de períodos.

Não existe um padrão único para a representação gráfica de uma linha de tempo. Ela pode ser apresentada numa linha horizontal, numa linha vertical, em espiral, em formato de árvore ou em outros formatos.

Ao relacionarmos fatos significativos em uma linha do tempo, podemos refletir sobre o tempo e sobre a importância de nossas próprias experiências históricas.

A produção e a análise de uma linha do tempo nos fazem perceber que o conhecimento histórico nunca está concluído, pois novos dados ou outros enfoques sempre podem contribuir para sua reconstrução.

A seguir, alguns passos que podem ajudar na elaboração de uma linha do tempo.

1º passo

Com base nas orientações do professor sobre o tema e o período a serem representados na linha do tempo, defina o formato e o modo de apresentação de sua linha do tempo (caderno, cartolina ou computador).

Dica

No *site* <www1.uol.com.br/bibliot/linhadotempo/> é possível acessar uma linha do tempo com fatos e personagens da História, que pode ser modelo para a sua linha do tempo.

2º passo

Selecione as fontes de pesquisa referentes ao tema ou período histórico que você vai trabalhar: livros, enciclopédias, *sites*, jornais, documentos pessoais, entrevistas com pessoas mais velhas, etc.

Escolha também documentos como fotografias, mapas, pinturas ou outros materiais que possam acrescentar informações importantes à linha do tempo que você vai construir.

Se preferir elaborar uma linha do tempo sobre sua vida, relacione os acontecimentos que você considera mais importantes e informe a data e o local deles. Além de suas lembranças, consulte documentos pessoais, como sua certidão de nascimento, diários, fotografias e objetos como roupas, brinquedos e livros, para obter mais detalhes ou descobrir novos fatos. Conversar com membros da família e amigos também pode enriquecer sua pesquisa.

3º passo

Depois da leitura e da investigação das fontes e dos materiais, faça um resumo dos acontecimentos e marque o período de duração (início e fim).

4º passo

Elabore um texto apresentando sua linha do tempo, destacando seu tema, o período representado e os principais acontecimentos registrados.

5º passo

Represente graficamente os acontecimentos e seus respectivos períodos (em meses, anos, décadas ou séculos) no modelo de linha do tempo escolhido. Você pode destacar os acontecimentos que julgar mais importantes em cores diferentes.

> **Dica**
>
> A representação gráfica dos períodos deve ser proporcional e coerente. Por exemplo: o espaço que representa cem anos deve ter o dobro do espaço que representa cinquenta anos.

6º passo

Fotografias, imagens e demais documentos podem ser relacionados aos fatos registrados na linha do tempo por meio de setas ou quadros com informações sobre esses documentos (assunto, autor, data).

> **Dica**
>
> Se optar por fazer uma linha do tempo sobre a sua vida, procure relacionar acontecimentos históricos de sua cidade ou de seu país no mesmo período em que algo importante aconteceu com você – uma grande descoberta científica, um fato relativo a alguma personalidade, um evento político ou esportivo importante, etc.

Veja a seguir um exemplo de linha do tempo. Sempre faça as atividades no caderno.

Exemplo de linha do tempo de um menino de 13 anos

Alaor Filho/Agência Estado

Em 2006, pesquisadores da Universidade Federal do Rio de Janeiro (UFRJ) apresentam o mais completo esqueleto de um mamífero sul-americano do período inicial da Era Cenozoica, iniciada há 65 milhões de anos.

Ano de nascimento – 2003

Entrada na creche – 2006

Primeiro ano – 2009

Sexto ano – 2014

Oitavo ano – 2016

Jonne Roriz/Agência Estado

O brasileiro Rogério Romero conquista medalha de ouro na prova dos 200 m nado de costas nos Jogos Pan-Americanos de 2003, em Santo Domingo, República Dominicana.

Mário Ângelo/Agência Estado

Ciclistas durante a IX Copa América de Ciclismo, realizada no Autódromo de Interlagos, na cidade de São Paulo (SP), em 2009.

Itaci Batista/Agência Estado

Enfeites, bandeiras e faixas decoram a região central da cidade de São Paulo, que se prepara para a Copa do Mundo de Futebol de 2014.

Mural

A organização de um mural é uma atividade que permite selecionar e debater temas específicos ligados aos conteúdos estudados nas aulas. Essa atividade, desenvolvida pela classe dividida em grupos, contribui para a contextualização dos temas e para a construção do conhecimento.

Textos jornalísticos e científicos também podem ser incorporados ao mural, mas todo o conteúdo deve ser muito bem organizado de modo a atrair as pessoas e tornar mais claros os aspectos dos temas estudados.

O mural deve ser colocado em um lugar visível e de fácil acesso para a leitura.

Sugerimos, a seguir, algumas dicas que podem auxiliar na organização de um mural.

1º passo

Definição das características do mural

É importante decidir, em conjunto com a classe, o perfil do mural:

- Qual será seu título?
- Como o conteúdo estudado será relacionado com as informações expostas no mural? (Produção de artigos ou resumos, exposição de notícias de jornais e revistas, charges, pesquisas, entrevistas, gráficos, etc.)
- Que materiais serão utilizados no mural?
- Em que lugar será colocado o mural?
- Qual deve ser a ordem de exposição dos trabalhos?
- Quanto tempo cada trabalho ficará exposto?
- Haverá uma apresentação oral dos temas e materiais expostos pelos grupos?

2º passo

Levantamento de materiais

De acordo com o tema em debate e com as orientações do professor, façam um levantamento do material que pode compor o mural ou que sirva de fonte para a atividade solicitada (resumos, pequenos artigos, entrevistas, pesquisas).

As fontes podem ser jornais, revistas, enciclopédias, livros, *sites*, imagens, mapas, etc. Lembrem-se de pesquisar em fontes variadas e informar todos os dados bibliográficos dessas fontes: título, autor, local e data de publicação, legendas e autoria das imagens. Essas informações dão maior credibilidade ao material exposto.

3º passo

Pesquisa e organização das informações

É necessário ler com atenção todo o material selecionado, identificando as principais ideias de cada texto, resumindo os conteúdos mais importantes e debatendo com os colegas os temas a serem expostos. No processo de leitura e discussão, procurem identificar o material (texto, imagem, gráfico, mapa, etc.) que melhor explique o assunto em questão.

É importante pesquisar e expor diferentes pontos de vista sobre o mesmo tema para que os leitores tenham condições de refletir e tirar suas próprias conclusões.

> **Dica**
>
> Na produção e organização do material a ser exposto, são fundamentais a correção e a clareza dos textos. Os textos devem ser escritos com letras grandes para facilitar a leitura.

4º passo

Construção do mural

O material deve ser bem distribuído pelo mural para chamar a atenção dos leitores. Os assuntos podem ser divididos em seções (por exemplo: 'atualidades', 'pesquisas', 'entrevistas'), sempre no mesmo espaço, para que os leitores se habituem com sua distribuição no mural e tenham facilidade para encontrá-los.

O uso harmonioso de diferentes cores também ajuda a chamar a atenção para os temas.

O conteúdo do mural deve ser renovado com frequência, mantendo assim o interesse dos leitores. Os temas expostos (artigos, reportagens, entrevistas, etc.) não devem ser muito extensos para que a leitura seja dinâmica e agradável. Deve-se evitar a repetição dos assuntos abordados.

O nome dos responsáveis pelo mural deve ser informado no rodapé.

Glossário*

* Palavras definidas ao longo do livro e página em que se encontram.

Bibliografia

1964-2004: 40 anos do golpe – ditadura militar e resistência no Brasil. Rio de Janeiro: 7Letras, 2004.

ALAMBERT, Francisco et al. (Org.). *Documentos de História do Brasil*: de Cabral aos anos 1990. São Paulo: Scipione, 1997.

ALMANAQUE Brasil Socioambiental (2008). São Paulo: Instituto Socioambiental, 2007.

ANDREWS, George Reid. *Negros e brancos em São Paulo (1888--1988)*. Bauru: Edusc, 1998.

ARNS, Paulo Evaristo. *Brasil: nunca mais*. Petrópolis: Vozes, 1985.

ASH, Timothy Garton. *Nós, o povo*: a revolução de 1989 em Varsóvia, Budapeste, Berlim e Praga. São Paulo: Companhia das Letras, 1990.

ATLANTE Geografico Moderno. Novara: Istituto Geografico De Agostini, 1998.

AYERBE, Luis Fernando. *A revolução cubana*. São Paulo: Unesp, 2004.

AZEVEDO, Antonio Carlos do Amaral. *Dicionário de nomes, termos e conceitos históricos*. Rio de Janeiro: Nova Fronteira, 1999.

AZEVEDO, Celia Maria Marinho de. *Onda negra, medo branco*: o negro no imaginário das elites século XIX. São Paulo: Annablume, 2004.

BARBOSA, Alexandre de Freitas. *O mundo globalizado*. São Paulo: Contexto, 2003.

BARBOSA, Lucia Maria de Assunção et al. (Org.). *De preto a afrodescendente*: trajetos de pesquisa sobre relações étnico-raciais no Brasil. São Carlos: EdUFSCar, 2003.

BATISTA, Marta Rossetti; LOPEZ, Telê Porto Ancona; LIMA, Yone Soares de (Org.). *Brasil*: 1º tempo modernista – 1917-1929. São Paulo: IEB, 1972.

BETHELL, Leslie. *A abolição do comércio brasileiro de escravos*: a Grã-Bretanha, o Brasil e a questão do comércio de escravos 1807-1969. Brasília: Senado Federal, 2002.

______ (Org.). *História da América Latina*. São Paulo/Brasília: Edusp/Fundação Alexandre de Gusmão, 2004. 7 v.

BEZERRA, Holien Gonçalves. *A revolução chinesa*. São Paulo/Campinas: Atual/Unicamp, 1985.

BOBBIO, Norberto; MATTEUCCI, Incola; PASQUINO, Gianfranco. *Dicionário de política*. Brasília/São Paulo: UnB/Imprensa Oficial, 2000. 2 v.

BRAGA, Marco et al. *Breve história da ciência moderna*. Rio de Janeiro: Jorge Zahar Editor, 2006. 4 v.

BRANCHER, Ana (Org.). *História de Santa Catarina*: estudos contemporâneos. Florianópolis: Letras Contemporâneas, 2000.

______; AREND, Silvia Maria Fávero (Org.). *História de Santa Catarina no século XIX*. Florianópolis: Ed. da UFSC, 2001.

BRASIL. Secretaria Municipal de Cultura. Departamento do Patrimônio Histórico. *1890-1990*: cem vezes primeiro de maio. São Paulo, 1990.

BRODY, David Eliot; BRODY, Arnold R. *As sete maiores descobertas científicas da História*. São Paulo: Companhia das Letras, 1999.

BURKE, Peter. *Testemunha ocular*: história e imagem. Bauru: Edusc, 2004.

CÂMARA CASCUDO, Luís da. *Dicionário do folclore brasileiro*. Belo Horizonte/São Paulo: Ed. Itatiaia/Edusp, 1988.

______. *História da alimentação no Brasil*. Belo Horizonte/São Paulo: Ed. Itatiaia/Edusp, 1983. 2 v.

______. *Made in África*. São Paulo: Global, 2002.

______. *Vaqueiros e cantadores*. Belo Horizonte/São Paulo: Ed. Itatiaia/Edusp, 1984.

CARDOSO, Fernando Henrique. *Negros em Florianópolis*: relações sociais e econômicas. Florianópolis: Insular, 2000.

CARDOSO, Maurício et al. *Negro e negritude*. São Paulo: Loyola, 1997.

CARDOSO, Rafael. *A arte brasileira em 25 quadros*. Rio de Janeiro: Record, 2008.

CARR, Caleb. *A assustadora história do terrorismo*. São Paulo: Ediouro, 2002.

CARR, Edward Hallett. *Que é História?*. Rio de Janeiro: Paz e Terra, 1982.

CARVALHO, Antônio Fernando de Bulhões; REBELO, Marques. *O Rio de Janeiro do bota-abaixo*. Rio de Janeiro: Salamandra, 1997.

CARVALHO, José Murilo de. *A formação das almas*: o imaginário da república no Brasil. São Paulo: Companhia das Letras, 1990.

______. *Cidadania no Brasil*: o longo caminho. Rio de Janeiro: Civilização Brasileira, 2003.

______. *Os bestializados*. São Paulo: Companhia das Letras, 1987.

CASTRO, Ruy. *Chega de saudade*. São Paulo: Companhia das Letras, 1990.

CASTRO, Therezinha de. *História documental do Brasil*. Rio de Janeiro: Record, 1968.

CAULFIELD, Sueann. *Em defesa da honra*. Campinas: Ed. da Unicamp, 2000.

CHALHOUB, Sidney. *Trabalho, lar e botequim*. Campinas: Ed. da Unicamp, 2001.

CHASTEEN, John Charles. *América Latina*: uma história de sangue e fogo. Rio de Janeiro: Campus, 2003.

COELHO, Lauro Machado. *O fim da União Soviética*: dez anos que abalaram o mundo. São Paulo: Ática, 2002.

COGGIOLA, Osvaldo. *Governos militares na América Latina*. São Paulo: Contexto, 2001.

COIMBRA, Raimundo Olavo. *A bandeira do Brasil*. Rio de Janeiro: IBGE, 1979.

COLI, Jorge. *Como estudar a arte brasileira do século XIX*. São Paulo: Senac, 2005.

COSTA, Sérgio. *Dois Atlânticos*: teoria social, antirracismo, cosmopolitismo. Belo Horizonte: Ed. da UFMG, 2006.

CRUZ, Heloisa de Faria. *Trabalhadores em serviços*: dominação e resistência (São Paulo – 1900/1920). São Paulo: Marco Zero/MCT-CNPq, 1991.

CUNHA, Maria Clementina Pereira. *Ecos da folia*: uma história social do Carnaval carioca entre 1880 e 1920. São Paulo: Companhia das Letras, 2001.

______(Org.). *História dos índios no Brasil*. São Paulo: Companhia das Letras/Secretaria Municipal de Cultura/Fapesp, 1992.

______ (Org.). *Carnavais e outras f(r)estas*. Campinas: Ed. da Unicamp, 2002.

DABÈNE, Olivier. *América Latina no século XX*. Porto Alegre: EDIPUCRS, 2003.

D'ÁVILA, Luis Felipe (Org.) *As constituições brasileiras*. São Paulo: Brasiliense, 1993.

DECCA, Maria Auxiliadora Guzzo de. *A vida fora das fábricas*: cotidiano operário em São Paulo (1920-1934). Rio de Janeiro: Paz e Terra, 1987.

______. *Indústria, trabalho e cotidiano*: Brasil – 1889 a 1930. São Paulo: Atual, 1991.

DEL PRIORE, Mary. *Histórias do cotidiano*. São Paulo: Contexto, 2001.

______ (Org.). *História das crianças no Brasil*. São Paulo: Contexto, 1999.

______. *História das mulheres no Brasil*. São Paulo: Contexto, 1997.

______; VENÂNCIO, Renato Pinto. *O livro de ouro da História do Brasil*. Rio de Janeiro: Ediouro, 2001.

DEMANT, Peter. *O mundo muçulmano*. São Paulo: Contexto, 2004.

DICIONÁRIO de História do Brasil. São Paulo: Melhoramentos, 1976.

DIETRICH, Ana Maria. *Caça às suásticas*: o Partido Nazista em São Paulo sob a mira da Polícia Política. São Paulo: Humanitas/Imprensa Oficial/Fapesp, 2007.

DILL, Teresa Machado da Silva. *Contestado*: historiografia e literatura (1980-2001). Passo Fundo: UPF, 2004.

DORATIOTO, Francisco. *Maldita guerra*. São Paulo: Companhia das Letras, 2002.

DOSSIÊ dos mortos e desaparecidos políticos a partir de 1964. São Paulo: Imprensa Oficial do Estado, 1995.

DUBY, George; PERROT, Michelle. *História das mulheres*. Porto: Alumbramento, 1990. 5 v.

ESTATÍSTICAS históricas do Brasil: séries econômicas, demográficas e sociais de 1550 a 1988. Rio de Janeiro: IBGE, 1990.

FAIRBANK, John King; GOLDMAN, Merle. *China*: uma nova história. Porto Alegre: L&PM, 2008.

FARIA, Ricardo de Moura. *As revoluções do século XX*. São Paulo: Contexto, 2001.

FÁVERI, Marlene de. *Memórias de uma (outra) guerra*: cotidiano e medo durante a Segunda Guerra em Santa Catarina. Itajaí/Florianópolis: Ed. Univali/Ed. da UFSC.

FAUSTO, Boris. *História do Brasil*. São Paulo: Edusp/FDE, 1998.

FERREIRA, Manoel Rodrigues. *A ferrovia do diabo*. São Paulo: Melhoramentos, 2005.

FERRO, Marc. *A revolução russa de 1917*. São Paulo: Perspectiva, 1967.

______. *História das colonizações*: das conquistas às independências. Século XIII a XX. São Paulo: Companhia das Letras, 1996.

FOHLEN, Claude. *América Anglo-Saxônica de 1815 à atualidade*. São Paulo: Pioneira/Edusp, 1981.

FOUCAULT, Michel. *Vigiar e punir*. Petrópolis: Vozes, 1989.

GASMAN, Lydinéa. *Documentos históricos brasileiros*. Rio de Janeiro: FENAME, 1976.

GASPARI, Elio. *A ditadura derrotada*. São Paulo: Companhia das Letras, 2003.

______. *A ditadura encurralada*. São Paulo: Companhia das Letras, 2004.

______. *A ditadura envergonhada*. São Paulo: Companhia das Letras, 2002.

______. *A ditadura escancarada*. São Paulo: Companhia das Letras, 2002.

GOLDHAGEN, Daniel Jonah. *Os carrascos voluntários de Hitler*. São Paulo: Companhia das Letras, 1997.

GOMES, Angela de Castro; PANDOLFI, Dulce Chaves; ALBERTI, Verana (Org.). *A república no Brasil*. Rio de Janeiro: Nova Fronteira/CPDOC, 2002.

GONÇALVES, Adelaide (Org.). *Ceará socialista*: Anno 1919. Florianópolis: Insular, 2001.

GORENDER, Jacob. *Combate nas trevas*. São Paulo: Ática, 2003.

GRAHAN, Sandra Lauderdale. *Proteção e obediência*: criadas e seus patrões no Rio de Janeiro (1860-1910). São Paulo: Companhia das Letras, 1988.

GRANATO, Fernando. *O negro da chibata*. Rio de Janeiro: Objetiva, 2000.

GRANGEIRO, Cândido Domingues. *As artes de um negócio*: a febre photographica. Campinas/São Paulo: Mercado das Letras/Fapesp, 2000.

GRUPIONI, Luís Donisete Benzi (Org.). *Índios no Brasil*. São Paulo: Secretaria Municipal de Cultura, 1992.

HAGEN, Rose-Marie; HAGEN, Rainer. *Los secretos de las obras de arte*. Madrid: Taschen, 2005. 2 v.

HASENBALG, Carlos. *Discriminação e desigualdades raciais no Brasil*. Belo Horizonte/Rio de Janeiro: Ed. da UFMG/IUPERJ, 2005.

HERSEY, John. *Hiroshima*. São Paulo: Companhia das Letras, 2002.

HISTÓRIA em revista. Rio de Janeiro: Time-Life/Abril Livros, 1996. 26 v.

HOBSBAWM, Eric J. *A era dos extremos*: o breve século XX: 1914-1991. São Paulo: Companhia das Letras, 1995.

______. *Globalização, democracia e terrorismo*. São Paulo: Companhia das Letras, 2007.

______. *Revolucionários*. Rio de Janeiro: Paz e Terra, 2003.

HOLANDA, Sérgio Buarque de (Org.). *História geral da civilização brasileira*. São Paulo: Difel, 1982. 11 v.

HOURANI, Albert. *Uma história dos povos árabes*. São Paulo: Companhia das Letras, 1994.

HUBERMAN, Leo. *História da riqueza do homem*. Rio de Janeiro: Zahar Editores, 1976.

HUNTINGTON, Samuel P. *O choque de civilizações*. Rio de Janeiro: Objetiva, 1996.

JANCSÓ, István (Org.). *Brasil*: formação do Estado e da Nação. São Paulo/Ijuí: Fapesp/Hucitec/Unijuí, 2003.

JANSON, H. W. *História geral da arte*. São Paulo: Martins Fontes, 2001. 3 v.

KEEGAN, John. *Uma história da guerra*. São Paulo: Companhia das Letras, 1993.

KI-ZERBO, Joseph. *Para quando a África*: entrevista com René Holenstein. Rio de Janeiro: Pallas, 2006.

LAURENZA, Ana Maria de Abreu. *Lacerda x Wainer*: o Corvo e o Bessarabiano. São Paulo: Senac, 1998.

LEAL, Victor Nunes. *Coronelismo, enxada e voto*. São Paulo: Alfa-Omega, 1975.

LEWIS, Bernard. *O Oriente Médio*: do advento do cristianismo aos dias de hoje. Rio de Janeiro: Jorge Zahar Editor, 1996.

LEWKOWICZS, Ida et al. *Trabalho compulsório e trabalho livre na História do Brasil*. São Paulo: Ed. da Unesp, 2008.

LOCONTE, Wanderley. *Guerra do Paraguai*. São Paulo: Ática, 2000.

LOPES, Eliane Marta Teixeira et al. (Org.). *500 anos de educação no Brasil*. Belo Horizonte: Autêntica, 2000.

LOPES, Nei. *Bantos, malês e identidade negra*. Belo Horizonte: Autêntica, 2006.

______. *Enciclopédia brasileira da diáspora africana*. São Paulo: Selo Negro, 2004.

MANZANO FILHO, Gabriel. *100 anos de República*: um retrato ilustrado da História do Brasil. São Paulo: Nova Cultural, 1989. 10 v.

MARTINS, Ana Luiza. *História do café*. São Paulo: Contexto, 2008.

MORAIS, Fernando. *A ilha*. São Paulo: Companhia das Letras, 2001.

MORAN, Emilio F. *Nós e a natureza*: uma introdução às relações homem-ambiente. São Paulo: Senac, 2008.

MORGA, Antonio (Org.). *História das mulheres de Santa Catarina*. Chapecó: Argos, 2001.

MUNANGA, Kabengele. *Negritude*: usos e sentidos. São Paulo: Ática, 1988.

______; GOMES, Nilma Lino. *O negro no Brasil de hoje*. São Paulo: Global, 2006.

NASCIMENTO, Abdias do. *O quilombismo*. Petrópolis: Vozes, 1980.

NASCIMENTO, Benedicto Heloiz. *A ordem nacionalista brasileira*: o nacionalismo como política de desenvolvimento durante o governo Vargas, 1930-1945. São Paulo: Humanitas/IEB, 2002.

NÉRÉ, Jacques. *História contemporânea*. Rio de Janeiro: Bertrand, 1991.

NEVINS, Allan; COMMAGER, Henry Steele. *Breve história dos Estados Unidos*. São Paulo: Alfa-Ômega, 1986.

NOSSO século. São Paulo: Abril Cultural. 1985. 10 v.

NOSSO tempo: a cobertura jornalística do século. São Paulo: Turner Publishing/Klick Editora, 1999.

NOVAIS, Fernando A. (Dir.); ALENCASTRO, Luiz Felipe de. (Org.). *História da vida privada no Brasil*. São Paulo: Companhia das Letras, 1997. 4 v.

NUNCA mais: informe da Comissão Nacional sobre o desaparecimento de pessoas na Argentina. Porto Alegre: L&PM, 1984.

OLIVER, Roland. *A experiência africana*. Rio de Janeiro: Jorge Zahar Editor, 1994.

PARÉS, Luis Nicolau. *A formação do candomblé*: história e ritual da nação jeje na Bahia. Campinas: Ed. da Unicamp, 2007.

PENNA, Lincoln de Abreu. *República brasileira*. Rio de Janeiro: Nova Fronteira, 1999.

PERAZZO, Priscila Ferreira. *Prisioneiros da guerra*: os "Súditos do Eixo" nos campos de concentração brasileiros (1942-1945). São Paulo: Humanitas/Imprensa Oficial/ Fapesp, 2009.

PERROT, Michelle. *As mulheres ou os silêncios da História*. Bauru: Edusc, 2005.

PILAGALLO, Oscar. *O Brasil em sobressalto*. São Paulo: Publifolha, 2002.

PINTO, Maria Inez Machado Borges. *Cotidiano e sobrevivência*: a vida do trabalhador pobre na cidade de São Paulo, 1890-1914. São Paulo: Edusp, 1994.

PLUTARCO. *Alexandre e César*. São Paulo: Ediouro, 2002.

POMAR, Wladimir. *A revolução chinesa*. São Paulo: Ed. da Unesp, 2003.

PORTO, Walter Costa; PEIXOTO, João Paulo M. (Org). *Constituições do Brasil*. Brasília: Instituto Tancredo Neves/Fundação Friedrich Naumann, 1987.

PRESTES, Anita Leocadia. *A Coluna Prestes*. São Paulo: Brasiliense, 1990.

REIS, João José. *A morte é uma festa*: ritos fúnebres e revolta popular no Brasil do século XIX. São Paulo: Companhia das Letras, 1991.

REIS FILHO, Daniel Aarão. *As revoluções russas e o socialismo soviético*. São Paulo: Ed. da Unesp, 2003.

REVISTA DE HISTÓRIA DA BIBLIOTECA NACIONAL. Rio de Janeiro: Sociedade de Amigos da Biblioteca Nacional.

REVISTA HISTÓRIA VIVA. São Paulo: Duetto Editorial.

REVISTA NOSSA HISTÓRIA. Rio de Janeiro: Ed. Vera Cruz.

REZENDE, Neide. *A Semana de Arte Moderna*. São Paulo: Ática, 2002.

RIBEIRO, Darcy. *Os índios e a civilização*: a integração das populações indígenas no Brasil moderno. São Paulo: Companhia das Letras, 1996.

______. *O povo brasileiro*. São Paulo: Companhia das Letras, 1995.

RUI, José Carlos et al. (Org.). *Um olhar negro sobre o Brasil*: 18 anos de UNEGRO. São Paulo: Anita Garibaldi, 2007.

SADER, Emir. *A vingança da História*. São Paulo: Boitempo, 2003.

______. *Século XX*: uma biografia não autorizada. São Paulo: Fundação Perseu Abramo, 2000.

______; JINKINGS, Ivana. *Enciclopédia contemporânea da América Latina e do Caribe*. São Paulo: Boitempo, 2006.

SAID, Edward. *Cultura e política*. São Paulo: Boitempo Editorial, 2003.

SAMARA, Eni de Mesquita (Org.). *Populações*: (con)vivência e (in)tolerância. São Paulo: Humanitas, 2004.

SAMPAIO, Consuelo Novais (Org.) *Canudos*: cartas para o barão. São Paulo: Edusp, 1999.

SANDRONI, Paulo. *Novíssimo dicionário de economia*. São Paulo: Best Seller, 2002.

SANTOS, Joaquim Ferreira dos. *Feliz 1958*: o ano que não devia terminar. Rio de Janeiro: Record, 1998.

SARGES, Maria de Nazaré. *Belém*: riquezas produzindo a Belle-Époque (1870-1912). Belém: Paka-Tatu, 2000.

SARTRE, Jean-Paul. *Furacão sobre Cuba*. Rio de Janeiro: Editora do Autor, 1986.

SCHUMAHER, Schuma; BRAZIL, Érico Vital. *Mulheres negras do Brasil*. Rio de Janeiro: Senac Nacional/REDEH, 2007.

SEBESTYEN, Victor. *A revolução de 1989*: a queda do império soviético. São Paulo: Globo, 2009.

SECRETO, María Verónica. *Soldados da borracha*: trabalhadores entre o sertão e a Amazônia no governo Vargas. São Paulo: Fundação Perseu Abramo, 2007.

SEVCENKO, Nicolau. *A corrida para o século XXI*. São Paulo: Companhia das Letras, 2001.

SEVERIANO, Jairo. *Uma história da música popular brasileira*: das origens à modernidade. São Paulo: Editora 34, 2008.

SILVA, Deonísio da. *Nos bastidores da censura*. São Paulo: Estação Liberdade, 1989.

SKIDMORE, Thomas E. *Brasil*: de Castelo a Tancredo, 1964-1985. Rio de Janeiro: Paz e Terra, 1988.

______. *Brasil*: de Getúlio a Castelo. Rio de Janeiro: Paz e Terra, 1979.

______. *Uma História do Brasil*. Rio de Janeiro: Paz e Terra, 2003.

SODRÉ, Nelson Werneck. *História da imprensa no Brasil*. São Paulo: Martins Fontes, 1983.

SOUZA, Laura de Mello e (Org.). *História da vida privada no Brasil*. São Paulo: Companhia das Letras, 1997. 4 v.

TAKEUCHI, Marcia Yumi. *O perigo amarelo*: imagens do mito, realidade do preconceito (1920-1945). São Paulo: Humanitas, 2008.

TELLES, Augusto C. da Silva. *O Vale do Paraíba e a arquitetura do café*. Rio de Janeiro: Capivara, 2006.

TERRAS paulistas: histórias, arte, costumes. São Paulo: Cenpec: Imprensa Oficial, 2004. 3 v.

TOLEDO, Edilene. *Anarquismo e sindicalismo revolucionário*. São Paulo: Fundação Perseu Abramo, 2004.

TROTSKY, Leon. *Como fizemos a revolução*. São Paulo: Global, 1978.

TURAZZI, Maria Inez. *A euforia do progresso e a imposição da ordem*: a engenharia, a indústria e a organização do trabalho na virada do século XIX ao XX. Rio de Janeiro/São Paulo: COPPE/Marco Zero, 1999.

VILLA, Marco Antonio. *1932*: imagens de uma revolução. São Paulo: Imprensa Oficial, 2008.

______. *Vida e morte no sertão*. São Paulo: Ática, 2001.

VILLAS BÔAS, Orlando; VILLAS BÔAS, Cláudio. *A marcha para o Oeste*. São Paulo: Globo, 1994.

WEINSTEIN, Bárbara. *A borracha na Amazônia*: expansão e decadência (1850-1920). São Paulo: Hucitec/Edusp, 1993.

WESSELING, H. L. *Dividir para dominar*: a partilha da África (1880-1914). Rio de Janeiro: UFRJ/Revan, 1998.

WILLMOTT, H. P. *Primeira Guerra Mundial*. Rio de Janeiro: Nova Fronteira, 2008.

______ et al. *Segunda Guerra Mundial*. Rio de Janeiro: Nova Fronteira, 2008.

projeto
Teláris

estudar CIÊNCIAS

das quando vão assistir a um filme baseado num livro que adoraram. "Eu imaginava essa personagem tão diferente...".

EDITORA ÁTICA/ARQUIVO DA EDITORA

EDITORA ÁTICA/ARQUIVO DA EDITORA

Duas capas para a mesma obra, feitas por dois artistas diferentes. Cada um imaginou a personagem à sua maneira.

O conhecimento científico vai um pouco além do uso da imaginação de cada um. Este livro apresenta uma série de modelos e faz outro tanto de comparações para ajudar você a abstrair, de uma forma que compreenda os conceitos básicos da Química e da Física.

Esta nossa conversa é para mostrar que você já possui os recursos de que precisa para aprender. Conhecendo-os melhor, você poderá usá-los com maior eficiência. Agora é com você!

ESTUDAR CIÊNCIAS COM A AJUDA DAS REDES SOCIAIS

As redes sociais, como o Facebook, por exemplo, já fazem parte do cotidiano de muita gente.

Se você não acessa uma, certamente conhece alguém que sim.

Converse com seu professor sobre a possibilidade de vocês criarem um grupo de estudo para os assuntos do 9º ano. Caso ele concorde, pode dar uma série de sugestões para vocês aproveitarem melhor essa iniciativa. Pode ser também que ele deixe para vocês decidirem a melhor maneira de fazer isso.

Hoje a tecnologia oferece um mundo de recursos e, entre eles, vários que você pode usar para aprender e estudar cada vez melhor!

MRGARRY/SHUTTERSTOCK/ GLOW IMAGES

Discutir suas dúvidas é um ótimo jeito de estudar.

Neste 9º ano você vai conhecer duas novas áreas da Ciência: Física e Química. E tudo que é novo pode causar um pouco de estranheza a princípio. Às vezes, até alguma dificuldade. Por isso, escolhemos um desses novos assuntos para conversar com você: a eletricidade. Depois desta conversa, você descobrirá novas maneiras de aprender esse e outros temas.

PERRUSH/SHUTTERSTOCK/GLOW IMAGES

ILUSTRAÇÕES: DANIEL ALMEIDA/ ARQUIVO DA EDITORA

Se você parar e olhar ao redor, é quase certo que vai perceber alguma coisa funcionando graças à eletricidade. Até mesmo seu cérebro recebe e envia estímulos elétricos a todo instante. Esses estímulos são gerados em seu próprio organismo.

Mas a eletricidade é algo que não vemos. Então, como entender o que acontece?

Para compreender algo que não nos é familiar, ou que foge do alcance dos nossos sentidos, precisamos usar alguns recursos. Quando estudamos algo que não podemos ver, precisamos nos valer de modelos, de esquemas e de uma capacidade que temos: a *abstração*.

O que é "abstração"? Em vez de ficar definindo esse conceito, vamos usar um exemplo. Se alguém apontar uma mesa, não importa qual a cara que ela tenha – redonda, quadrada, retangular, alta, baixa, grande, pequena, de madeira, de metal – e perguntar "o que é isso?", você vai responder no ato: "mesa".

3DRENDERINGS/SHUTTERSTOCK/ GLOW IMAGES

MAKSYM BONDARCHUK/ SHUTTERSTOCK/GLOW IMAGES

De alguma maneira, você *abstraiu* o conceito de mesa, que serve para qualquer uma com que topar pela frente. "Ah, mas mesa eu vejo, posso tocar em uma", você poderá dizer.

Certo. Então vamos partir para outro exemplo. Quando você lê um livro que conta uma história (e não tem ilustrações), mesmo que o autor descreva todos os detalhes de cada personagem, você vai ter de usar sua *imaginação*. Assim, cada uma dessas personagens estará em sua mente, mesmo que a imagem seja um tanto borrada, sem muita definição. Por isso, muitas pessoas ficam indigna-

NOSSAS MUITAS INTELIGÊNCIAS!

O ser humano tem capacidades variadas. As capacidades verbal e matemática são as mais lembradas, mas há muitas outras, como as habilidades para os esportes ou para a música. Todas igualmente válidas. Ou seja, todos nós temos muitas ***inteligências****. Elas funcionam combinadas e muitas vezes uma, ou mais de uma, se destaca em relação às outras.*
Saiba quais são essas inteligências. Isso vai ajudá-lo a se conhecer melhor e a descobrir suas aptidões.

ÍCONES E INFOGRÁFICO: BRUNO ALGARVE/ARQUIVO DA EDITORA

INTELIGÊNCIA MUSICAL
Ouvir músicas, tocar instrumentos, interpretar sons e cantar são as aptidões que mais se destacam nesse tipo de inteligência.

INTELIGÊNCIA CORPORAL
Interagir com o mundo por meio do contato manual e corporal, ter habilidade para o esporte, a dança e a construção de objetos são as aptidões que predominam.

INTELIGÊNCIA LÓGICO-MATEMÁTICA
Contar e classificar objetos, criar tabelas e gostar de solucionar problemas complexos são habilidades que se destacam.

INTELIGÊNCIA LINGUÍSTICA
A aptidão para atividades de comunicação centradas no uso da palavra falada ou escrita é própria desse tipo de inteligência.

INTELIGÊNCIA ESPACIAL
Habilidade especial para orientar-se no espaço, usar mapas e visualizar um objeto de um ângulo diferente, como no jogo de xadrez, bem como aptidão para as artes visuais e artes gráficas são características da inteligência espacial.

INTELIGÊNCIA INTERPESSOAL
Perceber mudanças de humor, de motivação e de intenções nas pessoas e ter facilidade de interação com os outros seres humanos são habilidades que sobressaem.

INTELIGÊNCIA INTRAPESSOAL
Habilidade de perceber os aspectos mentais e emocionais das pessoas e aptidão para a autorreflexão e para atividades que requerem escrita ou pesquisa, em projetos individuais e independentes, são características predominantes na inteligência intrapessoal.

O nome do Projeto Teláris se inspira na forma latina telarium, que significa "tecelão", para evocar o entrelaçamento dos saberes na construção do conhecimento.

Com realidade aumentada

projeto Teláris

Fernando Gewandsznajder

Ciências 9

Matéria e energia

Fernando Gewandsznajder

(Pronuncia-se Guevantznaider.)

- Licenciado em Biologia pelo Instituto de Biologia da Universidade Federal do Rio de Janeiro (UFRJ)
- Mestre em Educação pelo Instituto de Estudos Avançados em Educação da Fundação Getúlio Vargas (FGV-RJ)
- Mestre em Filosofia pela Pontifícia Universidade Católica do Rio de Janeiro (PUC-RJ)
- Doutor em Educação pela Faculdade de Educação da UFRJ
- Ex-professor de Biologia do Colégio Pedro II, no Rio de Janeiro (Autarquia Federal – MEC)
- Autor de: *Dinossauros*; *Nutrição*; *Sexo e reprodução*; *O método nas ciências naturais* (Editora Ática) e *O que é o método científico* (Editora Pioneira)
- Coautor de: *Biologia hoje* (3 volumes); *Biologia* – volume único; *Origem e história da vida* (Editora Ática) e *O método nas ciências naturais e sociais* (Editora Pioneira Thomson Learning)

Use esse QR Code para acessar o *site* exclusivo do Projeto Teláris. Basta fazer o *download* de um leitor de QR Code no seu celular ou *tablet* e posicionar a câmera como se fosse fotografar a imagem acima.

editora ática

editora ática

Diretoria de conteúdo e inovação pedagógica
Mário Ghio Júnior
Diretoria editorial
Lidiane Vivaldini Olo
Gerência editorial
Luiz Tonolli
Editoria de Ciências e Biologia
José Roberto Miney
Edição
Helena Pacca e Daniella Drusian Gomes
Arte
Ricardo de Gan Braga (superv.),
Andréa Dellamagna (coord. de criação),
Mauro Fernandes (editor de arte),
e Casa de Tipos (diagram.)
Revisão
Hélia de Jesus Gonsaga (ger.), Rosângela Muricy (coord.),
Ana Paula Chabaribery Malfa, Célia Carvalho,
Gabriela Macedo de Andrade e Brenda Morais (estag.)
Iconografia
Sílvio Kligin (superv.),
Karina Tengan (pesquisa),
César Wolf e Fernanda Crevin (tratamento de imagem)
Ilustrações
Adilson Secco, Alex Argozino, Antônio Robson,
Avits Estúdio Gráfico, Christiane S. Messias,
Cláudio Chiyo, David Lucio, Hiroe Sasaki, Joel Bueno,
KLN Artes Gráficas, Luís Moura, Mauro Nakata,
Paulo Nilson e Suryara Bernardi
Cartografia
Eric Fuzii, Marcelo Seiji Hirata, Márcio Santos de Souza,
Robson Rosendo da Rocha
Foto da capa: Anna Moskvina/Shutterstock/Glow Images

Direitos desta edição cedidos à Editora Ática S.A.
Avenida das Nações Unidas, 7221, 3º andar, Setor C
Pinheiros – São Paulo – SP – CEP 05425-902
Tel.: 4003-3061
www.atica.com.br / editora@atica.com.br

Dados Internacionais de Catalogação na Publicação (CIP)
(Câmara Brasileira do Livro, SP, Brasil)

Gewandsznajder, Fernando
Projeto Teláris : ciências : ensino fundamental 2 / Fernando Gewandsznajder. – 2. ed. – São Paulo : Ática, 2015. – (Projeto Teláris : ciências)

Obra em 4 v. para alunos do 6º ao 9º ano.

Conteúdo: 6º ano. Planeta Terra – 7º ano. Vida na Terra – 8º ano. Nosso corpo – 9º ano. Matéria e energia.

1. Ciências (Ensino fundamental) I. Título. II. Série.

15-02980 CDD-372.35

Índice para catálogo sistemático:
1. Ciências : Ensino fundamental 372.35

2017

ISBN 978 85 08 17220 7 (AL)
ISBN 978 85 08 17219 1 (PR)
Cód. da obra CL 738816
CAE 542 405 (AL) / 542 406 (PR)

2ª edição
4ª impressão

Impressão e acabamento
Log&Print Gráfica e Logística S.A.

Apresentação

Neste livro você vai conhecer duas ciências: a Química e a Física. Elas estudam as transformações que ocorrem com a matéria e com a energia em nosso planeta.

Com base nesse conhecimento, criamos aparelhos, técnicas e produtos que podem ser úteis à humanidade.

Vivemos atualmente em um mundo dominado pela tecnologia. Por isso ter um conhecimento básico dessas ciências pode nos ajudar a tomar decisões que afetam toda a coletividade.

Conhecer a ciência e aprender a usá-la para melhorar as condições de vida da humanidade é um ideal que todos nós, cientistas ou não, devemos perseguir.

Além disso, o aprendizado de Química e de Física proporciona o prazer de descobrir explicações para uma série de fenômenos.

Isaac Newton, um cientista muito conhecido, disse que tinha a impressão de ter sido uma criança brincando à beira-mar, contente de achar aqui e ali uma pedrinha mais lisa ou uma concha mais bonita do que as outras.

Compartilhe com Newton o prazer de descobrir como a natureza funciona.

O autor

Conheça seu livro de Ciências

① Abertura da Unidade

Apresenta uma imagem e um breve texto de introdução dos temas abordados.

Os **ícones azuis** que aparecem na abertura indicam o número e o tema de cada Unidade para que você possa se localizar com mais facilidade.

Ponto de partida

Nesta seção há algumas questões sobre os assuntos que serão desenvolvidos na Unidade.

② Abertura dos capítulos

Todos os capítulos se iniciam com uma ou mais imagens e um texto introdutório que vão prepará-lo para as descobertas que você fará no decorrer do seu estudo.

A questão é

Nesta seção há perguntas sobre os conceitos fundamentais do capítulo. Tente responder à questão no início do estudo e volte a ela ao final do capítulo. Será que as suas ideias vão se transformar?

③ Boxes

Não deixe de ler os **boxes** que aparecem ao longo dos capítulos. Eles contêm informações atualizadas que contextualizam o tema abordado no capítulo e demonstram a importância e as aplicações da ciência.

④ Informações complementares

Diversas palavras ou expressões destacadas em azul estão ligadas por um fio a um pequeno texto na lateral da página. Esse texto fornece **informações complementares** sobre determinados assuntos.

Ao estudar Ciências você começa a compreender os fenômenos do dia a dia de forma diferente. Isso o tornará capaz de buscar dados e evidências que fundamentem seus argumentos. Quando você estuda Ciências, se torna mais apto a acompanhar os noticiários, a ler jornais e revistas e a discutir questões atuais. Assim, poderá ter uma participação mais ativa na sociedade.

Veja como os livros desta coleção estão organizados.

3

4

5

6
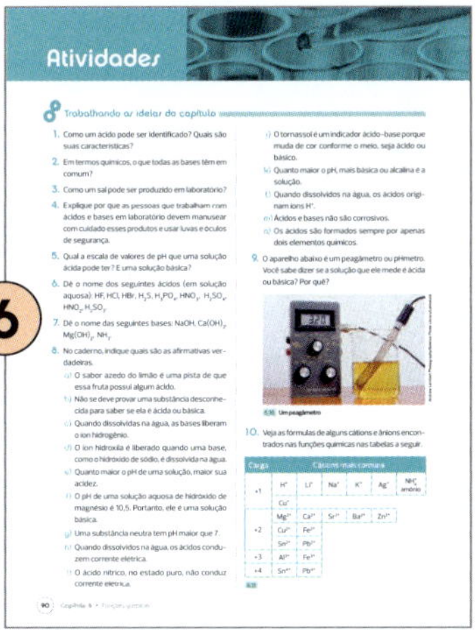

7
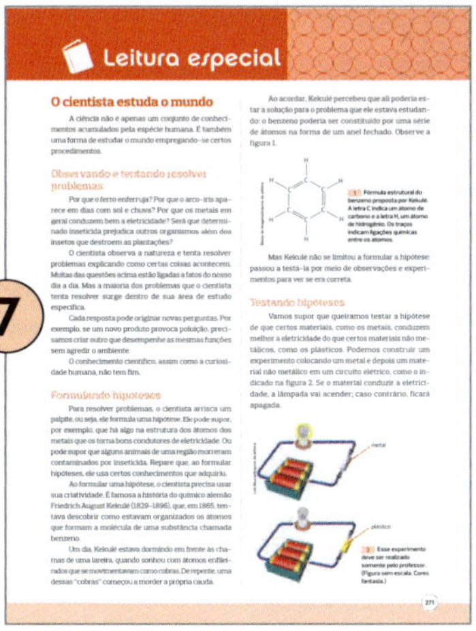

8

⑤ Glossário

Os termos grafados em azul remetem ao **glossário** na lateral da página. Ele apresenta o significado e a origem de muitas palavras.

⑥ Atividades

Ao final de cada capítulo você vai encontrar questões para organizar e fixar os conceitos mais importantes, trabalhos em equipe, propostas de pesquisas e atividades práticas ligadas a experimentos científicos.

⑦ Leitura especial

Esta seção constitui um diferencial porque contextualiza os temas do volume, aplicando-os a um novo formato. A leitura recupera diversos contextos de Ciências com um foco diferente do que foi usado na maior parte do livro.

⑧ Ponto de chegada

Apresenta uma visão geral dos principais conteúdos da Unidade para que você possa refletir sobre o que aprendeu.

CONTEÚDO DIGITAL

Este ícone indica que há conteúdo digital disponível em: www.projetotelaris.com.br

Sumário

Unidade 1 · Química: a constituição da matéria

Dimitar Sotirov/Shutterstock/Glow Images

Unidade 2 · Química: substâncias e transformações químicas

Ricardo Azoury/Pulsar Imagens

Sumário

Unidade 3 · Física: movimentos, força e energia

Johnson Space Center/Nasa

Unidade 4 · Física: calor, ondas e eletromagnetismo

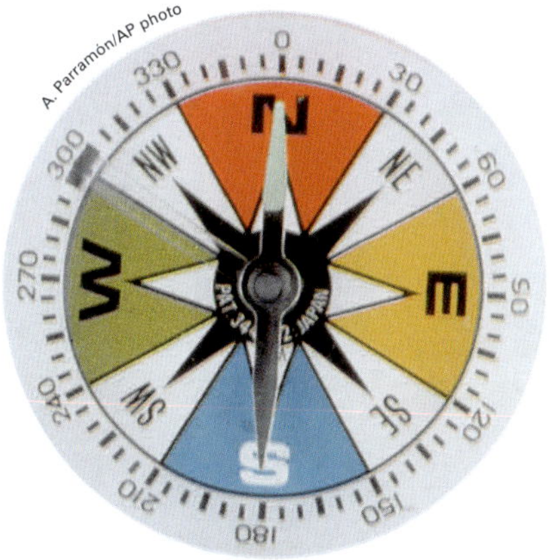

A. Parramón/AP photo

Unidade 1

Studiosmart/Shutterstock/Glow Images

Cubos de gelo

Química: a constituição da matéria

O alimento, os tecidos, a água, o ar, a casa, os aparelhos, o corpo dos seres vivos, toda matéria, enfim, é feita de substâncias químicas.
A Química é a ciência que estuda a constituição da matéria e suas transformações.

Ponto de partida

1. Quais são as propriedades gerais e as propriedades específicas da matéria e por que elas são importantes para a ciência e também para o dia a dia?
2. Quais são os modelos propostos ao longo da História para explicar as propriedades do átomo e dos elementos químicos? Como esse conhecimento ajuda o ser humano a compreender a natureza?
3. Como os químicos classificam os diferentes elementos?

Capítulo

1 Propriedades da matéria

CONTEÚDO DIGITAL

Na embalagem de diversos produtos utilizados no dia a dia pode-se ler a indicação de certas medidas. Esses números aparecem de vários modos, conforme o tipo de produto: água mineral natural, 500 mL; protetor solar, 120 mL; vinagre, 750 mL; pacote de biscoitos, 200 g; chiclete, 1,7 g. Para comparar o preço de dois produtos semelhantes, deve-se sempre procurar a quantidade indicada na embalagem. Veja a figura 1.1.

Nas embalagens desses produtos aparecem as medidas de massa ou volume. Massa e volume são propriedades da matéria, como você vai ver a seguir.

Fotos: Sérgio Dotta Jr./Arquivo da editora

1.1 As embalagens devem indicar a quantidade dos produtos. (A marca dos produtos foi apagada para evitar entendimento de publicidade ou de objeto comercial.)

A questão é

Ar, metais, água... Quais são as propriedades gerais da matéria? Por quais mudanças de estado físico ela pode passar? Que unidades do Sistema Internacional de Unidades você conhece? Como os cientistas distinguem uma substância de outra?

1 Propriedades gerais da matéria

Matéria é tudo o que tem massa e ocupa lugar no espaço, isto é, tudo o que tem volume e massa. A matéria forma as estrelas, os planetas, o corpo dos seres vivos, o vidro, o ar, a madeira, o ouro — e muito mais.

Massa e volume são exemplos de propriedades gerais da matéria, ou seja, propriedades que todos os corpos possuem, e podem ser iguais mesmo em materiais diferentes. Por exemplo, pode-se ter um litro de água e um litro de leite, ou, ainda, um quilograma de arroz e um quilograma de feijão.

O **volume** refere-se ao espaço ocupado por um corpo. Corpo é uma porção limitada de matéria: um pedaço de vidro ou de plástico ou um tronco de madeira, por exemplo. Já os objetos são corpos fabricados pelo ser humano para atender a alguma necessidade: um copo de vidro, uma mesa de madeira, uma lente de vidro ou acrílico, um pneu de borracha, um brinquedo de plástico.

Costuma-se dizer que a **massa** está relacionada com a quantidade de matéria que um corpo possui. Mais adiante, em seus estudos de Física, você vai ver uma definição mais adequada: a massa mede a inércia de um corpo, isto é, a tendência do corpo de permanecer em repouso ou em movimento em linha reta e com velocidade constante. Pense em uma pessoa deslizando sobre uma pista de patinação no gelo ou, ainda, sobre um piso molhado com água e detergente. A tendência dessa pessoa de continuar em movimento, deslizando, é a inércia.

Um pacote de biscoitos de 200 g que custa R$ 3,00 é mais caro que um de 300 g que custa R$ 4,00. Faça as contas e verifique. Comparar preços ao fazer compras é um hábito que todos os consumidores devem ter.

No Capítulo 13 você vai estudar melhor a inércia. Mas, para entendê-la, pode, desde já, pensar na seguinte situação: é mais fácil colocar em movimento um carrinho de supermercado, inicialmente parado, quando ele está cheio de compras ou quando ele está vazio? Quando o carrinho está vazio, é claro. Esse exemplo mostra que, quanto maior for a massa de um corpo, maior será a sua inércia.

Você acabou de conhecer duas propriedades gerais da matéria, isto é, propriedades que estão presentes em todos os corpos.

- **Extensão**: toda matéria ocupa lugar no espaço, ou seja, tem volume.
- **Massa**: toda matéria tem massa.

Mas há ainda outras propriedades gerais da matéria. Se você entrar em uma banheira com água ou mergulhar um objeto em uma panela com água, o nível desse líquido vai subir. Isso acontece por causa de outra propriedade da matéria: dois corpos não podem ocupar o mesmo lugar no espaço ao mesmo tempo. Essa é mais uma propriedade geral da matéria, a **impenetrabilidade**.

Outra propriedade geral da matéria é a **divisibilidade**. A matéria pode ser dividida, até certo limite, em partes menores, sem que suas propriedades se alterem.

Sob a ação de uma força, a matéria pode, até certo ponto, diminuir de volume: é a propriedade da **compressibilidade**. Por exemplo, quando você aperta uma bola de futebol cheia, o ar dentro dela é comprimido. E pode, até certo ponto, retornar ao volume original ao cessar a ação da força: é a propriedade da **elasticidade**.

Tanto a compressibilidade quanto a elasticidade podem ser mais bem observadas nos gases do que nos sólidos e líquidos, mas existem alguns sólidos que têm boa elasticidade: pense em um elástico que é esticado e depois solto.

Há outra propriedade da matéria que será bastante estudada adiante: toda a matéria é feita de átomos, que são incrivelmente pequenos: em média, têm cerca de 0,1 nanômetro de diâmetro. O nanômetro (nm) é a milionésima parte do milímetro! E, como você verá também adiante, em algumas substâncias os átomos estão agrupados formando moléculas: dois átomos de hidrogênio, por exemplo, podem se unir a um átomo de oxigênio e formar uma molécula de água.

Medidas

A massa, assim como o volume e o comprimento, é uma **grandeza**, ou seja, é algo que pode ser medido. **Medir** uma grandeza é compará-la com outra grandeza tomada como padrão. Quando se diz que uma corda tem 5 metros de comprimento, por exemplo, isso significa que ela contém 5 vezes a unidade-padrão do metro. E, para medir alguma coisa, usam-se instrumentos de medidas, como balanças (para medir massas) e réguas (para medir comprimentos). Veja a figura 1.2.

Dimitar Sotirov/Shutterstock/Glow Images

Adilson Secco/Arquivo da editora

1.2 Balança de pratos. Em um dos pratos coloca-se a massa que se quer medir e, no outro, massas conhecidas até que os pratos se equilibrem. Nesse momento, a massa do corpo é igual à soma das massas conhecidas.

Para facilitar a comunicação, os cientistas preferem usar um único grupo de unidades de medida: o **Sistema Internacional de Unidades** (SI).

Nesse sistema, a unidade de comprimento é o metro (m); a de volume, o metro cúbico (m^3); a de massa, o quilograma (kg). Usamos também múltiplos e submúltiplos dessas grandezas: grama (g), miligrama (mg) e tonelada (t), por exemplo. Veja as correspondências: 1 t = 1 000 kg; 1 kg = 1 000 g; 1 g = 1 000 mg.

Ciência e atitude

Viva a curiosidade!

Um dos cientistas mais conhecidos de todos os tempos, o inglês Isaac Newton (1642-1727), responsável por muitas descobertas no campo da Física, parece ter conservado durante toda a vida a curiosidade e a capacidade de se maravilhar com os fenômenos naturais. Newton disse: "Não sei como o mundo me vê, mas eu me sinto somente como um garoto brincando na praia, contente em achar aqui e ali uma pedrinha mais lisa ou uma concha mais bonita do que o comum, tendo sempre diante de mim, ainda por descobrir, o grande oceano da verdade".

Albert Einstein (1879-1955), outro gênio da ciência, nascido na Alemanha e criador de uma das mais revolucionárias teorias da Física, a teoria da Relatividade, dizia existir uma paixão pelo conhecimento, assim como existe uma paixão pela música. Sem esse sentimento, as Ciências Naturais e a Matemática não teriam existido. Einstein lamentou o fato de muitas pessoas perderem essa paixão com o passar do tempo.

E você? Acha importante e prazeroso explorar a origem e as consequências dos fenômenos naturais, ter curiosidade e tentar compreender como as coisas funcionam? Você não acredita que a "curiosidade", tão presente nas crianças, deve ser mantida também na idade adulta?

2 Os estados físicos da matéria

A matéria pode se apresentar em três estados físicos: sólido, líquido e gasoso. Mas você sabe que é possível explicar esses estados físicos utilizando o conhecimento de que a matéria é constituída por átomos?

Outros tipos de estados da matéria, como o plasma, são estudados em níveis mais avançados da Física. Para ter uma ideia sobre esse assunto, leia o boxe *Para saber mais* da página 33.

Se você furar um balão de festa (conhecido também como bexiga, em algumas regiões do país) cheio de ar, o ar que se encontra no balão vai se espalhar por todo o ambiente. O ar é uma mistura de gases, e um gás não tem forma nem volume definidos: ele ocupa todo o volume do recipiente em que está contido.

Já se você despejar toda a água de um copo em outro de formato diferente, vai perceber que o líquido adquire a forma do recipiente que o contém. O volume da água, porém, permanece o mesmo.

Pode-se concluir, então, que os líquidos mudam de forma, mas o volume não depende do recipiente que os contém.

Já um corpo sólido, como uma rocha ou uma barra de ferro, tem forma e volume bem definidos.

Dizemos, então, que os sólidos têm forma e volume constantes; os líquidos têm volume constante e forma variável, de acordo com o recipiente; e os gases têm forma e volume variáveis, conforme o recipiente.

No estado sólido, as partículas estão bem próximas umas das outras e não podem se movimentar; elas ficam apenas vibrando em uma posição fixa. Isso ocorre porque há uma grande força de atração entre as partículas de um sólido. Veja a figura 1.3.

No estado líquido, a força de atração entre as partículas é menor; com isso elas podem se movimentar mais livremente, e não apenas vibrar em uma posição fixa.

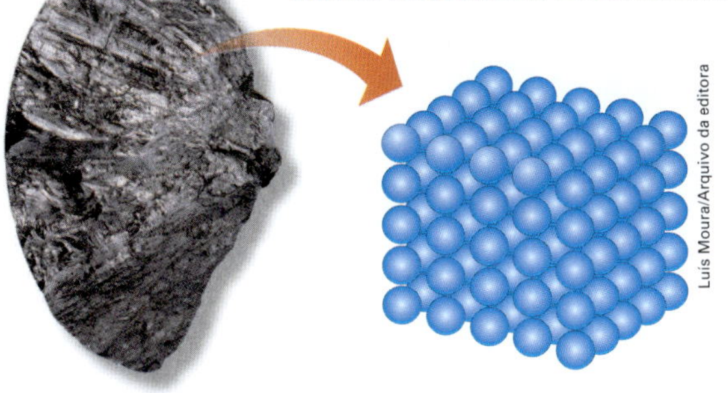

1.3 Modelo da organização dos átomos em um sólido, o silício metálico. (Os átomos não são visíveis a olho nu. Cores fantasia.)

Joyce Photographics/Photo Researchers, Inc./Latinstock

Luís Moura/Arquivo da editora

Luís Moura/Arquivo da editora

Valentyn Volkov/Shutterstock/Glow Images

Representação de moléculas de água no estado líquido.

1.4 Modelo da organização das moléculas em um líquido, a água. As bolinhas azuis representam os átomos de oxigênio, e as vermelhas, os átomos de hidrogênio. (Os átomos e as moléculas não são visíveis a olho nu. Cores fantasia.)

No estado gasoso, as partículas movimentam-se ainda mais livremente, ficando mais distantes umas das outras do que as partículas de um sólido ou de um líquido. A força de atração entre elas é quase nula. Veja o modelo da figura 1.5.

No caso dos líquidos, podemos compreender que eles adquirem a forma do recipiente em que se encontram porque suas partículas se movimentam com facilidade. No entanto, o espaço entre as partículas nos líquidos é bem menor que nos gases, por isso é mais difícil comprimir um líquido ou um sólido do que um gás. E o fato de as partículas de um sólido ficarem em posições quase fixas (apenas "vibrando"), com uma grande força de atração entre elas, permite-nos compreender por que é mais difícil mudar a forma de um sólido do que a de um líquido ou a de um gás.

1.5 As partículas do gás ficam mais próximas quando o gás é comprimido. (Figura sem escala. Cores fantasia.)

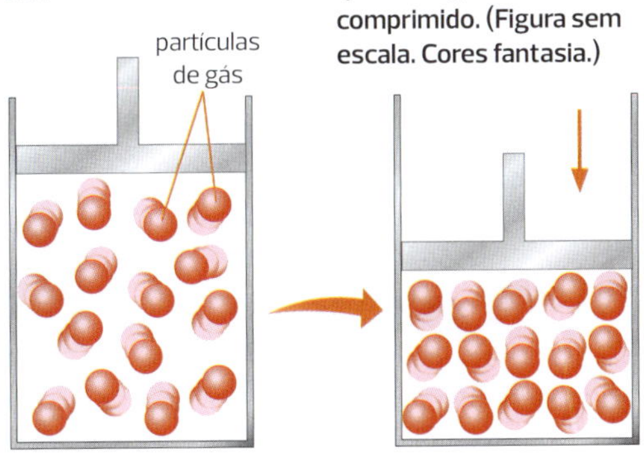

KLN Artes Gráficas/Arquivo da editora

O calor e a mudança de estado

O **calor** é a quantidade de energia que passa de um corpo para outro devido a uma diferença de temperatura entre eles. O calor passa sempre do corpo mais quente (com maior temperatura) para o corpo mais frio (com menor temperatura), até que os corpos fiquem com a mesma temperatura. Nesse momento, dizemos que os corpos atingiram o equilíbrio térmico.

Quando se fornece calor (energia) para um corpo, as partículas dele começam a se movimentar mais rapidamente, pois passam a ter mais energia. É essa agitação (movimentação) que determina a temperatura de um corpo.

O fornecimento de energia pode também provocar mudança no estado físico da matéria. No 6º ano, você aprendeu que a mudança de estado sólido para líquido é chamada fusão e que o fenômeno inverso é a solidificação. Aprendeu também que a passagem do estado líquido para o estado gasoso é chamada vaporização (pode acontecer por ebulição ou por evaporação) e que o fenômeno inverso é a condensação ou liquefação. Agora vamos ver o que acontece com as partículas de um corpo durante as mudanças de estado, usando como exemplo as mudanças de estado da água.

Quando a temperatura do gelo chega a 0 grau Celsius (0 °C) sob pressão normal (pressão ao nível do mar), toda a energia fornecida (calor) passa a ser usada para mudar a organização das partículas (são moléculas de água) da água e assim promover a mudança de estado sólido para líquido. Até que todo o gelo não esteja no estado líquido, a energia fornecida não promoverá o aumento da movimentação das moléculas, e sim a reorganização das partículas. Veja na figura 1.6 a diferença entre a organização das moléculas de água no estado sólido, no estado líquido e no estado gasoso ou de vapor.

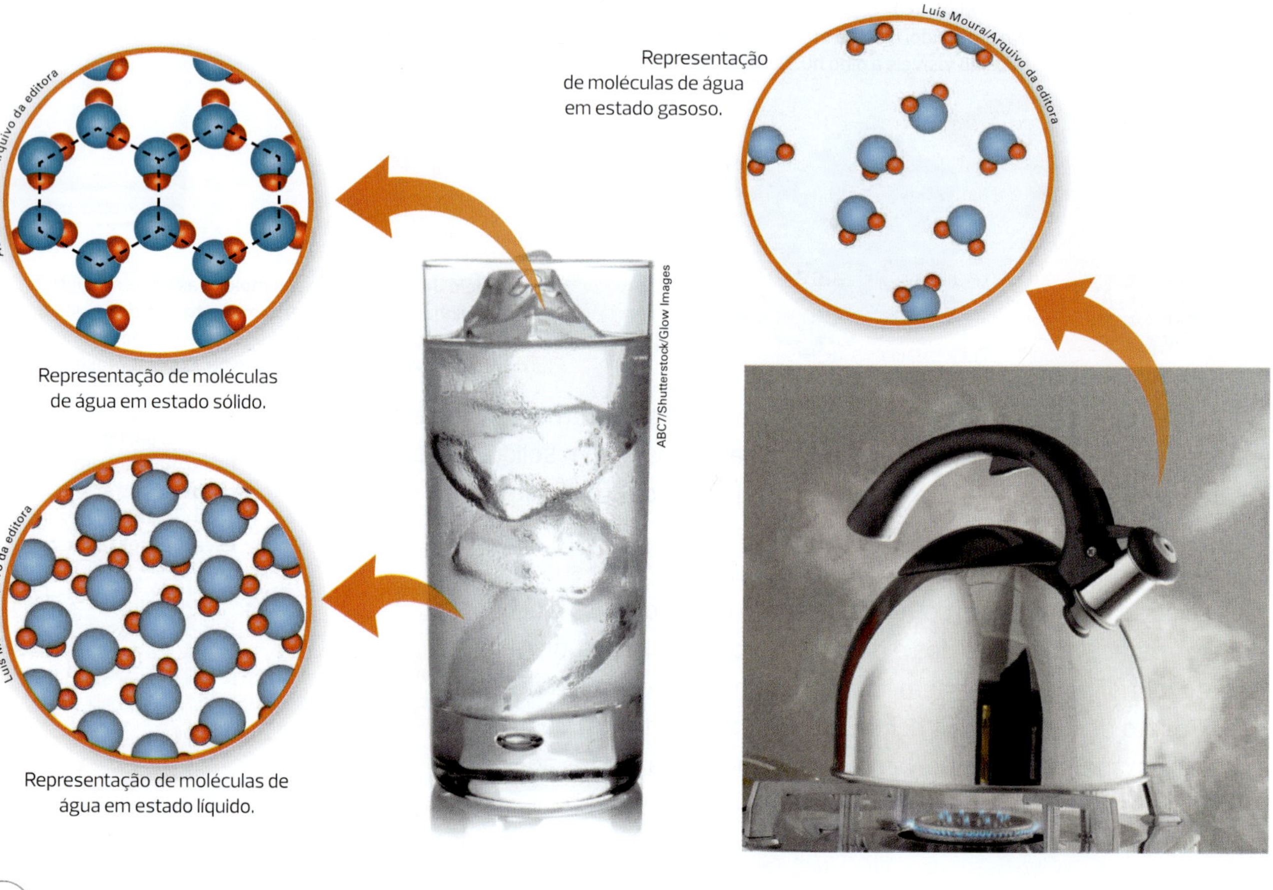

1.6 Modelos de moléculas de água no gelo, na água líquida e no vapor. Importante: a "nuvem" acima da chaleira é formada por gotículas que resultam da condensação do vapor. (Representação sem escala. Cores fantasia.)

Somente quando todo o gelo já estiver no estado líquido é que a temperatura vai começar a subir, ou seja, a energia fornecida passará a promover o aumento na movimentação das partículas, e esse aumento na movimentação vai elevar a temperatura.

Durante a fusão ou a solidificação, a temperatura da água permanece constante, a 0 °C. No caso da fusão de outra substância, como o ouro, por exemplo, durante a fusão ou a solidificação, a temperatura também permanece constante, a 1 064 °C. Dizemos, então, que o **ponto de fusão** — ou a **temperatura de fusão** ou de solidificação — da água é de 0 °C e o do ouro é de 1 064 °C.

Cada substância tem um ponto de fusão específico, ou seja, duas substâncias diferentes, sob as mesmas condições de pressão, não possuem o mesmo ponto de fusão: o ponto de fusão da água (na forma de gelo) é de 0 °C; o ponto de fusão do ferro é de 1 535 °C; e o do ouro, 1 064 °C. Portanto, o ponto de fusão é uma propriedade que ajuda a identificar as substâncias. O ponto de fusão é, portanto, uma **propriedade específica da matéria**. Há outras propriedades como essas que nos permitem identificar substâncias.

A Z

Substância é o nome dado a um material com características bem definidas, sem nenhuma mistura com outros materiais. Esse conceito será estudado no Capítulo 8.

Observe novamente a figura 1.6. O que ocorre com a água quando ela ferve? A água passa para o estado de vapor.

Essa passagem do estado líquido para o gasoso, em que a água, ou outro líquido, ferve (formando bolhas), é chamada de ebulição. Cada substância entra em ebulição a uma temperatura, em determinada pressão. A água, por exemplo, ferve a 100 °C, ao nível do mar, onde a pressão é de 1 atmosfera (1 atm). Já o ferro entra em ebulição a 3 000 °C (sob pressão de 1 atm).

Assim como na fusão, durante a ebulição a temperatura da água e de outras substâncias não se altera. Somente depois que a mudança de estado se completa é que a temperatura começa a aumentar ou diminuir, de acordo com o que estiver ocorrendo com o corpo: se está recebendo ou perdendo energia (calor).

A temperatura que se lê nos termômetros é uma grandeza física que permite avaliar o grau de agitação médio das partículas (átomos ou moléculas) de uma substância.

Da mesma forma que na fusão, cada substância tem uma **temperatura de ebulição** ou um **ponto de ebulição** específico, que ajuda a identificar uma substância, ou seja, é uma propriedade específica. Assim, o ponto de ebulição da água é 100 °C; o mercúrio (um metal) tem ponto de ebulição de 357 °C; e o ferro, de 3 000 °C (sob a pressão de 1 atm).

A passagem do estado líquido para o estado gasoso pode ocorrer também por evaporação. É o que acontece, por exemplo, quando uma roupa molhada é pendurada no varal: depois de algum tempo ela fica seca.

A evaporação não ocorre a uma temperatura definida como na ebulição. E, ao contrário da ebulição, na evaporação não se formam bolhas.

Apesar das diferenças entre a ebulição e a evaporação, o termo vaporização é usado para qualquer forma de passagem do estado líquido para o estado gasoso.

Sublimação é a passagem direta de uma substância do estado sólido para o estado gasoso e vice-versa, sem passar pelo estado líquido. Essa transformação acontece, por exemplo, com o gelo-seco (gás carbônico no estado sólido) que, em temperatura ambiente, provoca a condensação do vapor presente no ar, produzindo uma névoa.

Outra mudança de estado que pode ocorrer na água e em outros líquidos é a passagem do estado gasoso para o estado líquido. Por exemplo, quando numa panela o vapor de água sobe e entra em contato com o lado de dentro da tampa, formam-se ali gotas de água. Nesse caso, a temperatura da tampa está mais baixa que a do vapor. Assim, a energia na forma de calor do vapor é transferida para a tampa, e a água passa para o estado líquido.

A passagem de uma substância do estado gasoso para o estado líquido é chamada de condensação ou liquefação. Na condensação ou liquefação, a substância perde energia (calor).

A pressão e a mudança de estado

Você sabe como uma panela de pressão funciona?

Nesse tipo de panela os alimentos cozinham mais depressa. O vapor formado pelo aquecimento da água fica inicialmente preso na panela, e a pressão que ele exerce sobre o líquido torna-se maior que a pressão atmosférica (pode chegar ao dobro da pressão ao nível do mar), o que dificulta a vaporização.

Desse modo, a ebulição passa a acontecer a uma temperatura mais alta (pode chegar a cerca de 120 °C). Como o líquido chega a temperaturas mais altas do que em uma panela comum (sem pressão), o alimento cozinha mais depressa.

As panelas de pressão, como a da figura 1.7, têm uma válvula de segurança que deixa sair o vapor quando ele atinge determinada pressão, evitando que a panela exploda.

John Kasawa/ Shutterstock/Glow Images

1.7 Panela de pressão. Observe a válvula de segurança, na parte de cima da panela, que deixa o vapor escapar quando a pressão atinge um valor-limite.

Você acabou de aprender que um aumento de pressão aumenta o ponto de ebulição. Consequentemente, se a pressão sobre um líquido diminuir, o ponto de ebulição também vai diminuir.

Essa informação dá pistas para você compreender um fato curioso: na cidade do Rio de Janeiro, um alimento cozinha mais rápido que em La Paz, capital da Bolívia. Você é capaz de imaginar por quê?

Em locais que estão acima do nível do mar, a pressão atmosférica é menor. La Paz está a cerca de 3 600 metros de **altitude**, portanto a água ferve a uma temperatura mais baixa, a 87 °C — menor que os 100 °C de cidades como Rio de Janeiro ou Santos, que estão ao nível do mar. Pense na pressão atmosférica como uma coluna de ar acima da panela. Quanto maior for a altitude, menor será a coluna de ar e menor a pressão. No alto do monte Everest (a montanha mais alta da Terra), a temperatura de ebulição é ainda menor. Veja a figura 1.8.

A–Z

Altitude é a distância vertical entre um ponto e o nível do mar. Já a altura é a distância vertical entre um ponto qualquer e outro.

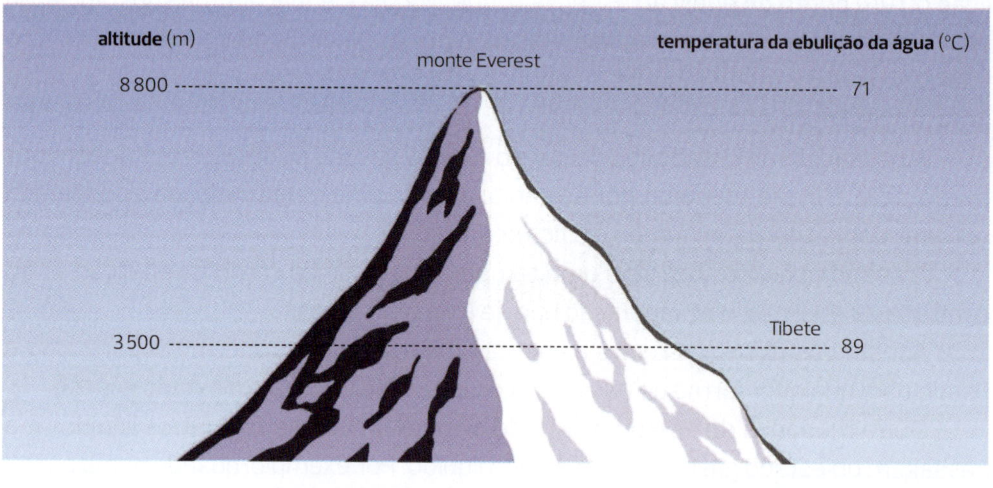

Cláudio Chiyo/Arquivo da editora

1.8 Quanto maior for a altitude, menor será a temperatura de ebulição da água. (Figura sem escala. Cores fantasia.)

Portanto, pode-se concluir que um alimento demora mais para cozinhar em La Paz porque a temperatura máxima que a água pode atingir sem passar para vapor é mais baixa do que a temperatura máxima que pode atingir no Rio de Janeiro. (Lembre-se: durante a ebulição a temperatura não varia.)

A variação da pressão influencia também outras mudanças de estado. O gás utilizado nos botijões de cozinha, por exemplo, chamado Gás Liquefeito de Petróleo (GLP), passa do estado gasoso para o estado líquido porque foi comprimido a altas pressões.

Ciência e História

História das medidas

O funcionamento do comércio e também a comunicação científica dependem de comparações e, para fazê-las, é preciso ter um ponto de referência. A primeira referência utilizada foi o próprio corpo. Assim surgiram medidas de comprimento como a polegada, o palmo e o pé.

No Egito, há cerca de 4 mil anos, era usado o cúbito, que é a distância do cotovelo até a ponta do dedo médio do faraó. Outra medida era o palmo, que equivalia a quatro dedos juntos da mão e correspondia à sétima parte do cúbito.

Outra medida de comprimento ainda usada hoje na Inglaterra e nos Estados Unidos é a jarda, que equivale à distância entre o nariz e a ponta do polegar, com o braço esticado. Além da jarda, são usadas nesses países também a milha (cerca de 1,609 m) e a polegada (cerca de 2,54 cm).

No século XVIII foi proposto um sistema de medidas baseado em um padrão constante, as dimensões de nosso planeta. O padrão de medida escolhido pela Academia Francesa foi o comprimento da quadragésima milionésima parte do meridiano terrestre – a circunferência da Terra que passa pelos polos. Esse padrão recebeu o nome de metro (do termo grego *metron*, que significa 'medir').

Com o desenvolvimento da ciência e a expansão do comércio e das cidades, foi necessário aumentar a precisão das medidas, e a definição do metro passou a ser a do comprimento do trajeto percorrido pela luz, no vácuo, durante um intervalo de tempo de 1/299 792 458 de segundo.

O padrão para a medida de massa (quilograma) é a massa um cilindro de platina e irídio (um metal), que fica no Escritório Internacional de Pesos e Medidas, sob pressão normal e a 0 °C, em Sèvres (França).

Um dos mais antigos relógios conhecidos tem cerca de 3 500 anos e foi encontrado no Egito: era um relógio de Sol, que mede as horas de acordo com a posição em que se encontra a sombra projetada pelo instrumento. Veja a figura 1.9.

Eram usadas também as ampulhetas, em que o tempo era medido pela passagem de areia de um recipiente para outro (reveja a figura 1.9). A partir do século XIV, o tempo passou a ser medido por relógios mecânicos instalados nas praças centrais das cidades.

Inicialmente, o padrão de tempo foi o segundo. Ele equivalia a 24 horas (duração do dia) divididas por 86 400, que é o número de segundos contidos em um dia. No entanto, o período de rotação da Terra varia e os dias não são todos exatamente iguais. Por isso, a definição atual é a duração de 9 192 631 770 períodos de uma determinada radiação do átomo de césio-133.

Essa padronização ajudou a desenvolver tanto o comércio quanto a comunicação científica entre os países: as quantidades começavam a ser entendidas da mesma forma pelos diversos povos do mundo.

Alex Hubenov/Shutterstock/Glow Images

Andrey Burmakin/Shutterstock/Glow Images

1.9 Dois instrumentos que foram usados para medir o tempo: o relógio de sol e a ampulheta.

3 Propriedades específicas da matéria

Você aprendeu que as propriedades gerais da matéria são aquelas que estão presentes em todos os corpos e podem ser iguais para todas as substâncias. Já as propriedades específicas são aquelas que variam de uma substância para outra, ou seja, são aquelas que apresentam um valor característico para cada substância.

As propriedades específicas da matéria ajudam o cientista a identificar um determinado material. Substâncias diferentes podem ser bem parecidas à primeira vista – como é o caso da água e do álcool ou das porções de sal, açúcar e farinha, por exemplo. Nesses casos, os cientistas observam suas propriedades específicas, ou seja, o ponto de fusão e de ebulição do material; sua solubilidade; etc.

Dureza

Você sabe que uma faca corta um pedaço de manteiga, mas há outros tipos de material que não podem sequer ser arranhados pela faca. Dizemos que esses materiais são mais duros do que a faca. Então, se um material é sólido, o cientista pode avaliar a sua dureza. Isso nos ajuda a escolher que tipo de material pode ser usado para construir objetos e ferramentas como a faca, por exemplo.

O diamante é o mineral mais duro que se conhece: isso significa que ele pode arranhar ou riscar outros materiais, mas não é arranhado ou riscado por eles. A escala de Mohs, criada pelo mineralogista alemão Friedrich Mohs (1773-1839), é uma escala relativa de dureza.

Não confunda, porém, dureza com tenacidade (dificuldade ou resistência em se partir) ou resistência mecânica (outra propriedade específica da matéria): é mais fácil quebrar um diamante com uma martelada do que uma barra ou chapa de ferro, porque o ferro é mais tenaz.

Dureza, portanto, é a medida da resistência que uma substância apresenta ao ser riscada por outra. Quanto maior for a resistência ao risco, mais dura será a substância.

Cada mineral tem uma dureza, que é expressa pela capacidade de riscar a superfície de outro mineral ou material artificial.

O diamante tem dureza 10 na escala de Mohs. Veja na figura 1.10 que o quartzo, um mineral com dureza 7, arranha outro mineral, a calcita, com dureza 3.

Por causa de sua dureza, o diamante é usado para cortar muitos materiais: nas sondas de perfuração de poços de petróleo, na broca do dentista, etc. Já no ramo de joias, são outras as propriedades mais valorizadas: o brilho, a transparência, a cor e o peso.

1.10 O quartzo é capaz de arranhar a calcita porque é mais duro do que ela.

Densidade

CONTEÚDO DIGITAL

Um quilograma de chumbo tem a mesma massa que um quilograma de alumínio. Mas em que aspectos esses dois materiais são diferentes?

Para comparar massas, usa-se a balança. Então imagine a seguinte situação: coloca-se em um dos pratos de uma balança um cubo de chumbo e, no outro prato, um cubo de alumínio, de mesmo tamanho (volume) do cubo de chumbo. Veja a figura 1.11.

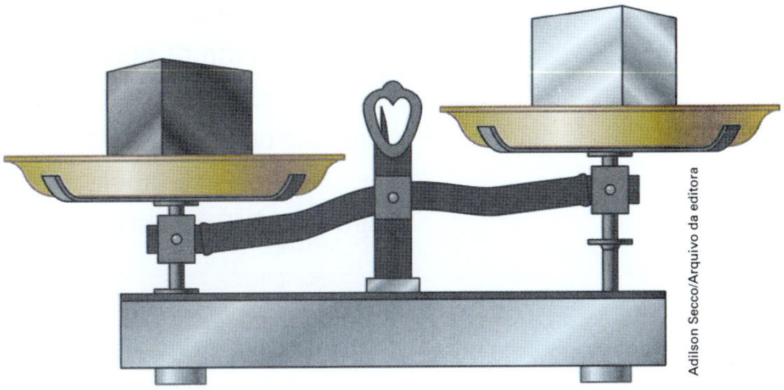

Adilson Secco/Arquivo da editora

1.11 Dois cubos de mesmo tamanho (volume), um de chumbo e outro de alumínio, sobre os pratos de uma balança. (Figura sem escala. Cores fantasia.).

O prato que contém o chumbo fica mais baixo.

Isso acontece porque determinado volume de chumbo tem mais massa que esse mesmo volume de alumínio. Dizemos que o chumbo é mais **denso** do que o alumínio, ou seja, tem maior quantidade de massa em um mesmo volume.

Portanto a **densidade** é uma relação entre a massa e o volume de um corpo. Desse modo, para obter a densidade de uma substância, divide-se a massa pelo seu volume. A massa contida em 1 cm^3 de chumbo é 11,3 g. Então, a densidade do chumbo é de 11,3 g/cm^3. A massa de 1 cm^3 de alumínio é de 2,70 g. Então, a densidade do alumínio é de 2,70 g/cm^3.

A densidade pode ser calculada pela fórmula: $d = \frac{m}{v}$.

Na fórmula, **d** representa a densidade; **m**, a massa; e **v**, o volume. A densidade pode ser expressa em g/mL, kg/m^3 ou g/cm^3.

No Sistema Internacional de Unidades, a unidade de densidade é o quilograma por metro cúbico (kg/m^3).

Veja se você compreendeu a explicação ao examinar mais este exemplo: se pusermos em um dos pratos da balança um recipiente de vidro com água e, no outro, um recipiente igual com a mesma quantidade de óleo de soja, a balança vai ficar inclinada para o lado da água. Observe a figura 1.12.

Cláudio Pedroso/Angular

1.12

Isso acontece porque a massa de 1 litro de óleo de soja é de 0,8 quilograma, e a massa de 1 litro de água é de 1 quilograma. Então, a densidade do óleo de soja é de 0,8 kg/L, e a densidade da água é de 1 kg/L. Portanto, a água é mais densa do que o óleo de soja.

A densidade de uma substância pode sofrer alteração com a variação da pressão e da temperatura, porém não se altera com a variação da massa da substância. Quando as condições de temperatura e pressão não forem especificadas, considera-se uma pressão de 1 atm e uma temperatura de 25 °C.

Observe na tabela abaixo três medidas feitas com três quantidades diferentes de água (a 25 °C e 1 atm de pressão):

Massa de água	Volume	Densidade
1 g	1 cm^3	1 g/cm^3
5 g	5 cm^3	1 g/cm^3
20 g	20 cm^3	1 g/cm^3

1.13

Veja que a densidade da água não se altera, mesmo para diferentes quantidades, à mesma temperatura e pressão. Por isso, a densidade é uma das propriedades usadas para identificar as substâncias químicas. Aliás, essa é uma diferença entre propriedades específicas e propriedades gerais da matéria, pois as propriedades gerais, como a massa e o volume, dependem da quantidade de matéria analisada.

Agora você já pode responder a uma "pegadinha": o que "pesa" mais: um quilograma de chumbo ou um quilograma de algodão?

Esta é uma pergunta feita em linguagem cotidiana. É comum, por exemplo, alguém falar: "Estou pesando 50 quilos", mas o quilograma é uma unidade de massa, e não de peso. O que a pessoa está querendo dizer é que ela tem 50 quilogramas de massa. No Capítulo 10, você vai aprender a diferença entre peso e massa.

Algumas pessoas respondem que é o chumbo, porque pensam logo que ele é mais "pesado" que o algodão. No entanto, na pergunta está sendo dito que se trata da mesma massa de chumbo e de algodão (1 kg). Logo, as duas quantidades indicadas têm o mesmo peso. O que acontece é que o chumbo é mais denso que o algodão, por isso 1 kg de algodão terá um volume muito maior do que 1 kg de chumbo.

A densidade também tem relação com a flutuação dos corpos. O gelo e o óleo de soja, por exemplo, flutuam na água líquida porque são menos densos que ela (veja a figura 1.14). O mesmo ocorre com uma rolha de cortiça e uma bolinha de isopor. Portanto, o conhecimento da densidade permite prever qual substância vai flutuar quando se põem em contato substâncias que não se misturam.

Para que um corpo flutue sobre o outro, é necessário que eles não se misturem. O álcool, por exemplo, é menos denso que a água, mas se mistura com ela e forma um líquido homogêneo (uma mistura), no qual não é possível distinguir o álcool da água, nem a olho nu nem com microscópios. Os diferentes tipos de misturas serão estudados no Capítulo 5.

Katrina Leigh/Shutterstock/Glow Images

GIPhotoStock/Photo Researchers, Inc./Latinstock

1.14 O gelo e o óleo flutuam na água porque são menos densos que ela.

Agora você já deve ter compreendido como é possível identificar substâncias que podem ser bem parecidas: é preciso analisar suas propriedades específicas. Elas permitem distinguir uma substância pura de outra. Observe na tabela abaixo algumas propriedades específicas (ponto de fusão e de ebulição a 1 atm de pressão; densidade a 25 °C) de alguns materiais (o ácido acético é um componente do vinagre; o álcool comum é também chamado de álcool etílico ou etanol).

Materiais	Ponto de fusão (°C)	Ponto de ebulição (°C)	Densidade (g/cm^3)
Água	0	100	1,0
Álcool comum	−114	78,5	0,8
Ácido acético	16	118	1,049
Ouro	1064	2 807	19,32

1.15

O ponto de fusão ou ebulição muda quando se misturam duas substâncias. O ponto de ebulição da água, por exemplo, aumenta quando se acrescenta a ela um pouco de sal. Por isso, essas propriedades específicas servem para identificar uma substância e saber se ela é pura.

Para saber mais

Fenômenos físicos e químicos

No cotidiano, o termo "fenômeno" indica algo espantoso, espetacular. Mas em ciência esse termo é usado para qualquer mudança ou acontecimento, como um papel sendo queimado ou um papel sendo rasgado.

Os fenômenos químicos alteram a natureza da matéria e, consequentemente, suas propriedades específicas. Nesse processo as substâncias, antes da transformação, são diferentes das substâncias após a transformação. É o caso do papel (feito de celulose), que se transformou em fuligem (carbono) e em alguns gases (por exemplo, o gás carbônico) depois de queimado.

Algumas vezes é possível confirmar se ocorreram transformações químicas por meio de alguns sinais, como a mudança de cor e de odor; a liberação de gases e de calor; a efervescência ou a formação de sólidos. Esses sinais podem ser chamados evidências de transformações químicas.

Já no caso do papel sendo rasgado ou das mudanças de estado da água, ocorre um fenômeno físico: nem as substâncias presentes no papel nem as presentes na água se transformam em novas substâncias. Portanto, os fenômenos físicos não alteram a natureza das substâncias.

Mundo virtual

Super Microscópio Virtual
<www.labvirtq.fe.usp.br/simulacoes/quimica/sim_qui_supermicroscopio.htm>
Objeto Educacional Digital que trata da estrutura atômica e da organização atômica nos diferentes estados da matéria.

A balança de Lavoisier
<chc.cienciahoje.uol.com.br/a-balanca-de-lavoisier/>
Matéria que apresenta como a balança contribuiu para as descobertas de Lavoisier.

Acesso em: 5 abr. 2015.

Reprodução/<www.labvirtq.fe.usp.br>

Atividades

Trabalhando as ideias do capítulo

Organize suas ideias

A atividade *Trabalhando as ideias do capítulo* ajuda você a revisar o que aprendeu. Além disso, você pode usar essa atividade como um roteiro, elaborando um resumo do capítulo. Mas não vale só copiar as respostas! Tente redigir de fato o roteiro, dando-lhe organização — um começo, um desenvolvimento e um final —, além de coerência e objetividade. É importante também prestar atenção ao vocabulário e à ortografia.

1. Copie no caderno as frases da coluna da direita do quadro a seguir e associe a elas os termos correspondentes da coluna da esquerda.

1. Massa	a) Dois corpos não podem ocupar o mesmo lugar ao mesmo tempo.
2. Extensão	b) Possibilidade de divisão em partes menores.
3. Impenetrabilidade	c) Medida da inércia e da quantidade de matéria.
4. Compressibilidade	d) Diminuição do volume sob a ação de uma força.
5. Elasticidade	e) Retorno ao volume e à forma inicial quando cessa a compressão.
6. Divisibilidade	f) A matéria ocupa lugar no espaço.

1.16

2. Responda, no caderno, ao que se pede abaixo:

a) Um metro de tecido contém quantos centímetros?

b) Quantos litros de água cabem num reservatório de um metro cúbico?

c) Um grama equivale a quantos quilogramas?

d) Transforme 200 miligramas (mg) em grama (g).

e) Transforme 5 toneladas (t) em quilograma (kg).

f) 3 litros (L) equivale a quantos centímetros cúbicos (cm^3)?

g) Uma garrafa contém 500 mililitros (mL) de refrigerante. Quanto vale esse volume em centímetros cúbicos (cm^3)? E em litros (L)?

h) Converta 5,5 centímetros (cm) em metros (m).

3. No caderno, escreva quais das propriedades abaixo estão relacionadas aos estados físicos: sólido, líquido e gasoso. (Uma propriedade pode estar associada a mais de um estado físico.)

a) Muito compressível.

b) Possui volume definido e assume a forma do recipiente que o contém.

c) Possui forma e volume definidos.

d) Assume a forma e o volume do recipiente que o contém.

e) Partículas vibram em torno de posições fixas.

f) Há uma grande força de atração entre as partículas.

4. Neste capítulo você conheceu os termos: matéria, corpo, objeto e energia. Então, no caderno, relacione cada item abaixo com um desses termos:

a) caco de vidro;

b) vidro;

c) garrafa;

d) mesa de madeira;

e) tronco de madeira;

f) calor;

g) ferro;

h) tijolo;

i) ar.

5. O esquema 1.17 a seguir indica os tipos de mudanças de estado.

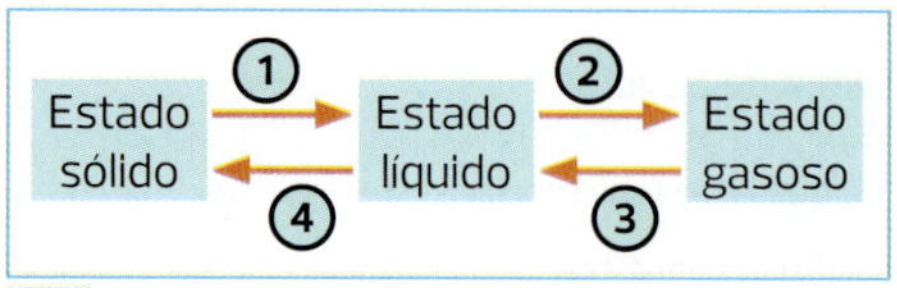

1.17

a) No caderno, identifique as mudanças indicadas pelos números.

b) Que mudança de estado não está representada no esquema?

c) Em que passagens há ganho de energia na forma de calor pelas substâncias que mudam de estado?

6. No caderno, indique as afirmativas corretas.

a) No estado sólido, as partículas (átomos e moléculas) não se movimentam.

b) Os alimentos cozinham mais rapidamente na panela de pressão do que na panela aberta.

c) Quanto maior a altitude, maior o ponto de ebulição.

d) Na panela de pressão, o ponto de ebulição da água é maior do que na panela aberta.

e) Durante a fusão do gelo, a temperatura da água permanece constante.

f) Os líquidos possuem maior compressibilidade do que os gases.

g) O metro cúbico é uma unidade de volume e equivale a mil litros.

h) Uma mesma quantidade de água deve levar menos tempo para ferver na cidade de La Paz, a 3 600 m de altitude, do que em cidades ao nível do mar.

i) No ar há vapor de água, que é água no estado líquido.

7. O gelo-seco é o gás carbônico no estado sólido. Ele é usado em extintores e em *shows* para dar os efeitos de neblina. Que mudança de estado sofre o gelo-seco?

8. No caderno, indique as afirmativas verdadeiras.

a) As propriedades gerais da matéria permitem distinguir uma substância de outra.

b) A densidade é uma propriedade que permite distinguir uma substância de outra.

c) O ponto de fusão é uma propriedade específica da matéria.

d) O diamante é muito duro, por isso não pode ser quebrado por outro material.

e) Uma porção de chumbo com 10 kg de massa é mais densa do que outra com 3 kg de massa.

f) Quanto maior for a resistência de um material ao ser riscado, mais duro ele será.

g) Uma barra de ferro é mais densa do que um prego de ferro.

9. Qual é a densidade de um corpo com 6 kg de massa e volume de 0,5 L?

10. O que tem maior densidade: 1 g de água ou 10 kg de água, ambos à mesma temperatura e pressão? Uma barra de ouro puro ou um anel de ouro puro? Justifique sua resposta.

11. Sabendo que a densidade do metal chumbo é de 11,3 g/cm^3 e a do material conhecido como isopor é de 0,4 g/cm^3, diga o que deve ocupar maior volume: 10 g de chumbo ou 10 g de isopor? Justifique sua resposta.

12. O álcool comum tem densidade igual a 0,8 g/cm^3 e a água, igual a 1,0 g/cm^3. O que tem maior massa: 1 L de álcool ou 1 L de água? E o que tem maior volume: 1 kg de álcool ou 1 kg de água?

13. A densidade do mercúrio é de 13,6 kg/L e a do álcool é de 0,8 kg/L. O que tem maior massa: 1 L de mercúrio ou 10 L de álcool? Efetue os cálculos para responder.

14. Uma pessoa afirma que o chumbo é mais pesado que o ferro. O que ela deve dizer para expressar corretamente seu pensamento?

15. As balanças da figura 1.18 indicam a massa em gramas de 100 cm^3 de chumbo e de 100 cm^3 de ouro. Qual das duas substâncias é mais densa? Calcule a densidade de cada uma delas.

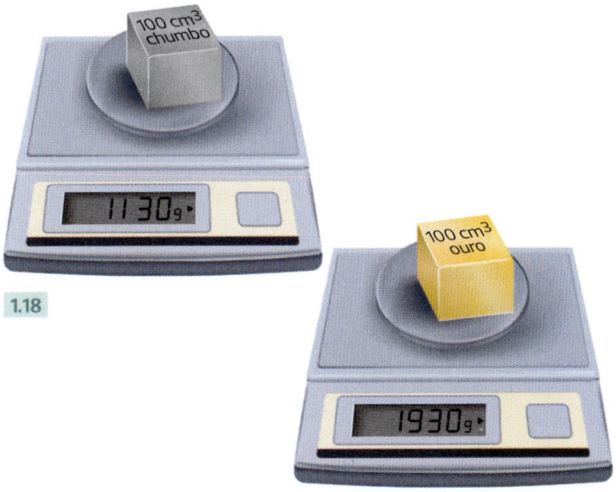

1.18

KLN Artes Gráficas/ Arquivo da editora

16. A densidade do ferro é 7,86 g/cm³. Qual é a massa de 100 cm³ de ferro?

17. O que tem maior volume: 1 kg de chumbo (densidade = 11,3 g/cm³) ou 1 kg de alumínio (densidade = = 2,7 g/cm³)?

Efetue os cálculos e responda.

18. Sabendo que a densidade da água é de 1,0 g/cm³, a do gelo é de 0,9 g/cm³, a do álcool comum é de 0,8 g/cm³ e a do mercúrio é de 13,6 g/cm³, responda no caderno:

a) O gelo e o mercúrio afundam ou flutuam na água? Justifique sua resposta.

b) O gelo e o mercúrio afundam ou flutuam no álcool? Justifique sua resposta.

c) O que tem maior massa: 10 cm³ de mercúrio ou 10 cm³ de gelo? Por quê?

19. Uma pulseira foi feita com um bloco de prata de densidade 10,5 g/mL e ponto de fusão 960 °C. A densidade e o ponto de fusão do material da pulseira não mudaram. Trata-se de um fenômeno físico ou químico? Justifique sua resposta

20. Por que, quando se entra em uma banheira com água, o nível desse líquido sobe? Como se chama a propriedade que explica esse fenômeno?

21. Na cidade do Rio de Janeiro, um alimento cozinha mais rápido ou mais devagar que em La Paz, capital da Bolívia? Por quê?

22. Qual é a diferença entre evaporação e ebulição?

23. Explique por que, num dia frio, as janelas de vidro podem ficar embaçadas do lado de dentro.

24. Um estudante fez a seguinte afirmação: "Enquanto o gelo derretia, sua temperatura subiu de 0 °C à 5 °C". Você acha que a afirmação do estudante está correta? Justifique sua resposta.

25. Por que as propriedades específicas da matéria são importantes para o cientista?

26. O leite é uma mistura de água, proteínas, lactose, gorduras, vitaminas, sais minerais e outras substâncias orgânicas. A densidade do leite é de 1,03 g/cm³ e a da água é de 1,00 g/m³. Como se pode comprovar que o leite tenha sido adulterado pela adição de água?

Mexa-se!

1. Faça uma pesquisa (em livros, CD-ROMs, na internet, etc.) para explicar como funciona o processo de liofilização e quais são as aplicações desse processo.

2. Você conheceu neste capítulo várias unidades de medida do Sistema Internacional. Apesar disso, no comércio ainda se encontram tintas vendidas em latas de um galão, barras de ferro e tubulações comercializadas em polegadas e telas de TV e monitores também indicados em polegadas. E, entre outras medidas usadas na Inglaterra e nos Estados Unidos, há o pé, a libra, a milha terrestre, a milha náutica ou milha marítima, a jarda e a onça líquida.

Pesquise quanto valem essas medidas em unidades do Sistema Internacional.

3. Pesquise quais substâncias sofrem processo de sublimação e alguma aplicação prática do fenômeno.

4. Qual é a massa e o volume aproximados do planeta Terra? Calcule sua densidade média.

5. As pesquisas científicas no campo da Física e da Química podem ser usadas para melhorar as condições de vida dos seres humanos. Porém, se forem mal empregadas, podem provocar malefícios.

Pesquise alguns exemplos nos quais a aplicação dos conhecimentos adquiridos pela Física ou pela Química melhoraram as condições de vida da humanidade e alguns exemplos nos quais essas aplicações foram utilizadas de maneira inadequada e causaram danos às pessoas e ao meio ambiente.

Pense um pouco mais

1. Um fio de cabelo pode ter cerca de um décimo de milímetro de espessura. Então, quantos átomos, cada um com 0,1 nanômetro de diâmetro, cabem enfileirados na espessura desse fio? Um nanômetro (nm) é a milionésima parte do milímetro.

2. A que propriedade geral da matéria se refere cada afirmativa a seguir?
   a) Pedro estava com 100 kg. Seguindo uma dieta mais saudável, está hoje com 80 kg.
   b) Minha mãe bebeu 2 litros de água hoje.
   c) A água, as estrelas, as árvores, as nuvens, as plantas, os animais: tudo é feito de partículas extraordinariamente pequenas.
   d) Em um copo cheio de água até a borda, foi mergulhada uma pedra e um pouco de água transbordou.

3. Ao cozinhar alimentos, como carne ou legumes, as pessoas costumam diminuir a intensidade da chama do fogo assim que a água começa a ferver. Será que desse modo a comida demora mais para ficar pronta? Qual é a vantagem desse procedimento?

4. O gráfico abaixo mostra a mudança de estado de uma massa de água em função da quantidade de calor.

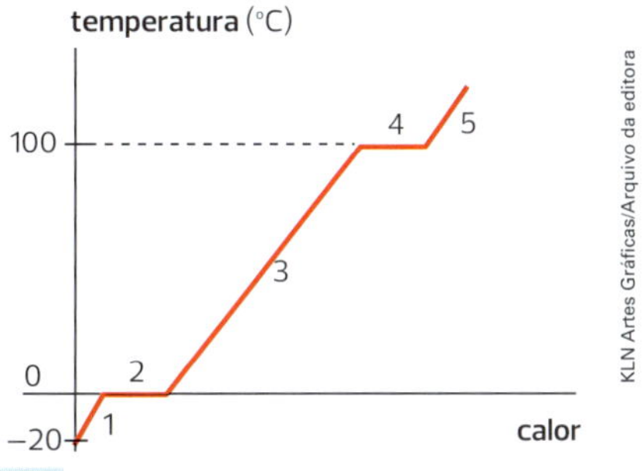

1.19

Agora, responda no caderno:
   a) Qual é o estado físico da água nos trechos 1, 3 e 5 do gráfico?
   b) Que mudança de estado está ocorrendo no trecho 2? E no trecho 4?
   c) No trecho 2 e no trecho 4 a temperatura está variando?
   d) O que os números 0 e 100 no gráfico indicam?

5. Se você soltar o ar da sua expiração sobre a superfície de um espelho, ele ficará embaçado. Sabendo que eliminamos vapor de água dos pulmões, explique por que o espelho embaça.

6. Indique no caderno a afirmativa errada.
   Ao nível do mar, a água ferve a 100 °C. Então, em uma cidade que está a 1400 m acima do nível do mar, observa-se que:
   a) a água ferve acima de 100 °C.
   b) a água ferve mais rápido.
   c) a comida geralmente demora mais tempo para cozinhar.
   d) em uma panela de pressão a água pode ferver acima de 100 °C.

7. Durante os últimos trinta anos, a camada de gelo no Ártico vem diminuindo 8% por ano durante o verão. Em 2005, ela já era 20% menor que em 1979. O gelo do Ártico poderá desaparecer no verão na segunda metade deste século, como consequência do aumento da temperatura média do planeta, que se deve, principalmente, à emissão de gás carbônico (aquecimento global). Que mudança de estado foi descrita nesse texto?

8. Releia o boxe *Fenômenos físicos e químicos*, na página 21, e depois escreva no caderno em quais das situações abaixo estão ocorrendo fenômenos químicos.
   a) Fusão do ferro.
   b) Combustão da gasolina no carro.
   c) Transformação das moléculas do alimento em moléculas menores.
   d) Queda de um objeto no chão.
   e) Amassamento de uma latinha de refrigerante ou suco.
   f) Vinho azedando porque uma parte do álcool se transformou em vinagre.
   g) Evaporação da água.
   h) Queima de papel.

9. O professor perguntou aos alunos por que, quando se tira da geladeira uma garrafa de água gelada, depois de algum tempo a superfície do lado de fora da garrafa fica molhada. Um aluno respondeu que isso acontece porque o vidro da garrafa deixa passar um pouco de água para o lado de fora. O professor disse que essa explicação estava errada.

a) Qual é a explicação correta para esse fato?

b) Que experimento simples você faria com a garrafa para mostrar que a explicação do aluno está errada?

10. Uma substância tem ponto de fusão de 10,5 °C e ponto de ebulição de 340 °C. Em que estado físico essa substância está quando a temperatura é de:

a) 8 °C?

b) 20 °C?

c) 360 °C?

11. Um cubo de um metal com massa de 21 g foi mergulhado em um recipiente graduado com 100 cm^3 de água, como mostra a figura abaixo. O nível da água subiu até 103 cm^3. Qual é a densidade do material do cubo?

Adilson Secco/Arquivo da editora

1.20

12. O professor escreveu com giz na lousa. Qual é mais duro: o giz ou a lousa? Justifique sua resposta.

Você escreve no papel com lápis. Qual é mais duro: o papel ou a grafite? Justifique sua resposta.

13. Considere os seguintes valores de densidade:

- parafina — 0,9 g/cm^3;
- álcool comum — 0,8 g/cm^3;
- água — 1,0 g/cm^3.

Um professor colocou um pedaço de vela de parafina na água e depois no álcool. Você acha que a vela flutuou ou afundou na água? E no álcool? Em cada caso, justifique a resposta.

14. Observe a escala de Mohs:

Material	Dureza
Talco	1
Gipsita ou gesso	2
Calcita	3
Fluorita	4
Apatita	5
Feldspato	6
Quartzo	7
Topázio	8
Coríndon (safira, rubi)	9
Diamante	10

1.21

Agora, responda:

a) Quanto maior for o valor na escala, a resistência do mineral ao ser riscado será maior ou menor?

b) O diamante risca o topázio ou o topázio risca o diamante?

c) Qual é o mineral mais duro? E o mais mole?

15. Um cientista esquentou um pouco de água no fogo e foi anotando a temperatura do líquido a cada instante. Com esses dados, ele fez o gráfico da figura 1.22. Observe o gráfico e responda:

Temperatura da água em função do tempo

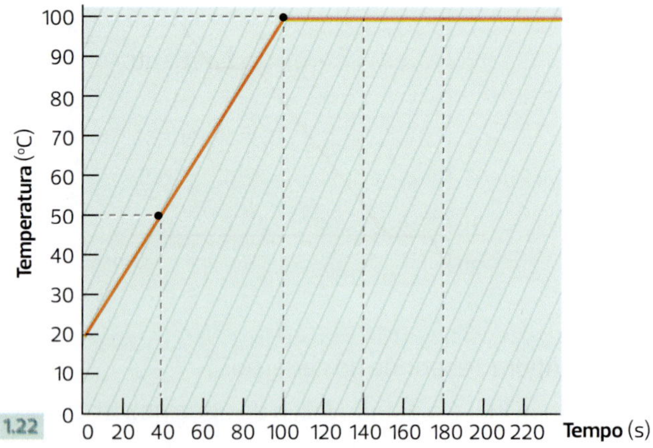

1.22

a) Qual é a temperatura da água 40 s depois de iniciado o aquecimento?

b) O que acontece à temperatura da água a partir de 100 s depois de iniciado o aquecimento? Que fenômeno ocorre a partir desse instante?

16. Analise o gráfico abaixo, que mostra a variação de volume de 1 kg de água em função da temperatura, e depois responda às questões.

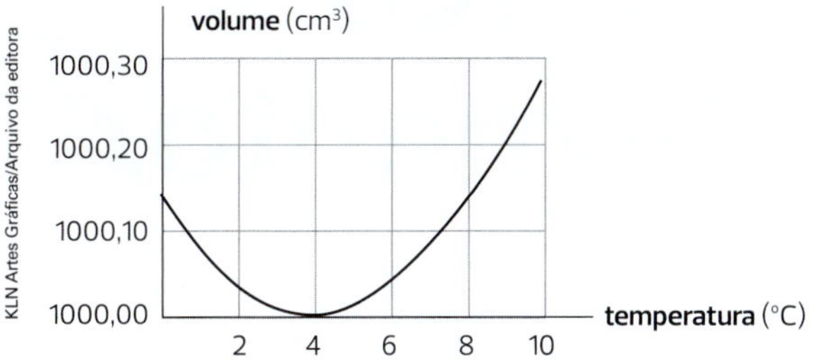

1.23 **Gráfico do volume da água em função da temperatura sob pressão normal.**

a) A que temperatura a água possui o menor volume?

b) A que temperatura a água possui a maior densidade?

c) A densidade da água aumenta ou diminui entre 0 °C e 4 °C? E entre 4 °C e 10 °C?

17. Na balança abaixo há cobre no prato esquerdo e alumínio no prato direito. Observando a balança, uma pessoa disse que ela devia estar com defeito porque há muito mais alumínio do que cobre, e a marcação indica praticamente a mesma quantidade desses dois elementos. Explique a essa pessoa o que está acontecendo.

Charles D. Winters/Photo Researchers, Inc./Latinstock

1.24 **Balança (marca apagada para evitar entendimento de publicidade e de objetivos comerciais).**

De olho no texto

Leia o texto abaixo e depois responda à questão.

As transformações de energia

Existem diversas formas de energia na natureza que podem se transformar umas nas outras.

A televisão, a geladeira e o computador, por exemplo, só funcionam se receberem energia – a energia elétrica. Esses aparelhos transformam a energia elétrica em energia luminosa (luz), energia sonora (som) e uma parte também é transformada em energia térmica (calor) – é por isso que esses aparelhos esquentam enquanto estão funcionando.

Da mesma forma, nas lâmpadas uma parte da energia elétrica é transformada em energia luminosa, e outra parte, em calor. Já no ventilador, a energia elétrica faz girar as hélices, ou seja, ela é transformada em energia mecânica (de movimento) e também em calor.

Para se manter em atividade, o organismo humano também precisa de energia, que é obtida por meio dos alimentos. É a energia química. Parte dela é transformada em trabalho por nosso organismo nas atividades do dia a dia. Outra parte é transferida na forma de calor do organismo ao ambiente.

As plantas e os outros seres que fazem fotossíntese (seres autotróficos) usam a energia da luz do Sol para produzir açúcares, ou seja, há transformação de energia luminosa em energia química.

- Indique que transformações de energia estão ocorrendo nos seguintes casos: uma lâmpada acesa, um ventilador ligado, uma vela queimando, plantas realizando fotossíntese, lanterna a pilha, pessoa correndo.

Aprendendo com a prática

Providencie o que se pede a seguir para realizar este experimento. Depois, siga as orientações.

Material

- um copo pequeno
- água
- três colheres de sopa de óleo de cozinha
- uma bola de gude (ou uma pedrinha de aquário)

Procedimentos

- Ponha água em um copo, deixando um espaço de dois dedos até a borda.
- Acrescente todo o óleo. Ponha no copo a pedrinha ou a bola de gude.

Agora, responda: o que você conclui a respeito das densidades da bola de gude (ou da pedra), do óleo e da água? Justifique sua conclusão.

Capítulo

2 Átomos e elementos químicos

O conhecimento sobre o átomo é resultado de observações e experimentos realizados por cientistas ao longo do tempo. Esse conhecimento está sempre se modificando à medida que novas descobertas são feitas.

Hoje em dia existem equipamentos, como os microscópios de tunelamento, que fornecem imagens de átomos sobre a superfície de um material. Não são fotografias, tais como as que tiramos de pessoas ou de paisagens, mas imagens produzidas por computador a partir de sinais eletrônicos vindos do microscópio de tunelamento. Na figura 2.1 você pode ver uma dessas imagens.

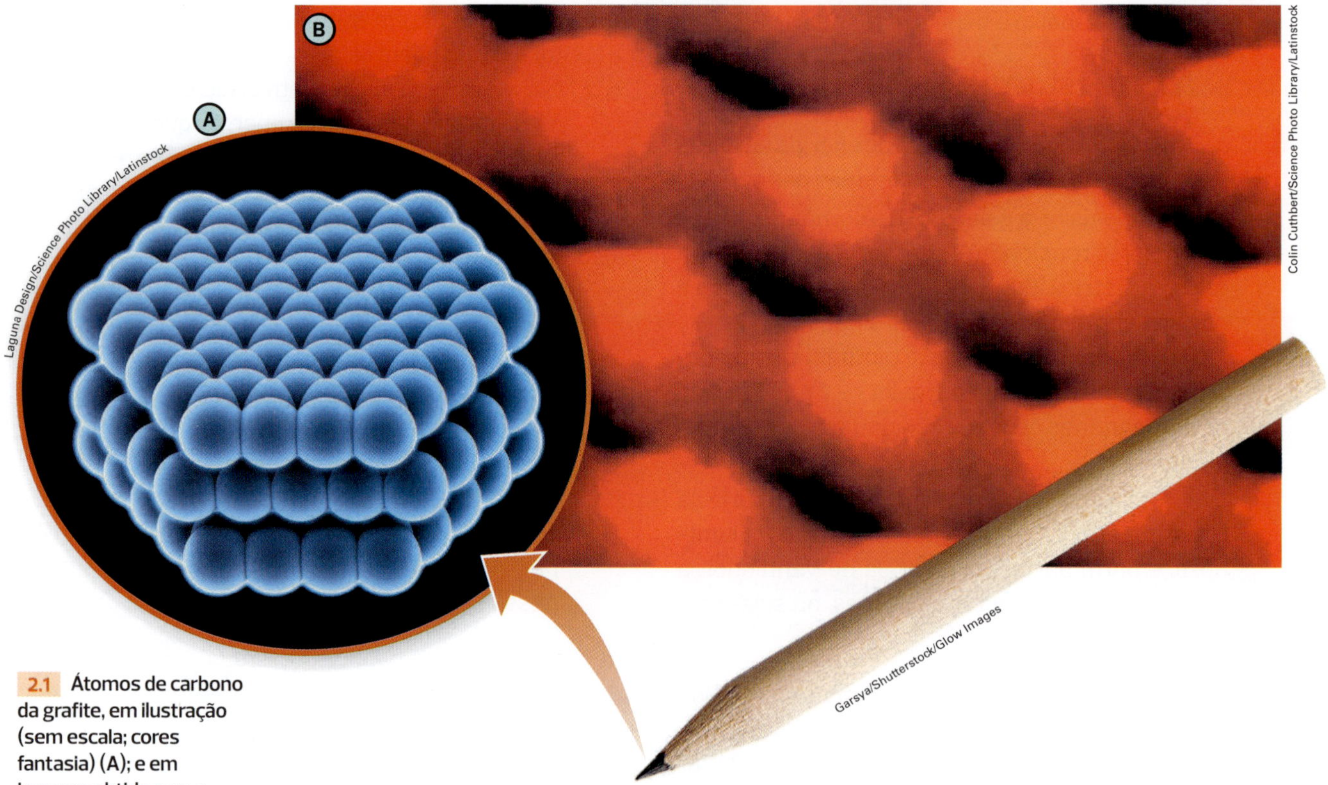

2.1 Átomos de carbono da grafite, em ilustração (sem escala; cores fantasia) (A); e em imagem obtida com o auxílio de um microscópio de tunelamento (B). (A cor dos átomos é artificial e foi gerada em computador. A ampliação é de cerca de 50 milhões de vezes.)

A questão é

Como o átomo foi interpretado por Dalton, Thomson e Rutherford? Como a Química explica as diferenças entre os elementos chumbo, prata e alumínio? E o que são isótopos?

1 A história dos modelos de átomos

A ideia de que toda matéria é formada por átomos já havia sido proposta mais de 500 anos antes de Cristo por um grupo de filósofos. O mais conhecido defensor dessa ideia foi Demócrito.

Para responder à pergunta "De que é feita a matéria?", Demócrito afirmou que todos os corpos podiam ser divididos em partículas cada vez menores, até se chegar ao átomo, que não podia mais ser dividido. O átomo seria a menor parte da matéria.

Vem daí a palavra **átomo**, que significa, em grego, 'aquilo que não pode ser cortado ou dividido'.

Mas Demócrito não realizou nenhum experimento que servisse como prova, isto é, como evidência de que o átomo existe. Essa ideia inicial de átomo, portanto, pouco tinha a ver com o conceito científico de átomo.

Outros filósofos, como Aristóteles, defendiam uma ideia diferente: para eles, a matéria era contínua, ou seja, teoricamente podia ser dividida em pedaços cada vez menores.

Apenas muitos séculos depois, a partir do final do século XVIII, foram realizados experimentos nesse campo. Várias transformações químicas começaram a ser estudadas, e a massa das substâncias passou a ser medida com cuidado.

Os cientistas constroem um **modelo** do átomo com base em alguns fenômenos que observam na natureza, e não a partir de uma imagem real do átomo.

A construção de modelos ajuda os cientistas a explicar os fenômenos observados e a formular teorias e leis científicas. As leis científicas descrevem regularidades da natureza e as teorias científicas propõem mecanismos para explicar os fatos, como a teoria atômica, que explica várias propriedades dos átomos.

Ao longo dos estudos de Química e Física você vai conhecer várias leis científicas, como a lei da conservação das massas e a lei da gravitação universal, e na *Leitura especial*, no final do livro, vai saber mais sobre leis, teorias e modelos.

Para saber mais

Modelos em ciência

Para ter uma ideia do que é um modelo, pense em carros de brinquedo como modelos de carros de verdade; e em maquetes de cidades ou casas como modelos de cidades ou casas reais. Nesses casos, quem faz o modelo se baseia em algo que já conhece.

Em ciência é diferente. Os cientistas constroem o modelo do átomo, por exemplo, com base em alguns fenômenos que observam na natureza, e não a partir de uma imagem real do átomo.

Os modelos de átomos não são iguais aos átomos que eles representam, mas ajudam os cientistas a explicar os fenômenos difíceis de observar.

O uso que o ser humano faz de modelos para entender o mundo ao seu redor é estudado em Filosofia da Ciência. E não somente a Química, mas outras áreas da ciência também se valem de modelos. Assim como a Química utiliza o modelo de átomo, a Biologia usa o modelo da molécula de DNA, por exemplo, para explicar diversas propriedades dos genes.

Esses modelos são aceitos pelos outros cientistas se com eles for possível explicar uma série de fenômenos. No entanto, à medida que novas observações e testes forem feitos, esses modelos podem ser modificados e corrigidos para explicar novas observações e descobertas. Isso ocorreu com os primeiros modelos atômicos, como você verá neste capítulo.

As primeiras teorias sobre o átomo

Com base em algumas observações e experimentos com transformações químicas, o cientista inglês John Dalton (1766-1844) formulou uma série de hipóteses sobre as propriedades do átomo, que explicavam até mesmo por que a massa é conservada (em sistema fechado) em uma transformação química.

Segundo o modelo atômico de Dalton, os átomos seriam como pequenas esferas que não podiam ser divididas, isto é, não podiam ser quebradas em partes menores, nem destruídas. O átomo seria tão pequeno que não poderia ser visto nem com microscópios.

Dalton também concluiu que toda matéria é formada pela associação de átomos e que os átomos não são todos iguais. O ferro, por exemplo, é formado por um tipo de átomo diferente do átomo que se encontra no ouro. Adiante, você vai ver que, segundo Dalton, os átomos de um mesmo elemento químico são iguais — e que dois elementos químicos são diferentes porque têm átomos diferentes.

Um elemento químico é formado por átomos que são quimicamente idênticos, isto é, que têm as mesmas propriedades químicas.

Essas e outras afirmações formam a **teoria atômica** de Dalton.

A teoria de Dalton reunia uma série de observações e foi aceita por cientistas da época. Era uma teoria científica que explicava alguns fenômenos e podia ser testada experimentalmente. A teoria de Dalton era capaz de explicar, por exemplo, que as transformações químicas consistiam em rearranjos de átomos, mas não podia justificar como os átomos se ligavam entre si.

Quando novos estudos sobre os fenômenos elétricos foram realizados e descobriu-se a existência de partículas menores que o átomo (prótons, nêutrons e elétrons), os cientistas passaram a realizar novos experimentos para propor novos modelos atômicos, apresentados a seguir. A verificação de que os átomos poderiam ser divididos em partes menores foi responsável pela reformulação do modelo atômico de Dalton.

Mudanças no modelo atômico

Se, em um dia não muito úmido, você esfregar uma caneta de plástico no cabelo e aproximá-la de pequenos pedacinhos de papel, vai perceber que eles serão atraídos. Esse é um dos fenômenos que podem ser explicados pela hipótese de que o átomo possui cargas elétricas, como você vai ver no Capítulo 15.

Em 1897, o físico inglês Joseph John Thomson (1856-1940) identificou uma partícula de carga negativa chamada de elétron.

Na Grécia antiga já se sabia que pedaços de âmbar (uma resina fóssil, proveniente de uma espécie de pinheiro) atritados em peles de animais podiam atrair objetos leves. Alguns séculos mais tarde, a causa dessa atração foi chamada de 'eletricidade', palavra que vem do grego *eléktron*, que significa 'âmbar'.

Thomson sabia que o átomo era eletricamente neutro. E, como o elétron era negativo, ele supôs que deveria haver uma carga elétrica positiva no átomo que anulava a carga negativa. O átomo, segundo Thomson, seria formado por elétrons mergulhados em uma esfera de carga positiva. Veja a figura 2.2.

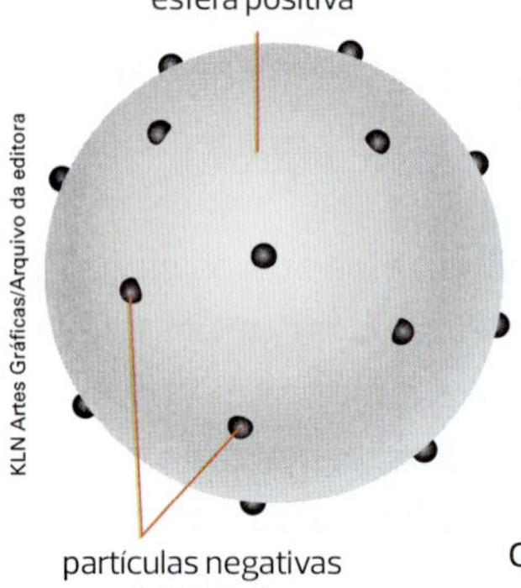

2.2 Modelo atômico de Thomson. (Figura sem escala. Cores fantasia.)

Mais tarde, outros cientistas descobriram os **prótons**, que são partículas com carga positiva. A descoberta de que existiam no átomo partículas carregadas permitia então explicar os fenômenos elétricos como a atração dos pedaços de papel pela caneta de plástico e a condutividade elétrica verificada em certos materiais.

Naquela época, os cientistas achavam que os prótons e os elétrons estavam espalhados pelo átomo. Mas, novamente, uma série de experimentos levou os cientistas a mudar de ideia.

O modelo de Rutherford-Bohr

Novos fenômenos observados na natureza fizeram com que o modelo de J. J. Thomson fosse modificado. Alguns cientistas, como Antoine Becquerel (1852-1908), verificaram que alguns átomos emitiam partículas naturalmente. Esse fenômeno foi chamado de radioatividade e permitiu a realização de uma série de experimentos que levaram à construção de um novo modelo para o átomo.

Um dos experimentos que permitiu a construção do modelo representado na figura 2.4 foi realizado pelo cientista neozelandês Ernest Rutherford (1871-1937) e consistia no bombardeamento de partículas com carga elétrica positiva emitidas por um elemento radioativo em uma folha de ouro. Rutherford verificou que a maioria das partículas atravessava a folha de ouro sem sofrer desvios, mas algumas sofriam grandes desvios, chegando até a ser refletidas. Veja a figura 2.3.

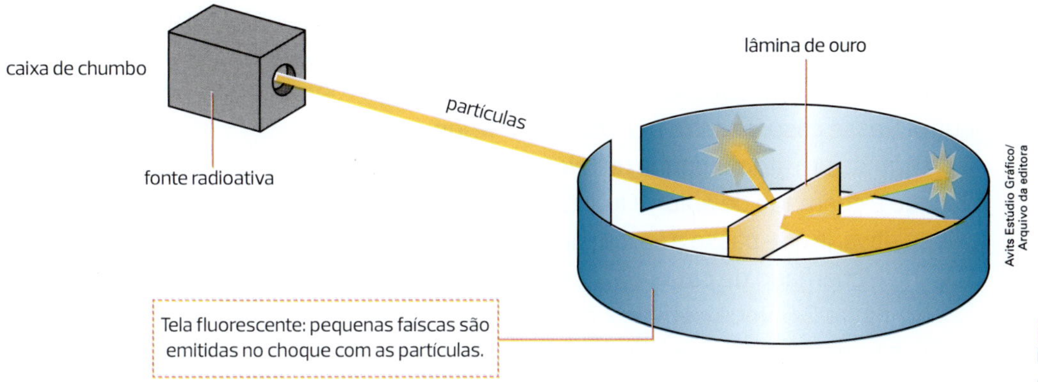

2.3 Experimento de Rutherford. (Figura sem escala. Cores fantasia.)

Com isso ele pôde concluir que havia espaços vazios dentro do átomo e mostrou que, ao contrário do que se pensava, as cargas positivas não estavam espalhadas por todo o átomo, mas concentradas em uma região que ele chamou de núcleo, com os elétrons à sua volta. As partículas desviadas de sua trajetória eram aquelas que se chocavam contra o núcleo ou que passavam perto dele.

Desse modo, Rutherford propôs um modelo atômico nuclear que pouco depois foi modificado por outro cientista, o dinamarquês Niels Bohr (1885-1962). Tal modelo atômico ficou conhecido então como modelo de Rutherford-Bohr. Veja a figura 2.4.

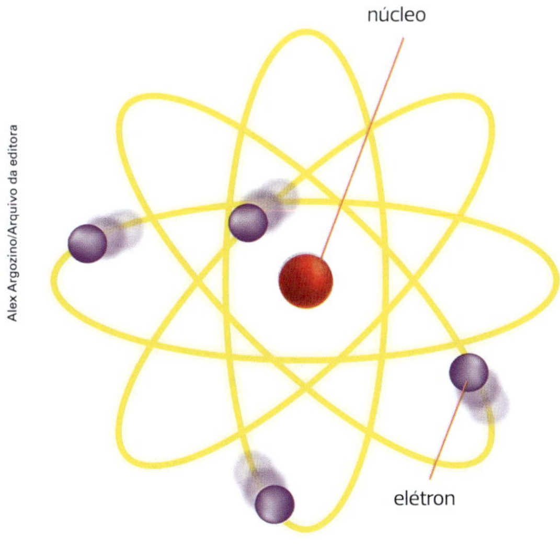

2.4 Modelo de Rutherford-Bohr para o átomo. Os elétrons (em roxo) aparecem ao redor do núcleo do átomo (em vermelho), onde estão os prótons. A figura está fora de escala porque o diâmetro da eletrosfera é milhares de vezes maior que o do núcleo: o núcleo do átomo de carbono, por exemplo, tem cerca de $4{,}8 \cdot 10^{-12}$ mm de diâmetro, e a eletrosfera tem $2 \cdot 10^{-7}$ mm de diâmetro. (Cores fantasia.)

Em 1932, o cientista inglês James Chadwick (1891-1974) descobriu outra partícula atômica. Essa nova partícula foi chamada de **nêutron**. Ela não apresenta carga elétrica e está localizada, juntamente com os prótons, no núcleo atômico.

O **núcleo** do átomo contém, então, partículas positivas — os prótons — e partículas sem carga elétrica — os nêutrons.

Os prótons e os nêutrons têm massa aproximadamente igual. Já a massa de um elétron é cerca de 1837 vezes menor que a de um próton.

A massa de um elétron é de cerca de $9{,}1 \cdot 10^{-28}$ g. A do próton é de aproximadamente $1{,}7 \cdot 10^{-24}$ g. É aproximadamente a relação que existe entre a massa de um pequeno pássaro e a de um ser humano adulto.

Se os elétrons fossem como pequenas esferas, estariam girando em órbitas em volta do núcleo. Reveja a figura 2.4.

A região onde estão os elétrons é a **eletrosfera**, que tem um diâmetro muito maior que o do núcleo: o diâmetro total do átomo é de 10 mil a 100 mil vezes maior que o do núcleo. Imagine a relação entre o diâmetro de uma bola de pingue-pongue e o comprimento médio de um campo de futebol oficial e você terá ideia da relação entre o diâmetro do núcleo e o do átomo. Em um átomo neutro, o número de elétrons é igual ao de prótons, e suas cargas elétricas têm o mesmo valor, apenas com sinais contrários. Portanto, em um átomo neutro a carga elétrica total é zero.

Em certas situações, o átomo pode ganhar ou perder elétrons, deixando de ser neutro. Nesse caso, passa a ser chamado de **íon**.

Quando um átomo ganha um elétron, ele fica com uma carga total negativa. O íon formado é chamado de **ânion**. Quando o átomo perde um elétron, fica com uma carga total positiva, já que passa a ter um próton a mais que o número total de elétrons. O íon formado é chamado de **cátion**.

Na figura 2.5 você pode ver que o átomo de lítio (cujo símbolo é Li) perdeu um elétron e transformou-se em um cátion, que é representado por Li^{+}. O átomo de flúor (cujo símbolo é F) ganhou um elétron e transformou-se em um ânion, que é representado por F^{-}. Os íons devem ser sempre representados pelo símbolo do elemento químico acompanhado de sua carga elétrica.

2.5 Esquema da formação de íons. (Não estão representados todos os prótons e nêutrons. Figura sem escala. Cores fantasia.)

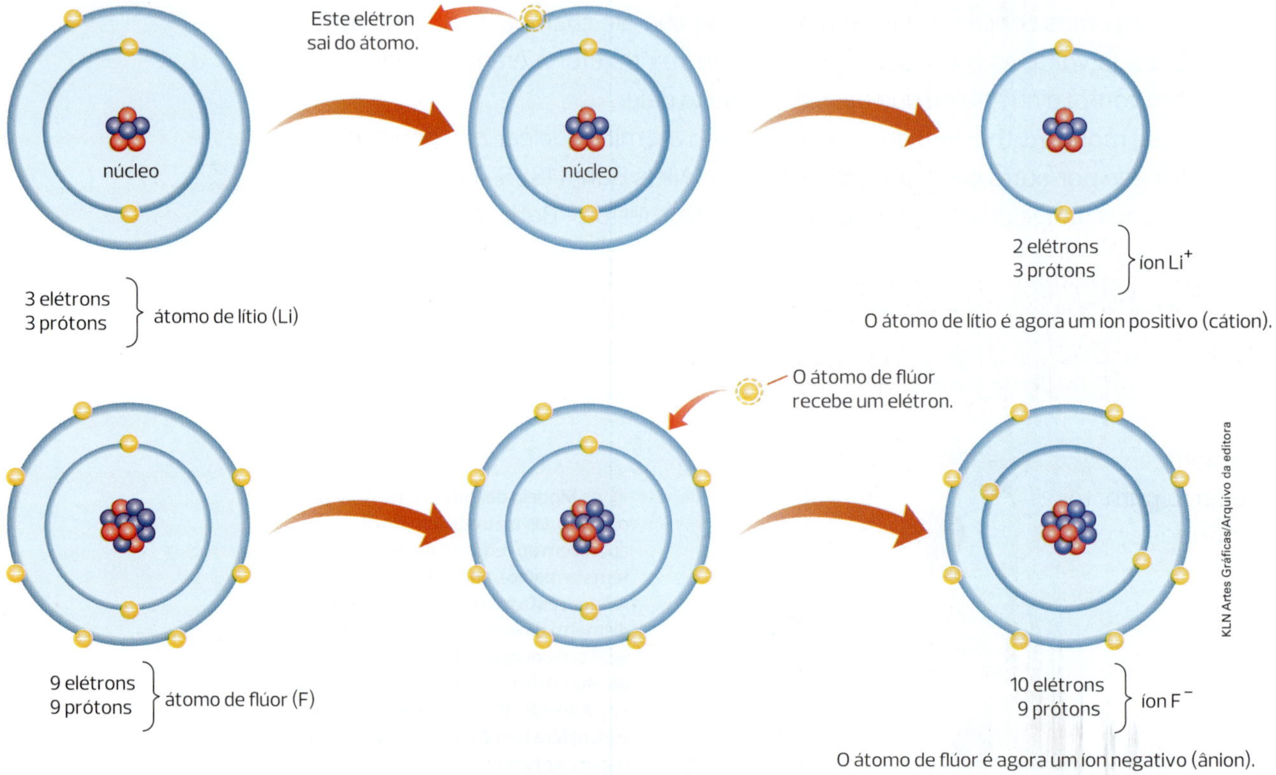

Para saber mais

Plasma

Quando os gases são expostos a temperaturas muito altas, como as encontradas no Sol e em outras estrelas, os elétrons são arrancados dos átomos dos gases. O gás ionizado tem um comportamento diferente dos estados gasoso, sólido ou líquido. Esse estado, considerado o quarto estado da matéria, é denominado plasma e é caracterizado pela presença de íons positivos e elétrons desprendidos dos átomos ou moléculas.

O modelo atual

O modelo de Rutherford-Bohr pode ser usado para explicar várias propriedades químicas da matéria. No entanto, novos experimentos levaram os cientistas a modificar esse modelo mais uma vez.

Muitas partículas novas foram descobertas. Hoje se sabe, por exemplo, que prótons e nêutrons são formados por partículas ainda menores, os ***quarks***.

Entretanto, para compreender o modelo atual de átomo, são necessários muitos conhecimentos em matemática e física.

Por ser mais prático, fácil de visualizar e de compreender, o modelo de Rutherford-Bohr continua sendo muito utilizado para fins didáticos.

Você viu que ao longo da história da ciência, uma teoria (ou um modelo) aceita em determinada época pode acabar sendo substituída por outras teorias capazes de explicar fenômenos que não podiam ser explicados pela teoria antiga. Mas a teoria antiga pode continuar sendo usada, dentro de certos limites, para explicar alguns fenômenos.

2 Número atômico e número de massa

Você já viu que os átomos não são todos iguais. O átomo de ferro é diferente do átomo de alumínio, que é diferente do átomo de hidrogênio, e assim por diante.

Há uma diferença fundamental entre esses átomos, que explica muitas de suas propriedades físicas e químicas: o número de prótons. O átomo de hidrogênio tem 1 próton; o átomo de ferro tem 26 prótons; o de alumínio tem 13 prótons.

O número de prótons é importante na identificação de um átomo. Esse número é chamado de número atômico e é representado pela letra Z.

O número atômico é representado no canto inferior esquerdo do símbolo do elemento.

Como você viu, todos os átomos com o mesmo número atômico são quimicamente idênticos, isto é, têm as mesmas propriedades químicas e pertencem a um mesmo **elemento químico**.

Elemento químico, portanto, é o conjunto de átomos que possuem um mesmo número atômico. Desse modo, todos os átomos com número atômico 1 são átomos de hidrogênio. Já os que têm número atômico 26 são átomos de ferro. Em um pedaço de ferro puro, todos os átomos têm número atômico 26 e apresentam as mesmas propriedades, como a capacidade de reagir com o oxigênio em presença de água e formar o óxido de ferro (ferrugem).

A soma do número de prótons com o número de nêutrons de um átomo é chamada de número de massa e é representada pela letra A. Como o número atômico é representado pela letra Z, pode-se escrever que $A = Z + n$, em que n é o número de nêutrons.

Um átomo de ferro (Fe), por exemplo, tem 26 prótons e 30 nêutrons. Então, o seu número de massa é 56.

O número de massa é representado no canto superior esquerdo do símbolo do elemento.

3 A organização dos elétrons no átomo

No modelo de Rutherford-Bohr, os elétrons giram em torno do núcleo em diferentes órbitas. Essas órbitas têm raios diferentes, isto é, estão a distâncias variadas do núcleo. Um conjunto de órbitas que estão a uma mesma distância do núcleo é chamado de **camada eletrônica**.

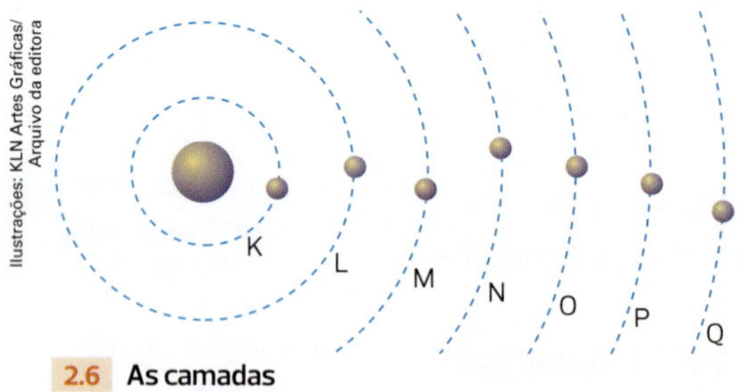

2.6 As camadas eletrônicas do átomo. (Figura sem escala. Cores fantasia.)

Veja a figura 2.6. As camadas eletrônicas são identificadas pelas letras K, L, M, N, O, P, Q. A primeira camada, a camada K, é a mais próxima do núcleo do átomo. A camada Q é a mais distante.

Uma camada eletrônica pode ter mais de um elétron, mas existe um número máximo de elétrons que cada uma delas é capaz de suportar. Veja:

Camada	K	L	M	N	O	P	Q
Número máximo de elétrons	2	8	18	32	32	18	8

Sendo assim, o hidrogênio, que tem apenas 2 elétrons, terá apenas a camada K preenchida com elétrons. Já o lítio, que tem 3 elétrons, tem duas camadas eletrônicas preenchidas com elétrons, a camada K e a camada L.

A distribuição dos elétrons nas diversas camadas obedece a algumas regras. Uma dessas regras é que os elétrons devem ocupar primeiro a camada eletrônica mais próxima do núcleo. Depois que essa camada estiver preenchida, passamos para a camada seguinte. Há outra regra que diz que a última camada de um átomo não pode ficar com mais de 8 elétrons, com exceção da camada K, que não pode ter mais de 2 elétrons.

Os elétrons excedentes ao número máximo de elétrons de cada camada devem ser dispostos nas camadas seguintes. Fica mais fácil você compreender pelos exemplos a seguir.

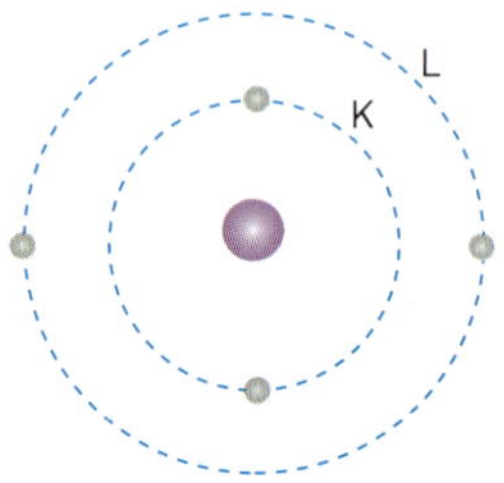

2.7 Representação esquemática de um átomo de berílio (Be). (Figura sem escala. Cores fantasia.)

Veja a distribuição em camadas dos elétrons do átomo de berílio, cujo símbolo é Be e tem número atômico 4. O número atômico indica que o berílio tem 4 prótons e, portanto, 4 elétrons:

K: 2 elétrons   L: 2 elétrons

Essa distribuição de elétrons pode ser representada como mostra a figura 2.7.

Agora veja a distribuição do sódio (Na), de número atômico 11:

K: 2 elétrons   L: 8 elétrons   M: 1 elétron

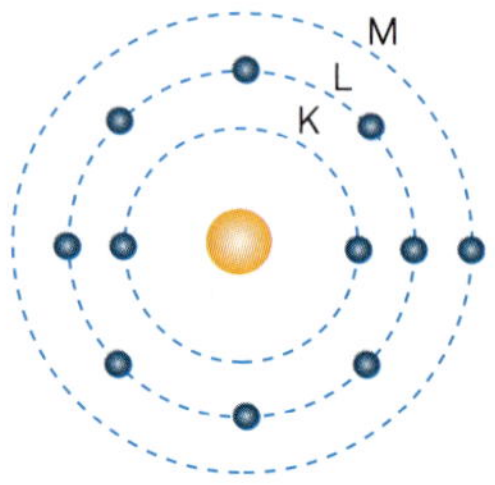

2.8 Representação esquemática de um átomo de sódio (Na). (Figura sem escala. Cores fantasia.)

Utilizando o modelo atômico de Rutherford-Bohr, podemos representar o átomo de sódio como mostra a figura 2.8.

Veja agora a distribuição de átomos do potássio (K), de número atômico 19.

Embora a camada M possa ter um máximo de 18 elétrons, como mostrado na tabela acima, pelo fato de ser a última camada, ela só pode ter no máximo 8 elétrons. Então, é preciso retirar um elétron dessa camada, passando-o para a camada seguinte. Por esse motivo a camada M ficou com 8 elétrons, e a camada N com 1 elétron.

K: 2 elétrons   L: 8 elétrons   M: 8 elétrons   N: 1 elétron

Agora veja como fica a distribuição dos elétrons do Cálcio (Ca), de número atômico 20:

K: 2 elétrons L: 8 elétrons M: 8 elétrons N: 2 elétrons

Como você viu, embora a camada M possa ter até 18 elétrons, nesse caso também fica só com 8, pois seria a última camada. A diferença (2) vai para a camada seguinte.

Vamos organizar agora os elétrons de um átomo com um número maior de elétrons. Por exemplo, o césio (Cs), com número atômico 55. A distribuição começa assim:

K: 2 elétrons L: 8 elétrons M: 18 elétrons

Veja esse exemplo passo a passo, a partir da camada N. Se você estivesse fazendo essa distribuição, talvez pensasse em pôr 27 elétrons na camada N, que comporta até 32. No entanto, como nesse caso ela também seria a última camada, não poderia ter mais do que 8 elétrons.

Por isso utilizamos mais camadas. Ela deixa de ser a última e fica com 18, que é a quantidade mais próxima de 32, entre as quantidades máximas de todas as camadas.

Ficam faltando ainda 9 elétrons para distribuir. Eles não podem ficar todos na camada O, pois seria a última, que pode ter no máximo 8 elétrons. Então, a camada O fica com 8, e deixamos 1 elétron na camada P. Veja então como ficou a distribuição de elétrons do césio:

K: 2 elétrons L: 8 elétrons M: 18 elétrons

N: 18 elétrons O: 8 elétrons P: 1 elétron

Para fazer a distribuição dos elétrons nos íons, devem-se seguir as mesmas regras usadas para os átomos neutros. No caso do cátion, observamos qual é o valor da carga positiva: esse valor indica quantos elétrons devem ser retirados da camada mais afastada do núcleo do átomo. No caso do ânion, o valor da carga elétrica indica quantos elétrons o átomo vai receber na camada mais afastada.

Essas regras de distribuição não valem para todos os tipos de átomos. No Ensino Médio você vai conhecer outra forma mais abrangente de fazer a distribuição dos elétrons.

Você não precisa memorizar os números atômicos dos elementos, mas precisa saber que o número atômico indica o número de prótons de um átomo. Consequentemente, indica também o número de elétrons de um átomo no estado neutro. Então, com o auxílio dos números máximos de elétrons em cada camada eletrônica, você pode fazer a distribuição dos elétrons.

Ciência e História

A descoberta da radioatividade

Em 1896, o cientista francês Antoine Henri Becquerel (1852-1908) descobriu que um composto do urânio deixava marcas em chapas fotográficas. Becquerel supôs que o composto estaria emitindo algum tipo de radiação desconhecida.

Essa hipótese foi confirmada pelo trabalho de um casal de físicos franceses, Marie Curie (1867-1934) e Pierre Curie (1859-1906). Marie Curie descobriu que todos os compostos de urânio emitiam radiações e que a quantidade de radiação dependia da quantidade de urânio. A radiação era, portanto, uma propriedade de determinado grupo de átomos, e não de combinações químicas. Trabalhando com Pierre, descobriu ainda mais dois elementos radioativos: o rádio e o polônio.

Átomos radioativos são instáveis (possuem muita energia). Isso quer dizer que eles emitem radiação para se estabilizarem e com isso podem se transformar em outros átomos. Radiações são partículas ou ondas eletromagnéticas (energia) emitidas pelo núcleo do átomo.

4 Os elementos químicos

Os elementos químicos são formados por um conjunto de átomos com o mesmo número atômico e, por isso, quimicamente idênticos.

Pouco mais de 110 elementos são conhecidos, mas somente 98 ocorrem naturalmente na Terra. Alguns elementos foram produzidos em laboratório, em aceleradores de partículas, que provocam violentos choques de partículas eletricamente carregadas (prótons, elétrons, etc.) contra os átomos já existentes, ou, ainda, pela colisão de dois átomos existentes. Veja a figura 2.9. Em geral, os elementos formados dessa maneira são instáveis, duram pouco e logo se transformam em outros elementos.

Cern/Science Photo Library/Latinstock

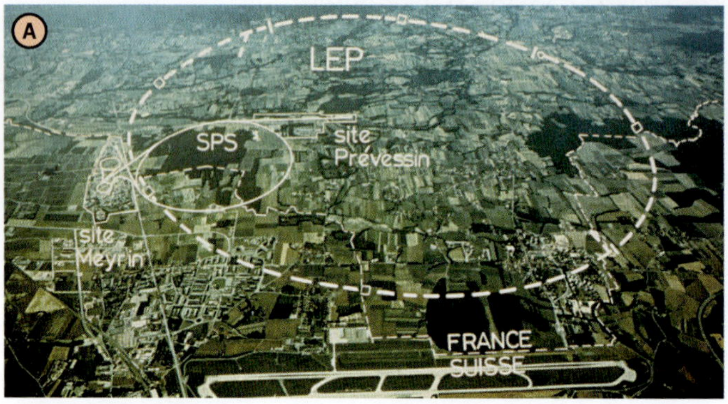

David Parker/Science Photo Library/Latinstock

2.9 A Organização Europeia para Investigação Nuclear, na Suíça, é o maior centro de estudos sobre física de partículas do mundo e conta com a participação de cientistas de vários países. O círculo demarcado na foto A corresponde à posição do acelerador de partículas, em um túnel subterrâneo de 27 km de extensão, mostrado na foto B.

Recentemente, cientistas conseguiram criar um novo elemento químico ao manipular átomos de cálcio e berquélio. Em seu artigo, o cientista russo Yuri Oganessian, do Instituto de Pesquisa Nuclear de Dubna, anunciou a descoberta. O novo elemento químico possui número atômico igual a 117. Embora esteja sendo chamado de "ununseptium", outro nome deve ser dado a ele.

Cada tipo de átomo e de elemento é representado por um símbolo, formado por uma ou duas letras retiradas, em geral, do seu nome em latim ou grego. A letra S, por exemplo, é o símbolo do enxofre (*sulfur*, em latim); P é o do fósforo (*phosphoros*).

Quando há mais de um elemento que começa com a mesma letra, como carbono e cálcio, ou flúor e ferro, um deles é representado com duas letras. Por exemplo: carbono é C, cálcio é Ca; flúor é F, ferro é Fe. Nesses casos, como se pode ver, a primeira é maiúscula e a segunda é minúscula (ambas de fôrma). Quando há uma única letra, ela é sempre maiúscula.

Nem sempre aparecem as duas letras iniciais do nome: o símbolo Pt identifica a platina; Zn, o zinco; Pb, o chumbo (*plumbum*); Hg, o mercúrio (*hydrargirum*).

Os átomos e os elementos químicos também podem ser representados pelos símbolos acompanhados do número atômico (número de prótons) e do número de massa (número de prótons mais o número de nêutrons). Veja:

$$^{27}_{13}\text{Al ou }_{13}\text{Al}^{27}$$

Abaixo e à esquerda do símbolo aparece o número atômico do elemento (alumínio); acima e à esquerda (ou à direita) aparece o número de massa. A figura 2.10 mostra uma representação do átomo de hélio.

2.10 Modelo do átomo de hélio e representação do átomo ou do elemento hélio. (Figura sem escala. Cores fantasia.)

KLN Artes Gráficas/Arquivo da editora

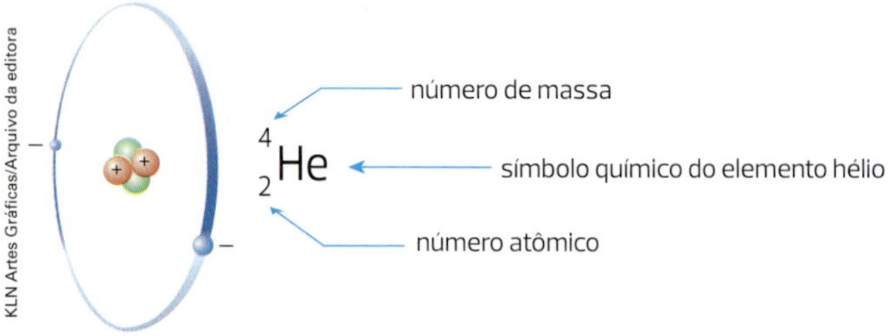

Ciência e História

De onde vem o nome dos elementos

Alguns nomes indicam uma propriedade do elemento: *cloro* vem do grego *khlorós*, que significa 'amarelo-esverdeado'; *fósforo* em grego é 'o que traz a luz' – algumas formas de fósforo brilham no escuro (são fosforescentes); *césio* vem do latim *caesius*, que significa 'céu azul', uma referência à cor produzida por esse elemento quando colocado em uma chama (procedimento conhecido como teste de chama).

Há também nomes que se referem a corpos celestes ou figuras mitológicas: *hélio* (Sol) e *promécio* (de Prometeus, da mitologia grega). Outros homenageiam pessoas (*einstênio*, em referência ao cientista Albert Einstein).

Alguns nomes indicam o lugar em que o elemento foi descoberto: *háfnio* foi descoberto na cidade de Copenhague (Dinamarca), que em latim é *Hafnia*. E há ainda nomes que se referem a uma característica do material em que o elemento foi encontrado. Por exemplo: *lítio* vem de *lithos*, que em grego significa 'pedra'.

Os isótopos

Você já sabe que um elemento químico é formado por átomos de mesmo número atômico. Mas, se um cientista analisar uma amostra de um único elemento químico, por exemplo, de oxigênio, vai encontrar átomos com diferentes números de massa: 16, 17 e 18. Pense bem: se eles são todos átomos de oxigênio, por que têm número de massa diferente?

A resposta é simples: embora todos tenham o mesmo número de prótons, possuem números de nêutrons diferentes.

Os átomos de um mesmo elemento químico que têm número de massa diferente são chamados de isótopos. Veja na figura 2.11 uma representação dos três isótopos do hidrogênio.

O termo *isótopos* vem de *iso*, que significa 'igual'; e *topos*, 'lugar'.

Todos os elementos químicos naturais possuem isótopos — embora alguns deles tenham sido produzidos artificialmente. Por isso muitas vezes escrevemos o símbolo de um elemento assim: ^{12}C, ou $^{12}_{6}C$, ou carbono-12. Isso significa que estamos falando do isótopo do carbono (número atômico 6) com número de massa 12. Esse é o isótopo mais comum do carbono. Outros isótopos são o carbono-13 e o carbono-14.

Os isótopos de um mesmo elemento químico possuem as mesmas propriedades químicas, já que essas propriedades dependem do número de prótons do átomo, e não do número de nêutrons. Mas algumas propriedades físicas são diferentes, pois dependem, em parte, da massa do átomo.

Cada elemento é formado por determinada proporção de isótopos: em nosso planeta, a porcentagem aproximada de cada isótopo de oxigênio é: ^{16}O = 99,762%; ^{17}O = 0,038%; ^{18}O = 0,200%.

Há ainda os isótopos produzidos artificialmente, que são instáveis, pois possuem muita energia. Ao se estabilizarem, esses isótopos emitem partículas e/ou energia de seu núcleo, com isso, o número atômico pode mudar, originando outro elemento químico. Alguns isótopos do urânio, tanto os isótopos naturais como os obtidos artificialmente, por exemplo, transformam-se lentamente em chumbo.

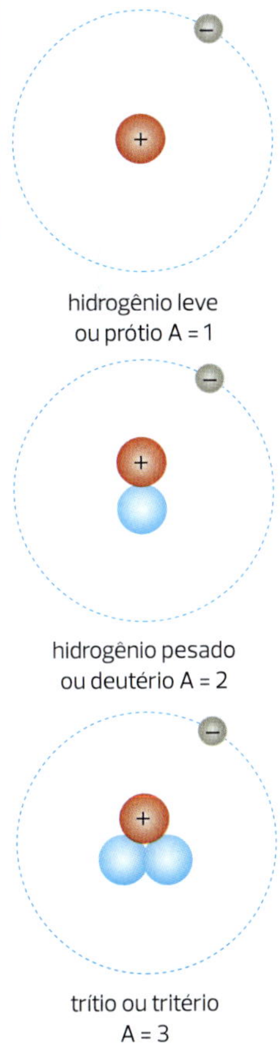

KLN Artes Gráficas/Arquivo da editora

2.11 Esquema de isótopos do hidrogênio. (Figura sem escala. Cores fantasia.)

A massa atômica

Qual é a massa atômica de um átomo? Se você tivesse que dar a resposta em gramas, precisaria trabalhar com números decimais extremamente pequenos. Veja só: a massa de um próton ou de um nêutron é de cerca de $1{,}67 \cdot 10^{-24}$ g.

Todas as grandezas são relativas, ou seja, tudo o que se pode medir é comparado com um padrão. Um quilograma, por exemplo, é igual à massa de um cilindro feito de platina e irídio, guardado no Museu Internacional de Pesos e Medidas, na França.

Então, assim como pode-se dizer que determinada laranja tem três vezes mais massa que determinado limão, é possível escolher um átomo como padrão e dizer quantas vezes outro átomo tem mais massa que ele. Por exemplo, medidas experimentais mostram que o átomo de ferro é 56 vezes mais pesado que o átomo de hidrogênio. Assim, pode-se dizer que o ferro tem a massa de 56 átomos de hidrogênio, caso este fosse o padrão.

O átomo que os cientistas escolheram como padrão foi o carbono-12, que é um isótopo do carbono com número de massa 12. Esse átomo passou a ter então 12 unidades de massa atômica (representada pela letra u). Em outras palavras, 1 unidade de massa atômica vale um doze avos (1/12) da massa atômica do átomo de carbono-12. Pense em um átomo de carbono como um círculo. Se você dividir esse círculo em 12 partes iguais, cada parte corresponderá a uma unidade de massa atômica.

A massa dos outros átomos é então comparada com a do carbono. Quando dizemos, por exemplo, que a massa atômica do átomo de hélio é 4, significa que a massa desse átomo é de 4 unidades de massa atômica, ou seja, é de 4 vezes 1/12 a massa do carbono-12.

Os elementos são formados, na realidade, por uma mistura de isótopos que ocorrem naturalmente. Por isso, a massa atômica relativa de um elemento é uma média ponderada calculada em função da massa e da porcentagem de cada isótopo de que é formado o elemento. No caso do cloro, cerca de 75% dos átomos têm número de massa 35 e cerca de 25% têm número de massa 37. A massa atômica pode então ser calculada por meio de uma média ponderada desses valores.

Usando valores aproximados, podemos calcular a massa atômica do cloro por uma média ponderada. Veja: 35(75/100) + + 37(25/100) = 35,5 unidades de massa atômica.

Mundo virtual

Reprodução/<qnesc.sbq.org.br>

Supermicroscópio virtual
<www.labvirtq.fe.usp.br/simulacoes/quimica/sim_qui_supermicroscopio.htm>
Objeto Educacional Digital que trata da estrutura atômica e da organização atômica nos diferentes estados da matéria.

Revista *Química Nova na Escola*
<qnesc.sbq.org.br/index_site.php>
Artigos originais que tratam do ensino da Química, das aplicações dela na sociedade e de suas atualidades.

Ação de relâmpagos modifica química da atmosfera
<cienciahoje.uol.com.br/noticias/meteorologia/acao-de-relampagos-modifica-quimica-da-atmosfera>
Notícia que explica como a ocorrência dos relâmpagos podem alterar a composição atmosférica e agravar o aquecimento global.

Por dentro das Leis (Ponderais)
<www.proativa.vdl.ufc.br/oa/dentrodalei/DentroDasLeis.html>
Objeto Educacional Digital que apresenta as Leis Ponderais (lei de Lavoisier, lei de Proust e lei de Dalton) de forma simples e didática.

Comissão nacional de energia nuclear
<www.cnen.gov.br>
Apostilas educativas, certificados e formulários em radioproteção, segurança nuclear, pesquisa e desenvolvimento de tecnologias nucleares.

Acesso em: 5 abr. 2015.

Atividades

Trabalhando as ideias do capítulo

1. Ao longo do tempo, diversos modelos de átomos foram propostos. Alguns deles aparecem na figura abaixo.

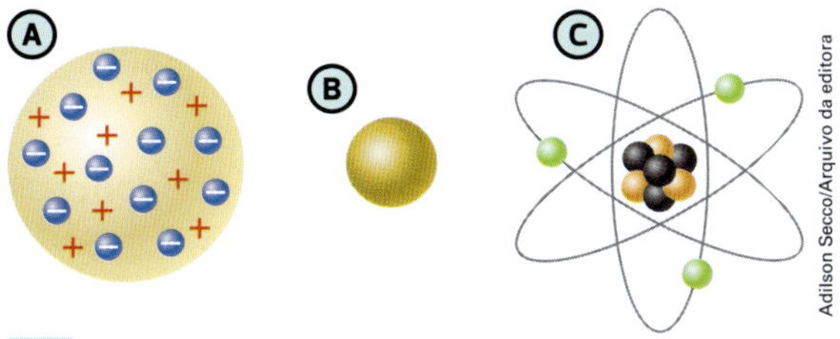

2.12 **Figura sem escala. Cores fantasia.**

No caderno, responda.

a) Qual é a sequência histórica em que os três modelos da figura acima apareceram?
b) Que cientistas contribuíram para elaborar cada modelo?
c) Cite uma descoberta que levou a uma mudança no modelo de átomo indicado pela letra B.
d) Descreva o experimento que levou à mudança no modelo de átomo indicado pela letra A.

2. No caderno, indique as afirmativas verdadeiras sobre a estrutura do átomo.

a) No átomo há duas regiões: o núcleo e a eletrosfera.
b) Para Dalton, o átomo era uma partícula indivisível.
c) O modelo de átomo de Rutherford-Bohr possui espaços vazios em seu interior.
d) O átomo é a menor parte da matéria.
e) Os prótons, nêutrons e elétrons localizam-se no núcleo do átomo.
f) A massa do próton é igual à do elétron.
g) O próton tem carga elétrica positiva, enquanto o elétron tem carga negativa.
h) O número de prótons de um átomo corresponde ao seu número atômico.
i) A soma do número de prótons e do número de elétrons é o número de massa do átomo.
j) O núcleo do átomo tem carga elétrica total positiva.
k) A maior parte da massa do átomo está no núcleo.
l) Os átomos de um mesmo elemento químico apresentam o mesmo número de prótons.
m) Prótons e elétrons estão localizados na eletrosfera.
n) A massa do elétron é aproximadamente igual à massa do nêutron.
o) A perda de um elétron altera muito a massa do átomo.

3. Você já sabe que um átomo neutro pode ficar eletricamente carregado. Então, no caderno, indique as afirmativas verdadeiras sobre esse processo.

a) Um átomo pode se tornar eletricamente negativo quando ganha elétrons.
b) Um cátion é um átomo que ganhou prótons e ficou com carga elétrica positiva.
c) Um ânion é um íon com carga elétrica negativa.
d) Quando um átomo se transforma em um íon, seu núcleo não se altera.
e) Quando um átomo perde um elétron, ele adquire carga elétrica negativa.
f) Um átomo continua eletricamente neutro depois que perde elétrons.

4. O número atômico de um elemento é 83 e seu número de massa é 209. Quantos elétrons, prótons e nêutrons possui um átomo desse elemento?

5. Usando o modelo de Rutherford-Bohr, distribua em camadas os elétrons dos átomos com os seguintes números atômicos: 8, 13, 18, 19, 32, 35, 37, 51.

6. No caderno, indique as afirmativas verdadeiras.

a) Todos os átomos de hidrogênio têm o mesmo número de massa.
b) O número de massa de um elemento é sempre um número inteiro.
c) Isótopos são átomos com o mesmo número atômico e o mesmo número de massa.
d) A massa atômica de um elemento é sempre um número inteiro.
e) Os átomos carbono-12 e carbono-13 são isótopos.
f) Um elemento químico é um conjunto de átomos com o mesmo número atômico.

7. Explique o que é número atômico e por que ele é importante para o químico.

8. Considere os seguintes números atômicos e de massa. Indique o número de prótons, elétrons e nêutrons de cada um destes átomos:
   a) Z = 26 e A = 56;
   b) Z = 94 e A = 239;
   c) Z = 89 e A = 201.

9. No caderno, explique o que indica esta expressão: A = Z + n.

10. Qual é o número atômico e o número de massa de um átomo com 53 prótons, 53 elétrons e 74 nêutrons?

11. Sabendo que o número atômico do cloro é 17, qual o número de nêutrons dos isótopos de números de massa 35 e 37?

12. Dada a tabela a seguir, explique por que a massa atômica do átomo de magnésio (aproximadamente 24,3) não é um número inteiro.

Isótopos	Abundância (%)
^{24}Mg	79
^{25}Mg	10
^{27}Mg	11

2.13

13. Observe a tabela abaixo e depois responda, no caderno, às questões.

Átomos	Número de prótons	Número de nêutrons	Número de elétrons
I	33	42	32
II	34	44	34
III	34	45	34
IV	35	44	35

2.14

   a) Quais são os isótopos?
   b) Quais os átomos com propriedades químicas semelhantes?
   c) Identifique o íon na tabela. É um íon positivo ou negativo? Por quê?

14. Explique o significado dos símbolos e dos números Z = 13 e A = 27.

15. O professor estava explicando que o elemento químico ferro é formado por átomos de ferro com número atômico 26. Um estudante afirmou que há um tipo de ferro que tem número atômico 27. O que está errado na afirmação do estudante?

16. Qual o número de nêutrons em cada isótopo do hidrogênio: prótio, deutério e trítio?

Pense um pouco mais

1. A figura abaixo representa um átomo neutro.

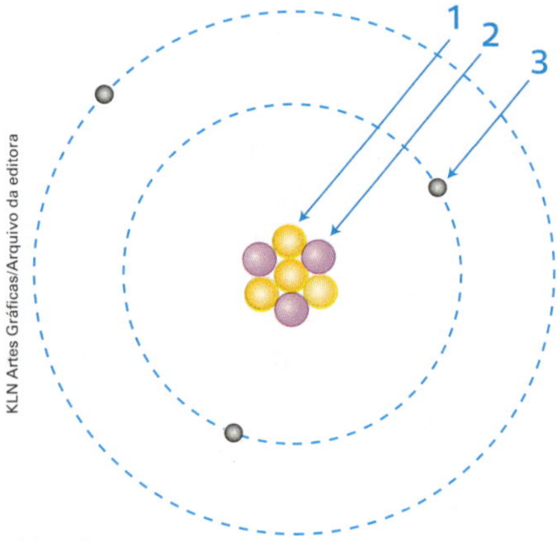

2.15 **Representação sem escala. Cores fantasia.**

Responda no caderno:
   a) Qual é a partícula que cada número está indicando?
   b) Quais são as partículas de carga elétrica positiva? E as de carga elétrica negativa?
   c) Qual é a carga elétrica das partículas de cor amarela?
   d) Qual é o número atômico desse átomo?
   e) Qual é o número de massa?

2. Por que o termo **átomo** não está de acordo com o que hoje se sabe dessa partícula?

3. Por que se pode dizer que praticamente toda a massa do átomo está no núcleo?

4. Se o modelo de átomo de Rutherford for comparado ao Sistema Solar, o que corresponderia ao Sol? E aos planetas?

5. Qual é a carga elétrica de um íon com 13 prótons, 10 elétrons e 15 nêutrons?

6. Sabendo que o número atômico do chumbo é 82, quantos prótons e quantos elétrons tem o íon de chumbo com duas cargas positivas?

7. O enxofre tem número atômico 16 e forma um íon, chamado de íon sulfeto, com duas cargas negativas. Qual é o número de prótons e de elétrons do íon sulfeto?

8. Qual é o número máximo de elétrons de um átomo que apresenta elétrons distribuídos em quatro camadas eletrônicas?

9. Em um átomo com diâmetro de 0,0002 μm, quantos átomos caberiam enfileirados em um espaço de 1 mm de comprimento?

10. A grafite de lápis é feita de átomos de carbono. Vamos supor que você faça em seu caderno uma linha reta com 3 cm de comprimento, usando um lápis ou uma lapiseira de ponta bem fina. No comprimento dessa linha cabem cerca de 200 milhões de átomos de carbono enfileirados. Com essas informações, tente calcular o diâmetro de um átomo de carbono.

11. Existe um tipo de estrela, chamado estrela de nêutrons, que é formado apenas por núcleos de átomos, bem encostados entre si. Uma colher das de chá do material dessa estrela teria cerca de 500 milhões de toneladas de massa. Explique por que, comparada à densidade de outros materiais, essa densidade é tão grande.

12. Sobre os dois átomos neutros do esquema abaixo, resolva no caderno.

Adilson Secco/Arquivo da editora

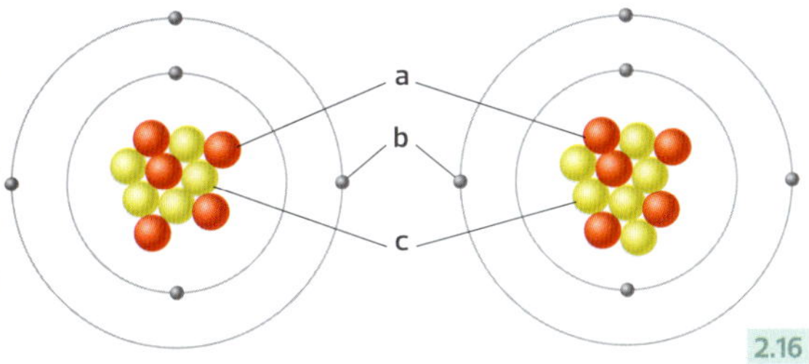

2.16

a) Identifique os prótons, os nêutrons e os elétrons.

b) O que os dois átomos têm de diferente?

c) Eles pertencem ao mesmo elemento químico? Por quê?

d) Como são chamados esses dois tipos de átomos?

13. Um átomo X possui 8 nêutrons e seu número atômico é igual a 8. Sabendo que esse átomo é isótopo de Y, que possui número de massa 18, responda: qual o número de nêutrons do átomo Y?

14. A água, mesmo pura, não é um elemento. Explique por quê.

15. O elemento cobre é formado principalmente por dois isótopos: ^{63}Cu e ^{65}Cu. Sabendo que o número atômico desse elemento é 29, responda:

a) Quantos prótons tem o átomo de cobre?

b) Quantos nêutrons tem cada um dos isótopos acima?

16. Um estudante afirmou que um isótopo do hidrogênio possui um nêutron e dois prótons em seu núcleo. O que há de errado com a afirmação?

17. No final de 1994, na Alemanha, cientistas conseguiram unir o núcleo de dois átomos utilizando uma alta quantidade de energia (o processo é chamado reação nuclear de fusão): um isótopo do bismuto, de número atômico 83 e número de massa 209, e um do níquel, de número atômico 28 e número de massa 64. No processo, formou-se um novo elemento químico, o de número 111, para o qual foi proposto o nome de roentgenium (Rg), para homenagear o cientista que, em 1895, descobriu os raios X, Wilhelm Conrad Roentgen. A reação nuclear liberou 1 nêutron e a equação abaixo representa esse processo:

$$Bi + Ni \rightarrow Rg + n$$

Sabendo que o número total de prótons e nêutrons antes da reação deve ser igual ao número de prótons e nêutrons depois da reação (incluindo-se o nêutron liberado), determine o número atômico e o número de massa do novo elemento químico. Explique como você chegou a esse resultado.

18. Entre os átomos da tabela abaixo, quais são os que têm o mesmo número de massa?

Átomos	Número de prótons	Número de nêutrons
I	89	141
II	90	142
III	88	142

2.17

De olho nos textos

Leia os textos a seguir e responda às questões propostas.

Texto 1

Os aditivos químicos

Você já deve ter ouvido falar que alimentos enlatados geralmente têm "muita química". O que as pessoas querem dizer com isso é que eles têm substâncias químicas que não estavam naturalmente presentes nos alimentos. Elas foram adicionadas, por exemplo, para ajudar a conservar o alimento. Esses produtos são chamados de aditivos químicos.

Alguns aditivos são encontrados na natureza. Outros são produzidos em laboratório – são artificiais. Mas o fato de serem artificiais não significa necessariamente que sejam perigosos à saúde.

O importante é que, antes de lançar um produto novo no mercado, a empresa faça estudos rigorosos para ter certeza de que ele não causa danos ao organismo do consumidor. Ao mesmo tempo, é preciso que órgãos do governo fiscalizem a quantidade de aditivos químicos nos alimentos, pois alguns deles podem ser prejudiciais se consumidos além do limite permitido.

Em algumas embalagens de alimentos industrializados está escrito: "isento de produtos químicos" ou "sem química".

a) Por que afirmações desse tipo não estão corretas?

b) O que, na realidade, o fabricante pretendia dizer com isso?

c) Consulte em dicionários o significado das palavras que você não conhece, redigindo então de próprio punho uma definição para essas palavras.

Texto 2

A reciclagem da matéria

Quando um organismo morre, as substâncias que formam seu corpo são transformadas, pelo processo de decomposição, em outras substâncias como o gás carbônico, a água e os sais minerais. Parte dessas substâncias é, então, absorvida e aproveitada pelas plantas na produção de alimentos. Alguns desses alimentos são consumidos por animais. Podem até ser consumidos pelo ser humano.

Analisando esse ciclo pode-se concluir que os átomos que formam nosso corpo farão parte do corpo de outros seres.

Os átomos também entram no nosso corpo e saem dele pela respiração. Os gases que eliminamos pela expiração se espalham na atmosfera.

a) Explique por que se pode dizer que cada um de nós possui, no corpo, átomos que estiveram presentes no organismo de muitas pessoas do passado.

b) Um estudante afirmou que no cérebro dele há átomos que fizeram parte do cérebro de Albert Einstein, o físico autor da teoria da relatividade. Afirmou também que justamente por isso ele achava que "leva jeito para a Física". Discuta essas afirmações.

Mexa-se!

1. Pesquise quais os dois elementos químicos mais comuns na crosta terrestre e quais os quatro elementos químicos mais comuns no corpo humano.

2. Mercúrio, chumbo e cádmio, entre outros, são elementos químicos chamados de metais pesados. Vários desses elementos são usados na indústria para facilitar transformações químicas. São também liberados na queima do carvão e de outros combustíveis fósseis.
O mercúrio, por exemplo, é usado para separar o ouro das impurezas em algumas regiões do garimpo. Esses dois metais são misturados para formar uma liga, o amálgama. Aquecendo-a, o mercúrio é vaporizado e resta o ouro puro. Nesse processo, o garimpeiro pode se contaminar ao inalar os vapores tóxicos do mercúrio.
Pesquise:
a) Quais as consequências de absorção desses elementos para o ser humano?
b) Como esses elementos podem se espalhar pelo ambiente? (Pista: utilize o conceito de "cadeia alimentar")

c) Uma indústria lançou mercúrio em um rio. Sabendo que os metais pesados não são eliminados do organismo com facilidade, responda: em que ser vivo, na cadeia alimentar abaixo, haverá maior concentração de metal pesado? Justifique a sua resposta (as setas significam "serve de alimento para").
algas → pequenos crustáceos → peixes → aves

d) O que pode ser feito para evitar esses problemas?

Cynthia Brito/Pulsar Imagens

2.18 **Poluição por mercúrio na confluência dos rios Fresco e Riozinho, no Pará.**

3. Nos últimos anos, os cientistas vêm se empenhando em reduzir o tamanho dos *chips* de computador. Mas essa tentativa de reduzir o tamanho das coisas não se limita a computadores, mas a manipular átomos e moléculas com dimensões entre 1 e 100 nanômetros. Um nanômetro equivale a um milionésimo de milímetro (*nano* vem do grego e significa 'anão'). Desse modo, eles conseguem produzir objetos que medem milionésimos de milímetros: essa aplicação é chamada de nanotecnologia.

Pesquise:

a) Quais as possíveis aplicações da nanotecnologia, muitas ainda em fase de pesquisa?

b) Essas aplicações serão necessariamente usadas em nosso benefício ou podem também trazer problemas?

Atividade em grupo

Escolham uma das atividades a seguir para realizar uma pesquisa em grupo.

1. Como os átomos radioativos podem ser usados para calcular a idade de uma rocha ou de um fóssil.
2. Como os átomos radioativos podem ser usados como fonte de energia.
3. Quais os três tipos principais de radiação e que danos elas podem causar ao organismo humano? Como podemos detectar a presença de radiação no ambiente?
4. Como os átomos radioativos podem ser usados na Medicina?
5. Como os átomos radioativos podem ser usados como armas militares?
6. Faça uma pesquisa sobre o que foi a alquimia, sua origem, sua importância, em que período histórico surgiu.

Aprendendo com a prática

1. Em grupo, providenciem o seguinte material:

Material

- Três objetos do cotidiano (por exemplo, lápis, caneta, bola de pingue-pongue, borracha, tesoura, colher, tampa de garrafa, etc.).
- Uma caixa de papelão (ou de madeira) com tampa.

Procedimentos

Sem que os outros grupos vejam, coloquem os objetos dentro da caixa e fechem-na bem (se for necessário, colem a tampa com fita adesiva). O professor deve orientar os grupos para que sejam formadas caixas com diferentes combinações de objetos. Os vários grupos da classe devem trocar as caixas entre si e cada componente do grupo deverá tentar descobrir – sem abrir, apenas sacudindo a caixa recebida – quais são os objetos que estão dentro dela. Depois que todos tiverem feito uma tentativa de descobrir os objetos, abram a caixa e confiram se acertaram.

Quando todos os grupos tiverem terminado, discutam as seguintes questões:

a) Qual é a semelhança entre a atividade que vocês realizaram e o modo como o cientista trabalha?

b) Em que sentido a pesquisa sobre a estrutura do átomo é semelhante a esta atividade?

2. Em grupo, vocês vão construir um **modelo** de átomo distribuindo os elétrons nas camadas correspondentes.

Material

- Uma folha grande de papel branco (pode ser cartolina).
- Um compasso e um número suficiente de peças que vocês vão escolher para representar prótons, nêutrons e elétrons do átomo. Pode ser, por exemplo, feijão-preto para representar os prótons, ervilhas ou grãos de milho para representar nêutrons e grãos de arroz para representar os elétrons. Se acharem necessário, peçam o auxílio do professor de Arte.

Procedimentos

- Façam uma circunferência de 3 centímetros de raio para representar o núcleo. Com o compasso no mesmo ponto, façam circunferências com 6, 7, 8, 9 e 10 centímetros de raio. Essas circunferências representam as camadas eletrônicas.
- Escolham um dos elementos abaixo (Z é o número atômico e A, o número de massa) e distribuam no átomo os prótons, os nêutrons e os elétrons. Os prótons e nêutrons ficam no núcleo, e os elétrons devem ser distribuídos pelas camadas eletrônicas. Em determinados átomos algumas camadas eletrônicas podem ficar vazias. Se isso ocorrer, apaguem essas camadas.

  Elemento A: Z = 47, A = 107

  Elemento B: Z = 51, A = 121

  Elemento C: Z = 33, A = 75

  Elemento D: Z = 54, A = 132

  Elemento E: Z = 36, A = 84

- Depois, confiram o modelo com o professor.

Atenção!

O modelo construído está fora de proporção, porque o diâmetro do núcleo é de 10 mil a 100 mil vezes menor que o do átomo!

Quando os modelos estiverem prontos, a classe, com a colaboração dos professores de Ciências, Arte, Língua Portuguesa e História, poderá organizar uma exposição com cartazes, fotos (ou vídeos) ou outros recursos ilustrativos sobre a história da teoria atômica e a importância do átomo hoje para a tecnologia e para a sociedade, e apresentá-la para a comunidade escolar (alunos, professores e funcionários da escola e pais ou responsáveis).

Ainda em grupo, verifiquem se nas proximidades da escola existe alguma instituição educacional (por exemplo, uma universidade, um museu ou um centro de Ciências) que realize pesquisas sobre o átomo e suas aplicações, ou que mantenha uma exposição sobre o tema, e vejam se é possível visitar o local. Vocês podem também pesquisar *sites* de universidades, de museus, etc. que disponibilizem uma exposição virtual sobre o assunto.

Capítulo

3 A classificação periódica

Os letreiros luminosos que você pode ver na figura abaixo são formados com lâmpadas de um gás, o neônio, que produz cores ao ser atravessado por uma corrente elétrica.

O neônio é um dos elementos químicos conhecidos como gases nobres ou raros. Eles têm muitas propriedades em comum. Esses gases formam um grupo dentro de uma tabela que facilita muito a vida dos químicos — a tabela periódica — que você vai estudar neste capítulo.

3.1

A questão é

Por que é importante organizar os elementos químicos? Você sabe por que alguns elementos químicos podem ser colocados em um mesmo grupo? Conhece algumas propriedades características dos metais e dos não metais?

Tetra Images/Getty Images

❶ A história da tabela periódica

No início do século XIX, alguns cientistas descobriram que certos elementos tinham propriedades semelhantes. Com base nisso, propuseram diferentes modelos para tentar organizar os elementos de maneira lógica e de modo a facilitar o estudo da Química. A partir de diferentes ideias construíram tabelas agrupando esses elementos de muitas maneiras.

Um passo importante para a construção de uma tabela periódica foi dado por um professor de Química, o russo Dmitri Ivanovitch Mendeleev (1834-1907).

Em 1869, Mendeleev estava escrevendo um livro de Química e anotava as propriedades de cada elemento em um cartão separado. Em certo momento, ele observou que, se os cartões fossem arrumados na ordem da massa atômica dos elementos, certas propriedades se repetiam periodicamente. Desse modo alguns elementos formavam grupos com as mesmas propriedades.

Um grupo de elementos — lítio, sódio, potássio e rubídio, por exemplo — formava compostos com o cloro na proporção de 1 átomo do elemento para 1 de cloro. Outro grupo — berílio, magnésio, cálcio e estrôncio — também formava compostos químicos com o cloro, mas a proporção de átomos no composto era de 1 átomo do elemento para 2 de cloro.

Apesar de outras tentativas já terem sido feitas, Mendeleev foi quem efetivamente conseguiu fazer a organização que englobou o maior número de elementos químicos. Nascia assim a primeira **tabela periódica dos elementos**.

Muitos elementos não eram conhecidos na época. Mendeleev, entretanto, conseguiu prever a existência de alguns deles por meio da organização, incluindo massas atômicas que não correspondiam a nenhum elemento conhecido.

Ao estudar os elementos com valores de massa próximos e aqueles que estão na mesma coluna dos supostos elementos desconhecidos, Mendeleev fez uma série de previsões sobre as propriedades desses elementos, esperando que, no futuro, eles fossem descobertos e suas previsões se confirmassem. Veja a figura 3.2. Por exemplo, eram conhecidos os elementos cálcio (massa = 40) e titânio (massa = 48). Na tabela de Mendeleev havia uma lacuna entre esses dois elementos, o que indicava que deveria existir algum elemento intermediário. Mais tarde Lars Fredrik Nilson (1840-1899) descobriu o elemento escândio (massa = 45).

Portanto, a organização dos elementos em uma tabela tornou mais fácil a identificação de propriedades comuns a vários elementos, além de permitir previsões acerca das propriedades de elementos desconhecidos.

3.2 Tabela periódica baseada na tabela original de Mendeleev. Observe que ele deixou lacunas onde supostos elementos deveriam entrar.

Dk Limited/Corbis/Latinstock

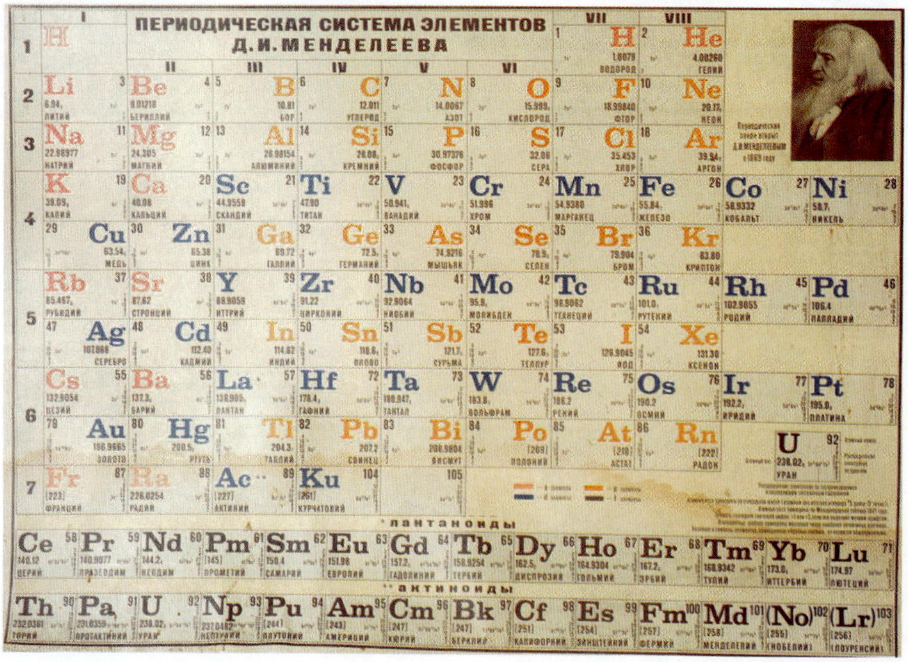

2 A tabela periódica moderna

A tabela de Mendeleev não era perfeita, pois alguns elementos não se encaixavam na coluna em que foram colocados.

Em 1913, o cientista inglês Henry Moseley (1887-1915) descobriu um método para determinar a carga elétrica do núcleo e, com isso, o número atômico. Ele percebeu também que algumas irregularidades da tabela de Mendeleev podiam ser corrigidas quando os elementos eram agrupados pelo número atômico, e não pela massa atômica. Descobriu assim uma lei científica, **a lei periódica dos elementos**, segundo a qual algumas propriedades físicas e químicas dos elementos variam de forma periódica (regular) com o número atômico. Observe, na página a seguir, a tabela periódica atual (figura 3.3).

A história da tabela periódica é um exemplo de que teorias e modelos científicos podem ser corrigidos e aperfeiçoados em função de novas observações e experimentos. Mostra também que a ciência é um trabalho coletivo, em que cada cientista contribui com uma parcela do conhecimento.

Agora você vai aprender a ler e a interpretar a tabela. Observe os seguintes pontos:

- Os elementos químicos estão representados por seus símbolos: cada elemento está dentro de um quadrinho da tabela. No quadrinho, além do símbolo do elemento, estão o nome, o número atômico, a massa atômica e a distribuição dos elétrons nas camadas eletrônicas.
- Há sete linhas horizontais, chamadas de **períodos** ou **séries**. Nessas linhas os elementos estão arrumados em ordem crescente de número atômico.
- No meio da tabela, do grupo 3 ao 12, ficam os chamados **elementos de transição** (também conhecidos como **metais de transição**), e nas partes laterais da tabela, nos grupos 1 e 2 e do grupo 13 ao 18, ficam os chamados **elementos representativos**.
- Os átomos de um mesmo período apresentam o mesmo número de camadas eletrônicas (K, L, M...). O período em que um elemento está indica, portanto, o número de camadas eletrônicas que ele possui. Assim, lítio, berílio, boro, carbono, nitrogênio, oxigênio, flúor e neônio, por exemplo, estão no segundo período e têm duas camadas eletrônicas: a camada K e a camada L (veja isso na distribuição de elétrons desses elementos).
- Há 18 linhas verticais ou colunas: são as **famílias** (assim como as pessoas da mesma família também são mais parecidas entre si do que com as de outras famílias) ou grupos, onde ficam os elementos com propriedades semelhantes.

No entanto, isso não vale para o hidrogênio, que, apesar de estar na coluna do grupo 1, não é classificado em nenhuma família. As colunas são numeradas de 1 a 18, mas alguns autores ainda usam também uma numeração mais antiga: com números seguidos das letras A e B.

- Os elementos da série dos **lantanídios** (começa com o lantânio e termina com o lutécio) e os da série dos **actinídios** (começa com o actínio e termina com o laurêncio) fazem parte da família 3 (ou 3B, na nomenclatura mais antiga), mas são colocados na parte de baixo da tabela, para que ela não fique muito larga. Eles são chamados de **elementos de transição interna**.
- Vários dos elementos do sétimo período foram produzidos artificialmente em laboratório. Posteriormente alguns deles foram encontrados em concentrações mínimas em depósitos minerais naturais. Os elementos de número atômico maior do que 92 (o número atômico do urânio) são chamados elementos transurânicos. São radioativos e transformam-se em outros elementos.

Esse período é atualizado sempre que um novo elemento químico é produzido pelos cientistas a partir de outro.

- Os metais aparecem em fundo de cor verde, e os não metais, em fundo amarelo ou azul (no caso dos gases nobres). A cor das letras de cada elemento indica seu estado físico em temperatura ambiente ou se ele é um elemento produzido, pelo menos inicialmente, de forma artificial: veja o código para isso no canto esquerdo inferior da tabela, logo abaixo do elemento de número 87 (frâncio). Também no canto esquerdo inferior, mais abaixo, há a explicação do conteúdo de cada quadrinho.

Tabela periódica dos elementos

	1 (1A)	2 (2A)	3 (3B)	4 (4B)	5 (5B)	6 (6B)	7 (7B)	8 (8B)	9 (8B)	10 (8B)	11 (1B)	12 (2B)	13 (3A)	14 (4A)	15 (5A)	16 (6A)	17 (7A)	18 (0)
1	1 H Hidrogênio 1,0079 (1)																	2 He Hélio 4,0026 (2)
2	3 Li Lítio 6,941 (2 1)	4 Be Berílio 9,0122 (2 2)											5 B Boro 10,811 (2 3)	6 C Carbono 12,011 (2 4)	7 N Nitrogênio 14,007 (2 5)	8 O Oxigênio 15,999 (2 6)	9 F Flúor 18,998 (2 7)	10 Ne Neônio 20,180 (2 8)
3	11 Na Sódio 22,990 (2 8 1)	12 Mg Magnésio 24,305 (2 8 2)											13 Al Alumínio 26,982 (2 8 3)	14 Si Silício 28,086 (2 8 4)	15 P Fósforo 30,974 (2 8 5)	16 S Enxofre 32,066 (2 8 6)	17 Cl Cloro 35,453 (2 8 7)	18 Ar Argônio 39,948 (2 8 8)
4	19 K Potássio 39,098 (2 8 8 1)	20 Ca Cálcio 40,078 (2 8 8 2)	21 Sc Escândio 44,956 (2 8 9 2)	22 Ti Titânio 47,867 (2 8 10 2)	23 V Vanádio 50,942 (2 8 11 2)	24 Cr Crômio 51,996 (2 8 13 1)	25 Mn Manganês 54,938 (2 8 13 2)	26 Fe Ferro 55,845 (2 8 14 2)	27 Co Cobalto 58,933 (2 8 15 2)	28 Ni Níquel 58,693 (2 8 16 2)	29 Cu Cobre 63,546 (2 8 18 1)	30 Zn Zinco 65,39 (2 8 18 2)	31 Ga Gálio 69,723 (2 8 18 3)	32 Ge Germânio 72,61 (2 8 18 4)	33 As Arsênio 74,922 (2 8 18 5)	34 Se Selênio 78,96 (2 8 18 6)	35 Br Bromo 79,904 (2 8 18 7)	36 Kr Criptônio 83,80 (2 8 18 8)
5	37 Rb Rubídio 85,468 (2 8 18 8 1)	38 Sr Estrôncio 87,62 (2 8 18 8 2)	39 Y Ítrio 88,906 (2 8 18 9 2)	40 Zr Zircônio 91,224 (2 8 18 10 2)	41 Nb Nióbio 92,906 (2 8 18 12 1)	42 Mo Molibdênio 95,94 (2 8 18 13 1)	43 Tc Tecnécio 98,906 (2 8 18 14 1)	44 Ru Rutênio 101,07 (2 8 18 15 1)	45 Rh Ródio 102,91 (2 8 18 16 1)	46 Pd Paládio 106,42 (2 8 18 18)	47 Ag Prata 107,87 (2 8 18 18 1)	48 Cd Cádmio 112,41 (2 8 18 18 2)	49 In Índio 114,82 (2 8 18 18 3)	50 Sn Estanho 118,71 (2 8 18 18 4)	51 Sb Antimônio 121,76 (2 8 18 18 5)	52 Te Telúrio 127,60 (2 8 18 18 6)	53 I Iodo 126,90 (2 8 18 18 7)	54 Xe Xenônio 131,29 (2 8 18 18 8)
6	55 Cs Césio 132,91 (2 8 18 18 8 1)	56 Ba Bário 137,33 (2 8 18 18 8 2)	57 a 71 La-Lu	72 Hf Háfnio 178,49 (2 8 18 32 10 2)	73 Ta Tantálio 180,95 (2 8 18 32 11 2)	74 W Tungstênio 183,84 (2 8 18 32 12 2)	75 Re Rênio 186,21 (2 8 18 32 13 2)	76 Os Ósmio 190,23 (2 8 18 32 14 2)	77 Ir Irídio 192,22 (2 8 18 32 17)	78 Pt Platina 195,08 (2 8 18 32 17 1)	79 Au Ouro 196,97 (2 8 18 32 18 1)	80 Hg Mercúrio 200,59 (2 8 18 32 18 2)	81 Tl Tálio 204,38 (2 8 18 32 18 3)	82 Pb Chumbo 207,2 (2 8 18 32 18 4)	83 Bi Bismuto 208,98 (2 8 18 32 18 5)	84 Po Polônio 209,98 (2 8 18 32 18 6)	85 At Astato 210 (2 8 18 32 18 7)	86 Rn Radônio 222 (2 8 18 32 18 8)
7	87 Fr Frâncio 223,02 (2 8 18 32 18 8 1)	88 Ra Rádio 226,03 (2 8 18 32 18 8 2)	89 a 103 Ac-Lr	104 Rf Ruterfórdio 261 (2 8 18 32 32 10 2)	105 Db Dúbnio 262 (2 8 18 32 32 11 2)	106 Sg Seabórgio 263 (2 8 18 32 32 12 2)	107 Bh Bório 264 (2 8 18 32 32 13 2)	108 Hs Hássio 265 (2 8 18 32 32 14 2)	109 Mt Meitnério 268 (2 8 18 32 32 15 2)	110 Ds Darmstádio 271 (2 8 18 32 32 17 1)	111 Rg Roentgênio 272 (2 8 18 32 32 18 1)	112 Cn Copernício 285 (2 8 18 32 32 18 2)						

Elementos de transição: grupos 3 a 12.

57 La Lantânio 138,91 (2 8 18 18 9 2)	58 Ce Cério 140,12 (2 8 18 20 8 2)	59 Pr Praseodímio 140,91 (2 8 18 21 8 2)	60 Nd Neodímio 144,24 (2 8 18 22 8 2)	61 Pm Promécio 145 (2 8 18 23 8 2)	62 Sm Samário 150,36 (2 8 18 24 8 2)	63 Eu Európio 151,97 (2 8 18 25 8 2)	64 Gd Gadolínio 157,25 (2 8 18 25 9 2)	65 Tb Térbio 158,93 (2 8 18 27 8 2)	66 Dy Disprósio 162,50 (2 8 18 28 8 2)	67 Ho Hólmio 164,93 (2 8 18 29 8 2)	68 Er Érbio 167,26 (2 8 18 30 8 2)	69 Tm Túlio 168,93 (2 8 18 31 8 2)	70 Yb Itérbio 173,04 (2 8 18 32 8 2)	71 Lu Lutécio 174,97 (2 8 18 32 9 2)
89 Ac Actínio 227 (2 8 18 32 18 9 2)	90 Th Tório 232,04 (2 8 18 32 18 10 2)	91 Pa Protactínio 231,04 (2 8 18 32 20 9 2)	92 U Urânio 238,03 (2 8 18 32 21 9 2)	93 Np Netúnio 237 (2 8 18 32 22 9 2)	94 Pu Plutônio 244 (2 8 18 32 23 9 2)	95 Am Amerício 243 (2 8 18 32 24 9 2)	96 Cm Cúrio 247 (2 8 18 32 25 9 2)	97 Bk Berquélio 247 (2 8 18 32 26 9 2)	98 Cf Califórnio 251 (2 8 18 32 27 9 2)	99 Es Einstênio 252,08 (2 8 18 32 28 9 2)	100 Fm Férmio 257,10 (2 8 18 32 29 9 2)	101 Md Mendelévio 258,10 (2 8 18 32 30 9 2)	102 No Nobélio 259,10 (2 8 18 32 32 8 2)	103 Lr Laurêncio 262,11 (2 8 18 32 32 9 2)

sólido
líquido
gás
artificial

Número atômico: 14; Nome: Silício; Símbolo: Si; Distribuição dos elétrons (camadas K, L, M): 2, 8, 4; Massa atômica: 28,086

Fonte: Adaptado de: <www.chem.qmul.ac.uk/iupac/AtWt/table.html>. Acesso em: mar. 2015.

3.3 Tabela periódica atual. (Não estão indicados alguns elementos de número atômico superior a 112 porque a existência deles ainda não foi confirmada ou porque ainda têm nomes provisórios. As massas atômicas estão aproximadas. As cores utilizadas são recursos didáticos para facilitar a visualização de alguns grupos de elementos.)

Os metais

Pense em objetos que são feitos de metal ou levam algum metal em sua composição. Você logo vai ver como os metais têm importância em nosso dia a dia. E essa importância se justifica por uma série de propriedades que os metais têm em comum.

Exceto o mercúrio, os metais são sólidos na temperatura ambiente (que pode ser considerada 25 °C), com alto ponto de fusão — especialmente os metais de transição, situados no meio da tabela periódica. Eles não quebram com facilidade, mas em geral podem ser dobrados, isto é, são maleáveis — principalmente quando aquecidos. São também dúcteis: podem ser transformados em fios finos. É por isso que os metais costumam ser usados para moldar chapas e fabricar panelas e outros utensílios domésticos, fios elétricos, etc. Veja a figura 3.4.

3.4 Os metais estão presentes em vários objetos usados no dia a dia.

Roman Samokhin/Shutterstock/Glow Images

latas de alumínio

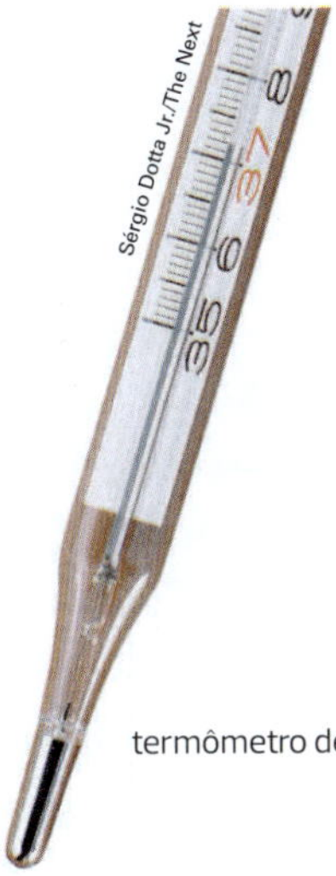

Sérgio Dotta Jr./The Next

termômetro de mercúrio

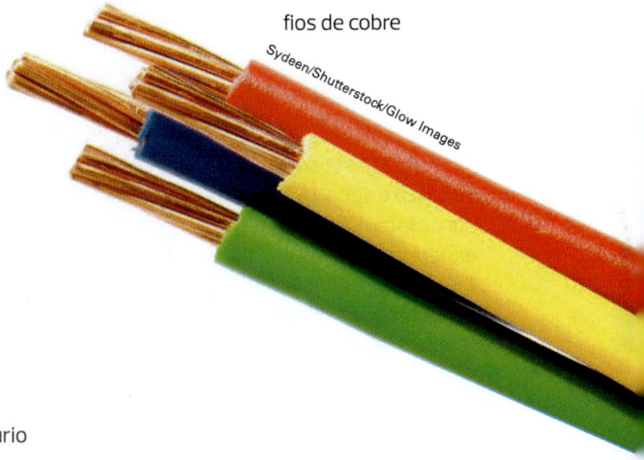

Sydeen/Shutterstock/Glow Images

fios de cobre

Em geral, os objetos de metal possuem um brilho característico, o brilho metálico, e têm uma cor acinzentada ou prateada (exceto o ouro, que é dourado, e o cobre, que é avermelhado). Mas nem sempre esse brilho pode ser visto na superfície dos metais: às vezes só aparece quando são polidos. Isso acontece porque vários metais reagem com o oxigênio, ou outras substâncias presentes no ar, formando uma camada fosca na superfície. Por exemplo, o ferro "enferruja" quando fica exposto ao ar e à umidade, e deixa de ter brilho metálico.

Outra propriedade dos metais é que eles geralmente conduzem bem a eletricidade, ao contrário da maioria dos não metais, e também conduzem bem o calor.

Agora você já sabe por que os fios elétricos são de metal: esse material é um bom condutor de eletricidade. Pelo mesmo motivo, esses fios têm de estar encapados com um material plástico, que não é bom condutor de eletricidade e, por isso, impede que ela passe do fio para outros materiais.

Os metais do grupo 1 (exceto o hidrogênio, que é classificado separadamente dos outros elementos) são chamados de **metais alcalinos**. Veja a figura 3.5.

Andrew Lambert Photography/ Science Photo Library/Latinstock

lítio

sódio

potássio

3.5 Alguns metais alcalinos (não se deve encostar nesses metais, pois eles podem provocar queimaduras ao reagir com a umidade da pele).

Veja como os metais desse grupo têm propriedades físicas em comum: são macios (podem ser cortados com uma faca) e têm densidade e ponto de fusão baixos em relação a outros metais. Os metais alcalinos são os que reagem mais facilmente com a água, produzindo gás hidrogênio e compostos chamados de bases ou álcalis (vem daí o nome *metais alcalinos*), além de liberar energia. Veja a figura 3.6.

Na Idade Média, as plantas de onde se extraíam cinzas usadas para fins medicinais eram conhecidas pelo termo árabe *alkali*, ou 'erva salgada'. Posteriormente, descobriu-se que nas cinzas estavam presentes sais de sódio e potássio, elementos que receberam a denominação de metais alcalinos.

E. R. Degginger Photo Researchers, Inc./Latinstock

3.6 Reação entre sódio metálico e água. (Atenção, nunca faça esse experimento! Essa reação libera grande quantidade de calor e pode provocar graves acidentes.)

Os metais do grupo 2 são chamados de metais alcalinoterrosos e também formam bases. Esses metais são mais duros que os do grupo 1 e reagem de forma mais branda com a água. Veja a figura 3.7.

Fotos: Andrew Lambert Photography/Science Photo Library/Latinstock

3.7 Alguns metais alacalinoterrosos

Ciência no dia a dia

Fogos de artifício

Quando alguns metais ou compostos contendo metais são aquecidos em uma chama, eles emitem luz com cores características. Essa emissão de luz ocorre porque quando aquecidos os elétrons da última camada recebem energia, o que faz com que eles "pulem" para camadas mais externas do átomo. Logo depois, os elétrons retornam à sua camada inicial, liberando energia em forma de luz.

Essa propriedade é usada para identificar um metal em um teste chamado teste da chama e também para identificar metais presentes nas estrelas (pela análise da luz que elas emitem).

As luzes coloridas dos fogos de artifício também são resultado dessa propriedade dos metais. Veja a figura 3.8.

Os fogos de artifício possuem pólvora e metais combinados a outros elementos (sais). A queima da pólvora fornece energia para que os elétrons dos átomos dos metais passem para uma camada mais externa e, ao retornar à sua camada inicial, liberam a energia em forma de luz. É essa luz que vemos quando assistimos a uma queima de fogos de artifício.

Mas atenção! Não solte fogos de artifício: eles são perigosos e podem provocar acidentes graves.

sódio

lítio

estrôncio

Fotos: Andrew Lambert Photography/Science Photo Library/Latinstock

cálcio

potássio

3.8 Observe as cores de alguns sais de metais na chama. Essa propriedade dos metais é usada na fabricação de fogos de artifício. (Não faça o teste da chama por conta própria: você pode se queimar!)

Atenção!
Não faça experimentos com fogo sem a supervisão do professor.

Os não metais

No lado direito da tabela periódica ficam os **não metais** (ou **ametais**). Mas o boro, o silício, o germânio, o arsênio, o antimônio, o telúrio e o polônio têm algumas propriedades de não metais e outras de metais, por isso são chamados, por alguns autores, de **semimetais**. No entanto, a União Internacional de Química Pura e Aplicada, órgão que regulamenta a nomenclatura em Química, não indica quais elementos devem ser incluídos nessa classificação.

Halogênio vem do grego e significa 'formador de sal'.

Em temperatura de 25 °C, cerca de metade dos não metais se encontra no estado gasoso (oxigênio, nitrogênio, cloro e flúor) e metade se encontra no estado sólido (carbono, iodo, fósforo, enxofre, selênio e ástato). A única exceção é o bromo, que em temperatura de 25 °C é um líquido volátil que forma vapores avermelhados.

Entre os não metais está o grupo 17 da tabela periódica, conhecido como grupo dos **halogênios**: flúor, cloro, bromo, iodo e astato. Veja a tabela periódica da figura 3.3.

Andrew Lambert Photography/ Science Photo Library/Latinstock

3.9 Foto de alguns halogênios. (Não manipule nem aspire essas substâncias, pois elas são tóxicas!)

Os halogênios reagem com metais e formam sais. O cloreto de sódio (sal de cozinha), por exemplo, é formado pela combinação de átomos de cloro (halogênio) com sódio (metal).

Outro grupo de não metais é o grupo 16 da tabela periódica, conhecido como grupo dos **calcogênios**: oxigênio, enxofre, selênio e telúrio.

De modo simplificado, pode-se dizer que os não metais têm propriedades opostas às dos metais. Apresentam, em geral, 5, 6 ou 7 elétrons na última camada; não conduzem tão bem a eletricidade ou o calor como os metais; os não metais sólidos geralmente quebram se tentarmos dobrá-los, isto é, não são maleáveis como muitos metais. Também têm ponto de fusão inferior ao dos metais (com exceção do carbono na forma de grafite ou diamante).

Os elementos do grupo 18, chamados de **gases nobres** ou **raros**, têm 8 elétrons na última camada (com exceção do hélio, que tem 2). Esse número de elétrons confere a esses gases uma estabilidade e, por isso, esses elementos dificilmente se combinam com outros nas condições ambientais.

Esses gases podem ser encontrados, por exemplo, nos letreiros luminosos, como é o caso do neônio (reveja a figura 3.1); o argônio é usado para preencher o espaço interno das lâmpadas incandescentes, pois ele não reage com o filamento metálico da lâmpada, ao contrário do oxigênio do ar, que se combinaria rapidamente com o metal aquecido, comprometendo o funcionamento da lâmpada; o hélio, por ser menos denso que o ar, é usado em balões de gás.

Mundo virtual

Tabela periódica
<www.abiquim.org.br/voce-e-a-quimica/tabela-periodica>
Site que apresenta uma tabela periódica interativa, com os nomes dos elementos, suas características e principais aplicações.

A química das coisas
<www.aquimicadascoisas.org/>
Página que analisa aspectos do cotidiano considerando aspectos físico-químicos.

Acesso em: 3 fev. 2015.

Reprodução/<www.aquimicadascoisas.org/>

Atividades

Trabalhando as ideias do capítulo

1. Pesquise qual letra do alfabeto não aparece entre os símbolos dos elementos na tabela periódica.

2. Você observou a tabela periódica na página 48? Essa tabela pode ser encontrada nos livros, nos laboratórios e nas provas de Química. Você não precisa decorar a tabela, mas deve saber consultá-la. É o que você vai fazer nesta questão.

Então, consultando a tabela periódica deste livro, identifique, no caderno, os números dos grupos que correspondem a cada item (um grupo pode corresponder a mais de um item, e um item pode servir a mais de um grupo).

a) Os metais alcalinoterrosos.

b) Os gases nobres.

c) Os halogênios.

d) Os calcogênios.

e) Os metais alcalinos.

f) Os elementos de transição.

g) Os dois metais mais preciosos.

h) O metal líquido à temperatura ambiente.

i) O elemento que forma a grafite.

j) O elemento presente em maior quantidade no gás atmosférico.

k) O elemento que forma o gás necessário para nossa respiração.

l) O elemento que conduz bem a eletricidade e é usado em fios de instalações elétricas.

m) O metal leve e maleável usado em panelas.

n) O metal usado nos termômetros clínicos, que medem a temperatura do corpo.

o) O elemento usado nos letreiros luminosos.

p) O elemento que forma o carvão e o diamante.

q) O metal presente nos ossos e nos dentes.

3. Indique no caderno apenas as afirmativas corretas (você pode consultar a tabela periódica da página 48).

a) O ar é uma mistura de gases, entre os quais está o nitrogênio, um gás nobre ou raro.

b) Metais geralmente são maleáveis e não conduzem corrente elétrica.

c) A maioria dos elementos químicos é constituída por não metais.

d) Os elementos do mesmo período possuem o mesmo número de camadas eletrônicas.

e) Os metais geralmente são sólidos nas condições usuais de temperatura e pressão.

f) As linhas horizontais da tabela periódica são chamadas de períodos ou séries.

g) Os elementos estão organizados na tabela periódica em ordem crescente de número de massa.

h) As colunas da tabela periódica são chamadas de famílias ou grupos.

i) Os elementos do mesmo período têm propriedades químicas semelhantes.

j) O hidrogênio pertence ao grupo dos metais alcalinos e tem propriedades químicas semelhantes às dos outros elementos desse grupo.

k) Os metais situam-se no lado direito da tabela periódica.

l) O cobre é um metal que conduz bem a eletricidade.

m) O mercúrio é um metal líquido à temperatura ambiente.

n) Em geral, os não metais conduzem melhor o calor que os metais.

o) Nas linhas horizontais, os elementos estão arrumados em ordem crescente de número atômico.

p) No período 1 (ou 1A) estão os metais alcalinos.

q) A organização da tabela periódica se baseia no agrupamento dos elementos em famílias, de acordo com as semelhanças em suas propriedades.

r) Todos os metais são sólidos nas condições usuais de temperatura e pressão.

4. Qual a relação entre o período em que o elemento está e o número de camadas que ele possui?

5. Por que os elementos de um mesmo grupo apresentam propriedades físicas e químicas semelhantes?

6. Os átomos de uma mesma família apresentam o mesmo número de camadas eletrônicas?

7. Com base na tabela periódica a seguir, identifique o símbolo dos elementos com as propriedades indicadas em cada item. Responda no caderno.

a) Um metal alcalino.

b) Dois elementos com 6 elétrons na última camada eletrônica.

c) Um gás nobre.

d) Um metal alcalinoterroso.

e) Um lantanídio e um actinídio.

f) Dois metais de transição.

g) Um halogênio do terceiro período da tabela periódica.

KLN Artes Gráficas/Arquivo da editora

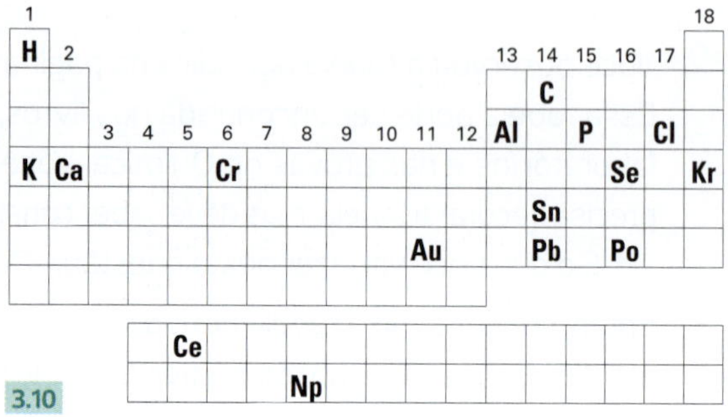

3.10

Pense um pouco mais

1. Localize na tabela periódica da página 48 compare e coloque em ordem crescente de massa atômica os seguintes pares de elementos químicos:

- argônio (Ar) e potássio (K);
- cobalto (Co) e níquel (Ni);
- telúrio (Te) e iodo (I).

O que aconteceria com a ordem de cada par de elementos citado se o critério de organização fosse a ordem crescente da massa atômica, em vez do número atômico?

2. A explosão de uma bomba nuclear libera um isótopo radioativo do estrôncio de número de massa 90, que pode ser incorporado aos ossos e causar doenças no ser humano. Essa incorporação ocorre porque o estrôncio-90 tem propriedades químicas semelhantes a outro elemento presente naturalmente nos ossos. Qual é esse elemento? Justifique sua resposta. (Você pode consultar a tabela periódica da página 48.)

3. Em 2003, um novo elemento químico artificial foi reconhecido pela União Internacional de Química Pura e Aplicada: o *darmstadtium*. Seu símbolo é Ds (em português chama-se darmstádio). O nome é uma referência ao local da descoberta, a cidade de Darmstadt, na Alemanha. Esse elemento foi obtido pelo bombardeamento de um alvo de chumbo (número de massa 208) enriquecido com íons de níquel (número de massa 62). A fusão desses dois elementos liberou um nêutron e produziu o darmstádio. Veja na equação abaixo, que representa esse processo, como isso ocorreu:

$$\text{Pb} + \text{Ni} \rightarrow \text{Ds} + \text{n}$$

a) Com base na equação acima, calcule o número de massa do darmstádio em função do número de massa dos outros elementos da reação. Justifique sua resposta.

b) Por que se diz que a tabela periódica continua crescendo?

Mexa-se!

Pesquise:

1. Que funções os compostos à base de cálcio, iodo, ferro e flúor têm no organismo humano?

2. Na tabela periódica qual é o elemento cujo nome é uma homenagem a Mendeleev?

Ponto de chegada

- Nesta Unidade você estudou algumas propriedades gerais da matéria (extensão, massa, etc.) e algumas propriedades específicas (densidade, temperatura de fusão e de ebulição, entre outras). Já tem base teórica para compreender o conceito de densidade e aplicá-lo na resolução de alguns problemas e de algumas situações do cotidiano.
- Ao estudar as mudanças de estado físico (fusão, vaporização, condensação, solidificação, sublimação), você aprendeu a explicar uma série de fenômenos do cotidiano, e agora já é capaz de interpretar essas mudanças de estado físico em função da organização e do movimento dos átomos e moléculas. Aprendeu também a relacionar essas mudanças com alterações de temperatura.
- Conheceu algumas unidades de medida usadas em Ciências, como o quilograma, o metro e o metro cúbico, que fazem parte do Sistema Internacional de Unidades (SI).
- Você pôde perceber que, ao longo da História, foram propostos vários modelos para o átomo. Estudou o modelo de Rutherford-Bohr e os conceitos de número atômico, número de massa, massa atômica, elemento químico e isótopos. A partir daí, pôde pesquisar e compreender um pouco a radioatividade e a energia nuclear, um bom exemplo de como as aplicações da ciência devem ser orientadas por valores éticos e controladas por toda a sociedade.
- Aprendeu também algumas noções de como os elétrons se distribuem em camadas pelo átomo e a importância de se organizar os elementos químicos em uma tabela periódica, conhecendo um pouco sobre as propriedades dos grupos da tabela periódica e aprendendo a diferenciar metais e não metais, além de algumas aplicações práticas desses elementos. Estudou ainda um pouco da história dessa tabela.

Suryara Bernardi/Arquivo da editora

Unidade 2

Luchschen/Shutterstock/Glow Images

Placas de cultura de células em biolaboratório

Química: substâncias e transformações químicas

Não é preciso entrar em laboratórios ou indústrias para ver fenômenos químicos: eles ocorrem a todo momento, em todos os lugares.
As aplicações das transformações químicas permitem a obtenção de muitos materiais importantes para nós: medicamentos, tecidos, plásticos, detergentes, tintas, concreto, cola, fertilizantes, entre um sem-número de produtos.

Ponto de partida

1. Como os átomos podem se ligar entre si e formar as inúmeras substâncias presentes em nosso planeta?
2. Em que situações podemos usar processos de separação de misturas?
3. Ácidos, bases, sais e óxidos: como podemos identificar essas substâncias e que importância elas têm em nosso dia a dia e para a indústria?
4. Como podemos representar uma reação química?

Capítulo

4 As ligações químicas

As substâncias químicas estão presentes no nosso organismo, nos produtos de higiene, no vestuário, nos alimentos — enfim, elas fazem parte do no nosso dia a dia. O sabor ácido da laranja, por exemplo, se deve, principalmente, ao ácido cítrico; a cor alaranjada vem do caroteno, que, em nosso corpo, é convertido em vitamina A; o cheiro vem do limoneno, substância química encontrada em frutas cítricas.

Isso sem falar de açúcares, sais minerais, vitaminas e muitas outras substâncias químicas que nos servem de alimento.

Apesar de existirem pouco mais de 110 elementos químicos — contando os naturais e os artificiais —, há mais de 1,5 milhão de substâncias químicas diferentes. E a cada ano mais alguns milhares são produzidos nos laboratórios.

Neste capítulo, veremos como os átomos podem se unir e originar tantas substâncias químicas diferentes.

4.1 Em cada fruta da figura, há um número imenso de substâncias químicas diferentes.

Darios/Shutterstock/Glow Images

A questão é

Que tipo de ligação química existe entre os átomos na molécula de água? E no cloreto de sódio, principal componente do sal comum? E em um pedaço de ferro? Você sabe a diferença entre substância simples e substância composta?

1 A estabilidade dos gases nobres

Os átomos ligam-se uns aos outros formando moléculas ou íons mais estáveis. Já os gases nobres são encontrados livres na natureza, ou seja, seus átomos dificilmente se combinam com átomos de outros elementos ou entre si. Dizemos, então, que os gases nobres possuem átomos estáveis.

Um litro de hélio, por exemplo, é formado por um imenso número de átomos de hélio livres, não ligados a nenhum outro átomo.

O fato de os gases nobres dificilmente sofrerem ligações químicas chamou a atenção dos cientistas que, ao estudar as características dos átomos desses elementos, notaram um padrão em sua estrutura: todos os gases nobres possuem o número máximo de elétrons na última camada. No caso do hélio, 2 elétrons; nos demais, 8 elétrons.

Os outros elementos químicos têm um número diferente de elétrons na última camada, e seus átomos raramente são encontrados livres, ou seja, eles se combinam a outros átomos. Reveja a tabela periódica da página 50. Em geral eles estão ligados entre si ou com outros átomos.

Pode-se supor, então, que o fato de os gases nobres apresentarem o número máximo de elétrons na última camada está relacionado com a estabilidade de seus átomos. Pode-se ainda pensar: se um átomo que não tem a última camada com 8 elétrons ganhar ou perder elétrons, ele pode completar sua camada e se tornar "parecido" com um gás nobre. Sendo o gás nobre estável, esse átomo também se tornaria estável.

Veja um exemplo: o átomo de cloro (Cl) tem 17 elétrons (confira na figura 4.3). Se esse átomo de cloro ganhar um elétron ficará com 18 elétrons, e sua configuração (distribuição) eletrônica ficará "parecida" com a do átomo de argônio (gás nobre). Do mesmo modo, o átomo de sódio (Na) tem 11 elétrons (consulte a tabela periódica). Se esse átomo perder um elétron ficará com 10 elétrons, o que o deixará com uma configuração eletrônica "parecida" com a do gás nobre neônio.

Lisovskaya Natalia/Shutterstock/Glow Images

4.2 Balões de festa que flutuam por estarem cheios de gás hélio.

A interação entre átomos que precisam perder ou ganhar elétrons para alcançar uma configuração estável forma uma **ligação química**. A regra de que nas ligações químicas os átomos tendem a adquirir uma configuração eletrônica semelhante à de um gás nobre é chamada de regra do octeto (ou teoria do octeto), porque os átomos (com exceção do hidrogênio e do lítio), quando combinados entre si ou com outros átomos, passam a ter 8 elétrons na última camada.

Se a última camada for a K, como acontece com o hidrogênio e o lítio, a estabilidade é adquirida com 2 elétrons, que é a estrutura do gás nobre hélio.

Existem três tipos de ligações que os átomos podem formar, obtendo estabilidade: a **covalente**, a **iônica** e a **metálica**.

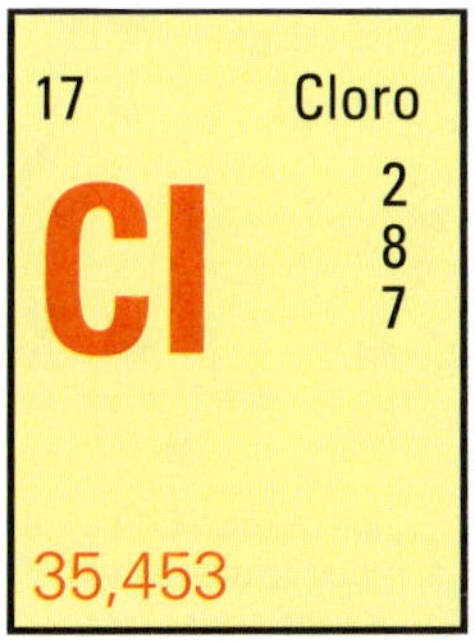

4.3 Representação do cloro na tabela periódica

Ciência e História

A teoria do octeto

Em 1894, o cientista escocês William Ramsay (1852-1916) descobriu um novo elemento encontrado no ar e constituído por átomos isolados, que não formavam moléculas. O elemento foi chamado de argônio (do grego *árgon*, 'inerte'). Nos anos seguintes, os outros gases nobres foram sendo descobertos.

A regra do octeto, também conhecida como teoria do octeto, foi formulada e desenvolvida em 1916 pelos cientistas Gilbert Lewis (1875-1946), Walther Kossel (1888-1956) e Irving Langmuir (1881-1957). Essa teoria foi uma tentativa de explicar o fato de que os gases nobres, com oito elétrons na última camada, não possuem a tendência de se combinar com outros elementos. Ela procurava explicar também por que outros átomos, ao formarem compostos, perdem ou ganham elétrons.

O fato de os gases nobres serem inertes tem aplicações práticas. Um exemplo são os balões dirigíveis, que antecederam a invenção do avião. Houve uma época em que balões dirigíveis, como o da foto, continham em seu interior o gás hidrogênio, que é altamente inflamável. Após um terrível acidente, em 1937, em que um dirigível alemão pegou fogo, o que causou a morte de todos os seus ocupantes, os dirigíveis passaram a conter gás hélio, que não é inflamável.

A regra do octeto, porém, não se aplica a todos os elementos, pois há muitas exceções a ela, principalmente entre os elementos de transição. Esse fato ilustra que, em ciência, as hipóteses e teorias são limitadas, e muitas vezes precisam ser corrigidas, reformuladas e substituídas por outras, capazes de explicar melhor os fatos.

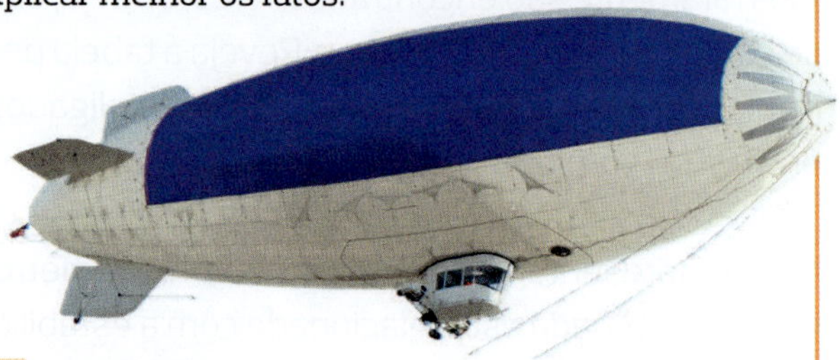

Charles Shapiro/Shutterstock/Glow Images

4.4 **Balão dirigível**

2 A ligação iônica

O sódio é um metal branco-prateado que, em contato com a água, produz uma reação rápida e violenta, liberando hidrogênio. O cloro é um gás verde e, em determinada concentração, é venenoso.

Entretanto, o cloreto de sódio (sal de cozinha) é formado principalmente pela união de átomos de sódio com átomos de cloro. Ele não reage violentamente com a água, como o sódio, nem é um gás venenoso como o cloro.

Na figura 4.5 você pode ver que o átomo do sódio tem 1 elétron na última camada. Já o átomo de cloro possui 7.

Se um átomo de sódio entrar em contato com um de cloro, 1 elétron do átomo de sódio passa para o átomo de cloro. Veja na figura 4.5 um esquema que representa o que acontece nesse processo.

4.5 **Esquema da transferência de elétrons entre o sódio e o cloro. (Figura sem escala. Cores fantasia.)**

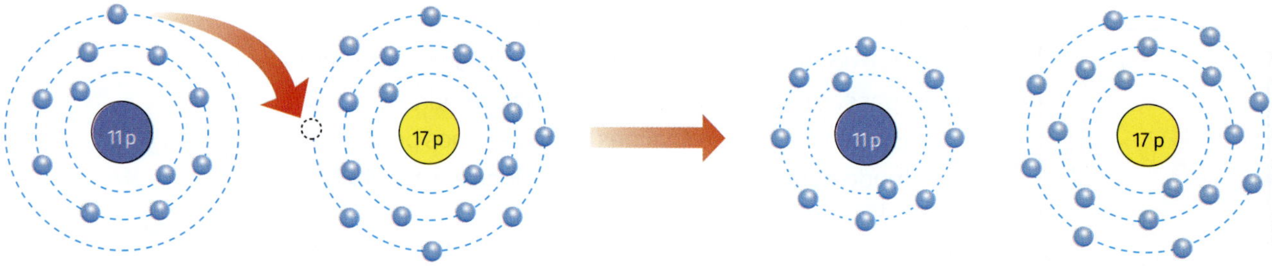

átomo de sódio (Na) distribuição dos elétrons: K = 2; L = 8; M = 1

átomo de cloro (Cl) distribuição dos elétrons: K = 2; L = 8; M = 7

íon sódio (Na^{+1}) distribuição dos elétrons: K = 2; L = 8

íon cloreto (Cl^{-1}) distribuição dos elétrons: K = 2; L = 8; M = 8

KLN Artes Gráficas/Arquivo da editora

O átomo de sódio ficou agora com uma carga elétrica positiva, já que perdeu 1 elétron. Transformou-se assim em um **íon positivo**, ou **cátion**. Veja que agora a última camada do sódio passa a ter 8 elétrons. Assim, passou a ter uma organização de elétrons semelhante à do gás neônio, que é um gás nobre e estável.

O átomo de cloro recebeu 1 elétron, portanto passou a ter carga elétrica negativa. Transformou-se assim em um íon negativo (ou ânion), chamado de íon cloreto (ou ânion cloreto). Como passou a ter 8 elétrons na última camada, ficou com uma configuração eletrônica semelhante à do gás nobre argônio.

Por terem cargas elétricas opostas, os dois íons se atraem e formam uma ligação química chamada de ligação iônica. Essa atração entre os íons de sódio e os íons de cloro forma o cloreto de sódio (sal de cozinha). É por isso que se diz que o cloreto de sódio é uma substância iônica, ou um composto iônico. Veja na figura 4.6 um modelo do que aconteceu na união de átomos de sódio com átomos de cloro.

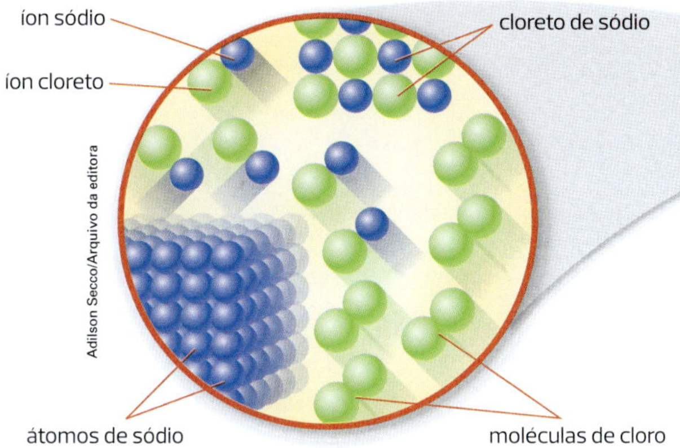

4.6 Representação da ligação iônica entre íons de sódio e de cloro. (Ilustração sem escala. Cores fantasia.) Na foto, a reação entre um pedaço de sódio e o gás cloro. (Atenção! Não faça essa experiência: a reação é violenta e libera muita energia na forma de calor.)

A organização dos íons cloreto e dos íons de sódio no cloreto de sódio forma um aglomerado, ou agregado iônico (também chamado de retículo cristalino iônico). Observe, na figura 4.7, que cada íon de sódio está rodeado por 6 íons cloreto, e cada íon cloreto está rodeado por 6 íons de sódio.

4.7 Modelo de como os íons cloreto e íons de sódio estão organizados (formando cristais) no cloreto de sódio. (Ilustração sem escala. Cores fantasia.)

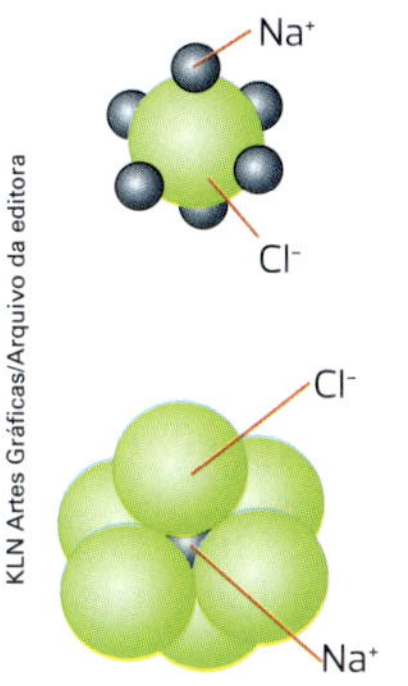

Para representar o que aconteceu usam-se **fórmulas químicas**. O cloreto de sódio pode ser representado pela fórmula NaCl. A fórmula indica que, em qualquer amostra do sal, para cada íon de sódio há um íon de cloro.

> Por convenção, o símbolo do cátion é escrito antes do símbolo do ânion.

Pode-se também representar a ligação iônica pela chamada fórmula ou representação de Lewis (proposta pelo químico norte-americano Gilbert Lewis). Nessa representação ficam indicados a carga elétrica do íon e os elétrons da última camada, que são representados por bolinhas, asteriscos, cruzes ou outros símbolos. Veja as representações (fórmulas):

$$[Na^+][Cl^-] \quad \text{ou} \quad Na^+Cl^- \quad \text{ou} \quad NaCl \quad \text{ou} \quad [Na]^+\left[:\ddot{\underset{..}{Cl}}:\right]^-$$

> Na última fórmula, apenas os elétrons da última camada do cloro estão indicados.

Dizemos que, em geral, os metais tendem a perder elétrons das últimas camadas para os não metais. Formam-se assim íons positivos e íons negativos. Nesse caso, a combinação de um metal com um não metal (ou de um metal com o hidrogênio) forma substâncias iônicas.

Já vimos que, para que a ligação iônica ocorra entre dois átomos, é preciso que um deles tenha a tendência de perder elétrons e o outro de ganhar elétrons, alcançando assim uma configuração estável. Em geral, isso acontece com átomos com mais de 4 elétrons na última camada e com átomos com menos de 4 elétrons na última camada.

Você já viu que em geral os metais têm 1, 2 ou 3 elétrons na última camada, e os não metais têm 5, 6 ou 7. Portanto, a ligação iônica geralmente acontece entre um metal e um não metal (ou entre um metal e o hidrogênio). Veja mais um exemplo.

O cálcio tem 2 elétrons na última camada, enquanto o oxigênio tem 6. Você imagina o que pode acontecer na combinação entre esses átomos?

O cálcio cede 2 elétrons ao oxigênio e ambos ficam com 8 elétrons na última camada. Forma-se uma ligação entre um íon positivo e um íon negativo. O composto formado pode ser representado pela fórmula CaO, ou $Ca^{2+}O^{2-}$, e é chamado de óxido de cálcio. Veja a figura 4.8.

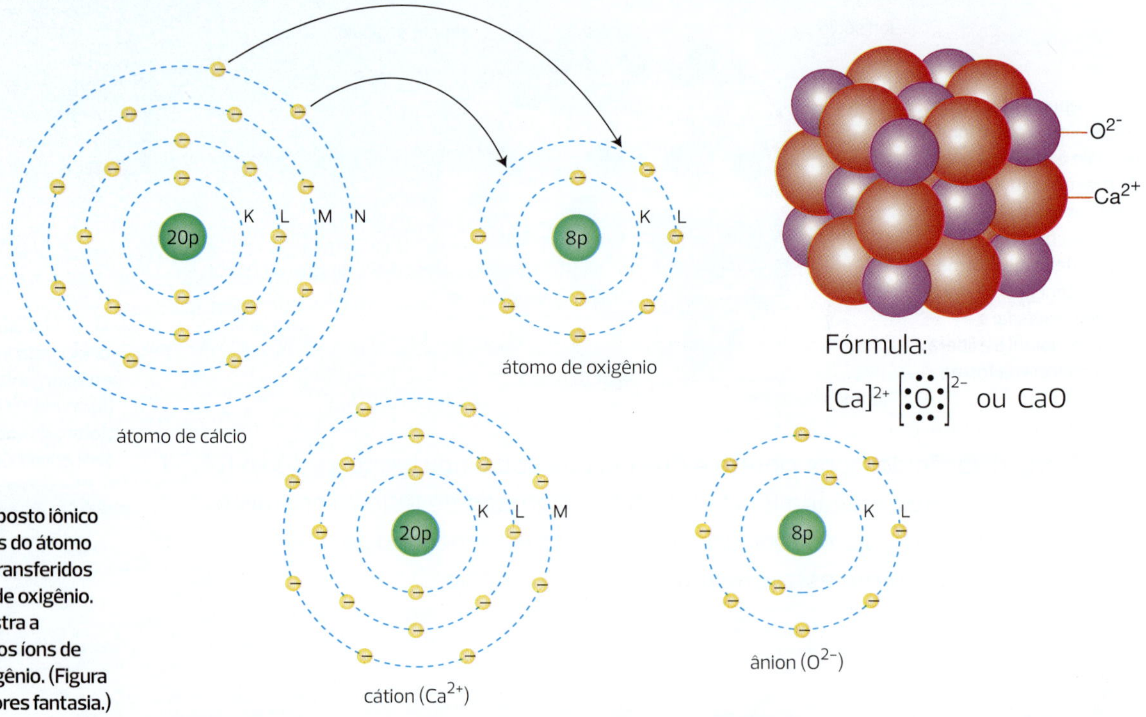

4.8 **No composto iônico CaO, 2 elétrons do átomo de cálcio são transferidos para o átomo de oxigênio. O modelo mostra a organização dos íons de cálcio e de oxigênio. (Figura sem escala. Cores fantasia.)**

Agora imagine outra situação: o cálcio tem 2 elétrons na última camada e o flúor tem 7. Como seria a ligação química entre esses elementos?

Quando o cálcio cede 1 elétron a um átomo de flúor, este fica com 8 elétrons na última camada. Mas o cálcio ainda fica com 1 elétron na última camada. Se esse elétron passar para outro átomo de flúor, o cálcio ficará com 8 elétrons na última camada. Portanto, quando átomos de cálcio e de flúor entram em contato, podem ser formados íons de flúor (F^-) e íons de cálcio (Ca^{2+}), na proporção de 2 íons de flúor para 1 de cálcio. Veja a fórmula do composto iônico formado: CaF_2 (fluoreto de cálcio).

O índice 1 não é representado.

O número 2, colocado na parte inferior, indica que para cada íon de cálcio há 2 íons de flúor. Veja também que a soma das cargas elétricas nas fórmulas é nula, isto é, a soma total de cargas positivas é igual à soma de cargas negativas.

O número de elétrons que um átomo pode ganhar ou perder (ou então compartilhar, como você vai ver adiante) é chamado de **valência** do átomo.

As ligações iônicas são chamadas também de **ligações eletrovalentes**.

Nos exemplos anteriores, dizemos que o sódio tem valência +1 e o cloro, −1. Já o cálcio e o oxigênio têm valência +2 e −2, respectivamente.

3 A ligação covalente

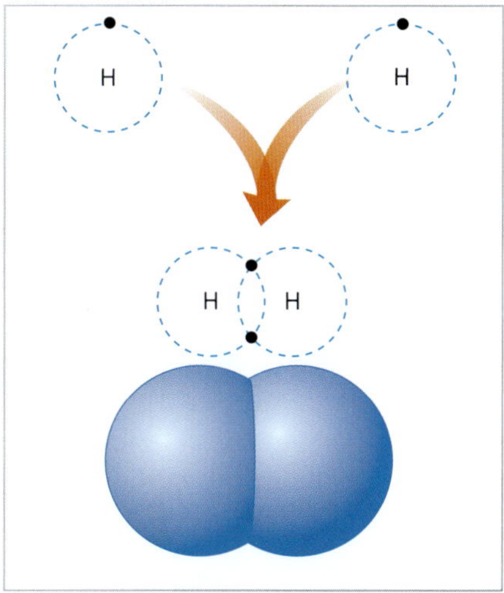

KLN Artes Gráficas/Arquivo da editora

4.9 Modelo de molécula de hidrogênio. (Figura sem escala. Cores fantasia.)

Já vimos que, na natureza, um gás nobre como o hélio é formado por átomos isolados de hélio. Mas no gás hidrogênio os átomos estão unidos dois a dois, formando pares de átomos de hidrogênio. Representa-se esse gás pela fórmula H_2. O mesmo acontece com o gás oxigênio (O_2).

A explicação para esse fato é, novamente, que, quando vários átomos de hidrogênio (e o mesmo vale para o oxigênio) entram em contato, eles tendem a se combinar, passando a ter então o número máximo de elétrons na última camada eletrônica (2 ou 8). Só que, nesse caso, em vez de doar ou receber elétrons, os átomos compartilham elétrons. Veja na figura 4.9 um esquema do que acontece entre dois átomos de hidrogênio que se aproximam.

O compartilhamento dos elétrons é feito sempre em pares, sendo um elétron de cada átomo. Com o compartilhamento, cada par pertence simultaneamente aos dois átomos, isto é, ele é compartilhado pelos dois átomos. O par é representado entre os núcleos dos dois átomos.

Os elétrons que formam o par são atraídos pelos núcleos de ambos os átomos (cargas elétricas de sinais opostos se atraem). Essa atração mantém os átomos unidos – é a chamada **ligação covalente**. Esse tipo de ligação é responsável pela formação das moléculas. Por isso é chamada também de **ligação molecular**. As substâncias formadas por moléculas são chamadas de **substâncias moleculares**.

Atenção!
Os átomos não são esferas nem têm o tamanho e as cores indicados nas ilustrações. Usamos modelos que nos dão algumas informações, como o tamanho relativo dos átomos e a sua organização nas moléculas.

Para representar uma molécula do gás hidrogênio, podemos usar a fórmula molecular, que indica o número de átomos de cada elemento que forma a molécula. No caso do gás hidrogênio, a fórmula molecular é H_2 (o índice representa o número de átomos). Podemos usar também a **fórmula eletrônica**, que indica os pares de elétrons da última camada; ou a **fórmula estrutural**, que representa com um traço o par de elétrons compartilhado pelos átomos.

Veja como são essas fórmulas:

H_2	$H{\bullet\bullet}H$	$H-H$
fórmula molecular	fórmula eletrônica	fórmula estrutural

Veja agora o que acontece com o elemento químico oxigênio: o gás oxigênio é formado por dois átomos, porém cada átomo compartilha 2 elétrons com o outro, formando 2 pares. Observe que cada átomo tem 8 elétrons na última camada (leve sempre em conta que os elétrons que formam a ligação fazem parte dos dois átomos simultaneamente). Veja a figura 4.10 e as fórmulas abaixo:

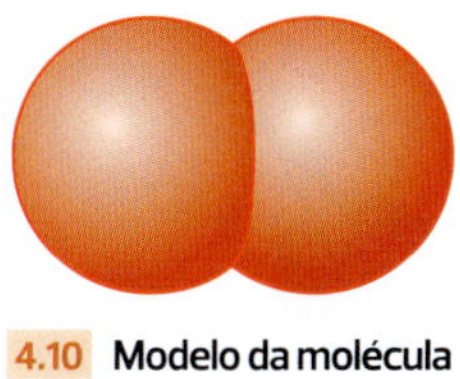

4.10 Modelo da molécula do gás oxigênio. (Figura sem escala. Cores fantasia.)

Ilustrações: KLN Artes Gráficas/Arquivo da editora

O_2	$:\underset{\bullet\bullet}{O}::\underset{\bullet\bullet}{O}:$	$O=O$
fórmula molecular	fórmula eletrônica	fórmula estrutural

Observe na figura 4.11 um modelo da molécula de água, formada por átomos de hidrogênio combinados ao oxigênio. Analisando a figura, você é capaz de explicar por que há 2 átomos de hidrogênio combinados ao oxigênio?

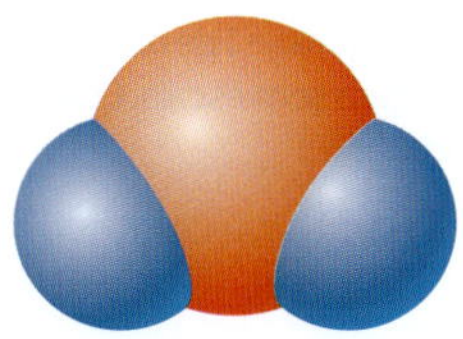

4.11 Modelo da molécula de água. (Figura sem escala. Cores fantasia.)

Se apenas 1 átomo de hidrogênio compartilhasse seu elétron com o oxigênio, o átomo de hidrogênio ficaria estável (com 2 elétrons na última camada). Mas o oxigênio ficaria com 7 elétrons na última camada.

Quando, porém, há 2 átomos de hidrogênio compartilhando elétrons com o oxigênio, este fica com 8 elétrons na última camada e adquire estabilidade. Observe a figura 4.12.

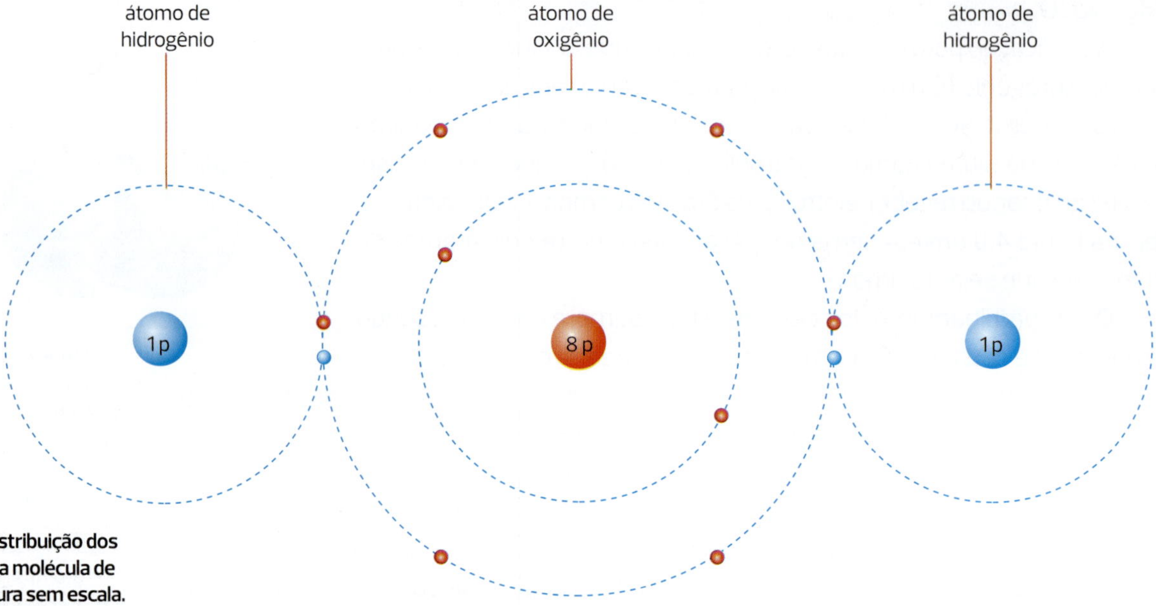

4.12 **A distribuição dos elétrons na molécula de água. (Figura sem escala. Cores fantasia.)**

Quando escrevemos a fórmula química da água, H_2O, estamos dizendo que na molécula de água há 2 átomos de hidrogênio e 1 de oxigênio. Essa é a fórmula molecular da água. A figura 4.13 mostra as fórmulas que podem ser usadas para representar uma molécula de água, além de um outro tipo de modelo da molécula de água, em que os átomos são representados como esferas e as ligações químicas aparecem como barras unindo os átomos.

KLN Artes Gráficas/Arquivo da editora

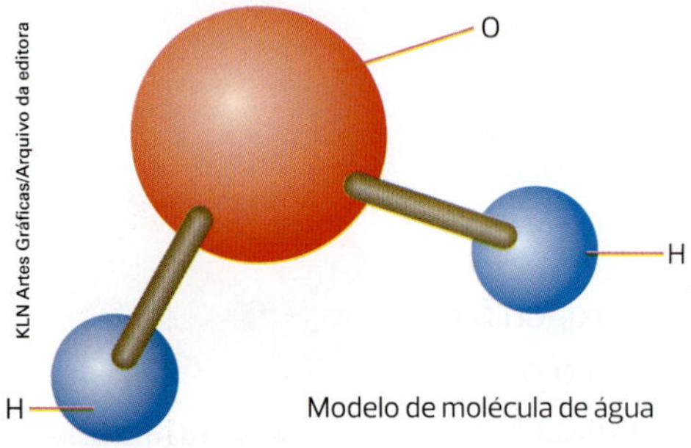

Modelo de molécula de água

H_2O
fórmula molecular

H :Ö:
H
fórmula eletrônica

O — H
|
H
fórmula estrutural

4.13 **O modelo e as fórmulas mostram que a molécula de água é formada por 2 átomos de hidrogênio e 1 de oxigênio. (Figura sem escala. Cores fantasia.)**

A ligação covalente em geral ocorre entre dois não metais, isto é, entre átomos que possuem 4, 5, 6 ou 7 elétrons na última camada — ou entre um não metal e o hidrogênio. O número de elétrons que um átomo pode compartilhar corresponde à sua valência ou, no caso de ligações covalentes, à sua covalência. O hidrogênio, por exemplo, tem covalência 1, enquanto o oxigênio tem covalência 2. A última camada eletrônica é chamada também de **camada de valência**, e os elétrons dessa camada são chamados de **elétrons de valência**.

A valência indica, então, a capacidade de combinação de um átomo, isto é, o número de ligações que o átomo faz para adquirir estabilidade.

4 A ligação metálica

No ferro e na maioria dos metais, os átomos não se ligam da mesma forma que os átomos de uma molécula ou dos compostos iônicos. Os elétrons da última camada dos átomos podem mover-se livremente entre diversos átomos. Veja a figura 4.14. Quando os elétrons saem de um átomo, ele fica temporariamente com excesso de carga positiva. Costuma-se dizer, então, que o metal é formado por íons positivos imersos em uma "nuvem" de elétrons que se movimentam de maneira desordenada.

A facilidade com que os elétrons se deslocam explica por que os metais em geral conduzem bem a eletricidade. Em um fio de cobre, por exemplo, a corrente elétrica é formada pelo movimento ordenado de elétrons de um ponto a outro do fio. Veja a figura 4.15.

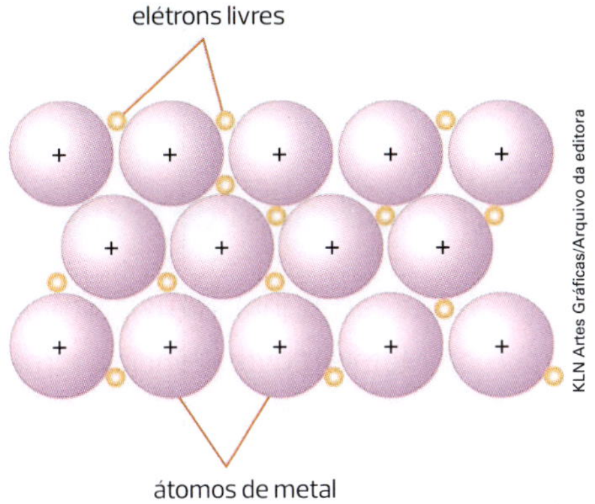

4.14 **Representação da ligação metálica. (Figura sem escala. Cores fantasia.)**

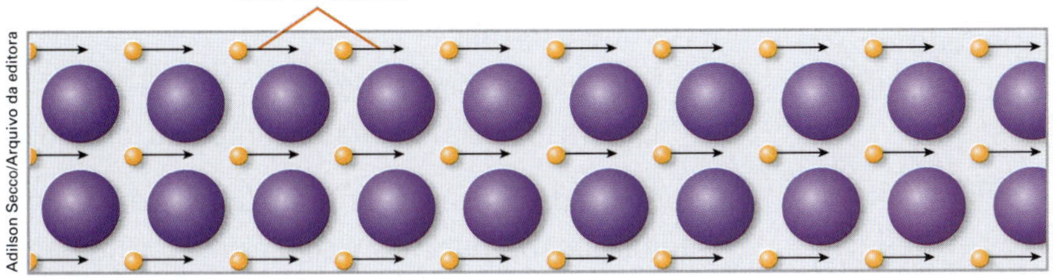

4.15 **Nos metais, a corrente elétrica é formada por um fluxo ordenado de elétrons.**

5 Substância simples e substância composta

A molécula de água é formada por dois átomos diferentes: o hidrogênio e o oxigênio.

O gás oxigênio, que existe na atmosfera, é formado pela união de dois átomos de oxigênio. Dizemos então que o oxigênio é uma substância simples, já que é formado pela união de átomos do mesmo elemento químico. A água é uma substância composta (também chamada de composto), pois é formada pela união de átomos de diferentes elementos químicos. Na figura 4.16 pode-se ver outra substância composta: o gás carbônico.

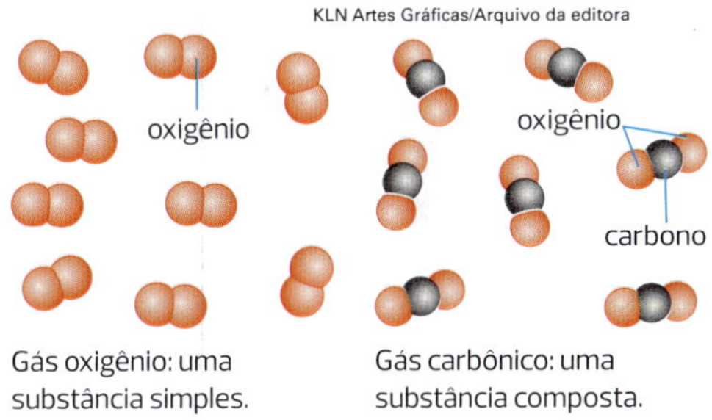

4.16 **Modelos de moléculas. (Figura sem escala. Cores fantasia.)**

Algumas substâncias compostas são formadas por íons diferentes, como é o caso do cloreto de sódio, que tem íons de sódio e de cloro. Reveja a figura 4.7.

Portanto, uma substância pode ser simples quando é formada por apenas um tipo de elemento químico, ou pode ser composta quando, em sua fórmula, há mais de um tipo de elemento químico.

Mundo virtual

E-Química
<http://equimica.iq.unesp.br/index.php?option=com_content&view=article&id=84:ligacoes-quimicas&catid=36:videos&Itemid=55>
Vídeo sobre os três tipos de ligações químicas: iônicas, covalentes e pontes de hidrogênio.

Ponto ciência
<http://pontociencia.org.br/galeria/?content%2Fpictures3%2Fligacao_quimica%2F>
Galeria de imagens com modelos de algumas moléculas químicas consideradas importantes.

Acesso em: 8 fev. 2015.

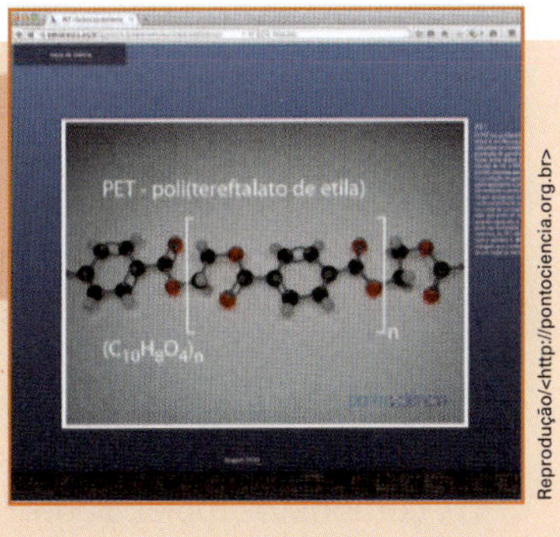

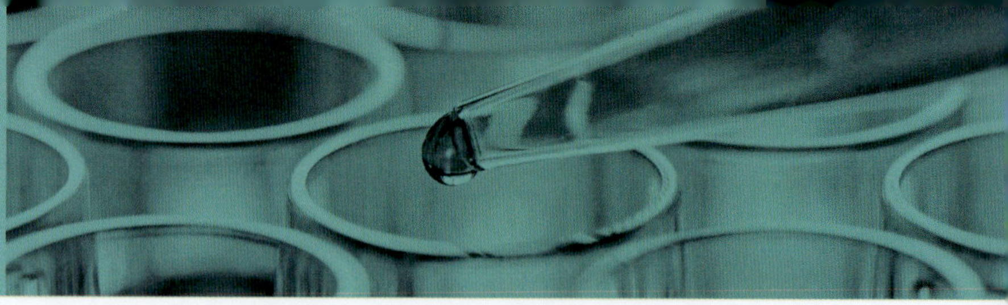

Atividades

Trabalhando as ideias do capítulo

1. No caderno, indique as afirmativas verdadeiras.

a) Metais têm tendência a formar cátions.

b) Não metais têm tendência a formar ânions.

c) Em um balão com o gás hélio, há moléculas de hélio.

d) O átomo de cloro, com sete elétrons na última camada, é um átomo estável.

e) A existência de uma imensa variedade de substâncias naturais deve-se à capacidade de os átomos se combinarem entre si.

f) Um átomo é estável quando sua última camada tiver 8 elétrons (ou 2, se a última camada for a K).

g) Um átomo com um único elétron na última camada tem tendência a receber elétrons de outros átomos.

h) Átomos de não metais têm tendência a receber elétrons de metais na formação de ligações químicas.

i) A água é uma substância simples.

j) Nas ligações químicas os átomos tendem a adquirir uma configuração eletrônica semelhante à dos gases nobres.

k) O gás hidrogênio é uma substância composta.

l) O elemento potássio e o íon potássio possuem as mesmas propriedades químicas.

m) O elemento sódio e o íon sódio possuem o mesmo número de elétrons.

2. Explique como se forma uma ligação iônica, usando como exemplo a ligação entre o sódio e o cloro.

3. Explique por que a ligação iônica em geral ocorre entre um metal e um não metal.

4. Entre as fórmulas H_2, H_2O, CO_2, O_2, $CaCl_2$, NH_3 e NaCl, quais as que indicam:

a) substâncias simples?

b) substâncias compostas?

c) compostos iônicos?

d) compostos moleculares?

5. Use seus conhecimentos sobre a distribuição eletrônica dos átomos para responder às questões a seguir.

a) Qual é a carga mais provável do íon formado a partir de um átomo com número atômico 20?

b) Qual é a carga mais provável do íon formado a partir de um átomo com número atômico 17?

c) Que tipo de ligação química esses dois átomos podem formar?

d) Consulte a tabela periódica da página 48 e escreva a fórmula mínima do composto formado.

6. Que tipo de ligação química acontece entre um átomo com número atômico 9 e um com número atômico 17? Justifique sua resposta indicando a distribuição eletrônica desses átomos.

7. Sabendo que o flúor tem 7 elétrons na última camada e o cálcio tem 2, responda:

a) Como é a fórmula mínima do composto formado entre esses dois elementos?

b) Quantos elétrons existem na última camada dos 2 íons que formam o composto?

c) Qual é a valência de cada átomo?

d) Qual é a carga elétrica de cada íon?

8. A figura abaixo mostra, em modelos, o que existe dentro de um vidro com gás cloro.

4.17 **Figura sem escala. Cores fantasia.**

a) Quantos átomos de cloro aparecem na figura? E quantas moléculas?

b) Que tipo de ligação há entre os átomos de cloro?

c) Esquematize no caderno a fórmula molecular e a fórmula estrutural do gás cloro, sabendo que cada átomo de cloro tem 7 elétrons na última camada.

9. Por que o íon de cloro (Cl^-) é mais estável que o átomo de cloro?

10. Que tipos de ligações encontramos em um pedaço de ferro puro, no sal fluoreto de potássio (KF) e no gás flúor (F_2)?

11. O elemento I tem número atômico igual a 17 e o elemento II tem número atômico igual a 11. Imagine que esses dois elementos se combinem e responda em seu caderno.
   a) Qual é o elemento que cede elétrons? Qual o que recebe? Quantos elétrons são cedidos e recebidos por átomo?
   b) Que ligação é formada entre esses elementos? Que tipo de força mantém os átomos unidos?

12. A fórmula química da sacarose, o açúcar comum, é $C_{12}H_{22}O_{11}$. Quantos átomos há nessa molécula? Há quantos elementos químicos diferentes? É uma substância simples ou composta?

13. Quantos elétrons um átomo de número atômico 16 deve receber para adquirir a estrutura estável de um gás nobre?

14. No caderno, indique as afirmativas verdadeiras.
   a) Os gases nobres estabelecem facilmente ligações químicas com outros elementos.
   b) Na ligação entre dois átomos de oxigênio, um dos átomos cede elétrons ao outro.
   c) A ligação formada entre dois átomos de hidrogênio é uma ligação iônica.
   d) Na fórmula iônica, a soma das cargas positivas é igual à soma das cargas negativas.
   e) Na fórmula estrutural, o par de elétrons compartilhados pelos átomos é representado por um traço.
   f) A água é um composto iônico.
   g) Em um pedaço de ferro, encontramos átomos unidos por ligações metálicas.
   h) A fórmula estrutural nos mostra como os átomos estão ligados entre si.
   i) Na água, os átomos de hidrogênio formam ligações covalentes com o átomo de oxigênio.
   j) O cloreto de sódio (sal de cozinha) é um composto iônico.
   k) A ligação iônica ocorre geralmente entre dois não metais.
   l) Na ligação iônica, o átomo que cede elétrons transforma-se em um cátion.
   m) Na ligação covalente ocorre compartilhamento de elétrons.
   n) O composto fluoreto de cálcio (CaF_2) é um composto iônico.
   o) Metais conduzem bem a eletricidade porque possuem muitos elétrons livres.

15. O átomo de sódio tem 1 elétron na última camada e o átomo de cloro possui 7 elétrons. Quando esses dois átomos entram em contato, 1 elétron sai do átomo de sódio e passa para o átomo de cloro. O átomo de sódio fica com 1 carga elétrica positiva, já que perdeu 1 elétron, e sua última camada passa a ter 8 elétrons. O cloro recebe 1 elétron e fica com carga negativa, passando a ter 8 elétrons na última camada. Surge então uma atração elétrica entre os dois íons formados, que é a ligação iônica.
   Explique por que a ligação iônica em geral ocorre entre um metal e um não metal.

16. Entre as fórmulas H_2, H_2O, CO_2, O_2, $CaCl_2$, NH_3 e NaCl, quais as que indicam:
   a) substâncias simples?
   b) substâncias compostas?
   c) compostos iônicos?
   d) compostos moleculares?

Pense um pouco mais

1. Um elemento capaz de formar um composto iônico com o elemento de número atômico 20 é um metal ou um não metal? Justifique sua resposta.

2. Qual é a carga elétrica total de um punhado de sal de cozinha? Justifique sua resposta pensando na composição química do sal.

3. Qual é a carga elétrica do íon formado pelo elemento de número atômico 38?

4. Que tipo de ligação química acontece entre um átomo com número atômico 9 e um com número atômico 17?

5. Um mesmo elemento pode formar uma ligação iônica com um elemento e uma ligação covalente com outro? Justifique sua resposta.

6. Um elemento, que vamos chamar de X, forma com o oxigênio um composto de fórmula XO, enquanto outro elemento, que vamos identificar por Z, forma com o enxofre o composto Z_2S. Sabendo que os dois elementos são metais e usando a tabela periódica da página 48, descubra: em que grupos estariam os dois elementos?

7. O carbono possui quatro elétrons na última camada, e o hidrogênio, um elétron. Sabendo que o metano é um composto molecular formado por átomos de hidrogênio (número atômico 1) unidos por ligação covalente a um átomo de carbono (número atômico 6), responda:

   a) Qual é a fórmula molecular do metano?

   b) Quantas ligações covalentes há na molécula de metano?

8. A amônia é uma substância molecular formada por átomos de hidrogênio (número atômico 1) unidos a um átomo de nitrogênio (número atômico 7). Com essa informação, responda:

   a) Qual é a fórmula molecular da amônia?

   b) Quantas ligações covalentes existem na molécula de amônia?

9. No caderno, esquematize a fórmula molecular e a fórmula estrutural do gás nitrogênio, formado por 2 átomos de nitrogênio (cada átomo tem 5 elétrons na última camada).

10. O sulfeto de hidrogênio, também chamado de gás sulfídrico, é um composto molecular com cheiro de ovo podre. Sua molécula é formada pela união de átomos de hidrogênio (número atômico 1) a um átomo de enxofre (número atômico 16) por meio de ligações covalentes.

    a) Qual é a fórmula molecular dessa substância?

    b) Quantas ligações covalentes existem na molécula desse gás?

11. Consulte a tabela periódica da página 48 e responda:

    a) Qual é a fórmula molecular do gás flúor?

    b) Qual é o número total de elétrons presentes em uma molécula desse gás?

12. A fórmula molecular do gás cianídrico é HCN. Sabendo que o carbono ocupa a posição central na molécula, qual a fórmula estrutural desse gás? (O hidrogênio tem um elétron na última camada, o carbono, 4 e o nitrogênio, 5.)

13. A molécula de água oxigenada é formada por 2 átomos de oxigênio ligados entre si e por 2 átomos de hidrogênio, cada um ligado a 1 átomo de oxigênio. Com essas informações, escreva a fórmula molecular e a estrutural da água oxigenada.

14. A figura abaixo mostra a distribuição de elétrons dos átomos de lítio e sódio. Como essa distribuição explica o fato de esses elementos terem propriedades químicas semelhantes?

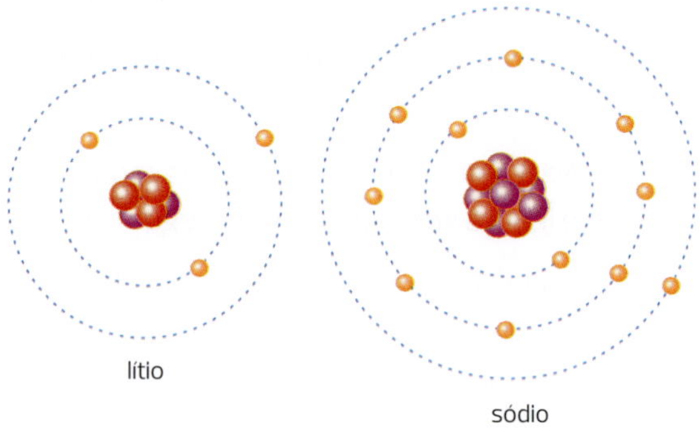

KLN Artes Gráficas/Arquivo da editora

4.18 Figura sem escala. Cores fantasia.

15. Ao contrário do hidrogênio, o gás hélio usado em balões meteorológicos não pega fogo. Explique essa propriedade do hélio em termos químicos. (Lembre-se de que a combustão é um fenômeno que envolve transformações químicas.)

De olho no texto

Leia o texto e depois responda às questões em seu caderno.

Quando um organismo morre, as substâncias que formam seu corpo são transformadas, pelo processo de decomposição, em outras substâncias, como o gás carbônico, a água e os sais minerais. Parte dessas substâncias é, então, absorvida e aproveitada pelas plantas na produção de alimento. Alguns desses alimentos são consumidos por animais. Podem, inclusive, ser consumidos pelo ser humano.

Analisando esse ciclo, podemos concluir que os átomos que formam nosso corpo farão parte do corpo de outros seres. Os átomos, portanto, estão sempre se reciclando. Eles também entram e saem de nosso corpo pela respiração. Como os átomos de um gás tendem a se espalhar pelo ambiente, os átomos que eliminamos pela expiração se espalham pela atmosfera.

Um cientista calculou que os átomos que você acaba de exalar levam cerca de seis anos para se espalhar de modo uniforme pela atmosfera do planeta. Neste exato momento, provavelmente, todas as pessoas estão inalando pelo menos um átomo que você exalou há seis anos!

a) Explique por que podemos dizer que cada um de nós possui, no corpo, átomos que estiveram presentes no organismo de muitas pessoas do passado.

b) Por que, apesar de sermos constituídos de átomos que já estiveram presentes no corpo de outras pessoas, somos quimicamente diferentes?

c) Consulte em dicionários o significado das palavras que você não conhece, redigindo então de próprio punho uma definição para essas palavras.

Mexa-se!

A grafite e o diamante são feitos do mesmo material: o elemento químico carbono, mas são materiais com propriedades muito diferentes. Pesquise quais as diferenças entre suas propriedades e como os átomos de carbono estão organizados no grafite e no diamante.

Museu do Palácio Topkapi/Arquivo da editora

Sérgio Dotta Jr./The Next

4.19 Diamante em peça encontrada no palácio de Topkapi, Istambul, na Turquia; e a ponta de um lápis.

Capítulo

5 As substâncias e as misturas

O leite e o granito (uma rocha) possuem algo em comum: são formados por misturas de substâncias.

Sérgio Dotta Jr./The Next

O leite é uma mistura de água, lactose (um tipo de açúcar), sais minerais, proteínas, gorduras, vitaminas e muitas outras substâncias. O granito, rocha usada em calçadas e pisos, é formado por uma mistura de minerais — quartzo (branco), feldspato (cinza), mica (preta) — que podem ser vistos a olho nu ou com uma lente.

Neste capítulo vamos conhecer as diferenças entre substâncias puras (ou, simplesmente, substâncias) e misturas e aprender como é possível separar as diversas substâncias de uma mistura.

Renato Teixeira/Acervo do fotógrafo

5.1 A Pedra Riscada, em Minas Gerais, é formada por granito, uma rocha usada em calçadas e pisos.

A questão é

Água e areia; água e sal; água e álcool: como separar os componentes dessas misturas?

1 Substâncias puras e misturas

Quando pensamos em algo puro, ou no termo pureza, associamos essa ideia àquilo que não está contaminado, que não está misturado. Ou, ainda, pensamos em um material que só possui um tipo de elemento químico, como uma barra de ouro puro.

Em nosso dia a dia a maior parte das substâncias não é pura. A água potável, que bebemos, é uma mistura. Você já deve ter ouvido falar que essa água contém sais minerais e, além disso, na água dos rios e oceanos há o gás oxigênio misturado.

Mas, se retirarmos da água os sais minerais e os gases dissolvidos — quer dizer, se deixarmos apenas moléculas de água —, teremos a substância pura água.

Como vimos no primeiro capítulo, as propriedades específicas da matéria permitem a identificação das substâncias puras. A densidade da água pura, por exemplo, é de 1 g/mL, enquanto a mistura de água com sal comum apresenta um valor de densidade diferente. Da mesma forma, ao nível do mar, a água pura ferve à temperatura constante de 100 °C, enquanto uma mistura de água com sal tem ponto de ebulição diferente e, além disso, a temperatura se altera ao longo do processo de ebulição.

Nas substâncias puras todas as moléculas são iguais, isto é, há apenas um tipo de molécula e, portanto, apenas um tipo de substância.

As substâncias puras podem ser simples ou compostas. Se considerarmos o gás oxigênio puro, ele será classificado como substância pura e simples, pois só tem um tipo de elemento químico na sua composição (O_2). Mas, se considerarmos a água pura, esta será uma substância pura e composta (H_2O), pois contém dois tipos de elementos químicos, o oxigênio e o hidrogênio, em sua composição.

Na natureza, duas substâncias, ao entrar em contato, podem sofrer uma transformação química e produzir um novo composto. Por exemplo, em certas condições, o gás hidrogênio pode se combinar com o gás oxigênio e formar uma nova substância, a água. Dizemos que ocorreu uma **reação química** entre o hidrogênio e o oxigênio.

Mas nem sempre os átomos ou as moléculas de duas substâncias que entram em contato reagem entre si, ou seja, nem sempre os átomos vão se combinar. Ao misturarmos água com areia, não ocorrerá uma transformação química. Nesse caso, não se forma nenhum novo produto químico: haverá apenas uma **mistura** de substâncias, isto é, apenas um fenômeno físico. Na mistura, cada substância mantém as propriedades que tinha antes de misturar-se com outras. Nesse caso, a areia continua a ser um sólido cristalino e a água continua a ser uma substância incolor, inodora e insípida.

Se, à temperatura ambiente, você misturar farinha de trigo, açúcar, ovos, manteiga e fermento, provavelmente vai ter, pelo menos no início, apenas uma mistura de produtos químicos, cada um com suas propriedades.

Mas, se levar a mistura ao forno, após algum tempo ela ficará bem diferente, transformando-se num bolo. Você entende o que aconteceu nesse caso?

Houve uma transformação química, isto é, uma reação química entre os ingredientes do bolo, que se combinaram e produziram substâncias químicas novas, com novas propriedades.

Veja mais um exemplo. Observe na figura 5.2 uma mistura de enxofre em pó com limalha de ferro. As propriedades do enxofre e do ferro continuam as mesmas. Se passarmos um ímã pela mistura, ele vai atrair e separar o ferro do enxofre: isso acontece porque o ferro tem propriedades magnéticas (é atraído por ímãs), e o enxofre não.

5.2 Na mistura de limalha de ferro e enxofre em pó, as propriedades de cada componente são mantidas. Se passarmos um ímã pela mistura, ele vai atrair o ferro, mas não o enxofre.

Fotos: Sérgio Dotta Jr./The Next

Heterôgenea vem do grego heterós e significa 'diferente'.

Homogênea vem do grego *homos*, que significa 'igual'.

2 Misturas homogêneas e heterogêneas

Considere duas misturas: água e areia e água e sal. O que difere nas duas misturas?

No caso da água e da areia, quando juntamos e agitamos bem a mistura, podemos ver grãos de areia espalhados na água. Logo em seguida, a areia se deposita no fundo, e é possível distinguir os componentes da mistura até mesmo a olho nu, ou com lentes de aumento, ou mesmo ao microscópio. Nesse caso, temos uma **mistura heterogênea**. O granito, por exemplo, é uma mistura heterogênea. Reveja a figura 5.1.

Nas misturas heterogêneas, o aspecto, a composição química e as propriedades físicas variam conforme a porção considerada.

E quanto à água e sal? Se adicionarmos a um copo de água uma pitada de sal, teremos uma mistura em que não podemos distinguir seus componentes nem a olho nu, nem com lentes, nem mesmo ao microscópio. Formou-se então uma **mistura homogênea**, também chamada de solução, de água e sal. Qualquer porção de uma mistura homogênea apresenta o mesmo aspecto e a mesma composição química.

Na maioria das soluções, a água é o solvente: são as soluções aquosas. Mas há soluções gasosas, como o ar não poluído, e soluções sólidas, como as ligas metálicas.

Nas soluções, como as de água e sal ou de água e açúcar, há um **soluto** (o sal ou o açúcar), que é a substância que foi dissolvida, e um **solvente** (a água), a substância que dissolve o soluto.

No caso das soluções de sal ou de açúcar, os íons ou as moléculas que formam essas substâncias estão separados na água. E, como moléculas e íons não podem ser vistos isoladamente, forma-se uma mistura homogênea. Veja na figura 5.3 o que acontece com o sal: os íons ficam envolvidos por moléculas de água.

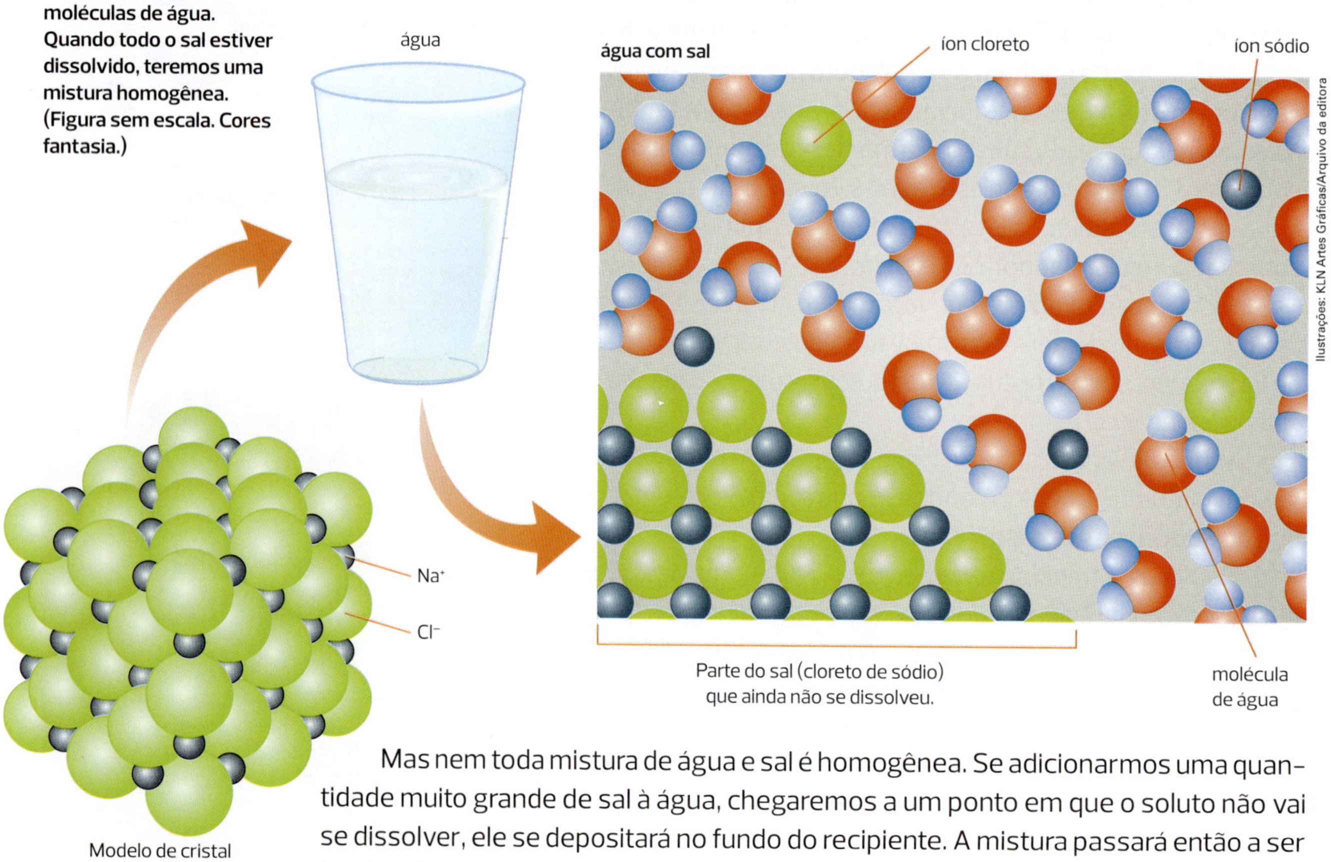

5.3 À medida que o sal se dissolve na água, seus íons são envolvidos por moléculas de água. Quando todo o sal estiver dissolvido, teremos uma mistura homogênea. (Figura sem escala. Cores fantasia.)

Mas nem toda mistura de água e sal é homogênea. Se adicionarmos uma quantidade muito grande de sal à água, chegaremos a um ponto em que o soluto não vai se dissolver, ele se depositará no fundo do recipiente. A mistura passará então a ser heterogênea.

3 Separando os componentes de uma mistura

Em algumas situações, a separação dos componentes de uma mistura é necessária, por exemplo: na obtenção do sal de cozinha da água do mar; na remoção de impurezas da água, em estações de tratamento, para o abastecimento de uma cidade; na fabricação de perfumes com componentes obtidos de folhas e flores; e na extração de substâncias de plantas com propriedades medicinais.

Para a execução de todos esses exemplos é necessário o uso de técnicas que separam os componentes de uma mistura.

Cada elemento ou substância de uma mistura mantém as propriedades que tinha antes de misturar-se com os outros, e essas propriedades são mantidas após a separação da mistura. Como não há produção de novas substâncias (fenômeno químico) numa mistura, a separação é feita utilizando-se processos físicos.

Catação

Sabemos que é cada vez mais importante reciclar certos materiais que são jogados no lixo. Nos locais em que há coleta seletiva de lixo, é preciso separar plásticos, papéis, vidros e metais, já que cada um terá um destino diferente nas usinas de reciclagem. Esse processo manual de separação é chamado de **catação**, que é o simples ato de catar. É isso que fazemos também quando, antes de cozinhar feijão, separamos pedras e outros resíduos que vêm misturados aos grãos. Veja a figura 5.4. Catação, portanto, é o processo de separação dos componentes de uma mistura catando-os com as mãos ou com uma pinça.

Sérgio Dotta Jr./The Next

Roosevelt Cássio/Folhapress

5.4 Catação: retirada de resíduos do feijão e separação de material (plásticos, papéis, vidros e metais) nas centrais de reciclagem.

Peneiração

Nas construções, é comum o uso de peneiras para separar a areia fina da areia grossa, de pedras e outros componentes. Veja a figura 5.5. A peneira também é usada para separar a parte mais fina da farinha, quando se faz um bolo. O processo é basicamente o mesmo: as peneiras possuem malhas que deixam passar um componente de diâmetro menor que a largura das malhas, retendo os componentes com diâmetro maior. O garimpeiro que procura diamantes também costuma usar uma peneira para separar o barro do cascalho e das pedras. Depois, por catação, ele separa os diamantes.

5.5 Trabalhador usando peneira para separar areia de pedras e de outros componentes.

R-P/kino.com.br

The Granger Collection/Glow Images

5.6 Levigação em local de mineração durante a corrida do ouro na Califórnia. Gravura em madeira do século 19.

Levigação

Consiste em usar uma corrente de água para separar corpos mais densos de corpos menos densos, que são arrastados mais facilmente pela água. Nos garimpos, uma corrente de água passa por uma espécie de rampa de madeira ou por uma bacia (bateia), arrastando as partículas menos densas de areia e deixando no fundo o ouro, mais denso (veja a figura 5.6).

Ventilação

Se você esfregar entre as mãos um pouco de amendoim, daqueles que estão cobertos por uma película escura, vai ver que boa parte da película se solta. Depois, assoprando, é possível separar o grão da película. Esse é o processo de ventilação, em que se separam componentes de densidades muito diferentes, como as folhas e cascas dos grãos de café. A casca do arroz também é separada do grão por ventilação, só que com o uso de máquinas especiais que produzem correntes de ar.

Separação magnética

Reveja a figura 5.2, no início deste capítulo.

O ferro é atraído por ímã, e o enxofre, não. Quando aproximamos um ímã da mistura, a limalha de ferro é atraída pelo ímã, separando-se do enxofre. Esse processo é usado também para separar do lixo os objetos de ferro que serão reciclados.

Dissolução fracionada

Consiste em dissolver um dos componentes da mistura. Para separar açúcar e areia, por exemplo, podemos adicionar água à mistura em quantidade suficiente para dissolver todo o açúcar. A areia não se dissolve na água e se deposita no fundo. A figura 5.7 mostra que, em seguida, basta inclinar com cuidado o recipiente e despejar a água com açúcar em outro frasco. Restará, então, uma mistura homogênea de água com açúcar, cujos componentes podem ser separados por outros processos, como a destilação ou a evaporação, que veremos adiante.

5.7 Areia e açúcar sendo separados pelo método da dissolução fracionada.

Fotos: Sérgio Dotta Jr./The Next

Filtração

Um bom exemplo é o preparo do café. Para separar o pó da parte líquida da mistura, usa-se um coador, que pode ser de pano ou de papel (no preparo do café do tipo solúvel isso não é necessário). O coador funciona como um filtro, retendo as partículas maiores (o pó do café) e deixando passar a água com as substâncias do café que ficam dissolvidas. O processo também é usado para filtrar a água da torneira antes de bebê-la. A vela do filtro retém as partículas maiores e deixa passar a água com sais minerais e outras partículas muito pequenas. Veja a figura 5.8.

A filtração é usada também para separar a poeira (partículas sólidas) do ar (uma mistura de gases) no aspirador de pó. Um saco de pano ou de papel no interior do aparelho retém parte da poeira e deixa passar o ar. A filtração com aparelhos especiais é usada nas chaminés para a retenção de algumas partículas sólidas da fumaça, diminuindo a poluição do ambiente.

Esse processo de filtração é usado também em laboratório. Veja a figura 5.9.

Fotos: Foodcollection/Diomedia

5.8 Café sendo coado.

Sérgio Dotta Jr./The Next

5.9 Filtração: o papel usado como filtro costuma ter a forma de disco e é dobrado para ficar como um cone.

Decantação

Se você deixar uma mistura de areia e água em repouso, verá que a areia vai se depositando no fundo do recipiente. Esse processo é chamado decantação. Para separar a mistura, basta despejar a água em outro recipiente, com cuidado. Também se pode usar um sifão — um tubo cheio de água que transfere o líquido de um recipiente para outro, colocado em um nível inferior. Veja a figura 5.10.

A decantação é usada também para separar líquidos de densidades diferentes, como a água e o óleo. Após a decantação, usa-se um funil de separação ou de decantação com uma torneira, que é fechada depois que o líquido mais denso é transferido para outro recipiente, como mostra a figura 5.11.

Sérgio Dotta Jr./The Next

Na mistura água e areia, a areia vai se depositando no fundo.

Sérgio Dotta Jr./The Next

A água é transferida para outro recipiente.

5.10 Água e areia sendo separadas por decantação e depois com sifão.

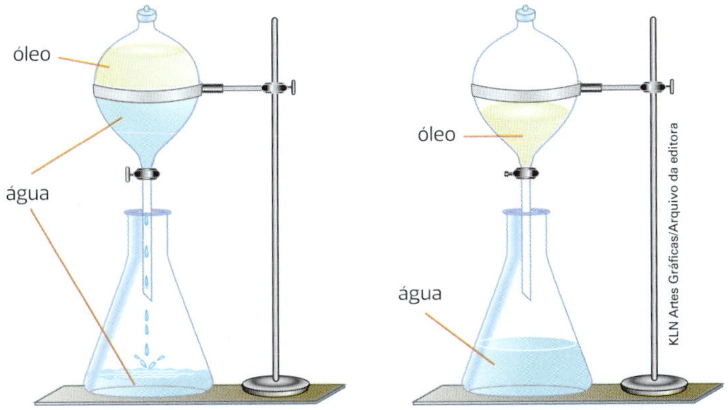

KLN Artes Gráficas/Arquivo da editora

5.11 Separação de mistura heterogênea de água com óleo (menos denso). Depois que a água sai do funil, a torneira é fechada. (Ilustração sem escala. Cores fantasia.)

Centrifugação

Nos laboratórios, há um equipamento capaz de girar em alta velocidade e que pode separar a parte sólida da parte líquida de uma mistura. Veja a figura 5.12. Nesse equipamento, chamado centrífuga, quanto maior a velocidade de rotação, mais rapidamente as partículas sólidas depositam-se no fundo. A centrifugação é usada também para separar líquidos de densidades diferentes.

A centrifugação do leite é feita durante o processo de preparo da manteiga: por ser menos densa, a gordura de que é feita a manteiga forma uma camada sobre o restante do leite depois da centrifugação.

A centrifugação pode ser comparada a uma decantação acelerada, e costuma ser usada quando a partícula sólida é pouco densa, o que torna a decantação muito lenta.

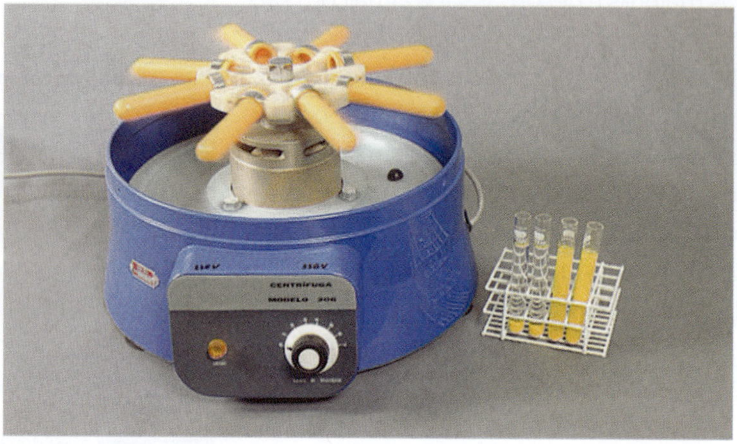

Sérgio Dotta Jr./The Next

5.12 Centrífuga

Evaporação

Para obter o sal a partir da água do mar, usa-se a evaporação. Primeiro, a água do mar é bombeada para imensos tanques, que formam as salinas. Veja a figura 5.13.

Com o calor do Sol, a água dos tanques evapora, deixando no fundo apenas o sal, que é então recolhido e tratado.

Ricardo Azoury/Pulsar Imagens

5.13 Salina em Cabo Frio (RJ). As principais salinas do Brasil localizam-se no Ceará, no Rio de Janeiro e no Rio Grande do Norte.

Destilação simples

Na evaporação, a fração líquida da mistura não pode ser reutilizada: apenas o material sólido é recuperado.

No processo de destilação, o líquido pode ser recuperado. Para isso, usa-se um aparelho chamado destilador, como o representado na figura 5.14.

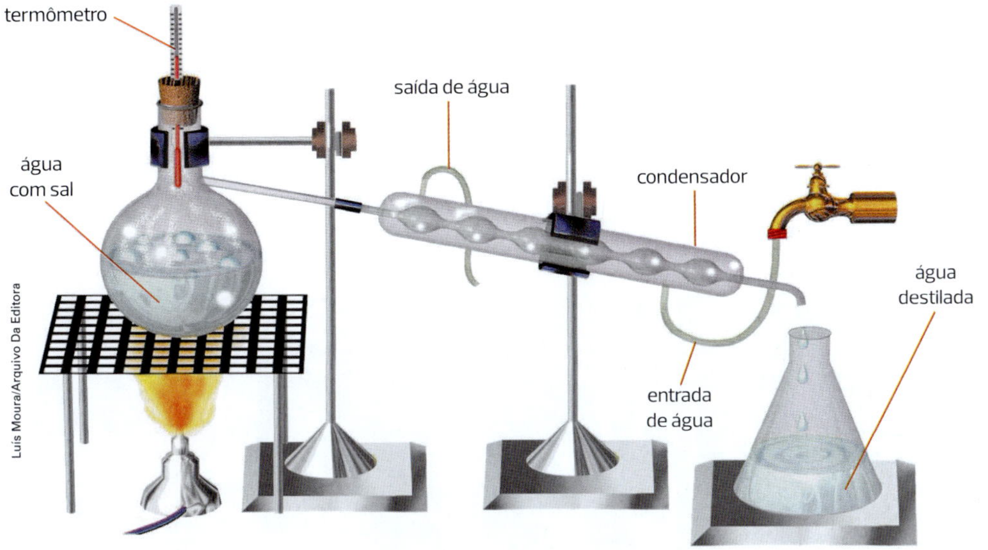

5.14 Representação ilustrativa de destilação feita em laboratório. A água obtida, chamada de água destilada, é pura. (Ilustração sem escala. Cores fantasia.)

Se desejarmos separar uma mistura de água e sal sem descartar a água, devemos fazer uma destilação simples. O vapor de água (formado apenas por moléculas de água) passa por um tubo, que é resfriado constantemente por uma corrente de água fria (condensador). Como a temperatura da água está sempre abaixo da temperatura do vapor, este cede calor para a água e se condensa, voltando a ser água líquida, que sai pingando dentro de um vidro. O sal permanece no recipiente da fervura.

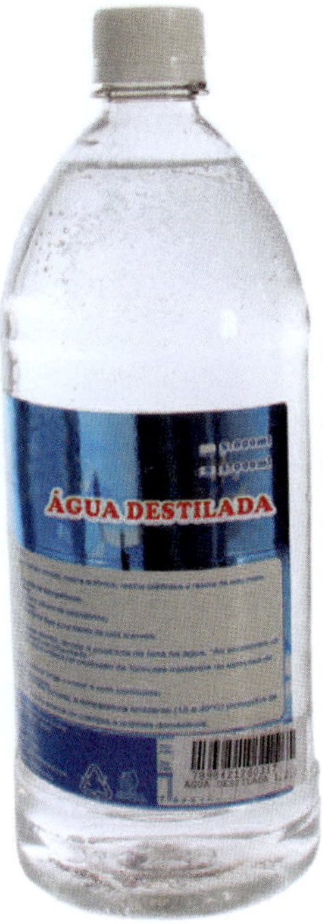

5.15 Garrafa de 1 L de água destilada.

Destilação fracionada

Para separar líquidos com pontos de ebulição diferentes, pode-se usar um processo conhecido como destilação fracionada. Coloca-se sobre o recipiente da fervura uma coluna construída de forma a apresentar obstáculos (bolinhas de vidro, por exemplo) ao vapor que passa por ela. O vapor da substância de menor ponto de ebulição condensa primeiro, seguindo-se os demais componentes da mistura. É possível, assim, separar misturas com muitos líquidos de pontos de ebulição diferentes, como o petróleo.

A destilação fracionada é usada também para separar o álcool da água e de outras substâncias produzidas na fermentação do açúcar. E pode ser usada também para separar os gases componentes do ar: o ar é inicialmente liquefeito através da diminuição da temperatura e aumento da pressão e depois submetido à destilação fracionada.

Atenção!

A destilação simples ou fracionada deve ser desenvolvida por pessoas habilitadas, como técnicos de laboratório. São necessários vários cuidados, como evitar que o recipiente onde é feito o aquecimento seque, sob o risco de quebra do aparelho e também de acidente grave.

Ciência e tecnologia

Combustíveis adulterados

Às vezes, jornais relatam que postos de combustíveis foram interditados por vender combustíveis adulterados. Como essas misturas são homogêneas, o consumidor não identifica a fraude apenas pela observação do líquido. Mas a fraude pode ser descoberta porque diferentes misturas têm diferentes densidades. Uma mistura de álcool e água, por exemplo, tem densidade intermediária entre 1,000 (densidade da água) e 0,790 (densidade do álcool comum; medidas a 1 atmosfera e 25 °C). A densidade varia com a composição da mistura. O mesmo vale para a mistura de gasolina e outros componentes.

Nas bombas de combustíveis há equipamentos chamados de densímetros, que são calibrados de acordo com a densidade das misturas. Se, por exemplo, houver mais água no álcool vendido no posto, ou mais álcool na gasolina, do que permite a legislação brasileira, a medida da densidade indica a fraude.

Alan do Nascimento/Laeti Images

5.16 Densímetro de combustíveis em posto de gasolina.

Mundo virtual

Substâncias puras e misturas
<http://www.brasilescola.com/quimica/mistura-e-substancias-puras.htm>
Página que discute sobre os temas de substâncias puras e misturas.

Conceitos de misturas, substâncias e elementos químicos
<http://qnesc.sbq.org.br/online/qnesc34_2/05-RSA-73-10.pdf>
Abordagem dos conceitos mistura, substância simples, substância composta e elemento químico.

Portal de química
<http://www.soq.com.br/formulas/substancias/>
A página apresenta conteúdos e jogos de química que facilitam o aprendizado dos temas estudados.

Acessos em: 8 fev. 2015.

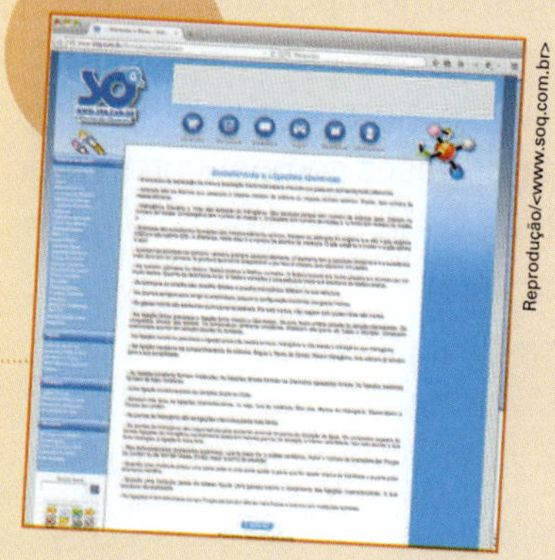

Reprodução/<www.soq.com.br>

Atividades

Trabalhando as ideias do capítulo

1. No caderno, identifique as misturas homogêneas e as heterogêneas.

a) Água e areia.

b) Granito.

c) Água mineral não gasosa.

d) Ouro de 18 quilates (ouro com 18 partes de ouro e 6 partes de cobre e prata).

e) Água com sal totalmente dissolvido.

f) Óleo de soja flutuando na água.

g) Petróleo boiando na água do mar depois de um vazamento de navio petroleiro.

h) Ar atmosférico não poluído.

2. Como podemos separar dois líquidos de densidades diferentes?

3. Quais as técnicas usadas para separar e isolar todos os componentes de uma mistura de sal, areia e água?

4. Como identificar uma substância pura?

5. O que se deve fazer para acelerar a separação dos componentes de uma mistura quando as partículas sólidas forem pouco densas e a decantação for muito demorada?

6. Um estudante observou que um pouco de água começou a ferver a 103 °C (ao nível do mar). Essa água é pura? Justifique sua resposta.

7. A figura ao lado mostra um equipamento usado em laboratório para separar líquidos.

a) Qual é o líquido mais denso? Justifique sua resposta.

b) Que processo está sendo utilizado para separar esses líquidos?

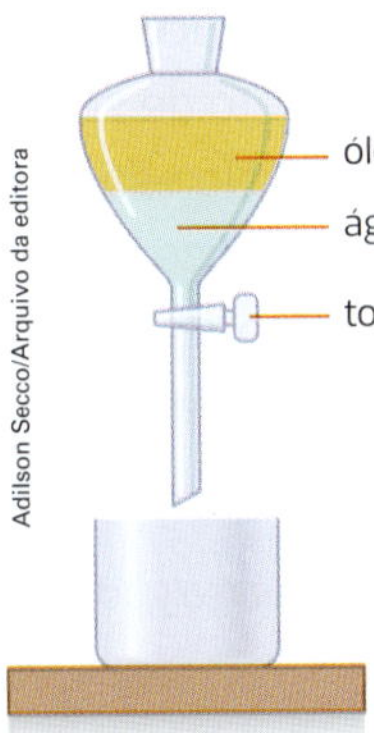

Adilson Secco/Arquivo da editora

5.17

8. Na foto, aparecem duas velas de filtro, uma limpa e outra suja. Que processo deixou a segunda vela suja?

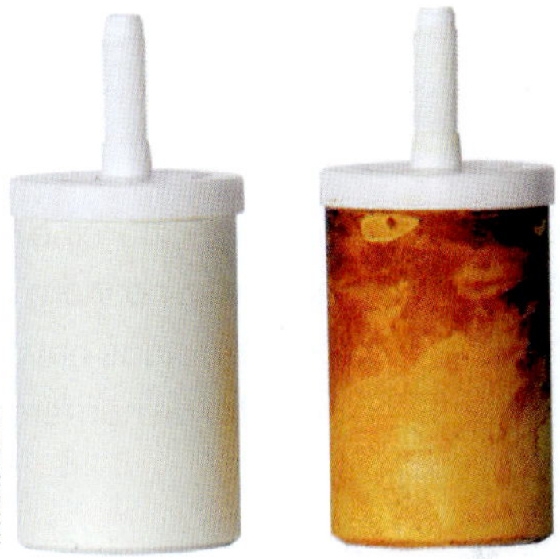

R-P/kino.com.br

5.18

9. Você conheceu neste capítulo alguns métodos para separar misturas, como: destilação simples, destilação fracionada, catação, decantação, separação magnética, dissolução fracionada seguida de destilação ou evaporação. Agora, no caderno, indique os métodos que se aplicam a cada caso:

a) limalha de ferro e enxofre;

b) óleo e água;

c) sal e areia;

d) arroz e feijão;

e) álcool e água;

f) farinha e arroz;

g) laranja e limão;

h) limalha de ferro e açúcar;

i) água e sal.

10. No caderno, indique a técnica de separação que ocorre em cada caso:

a) água passando pelo filtro doméstico;

b) aspirador de pó funcionando;

c) café sendo coado;

d) produção de sal nas salinas;

e) água com sal fervendo e o vapor de água sendo recolhido em equipamento especial e se condensando.

11. O aparelho a seguir está sendo usado para separar os componentes de uma solução de água e sal.

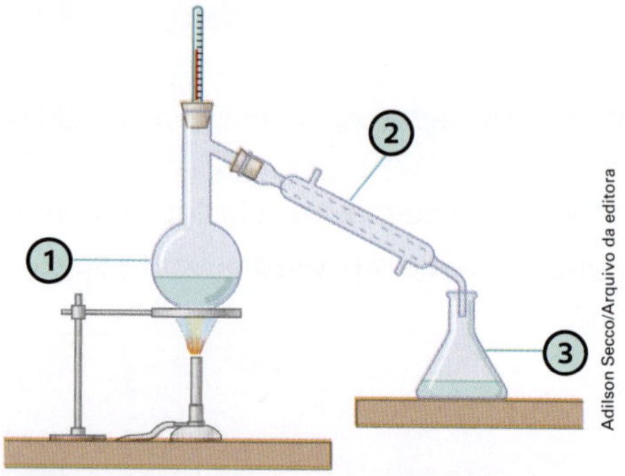

5.19

a) Como se chama esse aparelho?
b) O que há, inicialmente, no vidro de número 1?
c) No final do processo, o que haverá no vidro de número 1? E no vidro de número 3?
d) O que circula no tubo externo, indicado pelo número 2? Que função ele desempenha?

12. No caderno, indique as afirmativas verdadeiras.
a) A temperatura de ebulição de uma substância pura não se altera durante a fervura.
b) As misturas heterogêneas apresentam o mesmo aspecto e composição química em todo o seu volume.
c) Na água mineral, a água é o solvente, e os sais minerais, o soluto.
d) A areia pode ser separada da água por separação magnética.
e) A destilação simples pode ser usada para se obter água pura.
f) Para separar plásticos, vidros e papéis do lixo doméstico pode ser usada a catação.
g) Uma solução é uma mistura homogênea.

Pense um pouco mais

1. As caixas-d'água devem ser limpas periodicamente, pois, com o tempo, forma-se uma camada de lama ou barro no fundo delas. Que processo de separação de misturas ocorreu nesse caso? Justifique sua resposta.

2. Durante os processos usados na separação de misturas ocorrem fenômenos físicos ou químicos? Justifique sua resposta.

3. As ligas metálicas são formadas pela mistura de vários elementos. O bronze, por exemplo, é uma liga de estanho e cobre que pode ser moldada quando suficientemente aquecida, mas é bastante resistente depois de sólida. É usada, por exemplo, na fabricação de esculturas. Um especialista tem a tarefa de separar o cobre e o estanho da liga de bronze. Ele tem à disposição, entre outros equipamentos, um forno que atinge altas temperaturas. Como ele pode fazer a separação?

4. Que processo estudado neste capítulo pode ser usado em navios para transformar a água do mar em água potável? Quais os nomes das mudanças de estado que ocorrem nessa transformação?

5. Nas estações de tratamento de água, a água passa por várias camadas de pequenas pedras (cascalho) e depois por uma camada de areia. Que tipo de processo de separação ocorre e qual é a sua utilidade?

6. Ainda nas estações de tratamento de água, há uma etapa em que a água é mantida em repouso por certo tempo, de modo que partículas grandes se depositem no fundo do recipiente. Que processo de separação foi usado nesse caso?

7. Sabendo que o sal de cozinha (cloreto de sódio) não se dissolve no óleo, mas se dissolve na água, como você faria para separar os componentes de uma mistura de sal e óleo de soja?

8. Um aluno disse que a água é uma mistura de hidrogênio e oxigênio. Explique por que essa afirmação não é correta na linguagem da Química.

9. Um pouco de água salgada (com sal de cozinha ou cloreto de sódio) foi misturado com óleo de cozinha. No esquema abaixo, os processos utilizados para a separação dos componentes da mistura estão representados pelas letras Ⓐ e Ⓑ. No caderno, identifique quais foram esses processos.

água salgada e óleo ⟶ **A** ⟶ óleo + água salgada
água salgada ⟶ **B** ⟶ água + sal

10. Na foto ao lado você vê um aparelho para produzir manteiga a partir do leite. Então, sabendo que a manteiga é feita com a gordura do leite (na manteiga, entre 80% e 84% é gordura), e também que a manteiga é menos densa do que o leite, responda às questões no caderno.

a) Que aparelho deve ser o da foto?

b) Qual é o processo usado na separação da manteiga do restante do leite?

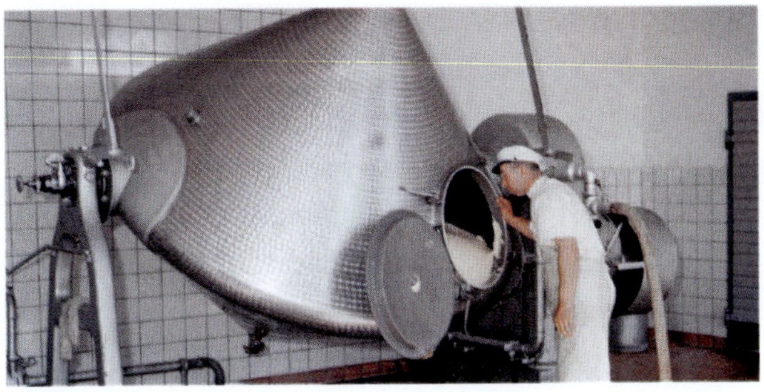

Paul Almasy/Corbis/Latinstock

5.20 **Máquina antiga para a produção de manteiga**

Mexa-se!

Pesquise:

1. Que processos são usados para a dessalinização da água? Por que esses processos ainda são pouco utilizados?

2. Que medidas devem ser adotadas quando ocorre um vazamento de petróleo no mar em razão de um acidente com navio petroleiro ou plataforma de exploração?

De olho no texto

Os produtos do petróleo

O petróleo é um líquido escuro e oleoso extraído de depósitos subterrâneos. É formado por uma mistura de substâncias orgânicas (substâncias que contêm cadeias de carbono e hidrogênio, além de outros elementos). As substâncias mais abundantes no petróleo são chamadas hidrocarbonetos e são formadas por cadeias de átomos de carbono e de hidrogênio. O petróleo é resultado da transformação, ao longo de milhões de anos, de algas e outros seres microscópicos aquáticos que foram soterrados.

Depois de sua extração, o petróleo é transportado para refinarias. Então, os seus componentes são separados e purificados nas chamadas torres de fracionamento. As torres possuem vários pratos horizontais, cada um a uma temperatura diferente (veja a figura 5.20). O petróleo aquecido em uma fornalha se vaporiza e sobe pela torre. Quando um componente do petróleo chega a uma parte da torre que tem uma temperatura menor que seu ponto de ebulição, ele se condensa e é recolhido nos pratos. Os hidrocarbonetos formados por moléculas pequenas têm um ponto de ebulição menor que os hidrocarbonetos formados por moléculas grandes. Assim, em cada prato condensa-se uma fração de petróleo formada por compostos com pontos de ebulição diferentes. Surgem assim vários produtos: gasolina, querosene, óleo *diesel* e gás de cozinha, conhecido como gás liquefeito do petróleo (GLP).

Responda:

a) Que processo foi usado para separar os componentes do petróleo?

b) Além dos produtos mencionados, que outros materiais você conhece que são fabricados a partir do petróleo?

c) Identifique um fenômeno físico e um fenômeno químico utilizados na produção dos derivados do petróleo mencionados no texto.

d) Verifique se nas proximidades da escola em que você estuda há alguma instituição que faça pesquisas ou trabalhe com produtos derivados do petróleo e se é possível visitar o local.

e) Consulte em dicionários o significado das palavras que você não conhece, redigindo então de próprio punho uma definição para essas palavras.

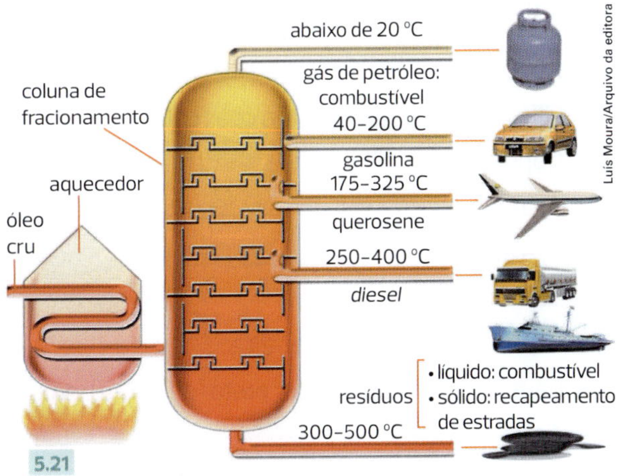

Luís Moura/Arquivo da editora

5.21

Aprendendo com a prática

1. Escolha um dos itens a seguir para preparar uma mistura. Providencie os materiais indicados e realize o trabalho sob a supervisão do professor. (Esta atividade também pode ser desenvolvida em grupo.)
   - Areia e pó de serra (serragem).
   - Pedrinhas, areia e pequenos fiapos de palha de aço.
   - Fubá e pequenos fiapos de palha de aço.
   - Fiapos de palha de aço e grãos de feijão, arroz e ervilha.
   - Fubá e água.

   Material

   Instrumentos que você considera necessários para separar os componentes da mistura. Você pode usar, por exemplo, frascos de vidro ou plástico, água, colher, peneira, ímã, filtro de papel de coar café.

   Demonstre para os colegas o processo usado na separação da mistura.

2. A cromatografia é uma técnica usada em laboratórios para separar substâncias diferentes de uma mistura; daí o nome do processo (*cromos* = cor; *grafia* = escrita). Na cromatografia sobre papel, uma mistura é colocada próxima à ponta de uma tira de papel-filtro (pode ser usado um filtro de papel de coar café). A ponta do papel é mergulhada em um solvente (água ou álcool) sem que o líquido alcance a mistura. O solvente sobe e arrasta as substâncias presentes na tira. As mais solúveis movem-se mais facilmente pelo papel e, com isso, os componentes da mistura que se encontra na tira acabam se separando (o tamanho das partículas, entre outros fatores, também influi nesse movimento).

   Material
   - Filtro de papel (usado para coar café).
   - Copo grande.
   - Álcool.
   - Fita adesiva.
   - Tesoura.
   - Lápis ou caneta esferográfica.
   - Caneta hidrográfica de cor preta (de ponta porosa).
   - Água.

   Procedimentos
   - Corte uma tira retangular do papel-filtro com cerca de 2 centímetros de largura. A altura da fita deve ser igual à altura do copo. Faça uma mancha com a caneta hidrográfica, a cerca de 2 centímetros de distância de uma das bordas da tira.
   - Prenda a outra extremidade da tira com fita adesiva no lápis (ou caneta), atravessando-o na boca do copo, como indica a figura abaixo (à esquerda). A outra extremidade deve ficar encostada no fundo do copo.
   - Derrame com cuidado a água no fundo do copo para que o nível da água fique um pouco abaixo da mancha.

   a) Aguarde alguns minutos e relate o que aconteceu.

   b) Na foto abaixo (à direita), você pode ver o resultado da técnica de cromatografia aplicada para pigmentos extraídos de uma folha verde. Com seus conhecimentos sobre fotossíntese, o que você pode dizer do resultado desse experimento?

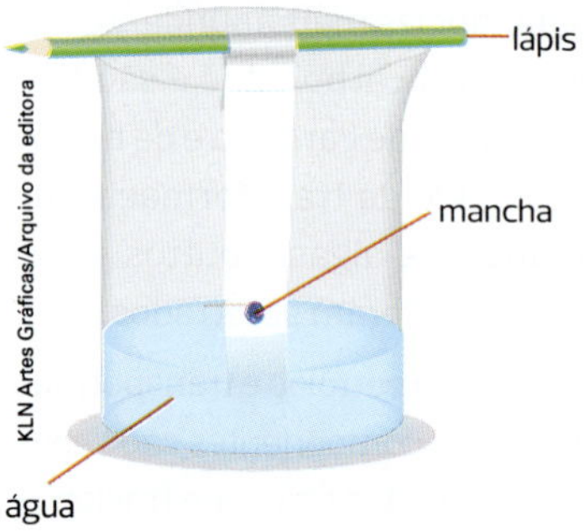

5.22 **Figura sem escala. Cores fantasia.**

5.23

Atenção!

A demonstração tem de ser feita em local apropriado: um laboratório onde haja água corrente, por exemplo. Não jogue água ou outros líquidos no chão ou na mesa. Também não leve nenhum material à boca. Proteja os olhos e as partes expostas do corpo. Use pequenas quantidades dos materiais indicados. Assim, haverá menor risco de acidentes e os restos poderão ser descartados com segurança no lixo comum (se forem sólidos), na pia ou no ralo (se forem líquidos). Siga sempre as instruções do professor ao longo de todo o experimento e no descarte dos materiais.

Capítulo 6

Funções químicas

A amônia é uma base utilizada em produtos de limpeza e desinfetantes domésticos. Ela é usada também para produzir ácido nítrico e fertilizantes. (Mas atenção: muitos ácidos e bases são altamente tóxicos e corrosivos e só devem ser manipulados por pessoas que tiverem recebido a orientação adequada.)

Os diversos tipos de bases possuem algumas propriedades químicas em comum. O mesmo vale para alguns ácidos. Um grupo de substâncias com propriedades químicas semelhantes é chamado de função química.

CONTEÚDO DIGITAL

6.1 O principal componente do vinagre (que aparece dentro do frasco) é um ácido, o ácido acético.

Wiktory/Shutterstock/Glow Images

A questão é

O que são ácidos e bases? Como reconhecer e diferenciar essas substâncias? Sais e óxidos: que diferenças químicas há entre essas funções?

Atenção!

Para saber se uma substância contém ácidos nunca se deve prová-la. Experimentar substâncias desconhecidas é sempre perigoso, já que muitas podem ser venenosas. Além disso, muitos ácidos e muitas bases são tóxicos e corrosivos: não devem ser ingeridos ou aspirados, nem devem entrar em contato com a pele. Nunca manipule qualquer substância desconhecida sem proteção para os olhos, mãos e partes expostas do corpo.

1 Identificação de ácidos e bases

O sabor azedo do limão deve-se à presença de substâncias que hoje conhecemos como **ácidos**. Esse sabor é uma característica geral desse grupo de substâncias.

Os químicos identificam as substâncias por meio de algumas de suas propriedades químicas. Sabe-se que os ácidos e as bases interagem de modo diferente com diversas substâncias.

Por exemplo, na natureza as flores e os frutos podem apresentar diferentes cores. A cor da hortênsia pode variar de acordo com o tipo de solo e dos fertilizantes utilizados. Em solos mais ácidos, encontramos flores de cor roxa ou azul. Em solos neutros, encontramos flores de cor branca ou verde-clara. Já a cor rosa aparece em solos básicos (alcalinos). Veja a figura 6.2.

Sérgio Dotta Jr./The Next

6.2 **Duas variedades de hortênsias.**

Por meio dessa e de outras observações, os químicos perceberam que alguns extratos vegetais poderiam apresentar cores diferentes se colocados em meio ácido ou básico. Sendo assim, essa característica poderia ser usada para indicar se uma substância ou uma solução é ácida ou básica. Esses extratos foram então chamados de indicadores ácido-base.

A partir da constatação de que existem indicadores naturais, foi possível começar a testar as diversas substâncias. Um dos indicadores mais conhecidos chama-se **tornassol**.

O tornassol é utilizado em laboratórios, impregnado em uma tira de papel, que é comercialmente chamada de papel de tornassol. Quando o papel de tornassol entra em contato com certas substâncias (com os cuidados exigidos em atividade de laboratórios), ele muda de cor. Quando em contato, por exemplo, com as bases popularmente conhecidas como soda cáustica, água sanitária e amoníaco (produtos de limpeza doméstica), o papel de tornassol fica da cor azul.

Entretanto, outras substâncias deixam o papel de tornassol vermelho, como suco de limão e vinagre. Essas substâncias são conhecidas como ácidos. Veja a figura 6.3.

Outra substância que funciona como indicador é a fenolftaleína, que fica incolor em soluções ácidas e vermelha em soluções básicas. Veja a figura 6.3.

Ácido é um termo que vem do latim *acidus*, que significa 'azedo', e era usado para designar o vinagre.

Tornassol é uma das substâncias extraídas de liquens. Liquens são formados pela associação entre fungos e algas ou cianobactérias.

Science Source/Photo Researchers, Inc./Latinstock

Charles D. Winters/Photo Researchers, Inc./Latinstock

Andrew Lambert Photography/Science Photo Library/Latinstock

6.3 **Nas duas primeiras fotos vemos o que acontece quando pingamos ácido cítrico em uma solução de fenolftaleína: a solução vai ficando incolor. Na última foto, o papel de tornassol azul fica vermelho em contato com uma solução de ácido acético (ácido presente no vinagre).**

2 As propriedades dos ácidos

Os ácidos têm diversas propriedades, além do sabor azedo. A maior parte das fórmulas químicas conhecidas para as substâncias ácidas até o século XIV tinha em sua estrutura um átomo de hidrogênio. Por exemplo, o HCl, que é o ácido clorídrico, presente no suco gástrico.

Baseado nesse fato e em outras observações, o químico sueco Svante August Arrhenius (1859-1927) propôs que muitas das propriedades poderiam ser explicadas por uma característica da molécula que constitui os ácidos: quando estão dissolvidos em água, os ácidos liberam um tipo de íon, o H^+, chamado íon hidrogênio. Esse íon de carga positiva (cátion) é o átomo de hidrogênio sem o elétron.

Os ácidos podem ser definidos de várias outras formas. A definição utilizada aqui é a de Arrhenius: ácido é toda substância que, em solução aquosa, libera como íons positivos apenas cátions hidrogênio. (O ânion liberado varia conforme o ácido.)

Veja como se pode representar o que acontece em uma solução aquosa de ácido clorídrico.

$$HCl(g) \xrightarrow{\text{água}} H^+(aq) + Cl^-(aq)$$

Essa representação, chamada de equação química, mostra que as moléculas de HCl no estado gasoso (g), ao se dissolverem em água, liberam o íon positivo (cátion) H^+ e o íon negativo (ânion) Cl^- (cloreto) em solução aquosa (aq). Dizemos então que os ácidos se **ionizam** (formam íons) em solução aquosa.

O HCl puro, sem estar dissolvido na água e fora das condições usuais de temperatura e pressão, encontra-se no estado gasoso e é chamado de cloreto de hidrogênio.

Agora veja: o íon negativo varia de um ácido para outro, mas todos os ácidos formam o íon H^+ em água, por isso têm propriedades semelhantes. Observe também que um ácido pode ser definido como uma substância que, dissolvida na água, origina o H^+ como único tipo de íon positivo.

Outra propriedade importante é que, quando são dissolvidos em água, os ácidos são capazes de conduzir corrente elétrica. Isso acontece porque, para que a corrente elétrica passe por uma solução aquosa, é preciso que haja cargas elétricas em movimento na solução. E, como acabamos de ver, em solução aquosa, os ácidos formam os íons, que possuem cargas elétricas. São os íons que conduzem corrente elétrica. Veja a figura 6.4: a lâmpada acesa indica que o ácido acético, encontrado no vinagre, conduz corrente elétrica em solução aquosa. Já na solução de açúcar comum em água, a lâmpada fica apagada porque o açúcar não forma íons (não se ioniza): suas moléculas apenas se separam e se espalham por entre as moléculas de água.

Atenção!
Estes experimentos devem ser realizados apenas pelo professor.

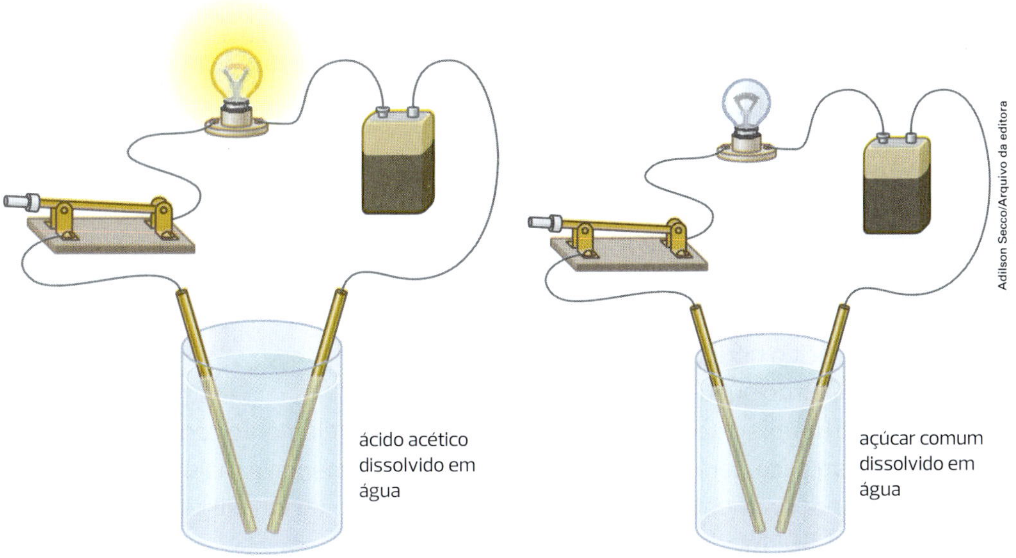

6.4 Em solução aquosa, os ácidos conduzem corrente elétrica e a lâmpada acende.

Medindo a acidez de uma solução

Os laboratórios possuem aparelhos que medem o pH de uma solução, chamados pHmetros ou peagâmetros. Há também papéis chamados de indicadores universais que contêm uma mistura de vários indicadores ácido-base e mudam de cor conforme o pH da solução.

Os ácidos podem ser classificados como fortes, moderados e fracos. Essa classificação se refere à quantidade de íons H^+ que esse ácido forma em solução aquosa. Quanto mais forte um ácido, mais íons H^+ ele forma em solução aquosa, mais ácida fica a solução e mais intensa se torna a cor vermelha de um papel de tornassol. Em química, a acidez de uma solução pode ser medida pela escala de pH. Essa sigla significa 'potencial hidrogeniônico' e dá uma indicação da quantidade de íons de hidrogênio na solução. As soluções neutras têm pH 7. As soluções ácidas têm pH menor que 7. As soluções básicas (que você verá depois) têm pH maior que 7 (essa escala corresponde a temperaturas em torno de 25 °C). Veja na figura 6.5 o pH aproximado de algumas soluções (quanto mais ácida uma solução, menor seu pH).

A cor do indicador também dá uma ideia do pH da solução: o papel de tornassol é vermelho em pH abaixo de 4,5; púrpura em pH entre 4,5 e 8,3; e azul em pH acima de 8,3. A fenolftaleína é incolor em pH abaixo de 8,3; rosa-claro em pH entre 8,3 e 10,0; e vermelho em pH acima de 10,0.

O termo 'cloro' é usado comumente para produtos contendo o elemento cloro, que, em contato com a água, liberam um ácido (o ácido hipocloroso) que tem função germicida.

A medida do pH é importante para avaliar as condições da água de um rio e para saber se um solo é muito ácido, por exemplo. Ela é usada também para o controle da água de piscinas. Nas piscinas, o pH deve ser mantido entre 7,2 e 7,6, para que o cloro tenha efeito germicida, protegendo a saúde das pessoas que frequentam a piscina.

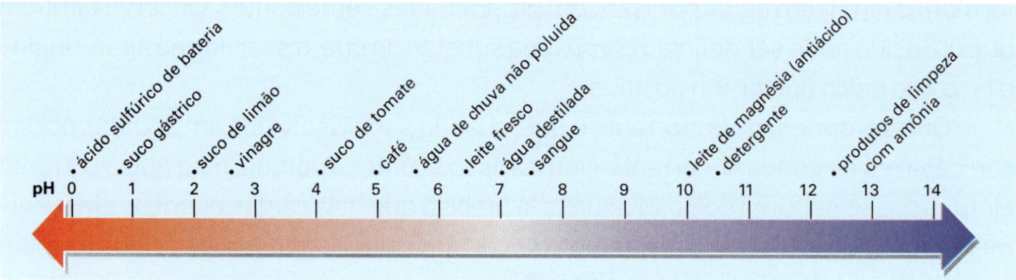

KLN Artes Gráficas/Arquivo da editora

6.5 O pH aproximado de algumas soluções. A água pura, sem sais minerais nem gases dissolvidos, é neutra, isto é, tem pH 7.

Outra propriedade dos ácidos é a capacidade de reagir com mais um tipo de função química: as bases. Como veremos adiante, nessa reação química eles formam sais (outra função química) e água.

Dando nome aos ácidos

Em estado puro, essas substâncias são gases. Apenas quando dissolvidas em água, elas liberam íons hidrogênio.

Os ácidos que possuem átomos de oxigênio em sua molécula, além de outros elementos, são chamados de **oxiácidos**. Os ácidos que não têm oxigênio na molécula são chamados de **hidrácidos**. Veja alguns exemplos de hidrácidos:

HF — ácido fluorídrico HBr — ácido bromídrico H_2S — ácido sulfídrico

HCl — ácido clorídrico HI — ácido iodídrico

O nome dos ácidos que têm átomos de oxigênio é baseado no nome do elemento (ou em sua origem). Veja:

H_3PO_4 — ácido fosfórico (fósforo)

HNO_3 — ácido nítrico (nitrogênio)

H_2SO_4 — ácido sulfúrico (enxofre = *sulfurium*)

Quando há dois oxiácidos diferentes com o mesmo elemento central, utilizam-se os sufixos **oso** e **ico** para indicar o ácido com número menor e maior de átomos de oxigênio, respectivamente: HNO_2 (ácido nitroso) e HNO_3 (ácido nítrico); H_2SO_3 (ácido sulfuroso) e H_2SO_4 (ácido sulfúrico).

3 As propriedades das bases

Uma característica das bases é seu sabor adstringente, quer dizer, que "prende" a língua, como acontece quando se come banana, caju ou caqui ainda verdes. Mas não devemos usar esse meio para identificar bases — simplesmente porque muitas são tóxicas e corrosivas mesmo em soluções diluídas. Além disso, nem todo sabor adstringente deve-se a bases: no caso da banana verde, por exemplo, esse sabor é dado por uma substância chamada tanino, que não é uma base. Vamos descobrir então o que as bases têm em comum.

Veja a fórmula química de algumas bases:

Hidróxido de sódio — NaOH ou Na^+OH^-

Hidróxido de cálcio — $Ca(OH)^2$ ou $Ca^{2+}(OH^-)^2$

Hidróxido de magnésio — $Mg(OH)^2$ ou $Mg^{2+}(OH^-)^2$

Assim como os ácidos têm em comum o átomo H no início da molécula, em todas as bases há um íon negativo (ânion), o OH^-, chamado de **íon hidroxila**, ligado a um íon positivo, que varia de uma base para outra. Por esse motivo essas bases são chamadas de hidróxidos.

As bases são chamadas também de álcalis (do árabe *alkali*, que significa 'cinzas'). Cinzas obtidas da queima da madeira, quando dissolvidas em água, formam uma solução básica, em razão da presença de hidróxido de potássio, entre outras substâncias. Por isso, não devemos pegar em cinzas sem proteção adequada.

Observe que podemos definir uma base como uma substância que em solução aquosa sempre origina como íon negativo o íon hidroxila.

Quando uma base é dissolvida em água, o íon negativo, a hidroxila, se separa do íon positivo. Essa separação de íons é chamada dissociação iônica. Podemos representar esse processo pela equação química abaixo, que pode ser lida assim: "O hidróxido de sódio sólido (s) se dissolve em água produzindo íons sódio e hidroxila em solução aquosa (aq)".

$$NaOH(s) \xrightarrow{\text{água}} Na^+(aq) + OH^-(aq)$$

Como são compostos iônicos, os hidróxidos conduzem bem a corrente elétrica quando dissolvidos em água, pois possuem os íons que, como você viu anteriormente, são capazes de conduzir corrente elétrica.

Em contato com uma solução básica, a fenolftaleína incolor torna-se vermelha, e o papel de tornassol vermelho fica azul. Veja a figura 6.6.

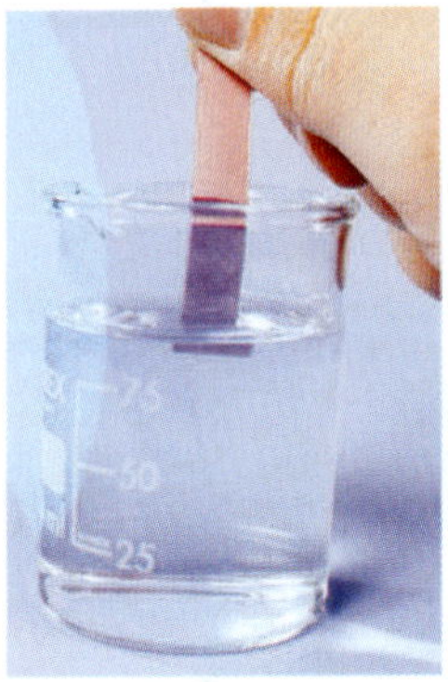

Andrew Lambert Photography/Science Photo Library/Latinstock

6.6 O papel de tornassol vermelho fica azul depois de mergulhado em uma solução básica (alcalina).

Reveja a figura 6.5: as soluções básicas têm pH maior que 7; quanto maior o pH, mais básica é a solução.

O nome de uma base é formado pela palavra hidróxido mais o nome do elemento, geralmente um metal, que está ligado ao íon hidroxila. Assim, o NaOH é o hidróxido de sódio, e o $Ca(OH)_2$ é o hidróxido de cálcio. O hidróxido de sódio (popularmente conhecido como soda cáustica) tem várias aplicações industriais e é bastante corrosivo: só deve ser manipulado por pessoas que conhecem as medidas de segurança e usam equipamentos de proteção. O mesmo vale para o hidróxido de cálcio (popularmente conhecido como cal hidratada, cal extinta ou cal apagada), usado em pinturas de parede, entre outras aplicações.

Quando um elemento químico forma mais de uma base, acrescentamos ao nome o número da carga do cátion, em algarismos romanos.

A amônia (NH_3), também chamada de amoníaco, é uma base diferente das bases vistas até agora. Repare que não há um íon hidroxila na fórmula da amônia. No estado puro, a amônia é um gás, com cheiro forte, mas em solução aquosa ela sofre uma reação, produzindo o íon hidroxila. Veja:

$$NH_3(g) + H_2O(l) \xrightarrow{\text{água}} NH_4^+(aq) + OH^-(aq)$$

O íon NH_4^+ chama-se íon amônio e, dissolvido na água, forma o hidróxido de amônio (NH_4OH), usado em produtos de limpeza.

A urina contém uma substância chamada ureia. Após algum tempo, a ureia sofre decomposição formando a amônia, que confere um cheiro desagradável a banheiros que não foram bem limpos.

30 Ciência no dia a dia

Cargas perigosas

Em caminhões que transportam produtos químicos que representam risco para a saúde das pessoas, para a segurança pública ou para o meio ambiente é obrigatória a presença de placas que identificam por números e símbolos esses produtos. O número 1, por exemplo, indica substâncias explosivas; o número 2, gases inflamáveis ou gases não inflamáveis e não tóxicos; o número 5, efeito oxidante (favorece incêndio), etc.

Veja na figura 6.7 alguns símbolos:

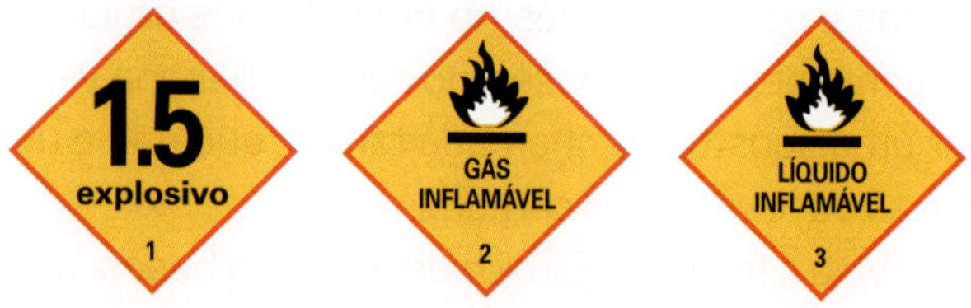

6.7

Ilustrações: Banco de imagens/Arquivo da editora

4 Os sais

Quando se fala em sal, pensamos logo no sal de cozinha. Em Química, porém, a denominação sal indica um grupo de compostos que pertencem à função química sal. Muitos deles têm sabor salgado — mas, sempre é bom lembrar, não se deve tentar identificar o sal levando-o à boca, pois alguns sais são tóxicos.

Os sais podem ser encontrados na natureza, como é o caso do cloreto de sódio, que é retirado da água do mar. Mas também podem ser produzidos pela reação química entre um ácido e uma base.

Veja, por exemplo, a formação do cloreto de sódio:

$$HCl(aq) + NaOH(aq) \rightarrow NaCl(aq) + H_2O(l)$$

A reação entre o ácido clorídrico (HCl) e o hidróxido de sódio (NaOH) produziu o sal cloreto de sódio (NaCl) e água (no estado líquido). O sódio e o cloro estão em solução aquosa (aq) e, nesse estado, se apresentam na forma de íons Na^+ e Cl^-. Essa é uma importante característica dos sais: dissolvidos em água, liberam cátions e ânions.

No caso do NaCl, são liberados o cátion Na^+ e o ânion Cl^-. Percebam que a produção de água se deu pela união do cátion H^+ (do ácido) e do ânion OH^- (da base).

Sendo assim, é fácil reconhecer a fórmula de um sal. Os sais, em geral, não apresentam H no início da fórmula (caso contrário, seria um ácido, como HCl, HBr), nem OH no final da fórmula (caso contrário, seria uma base, como NaOH, KOH).

Você aprendeu que as substâncias que conduzem corrente elétrica possuem partículas carregadas que podem se mover livremente. Nos sais em estado sólido, os átomos não conseguem se movimentar o bastante para conduzir eletricidade. As partículas carregadas (os íons) apenas vibram em torno de uma posição fixa. Mas, quando um sal é dissolvido na água ou quando sofre fusão, os íons podem se mover mais livremente. Por isso nessas condições os sais conduzem corrente elétrica. Observe a figura 6.8.

6.8 Quando os sais estão no estado líquido ou são dissolvidos na água, eles conduzem corrente elétrica. (Figura sem escala. Cores fantasia.)

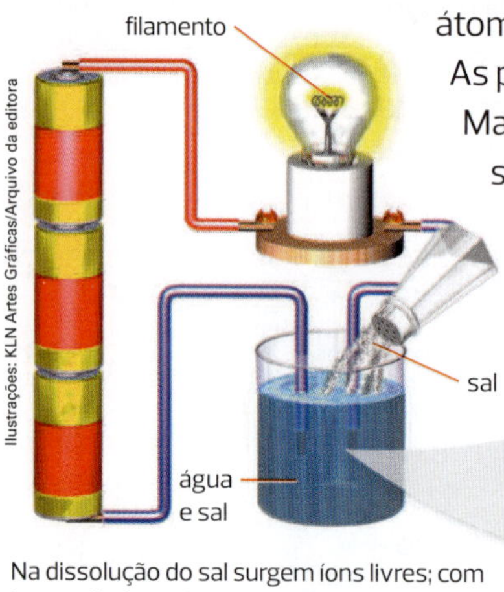

Ilustrações: KLN Artes Gráficas/Arquivo da editora

Na dissolução do sal surgem íons livres; com isso se fecha o circuito, e a lâmpada acende.

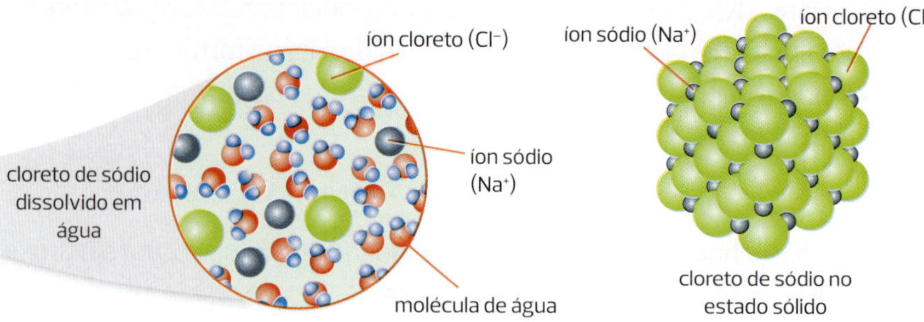

cloreto de sódio no estado sólido

Nomeando os sais

Observando o nome (cloreto de sódio) e sua fórmula (NaCl), você pode perceber que o nome do sal é formado a partir do nome do ânion seguido do nome do cátion. Por exemplo: iodeto de sódio (NaI) e iodeto de potássio (KI). Esses dois sais vêm misturados ao sal de cozinha para prevenir uma doença chamada bócio endêmico, provocada por falta de iodo.

O nome de um sal é formado pelo:

nome do ânion + de + nome do cátion

O nome do ânion origina-se do nome do ácido que o originou, com mudança na terminação. Veja um exemplo:

HCl = ácido clorídrico (origina o ânion cloreto)

NaCl = cloreto de sódio

Nesse caso, a terminação "ídrico" do ácido se transformou em "eto".

Veja outro exemplo:

HI = ácido iodídrico (origina o ânion iodeto)

NaI = iodeto de sódio

Caso o nome do ácido termine em "ico" (por exemplo, o ácido carbônico), o nome do ânion terminará em "ato" (por exemplo, o ânion carbonato). Veja a figura 6.9.

Caso o nome do ácido termine em "oso" (por exemplo, o ácido nitroso), o nome do ânion terminará em "ito" (por exemplo, o ânion nitrito).

Quando um elemento químico, por exemplo, o Fe (ferro), origina mais de um cátion (Fe^{2+} e Fe^{3+}), indica-se por algarismos romanos a carga elétrica do cátion. Por exemplo: $FeCl_2$ é o cloreto de ferro II, e $FeCl_3$ é o cloreto de ferro III.

O iodo faz parte dos hormônios produzidos pela tireoide. A falta de iodo leva ao mau funcionamento dessa glândula, que aumenta muito de tamanho (bócio endêmico), entre outros problemas ao organismo. Esse problema pode acontecer em regiões com solo pobre em iodo. Por isso, é obrigatória a adição de iodo ao sal de cozinha.

Fernando Favoretto/Criar Imagem

6.9 O carbonato de cálcio é um sal empregado na fabricação de cimento.

5 Os óxidos

O tempo todo você está eliminando um óxido de seu corpo: o gás carbônico, que tem a fórmula química CO_2. Ele também é conhecido como dióxido de carbono.

Observe que os óxidos são formados pela combinação entre o elemento oxigênio e um único outro elemento.

Alguns óxidos reagem com a água formando ácidos. São, por isso, chamados de **óxidos ácidos**. Outros reagem formando bases — são os **óxidos básicos**. A cal utilizada na construção civil, por exemplo, é constituída por óxido de cálcio (CaO). Quando adicionamos água ao óxido de cálcio, a mistura passa a ter um caráter básico. O gás carbônico, que expiramos, ao ser borbulhado em água reage e a solução final apresenta caráter ácido.

Os prefixos que aparecem em alguns óxidos indicam o número de átomos de oxigênio presente no óxido. O prefixo **di** indica que há 2 átomos de oxigênio na molécula desse óxido (**di** = dois).

A combinação de oxigênio com flúor, porém, não é um óxido. No Ensino Médio, você vai ver que o flúor é o único elemento mais eletronegativo que o oxigênio. Isso significa que o flúor tem uma tendência maior de atrair elétrons de outros átomos do que o oxigênio.

Mundo virtual

Chuva ácida
<www.cdcc.sc.usp.br/quimica/ciencia/chuva.html>
Os processos químicos envolvidos na formação da chuva ácida e suas consequências ambientais.

Indicador alternativo de ácido-base
<http://www.seara.ufc.br/sugestoes/quimica/quimica033.htm>
Experimento que orienta a elaboração de um indicador ácido-base utilizando extrato de beterraba.

Óxidos
<http://www.soq.com.br/conteudos/ef/funcaoquimica/p4.php>
Página que apresenta exemplos de óxidos e suas aplicações.

Acesso em: 8 fev. 2015.

Reprodução/<www.soq.com.br>

Atividades

Trabalhando as ideias do capítulo

1. Como um ácido pode ser identificado? Quais são suas características?

2. Em termos químicos, o que todas as bases têm em comum?

3. Como um sal pode ser produzido em laboratório?

4. Explique por que as pessoas que trabalham com ácidos e bases em laboratório devem manusear com cuidado esses produtos e usar luvas e óculos de segurança.

5. Qual a escala de valores de pH que uma solução ácida pode ter? E uma solução básica?

6. Dê o nome dos seguintes ácidos (em solução aquosa): HF, HCl, HBr, H_2S, H_3PO_4, HNO_3, H_2SO_4, HNO_2, H_2SO_3.

7. Dê o nome das seguintes bases: NaOH, $Ca(OH)_2$, $Mg(OH)_2$, NH_3.

8. No caderno, indique quais são as afirmativas verdadeiras.
   a) O sabor azedo do limão é uma pista de que essa fruta possui algum ácido.
   b) Não se deve provar uma substância desconhecida para saber se ela é ácida ou básica.
   c) Quando dissolvidas na água, as bases liberam o íon hidrogênio.
   d) O íon hidroxila é liberado quando uma base, como o hidróxido de sódio, é dissolvida na água.
   e) Quanto maior o pH de uma solução, maior sua acidez.
   f) O pH de uma solução aquosa de hidróxido de magnésio é 10,5. Portanto, ele é uma solução básica.
   g) Uma substância neutra tem pH maior que 7.
   h) Quando dissolvidos na água, os ácidos conduzem corrente elétrica.
   i) O ácido nítrico, no estado puro, não conduz corrente elétrica.
   j) O tornassol é um indicador ácido-base porque muda de cor conforme o meio, seja ácido ou básico.
   k) Quanto maior o pH, mais básica ou alcalina é a solução.
   l) Quando dissolvidos na água, os ácidos originam íons H^+.
   m) Ácidos e bases não são corrosivos.
   n) Os ácidos são formados sempre por apenas dois elementos químicos.

9. O aparelho abaixo é um peagâmetro ou pHmetro. Você sabe dizer se a solução que ele mede é ácida ou básica? Por quê?

Andrew Lambert Photography/Science Photo Library/Latinstock

6.10 Um peagâmetro

10. Veja as fórmulas de alguns cátions e ânions encontrados nas funções químicas nas tabelas a seguir.

Carga	Cátions mais comuns					
+1	H^+	Li^+	Na^+	K^+	Ag^+	NH_4^+ amônio
	Cu^+					
+2	Mg^{2+}	Ca^{2+}	Sr^{2+}	Ba^{2+}	Zn^{2+}	
	Cu^{2+}	Fe^{2+}				
	Sn^{2+}	Pb^{2+}				
+3	Al^{3+}	Fe^{3+}				
+4	Sn^{4+}	Pb^{4+}				

6.11

Carga	Ânions mais comuns			
-1	F^- fluoreto	Cl^- cloreto	Br^- brometo	I^- iodeto
	OH^- hidróxido	NO_2^- nitrito	NO_3^- nitrato	HCO_3^- hidrogenocarbonato ou bicarbonato
-2	O^{2-} óxido	S^{2-} sulfeto	SO_3^{2-} sulfito	SO_4^{2-} sulfato
	CO_3^{2-} carbonato			
-3	PO_4^{3-} fosfato			

6.12

Com auxílio da tabela, escreva a fórmula molecular dos seguinte sais: nitrato de bário, fosfato de sódio, nitrito de cálcio, cloreto de zinco, brometo de sódio, sulfeto de ferro III, fluoreto de potássio, nitrato de prata, sulfeto de cálcio, fosfato de magnésio, cloreto de cálcio, carbonato de sódio, carbonato de cálcio, sulfato de amônio.

11. No caderno, indique a afirmativa verdadeira:

a) A água pura (destilada) tem pH igual a 14.

b) Óxidos ácidos reagem com água produzindo hidróxidos.

c) Óxidos são formados por apenas dois elementos, sendo sempre um deles o oxigênio.

d) Óxidos básicos reagem com a água formando ácidos.

e) Todos os óxidos ou são básicos ou são ácidos.

f) Quando dissolvidos em água, os sais não conduzem corrente elétrica.

12. No caderno, classifique cada substância abaixo em ácido, base, sal ou óxido (as substâncias estão dissolvidas na água):

- LiOH;
- HI;
- LiF;
- ZnO;
- CaO;
- KOH;
- KI.

Pense um pouco mais

1. Observe as duas figuras a seguir. Na primeira, os fios de cobre estão mergulhados em água destilada. Na segunda, foram acrescentadas algumas gotas de determinada substância.

Atenção!
Este experimento deve ser realizado pelo professor.

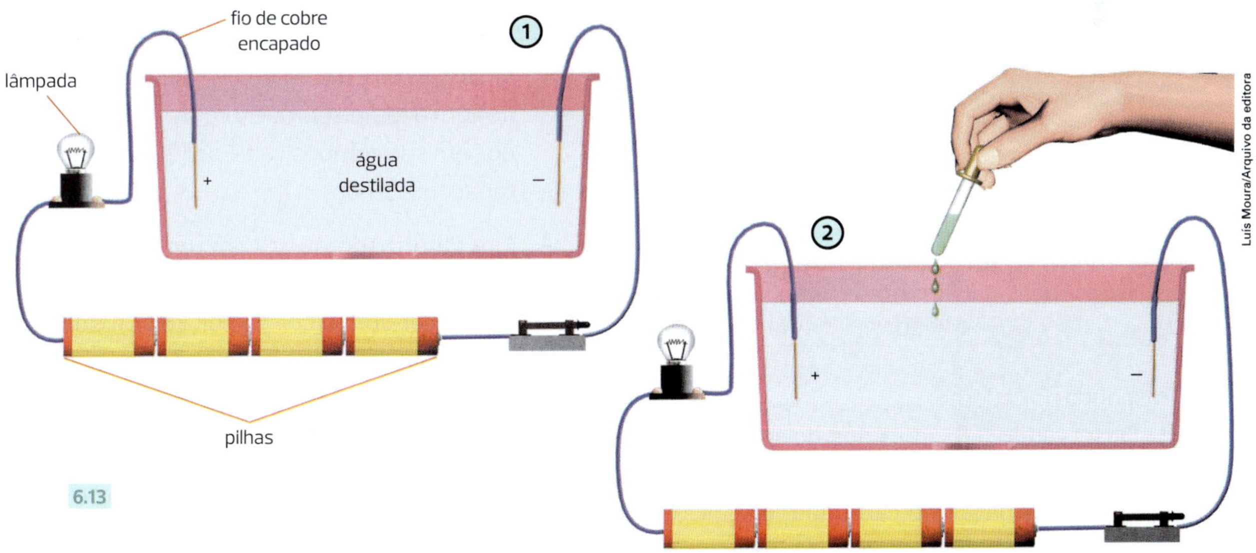

6.13

Responda:

a) Na primeira situação, você acha que a lâmpada vai acender ou ficar apagada? Por quê?

b) Na segunda figura, se a substância adicionada for ácido acético diluído, a lâmpada deve acender ou ficar apagada? Por quê?

2. No laboratório, o professor preparou água de cal, um líquido transparente, que é uma solução de hidróxido de cálcio diluído em água. Colocou essa solução num copo e, com um canudo, soprou várias vezes dentro dele. A água de cal começou a ficar leitosa, por causa da formação de um composto chamado de carbonato de cálcio, como se pode ver na figura 6.14.

Fotos: Andrew Lambert Photography/ Science Photo Library/Latinstock

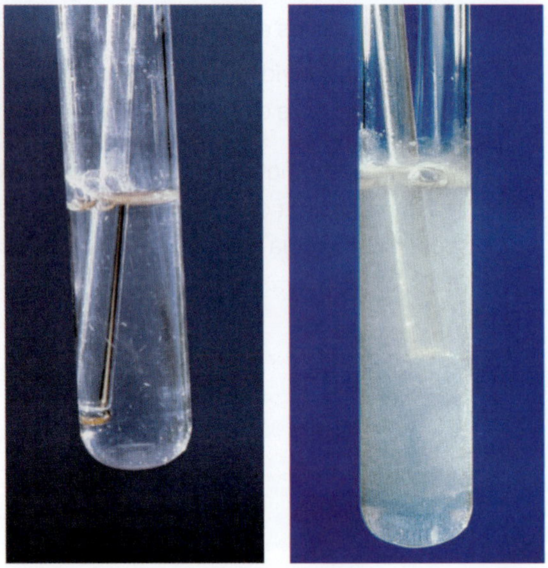

6.14

> **Atenção!**
>
> O preparo da água de cal deve ser feito apenas pelo professor ou por técnico de laboratório usando equipamento adequado (luvas, óculos protetores, espátulas para adicionar pitadas de cal à água, etc.), para que o óxido de cálcio usado nesse preparo não entre em contato com a pele, os olhos ou as mucosas, já que é corrosivo. Além disso, ao se dissolver na água, é liberado calor, e gotas de solução corrosiva podem espirrar para fora do recipiente. Finalmente, a água de cal e seus resíduos e embalagens devem ser descartados de acordo com a legislação ambiental.

Responda no caderno:

a) Observando a fórmula dos dois compostos mencionados na questão, o que deve ter causado a formação do carbonato de cálcio? A que função química pertence esse último composto?

b) Se deixarmos um copo com água de cal destampado, após alguns dias começa a se formar uma camada de carbonato de cálcio. Por que isso acontece?

c) Na foto abaixo, o frasco da esquerda contém água, açúcar e um fungo chamado de levedo de cerveja. No frasco da direita, há água de cal. Inicialmente a água de cal estava transparente, mas depois ficou com aspecto leitoso. Com seus conhecimentos de Química e de Biologia, explique que processo o levedo de cerveja realizou e o que foi produzido nesse processo que turvou a água de cal.

Martyn F. Chillmaid/Science Photo Library/Latinstock

6.15

3. Muitos livros e documentos estão se desintegrando com o tempo porque foram usados óxidos ácidos em sua composição. Explique o que deve estar acontecendo.

4. Um garoto soprou ar com um canudo em uma solução vermelha de fenolftaleína. O que pode acontecer com a cor da solução? Justifique sua resposta.

5. Por que a mistura de um ácido com uma base na proporção correta pode fazer com que as propriedades ácidas e básicas de uma solução desapareçam?

6. Antigamente, algumas pessoas, de brincadeira, durante o Carnaval, jogavam na roupa das pessoas um líquido chamado "sangue do diabo". Na hora, a roupa ficava manchada de vermelho, mas após certo tempo a mancha desaparecia. Sabendo que

o "sangue do diabo" é formado por um indicador, a fenolftaleína, e uma solução de amônia (NH_3) em água, explique por que a roupa fica vermelha e por que a mancha some depois de algum tempo. (Uma pista: a amônia é volátil.)

7. Que elemento químico está presente na fórmula de todos os ácidos?

8. Um elemento X possui 2 elétrons na última camada. Qual seria a fórmula mínima de um óxido de X? E de um cloreto de X? (O oxigênio possui 6 elétrons na última camada, e o cloro, 7.)

9. O professor mostrou aos alunos duas soluções com aspectos exatamente iguais, só que uma era solução de açúcar em água e outra, de sal em água. Ele disse então que seria capaz de distinguir as duas soluções sem provar nenhuma delas, usando apenas pilhas, fios e uma lâmpada. Como ele faria isso?

10. Na figura 6.16, gotas de um ácido estão pingando sobre uma solução contendo uma base e algumas gotas do indicador fenolftaleína.

Jerry Mason/Science Photo Library/Latinstock

6.16

Explique por que, depois de certo tempo, a solução fica incolor.

Atividade em grupo

- Escolham um dos temas a seguir para pesquisar em livros, CD-ROMs, na internet, etc. Depois, apresentem o resultado do trabalho de pesquisa para a classe e a comunidade escolar (alunos, professores e funcionários da escola e pais ou responsáveis).

1. Pesquisem as aplicações práticas (na indústria, no comércio, na agricultura, etc.) dos seguintes ácidos: ácido clorídrico, nítrico, fosfórico, sulfúrico, fluorídrico e carbônico.

2. Pesquisem as aplicações práticas (na indústria, no comércio, na agricultura, etc.) das seguintes bases: amoníaco e hidróxidos de sódio, de cálcio, de magnésio e de alumínio.

3. Pesquisem as aplicações práticas (na indústria, no comércio, na agricultura, etc.) dos seguintes sais: cloreto de sódio, carbonato de cálcio, nitrato de sódio, sulfato de cálcio, bicarbonato de sódio.

4. Pesquisem as aplicações práticas (na indústria, no comércio, na agricultura, etc.) dos seguintes óxidos: óxido de cálcio, dióxido de carbono, dióxido de silício.

5. Pesquisem a importância do trabalho de Svante Arrhenius para a Química.

6. Pesquisem o prêmio Nobel (a origem desse prêmio, para que áreas ele é concedido, entre outras informações).

De olho no texto

A chuva ácida

Os gases de enxofre e nitrogênio emitidos por fábricas, usinas à base de carvão ou petróleo, carros e outros veículos podem se combinar com o vapor de água do ar e formar ácidos, como os ácidos sulfuroso, sulfúrico, nitroso e nítrico. Quando chove, a água "carrega" essas substâncias, tornando-se assim mais ácida que o normal: é a chuva ácida.

6.17 A queima de combustíveis fósseis (principalmente carvão mineral) produz os gases que reagem com a água na atmosfera, dando origem às chuvas ácidas. (Ilustração sem escala. Cores fantasia.)

Gary Hincks/Science Photo Library/Latinstock

A chuva ácida pode alterar o pH do solo, prejudicando o crescimento das plantas, e danificar diretamente as folhas e outras partes dos vegetais. Também pode alterar o pH de rios e lagos, causando a morte de peixes e outros organismos aquáticos. Nas cidades, corrói o mármore de monumentos e o metal de veículos e portões. Veja a figura 6.18.

Wagner Santos/kino.com.br

Martyn F. Chillmaid/Science Photo Library/Latinstock

6.18 Estátua de mármore corroída pela chuva ácida, na Alemanha, e a ação de um ácido sobre o calcário (rocha feita de carbonato de cálcio).

Agora responda às questões:

a) Por que a água da chuva não poluída é ácida?

b) Um estudante afirmou que a chuva ácida é um problema local, que afeta apenas a região onde estão as indústrias poluidoras. Você concorda? Por quê?

c) A foto abaixo mostra dois tubos de ensaio com um pouco de água da chuva e um indicador de pH. Em qual deles a chuva estava mais ácida? Justifique sua resposta.

Martyn F. Chillmaid/Science Photo Library/Latinstock

6.19

d) Explique por que uma estátua de mármore próxima a uma usina termoelétrica está mais danificada que outra estátua de mármore bem mais distante da mesma usina

Science Photo Library/Latinstock

6.20 Estátua com o desgaste provocado por chuva ácida em Leeds, na Inglaterra.

Aprendendo com a prática

Nesta atividade, você vai testar o pH dos produtos abaixo, sob a orientação do professor.

Material

- água destilada
- leite
- água da bica
- leite de magnésia
- suco de limão
- água mineral com gás
- vinagre
- refrigerantes
- solução de água com sabão

Atenção!

Não mexa com fogo. Deixe isso para um adulto que tenha prática no manuseio. Ao lidar com substâncias químicas, é preciso proteger o rosto e o corpo – principalmente os olhos e as mãos – e desenvolver a atividade em local apropriado.

Procedimentos

- Peça ao professor ou a outra pessoa adulta que prepare um indicador com o caldo de repolho roxo. É preciso pôr cerca de 5 folhas picadas desse repolho em 0,5 litro de água e ferver por 10 a 15 minutos. O professor pode optar também por bater folhas picadas com água no liquidificador e coar.
  Não se deve usar panela de alumínio.
- Depois de esfriar, a mistura é passada em um coador de chá ou em um filtro de café, e o caldo pode ser guardado na geladeira (por alguns dias) ou no congelador (por mais tempo). O caldo tem coloração roxa ou roxo-azulada. Fica vermelho ou rosa em contato com produtos ácidos, e verde ou amarelo em contato com produtos básicos. Em solução neutra, permanece roxo. A mudança se deve a pigmentos contidos nas folhas, as antocianinas. Veja a figura 6.21.
- Ponha cerca de uma colher de sopa desse caldo em uma vasilha pequena e transparente ou em um copo de vidro. Então, adicione uma colher das de café, ou um pouco mais, de um dos produtos indicados anteriormente. Mexa a mistura e vá acrescentando aos poucos a quantidade desse produto, até que você observe uma mudança de cor na solução de repolho.

a) Anote no caderno a cor obtida. Classifique o produto como ácido, básico ou neutro. Repita o procedimento com os demais produtos.

b) Agora, tente, conforme a cor, neutralizar uma das soluções ácidas ou básicas acrescentando outro produto da lista. Explique por que isso pode acontecer.

Se puder, repita esses testes usando papel de tornassol. Indique a cor resultante e compare-a com a cor obtida no teste com caldo de repolho roxo.

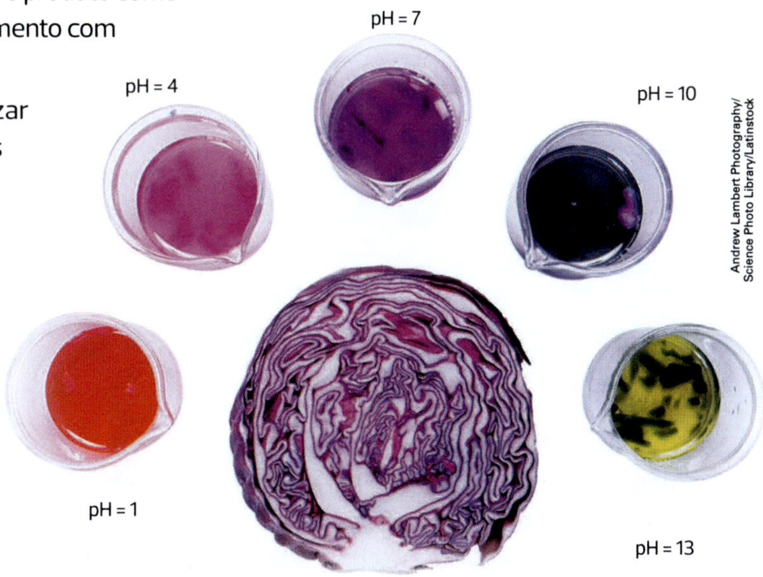

Andrew Lambert Photography/Science Photo Library/Latinstock

6.21 O caldo de repolho roxo muda de cor de acordo com o pH.

Capítulo 7

Reações químicas

Alguns fatores podem ser observados para verificar se uma transformação química efetivamente ocorreu. Tais fatores são chamados de evidências de reação. Veja um exemplo prático: quando se queima um pedaço de madeira, verifica-se que ocorreu a mudança de cor da madeira. Além disso, ocorrem o aumento de temperatura e a liberação de gases. A mudança de cor, o aumento da temperatura e a liberação de gases são evidências de reação.

Outra evidência de reação química é quando se misturam dois líquidos incolores e ocorre a formação de um sólido.

Neste capítulo você vai ver algumas outras situações que podem caracterizar ou evidenciar que uma reação química efetivamente ocorreu. Observe a figura abaixo.

CONTEÚDO DIGITAL

7.1 Mudança de cor e formação de gases indicam que houve reação química.

Stockphoto-graf/Shutterstock/Glow Images

A questão é

Hidrogênio e oxigênio formam água. Você sabe escrever e balancear a reação química que representa esse fenômeno? Em que condições a massa é conservada em uma reação química? Que lei afirma esse fato? Por que a lei de Proust é chamada lei das proporções constantes?

1 Representação de reações químicas

No Capítulo 5 você viu que se misturarmos limalha de ferro com enxofre em pó, que tem cor amarela, obteremos uma mistura em que o ferro pode ser separado do enxofre com ímã. Mas, se aquecermos a mistura em laboratório por certo tempo, vamos obter uma substância chamada de sulfeto ferroso. Veja a figura 7.2. Essa substância não é amarela nem é atraída por ímã. Houve, portanto, uma reação química, com a formação de um novo produto.

Na nomenclatura atual é conhecido como sulfeto de ferro (II).

Pode-se usar uma **equação química** para representar uma reação química:

$$Fe(s) + S(s) \xrightarrow{\Delta} FeS(s)$$

Equação química é um conjunto de símbolos utilizados para representar uma reação química.

Com essa equação representamos um fenômeno: a reação do ferro com o enxofre originando sulfeto ferroso.

Observe que há dois membros na equação separados por uma seta que "representa uma transformação química", com a produção de novas substâncias.

No primeiro membro estão o ferro e o enxofre, que são chamados de **reagentes** — as substâncias que reagem. No segundo membro ficam os **produtos** da reação — as substâncias resultantes dela.

Essa equação está nos dizendo, então, que cada átomo de ferro combina-se com um átomo de enxofre para originar o sulfeto ferroso.

Na equação, o estado físico de cada substância é indicado por **s** (sólido), **l** (líquido), **g** (gás) e **aq** (quando a substância está em solução aquosa). Como a reação só ocorre sob aquecimento, usamos a letra grega delta (Δ) sobre a seta.

7.2 **Ferro em pó (cinza, superior esquerdo), enxofre (amarelo, centro superior) e uma mistura de ferro e enxofre (inferior esquerdo) que, aquecida, forma o sulfeto de ferro II (FeS, preto, inferior direito).**

Andrew Lambert Photography/SPL/Latinstock

Veja outro exemplo de reação química.

Se o gás hidrogênio for misturado com o gás oxigênio em laboratório e uma faísca elétrica for disparada na mistura, ocorrerá uma explosão e uma nova substância será formada: a água.

Vamos representar o que aconteceu usando esferas como modelos de átomo. Veja a figura 7.3.

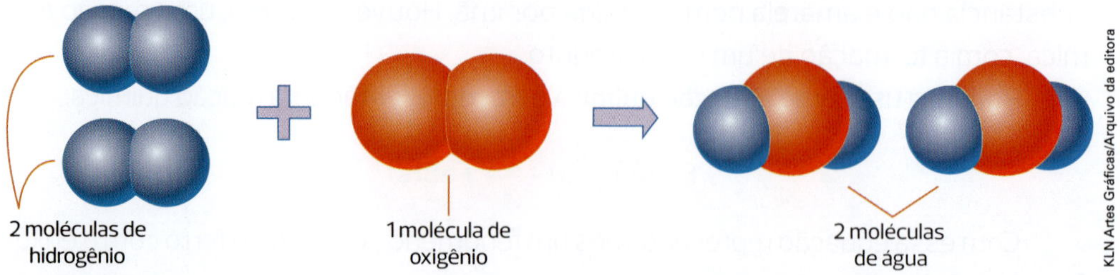

7.3 A reação química entre hidrogênio e oxigênio produz água. (Esquema sem escala. Cores fantasia.)

Observe que cada 2 moléculas de hidrogênio se combinaram com 1 molécula de oxigênio, formando 2 moléculas de água.

Nesse caso, a equação química a seguir está correta?

$$H_2 + O_2 \rightarrow H_2O$$

Se contarmos o número de átomos de cada elemento nos reagentes e produtos, perceberemos que a equação não está correta, porque não mostra a proporção de átomos que reagem entre si. Dizemos que ela não está **balanceada** (ou **ajustada**).

Compreenda melhor por que a equação não está correta: há 2 átomos de oxigênio no primeiro membro e apenas 1 no segundo, ou seja, 1 átomo de oxigênio desapareceu. Mas, numa reação química, os elementos e o número de átomos de cada elemento têm de ser os mesmos antes e depois da reação. As reações químicas não destroem átomos nem criam átomos novos. O que muda é a forma como eles estão organizados, podendo haver também transferência de elétrons de um átomo para outro.

Por isso é preciso verificar sempre se uma equação química está balanceada, isto é, se o número de átomos de cada elemento é o mesmo em ambos os membros.

Para balancear uma equação química é preciso encontrar os números inteiros que, colocados antes de cada substância, tornem igual o número de cada átomo nos dois membros da equação. Esses números inteiros, que indicam a proporção de átomos que participam da reação, são chamados de **coeficientes**.

Portanto, o balanceamento das equações é feito apenas por meio de coeficientes colocados antes das substâncias: não alteramos os índices das fórmulas (índices são aqueles números escritos em tamanho menor, que vêm depois dos elementos). Isso alteraria a natureza química da substância, isto é, outra substância seria produzida.

Veja como fica a equação química anterior, depois de balanceada e depois de indicarmos os estados físicos das substâncias:

$$2H_2(g) + O_2(g) \rightarrow 2H_2O(l)$$

Observe que no primeiro membro da equação há 4 átomos de hidrogênio e no segundo membro também.

Em relação ao oxigênio, vemos que no primeiro membro há 2 átomos de oxigênio — o mesmo número que o do segundo membro. Portanto, agora a equação está balanceada.

2 Balanceamento de equações químicas

Vamos começar com a reação química do sódio com o cloro, que produz cloreto de sódio. Veja a figura 7.4.

$$Na + Cl_2 \rightarrow NaCl \text{ (equação não balanceada)}$$

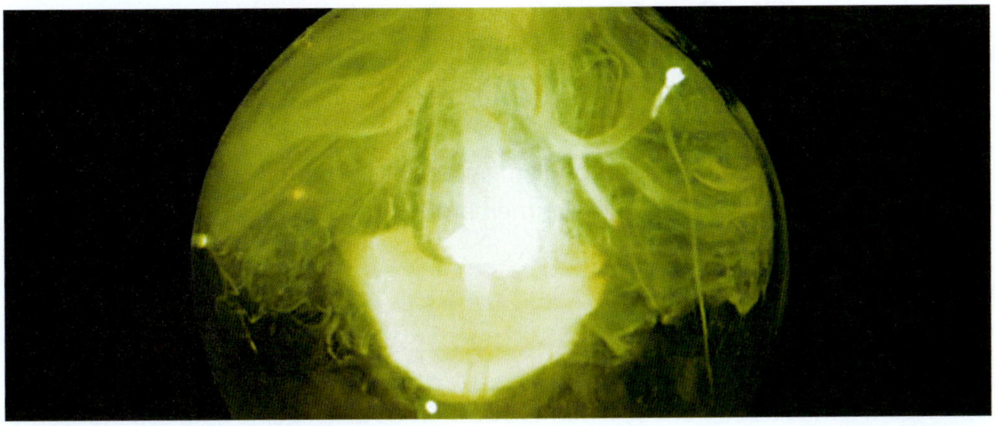

Andrew Lambert Photography/Science Photo Library/Latinstock

7.4 Reação do sódio com o cloro formando cloreto de sódio. O sódio é um metal que reage de forma violenta com a água (por isso não pode ser tocado sem proteção); o cloro é um gás venenoso.

Observe que há 2 átomos de cloro no primeiro membro, mas apenas 1 no segundo. Logo, podemos colocar o coeficiente 2 antes do NaCl para que tenhamos 2 átomos de cloro no segundo membro. Perceba que o número que colocamos na frente do NaCl vale tanto para o Na quanto para o Cl:

$$Na + Cl_2 \rightarrow 2NaCl$$

Observe, porém, que agora temos 2 átomos de sódio no segundo membro e apenas 1 no primeiro. Mas, se você pensar um pouco, verá que há uma maneira de resolver isso:

$$2Na(s) + Cl_2(g) \rightarrow 2NaCl(s)$$

Dessa forma a equação está balanceada.

Vamos agora balancear uma equação que mostra a reação entre o gás nitrogênio e o gás hidrogênio na formação de amônia (NH_3). Veja a equação antes do balanceamento:

Essa reação química é importantíssima: a amônia obtida do nitrogênio do ar e do hidrogênio é usada na produção de fertilizantes, entre outras aplicações.

$$N_2 + H_2 \rightarrow NH_3 \text{ (equação não balanceada)}$$

Como há 2 átomos de nitrogênio no primeiro membro e apenas 1 no segundo, podemos colocar o coeficiente 2 antes da fórmula NH_3:

$$N_2 + H_2 \rightarrow 2NH_3$$

Observe que agora há 2 átomos de hidrogênio no primeiro membro e 6 no segundo. Veja então como igualamos o número de hidrogênio (além de indicarmos o estado físico das substâncias):

$$N_2(g) + 3H_2(g) \rightarrow 2NH_3(g)$$

O metano é produzido nos pântanos e no tubo digestório do gado como resultado da fermentação realizada por bactérias. Pode ser produzido também no material orgânico presente no esgoto e no lixo por um equipamento chamado biodigestor. O metano recolhido por esse equipamento pode ser usado como combustível.

Em reações mais complicadas devemos começar com o elemento que aparece uma só vez em cada membro da equação. Vamos ver como exemplo a queima do gás metano (CH_4).

O principal componente do gás natural, encontrado, por exemplo, com o petróleo, é o metano, cuja fórmula é CH_4. A queima do metano produz gás carbônico e água.

A equação que mostra a queima do metano (sem balanceamento) é:

$$CH_4 + O_2 \rightarrow CO_2 + H_2O \text{ (equação não balanceada)}$$

O carbono e o hidrogênio aparecem uma vez em cada membro. Vamos começar o balanceamento por eles.

O número de átomos de carbono em ambos os membros já está igualado, mas há 4 átomos de hidrogênio no primeiro membro e 2 no segundo. Então, colocamos o coeficiente 2 antes da fórmula da água:

$$CH_4 + O_2 \rightarrow CO_2 + 2H_2O$$

Agora temos de conferir se o número de átomos de oxigênio está correto. Como há 4 átomos de oxigênio no segundo membro e 2 no primeiro, colocamos o coeficiente 2 antes da fórmula do oxigênio. Veja como fica a equação balanceada (o símbolo **v** indica substância no estado de vapor).

Essa reação ocorre quando o ferro, em contato com o ar e a água, enferruja. Veja o boxe da página seguinte.

$$CH_4(g) + 2O_2(g) \rightarrow CO_2(g) + 2H_2O(v)$$

Tente ajustar a equação que representa de forma simplificada a oxidação do ferro antes de ver a resposta adiante.

$$Fe + O_2 \rightarrow Fe_2O_3 \text{ (equação não balanceada)}$$

Cada elemento aparece apenas uma vez em cada membro da equação. Podemos então usar mais uma regra prática: começar pelo elemento que tem o índice maior. No caso, o oxigênio.

Observe que há 2 átomos de oxigênio no primeiro membro e 3 no segundo. Para igualar o número de átomos de oxigênio nos dois membros multiplicamos o oxigênio do primeiro membro por 3 e o óxido de ferro no segundo membro por 2.

Por quê? Porque assim passa a haver 6 átomos de oxigênio em cada membro da equação. Veja:

$$Fe + 3O_2 \rightarrow 2Fe_2O_3$$

Para equilibrar o número de átomos de ferro, colocamos o coeficiente 4 no ferro do primeiro membro, e a equação fica balanceada.

$$4Fe(s) + 3O_2(g) \rightarrow 2Fe_2O_3(s) \text{ (equação balanceada)}$$

Ciência no dia a dia

A ferrugem

A ferrugem se forma por causa de uma reação química entre o ferro, a água e o oxigênio do ar. Essa reação produz uma mistura de hidróxido ($Fe(OH)_3$) e óxidos de ferro (FeO e Fe_2O_3) hidratados (figura 7.5).

Um experimento simples pode demonstrar que o gás oxigênio e a água participam da reação de formação da ferrugem. Observe a figura 7.6.

No primeiro tubo, os pregos que contêm o ferro estão em contato com a água e com o gás oxigênio (presente no ar e dissolvido na água). O resultado é que os pregos enferrujam. No segundo tubo, fechado, há uma substância higroscópica, isto é, uma substância que absorve a umidade do ar (por exemplo, sílica gel). Nesse tubo, o ferro está em contato com o oxigênio, mas toda a água foi absorvida pela substância higroscópica e, por isso, não há formação de ferrugem. No terceiro tubo, os pregos foram mergulhados em água destilada, isto é, em água pura, sem oxigênio dissolvido nela. Acima da água foi colocada uma camada de óleo e o tubo foi fechado com uma rolha. Nesse tubo, não houve contato do ferro com o oxigênio do ar. Portanto, também não houve formação de ferrugem. Finalmente, no último tubo, os pregos foram mergulhados em água salgada. Nesse último tubo, a ferrugem aparece mais rapidamente, porque, além de estar em contato com água e oxigênio do ar, a presença de íons, como os íons sódio e cloro, acelera a formação de ferrugem.

Dorival Moreira/Pulsar Imagens

7.5 Trem enferrujado

Andrew Lambert Photography/Science Photo Library/Latinstock

7.6 Experimento para verificar a formação de ferrugem em diversas condições. Para evitar a ferrugem, pode-se proteger a superfície do objeto com uma camada de tinta ou com metais que impedem o contato do ferro com o oxigênio, como o zinco (galvanização), o crômio (objetos cromados) e o estanho (usado na parte interna das latas).

> **Atenção!**
> Não tente realizar esta reação sozinho: ela deve ser feita por um profissional habilitado em um laboratório.

3 Tipos de reações químicas

Para facilitar o estudo dos tipos de reações químicas vamos usar dois exemplos.

O primeiro é uma reação feita em laboratório que consiste em fazer a decomposição da água utilizando um aparelho que permite a passagem de corrente elétrica (figura 7.7).

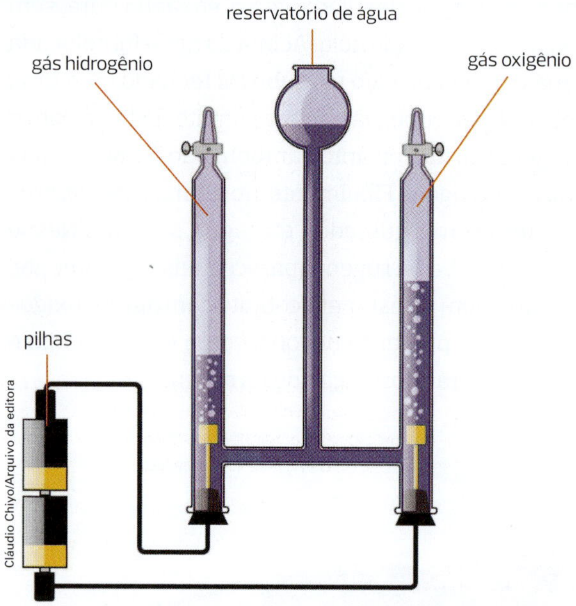

7.7 Eletrólise da água: a passagem de uma corrente elétrica, fornecida por pilhas, pela água realiza a decomposição das moléculas de água em hidrogênio e oxigênio. (Figura sem escala. Cores fantasia.)

Esse processo é chamado de **eletrólise** e, para que ele ocorra, é necessário adicionar à água um pouco de ácido. Veja a equação que representa esse processo:

$$2H_2O(l) \rightarrow 2H_2(g) + O_2(g)$$

O segundo exemplo é uma reação feita na indústria: aquecendo-se o carbonato de cálcio ($CaCO_3$) obtêm-se gás carbônico (CO_2) e óxido de cálcio (CaO), ou cal viva, usado na construção civil. Veja o processo:

$$CaCO_3(s) \rightarrow CaO(s) + CO_2(g)$$

Compare esses dois exemplos de reações com duas reações químicas que você já conhece:

$$2H_2(g) + O_2(g) \rightarrow 2H_2O(l)$$
$$N_2(g) + 3H_2(g) \rightarrow 2NH_3(l)$$

Que diferença você vê entre os dois grupos de reações?

Nas duas reações do primeiro grupo, a partir de uma substância reagente obteve-se mais de um produto. Esse tipo de reação é chamado de **reação de decomposição** ou **análise**. Nesse caso, o reagente se decompõe em dois ou mais produtos.

Já no segundo caso ocorreu o inverso: duas ou mais substâncias formaram uma única substância. Esse tipo de reação é chamado de **reação de adição** ou **síntese**. Nesse caso, a palavra síntese tem o sentido de produção.

Veja agora na figura 7.8 o que acontece, no laboratório, quando um fio de cobre é mergulhado em uma solução de nitrato de prata.

> **Atenção!**
> Não faça este experimento sozinho: somente o professor pode realizá-lo.

Lester V. Bergman/Corbis/Latinstock

7.8 O cobre "substitui" a prata no nitrato, e a prata se deposita sobre o fio de cobre.

O cobre presente no fio toma o lugar da prata (substitui) no nitrato, formando nitrato de cobre e prata.

Esse tipo de reação, em que uma substância simples substitui um elemento de uma substância composta, é chamado de **reação de simples troca** ou **reação de deslocamento**. Veja a equação química que representa essa reação:

$$Cu(s) + AgNO_3(aq) \rightarrow CuNO_3(aq) + Ag(s)$$

Observe agora a reação de um sal, o nitrato de chumbo — $Pb(NO_3)_2$ —, com outro sal, o iodeto de potássio (KI), formando nitrato de potássio (KNO_3) e iodeto de chumbo (PbI_2). Veja abaixo a equação que representa essa reação e veja também essa reação realizada em laboratório na figura 7.9.

$$2KI(aq) + Pb(NO_3)_2(aq) \rightarrow 2KNO_3(aq) + PbI_2(s)$$

Note que, aparentemente, nessa reação duas substâncias compostas trocaram elementos entre si. Esse tipo de reação é chamado de **reação de dupla troca** ou **permutação**.

Charles D. Winters/Photo Researchers, Inc./Latinstock

7.9 **Reação de dupla troca entre o iodeto de potássio e o nitrato de chumbo, formando um precipitado amarelo de iodeto de chumbo e uma solução de nitrato de potássio.**

4 As leis das reações químicas

As leis científicas são usadas para explicar um conjunto de fenômenos. Veremos aqui duas delas, relacionadas às quantidades de matéria das reações químicas: a lei da conservação da massa e a lei das proporções constantes.

Atenção!
Não tente realizar esta reação sozinho: ela deve ser feita por um profissional habilitado em um laboratório.

A lei da conservação da massa

Uma pessoa saiu de viagem bem cedo com o carro. No fim do dia, viu que a gasolina estava acabando. O que aconteceu com a gasolina? Para onde foram as moléculas e os átomos da gasolina? Desapareceram?

A gasolina foi queimada, isto é, suas moléculas reagiram com o oxigênio do ar, liberando grande quantidade de calor em curto espaço de tempo: é o processo conhecido como combustão.

A gasolina é uma mistura de várias substâncias. Veja como é a combustão completa de um dos componentes da gasolina, o n-heptano, com fórmula C_7H_{16}:

A combustão produz também outros gases, como o monóxido de carbono. A equação seguinte mostra uma combustão completa, em que todo o carbono reage e se transforma em gás carbônico. Mas, na prática, dependendo do material queimado, vários outros gases são formados e uma parte do carbono não é queimada, ficando na forma de cinzas.

$$C_7H_{16}(l) + 11O_2(g) \rightarrow 7CO_2(g) + 8H_2O(v)$$

Você pode dizer agora o que aconteceu com as moléculas do n-heptano?

A combustão transformou as moléculas que formam a gasolina em gás carbônico e vapor de água. Na prática a combustão completa não ocorre e são produzidos outros gases, que são eliminados pelo escapamento e que não aparecem na equação.

As moléculas de gasolina foram transformadas pela combustão. Mas observe que os átomos que formavam essas moléculas não foram alterados. O número total de cada átomo no primeiro membro da equação é igual ao número total de cada átomo no segundo membro. E a soma das massas dos reagentes é igual à soma das massas dos produtos.

Um experimento cuidadoso, feito por um profissional habilitado, pode demonstrar isso.

Portanto, durante uma reação química não há aumento nem diminuição da massa total. A aparente perda de massa da gasolina é explicada pelo fato de que os gases e o vapor de água produzidos na combustão saem do carro e se espalham pela atmosfera.

Quando as reações químicas são realizadas em sistemas fechados, como um recipiente tampado que não deixa passar gases nem outros produtos, a massa das substâncias não se altera.

Na primeira foto da figura 7.10, vemos dois vidros: um contém nitrato de prata e o outro, cloreto de sódio. Na segunda foto, os líquidos foram misturados e se formou um precipitado de cloreto de prata. Observe a leitura da balança e veja que a massa total não se alterou. Nesse caso, não foi necessário tampar os vidros porque não houve produção de gases. Veja a reação química que ocorreu entre os dois sais:

$$NaCl(aq) + AgNO_3(aq) \rightarrow NaNO_3(aq) + AgCl(s)$$

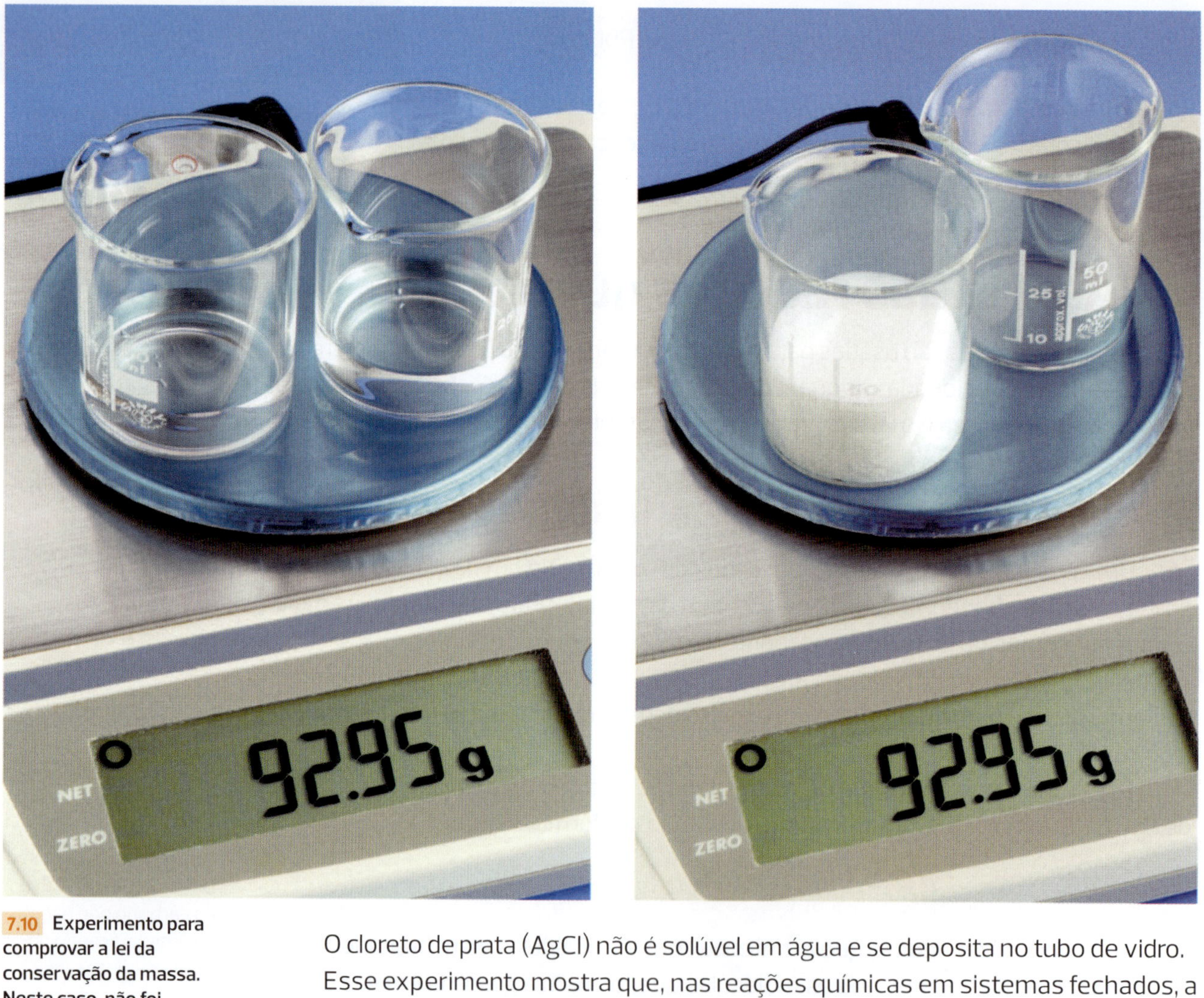

Fotos: Martyn F. Chillmaid/Science Photo Library/Latinstock

7.10 Experimento para comprovar a lei da conservação da massa. Neste caso, não foi necessário tampar os vidros porque não houve produção de gases.

O cloreto de prata (AgCl) não é solúvel em água e se deposita no tubo de vidro.

Esse experimento mostra que, nas reações químicas em sistemas fechados, a soma das massas dos reagentes é igual à soma das massas dos produtos. Essa é uma lei da química conhecida como **lei da conservação da massa** ou **lei de Lavoisier**. Foi formulada pelo químico francês Antoine Laurent de Lavoisier (1743-1794), considerado por muitos o fundador da Química moderna.

A lei é também conhecida com uma formulação mais simples, porém menos rigorosa: "Na natureza nada se cria, nada se perde; tudo se transforma".

Lei das proporções constantes

Cada substância química é formada por elementos em proporções constantes. E numa reação química também há uma proporção constante entre as massas das substâncias que participam da reação. Vamos ver alguns exemplos.

Você já sabe que, pelo processo de eletrólise, a água pode ser decomposta em hidrogênio e oxigênio. Além disso, de 180 gramas de água pura, por exemplo, são obtidos 20 gramas de hidrogênio e 160 gramas de oxigênio. Já de 360 gramas de água pura são obtidos 40 gramas de hidrogênio e 320 gramas de oxigênio.

Veja que a proporção entre as massas de hidrogênio e de oxigênio é a mesma nos dois casos: 20 gramas de hidrogênio para 160 gramas de oxigênio e 40 gramas de hidrogênio para 320 gramas de oxigênio equivalem a uma proporção de 1 para 8.

Essa é outra lei da química, a **lei das proporções constantes** — também chamada de **lei das proporções fixas ou definidas** ou, ainda, **lei de Proust**: "Determinada substância pura contém sempre os mesmos elementos combinados na mesma proporção de massa". No caso da água, a proporção entre a massa de hidrogênio e a de oxigênio é de 1 para 8.

A lei de Proust pode ser aplicada para as reações químicas: numa mesma reação química, há uma relação constante entre as massas das substâncias que participam da reação.

Ciência e História

A lei de Proust

A lei das proporções constantes foi formulada em 1801 pelo químico francês Joseph Louis Proust (1754-1826). Mas foi criticada por outro importante químico francês, Claude Louis Berthollet (1748-1822). As análises químicas de Berthollet pareciam mostrar que as composições químicas de vários compostos não eram constantes. No entanto, Proust rebateu as críticas mostrando que Berthollet não purificava suficientemente seus compostos. Finalmente, em 1808, a comunidade científica acabou dando razão a Proust.

Com os conhecimentos atuais sobre a teoria atômica, é fácil compreender que a substância pura água, por exemplo, apresenta composição química constante, qualquer que seja sua origem, já que todas as moléculas de água são formadas sempre por 2 átomos de hidrogênio e 1 de oxigênio. Em outras palavras, cada substância química tem uma fórmula química definida.

No entanto, é importante saber que Proust formulou sua lei em 1797, mas a primeira teoria atômica, a teoria atômica de Dalton, foi formulada apenas em 1808.

A proporção constante ente os reagentes também é fácil de ser compreendida hoje, com os conhecimentos que temos em Química: quando o hidrogênio reage com o oxigênio para formar água, para cada 2 moléculas de hidrogênio há 1 de oxigênio, formando-se 2 moléculas de água.

Sheila Terry/SPL/Latinstock

7.11 Joseph Louis Proust

Vamos ver um exemplo: 2 gramas de hidrogênio reagem com 16 gramas de oxigênio produzindo 18 gramas de água; 4 gramas de hidrogênio reagem com 32 gramas de oxigênio originando 36 gramas de água; 20 gramas de hidrogênio reagem com 160 gramas de oxigênio produzindo 180 gramas de água. A proporção da massa

CONTEÚDO DIGITAL

consumida de hidrogênio e oxigênio em todos esses casos é de 1 parte de hidrogênio para 8 partes de oxigênio: 1/8 é igual a 2/16, ou 4/32, ou 20/160. Encontramos, portanto, uma proporção constante entre os reagentes.

Se usarmos, por exemplo, 4 gramas de hidrogênio para 16 gramas de oxigênio, formam-se 18 gramas de água, só que, nesse caso, sobram 2 gramas de hidrogênio que não reagem. Compreenda isso observando o modelo de moléculas na figura 7.12, que mostra uma reação com excesso de hidrogênio. Observe que há uma molécula de hidrogênio em excesso, que vai sobrar no fim da reação.

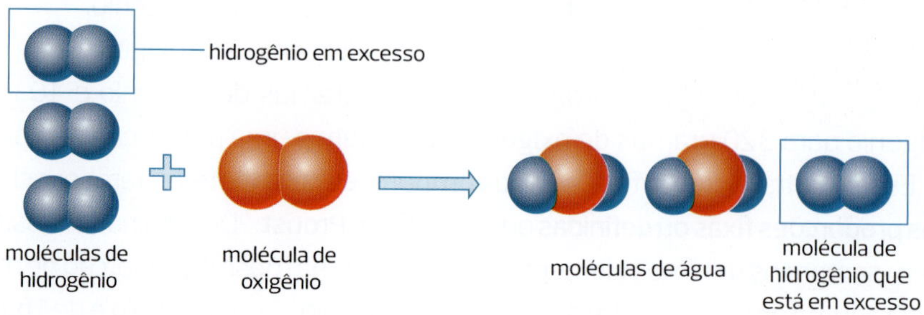

7.12 Representação da reação entre hidrogênio e oxigênio com excesso de hidrogênio. (Figura sem escala. Cores fantasia.)

Veja esta comparação bem simples: você precisa de quatro parafusos com quatro porcas para prender uma peça de madeira. Se você tiver quatro porcas, mas apenas três parafusos, vai sobrar uma porca.

Portanto, a proporção da massa de hidrogênio e oxigênio consumida na formação de água será sempre de 1 para 8: se a proporção for diferente, uma parte de um dos reagentes que estiver em excesso não vai reagir.

A lei de Proust tem grande importância em Química: ela nos permite, por exemplo, calcular a proporção de reagentes necessária para obter certa quantidade de produto.

Ciência e tecnologia

A química e a segurança nas estradas

O *airbag* é uma bolsa que se enche de gás e infla rapidamente em caso de batida de carro ou de freada brusca e, desse modo, protege os passageiros. Nesses casos, um sistema elétrico desencadeia, por aquecimento, a liberação de gás nitrogênio, que infla rapidamente o airbag, através de uma reação química que pode ser representada pela equação a seguir:

$$2NaN_3(s) \rightarrow 2Na(s) + 3N_2(g)$$

Mas, para que o sistema funcione corretamente, é preciso que o volume de gás liberado seja adequado: nem maior nem menor que o indicado. Se ficar muito cheio, o *airbag* pode estourar ou provocar lesões na pessoa; se ficar muito vazio, não protege o passageiro de forma adequada. O volume liberado depende não apenas da quantidade de substância utilizada, mas também da densidade do gás, que depende da temperatura. Tudo isso é calculado com base nas leis da Física e da Química.

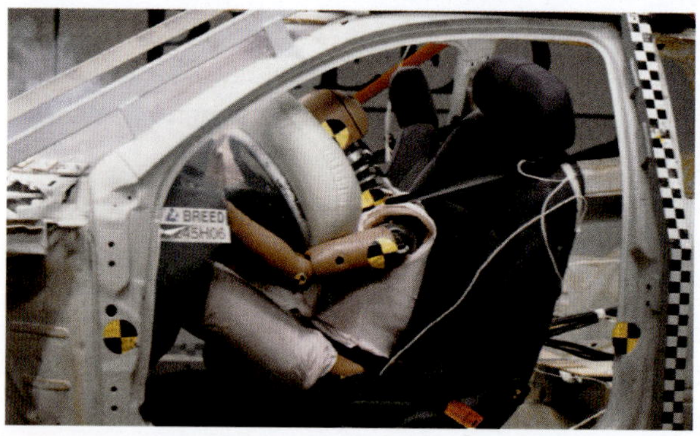

7.13 Teste de segurança de *airbag* feito com bonecos.

Mundo virtual

Reações químicas

<www.soq.com.br/conteudos/ef/reacoesquimicas/>

Página que explica brevemente as reações químicas e como elaborar equações químicas.

Acesso em: 8 fev. 2015.

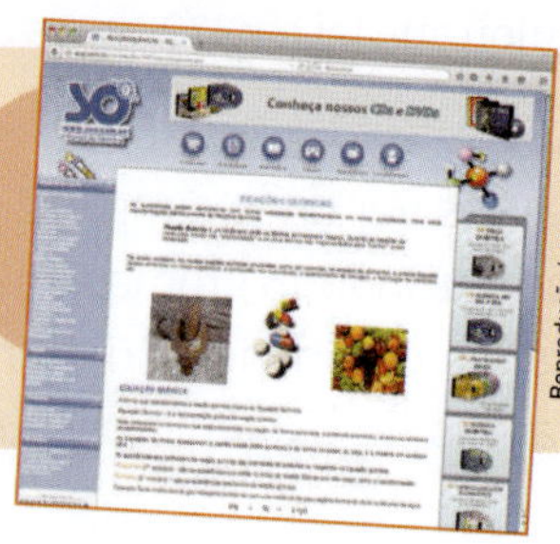

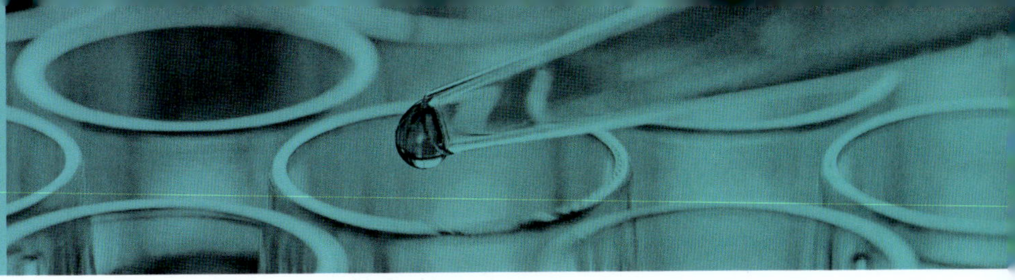

Atividades

Trabalhando as ideias do capítulo

1. Cada esquema a seguir representa um tipo de reação química (análise, adição, simples troca ou dupla troca). Indique no caderno o tipo correspondente a cada caso.

   a) $A + BC \rightarrow AC + B$

   b) $AB \rightarrow A + B$

   c) $A + B \rightarrow AB$

   d) $AB + CD \rightarrow CB + AD$

2. No caderno, faça o balanceamento das equações químicas abaixo e depois indique qual o tipo de reação que elas representam (síntese, análise, simples troca ou dupla troca):

   a) $KOH(aq) + H_3PO_4(aq) \rightarrow K_3PO_4(aq) + H_2O(l)$

   b) $HgO(s) \rightarrow Hg(l) + O_2(g)$

   c) $Fe(s) + HCl(aq) \rightarrow FeCl_2(aq) + H_2(g)$

   d) $KClO_3(aq) \rightarrow KCl(aq) + O_2(g)$

   e) $H_2(g) + Cl_2(g) \rightarrow HCl(aq)$

3. Vamos tentar balancear a equação química da reação que ocorre em um carro movido a álcool. Nesse caso, o álcool comum, também chamado álcool etílico, reage com o oxigênio em um tipo de reação chamado de combustão, que libera muito calor em curto espaço de tempo. Os produtos da combustão são gás carbônico e vapor de água, que saem pelo escapamento do carro. A energia liberada na combustão faz o carro andar. Veja a equação antes do balanceamento:

$$C_2H_6O(l) + O_2(g) \rightarrow CO_2(g) + H_2O(v)$$

   Agora, determine os coeficientes que balanceiam corretamente essa equação.

4. Após uma reação química em um recipiente fechado, a quantidade de matéria aumenta, diminui ou permanece constante? Enuncie a lei que permite responder a essa questão.

5. Enuncie a lei que permite afirmar que 80 g de hidrogênio se combinam com 640 g de oxigênio produzindo 720 g de água. Dê também a proporção entre a massa de hidrogênio e a de oxigênio nessa reação.

6. Objetos de prata podem escurecer em contato com compostos contendo enxofre, presentes no ar poluído e no suor. Esses compostos liberam gás sulfídrico (H_2S) que se combina com a prata formando sulfeto de prata (Ag_2S). Um processo para clarear a prata consiste em mergulhar o objeto em uma solução de bicarbonato de sódio em água, com uma folha de alumínio no fundo, e aquecer por alguns minutos a mistura. (Mas não faça experimentos desse tipo, que envolvem o uso de fogo!)

   Veja na equação não balanceada que representa esse processo o que acontece no clareamento da prata:

   $Al + Ag_2S \rightarrow Ag + Al_2S_3$ (equação não balanceada)

   No caderno:

   a) Faça o balanceamento dessa equação.

   b) Classifique essa reação química (síntese, análise, simples troca ou dupla troca).

7. No caderno, indique as afirmativas que correspondem a fenômenos químicos.

   a) Destilação de uma solução de água com sal.

   b) Vinho virando vinagre.

   c) Um pedaço de ferro enferrujando.

   d) Um pedaço de gelo virando água líquida.

   e) Leite azedando.

   f) Água fervendo.

   g) Apodrecimento de uma fruta.

   h) Banana cortada escurecendo.

   i) Obtenção de sal a partir da água do mar.

   j) Planta realizando fotossíntese e liberando gás oxigênio.

8. No caderno, indique apenas as afirmativas verdadeiras.

a) Durante uma reação química, algumas substâncias se transformam em outras.

b) No primeiro membro de uma reação estão os reagentes, e no segundo membro, os produtos.

c) A soma das massas dos reagentes é igual à soma das massas dos produtos em um sistema fechado.

d) A eletrólise da água, produzindo hidrogênio e oxigênio, é uma reação de adição ou síntese.

e) Os catalisadores podem aumentar a velocidade das reações químicas.

f) Os catalisadores são consumidos durante as reações químicas.

g) A lei de Lavoisier é também conhecida como lei das proporções constantes.

h) Em um sistema fechado, o número total de átomos no primeiro membro da reação é sempre igual ao número total de átomos no segundo membro.

i) À medida que uma vela queima, sua massa diminui, o que contraria a lei de Lavoisier.

j) Determinada substância pura apresenta sempre os mesmos elementos combinados na mesma proporção de massa.

Pense um pouco mais

1. A figura abaixo é uma representação da combustão do gás propano, que está presente no chamado gás liquefeito de petróleo (GLP), usado em bujões de gás para aquecimento e como combustível em alguns automóveis. Observando a figura, escreva a equação química balanceada que representa essa queima. (O átomo de carbono aparece em cor escura; o oxigênio, em vermelho; o hidrogênio, em azul.)

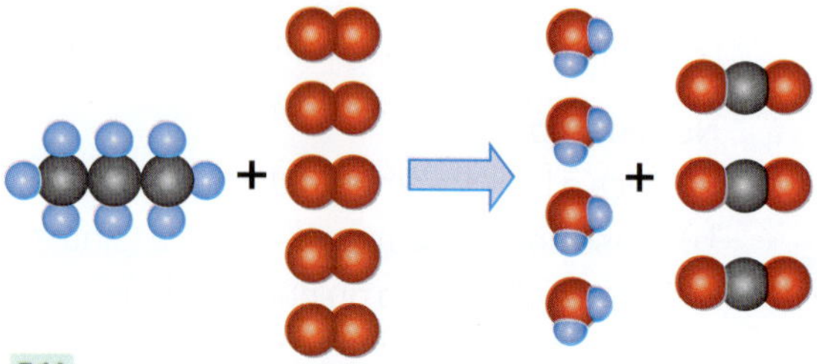

Adilson Secco/Arquivo da editora

7.14

2. Por que uma vela acesa colocada dentro de um vidro fechado apaga em pouco tempo?

3. No caderno, escreva a fórmula e faça o balanceamento das seguintes reações químicas:

a) hidróxido de sódio reage com ácido sulfúrico, produzindo sulfato de sódio e água;

b) trióxido de enxofre (SO_3) reage com hidróxido de potássio, produzindo sulfato de potássio e água.

4. Por que a pintura evita que um objeto de ferro enferruje?

5. Se colocarmos um pouco de água oxigenada a dez volumes sobre uma rodela de batata crua, vamos observar uma efervescência, por causa da transformação da água oxigenada (H_2O_2) em água (H_2O), com liberação de oxigênio (O_2). Escreva a equação balanceada que representa essa reação. Essa reação é de síntese ou de análise?

6. A figura abaixo mostra o resultado da eletrólise da água. Os gases foram recolhidos nos dois frascos.

Charles D. Winters/Photo Researchers, Inc./Latinstock

7.15 **Eletrólise da água. (Não faça este experimento!)**

a) Quais são esses gases?

b) Em qual frasco cada gás foi recolhido? Justifique sua resposta.

c) A eletrólise da água é um fenômeno químico? Justifique sua resposta.

7. Na caiação, aplica-se na parede a cal extinta (hidróxido de cálcio). A cal reage com o gás carbônico do ar formando um sal, o carbonato de cálcio, de cor branca, que adere à parede depois que a água seca. Esquematize a reação química que acontece e equilibre essa reação.

8. Considere os seguintes experimentos e responda no caderno:
   a) Um professor colocou uma vela em cada prato de uma balança. As velas tinham massas iguais, e a balança ficou equilibrada. Em seguida, ele acendeu uma das velas. Para que lado você acha que a balança pendeu após algum tempo? Como você explica esse fato?
   b) O professor pegou um pedaço de palha de aço, molhou e esperou que ele enferrujasse. O peso da palha de aço aumentou, diminuiu ou não se alterou? Justifique sua resposta.

9. A figura abaixo é a fórmula estrutural de um derivado do ácido acetilsalicílico, um medicamento usado para febre, dores no corpo e dores de cabeça.

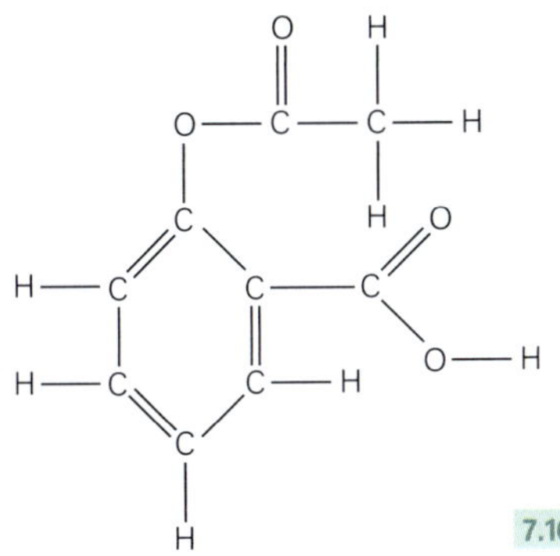

7.16

   a) Qual é a fórmula molecular dessa substância?
   b) Escreva a equação química que representa a combustão dessa substância. A equação tem de estar balanceada e os produtos da combustão são gás carbônico e água.

10. Nas lâmpadas usadas em um *flash* fotográfico descartável, a luminosidade origina-se da reação entre magnésio e oxigênio, produzindo óxido de magnésio dentro do bulbo de vidro completamente vedado. Com base nessas informações, responda no caderno:
   a) Como você esquematizaria a reação química entre o magnésio e o oxigênio?
   b) A massa total dentro do bulbo depois que o *flash* é disparado é maior, menor ou igual à massa total antes do disparo? Justifique sua resposta.

11. Os ônibus espaciais, como o da foto ao lado, são veículos que podem levar tripulantes para fora do planeta e retornar, pousando de novo na Terra. Esses ônibus carregam tanques contendo hidrogênio e oxigênio líquidos. Qual é a função dessas substâncias?

Nikon/Scott Andrews/Nasa/Science Photo Library/Latinstock

7.17

12. A velocidade das reações químicas varia em função do tipo de reação e das condições em que ela ocorre. Quanto mais rápida é uma reação, mais rapidamente ocorre a transformação dos reagentes em produtos. Veja, então, na figura a seguir um experimento que nos dá uma ideia da velocidade de determinada reação química. No recipiente à esquerda foi colocado carbonato de cálcio e ácido acético. O vidro está conectado a uma seringa. O gás produzido é coletado na seringa.

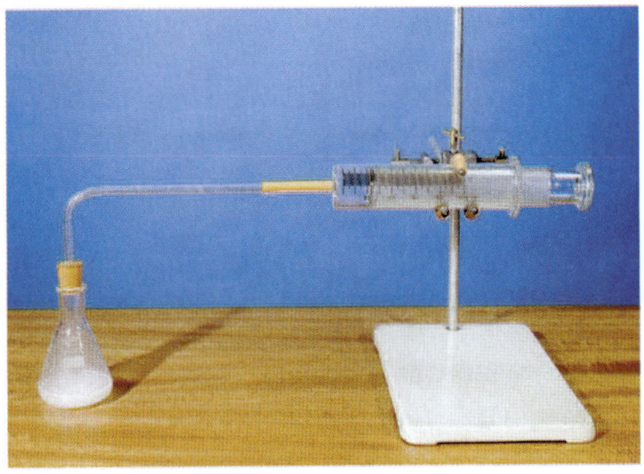

Andrew Lambert Photography/Science Photo Library/Latinstock

7.18

a) Que gás é produzido nesse experimento?

b) Explique por que esse experimento nos permite ter uma ideia da velocidade dessa reação química.

13. Na figura abaixo, uma tira de magnésio foi imersa em uma solução diluída de ácido clorídrico. Sabendo que houve uma reação de simples troca, explique o que está acontecendo e escreva a reação química correspondente. (**Não realize este experimento: o ácido clorídrico é muito corrosivo!**)

Andrew Lambert Photography/Science Photo Library/Latinstock

7.19

14. Na estratosfera, o gás oxigênio é transformado em ozônio pela ação dos raios ultravioleta.
Escreva a equação química balanceada que representa essa reação.

15. Algumas reações químicas são exotérmicas, isto é, a transformação dos reagentes em produtos libera energia na forma de calor para o ambiente; outras são endotérmicas, absorvendo energia do ambiente na forma de calor.

Nas figuras a seguir, você pode ver o resultado da adição de ácido acético a uma solução de bicarbonato de sódio na qual foi colocado um termômetro. Essa reação é endotérmica ou exotérmica? Justifique sua resposta.

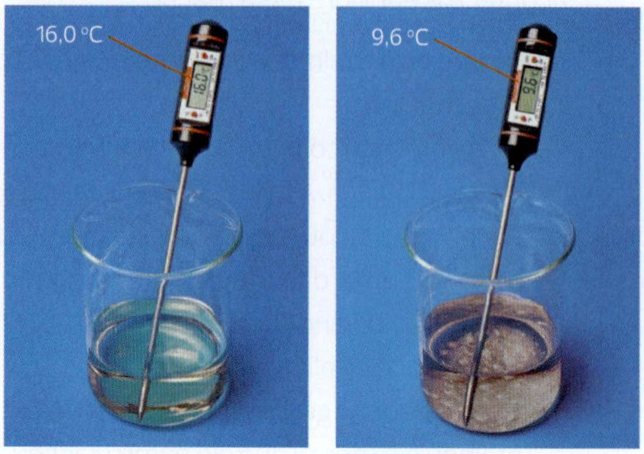

Solução de bicarbonato de sódio.

Solução de bicarbonato de sódio depois da adição de ácido acético.

Fotos: Martyn F. Chillmaid/Science Photo Library/Latinstock

7.20 **Medição da temperatura das soluções.**

16. Observe as fotos abaixo. A primeira balança mostra a massa de uma palha de aço nova. A segunda mostra a massa da mesma palha de aço algum tempo depois e enferrujada. Explique por que a balança marca valores diferentes em cada caso.

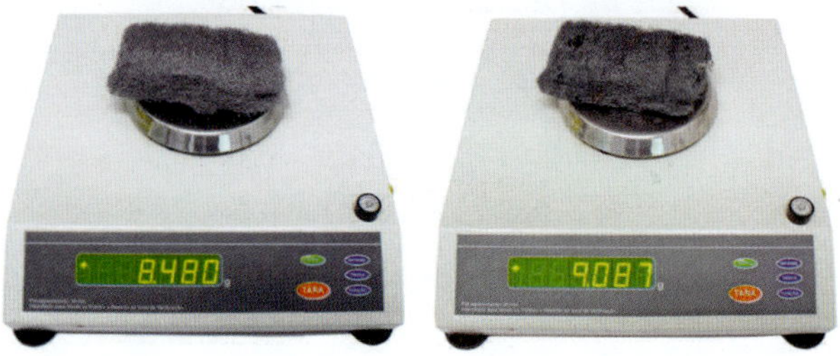

Fotos: Sérgio Dotta Jr./Acervo do fotógrafo

7.21

De olho no texto

As oxidações e os seres vivos

Muitas reações químicas dos seres vivos consomem energia. Essa energia vem dos alimentos por meio de um processo conhecido como respiração celular. A principal molécula utilizada pelas células como fonte de energia é a glicose. A energia é retirada da glicose pela reação com o gás oxigênio. Veja a reação química que resume esse processo:

$$C_6H_{12}O_6 + 6O_2 \rightarrow 6CO_2 + 6H_2O + \text{energia}$$

Tanto a respiração celular como a combustão são reações químicas que envolvem oxidações. Mas, em Química, o termo oxidação tem um sentido mais geral do que simplesmente reagir com o oxigênio. Uma molécula ou um átomo se oxida quando perde um ou mais elétrons para outro átomo ou molécula. Quando um átomo ou uma molécula ganha elétrons, dizemos que ele se reduz (sofre uma redução).

- Agora responda às questões no caderno.

  a) No Capítulo 4, você viu o que acontece com um átomo de sódio quando este encontra um átomo de cloro. Então responda: qual átomo se oxidou e qual se reduziu nesse processo?

  b) Quais são os reagentes e quais são os produtos na equação da respiração celular?

  c) Além da respiração celular, as plantas fazem um processo inverso a ela, chamado de fotossíntese. Escreva a equação química que representa esse processo. Quais são os reagentes e os produtos dessa reação? De onde vem a energia para o processo?

  d) A partir de uma semente que pesa apenas alguns gramas, pode surgir uma árvore com mais de 100 kg de massa. Usando seus conhecimentos em Ciências e pesquisando em livros, descubra de onde vem a massa que forma a árvore.

  e) Consulte em dicionários o significado das palavras que você não conhece, redigindo então de próprio punho uma definição para essas palavras.

Atividade em grupo

- Escolham um dos temas abaixo para pesquisa (em livros, CD-ROMs, na internet, etc.) em grupo, com o auxílio de professores de várias disciplinas (Ciências, História, Geografia, entre outras). Depois, apresentem o resultado do trabalho, ilustrado com cartazes, fotos, vídeos ou outros recursos, para a classe e para a comunidade escolar (alunos, professores e funcionários da escola e pais ou responsáveis).

1. O que é a camada de ozônio, qual sua importância, que gases causam a destruição dessa camada, qual o uso que esses gases tinham, que reações químicas ocorrem na destruição da camada de ozônio e o que foi feito para impedir essa destruição.

2. Antoine Laurent de Lavoisier: sua história, suas realizações, sua importância para a Química, as relações entre suas descobertas e o período histórico em que viveu, a situação política e econômica da França na época, etc.

3. Polímeros: o que são, quais são os polímeros naturais encontrados no corpo dos seres vivos, quais são os polímeros produzidos pelo ser humano, quais são as suas aplicações e os problemas que trazem ao ambiente.

4. Selecionem notícias de jornais, revistas ou de *sites* que requeiram um conhecimento básico de Química para serem compreendidas. Pesquisem também exemplos de aplicações científicas que beneficiam a sociedade e de problemas causados pelo mau uso da ciência. Expliquem ainda por que a ciência, por si só, não é capaz de resolver problemas como a fome e a miséria e comentem ainda a seguinte recomendação de Albert Einstein (1879-1955), físico alemão, criador da teoria da relatividade: "A preocupação com o ser humano e seu destino deve constituir sempre o interesse principal de todos os esforços técnicos... Nunca se esqueçam disso em seus diagramas e em suas equações" (trecho de um discurso em 16 de fevereiro de 1931, citado no jornal *The New York Times* de 17 de fevereiro de 1931, página 6).

   Depois, apresentem um resumo de algumas dessas notícias para a classe e justifiquem, em cada caso, por que esse tipo de conhecimento é importante. Após a apresentação, criem uma exposição com cartazes, folhetos, frases curtas de alerta (*slogans*), letras de música, fotos, vídeos, etc., para a comunidade escolar em que se fale da importância dos conhecimentos básicos em Ciências.

5. Algumas reações químicas são muito rápidas. É o caso da combustão (queima) de um palito de fósforo ou de um fogo de artifício. Outras vezes, os produtos vão se formando lentamente. É o caso de um pedaço de ferro enferrujando.

   Pesquisem como se chamam as substâncias que aceleram a velocidade das reações químicas e por que essas substâncias são importantes para os seres vivos. Deem exemplos também da função dessas substâncias no combate à poluição causada pelos automóveis.

Aprendendo com a prática

Nestas atividades, com a orientação do professor, você poderá observar algumas reações químicas.

1. Para realizar esta atividade prática, providencie o que se pede a seguir e depois siga as orientações.

Material

- um copo pequeno
- água
- um comprimido antiácido efervescente

Procedimentos

- Dissolva o comprimido em meio copo de água e observe.
- O comprimido efervescente contém bicarbonato de sódio e um ácido fraco (ácido cítrico ou ácido tartárico). Em contato com a água, o ácido libera íons hidrogênio, que reagem com o bicarbonato. O resultado é a formação de um gás, que é responsável pelas bolhas.

Mikhail Hoboton Popov/Shutterstock/Glow Images

7.22

a) Você sabe dizer que gás é esse? (Dica: procure no livro a fórmula do bicarbonato de sódio.)

b) Mesmo sem fazer a pesagem, responda: o peso do conteúdo do copo depois da reação é igual à soma do peso do comprimido somado ao peso da água? Justifique sua resposta.

c) Para que uma reação química aconteça, é preciso que os átomos ou as moléculas dos reagentes entrem em contato. Faça então o seguinte experimento: pegue dois comprimidos iguais de um antiácido efervescente e parta um deles em pedaços pequenos. Ao mesmo tempo, coloque o comprimido inteiro em um copo de água e o comprimido triturado em outro copo com a mesma quantidade de água. Anote o tempo que cada comprimido demora para se dissolver completamente, até a efervescência parar. Qual dos dois se dissolveu mais rapidamente? Como você explica isso?

2. Para realizar esta atividade prática, providencie o que se pede a seguir e depois siga as orientações.

Material

- dois pedaços de palha de aço
- dois pires
- um pouco de água da torneira

Procedimentos

- No primeiro pires, coloque um pedaço da palha de aço bem molhada em água. No segundo, o outro pedaço, seco. Veja a figura 7.23.

Fotos: Reprodução/Arquivo da editora

palha de aço molhada

palha de aço seca

7.23

- No dia seguinte, observe se houve alguma mudança. Analise os resultados e tire suas conclusões.

Ponto de chegada

- Nesta Unidade você aprendeu como se formam as ligações iônicas, as ligações covalentes e as ligações metálicas; aprendeu algumas propriedades dos compostos iônicos, das substâncias moleculares e dos metais.
- Agora, você já sabe diferenciar substância pura de mistura e conhece alguns processos de separação de mistura (catação, peneiração, levigação, ventilação, separação magnética, dissolução fracionada, filtração, decantação, centrifugação, destilação) e suas aplicações práticas além de ter realizado até mesmo alguns experimentos simples de separação de misturas.
- Você aprendeu também a identificar as propriedades químicas de ácidos, bases, sais e óxidos e, com isso, passou a conhecer as propriedades de algumas substâncias químicas presentes no cotidiano e na indústria. Realizou experimentos químicos simples para identificar o caráter ácido ou básico de substâncias presentes no dia a dia.
- Já sabe também conceituar reação química e seus tipos, representar uma reação química por símbolos, balancear uma equação química e identificar reações químicas no cotidiano e na indústria e suas aplicações práticas.

Suryara Bernardi/Arquivo da editora

Unidade 3

Peter Bernik/Shutterstock/Glow Images

Detalhe da largada de um atleta em pista de atletismo

Física: movimentos, força e energia

Sem os conhecimentos da Física, a maioria dos aparelhos (rádio, televisão, geladeira, telefone, computador, entre outros) não existiria. Carro, ônibus, avião também não; assim como muitas outras coisas.
Nesta Unidade você vai começar o estudo da Física. Vai compreender como acontecem os movimentos dos corpos e como os conceitos de energia e trabalho explicam diversos fenômenos da natureza.

Ponto de partida

1. De que modo os conceitos de velocidade e aceleração nos ajudam a explicar os movimentos dos corpos?
2. Como as leis de Newton podem explicar vários fenômenos do cotidiano e como são úteis para a tecnologia?
3. Que relações existem entre trabalho, energia e potência?
4. Como funcionam os diversos tipos de máquinas simples? Como estão presentes em objetos do cotidiano?

Capítulo

8 O movimento

CONTEÚDO DIGITAL

Os carros de Fórmula 1, como os da foto abaixo, podem alcançar uma velocidade superior a 360 km/h, e já na largada conseguem chegar a 100 km/h em apenas 2,6 segundos. Mas são carros especiais, preparados para manter a estabilidade nas curvas. Dirigir em ruas ou estradas em velocidade acima do permitido significa não dar valor à própria vida nem à dos outros.

A Mecânica é a parte da Física que estuda os movimentos. Ela pode ser dividida em três partes: a cinemática, que estuda o movimento dos corpos sem abordar as causas desse movimento; a dinâmica, que estuda os movimentos e suas causas; e a estática, que estuda o equilíbrio dos corpos. Neste capítulo, você vai começar a conhecer a cinemática.

8.1 Corrida de automobilismo. Montreal, 2014.

Chris Wattie/Reuters/Latinstock

A questão é

Um garoto andando de bicicleta está parado ou em movimento? Você sabe o que é velocidade média? E como se calcula essa velocidade no caso de um atleta que correu 200 metros em 40 segundos? Você sabe o que é aceleração? E sabe como a velocidade de uma caneta que cai da mesa em direção ao chão se altera?

1 O movimento é relativo

Você, em casa, sentado confortavelmente e lendo seu livro de Ciências está parado ou em movimento? E quando está sentado dentro de um ônibus que acaba de ultrapassar um carro, como mostra a figura 8.2, você está parado ou em movimento?

A resposta é simples: depende.

No primeiro caso, você está parado em relação à Terra (em Física, o correto é dizer "em repouso" em vez de "parado"). Mas, como a Terra gira em torno do Sol, em relação a ele você está se movendo a uma velocidade de cerca de 30 km/s (quilômetros por segundo): essa é a velocidade de translação da Terra em torno do Sol.

No segundo caso, em relação a um poste na rua, você está em movimento, pois se move junto com o ônibus. Mas, em relação ao motorista, aos outros passageiros do ônibus e ao próprio ônibus, você está em repouso.

8.2 Figura sem escala. Cores fantasia.

É por isso que o movimento é relativo. Para saber se um corpo está em movimento e para estudar o movimento desse corpo é preciso ter outro corpo como referência: um poste, a Terra ou um ônibus, por exemplo. E, a partir dessa referência, é possível medir a velocidade de um corpo em movimento (um corpo móvel).

Agora pense: na prática, quando se fala na velocidade de um corpo aqui na Terra, fica subentendido que a referência é... a superfície da Terra, é claro. A não ser que se especifique outra referência.

2 Trabalhando com velocidades

Velocidade, distância e tempo são **grandezas físicas** diferentes. Mas há uma relação entre elas, como você vai ver.

Vamos supor que um atleta corra 100 metros, em linha reta, em 10 segundos. Com esses números, podemos calcular o que se chama de **velocidade média** do atleta.

A velocidade média é calculada dividindo-se o **deslocamento** do atleta pelo tempo gasto para realizar esse deslocamento. Como o atleta percorreu 100 metros em 10 segundos, o cálculo é fácil:

$$\text{velocidade média} = \frac{100\ \text{m}}{10\ \text{s}}, \text{ ou seja, } 10\ \text{m/s}$$

Podemos então afirmar que a velocidade média do atleta foi de 10 m/s.

Mas por que estamos falando em velocidade média?

Porque o atleta não deve ter mantido o mesmo ritmo de corrida o tempo todo. Pode ter começado a correr mais devagar e depois ter aumentado o ritmo da corrida. No início da prova, por exemplo, ele pode ter atingido a velocidade de 9 metros por segundo. E, mais para o final da prova, pode ter atingido 12 metros por segundo.

Você percebeu que a **unidade de medida** de velocidade média utilizada foi o metro por segundo (m/s)? Entretanto, o metro por segundo não é a única unidade de medida de velocidade, outra unidade muito usada para medir velocidade é o quilômetro por hora (km/h).

A Z

Grandeza física é tudo aquilo que pode ser medido: massa, tempo, velocidade, comprimento, temperatura, etc.

Deslocamento é a variação da posição em relação a um referencial.

O metro (m), o segundo (s) e o metro por segundo (m/s) são unidades de medida do Sistema Internacional de Unidades (SI).

Calculando a velocidade média

Você viu que a velocidade de um atleta durante uma prova de corrida pode variar. O mesmo pode acontecer com um veículo como um automóvel. Veja o exemplo a seguir (acompanhe a explicação observando a figura 8.3).

8.3 Figura sem escala. Cores fantasia.

Às duas horas da tarde, um carro passou pelo quilômetro 10 de uma rodovia. Às quatro horas da tarde, ele estava passando pelo quilômetro 130. Então continuou seguindo sempre em frente e em linha reta. Qual é a velocidade média do carro? Para facilitar o estudo, vamos considerar a velocidade sempre com valor positivo, o que significa que o sentido do movimento do corpo será orientado de forma que os valores da posição sempre aumentem com o passar do tempo. Mas é bom saber que a velocidade também pode ser negativa. Por exemplo, um carro que se desloca do quilômetro 5 de uma estrada para o quilômetro 3 tem velocidade negativa, pois se move em sentido contrário ao da orientação de sua trajetória.

Em primeiro lugar, é preciso saber que a velocidade marcada pelo instrumento conhecido como velocímetro não é a velocidade média. Trata-se da **velocidade instantânea**, ou seja, a velocidade do carro em determinado momento. Essa velocidade pode variar: num trecho da estrada, o motorista pode andar mais devagar e, em outro, mais rápido. Mas não vamos trabalhar com a velocidade instantânea, e sim com a velocidade média.

Para calcular a velocidade média do carro no percurso indicado na figura 8.3, é preciso saber primeiro seu deslocamento, isto é, sua mudança de posição. O deslocamento é calculado pela diferença entre a **posição final** do carro e a **posição inicial**. A posição do carro no início do movimento pode ser simbolizada por $\mathbf{S_i}$. A posição final é simbolizada pela letra **S**. E o deslocamento, por $\mathbf{\Delta S}$ (leia-se "delta S").

A letra grega *delta* maiúscula (Δ) geralmente é usada em Física para indicar a variação de uma grandeza.

Então o deslocamento do carro no período indicado foi:

$$\Delta S = S - S_i = 130 \text{ km} - 10 \text{ km} = 120 \text{ km}$$

Agora vamos calcular quanto tempo o carro levou para percorrer essa distância. Esse período é chamado de **intervalo de tempo** ($\mathbf{\Delta t}$) e pode ser calculado pela diferença entre o **instante final** (**t**) e o **instante inicial** ($\mathbf{t_i}$):

$$\Delta t = t - t_i = 4 \text{ h} - 2 \text{ h} = 2 \text{ h}$$

Como já vimos, para calcular a velocidade média, deve-se dividir o deslocamento pelo tempo. Veja a fórmula:

$$v_m = \frac{\Delta S}{\Delta t}$$

É claro que você percebeu que $\mathbf{v}_m$ representa a velocidade média. Então o cálculo é fácil:

$$v_m = \frac{120\ \text{km}}{2\ \text{h}} = 60\ \text{km/h}$$

E se você quiser saber a velocidade média em metros por segundo de um carro que percorre 288 km em 4 horas?

Você teria de fazer mais um cálculo. Basta saber que 1 quilômetro corresponde a 1 000 metros e 1 hora a 3 600 segundos (1 hora tem 60 minutos, e 1 minuto tem 60 segundos). Veja:

$$v_m = \frac{288 \cdot 1000\ \text{m}}{4 \cdot 3600\ \text{s}} = 20\ \text{m/s}$$

Se você quiser converter quilômetros por hora em metros por segundo, deve dividir por 3,6. Veja por quê:

$$1\ \text{km/h} = 1\ \frac{1000}{3600\ \text{s}} = \frac{1}{3{,}6}\ \text{m/s}$$

E, se quiser converter metros por segundo em quilômetros por hora, deve multiplicar por 3,6:

$$1\ \text{m/s} = 1\ \frac{0{,}001\ \text{km}}{1/3600\ \text{h}} = 3{,}6\ \text{km/h}$$

Veja que a fórmula $v_m = \Delta S/\Delta t$ pode ser usada para calcular não apenas a velocidade, mas também o deslocamento ou o intervalo de tempo. Por exemplo: se uma bola leva 4 segundos com uma velocidade média de 15 m/s para se deslocar de um ponto a outro, sempre em linha reta, qual é a distância percorrida?

Deve-se substituir na fórmula $v_m = \Delta S/\Delta t$ os valores que o problema apresentou:

$$15\ \text{m/s} = \frac{\Delta S}{4\text{s}}$$

Segue então que:

$$\Delta S = 15\ \text{m/s} \cdot 4\ \text{s} = 60\ \text{m}$$

Você acabou de conhecer um conceito importante em Física, o de velocidade. E viu também que há uma diferença entre velocidade instantânea e velocidade média. Mas há uma situação em que as duas velocidades têm o mesmo valor.

Imagine que um carro mantenha sempre a mesma velocidade ao longo de todo o seu caminho, seguindo em linha reta. Nesse caso, a velocidade instantânea terá o mesmo valor que a velocidade média. Um carro vai percorrer distâncias iguais em tempos iguais.

Esse movimento em linha reta e com velocidade constante é chamado de **movimento retilíneo uniforme**. Retilíneo porque segue uma direção reta; uniforme porque a velocidade não varia.

Mas na prática poucos movimentos observados no dia a dia têm velocidade constante. Por exemplo, quando se deixa cair um lápis no chão, a velocidade dele vai aumentando ao longo da queda. Esse tipo de movimento você vai estudar a seguir.

Ciência e sociedade

Segurança no trânsito

A cada ano, mais de 1 milhão de pessoas morrem no mundo devido a acidentes de trânsito. No Brasil, alguns estudos indicam que o acidente de trânsito é a principal causa de morte de pessoas com menos de 40 anos. Veja alguns cuidados que os motoristas devem tomar para mudar essa situação:

- respeitar o limite de velocidade e a sinalização, tendo também bastante cuidado com manobras e ultrapassagens (muitos acidentes são provocados por excesso de velocidade);
- controlar bem os horários e pegar o carro com tempo suficiente para fazer o percurso com calma e evitar a pressa no trânsito;
- usar sempre o cinto de segurança, porque, em caso de acidente, ele evita choques muito violentos;
- levar o carro para uma revisão geral antes de pegar a estrada;
- não dirigir depois de ingerir bebida alcoólica (60% dos acidentes são provocados por motoristas alcoolizados).

3 Calculando a aceleração

Sempre que a velocidade varia, dizemos que houve uma aceleração. A **aceleração** indica quanto a velocidade mudou e em qual intervalo de tempo. Ela mede, portanto, a variação da velocidade durante um intervalo de tempo. Veja a fórmula para calcular a aceleração (**a**):

$$a = \frac{\Delta v}{\Delta t}$$

A variação da velocidade (Δv) é a diferença entre a **velocidade final** atingida pelo objeto (v_f) e a **velocidade inicial** do carro (v_i).

Vamos agora calcular a aceleração de um carro de corrida que, na largada, atingiu 30 m/s em 5 segundos. Como sua velocidade inicial é zero, a variação de velocidade é: $\Delta v = 30 - 0 = 30$. O intervalo de tempo (Δt) foi de 5 segundos, já que o instante da largada é o instante zero ($\Delta t = 5 - 0 = 5$). A aceleração é então calculada facilmente:

$$a = \frac{30\ m/s}{5s} = 6\ m/s^2$$

Aqui há uma unidade que talvez você estranhe: m/s^2 (metro por segundo ao quadrado).

"Metro por segundo ao quadrado" é uma forma abreviada de "metro por segundo por segundo (m/s/s)", que é a unidade utilizada para medir a aceleração no Sistema Internacional de Unidades (SI).

O que significa isso?

Veja bem: se um carro tem aceleração de 10 m/s^2, significa que, a cada segundo, a velocidade do carro aumenta 10 m/s. Assim a velocidade do carro aumenta 10 metros por segundo em cada segundo.

Imagine que o ponteiro do velocímetro de um carro fique, por alguns momentos, na mesma posição. Por exemplo: 60 km/h. Então, se de repente o ponteiro começar a se mover, é porque está havendo uma aceleração e a velocidade do carro está variando.

Na realidade, estamos trabalhando com uma aceleração média, já que levando em conta a variação de velocidade ocorrida ao longo deste intervalo de tempo nada garante que o ritmo de acréscimo da velocidade tenha sido sempre o mesmo, ou seja, em média, a cada segundo, a velocidade teve um acréscimo de 10 m/s. Não se pode afirmar que a variação da velocidade foi constante e teve sempre o mesmo valor ao longo de cada um desses 5 segundos. Ela pode ter mudado nesse tempo. Mas vamos estudar apenas movimentos em que a aceleração permanece constante. Observe o carro da figura 8.4. Ele vinha a 4 m/s, mas, após 2 segundos, a sua velocidade já era igual a 10 m/s e depois de mais 2 segundos aumentou para 16 m/s.

8.4 **Figura sem escala. Cores fantasia.**

No primeiro trecho a aceleração foi:

$$a = \frac{\Delta v}{\Delta t} = \frac{10\,m/s - 4\,m/s}{2s} = 3\,m/s^2$$

No segundo trecho a aceleração foi:

$$a = \frac{\Delta v}{\Delta t} = \frac{16\,m/s - 10\,m/s}{2s} = 3\,m/s^2$$

Observe que, em ambos os trechos, a aceleração do carro foi de 3 m/s^2. Vamos supor que o carro esteja mantendo sempre essa aceleração e esteja se deslocando em linha reta. Nesse caso, dizemos que o carro realiza um **movimento retilíneo uniformemente variado**.

O termo "uniformemente variado" significa que a velocidade está variando de modo uniforme, ou seja, sempre varia 3 m/s a cada segundo. Em outras palavras, pode-se dizer que nesse tipo de movimento a aceleração é constante (no exemplo mostrado é de 3 m/s^2).

Agora veja o que acontece neste caso: um carro se movimenta com velocidade constante de 25 m/s até que, em dado momento, o motorista pisa no freio e, 5 segundos depois, o carro para.

Como se calcula essa aceleração?

Veja se você compreende o cálculo abaixo antes de ler a explicação.

Quando um carro freia, há uma redução em sua velocidade e, sempre que a velocidade varia, dizemos que há aceleração.

$$a = \frac{\Delta v}{\Delta t} = \frac{0\,m/s - 25\,m/s}{5s} = -5\,m/s^2$$

Observe que a variação de velocidade (Δv) é calculada sempre subtraindo da velocidade final (v_f) a velocidade inicial (v_i). Aqui o carro começou com 25 m/s (v_i) e parou, isto é, sua velocidade final (v_f) foi zero. Portanto:

$$\Delta v = v_f - v_i = 0 - 25 = -25\,m/s$$

Nesse caso, a variação da velocidade é negativa. Dizemos então que houve uma desaceleração, porque a velocidade do carro diminuiu.

Não se esqueça de que estamos admitindo o sentido da velocidade como positivo. Nesse caso, a aceleração tem sentido oposto ao do carro, e seu valor é negativo.

Ciência e sociedade

A aceleração e os acidentes de trânsito

Quando o freio é acionado, o carro leva um tempo para parar e, durante esse tempo, ainda percorre certa distância. Esse tempo e, consequentemente, a distância percorrida dependem do tipo de freio, das condições da pista (se está molhada ou seca), dos pneus, da visibilidade e do peso do veículo.

O excesso de velocidade aumenta os riscos de acidente, já que o carro pode não parar a tempo de evitar uma colisão. E também aumenta, e muito, os danos da colisão.

Além disso, o tempo de reação do motorista (o tempo decorrido entre o momento em que ele percebe o perigo e o instante em que aciona o freio) também interfere. Quanto mais lentos os reflexos, mais tempo ele leva para acionar o freio.

Você agora deve ter compreendido por que é fundamental que o motorista evite o consumo de bebidas alcoólicas antes de dirigir, não abuse da velocidade e respeite a legislação de trânsito, mantendo, por exemplo, uma distância segura entre os veículos.

4 A queda dos corpos

Photo Researchers/Latinstock

8.5 Maçã em queda

Se soltarmos uma pedra ou um objeto qualquer, ele cai no chão.

Mas como é esse movimento de queda? O objeto cai com velocidade constante ou sua velocidade varia?

É difícil descobrir só observando ele cair, porque o movimento é muito rápido. Mas há uma técnica que permite fotografá-lo em várias posições ao longo da queda e descobrir como é seu movimento.

Observe a figura 8.5. É a fotografia de uma maçã que foi solta e está caindo. Nessa imagem, foi usada uma técnica fotográfica especial com lâmpadas que acendem e apagam a intervalos regulares e muito curtos (1/30 de segundo), numa sala escura, que permitiu registrar a maçã em vários pontos da trajetória.

Se você observar bem a figura, vai perceber que a trajetória da maçã é retilínea e que a distância entre as duas últimas imagens da trajetória é maior que as do início dela. A foto mostra então que a maçã percorre espaços cada vez maiores no mesmo intervalo de tempo (1/30 de segundo). Isso quer dizer que a velocidade da maçã aumenta com o tempo, ou seja, a maçã está em movimento acelerado.

Agora veja: se você soltar, da mesma altura, uma moeda e uma folha de papel aberta, a moeda vai chegar mais rápido ao chão.

Por quê? Será que é porque a moeda é mais pesada que a folha?

E se você soltar uma bola feita com uma folha de caderno bem amassada e a mesma folha aberta, como na figura 8.6? Ambas têm o mesmo peso, mas a bola cai bem mais rápido. Por que isso acontece?

Mauro Nakata/Arquivo da editora

8.6 Figura sem escala. Cores fantasia.

A folha tem uma superfície maior do que a da bola e, por isso, sofre uma resistência maior do ar, que retarda sua queda.

A **resistência do ar** é uma força que o ar exerce no objeto que se movimenta e tem sentido oposto à direção do movimento do objeto. Quanto maior a superfície do objeto, maior será o contato com o ar e, consequentemente, maior será a força de resistência do ar. Como a força de resistência se opõe ao movimento (tem sentido contrário a ele), ela retarda (atrasa) o tempo de queda (movimento). Se não houvesse resistência do ar, a folha amassada em forma de bola e a folha esticada chegariam ao solo ao mesmo tempo.

Prova-se isso fazendo dois objetos de pesos diferentes caírem dentro de um tubo do qual foi retirado praticamente todo o ar (o ar foi bombeado para fora). Na ausência do ar, não existe força de resistência. Dentro do tubo podem-se colocar dois objetos de pesos e superfícies diferentes, como uma maçã e uma pena. Observe na figura 8.7 que a maçã e a pena caem à mesma velocidade no interior do tubo, pois praticamente não há resistência do ar.

Mas você não precisa de um tubo de vácuo para constatar isso. Faça o seguinte: consiga uma folha de papel de largura e comprimento aproximadamente iguais aos de uma revista grossa. Ponha a folha sobre a revista e solte as duas, como mostra a figura 8.8.

Jim Sugar/Corbis/Latinstock

8.7 A pena e a maçã caem com a mesma velocidade e a mesma aceleração em um tubo do qual quase todo o ar foi retirado.

Mauro Nakata/Arquivo da editora

8.8 Figura sem escala. Cores fantasia.

Nesse caso, a revista serve de anteparo e impede que o ar exerça sua ação diretamente sobre a folha. Com isso, a revista chega junto com a folha ao solo, apesar de ser mais pesada. Experimente soltar a revista e a folha separadamente para ver o que acontece.

Nas corridas de carro, algumas vezes os pilotos seguem atrás do carro da frente para evitar a resistência do ar, que diminuiria sua velocidade. Diz-se então que eles vão "no vácuo parcial" do carro.

Se o volume do corpo não é muito grande, e seu peso não é muito pequeno, a resistência do ar não influencia muito na velocidade inicial na queda. Nessa situação, assim como no vácuo, todos os corpos caem juntos em movimento uniformemente acelerado.

Esse movimento é conhecido como **queda livre**. A aceleração desse movimento é chamada de **aceleração da gravidade** e, perto da superfície da Terra, vale, aproximadamente, 9,8 m/s^2. Quando não se quer grande precisão, pode-se aproximar a aceleração da gravidade para 10 m/s^2.

A aceleração da gravidade varia ligeiramente com a latitude e depende também da altitude. No Capítulo 10, você vai ver que essa aceleração é consequência da força de atração que a Terra exerce sobre os corpos, chamada de força gravitacional. Essa força é o peso do corpo.

CONTEÚDO DIGITAL

Resolva um problema de queda livre

Uma pedra em queda livre levou 4 segundos para atingir o solo. Qual é a velocidade dela ao atingir o solo? (Não leve em conta a resistência do ar.)

Você já sabe que na queda livre a aceleração é a da gravidade (g). Ela é constante e, portanto, podemos usar a fórmula $a = \frac{\Delta v}{\Delta t}$. Então, temos: $a = \frac{v - v_i}{t - t_i}$. Nesse caso, a velocidade inicial (v_i) é zero e o instante inicial (t_i) também. Vamos considerar $g = 10\ m/s^2$. Então, temos:

$$g = \frac{v - 0}{t - 0} \Rightarrow g = \frac{v}{t}$$

Agora é só substituir os valores:

$$v = g \cdot t \Rightarrow v = 10\ m/s^2 \cdot 4\ s \Rightarrow v = 40\ m/s$$

Ciência e História

Galileu e a queda livre

Até o século XVII, pensava-se que corpos mais pesados caíam mais rapidamente. Essa ideia foi contestada pelo italiano Galileu Galilei (1564-1642). Conta-se que Galileu soltou uma bala de canhão e uma bala de mosquete (espécie de espingarda antiga) do alto da Torre de Pisa, na Itália, para mostrar que elas chegavam ao chão ao mesmo tempo. Veja a figura 8.9.

Muitos historiadores acham que Galileu não realizou esse experimento. Na realidade, ele mediu a distância percorrida por esferas em rampas ou planos inclinados (o movimento é mais lento e pode ser medido), verificando que, à medida que descia pela rampa, a velocidade da bola aumentava com aceleração constante. Veja a figura 8.10. Quanto mais inclinada era a rampa, mais rapidamente a bola se movia; mas, ao longo da trajetória, a aceleração era constante.

Galileu imaginou então que a queda livre podia ser comparada a uma queda por um plano inclinado que fizesse 90° com o chão, ou seja, que estivesse na vertical.

Por ter realizado esses e muitos outros experimentos, e também por ter procurado estabelecer relações matemáticas entre os fenômenos, Galileu é considerado o fundador do método experimental. Utilizar esse método significa, entre outros procedimentos, testar, por meio de observações ou experimentos, as ideias dos cientistas ou as hipóteses que eles fazem para explicar um fenômeno.

Valdemir Cunha/Arquivo da editora

Torre de Pisa, Itália.

Marco Bucco/Reuters/Latinstock

Galileu Galilei

8.9

KLN Artes Gráficas/Arquivo da editora

8.10 **Ao rolar uma bola por um plano inclinado, Galileu observou que, quanto mais inclinado for o plano, maior será a velocidade da bola. Assim, comparou a queda livre à queda da bola por um plano que faz 90° com o chão. (Figura sem escala. Cores fantasia.)**

Quando a velocidade muda de direção

A velocidade é uma grandeza que tem um valor numérico, chamado de **módulo** ou **intensidade** (por exemplo, o número 60 quando se indica a velocidade de 60 km/h), mas que também tem direção e sentido. Na figura 8.11 você pode ver que o carro roxo está indo em uma direção, e o carro verde, em outra. E pode ver também que o carro verde e o amarelo estão indo na mesma direção (estão na mesma reta), mas viajam em **sentidos** diferentes: um está indo para a direita e o outro, para a esquerda.

O **vetor** é representado por um segmento de reta orientado. E uma grandeza vetorial é simbolizada por uma letra com uma seta sobre ela. A grandeza vetorial força, por exemplo, pode ser escrita assim: $\vec{F}$.

Luis Moura/Arquivo da editora

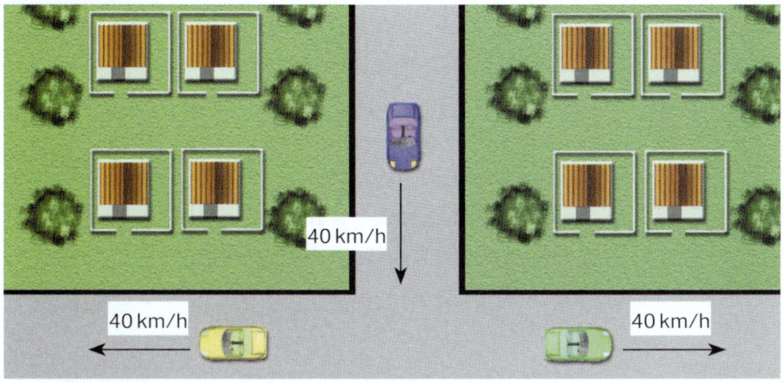

8.11 **A velocidade é uma grandeza vetorial: tem valor numérico (módulo), unidade de medida, direção e sentido. (Figura sem escala. Cores fantasia.)**

No dia a dia é costume usar direção e sentido como palavras sinônimas para indicar orientação, rumo. Mas em Física essas duas palavras têm significados diferentes.

Portanto, não confunda direção com sentido: a direção é representada por uma reta, e o sentido, por uma seta. Uma direção pode ser percorrida em dois sentidos opostos (da direita para a esquerda ou da esquerda para a direita, por exemplo).

Você acaba de perceber que há dois tipos de grandeza: para algumas delas, basta indicar um valor numérico e a respectiva unidade. É o caso da massa (10 kg), do comprimento (5 m), da temperatura (36,5 °C). Essas grandezas são chamadas de **grandezas escalares**.

Para outras grandezas, porém, como a velocidade, é preciso indicar, além do valor e da unidade, a direção e o sentido. Essas grandezas são chamadas de **grandezas vetoriais**, porque podem ser representadas por aquilo que, em Matemática, é chamado de vetor.

Em Física, em vez da palavra valor, geralmente usa-se a palavra módulo.

Agora pense em um carro fazendo uma curva. Imagine que o módulo da velocidade não mude. No entanto, a direção da velocidade do carro está mudando. Por isso dizemos que a velocidade não é constante e que o carro tem uma aceleração. Veja a figura 8.12.

8.12 **No carro em trajetória circular, o módulo da velocidade não muda, mas a velocidade muda de direção. No carro em trajetória reta, o módulo da velocidade muda, mas a direção permanece a mesma. Em ambos os casos há aceleração. (Figura sem escala. Cores fantasia.)**

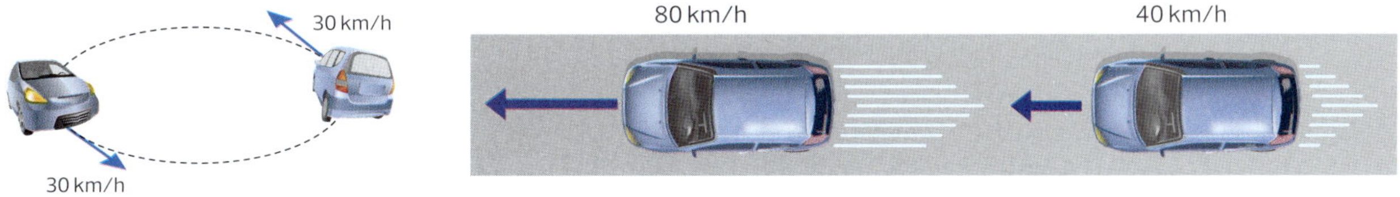

KLN Artes Gráficas/Arquivo da editora

Portanto, se a velocidade do carro está mudando de módulo ou de direção (ou ambos), o movimento é acelerado.

Mundo virtual

<www2.fc.unesp.br/experimentosdefisica/>
Site que contém sugestões de experimentos de Física para o Ensino Fundamental e Médio utilizando materiais de fácil obtenção.
Acesso em: 15 abr. 2015.

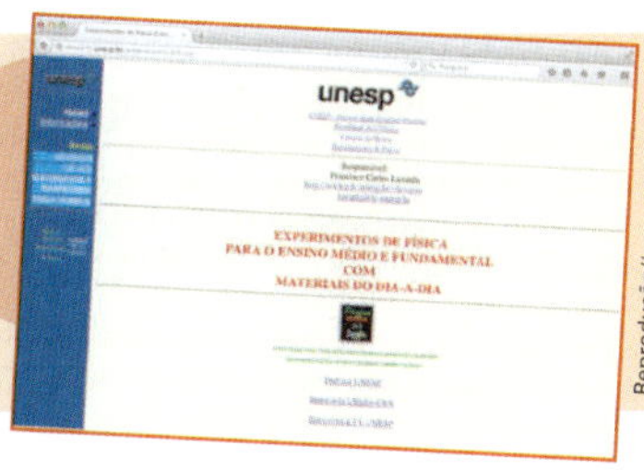

Reprodução/<www2.fc.unesp.br/experimentosdefisica/>

Atividades

Trabalhando as ideias do capítulo

1. Uma pessoa está levando um amigo na garupa da bicicleta. Em relação ao amigo, essa pessoa está parada ou em movimento? E em relação a um poste da rua? Qual é a velocidade média da pessoa em relação ao amigo?

2. Um atleta correu 400 metros em 80 segundos. Qual é a sua velocidade média?

3. Um cavalo com velocidade média de 16 m/s leva quanto tempo para correr 400 metros?

4. Qual é a distância, em metros, percorrida em 50 segundos por uma tartaruga com velocidade média de 10 cm/s?

5. Um carro movendo-se a 72 km/h é mais veloz do que outro a 25 m/s? Justifique sua resposta mostrando os cálculos.

6. Imagine que uma pessoa ande com velocidade de 150 passos por minuto e que o tamanho médio de seu passo seja de 1 metro. Quanto tempo ela levaria para percorrer 6 quilômetros?

7. Um garoto levou 5 minutos para andar 300 metros em linha reta. Considerando que o tamanho médio de seu passo é de 0,5 metro, qual é sua velocidade média (em metros por segundo) e quantos passos ele deu?

8. No caderno, indique as afirmativas verdadeiras.
   a) Uma pessoa sentada em uma cadeirinha de uma roda-gigante descreve uma trajetória circular.
   b) A Terra está em repouso em relação ao Sol.
   c) Se um carro mantiver a mesma velocidade ao longo de uma trajetória retilínea, a velocidade instantânea será igual à velocidade média.
   d) O velocímetro de um carro mede a velocidade instantânea do veículo.
   e) Uma pessoa sentada dentro de um ônibus vê da janela um poste se afastar dela e, com isso, conclui que o ônibus está em repouso em relação à Terra.

9. Um tubo cilíndrico graduado, cheio de óleo, pode ser usado para estudar o movimento de uma gota de água caindo através dele. Como essa gota se movimenta com um movimento retilíneo uniforme, construir tabelas e gráficos deste movimento é uma boa estratégia para analisá-lo. Veja a figura 8.13.

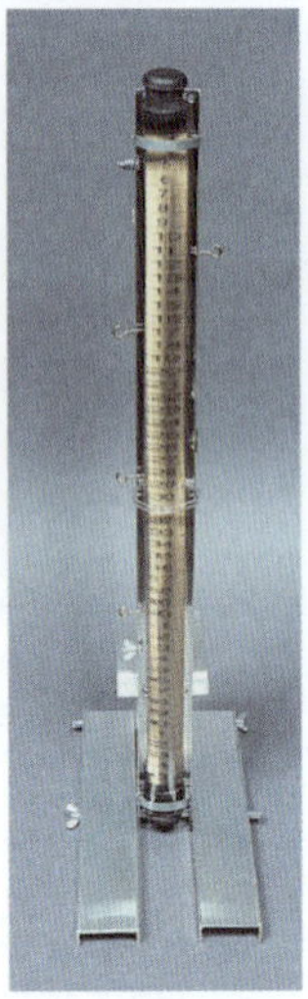

Cláudio Pedroso/Angular

8.13 **Dispositivo com gota de água caindo dentro de um tubo com óleo (o tubo pode ficar inclinado para aumentar o intervalo de tempo entre as medições).**

Na tabela a seguir mostramos as posições da gota dentro do tubo de óleo em função do tempo:

Tempo (s)	Distância (cm)
0	0
1	5
2	10
3	15
4	20
5	25

8.14

Com essa tabela construímos o gráfico abaixo:

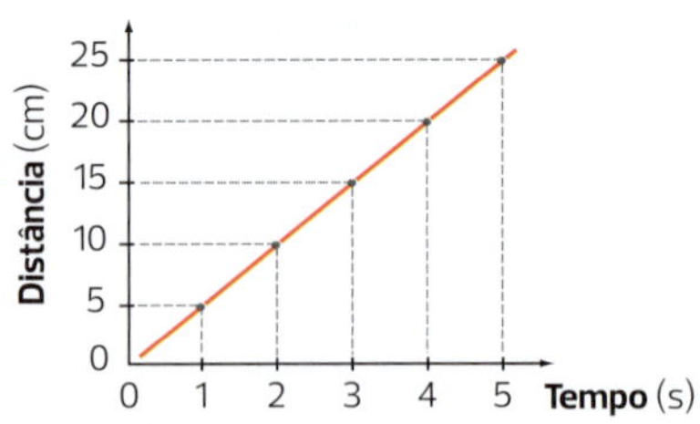

8.15

Trata-se, então, de um gráfico da posição da gota em função do tempo. Os instantes de tempo foram colocados no eixo horizontal (abscissa) e as posições, no eixo vertical (ordenada). Definimos uma escala para esse gráfico associando uma unidade de comprimento (1 cm, por exemplo) para cada intervalo de tempo. Nesse caso, utilizamos a mesma escala para a marcação das posições. Depois, a cada par de valores associamos um ponto, como mostram as linhas tracejadas da figura 8.15. Ligando os pontos, obtemos uma reta que representa a correspondência entre a posição da gota e os instantes de tempo. Veja se você compreendeu: confirme no gráfico que, no instante 4 segundos, a gota estava na posição 20 centímetros. Agora, analise:

a) Qual é o valor da velocidade da gota, em centímetros por segundo, no instante 1 segundo?

b) Qual é o valor da velocidade média da gota entre o quarto e o quinto segundo?

c) Por que se pode dizer que esse movimento é retilíneo e uniforme?

d) Qual dos gráficos a seguir (I, II ou III) representa a velocidade da gota em função do tempo? (**Atenção**: neste caso, trata-se do gráfico da velocidade da gota em função do tempo. O gráfico anterior mostrava a distância percorrida em função do tempo.)

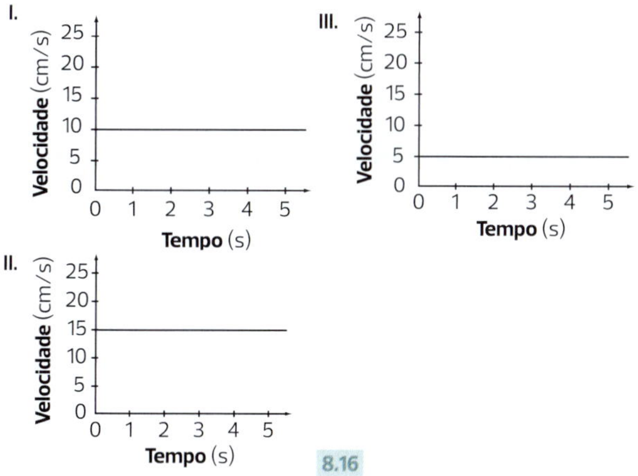

8.16

10. Os gráficos abaixo representam dois carros que se movem em movimento retilíneo e uniforme. Calcule a velocidade de cada um.

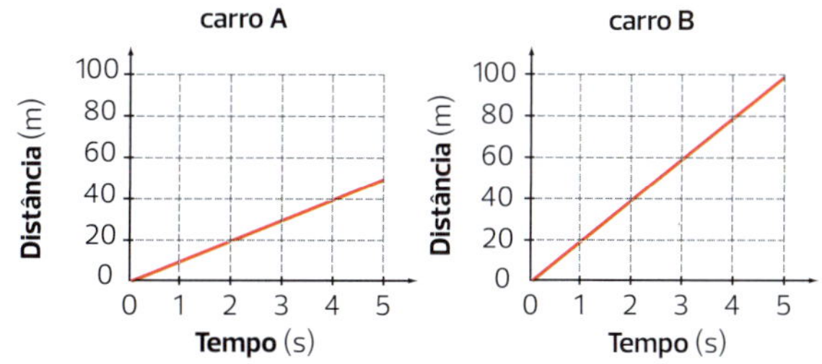

8.17

11. Transforme a velocidade de:

a) 900 km/h em m/s

b) 300 m/s em km/h

12. Alguns falcões, quando "mergulham" para capturar uma presa, atingem 360 km/h. Calcule quem é mais rápido: um falcão a 360 km/h ou um avião a 200 m/s?

13. No carro existe um aparelho chamado hodômetro, que marca a distância percorrida. Suponha que um hodômetro marcava inicialmente 60 km e, depois de o carro ter andado meia hora por uma estrada, o aparelho marcou 96 km. Qual a velocidade média do carro nesse período?

14. Pedro saiu de casa e foi andando em linha reta para pegar o ônibus, que chegou logo depois de Pedro ter chegado ao ponto. O gráfico a seguir indica a distância em função do tempo.

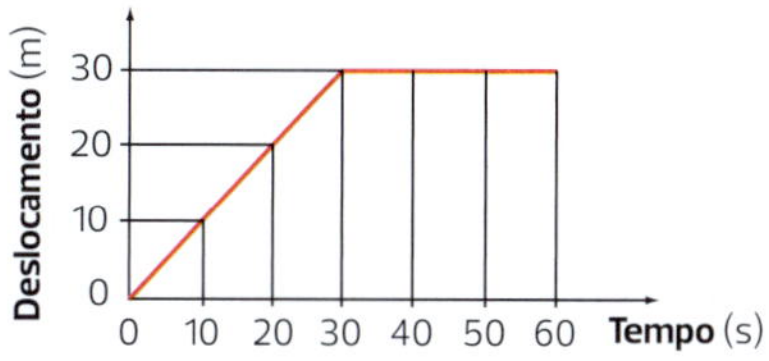

8.18

Depois de analisar o gráfico, responda:

a) Qual foi o deslocamento de Pedro nos 30 segundos iniciais? E sua velocidade média?

b) E nos próximos 30 segundos?

c) Depois que chegou ao ponto, quanto tempo Pedro ficou esperando pelo ônibus?

15. A tabela a seguir indica a posição de um automóvel movendo-se em linha reta, em função do tempo.

Tempo (s)	Posição (m)
0	0
2	20
4	40
6	60

8.19

a) Qual é o valor da velocidade média do carro entre 0 segundo e 2 segundos?

b) Qual é o valor da velocidade média do carro entre 4 segundos e 6 segundos?

c) Construa um gráfico da posição do automóvel em função do tempo. No eixo horizontal, ponha os instantes em segundos. No eixo vertical, indique a posição do automóvel. (Sugestão: você pode representar cada intervalo de tempo de 2 segundos por 1 centímetro e também cada distância de 20 metros por 1 centímetro, por exemplo.)

d) O movimento do carro é uniforme?

16. Um foguete espacial pode atingir 600 m/s depois de 20 segundos do lançamento. Qual é a aceleração média do foguete?

17. Uma motocicleta que vinha a 20 m/s levou 10 segundos para parar. Calcule a aceleração.

18. Partindo do repouso, quanto tempo um carro leva para atingir a velocidade de 40 m/s com aceleração constante de 2 m/s^2?

19. Qual é o valor da aceleração de um carro em movimento retilíneo e uniforme?

20. Durante um treino de corrida, quando o relógio digital está marcando 9h 30min e 50s, a velocidade do atleta é de 2 m/s. Então, às 9h 31min e 20s, a velocidade do atleta era de 11 m/s. Qual é o valor da aceleração média nesse período?

21. Uma pedrinha pequena caiu verticalmente de uma altura de 4 metros. Considere g = 10 m/s^2 e, no caderno, indique as afirmativas verdadeiras. (A resistência do ar é muito pequena e pode ser ignorada nos cálculos.)

a) A trajetória da pedrinha é aproximadamente retilínea.
b) A velocidade da pedrinha diminui a cada segundo.
c) A velocidade da pedrinha mantém-se constante ao longo da queda.
d) A aceleração da pedrinha é de cerca de 10 m/s^2.
e) A cada segundo, o espaço percorrido pela pedrinha aumenta.
f) A aceleração da pedrinha aumenta ao longo do tempo.
g) Se você soltar, ao mesmo tempo, a pedrinha e uma folha de papel em um tubo de vácuo, ambas vão chegar ao final do tubo no mesmo instante.

22. Supondo um valor para a aceleração da gravidade de 10 m/s^2, após 1 segundo de queda livre, qual é a velocidade atingida por uma pedra? E 2 segundos depois?

23. Quanto tempo um corpo, solto em queda livre, leva para atingir a velocidade de 20 m/s? (Considere g = 10 m/s^2.)

24. Que diferença existe entre o movimento retilíneo uniforme e o movimento retilíneo uniformemente variado?

25. Um carro teve de reduzir sua velocidade de 20 m/s para 14 m/s para passar por um radar eletrônico. O tempo total gasto nessa redução foi de 2 segundos. Qual é a aceleração do carro?

26. O guepardo é capaz de sair do repouso e alcançar a velocidade de 72 km/h em 2 segundos. Qual é a aceleração do guepardo em m/s^2?

27. Um garoto está andando de bicicleta com uma aceleração de 0,5 m/s^2. Isso significa que ele anda 0,5 m em cada segundo? Justifique sua resposta.

28. Se você soltar, ao mesmo tempo, uma folha de papel aberta e outra de mesmo tamanho amassada em forma de bolinha, esta vai cair mais rápido.

a) Explique por que isso acontece.
b) E o que acontece se ambas forem soltas em um tubo de vácuo? Explique.

29. Uma bolinha de borracha caiu verticalmente do alto de um edifício e atingiu o solo após 5 segundos. Considere que a bolinha estava em queda livre e a aceleração era de 10 m/s^2. Qual a velocidade da bolinha quando chega ao solo? (Não leve em conta a resistência do ar.)

30. Uma pedra é arremessada verticalmente para cima e depois cai. Qual é a direção e o sentido do movimento da pedra quando sobe? E quando cai?

31. Qual a diferença entre grandeza escalar e grandeza vetorial?

32. Ao responder a uma pergunta do professor, um estudante disse que o carro se deslocava com velocidade de 80 km/h. Explique por que o professor considerou que a resposta do aluno estava incompleta.

33. Imagine uma corrida disputada entre uma lesma e uma tartaruga. A lesma parte de um local que fica a 90 milímetros do ponto de chegada e a tartaruga de outro ponto que fica a 1 metro do ponto de chegada. A velocidade média da lesma é de 1,5 mm/s e a da tartaruga, 20 mm/s. Que animal chega primeiro? Justifique sua resposta fazendo os cálculos necessários.

34. No caderno, indique as afirmativas verdadeiras:

a) A queda livre é um movimento retilíneo e uniforme.
b) A aceleração de um corpo é uma medida da variação de sua velocidade.
c) Se a velocidade final de um corpo for positiva e menor do que a velocidade inicial, a aceleração é negativa.
d) Se apenas a direção da velocidade variar, a aceleração é nula.
e) Se um carro tem aceleração de 4 m/s^2, isso significa que, em cada segundo, sua velocidade aumenta 4 m/s.

35. A tabela abaixo indica o valor da velocidade de um carro em função do tempo.

a) O carro partiu do repouso?

Tempo (s)	Velocidade (m/s)
0	0
1	3
2	6
3	9
4	12

8.20

b) Qual a aceleração do carro?

c) Se essa aceleração for mantida, qual será a velocidade do carro depois de 1 minuto?

d) No caderno, construa um gráfico do valor da velocidade do carro em função do tempo.

36. Os gráficos abaixo indicam a intensidade da velocidade de dois objetos em movimento retilíneo ao longo do tempo.

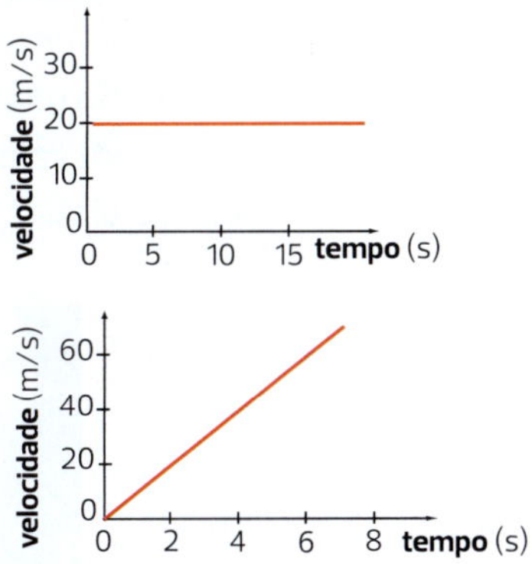

8.21

Analise os gráficos e responda em seu caderno:

a) Em qual dos gráficos a velocidade varia e em qual ela é constante?

b) Que tipo de movimento está representado em cada gráfico?

37. O gráfico abaixo representa o valor da velocidade de um carro de corrida em movimento retilíneo em função do tempo. Cada letra indica um trecho do gráfico.

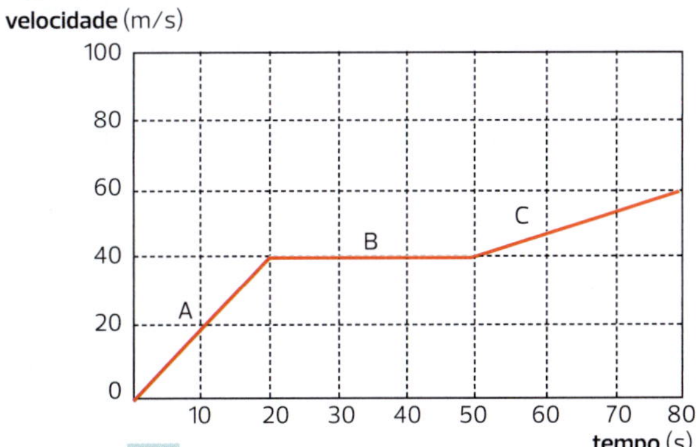

8.22

a) No caderno, indique os trechos que correspondem a movimento acelerado e a movimento uniforme.

b) Qual foi a maior velocidade atingida pelo carro?

c) A aceleração do carro no trecho C é maior ou menor do que a aceleração no trecho A? Justifique sua resposta.

38. O gráfico abaixo representa o módulo da velocidade de um carro em movimento retilíneo uniformemente variado em função do tempo.

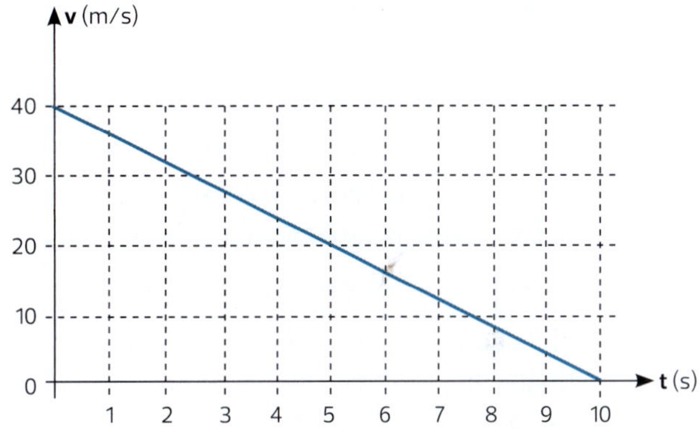

8.23

a) Qual é a velocidade inicial do carro?

b) Qual é a velocidade do carro no instante t = 5 segundos?

c) O carro está freando? Justifique sua resposta.

d) Qual é a velocidade final do carro?

39. Cada desenho da figura abaixo é um esquema de uma foto batida em intervalos regulares com a técnica especial que você conheceu neste capítulo. Em cada esquema vemos a mesma bola em pontos diferentes da trajetória.

a) Em qual deles a aceleração é nula? Explique.

b) Em qual deles a velocidade varia? Explique.

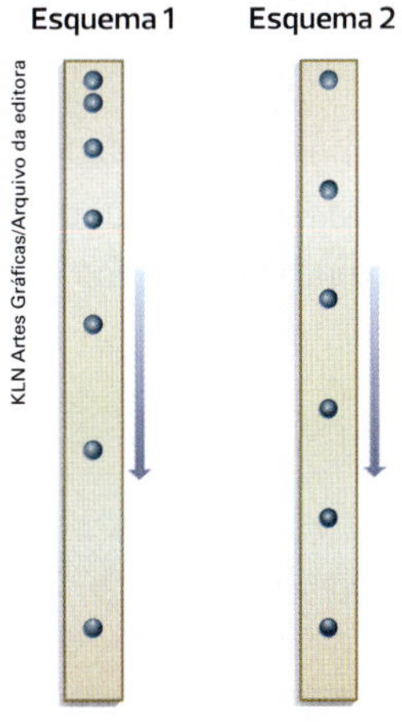

8.24

Pense um pouco mais

1. Um carro se desloca em linha reta pela estrada. O passageiro ao lado do motorista observa que o ponteiro do velocímetro indica sempre o mesmo valor. Em certo momento, porém, a posição do ponteiro começa a variar. Explique o que está acontecendo em cada caso.

2. Um trem de 200 metros de comprimento gasta 20 segundos para atravessar completamente um túnel de 400 metros de comprimento. Qual é velocidade média do trem? (**Atenção**: Não se esqueça de levar em conta o comprimento do trem nos cálculos.)

3. A distância do Sol em relação à Terra é de cerca de $1{,}49 \cdot 10^8$ km. Sabendo que a velocidade da luz no vácuo é de cerca de 300 000 km/s e considerando essa velocidade constante, calcule quanto tempo a luz do Sol leva para chegar à Terra.

4. Identifique as grandezas físicas que aparecem nas frases abaixo e classifique-as em escalar ou vetorial.
   a) 2 kg de maçãs.
   b) Levei 30 min na fila.
   c) A velocidade do carro era de 30 m/s, na direção leste-oeste e no sentido oeste.
   d) O comprimento da mesa é de 2 m.

5. A figura abaixo mostra a posição e a velocidade de um carro em vários instantes.

KLN Artes Gráficas/Arquivo da editora

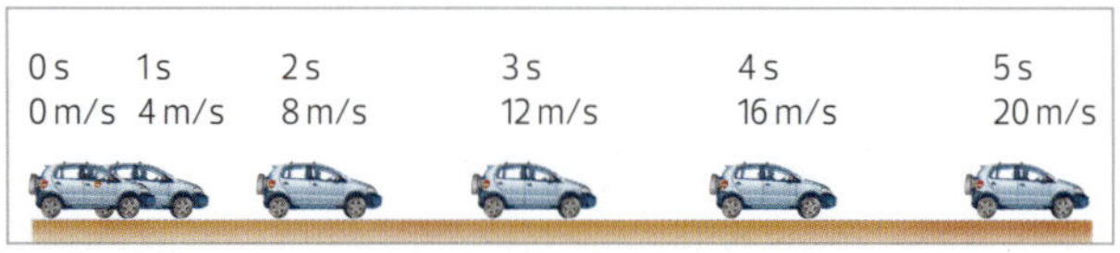

8.25

Por que pode se dizer que o movimento do carro é retílineo e uniformemente variado?

6. A distância da marca do pênalti ao centro do gol é de 11 metros. Mas vamos supor que o cobrador coloque a bola num dos cantos inferiores do gol. Nesse caso, a distância percorrida pela bola será cerca de 11,6 metros. Vamos supor também que a bola seja chutada com velocidade de cerca de 90 km/h (vamos desprezar a resistência do ar).
   a) Quanto tempo leva para a bola atingir a linha do gol?
   b) Suponha que numa cobrança de pênalti o goleiro comece a se mover apenas depois do chute e que depois do chute ele ainda leve cerca de 0,12 segundo para começar a se movimentar (tempo de reação) e leve ainda mais 0,87 segundo para alcançar uma bola chutada no canto do gol. Usando a resposta da questão anterior, faça os cálculos e diga se o goleiro vai conseguir evitar o gol.
   c) Pesquise o que o goleiro pode fazer para aumentar a chance de pegar um pênalti.

7. Observando uma roda-gigante em movimento num parque de diversões, um estudante comentou que as pessoas dentro daquele aparelho certamente não estavam em velocidade constante. O que lhe dava certeza disso?

8. A foto ao lado mostra o astronauta David Scott da missão Apollo 15 à Lua, em 1971. Um dos astronautas soltou, ao mesmo tempo, uma pena de falcão (com 30 g de massa) e um martelo (massa de 1,3 kg) da mesma altura (1,60 m). Lembrando que na Lua não há atmosfera, mas há aceleração da gravidade, responda:

Nasa/Science Photo Library/Latinstock

8.26 **O astronauta David Scott andando na Lua, e o veículo usado na exploração lunar; ao fundo, a Terra.**

   a) Os dois objetos chegaram ao mesmo instante no solo da Lua? Por quê?
   b) Se esse experimento fosse realizado na Terra, os dois objetos chegariam ao mesmo instante no solo? Por quê?

Mexa-se!

- Pesquise quais os recordes mundiais atuais na corrida de 100 metros rasos masculino e feminino. Calcule a velocidade média atingida pelos recordistas.

Aprendendo com a prática

1. Com o professor de Educação Física e toda a classe, desenvolva uma atividade para medir a velocidade média de alguns colegas que praticam esporte. Os alunos deverão andar em linha reta. A velocidade média pode ser medida com eles andando normalmente e correndo por uma distância determinada pelo professor de Educação Física. (O professor vai escolher os colegas preparados fisicamente e liberados para a prática regular de atividades físicas.) Elabore essa medição com o auxílio de fitas métricas ou trenas e de um cronômetro (ou relógio digital que tenha essa função).

2. Providencie o que se pede a seguir e depois leia as orientações sobre a atividade.

Material

- 60 cm de mangueirinha plástica transparente com cerca de 1 centímetro de diâmetro.
- Uma régua de madeira de 60 centímetros de comprimento.
- Duas rolhas com diâmetro apropriado para fechar a mangueirinha.
- Dois pedaços de arame fino.
- Um pouco de detergente (ou de xampu) colorido.
- Um cronômetro ou um relógio digital que marque segundos.
- Lápis, borracha e papel milimetrado.

Procedimentos

- Estique a mangueirinha e prenda suas extremidades na régua com os fios de arame. Depois, passe o arame pela mangueira e amarre atrás da régua. Veja a figura 8.27.
- Tampe uma das extremidades da mangueirinha com a rolha e ponha o detergente (ou o xampu) em seu interior, procurando deixar uma pequena bolha de ar (se ficarem outras bolhas, devem ser poucas e pequenas). Depois, tampe a outra extremidade com a segunda rolha.
- Segure a mangueirinha e a régua na posição vertical. A bolha deve ficar na parte superior da mangueirinha, que corresponde ao início da régua.
- Um aluno deve se posicionar com o cronômetro ou relógio digital. Outro aluno, ao lado da régua, vai acompanhar atentamente o movimento da bolha. Um terceiro aluno, com lápis e papel, vai anotar o tempo e a posição da bolha.

O aluno com a régua deve colocá-la inclinada sobre uma mesa, apoiada em alguns cadernos, com a bolha na parte mais baixa, como mostra a figura 8.27.

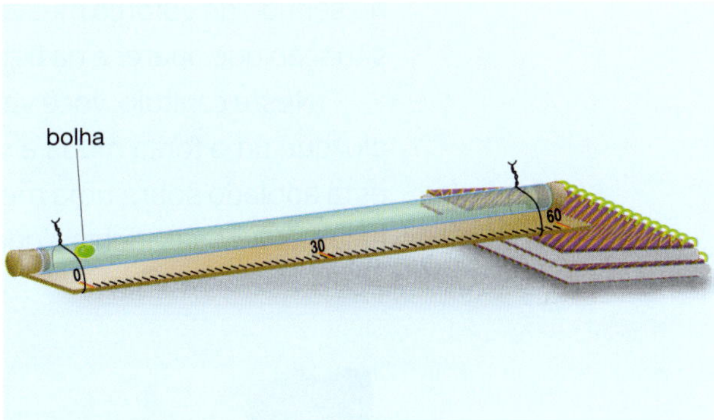

8.27 Figura sem escala. Cores fantasia.

- Assim que a régua for apoiada e a bolha começar a subir pela mangueirinha, o cronômetro deve ser acionado, começando a marcar o tempo. A cada 5 segundos (ou tempo menor, dependendo da velocidade da bolha) o aluno que acompanha o movimento da bolha diz em voz alta qual a posição dela na régua. O terceiro aluno anota o tempo e a posição correspondente a esse instante.

Observação: se houver mais de uma bolha, apenas uma delas deve ser acompanhada à medida que sobe; de preferência, a menor, pois, quanto menor a bolha, menor a sua velocidade.

a) Faça uma tabela que contenha o instante do tempo e a posição da bolha em cada instante.

b) A partir dos dados da tabela, com o auxílio do professor e escolhendo uma escala adequada, construa, em papel milimetrado, um gráfico que descreva a posição da bolha em função do tempo.

c) Em seguida, calcule a velocidade média da bolha e diga qual o tipo de movimento que ela realiza.

Capítulo

9 Forças

No dia a dia, a palavra "força" tem vários significados. Muitas vezes ela é usada no sentido de esforço muscular ou de um puxão ou empurrão, como você pode ver na situação que aparece na figura abaixo.

Neste capítulo, você vai aprender o conceito de força em Física. Vai ver, por exemplo, que uma força muda a velocidade de um corpo. Vai ver também que, se um livro está apoiado sobre uma mesa, esta exerce uma força sobre o livro. E poderá concluir então que essas ideias ajudam a explicar um grande número de fenômenos.

A questão é

Como achamos a resultante de duas forças de mesma direção e sentido? E de sentidos opostos? Qual é a relação entre força e movimento? Por que uma bolinha rolada no chão acaba parando? E o que significa, em Física, "ação e reação"?

Mauro Nakata/Arquivo da editora

9.1

1 Medindo forças

A força é uma grandeza vetorial, pois, quando um jogador chuta uma bola, ele aplica uma força que, além de ter certo módulo ou intensidade, tem direção e sentido. É a direção e o sentido da força que determinam se a bola foi chutada para cima ou para a direita, se foi recuada ou foi chutada para o gol do adversário.

Indicamos uma grandeza vetorial por uma letra, acima da qual é colocada uma seta, como no caso da força: $\vec{F}$. Mas, quando estamos falando sobre o módulo de uma grandeza vetorial, a seta não é colocada.

A unidade para medir a intensidade ou o módulo de uma força, no Sistema Internacional de Unidades, é o newton, cujo símbolo é **N** (unidades que homenageiam cientistas são representadas por letra maiúscula).

Em homenagem a Isaac Newton (1642-1727), um dos maiores físicos de todos os tempos.

O aparelho utilizado para medir a intensidade das forças é o **dinamômetro**. Veja a figura 9.2. Muitos dinamômetros funcionam com uma mola que se deforma proporcionalmente à força.

Dinamômetro vem do grego *dynamis*, 'força', e *métron*, 'medição'.

Veja na figura 9.3 o esquema de um dinamômetro simples, construído com uma mola e uma régua graduada. Quanto maior é a carga, mais a mola se estica. O valor da deformação da mola pode ser lido na régua e fornece, indiretamente, a intensidade da força que produziu a deformação.

O dinamômetro também é usado para medir pesos. O peso é a força com que a Terra atrai os corpos, como você vai estudar mais adiante. Veja a figura 9.4.

Adilson Secco/Arquivo da editora

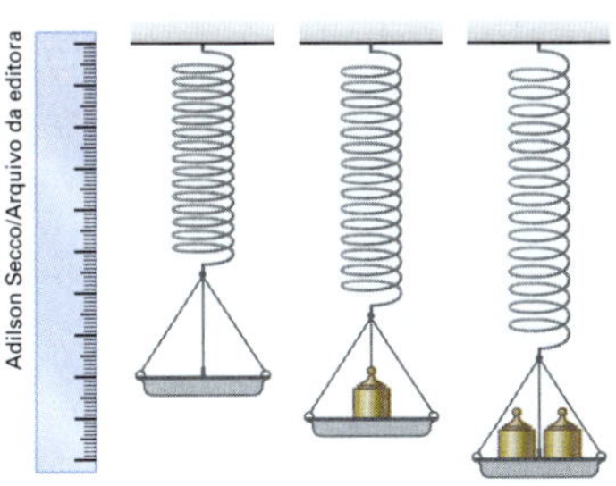

9.3 Um dinamômetro de mola simples. (Figura sem escala. Cores fantasia.)

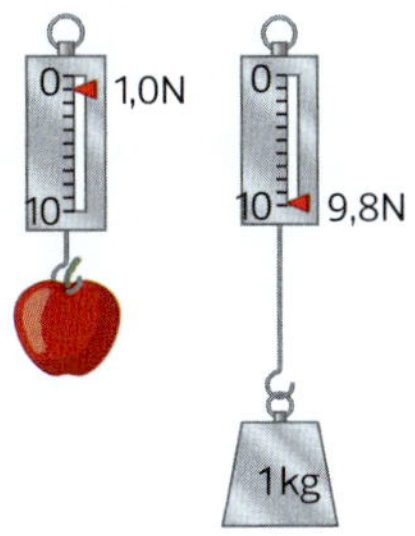

9.4 O peso aproximado de uma maçã e da massa de um quilograma medido no dinamômetro.

Lawrence Migdale/Photo Researchers, Inc./Latinstock

9.2 Dinamômetro

Forças com mesma direção

Quando duas forças são exercidas na mesma direção e no mesmo sentido, seus efeitos se somam. Se duas pessoas empurram um carro, cada uma com uma força de 50 N, o carro está sendo empurrado com uma força de 100 newtons, ou seja: 50 N + 50 N = 100 N. Se houvesse mais pessoas empurrando o carro, somaríamos todas as forças.

Portanto, quando duas ou mais forças são aplicadas no mesmo ponto, na mesma direção e no mesmo sentido, a intensidade da força resultante é igual à soma das forças, e a direção e o sentido são os mesmos das forças aplicadas.

A fórmula para achar o módulo da força resultante de duas forças de mesma direção e mesmo sentido é: $R = F_1 + F_2$.

A força resultante, que pode ser chamada simplesmente de **resultante**, é a força que pode substituir o conjunto (sistema) de forças aplicadas no corpo, produzindo o mesmo efeito. Aplicar no carro uma força única de 100 newtons tem o mesmo efeito que aplicar duas forças de 50 newtons — desde que ambas tenham a mesma direção e o mesmo sentido.

9.5

A figura 9.5 mostra uma situação diferente. Agora, dois garotos estão disputando um carrinho de supermercado puxando em sentidos opostos.

O que vai acontecer depende da resultante do sistema de forças. Nesse caso, a fórmula para achar a intensidade da força resultante de duas forças de mesma direção e sentidos opostos é: $R = F_1 - F_2$.

Como o garoto da esquerda está puxando com uma força de 45 newtons, e o outro, com uma força de 40 newtons, o valor da resultante será dado pela diferença do valor das forças: R = 45 - 40 = 5 N. O carrinho vai então se mover para a esquerda, pois a resultante terá o mesmo sentido da força maior (45 newtons). Reveja a figura 9.5.

9.6 Figura sem escala. Cores fantasia.

Forças em direções diferentes

Dois rapazes estão puxando, com cordas, um barco para a areia. Observe, na figura 9.6, que as cordas fazem um ângulo de 90° entre si.

Como podemos calcular a resultante nesse caso?

Como a força é uma grandeza vetorial, temos de achar a resultante da seguinte maneira: representamos cada uma das forças por uma seta, no tamanho proporcional ao módulo. O ângulo entre as setas será o ângulo feito pelas cordas. Vamos supor que o módulo de uma das forças seja 30 newtons, o da outra força, 40 newtons, e o ângulo entre elas seja de 90°. Fazemos então um desenho em escala das forças. Podemos fazer uma das forças com 3 centímetros de comprimento e a outra com 4 centímetros. Veja a figura 9.7.

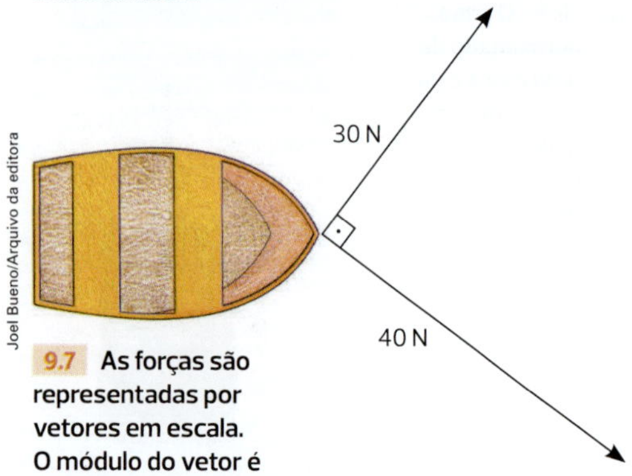

9.7 As forças são representadas por vetores em escala. O módulo do vetor é diretamente proporcional à intensidade da força. A seta indica o sentido da força. (Figura sem escala. Cores fantasia.)

Agora, para achar a força resultante, traçamos uma reta na ponta de cada seta: na ponta da seta que representa a força de 30 newtons, traçamos uma reta paralela à que representa a força de 40 newtons; e, na ponta da seta de 40 newtons, traçamos uma reta paralela à de 30 newtons. A resultante desse sistema de forças estará representada por uma seta formada pela diagonal desse paralelogramo, com origem no ponto de aplicação das forças. Veja a figura 9.8.

Medindo com uma régua, você verá que a diagonal tem cerca de 5 centímetros de comprimento. Isso significa que, na escala usada, a força resultante vale 50 newtons.

Mas esse não é o único jeito de achar o módulo da resultante. Quando as duas forças fazem um ângulo de 90°, podemos usar o teorema de Pitágoras (para outros ângulos o cálculo é um pouco mais complicado e estudado apenas no Ensino Médio), pois essas forças formam, nesse caso, os catetos de um triângulo retângulo, e o valor da resultante é a hipotenusa. A fórmula que permite calcular o valor da resultante, então, é: $R^2 = F_1^2 + F_2^2$. Faça o cálculo e veja que a resultante, no exemplo do barquinho, vale 50 newtons.

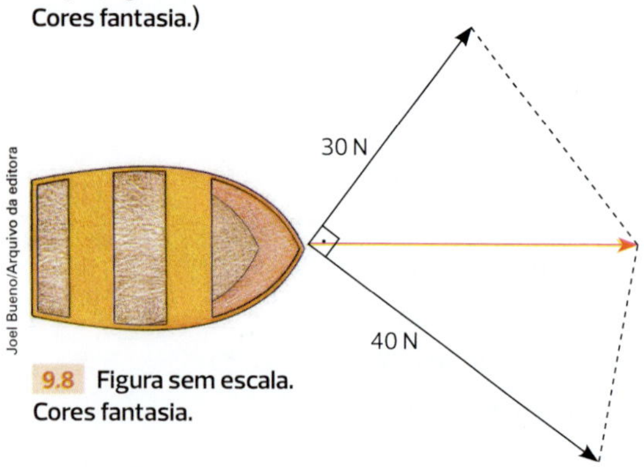

9.8 Figura sem escala. Cores fantasia.

A inércia dos corpos

Imagine que na situação da figura 9.5 os dois garotos estivessem puxando o carrinho com forças de mesmo valor. Nesse caso, a força resultante seria nula.

Agora você vai descobrir uma propriedade interessante dos corpos: todo corpo tem a tendência de permanecer em repouso ou em movimento retilíneo uniforme (movimento em linha reta e com velocidade constante) se a resultante das forças que agem sobre ele for nula. Veja este exemplo a seguir.

Quando um veículo, como um carro ou um ônibus, freia de repente, as pessoas que estão nele tendem a ser projetadas para a frente. Isso ocorre porque elas tendem a permanecer em movimento. As pessoas só não serão projetadas para a frente se outras forças — como a força de atrito com o chão do veículo ou com o assento, a força com que elas se seguram ou o cinto de segurança — interromperem o movimento. Veja a figura 9.9. Como você pode perceber, é muito importante usar o cinto de segurança no carro e segurar-se bem no ônibus!

Tri Ltd./Science Photo Library/Latinstock

9.9 Carro com bonecos no interior usado em testes de segurança. Ele bateu contra uma parede a 56 km/h. Apenas o boneco que representa o motorista está com cinto de segurança. Um boneco pequeno, representando uma criança, é arremessado para fora do carro através do para-brisa. Os bonecos no banco traseiro também são arremessados com violência para a frente.

Da mesma forma, quando o veículo arranca de repente, as pessoas são jogadas para trás, pois tendem a permanecer em repouso.

Com base nesses exemplos, fica mais fácil compreender que um corpo continua em movimento ou em repouso se nenhuma força agir sobre ele, ou seja, se a resultante das forças que agem sobre ele for nula.

A propriedade da matéria de manter seu estado de repouso ou de movimento retilíneo uniforme é chamada de **inércia**.

Essa ideia está expressa na chamada **lei da inércia**, também conhecida como **primeira lei de Newton**: "Se nenhuma força atuar sobre um corpo, ele permanece em repouso ou em movimento retilíneo e uniforme (com velocidade constante)".

Em outras palavras: "se a resultante das forças que atuam sobre o corpo for nula".

Veja se compreendeu: se um corpo estiver em repouso, é preciso uma força para colocá-lo em movimento, mas, se essa força parar de agir e nenhuma outra força atuar sobre esse corpo, ele continuará se movendo em linha reta e com velocidade constante.

Ciência e sociedade

A importância do cinto de segurança

Em caso de acidente, o cinto de segurança previne que ferimentos mais graves ocorram tanto aos passageiros dos bancos dianteiros como aos dos bancos traseiros.

Em uma batida frontal, as pessoas são arremessadas na mesma direção e sentido em que vinha o carro, e com a mesma velocidade que ele desenvolvia. Então, se estiverem sem o cinto, as pessoas do banco traseiro serão lançadas contra o encosto do banco dianteiro, podendo ferir-se e provocar ferimentos nos ocupantes do banco da frente. As pessoas do banco dianteiro podem, por sua vez, ser arremessadas para fora do carro, atravessando o para-brisa.

A ocorrência de um choque frontal também pode impulsionar a parte traseira para cima, fazendo com que os passageiros sem cinto batam a cabeça contra o teto.

Portanto, sempre use o cinto e outros equipamentos de segurança!

2 O atrito

Há também a outra força de atrito, a força de resistência do ar, que não vamos considerar neste momento. Ela explica porque após algum tempo a velocidade de queda de um paraquedista não muda mais: a resistência do ar torna-se igual ao peso do corpo. Depois de abrir o paraquedas, a resistência do ar aumenta e a velocidade diminui.

Você acaba de aprender que não é preciso a atuação de uma força para que um corpo se mantenha em movimento retilíneo uniforme. E, na ausência de forças, o corpo continuará sempre em movimento retilíneo uniforme.

Mas, se você der um "peteleco" em uma caneta sobre uma mesa, ela logo para de se movimentar. Por quê?

Isso ocorre por causa da ação de uma força, a força de atrito da mesa sobre a caneta. Nesse caso, a força de atrito se opõe ao movimento, quer dizer, ela atua em sentido contrário ao do movimento do corpo.

Na figura 9.10 você vê um bloco de madeira apoiado sobre uma mesa também de madeira preso por um fio a um dinamômetro. O bloco está sendo puxado por uma força de 2 newtons, mas ele não se move. Por quê?

Adilson Secco/Arquivo da editora

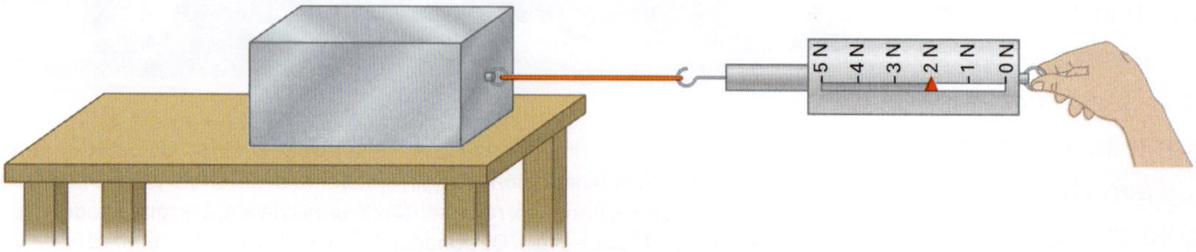

9.10 Em razão da força de atrito, o bloco de madeira não se movimenta, mesmo sendo puxado por uma força de 2 newtons.

A explicação é que a força de atrito entre o bloco e a mesa equilibra a força com que o bloco é puxado. Somente quando a força com que ele é puxado se tornar maior do que a força de atrito, é que o bloco começa a se movimentar (lembre-se de que a força de atrito se opõe ao movimento).

É mais fácil empurrar um objeto pesado, uma geladeira, por exemplo, se ele estiver sobre rodas do que sem elas. A explicação é que o atrito de rolamento é menor do que o do deslizamento.

A força de atrito depende do tipo das superfícies em contato. Uma bolinha de metal ou vidro rola muito mais tempo sobre tampos bem lisos, como de vidro, do que sobre tampos de cimento, que são mais ásperos. Mesmo as superfícies bem lisas possuem "rugosidades" microscópicas. No entanto, essas rugosidades são apenas um dos fatores responsáveis pela força de atrito — o fator mais importante é a atuação das forças de atração entre as moléculas das substâncias em contato.

Às vezes, é recomendável reduzir o atrito, como se faz com muitas peças de máquinas, para evitar o desgaste das peças ou para permitir, por exemplo, que uma parte gire sobre outra com facilidade. Nesses casos, o atrito pode ser reduzido, tornando as superfícies mais lisas, através de polimento ou aplicando alguma substância (cera, óleos, graxa).

Fabio Colombini/Acervo do fotógrafo

9.11 Pneu novo sobre pneu velho. Andar com pneus em mau estado é considerado infração de trânsito.

Outras vezes queremos aumentar o atrito; por exemplo, entre os pneus de um automóvel e o solo, pois quanto maior o atrito menor a distância percorrida após a frenagem. Dessa forma, é importante que os pneus estejam em bom estado, pois são os sulcos deles que aumentam o atrito com a pista. Veja a figura 9.11.

Em uma pista molhada ou escorregadia é preciso manter uma distância maior em relação ao carro da frente, pois o atrito entre os pneus e a pista nessas condições é menor, aumentando a distância percorrida após a frenagem. Por esses motivos é essencial manter um sistema de freios em perfeitas condições (além de amortecedores, molas, pneus e rodas alinhadas, entre outros cuidados).

3 Força e aceleração

CONTEÚDO DIGITAL

Forças provocam mudanças na velocidade, ou seja, provocam acelerações. É isso que acontece quando um carro aumenta sua velocidade ou quando um carro freia. A segunda lei de Newton diz que a aceleração que um corpo adquire é diretamente proporcional à força resultante que atua sobre ele e que tem a mesma direção e o mesmo sentido dessa força.

Como qualquer lei científica, a segunda lei permite fazer previsões. No caso, previsões sobre como será o movimento do corpo sob a ação de determinada força, por exemplo.

Veja também que, quanto maior for a massa de um corpo, menor será a aceleração provocada por determinada força, e vice-versa. A figura 9.12 mostra como a mesma força (um tapa) acelera mais uma bola de tênis, lançando-a mais longe, do que uma bola de boliche.

Mauro Nakata/Arquivo da editora

9.12 A mesma força confere maior aceleração a uma bola de tênis do que a uma bola de boliche porque a bola de boliche tem maior massa do que a bola de tênis.

Veja como fica a relação entre a massa e os módulos da força e da aceleração:

$$a = \frac{F}{m} \quad \text{ou} \quad F = m \cdot a$$

F é o módulo da força (mas força aqui deve ser entendida como a resultante das forças que atuam sobre o corpo); **m** é a massa do corpo; **a** é o módulo da aceleração. Então, 1 newton é a força necessária para acelerar em 1 m/s^2 uma massa de 1 quilograma.

Usando vetores, as fórmulas ficam assim:

$$\vec{a} = \frac{\vec{F}}{m}$$

ou

$$\vec{F} = m \cdot \vec{a}$$

Lembre-se de que a aceleração tem a mesma direção e sentido da força.

Veja uma aplicação da segunda lei de Newton.

Qual será o módulo da resultante das forças aplicadas sobre um corpo com massa de 10 quilogramas, que se move em linha reta, com aceleração de 5 m/s^2?

Podemos usar a fórmula $F = m \cdot a$:

$$F = 10 \cdot 5 = 50 \text{ N}$$

Como você vê, a segunda lei de Newton nos diz: "Quanto maior a massa de um corpo, menor é a aceleração que determinada força imprime nele; e, quanto maior a massa, maior a força necessária para imprimir determinada aceleração". Podemos repetir isso em outras palavras: quanto maior a massa do corpo, maior a sua inércia. Você acaba de descobrir então que a massa de um corpo representa a medida de sua inércia.

Você pode compreender então por que um caminhão que sai carregado com muita mercadoria demora mais a adquirir certa velocidade do que se estivesse vazio: a força desenvolvida pelo motor produz uma aceleração menor no caminhão cheio do que no caminhão sem carga, uma vez que a aceleração de um corpo submetido a uma força é inversamente proporcional à sua massa.

4 Ação e reação

Observe o primeiro desenho da figura 9.13. O garoto de *skate* fez força contra a parede e, como resultado, deslocou-se para trás. A explicação é que a parede exerceu uma força, de mesma intensidade e sentido oposto, sobre o garoto e, por isso, ele foi empurrado para trás.

O livro da figura também exerce uma força sobre a mesa e esta exerce uma força de mesmo valor e de sentido oposto sobre o livro. Além disso, quando um jogador chuta uma bola, ele aplica uma força nela, e a bola exerce uma força de mesmo valor no pé do jogador. Também pode ser observado na figura 9.13 que, quando você arremessa uma bola contra a parede, a bola exerce uma força sobre ela, e a parede exerce uma força sobre a bola, fazendo-a voltar. Analise a figura atentamente.

Esta é a **terceira lei de Newton**, também chamada **lei da ação e reação**, que afirma: "A toda ação corresponde uma reação de mesma intensidade e direção, mas de sentido contrário".

Então, essa lei pode ser enunciada ainda de outra forma: "Se um corpo **A** exerce uma força sobre um corpo **B**, o corpo **B** exerce sobre **A** uma força de mesmo módulo e direção, mas de sentido contrário".

Tanto a ação como a reação são forças. Por isso a lei também pode ser expressa assim: quando um corpo exerce uma força sobre outro corpo, este exerce outra força sobre o primeiro, com a mesma intensidade e direção, mas no sentido oposto. Observe que as forças são exercidas sempre aos pares. É importante compreender também que essas duas forças, a ação e a reação, não estão aplicadas no mesmo corpo: elas agem sobre corpos diferentes. Por isso, elas não se equilibram ou se anulam. Observe de novo as ilustrações da figura 9.13 para ver se compreendeu esse fato.

Veja a seguir alguns fatos que a terceira lei de Newton consegue explicar.

Ilustrações: Mauro Nakata/Arquivo da editora

9.13 As forças de ação e reação estão aplicadas em corpos diferentes. (Figura sem escala. Cores fantasia.)

Por que o foguete da figura 9.14 está subindo?

Johnson Space Center/Nasa

KLN Artes Gráficas/Arquivo da editora

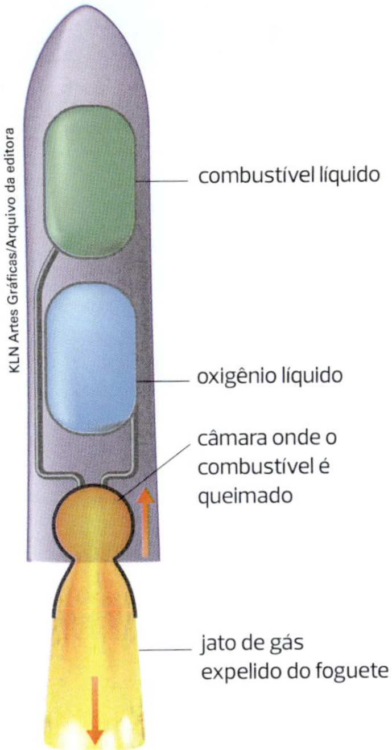

9.14 **Na foto, lançamento da Apollo 11 em missão à Lua (Centro Espacial Kennedy, Estados Unidos, 16 de julho de 1969). No esquema, representação do interior de um foguete com tanque de oxigênio líquido para queimar o combustível, que pode ser um derivado de petróleo ou hidrogênio líquido. O movimento do foguete é explicado pela lei da ação e reação: o foguete empurra o gás e este empurra o foguete. (Esquema sem escala. Cores fantasia.)**

O foguete está queimando combustível. A queima produz jatos fortes de gás que são eliminados com força para baixo. Acontece então uma força contrária, a reação do conjunto de moléculas de gás, para cima, que impulsiona o foguete.

Outro exemplo: ao girar, a hélice do motor de um barco empurra a água para trás (ação) e a água empurra a hélice para a frente (reação), fazendo o barco se movimentar.

Os aviões a jato também se deslocam por ação e reação: os gases e o ar comprimido eliminados pela parte de trás das turbinas reagem com uma força que impulsiona o jato para frente.

As forças de ação e reação também aparecem nos barcos a remo (eles se movem graças à reação da água à força que os remos exercem sobre ela), quando uma pessoa está nadando (ela empurra a água para trás, e a água empurra a pessoa para frente) e até no simples ato de andar: ao andar, empurramos o chão para trás (ação) e o chão nos empurra para a frente (reação). Veja a figura 9.15.

9.15 **Figura sem escala. Cores fantasia.**

Joel Bueno/Arquivo da editora

Além das forças de ação e reação, o simples ato de andar também envolve o atrito entre os pés e o chão. Sem atrito, não conseguiríamos empurrar o chão, e sem essa ação não haveria a reação que nos empurra para a frente. Isso também explica por que é difícil andar no gelo ou em superfícies muito polidas.

Mundo virtual

Atrito estático e cinético
<http://profs.ccems.pt/PauloPortugal/CFQ/Atrito_histria_cincia/Atrito_hist_cincia.html>
Página que explica quais são os princípios e as leis de atrito.

A gravitação de Newton
<http://cftc.cii.fc.ul.pt/PRISMA/capitulos/capitulo1/modulo5/topico6.php>
Textos simples e didáticos que permitem compreender melhor os conceitos de força, massa e as três leis da dinâmica de Newton.
Acesso em: 8 fev. 2015.

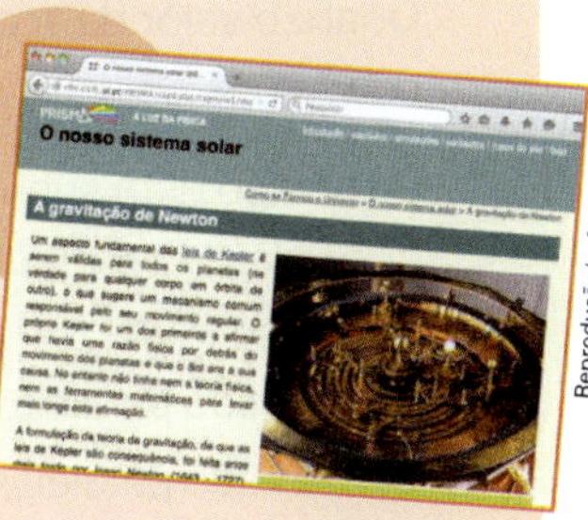

Reprodução/<cftc.cii.fc.ul.pt>

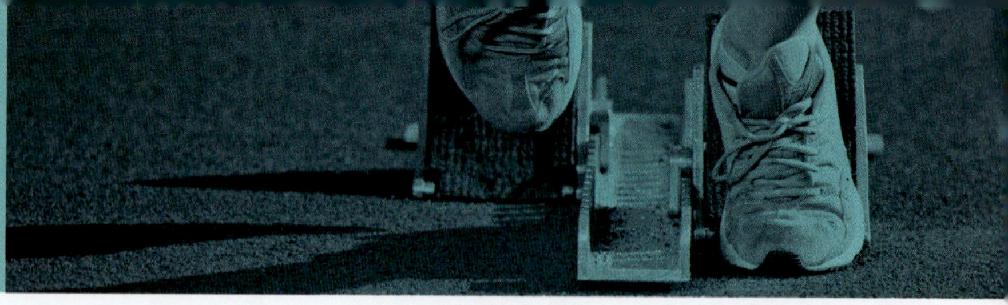

Atividades

Trabalhando as ideias do capítulo

1. No caderno, indique o módulo da força resultante sobre cada bloco da figura abaixo. Indique também, em cada caso, se o sentido dessa força é da direita para a esquerda ou da esquerda para a direita.

a)

Ilustrações: Adilson Secco/Arquivo da editora

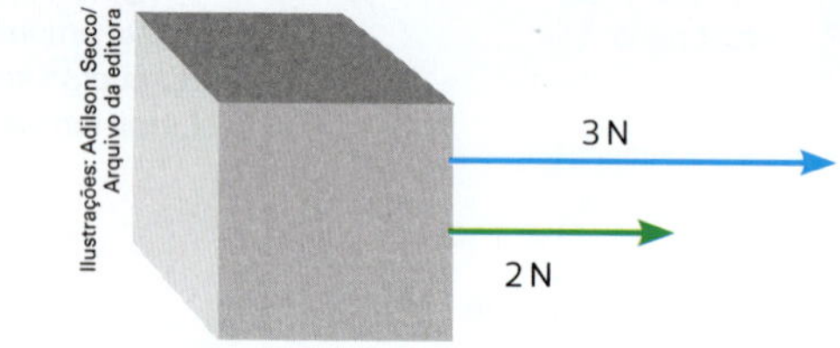

b)

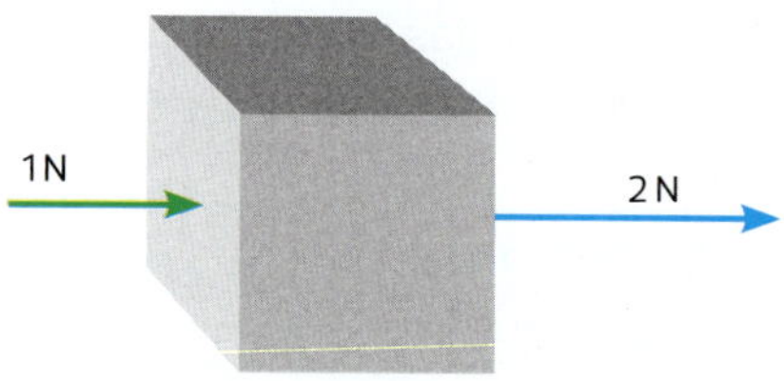

c)

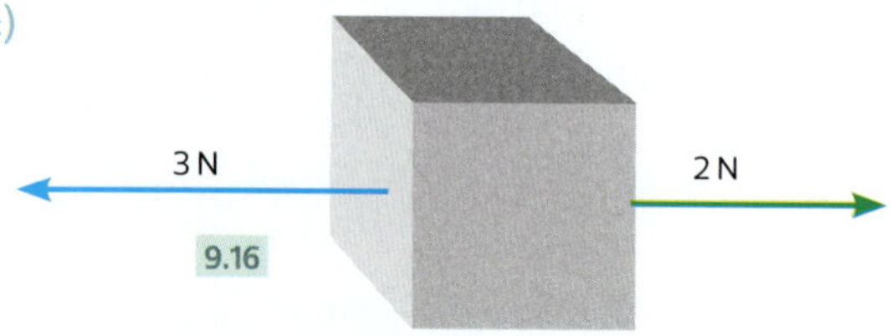

9.16

2. Suponha que cada bloco da questão anterior tenha massa de 5 kg, qual é o valor da aceleração em cada bloco?

3. Quanto vale a resultante de duas forças de mesmo módulo, mesma direção e sentidos opostos atuando sobre um corpo de massa igual a 2 kg? Qual é o valor da aceleração desse corpo nessas condições?

4. Um corpo está submetido à ação de duas forças, que valem 12 N e 16 N. Qual é a resultante dessas forças quando:
   a) elas são paralelas e de mesmo sentido?
   b) elas são paralelas e de sentidos opostos?
   c) elas são perpendiculares entre si?

5. Explique por que o cavaleiro da figura 9.17 pode ser arremessado para longe do cavalo se este parar de repente. Qual é a lei que explica esse fenômeno?

Joel Bueno/Arquivo da editora

9.17 **Figura sem escala. Cores fantasia.**

6. Por que é mais fácil parar o movimento de uma bola de tênis que rola sobre uma mesa do que o de uma bola de boliche? (Considere que ambas estejam chegando com a mesma velocidade às suas mãos.)

7. Você empurra uma pequena bola de metal sobre uma superfície de vidro até que ela adquira a velocidade de 5 m/s e depois a solta. Se não houver atrito com a superfície nem resistência do ar, como será o movimento da bola?

8. Por que, na prática, a bola da questão anterior acaba parando?

9. Um jogador chuta uma bola de 0,5 kg de massa aplicando uma força de 100 N. Desprezando-se o atrito e a resistência do ar, qual é a aceleração que ele transmite à bola?

10. Um corpo com massa de 700 kg desloca-se com aceleração de 6 m/s^2. Qual é a resultante das forças que agem sobre ele?

11. Quais são as forças que agem sobre uma pessoa sentada em uma cadeira? Explique por que a pessoa está em equilíbrio.

12. Se um corpo estiver em repouso, é preciso uma força para colocá-lo em movimento. Se um corpo estiver em movimento, a força parar de agir e nenhuma outra força atuar sobre ele, o que acontece com o corpo?

Indique no caderno qual das opções a seguir é a correta.

a) Para assim que a força parar de agir.
b) Continua se movendo em linha reta e com velocidade constante.
c) Passa a se mover aceleradamente.
d) Vai parando aos poucos.

13. Explique por que a força é uma grandeza vetorial. Dê outros exemplos de grandezas vetoriais.

14. Num cabo de guerra, três garotos puxam a corda para a direita. A força que cada um faz é: 50 N, 30 N, 55 N. Outros três puxam a corda para a esquerda, com as forças: 60 N, 45 N, 40 N. Qual é o valor e o sentido da resultante?

15. Dois carrinhos de supermercado, um com massa 10 kg e outro com massa de 15 kg, são empurrados com forças horizontais e iguais. Qual dos carros adquire maior velocidade após a aplicação das forças? Por quê?

16. Se você encher um balão de festa (bexiga) e depois soltá-lo sem prender a abertura, o que acontece? Justifique sua resposta usando uma das leis de Newton.

17. Imagine duas pessoas andando de patins. Se uma delas pedir à outra que lhe dê um empurrãozinho, o que acontece: as duas se deslocam ou apenas uma delas? Qual é o sentido do deslocamento?

18. Um barco move-se sob ação de duas forças, uma de 6 N e outra de 8 N, conforme a figura abaixo. O ângulo entre as forças é de 90° e a massa do barco é de 50 kg. Qual é a aceleração com que o barco se move?

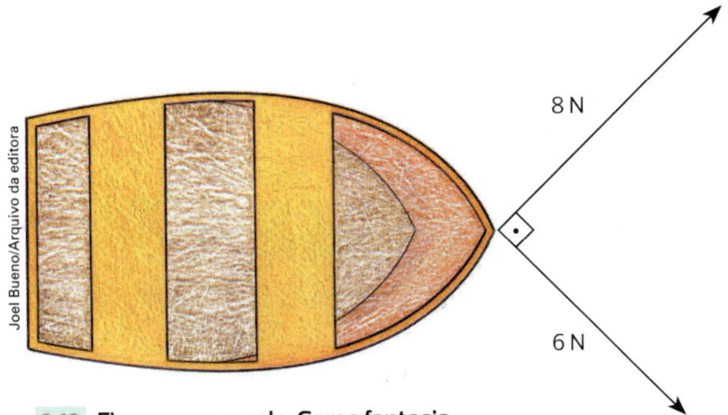

9.18 **Figura sem escala. Cores fantasia.**

19. Observe a figura abaixo e responda às questões:

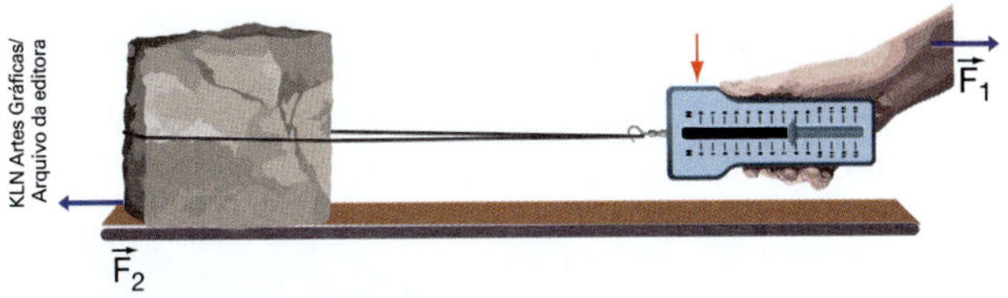

9.19 **Figura sem escala. Cores fantasia.**

a) Como se chama o instrumento apontado pela seta vermelha?
b) Como se chama a força indicada por $\vec{F}_2$, que se opõe ao movimento do bloco?
c) Que relação deve existir entre a força $\vec{F}_1$ e a força $\vec{F}_2$ para o bloco começar a se mover?

20. No caderno, copie apenas as afirmativas verdadeiras.

a) Se a resultante das forças que atuam sobre um corpo for nula, ele estará em repouso ou em movimento retilíneo uniforme.
b) Força, aceleração e tempo são grandezas vetoriais.
c) Grandezas escalares são caracterizadas por um módulo, uma direção e um sentido.
d) Pela segunda lei de Newton, a aceleração que um corpo adquire é diretamente proporcional à força que atua sobre ele.
e) No Sistema Internacional, a força é expressa em newtons (N), a massa, em quilograma (kg) e a aceleração, em metro por segundo ao quadrado (m/s^2).
f) Quanto maior a massa de um corpo, menor a sua inércia.
g) Quando um jogador de futebol chuta uma bola, esta exerce uma força sobre seu pé.
h) Um carro percorre uma distância maior, desde o momento em que o motorista freia até parar, se a pista estiver molhada do que se ela estiver seca.
i) A terceira lei de Newton ajuda a explicar por que, ao cabecear a bola, um jogador sentiu dor na cabeça.
j) Um garoto, ao ajudar seus pais, teve mais dificuldade ao empurrar um carrinho de supermercado quando estava vazio do que quando estava cheio.

Pense um pouco mais

1. Utilizando um conceito da Física que você aprendeu neste capítulo, explique por que é importante usar o cinto de segurança no carro.

2. Responda em uma única palavra, vista neste capítulo, por que o carro da figura, mesmo parado, não cai.

KLN Artes Gráficas/Arquivo da editora

9.20

3. O objeto da figura abaixo tem massa de 2 kg e está submetido às forças indicadas na figura. Qual é sua aceleração?

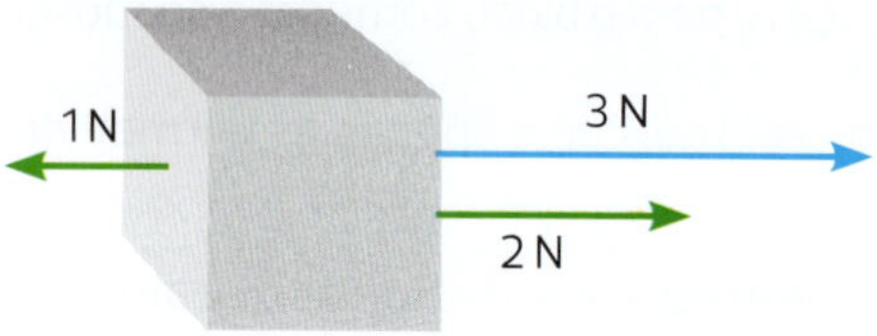

Adilson Secco/Arquivo da editora

9.21

4. Usando uma das leis de Newton, explique por que a garota da figura ao lado não cai.

Mauro Nakata/Arquivo da editora

9.22

5. O gráfico abaixo indica a velocidade da queda de um paraquedista em função do tempo.

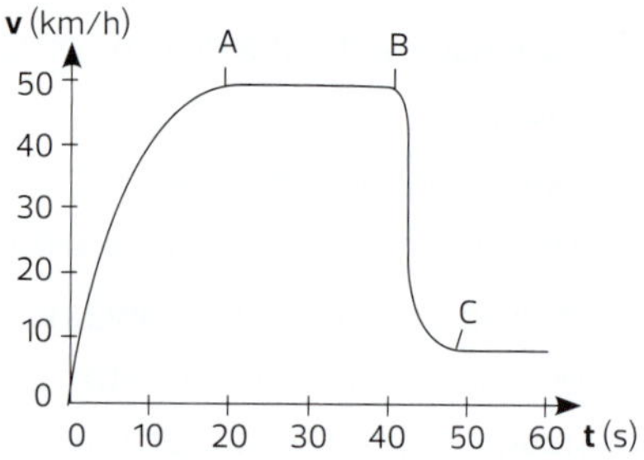

9.23

a) Até o ponto A, a velocidade de queda foi constante? Justifique sua resposta.

b) O que aconteceu com a velocidade do paraquedista entre o ponto A e o ponto B? Por que isso aconteceu?

c) O que aconteceu com a velocidade do paraquedista entre o ponto B e o ponto C? Por que isso aconteceu?

6. Muitas vezes viramos um vidro com algum molho dentro e o molho não sai. Então, sacudimos o vidro, fazendo o vidro e o molho entrarem em movimento acelerado. Quando paramos de repente, o atrito com a parede não é suficiente para segurar o molho e ele continua a se mover e sai do vidro. Que propriedade fez o molho sair do vidro? Justifique sua resposta.

7. No Maracanã, o maior estádio de futebol da cidade do Rio de Janeiro, uma bola chutada a 100 km/h atinge o gol, a 20 metros de distância, a 50 km/h, depois de 0,95 segundo. Em La Paz, cidade da Bolívia que fica a 3 600 metros de altitude, a bola levaria 0,87 segundo e chegaria com velocidade de 69 km/h. Como você explica a diferença de velocidade e de tempo entre a bola chutada no Rio de Janeiro (uma cidade no nível do mar) e em La Paz (cidade a 3 660 metros de altitude)?

8. Por que em dias de chuva um motorista deve manter maior distância do carro da frente? Utilize uma lei da Física em sua explicação.

9. Por que é perigoso saltar de um ônibus em movimento? Utilize uma lei da Física em sua explicação.

10. Um carro de 750 kg de massa (incluindo a massa do motorista) desloca-se em linha reta com velocidade de 44 km/h. O motorista pressiona o pedal do acelerador e o carro, em 2 segundos, passa a 80 km/h. Responda:

a) Qual é o valor da aceleração do carro, nesse intervalo, em m/s^2?

b) Qual é a resultante das forças que atuam sobre o carro nesse período?

11. Usando uma das leis de Newton, explique por que, para andar em um barco a remo, é preciso movimentar o remo no sentido oposto ao que queremos nos deslocar.

Mauro Nakata/Arquivo da editora

9.24

De olho nos quadrinhos

Leia a história em quadrinhos e depois responda às questões no caderno.

a) Em que lei da Física Garfield está pensando?

b) A lei que aparece no último quadrinho está incompleta. Dê o seu enunciado completo.

9.25

Atividade em grupo

Escolham um dos itens abaixo para pesquisar.

1. Pensem nas atividades corporais, inclusive esportes, e nos diversos tipos de movimentos mecânicos realizados por aparelhos, máquinas, veículos, etc. Elaborem uma lista de algumas atividades ou movimentos que são facilitados pela presença do atrito entre superfícies sólidas ou pela resistência do ar. Elaborem outra lista dos que são prejudicados por esses mesmos fatores. Neste último caso, indiquem o que pode ser feito para diminuir o atrito. Por fim, pesquisem como o atrito é diminuído em articulações como a do joelho.

2. Vocês já viram como a inércia de um corpo, combinada com o descuido ao dirigir veículos e o excesso de velocidade, pode causar acidentes de trânsito. Então, escolham um dos itens abaixo para a pesquisa:
   - As causas dos acidentes de trânsito no Brasil e as estatísticas mais recentes sobre isso.
   - As medidas que devem ser adotadas para evitar esses acidentes.
   - A Lei 11 705 ("Lei seca"), seu objetivo e suas punições; o que diz a lei sobre a venda de bebidas nas rodovias; que outras nações adotam uma lei parecida?

3. Pesquise o que acontece, à medida que um corpo cai, com a força exercida pela resistência do ar e justifique por que o paraquedas é eficaz.

Aprendendo com a prática

Pegue uma moeda pequena, um cartão ou pedaço de cartolina bem liso e um copo, arrumando-os como mostra a figura 9.26. A seguir, dê um "peteleco" na cartolina, de forma que a força aplicada seja perfeitamente paralela à cartolina. Explique o que acontece com a moeda utilizando um conceito da Física que você aprendeu neste capítulo.

Joel Bueno/Arquivo da editora

9.26 Figura sem escala. Cores fantasia.

Capítulo 10

A atração gravitacional

Você já viu imagens de astronautas no espaço? Então já deve ter imaginado que algumas tarefas comuns na Terra podem ser bem diferentes fora daqui. E por que será que isso acontece?

Como você acha que seria possível tomar banho, lavar o cabelo, torcer uma toalha ou escovar os dentes em um lugar onde a água não cai?

Observe a imagem abaixo.

10.1 Astronauta da NASA faz uma bolha de água usando uma embalagem de plástico. É assim que se consome água no espaço.

Nasa/Rex Features/Zuma Press/Easypix Brasil

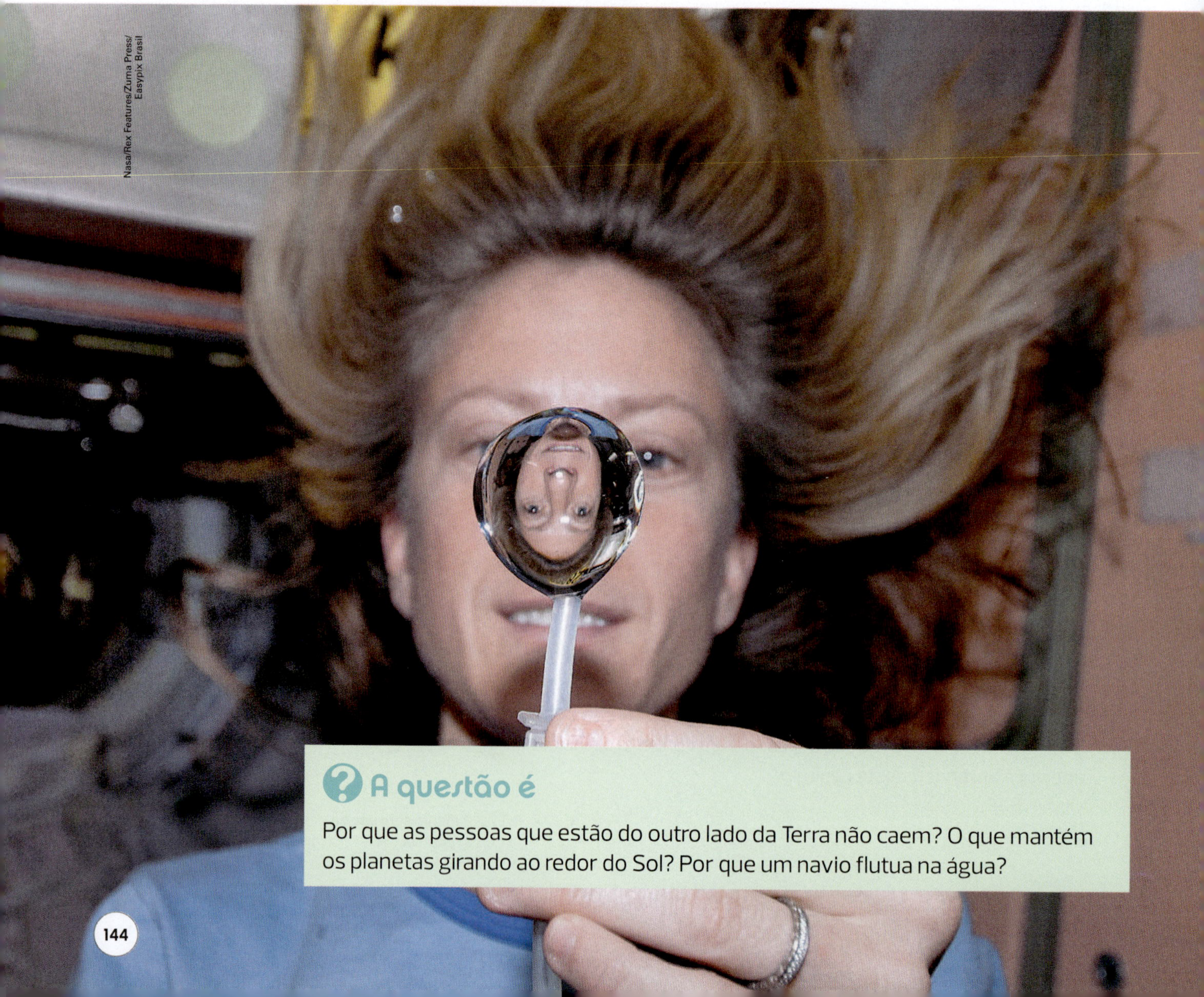

A questão é

Por que as pessoas que estão do outro lado da Terra não caem? O que mantém os planetas girando ao redor do Sol? Por que um navio flutua na água?

1 Matéria atrai matéria

Newton explicou que os corpos caem porque são atraídos pela Terra por uma força chamada **força gravitacional** ou **força da gravidade**, que é o peso do corpo. Essa força é dirigida para o centro da Terra (veja a figura 10.2). Ele também deduziu que a atração gravitacional existe entre todos os corpos do Universo: todos se atraem uns aos outros. O Sol atrai a Terra, e a Terra atrai o Sol com forças de mesma intensidade, de mesma direção e de sentidos opostos.

Neste exato momento, a Terra está atraindo o seu corpo com a mesma força (em valor e direção) com que você atrai a Terra. No entanto, como a sua massa é muitíssimo menor que a da Terra, seu estado de movimento ou de repouso pode ser bastante modificado pela atração da Terra. É por isso que você cai depois de ter escorregado, por exemplo. Já a massa da Terra é tão grande que a força que você exerce sobre ela, mesmo sendo igual à que ela exerce sobre você, não é capaz de alterar de forma significativa o estado de movimento do planeta.

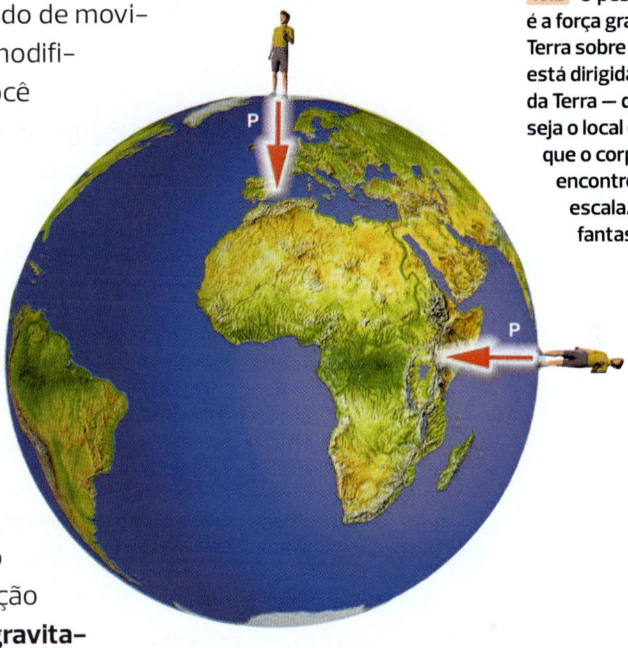

10.2 O peso de um corpo é a força gravitacional da Terra sobre ele. Essa força está dirigida para o centro da Terra — qualquer que seja o local da Terra em que o corpo se encontre. (Figura sem escala. Cores fantasia.)

O valor da força gravitacional depende da massa dos corpos e da distância entre eles. Quanto maior for a massa, maior será o valor da força. E, quanto maior for a distância, menor será o valor da força. A lei que mostra como a atração depende da massa e da distância é a **lei da gravitação universal**. Segundo essa lei, o valor da força da gravidade é diretamente proporcional à massa dos corpos. E diminui com o quadrado da distância entre os corpos. Em termos mais precisos: "Matéria atrai matéria na razão direta das massas e na razão inversa do quadrado da distância entre elas". Como o valor da força gravitacional diminui com o aumento da distância entre os corpos em interação, pode-se deduzir que, à medida que um corpo se afasta da Terra, seu peso diminui. Mas próximo à superfície da Terra a diminuição é muito pequena.

Isso significa, por exemplo, que, se a distância entre as massas duplicar, a força será quatro vezes menor.

O peso dos corpos

A força gravitacional que a Terra exerce sobre seu corpo é o seu peso. Os corpos caem com uma aceleração chamada de aceleração da gravidade, que é provocada pela força da gravidade.

Você já conhece a fórmula $F = m \cdot a$. No caso da queda de um corpo, a fórmula fica assim:

$$P = m \cdot g$$

Em que **P** é o módulo do peso do corpo e **g**, o módulo da aceleração da gravidade, que vale cerca de $9{,}8\ m/s^2$. No Sistema Internacional de Unidades, a massa é expressa em quilogramas e o peso, em newtons.

Na prática, é comum usar o valor de $10\ m/s^2$.

Lembre-se de que força e aceleração são grandezas vetoriais. A direção e o sentido da aceleração adquirida por um corpo têm a mesma direção e o mesmo sentido da força resultante que atua sobre o corpo.

Com a fórmula $P = m \cdot g$, pode-se calcular o módulo ou a intensidade do peso. E, como o peso é uma grandeza vetorial, ele também possui uma direção (vertical) e um sentido (para baixo, ou seja, para o centro da Terra). Veja a figura 10.3.

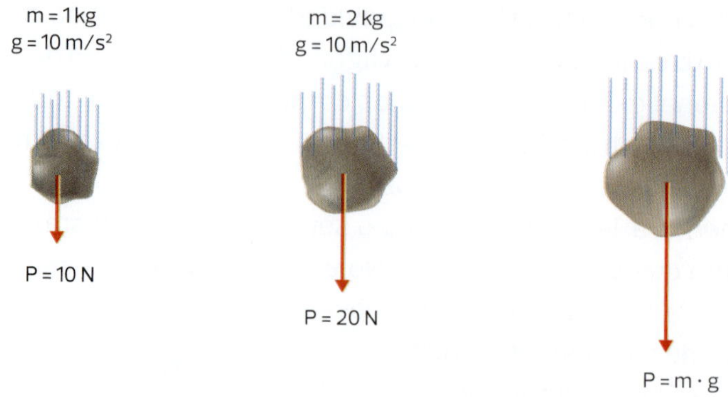

KLN Artes Gráficas/ Arquivo da editora

10.3 O peso de um corpo é a força com que a Terra atrai esse corpo. (Figura sem escala. Cores fantasia.)

Observe que na fórmula $P = m \cdot g$ aparecem símbolos diferentes para peso e massa. Você deve tomar muito cuidado para não confundir os dois! Na linguagem cotidiana, é comum alguém falar "estou pesando 50 quilos". Mas o quilograma é uma unidade de massa, e não de peso. O que a pessoa está querendo dizer é que ela tem 50 quilogramas de massa. O peso dessa pessoa, em newtons, seria 50 quilogramas multiplicados por 10 m/s^2, o que dá 500 newtons.

Nos vídeos com imagens de astronautas na Lua, pode-se observar que eles dão pulos com muita facilidade. Você sabe por quê?

A massa de um corpo não varia se ele está na superfície da Terra ou da Lua. Mas na Lua o peso do corpo é menor porque a força gravitacional sobre o corpo também é menor (a Lua tem massa menor do que a Terra): o peso do corpo é cerca de seis vezes menor do que na Terra (a gravidade na Lua vale cerca de 1,6 m/s^2).

Um peso muito grande pode causar deformações que não são mais proporcionais ao peso.

Medindo o peso e a massa

As forças são capazes de provocar deformações nos corpos.

Pode-se usar o dinamômetro para comprovar isso. A mola desse aparelho se estica quando prendemos um peso nela. Dentro de certos limites de peso, a deformação da mola é proporcional à força. Por meio de uma escala, pode-se fazer a relação entre o aumento do comprimento da mola, por exemplo, e a força que provocou a deformação.

Os aparelhos da figura 10.4 são popularmente chamados de balanças. Mas, na realidade, são dinamômetros, porque medem a deformação de molas ou sistemas semelhantes quando são comprimidos pelo peso da pessoa ou do objeto. Como o peso é diretamente proporcional à massa, conhecendo-se a aceleração da gravidade, é possível determinar também a massa com base na deformação do instrumento.

As medidas indicadas por esses aparelhos para certo corpo na Terra seriam diferentes se eles fossem levados para a Lua. Como um corpo pesa cerca de seis vezes menos na Lua, a deformação que seu peso provoca na mola seria também seis vezes menor. Se calculássemos a massa pela escala do dinamômetro, teríamos um valor seis vezes menor. Tudo isso mostra que esse instrumento mede, na realidade, o peso, e não a massa.

10.4 Aparelhos popularmente conhecidos como balanças, cujo funcionamento é semelhante ao do dinamômetro.

Fabio Colombini/Acervo do fotógrafo

Jiri Hera/Shutterstock/Glow Images

Já a balança conhecida como **balança de pratos** mede a massa de um corpo comparando-a com uma massa conhecida, padronizada. Observe a figura 10.5. Colocamos o objeto num dos pratos e, no outro, vamos colocando massas conhecidas, até que o ponteiro aponte para uma marca, indicando que a haste ficou na horizontal. Nesse momento, o peso em um dos pratos da balança equilibra o peso no outro.

Renato dos Anjos/Arquivo da editora

Luís Moura/Arquivo da editora

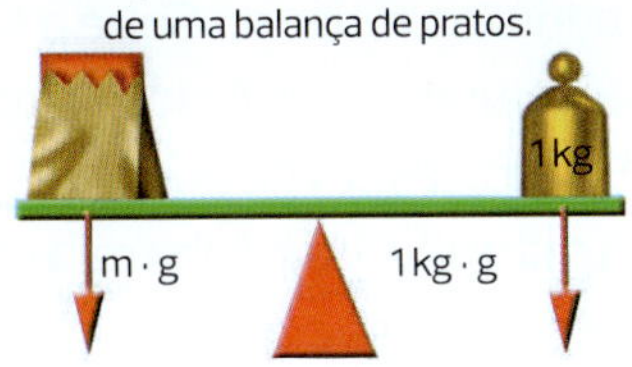

10.5 Na foto, um tipo de balança. O esquema mostra que a massa do corpo é de 1 kg. (Ilustração sem escala. Cores fantasia.)

2 A força centrípeta

A atração gravitacional explica também o movimento dos planetas em volta do Sol e o dos satélites em volta do planeta. Para entender por que, você tem de saber o que é a força centrípeta.

Há um experimento simples que você pode fazer com um carrinho de brinquedo movido a pilha. Prenda o carrinho num cordão, como mostra a figura 10.6. Mantenha o cordão bem esticado e coloque o carrinho em movimento na direção indicada pela seta da figura. O carrinho passa a descrever uma trajetória circular.

O que você acha: a velocidade do carrinho é constante ou variável?

Você já sabe que forças produzem acelerações. E que a aceleração produz uma mudança na velocidade de um corpo ao longo do tempo. Mas lembre-se de que a velocidade é uma grandeza vetorial: ela tem valor (ou módulo), direção e sentido. Portanto, mesmo que o valor da velocidade do carrinho seja constante, ela está mudando de direção. Isso significa que o carrinho está sofrendo uma aceleração provocada por uma força. Essa força é exercida pelo cordão, que puxa o carrinho para o centro da curva (mudando sua direção). Essa força é chamada de **força centrípeta**.

A força centrípeta pode ser resultado tanto da tensão do barbante sobre o carrinho como uma força gravitacional sobre o planeta que orbita o Sol. Veja bem: qualquer força que aponta para o centro da curva descrita por um corpo é classificada como força centrípeta. Ela atua mudando a direção da velocidade de um corpo. Veja figura 10.6.

Se o barbante se romper, a força centrípeta deixa de agir, e o carrinho vai se deslocar na direção de uma linha reta tangente à trajetória, como indica a figura 10.7.

A Z

Centrípeta vem do latim *centrum*, que significa 'centro', e *petere*, 'buscar'.

Ilustrações: Mauro Nakata/Arquivo da editora

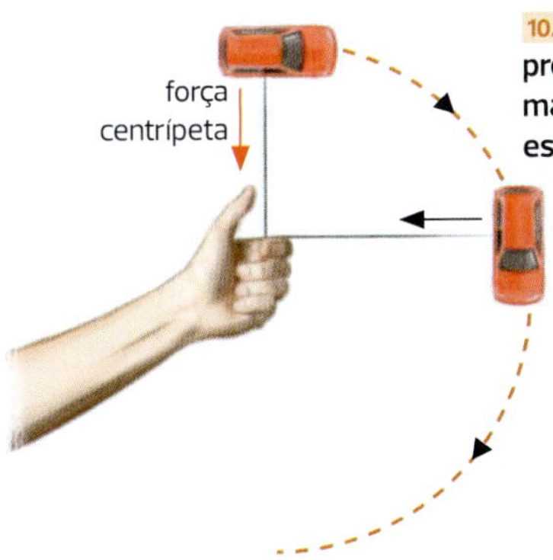

10.6 Carrinho em movimento preso a uma corda que o mantém girando. (Figura sem escala. Cores fantasia.)

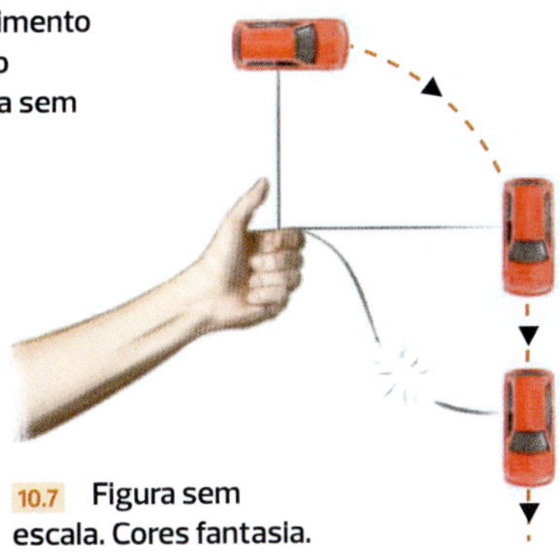

10.7 Figura sem escala. Cores fantasia.

3 O movimento dos planetas e dos satélites

A partir de 2006, os astrônomos decidiram que Plutão não é um planeta. Ele pertence a outra categoria de corpos celestes, os planetas-anões. Isso porque Plutão não preenche um dos requisitos para ser considerado um planeta: o de ter eliminado, incorporando ou desviando por atração gravitacional, os corpos capazes de se deslocar sobre uma órbita próxima. Na órbita de Plutão, há vários corpos celestes, que, em conjunto, têm massa comparável à do próprio Plutão. Isso quer dizer que a vizinhança de sua órbita não está livre ou desimpedida.

Os planetas do Sistema Solar seguem uma trajetória curva (uma elipse) ao redor do Sol. A força que modifica a direção da velocidade dos planetas, mantendo-os em movimento ao redor do Sol, é a força gravitacional. É também ela que mantém os satélites (naturais ou artificiais) girando ao redor dos planetas.

Se a força gravitacional desaparecesse de repente, os planetas, por inércia, passariam a se mover em linha reta com velocidade constante (como o carrinho que vimos anteriormente).

Para pôr um satélite artificial em órbita ao redor da Terra, é preciso levá-lo, por meio de um foguete, até determinada altura. Atingida essa altura, o satélite é lançado horizontalmente com certa velocidade. A atração gravitacional da Terra sobre o satélite é a força centrípeta, que faz sua trajetória passar a ser circular. Veja a figura 10.8.

Repare que a atração gravitacional sobre o satélite continua a existir, mesmo quando ele está em órbita ao redor da Terra. O satélite é atraído pelo planeta, mas o movimento do satélite se dá no sentido de sua velocidade, e é essa velocidade que mantém o satélite em órbita em volta da Terra. A força gravitacional atua como força centrípeta. Seu efeito, portanto, é mudar constantemente a direção da velocidade do satélite.

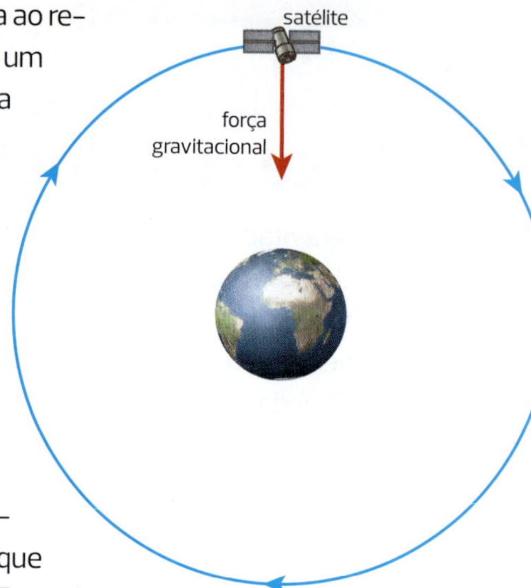

10.8 Esquema de satélite artificial em órbita ao redor da Terra. (Figura sem escala. Cores fantasia.)

Os sistemas de telecomunicações usam os chamados satélites geoestacionários, que, para um observador na Terra, ficam parados no espaço. O que acontece é que esses satélites, que estão a cerca de 40 mil quilômetros da superfície do planeta, movimentam-se acompanhando a rotação da Terra. Eles levam 24 horas para dar uma volta completa em torno do nosso planeta. O que mantém os satélites girando é a força gravitacional da Terra, que atua como força centrípeta.

Entre outras funções, os satélites artificiais captam uma forma de energia chamada onda eletromagnética, como as ondas de rádio, emitidas por uma estação transmissora, que as retransmite para uma antena receptora em outro ponto do planeta. Esse sistema permite a comunicação por telefone e a recepção de transmissões de TV ou rádio a longas distâncias. Veja a figura 10.9.

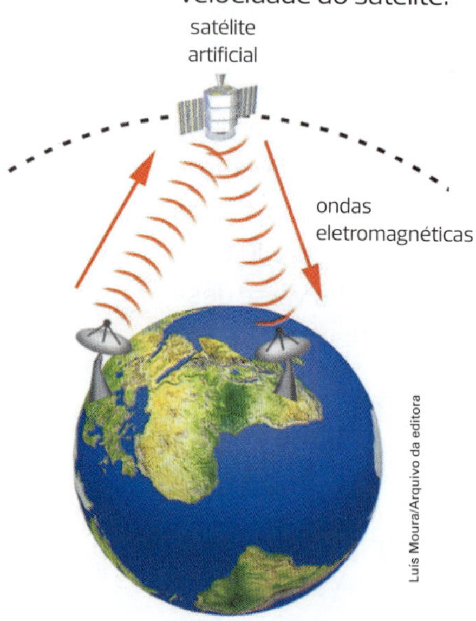

10.9 Esquema de transmissão via satélite entre dois pontos distantes no planeta. A velocidade do satélite permite que ele mantenha a mesma distância em relação à Terra. A atração gravitacional atua como força centrípeta, mudando a direção da velocidade. (Figura sem escala. Cores fantasia.)

Ciência e tecnologia

O GPS

GPS é a sigla para a expressão, em inglês, *Global Positioning System* (sistema de posicionamento global). É um sistema que permite a um usuário (terrestre, marítimo ou aeronáutico) determinar sua posição na superfície do planeta (latitude, longitude e altitude) com base em sinais de rádio vindos de 28 satélites artificiais que giram ao redor da Terra.

O GPS pode ser utilizado por qualquer pessoa, necessitando apenas de um receptor que capte o sinal emitido pelos satélites. Além de ser usado na aviação e na navegação marítima, esse sistema tem sido cada vez mais presente em automóveis com sistema de navegação de mapas. Veja a figura 10.10.

Michael Donne/Science Photo Library/Latinstock

Esa/ce/Eurocontrol/Science Photo/Latinstock

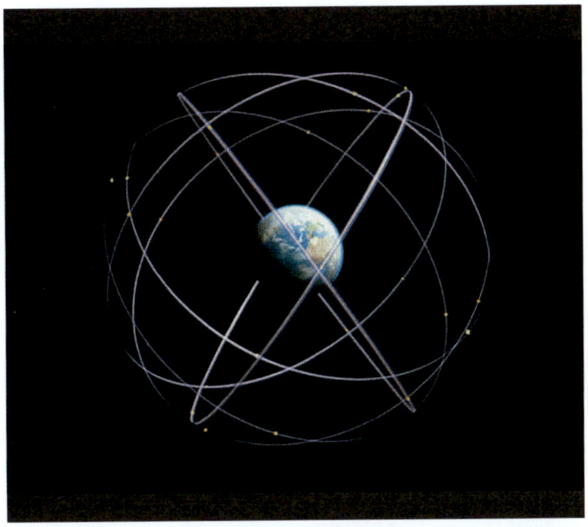

10.10 Receptor GPS e esquema do sistema de satélites ao redor da Terra que enviam sinais para o aparelho. (Ilustração sem escala. Cores fantasia.)

4 O empuxo

Ao entrarmos numa piscina nos sentimos mais leves, como se nosso peso tivesse diminuído. Na realidade, qualquer corpo mergulhado na água parece mais leve. Por que isso acontece?

No Capítulo 1 você aprendeu que o gelo e o óleo de soja flutuam na água líquida porque são menos densos que ela. Mas por que um navio feito de aço, que é mais denso que a água, flutua? E por que um prego, também de aço, afunda?

Qualquer corpo mergulhado na água — em outro líquido, ou até mesmo em gases — sofre a ação de uma força vertical e de baixo para cima, ou seja, em sentido contrário ao peso do corpo. Essa força oposta ao peso é chamada **força de empuxo** ou, simplesmente, **empuxo**. Assim, enquanto o peso tende a fazer o corpo cair, o empuxo o empurra para cima. Por isso um corpo parece pesar menos na água. Veja a figura 10.11.

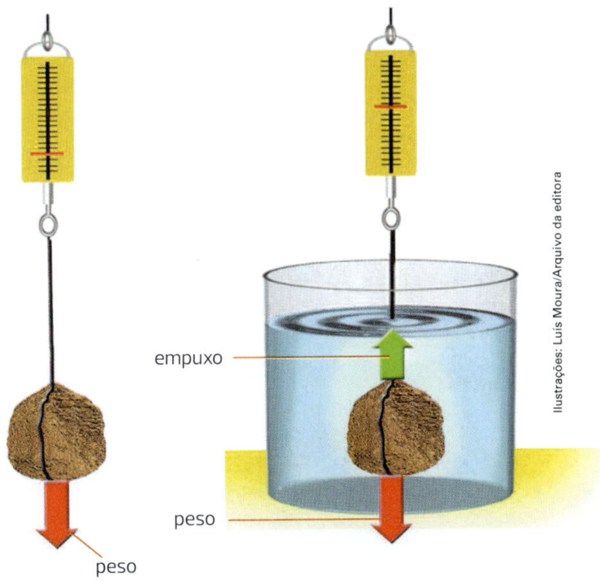

Ilustrações: Luis Moura/Arquivo da editora

10.11 A pedra parece pesar menos na água por causa de uma força que se contrapõe ao peso, o empuxo. (Figura sem escala. Cores fantasia.)

A explicação para a flutuação dos corpos tem esse nome porque foi descoberta, mais de 2 mil anos atrás, pelo matemático e inventor grego Arquimedes. Ele viveu em Siracusa, uma cidade ao sul da Itália, no terceiro século antes de Cristo (III a.C.).

Mas qual o valor do empuxo?

Para descobrir isso, vamos mergulhar uma pedra presa a um dinamômetro num recipiente com água. Vamos também recolher a água deslocada pela pedra em uma vasilha, como mostra a figura 10.12.

O peso da água deslocada equivale ao peso aparentemente perdido pela pedra. Reveja a figura 10.12.

Pode-se concluir então que um corpo mergulhado na água (ou em outro líquido) recebe uma força vertical e de baixo para cima, o empuxo, de módulo igual ao peso do líquido por ele deslocado. Essa lei é conhecida como princípio de Arquimedes.

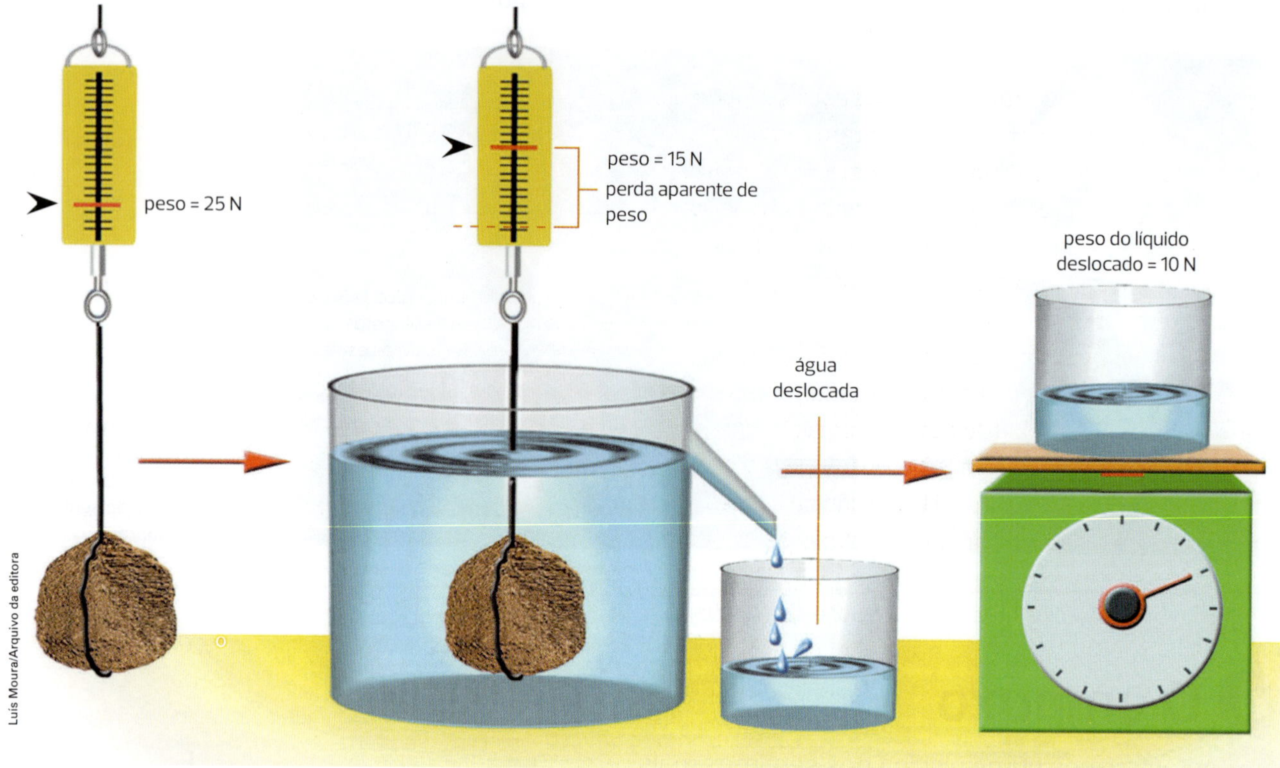

10.12 **O peso da água deslocada é igual ao empuxo. (Figura sem escala. Cores fantasia.)**

Agora já é possível explicar quando um corpo flutua ou afunda na água. O corpo afunda quando o valor de seu peso é maior do que o empuxo. Ele flutua quando o valor de seu peso é igual ao empuxo — mesmo que seja feito de um material mais denso.

A forma de um navio o faz deslocar um grande volume de água, e o empuxo passa a ser intenso o suficiente para equilibrar o seu peso. Veja a figura 10.13.

10.13 **O barco flutua porque o peso da água deslocada por ele (empuxo) é igual ao seu peso. (Figura sem escala. Cores fantasia.)**

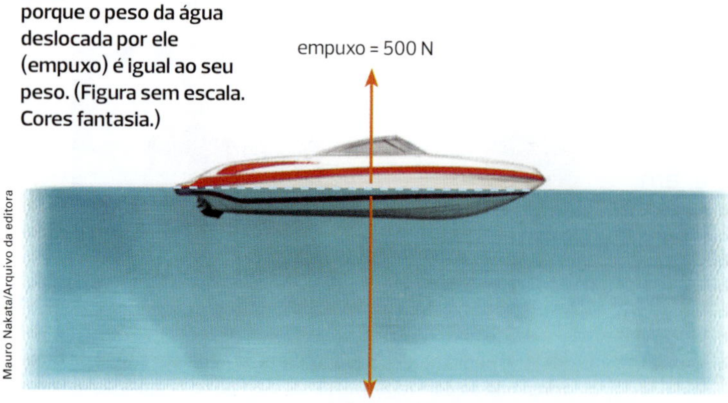

Observe que o valor do empuxo (E) depende da densidade do líquido (d_L). Como $d_L = m_L / V_L$ e como o peso do líquido deslocado (P_L) é igual a $m_L \cdot g$, a fórmula para calcular o empuxo fica assim:

$$E = d_L \cdot V_L \cdot g$$

Pela fórmula acima, vemos que o empuxo será tanto maior quanto maior o volume do líquido deslocado e quanto maior for a densidade desse líquido.

Ciência e História

Um pouco da história da Astronomia

A observação dos corpos celestes tem fascinado os povos desde a Antiguidade. No início, a observação tinha utilidades práticas imediatas, pois permitia a previsão dos ciclos das estações do ano, auxiliando as atividades agrícolas, a elaboração de calendários, a navegação marítima guiada pelas estrelas, etc.

À medida que os estudos dos corpos celestes foram se desenvolvendo, surgiu uma nova ciência: a Astronomia.

Para explicar os movimentos dos astros, Aristóteles e outros filósofos gregos criaram, no século IV a.C., um modelo com a Terra no centro do Universo e os planetas, a Lua, o Sol e outras estrelas girando ao seu redor. Era o modelo conhecido como modelo ou sistema geocêntrico (geocêntrico vem do grego e significa 'com a Terra no centro').

O modelo geocêntrico foi exposto detalhadamente pelo astrônomo, geógrafo e matemático Cláudio Ptolomeu, que viveu em Alexandria (região hoje pertencente ao Egito) no século II d.C. No início do século XV, o trabalho de Ptolomeu foi traduzido na Europa.

Ptolomeu construiu um modelo capaz de prever, com boa precisão matemática, os movimentos e as posições aparentes dos planetas, do Sol e da Lua e de calcular até a data dos eclipses. Afinal de contas, a observação parecia confirmar a ideia de que a Terra estava parada e o Sol e outros astros giravam em torno dela. Veja a figura 10.14.

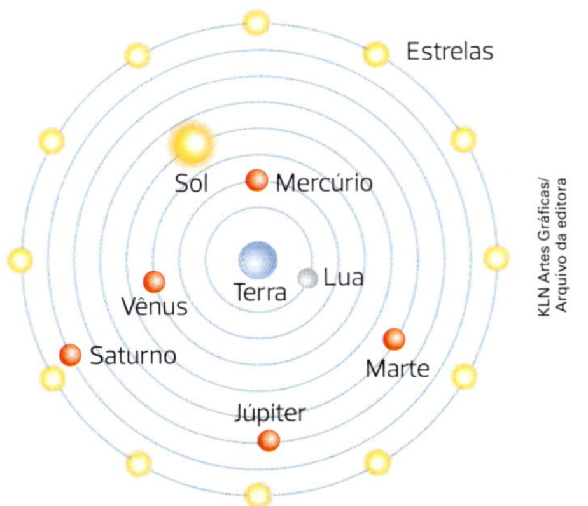

10.14 Sistema geocêntrico: o Sol, a Lua e os planetas giram em torno da Terra.

Somente no século XVI Nicolau Copérnico (1473-1543), um padre polonês que também era astrônomo e matemático, propôs outro modelo capaz de explicar todos os fenômenos mencionados por Ptolomeu. Para Copérnico, o Sol, e não a Terra, era o centro do Universo. Todos os planetas giravam em volta do Sol. É o chamado sistema heliocêntrico ('com o Sol no centro'). Veja a figura 10.15.

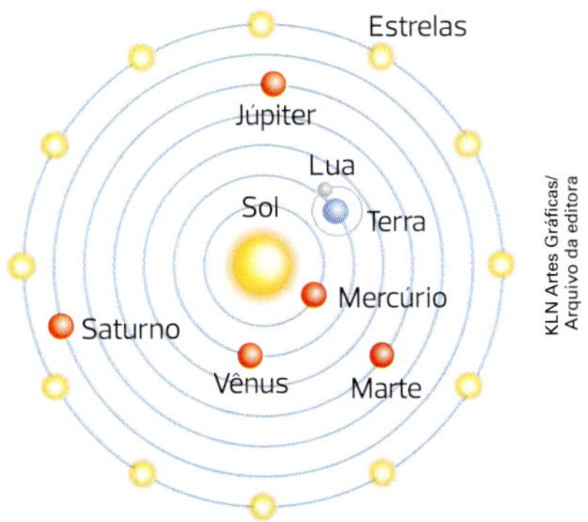

10.15 Sistema de Copérnico. O Sol é fixo no centro do Universo. Ao seu redor, giram os planetas. Ao redor dos planetas há uma esfera imóvel, onde ficam as estrelas fixas.

No modelo de Copérnico, a Terra dava uma volta em torno de si mesma em 24 horas (o que explicava a sucessão de dias e noites) e fazia uma órbita completa em torno do Sol em aproximadamente um ano. Eram ideias ousadas para a época, já que a Terra deixava de ser o centro do Universo: passava a ser apenas um entre os outros planetas do Sistema Solar.

Em 1610, Galileu Galilei passou a examinar o céu por meio de um aparelho inventado na época, a luneta. Conseguiu ver montanhas e vales na Lua e quatro satélites girando em torno de Júpiter.

Observou ainda algo muito importante: o planeta Vênus apresenta fases, como a Lua. Isso significa que Vênus gira em torno do Sol, o que veio a reforçar o modelo heliocêntrico.

Nessa mesma época, o astrônomo alemão Johannes Kepler (1571-1630) começou a estudar as observações de outro astrônomo, o dinamarquês Tycho Brahe (1546-1601). Kepler notou que muitas dessas observações não podiam ser explicadas nem pelo sistema de Ptolomeu nem pelo de Copérnico.

Kepler pensou então que algumas correções talvez pudessem ser feitas no sistema de Copérnico para que este passasse a ser capaz de explicar os resultados de Brahe.

Uma das correções feitas ao sistema de Copérnico foi a de que, embora os planetas se movessem em torno do Sol, suas órbitas deviam ser elípticas, em vez de circulares. Mas outras mudanças estavam por vir.

Em meados do século XVII, um estudante da Universidade de Cambridge, na Inglaterra, tentava descobrir a causa do movimento dos astros. O que fazia a Terra e os planetas girarem em volta do Sol, por exemplo?

Esse estudante era Isaac Newton (1643-1727). Em 1687, ele apresentou suas leis do movimento num livro chamado *Princípios matemáticos da filosofia natural*.

Antes de Newton, pensava-se que os fenômenos celestes tinham de ser explicados de forma diferente dos fenômenos terrestres. Com base no trabalho de Newton, foi possível explicar, com as mesmas leis, fenômenos como a queda dos corpos na Terra e o movimento dos planetas.

Na época, por exemplo, não era possível prever o aparecimento dos cometas. Com as leis de Newton, passou-se a calcular com precisão a trajetória deles. Veja um desses cometas na figura 10.16.

MarcelClemens/Shutterstock/Glow Images

10.16 **Com sua cauda brilhante, os cometas são espetáculos fascinantes. Após os estudos desenvolvidos por Newton, foi possível compreender o movimento desses corpos. Imagem do cometa Pan-STARRS fotografada de montanha nos Alpes Orientais (Itália) em 15 de março de 2013.**

Em uma conversa com o astrônomo inglês Edmond Halley (1656-1742), Newton disse que, segundo seus cálculos, os cometas, assim como os planetas, deviam se mover em órbitas elípticas por causa da força gravitacional.

Em 1695, Edmond Halley previu que um cometa poderia ser visto ao passar perto da Terra, por volta de dezembro de 1758. Halley morreu em 1742. O cometa apareceu no dia 25 de dezembro de 1758 e recebeu o nome de cometa Halley.

Com base na teoria de Newton, foi possível até descobrir a existência de novos planetas. Isso aconteceu quando dois astrônomos, John Adams (1819-1892) e Urbain Leverrier (1811-1877), calcularam a órbita do planeta Urano com o auxílio da teoria de Newton.

Eles perceberam que a órbita estudada apresentava desvios em relação à órbita observada.

Eles imaginaram que poderia haver um planeta desconhecido que estivesse alterando a órbita de Urano. Calcularam então a massa e a posição que o planeta desconhecido deveria ter para provocar os desvios entre a órbita prevista e a órbita observada.

Um mês depois da comunicação de seu trabalho, em 23 de setembro de 1846, um planeta com as características previstas – Netuno – foi observado.

Apesar de todo o sucesso, a teoria de Newton não era capaz de explicar todas as descobertas que vinham sendo feitas. Essas descobertas só puderam ser explicadas pela teoria da relatividade, elaborada pelo físico alemão Albert Einstein (1879-1955). No entanto, para fenômenos que ocorrem a baixas velocidades, comparadas à da luz, a diferença entre os cálculos feitos com as duas teorias costuma ser muito pequena, difícil de medir, podendo ser desprezada na prática.

Como os cálculos na mecânica newtoniana são mais fáceis e rápidos, a teoria continua tendo aplicações na Engenharia Civil, no lançamento de foguetes e satélites, etc.

Newton disse que só foi capaz de ver mais longe porque se apoiou nos ombros de gigantes. Entre esses gigantes certamente estavam Galileu e Kepler.

Por sua vez, Galileu e Kepler estiveram aos ombros de outro gigante, Nicolau Copérnico. Em outras palavras, o trabalho de Newton, assim como o de outros cientistas, partiu do conhecimento obtido por cientistas que vieram antes dele.

Mundo virtual

Por que o navio flutua?

<http://mundoestranho.abril.com.br/materia/por-que-o-navio-flutua>

Explica as leis da Física que permitem que os navios flutuem e como isso ocorre.

E-física

<http://efisica.if.usp.br/eletricidade/basico/termo/>

Site que contém e-livros de Mecânica, Ótica, Eletricidade e Magnetismo, desde o nível básico até o universitário.

Acesso em: 8 fev. 2015.

Reprodução/<efisica.if.usp.br>

Atividades

Trabalhando as ideias do capítulo

1. Qual é o valor da força gravitacional que age sobre um objeto com 20 kg de massa, próximo à superfície terrestre? (Considere $g = 10\ m/s^2$.)

2. Um atleta levantou 100 kg de massa e os manteve suspensos no alto. Qual é o valor da força que o atleta fez? (Considere $g = 10\ m/s^2$.)

3. Na figura ao lado, o círculo representa um carro seguindo uma trajetória circular (no sentido horário) com módulo de velocidade constante. No caderno, indique qual das setas representa corretamente a direção e o sentido da força que age sobre o carro.

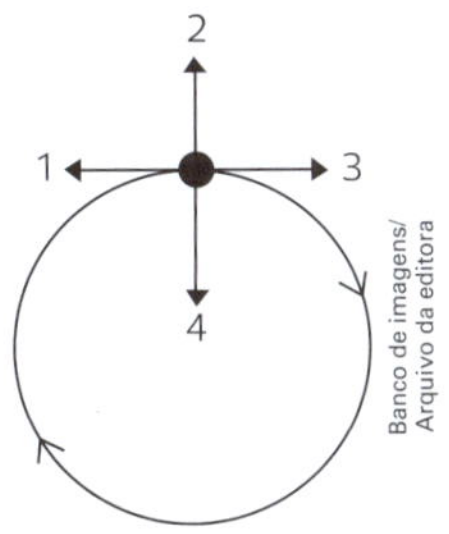

Banco de imagens/Arquivo da editora

10.17

4. Por que os navios conseguem flutuar sobre a água apesar de serem feitos de materiais mais densos que ela?

5. Imagine uma lata vazia de refrigerante e uma bem amassada. Se ambas são colocadas na água com a abertura para cima, a que estiver amassada afunda. Por que isso acontece?

6. Explique as diferenças entre um dinamômetro e uma balança de pratos.

7. Ao longo de uma curva circular, o velocímetro de um carro indica 20 km/h. A velocidade desse carro varia? Que força está agindo sobre o carro?

8. Por que os objetos mergulhados na água parecem mais leves?

9. Qual é o peso de um corpo de 60 kg de massa na superfície da Terra? (Considere $g = 9{,}8\ m/s^2$.) E na superfície da Lua? (Considere $g = 1{,}6\ m/s^2$.) Qual é a massa desse corpo na Lua?

10. Na figura a seguir as duas pedras estão em queda livre.

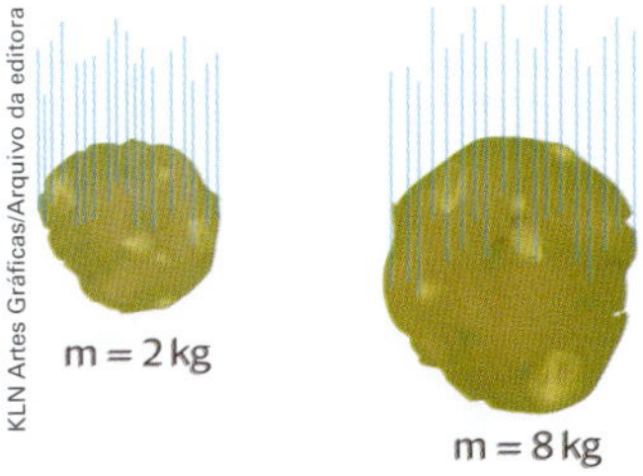

KLN Artes Gráficas/Arquivo da editora

10.18 **Figura sem escala. Cores fantasia.**

Considerando $g = 10\ m/s^2$ e desprezando a resistência do ar, calcule:

a) o peso de cada pedra;
b) a aceleração de cada pedra.

11. No caderno, indique as afirmativas verdadeiras.

a) Quanto maior a massa de dois corpos, maior a força gravitacional que age sobre eles.
b) O peso de um corpo pode ser expresso em newtons ou em quilogramas.
c) À medida que um corpo se afasta da Terra, sua massa diminui.
d) A resultante das forças que atuam sobre um objeto em movimento circular e com velocidade constante é nula.
e) Quanto maior a distância entre dois corpos, maior a força gravitacional que age sobre eles.
f) À medida que um corpo se afasta da Terra, seu peso diminui.
g) O peso de um corpo não varia, quer ele esteja na Terra, quer esteja na Lua.
h) Na Terra, no interior de um tubo de vácuo, uma bolinha cai com aceleração maior do que na Lua.
i) Não há força gravitacional agindo sobre um satélite em órbita em torno da Terra.
j) A força com que a Terra atrai a Lua é maior do que a força com que a Lua atrai a Terra porque a massa da Terra é maior do que a massa da Lua.
k) A força gravitacional da Terra sobre a Lua é uma força centrípeta.

12. A figura a seguir mostra um satélite girando ao redor da Terra. As setas sobre a linha tracejada indicam o sentido do movimento do satélite. Imagine que, em certo momento, a atração gravitacional da Terra sobre o satélite deixe de existir. Qual das setas indica a trajetória que o satélite vai seguir? Justifique a sua resposta.

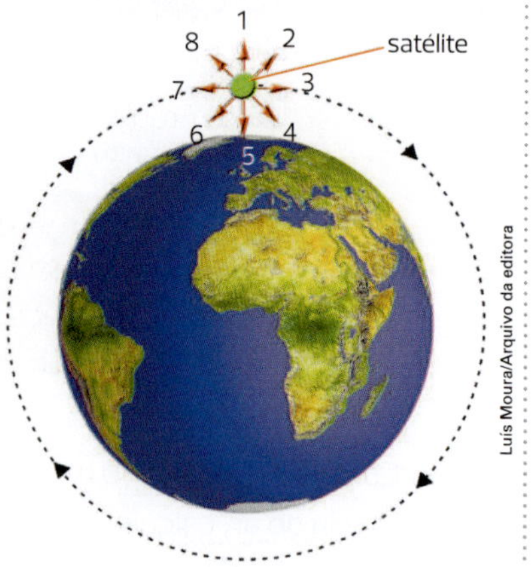

10.19 **Os elementos representados na figura não estão na proporção real.**

13. Um corpo de 5 N de peso, quando completamente mergulhado na água, aparenta pesar apenas 2 N.

a) Qual é o valor do empuxo que age sobre o corpo?

b) Qual é o peso do volume do líquido deslocado pelo corpo?

14. No caderno, indique as afirmativas verdadeiras.

a) O módulo da força de empuxo é igual ao módulo do peso do líquido deslocado.

b) O sentido da força de empuxo é o mesmo do peso do corpo.

c) O princípio de Arquimedes se aplica tanto a líquidos quanto a gases.

d) Todo corpo mergulhado em um líquido, ao interagir com ele, sofre uma força de cima para baixo.

e) Quando um navio está flutuando na água, o empuxo ao qual ele está sujeito é menor que seu peso.

f) Se um corpo afunda na água, então seu peso é maior que o empuxo.

Pense um pouco mais

1. Quando jogamos uma bola para cima exercemos uma força sobre ela, mas, assim que a bola sai de nossa mão, essa força deixa de existir. Entretanto, há outra força que continua a ser exercida sobre a bola. Qual é essa força? (Não leve em conta o atrito com o ar.)

2. Apesar de todo o peso do traje e dos equipamentos, explique por que os astronautas conseguem se movimentar com facilidade na Lua, chegando a dar pulinhos.

3. Os submarinos possuem compartimentos com válvulas. Bombeando água para dentro ou para fora desses compartimentos, os submarinos ficam cheios de água ou cheios de ar. Explique para que servem esses compartimentos. (Relacione sua explicação com algum conhecimento científico trabalhado neste capítulo.)

4. Um estudante afirmou que 1 N equivale à força que fazemos para segurar um objeto de cerca de 100 g. Ele está certo? Justifique sua resposta.

5. O peso pode ser expresso em uma unidade chamada quilograma força (kgf), que é o peso de 1 kg ao nível do mar. Quanto vale um kgf em newtons? (Use 9,8 m/s^2 para o valor da gravidade.)

6. Por que seria consumido menos combustível para uma nave espacial decolar na Lua do que na Terra?

7. Ao observar um globo terrestre, um garoto perguntou: "Por que os japoneses não caem, se eles estão de cabeça para baixo?". O que você responderia ao garoto?

8. O mar Morto, localizado no Oriente Médio, é um enorme lago de água muito salgada. A concentração de sal nessa água é muito maior do que nos oceanos.

No mar Morto, uma pessoa flutua com mais facilidade do que na água doce ou dentro do mar. Veja a figura abaixo.

10.20

- Por que é mais fácil boiar no mar Morto do que numa piscina de água doce?

9. A lei da gravitação universal pode ser expressa matematicamente assim:

$$F = G\frac{m_1 \cdot m_2}{d^2}$$

Na fórmula, F é o módulo da força gravitacional entre duas massas (m_1 e m_2) e d, a distância entre elas. G representa a constante de gravitação universal, que no Sistema Internacional tem um valor muito pequeno (cerca de $6{,}67 \cdot 10^{-11}$). Então responda:

a) A força gravitacional aumenta ou diminui com a massa dos corpos que estão interagindo? E com a distância?

b) Se a distância entre as duas massas duplicar, qual será a variação de força entre elas?

10. *Icebergs*, como os da foto, são enormes blocos de gelo que se desprendem dos polos e ficam flutuando nos oceanos. A parte que fica acima da água corresponde a cerca de 11% do volume total desse imenso bloco de gelo. Isso acontece porque a densidade do gelo (0,917 g/cm³) é menor do que a densidade da água do mar (1,03 cm³) a 0 °C. O que aconteceria com o *iceberg* se a densidade do gelo fosse igual à da água do mar?

Danita Delimont Stock/Keystone

10.21

11. O princípio de Arquimedes se aplica tanto aos líquidos como aos gases. Quando um objeto está mergulhado em um gás, ou mesmo no ar, que é formado por uma mistura de gases, ele também recebe um empuxo. Então, explique por que os balões de ar quente e os balões com gás hélio sobem.

12. Na foto ao lado, uma bola de bilhar (feita de resina) flutua sobre um metal no estado líquido, o mercúrio. Essa mesma bola afundaria se fosse colocada na água. Como você explica essa diferença?

Sérgio Dotta Jr./Arquivo da editora

10.22

De olho no texto

Leia o texto e depois responda à questão.

O equilíbrio dos corpos

A força gravitacional atua sobre todas as partes de um corpo. Mas podemos substituir todas essas forças por uma força resultante, que é o peso do corpo. O ponto onde o peso é aplicado é chamado de centro de gravidade. Tudo se passa como se todo o peso estivesse concentrado nesse ponto.

No caso de uma esfera homogênea, o centro de gravidade é o centro geométrico da esfera. Já em uma régua homogênea, o centro de gravidade fica no meio. Por isso, se a apoiarmos com cuidado por esse ponto num dedo, a régua ficará em equilíbrio: a força de reação do ponto de apoio equilibra o peso da régua (figura 10.23).

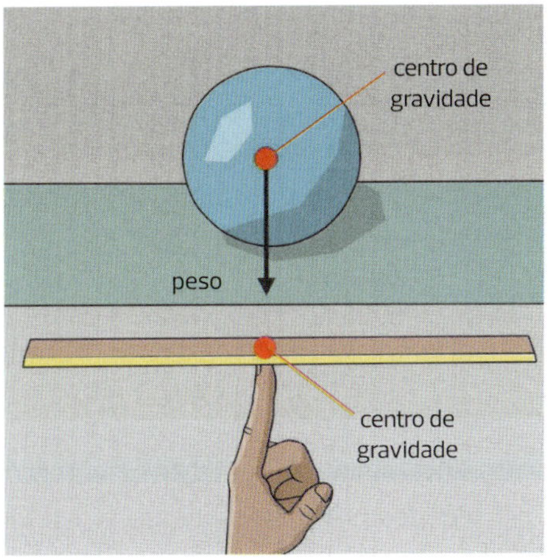

Ilustrações: Paulo Nilson/Arquivo da editora

10.23

Agora veja a lata da figura 10.24. Se levantarmos lateralmente a lata, tirando-a um pouco da posição inicial, e depois a soltarmos, ela volta à posição de equilíbrio. Porém, se afastarmos muito a lata da posição inicial, chega-se ao momento em que ela sai do equilíbrio e vira.

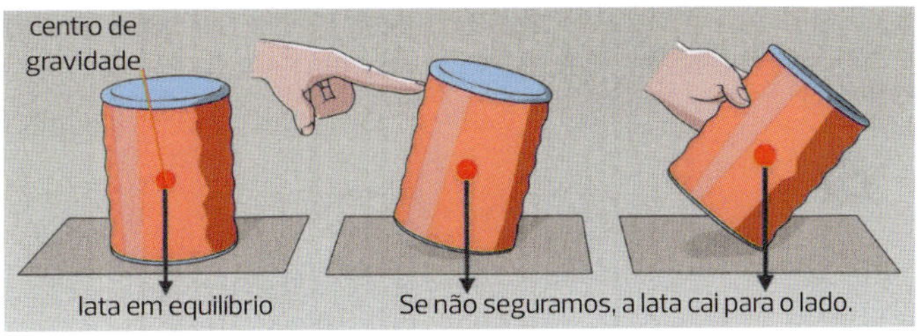

10.24

A lata vira se a linha vertical que traçarmos a partir do seu centro de gravidade passar fora de sua base de sustentação.

Pode-se concluir então que um corpo está em equilíbrio quando a linha vertical que passa pelo seu centro de gravidade cai sobre sua base de sustentação.

- Reveja a figura 8.9 (na página 124), a famosa Torre de Pisa, na cidade de Pisa (Itália). Em certo momento da sua construção, há mais de 700 anos, o terreno cedeu em um dos lados, e a torre inclinou-se um pouco. A partir do que você acaba de ler, responda: qual a condição para que a torre permaneça em equilíbrio, sem cair?

Aprendendo com a prática

1. Providencie o que se pede a seguir. Depois, leia as orientações para a realização deste experimento.

Material

- uma bacia com água
- um pouco de massa de modelar

Procedimentos

- Pegue a massa de modelar e divida-a em duas partes aproximadamente iguais.
- Faça uma bola com a primeira metade e coloque-a na bacia com água. Pegue a segunda metade, faça-a ficar bem fina e com a forma de um barquinho e coloque-a na água.
  - a) O que acontece com a bola? E com o barquinho?
  - b) Como você explica o que ocorreu nos dois casos?
  - c) A partir desses resultados, explique por que a âncora de um navio afunda, mas o navio flutua.

2. Providencie o que se pede a seguir e depois leia as orientações para realizar esta prática.

Material

- Uma lata de refrigerante na versão normal e outra do mesmo refrigerante na versão *light* ou *diet* (ambas fechadas).
- Um recipiente com água onde as latas de refrigerante possam ficar totalmente mergulhadas.

Procedimentos

- Empurre as latas de refrigerante até o fundo do recipiente com água, solte-as e observe o que acontece.
- Usando os conceitos de peso, empuxo, densidade e volume, explique o que acontece em cada caso.

3. Providencie o que se pede a seguir e depois leia as orientações para realizar esta prática.

Material

- Um ovo cru.
- Um copo grande de vidro com água onde o ovo possa ficar totalmente mergulhado.
- Uma colher de café.
- Sal.

Procedimentos

- Mergulhe o ovo cru no copo com água e registre o que acontece. (Ele afunda ou flutua?)
- Tire o ovo e coloque uma colher de café e de sal. Misture e observe. Repita o procedimento, colocando um pouquinho de sal, até que o ovo fique flutuando com uma pequena parte fora da água.
  - a) Usando os conceitos de empuxo, peso e densidade, explique o que aconteceu.
  - b) O professor disse que se tivéssemos misturado álcool à água, em vez de sal à água, isso não ocorreria. Por quê? (Dica: o álcool é menos denso do que a água.)
  - c) Por que é mais fácil boiar no mar do que em um lago de água doce?

Capítulo

11 Trabalho, energia e máquinas simples

A criança da figura abaixo brinca sobre um escorregador.

Essa simples brincadeira envolve transformações de energia que você vai conhecer neste capítulo. E vai conhecer também como algumas máquinas nos ajudam a executar diversas tarefas do dia a dia.

Edward Carlile Portraits/Getty Images

11.1

A questão é

Que transformações de energia ocorrem à medida que a garota desliza pelo escorregador? Qual a diferença entre os conceitos físicos de trabalho e potência? Alavancas, roldanas... De que forma essas máquinas modificam as forças que fazemos? Existem três tipos de alavancas e dois tipos de roldanas. Quais deles você conhece?

1 O conceito científico de trabalho

Ao levantar sua mochila da cadeira ou empurrar um carrinho de supermercado, você está realizando um trabalho.

Quanto mais força você tiver de empregar e quanto maior for o deslocamento do objeto, maior será o trabalho.

Pelo exemplo acima, o trabalho é proporcional à força e ao deslocamento provocado. Na figura 11.2 você vê uma garota empurrando uma mesa. Ela mudou a mesa de posição aplicando uma força. Nesse caso, dizemos que essa força realizou um trabalho.

Mauro Nakata/Arquivo da editora

11.2 **Figura sem escala. Cores fantasia.**

Em Física, o **trabalho** (τ) realizado por uma força é o produto do módulo da força (F) pelo valor do deslocamento (d), ambos na mesma direção:

Letra grega *tau*.

$$\tau = F \cdot d$$

Essa é uma definição simplificada de trabalho, que não leva em conta situações em que a intensidade da força varia, por exemplo. Mas ela nos permite perceber algumas coisas importantes:

- quanto maior a força usada para puxar, empurrar ou levantar um objeto, maior o trabalho realizado;
- quanto maior a distância percorrida por um objeto, maior o trabalho realizado.

A unidade de trabalho no Sistema Internacional é o **joule** (pronuncia-se *jaule*), cujo símbolo é a letra **J**. Equivale a 1 joule o trabalho de uma força de 1 newton para deslocar um objeto por 1 metro (na direção e no sentido da força). Essa unidade é uma homenagem ao físico inglês James Prescott Joule (1818-1889), que mostrou que o calor é uma forma de energia e estudou a transformação da energia mecânica em calor.

Veja se entendeu: suponha que a garota da figura 11.2 tenha empurrado a mesa por uma distância de 2 metros aplicando uma força constante de 100 newtons ao longo do deslocamento da mesa. Qual o trabalho que essa força realizou?

Nesse caso, basta aplicar a fórmula $\tau = F \cdot d$:

$$\tau = 100 \cdot 2 = 200\ J$$

O trabalho realizado pela força foi, portanto, de 200 joules.

Agora observe o atleta da figura 11.3. Ele está parado segurando uma barra com 150 kg de massa. A barra está a 2,30 metros do chão. Qual o trabalho que sua força realiza sobre a barra?

Como não há deslocamento da barra, a força que o atleta aplica sobre a barra não está realizando trabalho.

Você vê então que, em Física, o trabalho realizado por uma força e o cansaço resultante, que indica que houve um gasto de energia pelo atleta, nem sempre coincidem. O cansaço do atleta neste caso deve-se a um gasto de energia realizado no interior de seu corpo pelas contrações que mantêm a tensão muscular necessária para sustentar a barra. Mas não é um trabalho realizado pela força aplicada sobre a barra.

Mauritius/Latinstock

11.3

Em Física, um trabalho não precisa ser executado por uma pessoa: quando um objeto de 10 N cai de uma altura de 2 metros, como mostra a figura 11.4, seu peso realiza um trabalho. Veja como calcular isso.

Você já sabe que o trabalho pode ser calculado pela fórmula $\tau = F \cdot d$. Nesse caso, a força que realiza o trabalho é o peso do corpo. A solução é simples:

$$\tau = 100 \cdot 2 = 200\ J$$

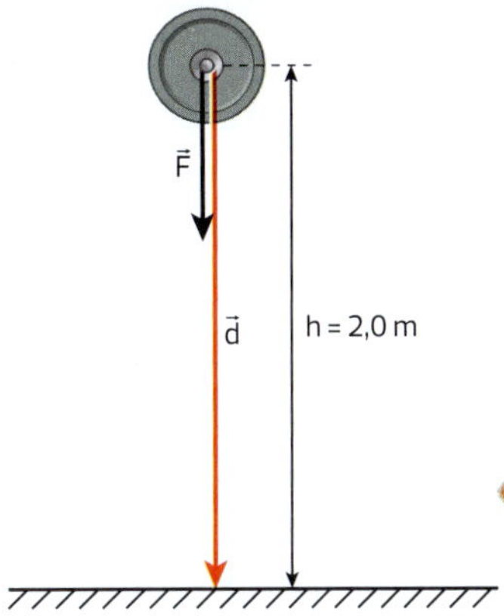

11.4

Adilson Secco/Arquivo da editora

Trabalho e potência

No transporte de uma carga, uma pessoa empilhou 10 caixas em 15 minutos. Outra pessoa também empilhou 10 caixas de mesmo peso, realizando o mesmo deslocamento, mas em meia hora. Embora a primeira pessoa tenha empilhado as caixas mais rapidamente, o trabalho (no sentido científico do termo) foi o mesmo nos dois casos. Isso quer dizer que o trabalho não depende do tempo gasto para realizá-lo.

O que mede a rapidez com que um trabalho é feito é o conceito de **potência** (**P**). A potência é o trabalho realizado por unidade de tempo ou, em outras palavras, a razão entre o trabalho realizado (τ) e o intervalo de tempo gasto para realizá-lo (Δt). Veja a fórmula que indica isso:

$$P = \frac{\tau}{\Delta t}$$

Pela fórmula você pode ver que, quanto menor o tempo gasto para realizar um trabalho, maior a potência.

A unidade de potência é o **watt** (**W**). Um watt é a potência que corresponde ao trabalho de um joule por segundo.

A unidade tem esse nome homenagem ao engenheiro escocês James Watt (1736-1819). Ele aperfeiçoou a máquina a vapor, equipamento amplamente usado em fábricas, barcos e locomotivas a vapor. Nessa máquina, a água é aquecida em uma caldeira e o vapor empurra um pistom, que movimenta uma roda. A máquina a vapor foi fundamental no século XVIII, durante a Revolução Industrial. Atualmente, nas centrais termoelétricas (que produzem energia elétrica a partir da queima de carvão ou petróleo), o vapor é usado em outro tipo de máquina, a turbina a vapor.

Quando se diz que um carro tem um motor mais potente do que outro, significa que ele é capaz de realizar o mesmo trabalho em menos tempo. Ele consegue, por exemplo, aumentar sua velocidade mais rapidamente. E um caminhão mais potente pode transportar, numa subida, uma carga maior com a mesma velocidade que outro com menos carga.

Em várias situações usa-se um múltiplo do watt, o **quilowatt** (**kW**): 1 quilowatt vale 1 000 watts. Um carro com 70 quilowatts de potência realiza um trabalho de 70 mil joules por segundo.

A potência e o consumo de energia

Trabalho e energia são conceitos muito ligados entre si. Veja só: costuma-se definir **energia**, de maneira simplificada, como a capacidade de realizar trabalho. Desse modo, o trabalho também pode medir a energia utilizada para realizá-lo ou a quantidade de energia transformada ou transferida de um corpo para outro. E a potência ajuda a medir tanto o trabalho quanto a energia transferida ou transformada por unidade de tempo. Veja um exemplo:

Se você observar uma lâmpada, verá que nela está escrito algo como 40 W, 60 W, 100 W, etc. Esses valores indicam a quantidade de energia elétrica (em joules) consumida pela lâmpada por segundo. Uma lâmpada de 100 W, por exemplo, transforma 100 J de energia elétrica em luz e calor a cada segundo. Já uma lâmpada de 60 W transforma apenas 60 J de energia elétrica por segundo. Você já sabe que o watt é uma unidade de potência. Veja que a potência está sendo usada, nesse caso, para determinar a energia consumida por unidade de tempo.

Uma lâmpada de 40 W, por exemplo, transforma, por segundo, 40 J de energia elétrica em luz (energia luminosa) e calor (a lâmpada esquenta quando está ligada). Só para comparar: a potência dos motores dos carros varia entre cerca de 25 e 35 kW, e a de máquinas de lavar vale cerca de 250 W. Você vai saber mais sobre eletricidade no Capítulo 15.

Entende por que a potência de uma lâmpada ou de outro aparelho elétrico é uma medida muito importante para nós? Ela nos indica os custos de manter uma lâmpada acesa ou um aparelho elétrico funcionando. Veja um exemplo:

Vamos calcular quantos joules consumiu uma lâmpada de 60 W que ficou ligada por 4 horas. Para isso, a fórmula $P = \tau/\Delta t$ pode ser transformada em $\tau = P \cdot \Delta t$. Convertendo o tempo para segundos, temos:

$$\tau = 60 \cdot 4 \cdot 3\,600 = 864\,000 \text{ J ou } 864 \text{ kJ}$$

Se você olhar a conta de luz de sua casa, que traz a quantidade de energia elétrica consumida por mês, não verá o consumo em joules ou quilojoules, mas algo assim:

Unidade: kWh. Quantidade: 380.

Podemos expressar a energia consumida ou o trabalho realizado multiplicando a potência pelo intervalo de tempo. Assim: $\tau = P \cdot t$. O quilowatt (kW) é uma unidade de medida de potência. A hora (h) é uma unidade de tempo. Se multiplicarmos a potência em quilowatt pelo intervalo de tempo em horas, obteremos uma unidade de trabalho ou de energia consumida: o quilowatt-hora ou kWh. Para conferir o valor da conta em real, deve-se multiplicar o preço do quilowatt-hora pelo total de quilowatt-hora consumido.

Não confunda: o watt ou o quilowatt são medidas de potência, mas o quilowatt-hora é uma medida de trabalho ou de energia (1 kWh = 3 600 000 J).

Para calcular a quantidade de energia consumida por um aparelho elétrico, multiplica-se o valor da potência em watt ou quilowatt, escrito no aparelho, pelo tempo que ele ficou ligado. Se, por exemplo, você costuma deixar acesa uma lâmpada de 60 W, em média, 6 horas por dia, e se o preço do quilowatt-hora for 24 centavos, então essa lâmpada terá consumido, num dia:

$$\tau = P \cdot \Delta t = 0{,}6 \text{ kW} \cdot 6 \text{ horas} = 0{,}36 \text{ kWh}$$

E num mês:

$$0{,}36 \cdot 30 = 10{,}8 \text{ kWh}$$

Você terá gasto, no mês, com essa lâmpada:

$$10{,}8 \cdot 0{,}24 = 2{,}59 \text{ reais (aproximadamente)}$$

2 Transformações de energia

A energia aparece de várias formas na natureza. Além disso, uma forma de energia pode ser transformada em outra.

Quando uma lâmpada está acesa, por exemplo, ela está transformando energia elétrica em luz (energia luminosa). Uma parte da energia elétrica é transformada em outra forma de energia — o calor: é por isso que a lâmpada esquenta enquanto funciona. Outro exemplo: enquanto a comida cozinha no fogão, a energia química do gás é transformada em calor e luz (a chama do fogão).

Nos seres vivos, a energia química contida nas moléculas do alimento é transformada, por exemplo, em movimento e calor. Nas usinas termelétricas, a energia química do carvão ou do petróleo é transformada em energia elétrica. Nas usinas nucleares, a energia liberada na quebra (fissão) de núcleos (energia nuclear) de átomos radioativos é transformada em energia elétrica.

Ao longo do estudo da Física, você vai conhecer as diversas formas de energia e entender que ela não pode ser criada nem destruída: quando uma forma de energia se transforma em outra, a quantidade total de energia é mantida. Essa é uma lei científica, chamada **lei da conservação da energia**.

Vamos estudar agora a **energia mecânica**, que é a energia de um corpo associada à sua posição ou velocidade.

A energia cinética

Um carro andando, uma bola que acabou de ser chutada, uma pedra caindo, a hélice de um ventilador girando... Todos são corpos em movimento, que possuem um tipo de energia: a **energia cinética**. E todos têm capacidade de realizar trabalho.

Ao começar a empurrar um carrinho de supermercado, você realiza um trabalho que o faz vencer a inércia e ganhar velocidade, isto é, acelerar. O carrinho adquire então energia cinética. Esse trabalho tem como resultado o aumento da energia cinética do carrinho. Portanto, o trabalho realizado por uma força sobre um corpo mede a quantidade de energia transferida para o corpo (ou do corpo para outro sistema).

Como todo corpo em movimento, uma bola que você acabou de chutar (gastando energia) tem a capacidade de realizar trabalho. Se a bola atingir a vidraça de uma janela, poderá quebrá-la. Na colisão, a bola exerce uma força sobre a janela, realizando um trabalho.

Quanto maior a velocidade de um carro, maior será o dano se ele se chocar com outro corpo. A destruição também é influenciada pela massa do veículo: uma batida contra um caminhão é muito pior do que contra um carro, se ambos estiverem na mesma velocidade. E uma pedra de maior massa ou atirada em velocidade elevada tem mais chance de quebrar uma vidraça do que uma pedra de menor massa ou com menos velocidade.

Esses exemplos mostram que a energia cinética depende da massa e da velocidade do corpo: quanto maiores a massa e a velocidade, maior a energia cinética.

Willians Valente/Folhapress

11.5 **Quanto maior a velocidade do carro, mais energia estará disponível em caso de colisão e maior será o risco de danos. Além disso, maior também será a distância que ele vai percorrer até parar.**

Na realidade, um aumento na velocidade de um corpo faz a energia cinética do corpo aumentar proporcionalmente mais do que um aumento na massa. Veja a fórmula da energia cinética:

$$E_c = \frac{1}{2} \cdot m \cdot v^2$$

Na fórmula, $\mathbf{E_c}$ é a energia cinética, **m** é a massa e **v** é a velocidade do corpo. Observe que a energia cinética é diretamente proporcional à massa do corpo. Isso significa que um corpo de massa duas vezes maior que outro tem uma energia cinética também duas vezes maior, se ambos estiverem à mesma velocidade. Mas observe que a energia cinética é diretamente proporcional ao quadrado da velocidade do corpo: se a velocidade de um corpo dobrar, a energia cinética torna-se quatro vezes maior; se a velocidade triplicar, a energia torna-se nove vezes maior e assim por diante.

Como outras formas de energia, a energia cinética é medida em joule (no Sistema Internacional de Unidades) — a mesma unidade usada para medir trabalho. Assim, a energia cinética de um carro de 700 kg de massa e velocidade de 20 metros por segundo é:

$$E_c = \frac{1}{2} \cdot m \cdot v^2 = \frac{1}{2} \cdot 700 \cdot (20)^2 = 140\,000 \text{ ou } 140 \text{ kJ}$$

Ciência e sociedade

Respeite as regras de trânsito

Quando um veículo dobra sua velocidade, sua energia cinética passa a ser quatro vezes maior! A energia cinética do veículo deve ser anulada pelo trabalho da força de atrito a partir do momento em que se freia. Então, a distância mínima necessária para que um veículo possa parar sem bater em um obstáculo diminui muito com o aumento de velocidade. Isso mostra como é perigoso desenvolver velocidades mais altas do que o permitido e não guardar uma distância suficiente do outro veículo para evitar acidente. Quem dirige em alta velocidade está pondo em risco sua vida e a de outras pessoas!

Dr. Jeremy Burgess/Science Photo Library/Latinstock

11.6 Foto de um bate-estacas

A energia potencial

Você já ouviu o barulho vindo de uma construção? Depois de um tempo exposto a esse barulho, qualquer um acaba ficando bastante irritado, principalmente se houver lá um bate-estacas funcionando. O bate-estacas é uma máquina usada na construção de prédios: ergue-se um bloco de ferro com grande massa até o alto e depois ele é solto. O impacto é usado para cravar uma estaca no terreno (o que produz o barulho desagradável). Veja a figura 11.6.

O bloco do bate-estacas consegue realizar um trabalho devido à sua altura em relação à estaca. Ele possui uma energia decorrente da posição que ocupa, mesmo estando parado: é a **energia potencial**. Nesse caso, a energia depende da altura em relação a um nível que serve de referência (a estaca), e o trabalho que o bate-estacas realiza só é possível devido à atração gravitacional da Terra. Por isso, a energia potencial do bloco do bate-estacas é chamada de energia potencial gravitacional.

Existem também outras formas de energia potencial, como a energia potencial elástica. Ela aparece quando um corpo, por exemplo uma mola ou um arco, é deformado. No caso do arco e flecha, quando a corda é puxada ela passa a ter energia potencial elástica por causa da deformação do arco. Quando a corda é solta, parte dessa energia é transferida como energia cinética para a flecha.

Para elevar o bate-estacas, é preciso realizar um trabalho, por exemplo, com um motor, que vence a força gravitacional e eleva o peso do bate-estacas. O trabalho realizado fica então armazenado sob a forma de energia potencial gravitacional.

Do mesmo modo, para elevar um corpo (uma pedra, por exemplo) a certa altura do solo é preciso realizar um trabalho. Para calcular a energia potencial gravitacional adquirida pela pedra, multiplicamos a força necessária para levantá-la (considerada praticamente igual ao peso da pedra) pela altura em relação ao solo (o deslocamento). Como o peso de um corpo é o produto de sua massa pela gravidade, a fórmula que permite calcular a energia potencial gravitacional adquirida pela pedra é:

$$E_p = m \cdot g \cdot h$$

$\mathbf{E_p}$ é a energia potencial do corpo; **m**, sua massa; **g**, a aceleração da gravidade; **h**, a altura.

Veja figura 11.7. A soma da energia potencial gravitacional da bola com a energia cinética em determinado ponto da queda é a energia mecânica nesse instante. Se não houvesse resistência do ar, a **energia mecânica** seria a mesma em todos os instantes, isto é, permaneceria constante ao longo de toda a queda, já que a diminuição da energia potencial gravitacional é compensada pelo aumento da energia cinética. Na realidade, o atrito da pedra com o ar transforma parte da energia cinética em outras formas de energia. Nesse caso, a energia mecânica diminui ao longo da queda. Observe que, mesmo assim, a energia não se perde, mas se transforma em outra.

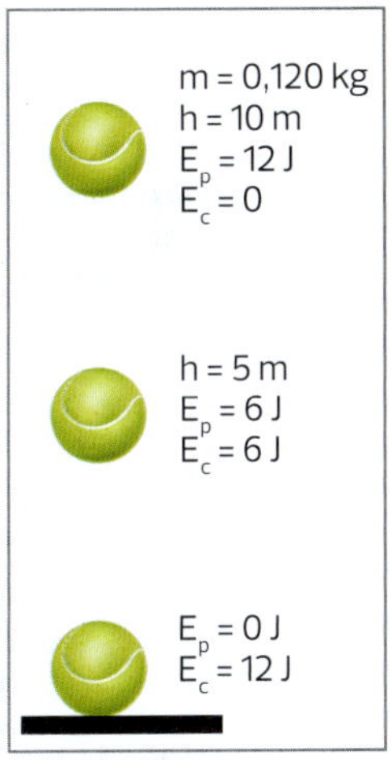

KLN Artes Gráficas/Arquivo da editora

11.7 Transformações de energia potencial gravitacional e cinética de uma bola de tênis caindo de 10 m de altura. Observe que a energia mecânica permanece constante (desprezando perdas com o atrito do ar). (Figura sem escala. Cores fantasia.)

3 Máquinas simples

Quando se fala em "máquina", talvez você pense logo em uma máquina de lavar, um liquidificador, o motor de um carro ou um computador. Mas uma tesoura, um simples parafuso ou uma roldana também são máquinas — **máquinas mecânicas** que facilitam nossas atividades.

Todas as máquinas mecânicas são adaptações ou combinações de dispositivos chamados de **máquinas simples**, que você vai estudar agora.

Alavancas

No 8º ano, você aprendeu que vários ossos de nosso corpo funcionam como alavancas.

Uma alavanca é basicamente uma barra, uma haste de madeira ou outro material resistente que pode se mover sobre um ponto de apoio chamado de **fulcro**. É muito útil para mover objetos pesados. Veja a figura 11.8 na página seguinte. Observe que uma pessoa aplica uma força, chamada de **força potente**, para vencer outra força, chamada de **força resistente** ou **resistência**, que, no caso, é o peso da pedra.

Agora, vamos conhecer uma equação que nos permite calcular a força e o trabalho executados quando usamos essa máquina simples.

Reveja a figura 11.8. Esse tipo de alavanca é chamado **alavanca interfixa**, uma vez que o ponto de apoio fica entre a força potente e a força resistente (no caso, o peso da pedra). Vamos supor que o peso da pedra seja 300 newtons, e a distância da pedra ao ponto de apoio seja cinco vezes menor que a distância desse ponto ao ponto de aplicação da força. Para equilibrar o peso da pedra, a pessoa irá fazer uma força de 60 newtons, ou seja, uma força cinco vezes menor. Para achar o valor da força que a pessoa faz, basta usar uma equação matemática. Essa equação indica a condição para que uma alavanca fique em equilíbrio, isto é, em que situação a força potente equilibra a força resistente:

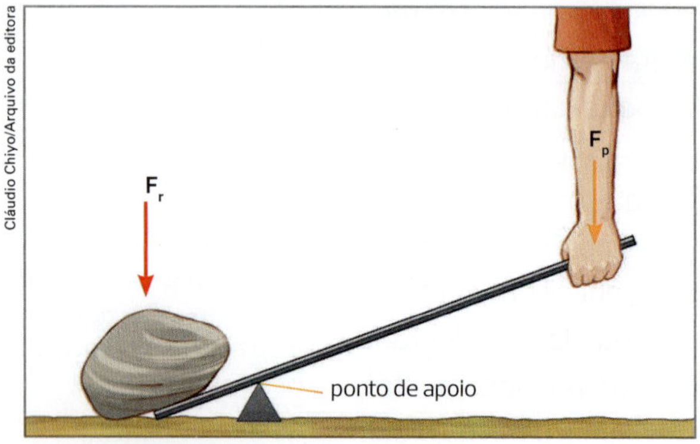

11.8 A alavanca é uma barra rígida usada para deslocar corpos pesados. A pessoa faz uma força, chamada de força potente, para deslocar um peso, chamado de força resistente. (Figura sem escala. Cores fantasia.)

$$F_p \cdot b_p = F_r \cdot b_r$$

Considere $\mathbf{F_p}$ o valor da força potente; $\mathbf{b_p}$, a distância entre o ponto de aplicação da força e o ponto de apoio, que é chamada de **braço da força potente**; $\mathbf{F_r}$, o valor da força resistente; e $\mathbf{b_r}$, a distância entre o ponto de incidência da força resistente e o ponto de apoio, que é chamada de **braço da força resistente**. Veja a figura 11.9. Vamos supor que b_p corresponda a 1 metro e b_r a 0,2 metro. Aplicando a fórmula, teremos:

$$F_p \cdot 1{,}0\ m = 300\ N \cdot 0{,}2\ m \Rightarrow F_p = 60\ N$$

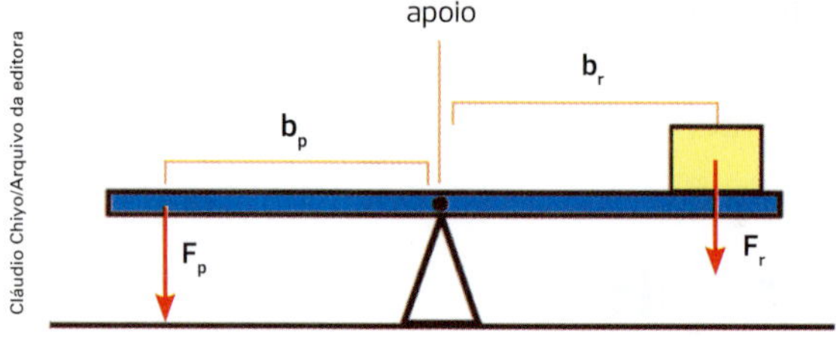

11.9 Situação em que a força potente equilibra a força resistente. (Figura sem escala. Cores fantasia.)

Embora a força exercida pela pessoa (força potente) seja menor do que o peso da pedra (força resistente), ele vai ter de abaixar seu lado da alavanca a uma distância maior que o deslocamento da pedra. Por isso o trabalho com a alavanca é o mesmo realizado sem a alavanca. Veja a figura 11.10.

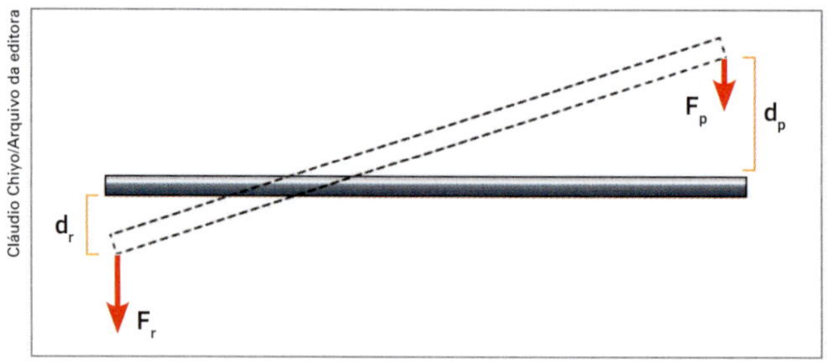

11.10 Embora a força potente seja menor que a força resistente, é preciso deslocar a força potente a uma distância maior que a da força resistente. (Figura sem escala. Cores fantasia.)

Mas se o trabalho realizado é o mesmo, qual é a vantagem de se usar uma alavanca?

O uso da alavanca é vantajoso porque, sem ela, a pessoa pode não conseguir fazer uma força suficientemente grande para levantar o objeto.

Veja na figura 11.11 alguns instrumentos que funcionam como alavancas interfixas.

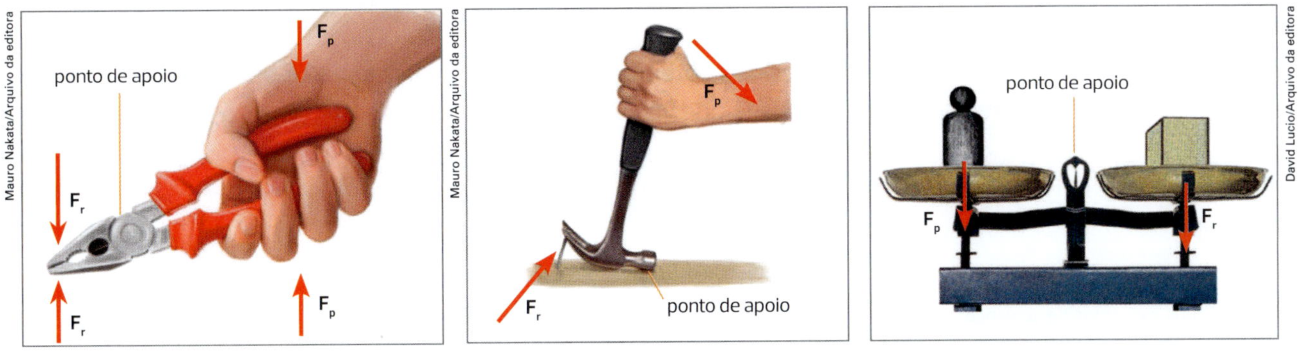

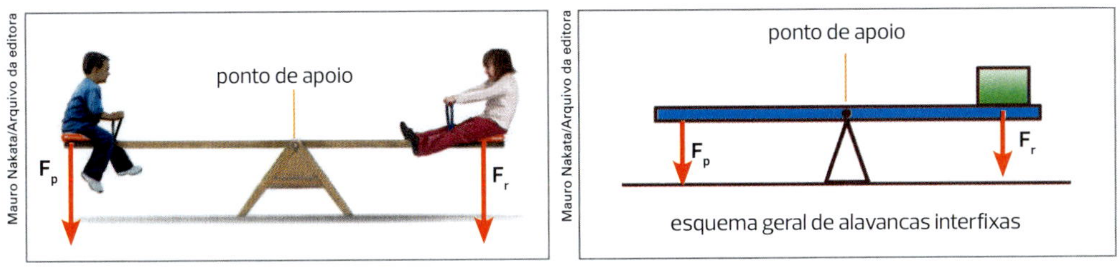

11.11 **Você já deve ter usado alavancas sem saber. Provavelmente brincou de gangorra, usou uma colher para abrir a tampa de uma lata ou um martelo para levantar um prego. (Figura sem escala. Cores fantasia.)**

No caso da balança e da gangorra, uma força potente igual à força resistente mantém o sistema em equilíbrio. Essas alavancas não trazem ganho de força, mas permitem equilibrar outra força com uma força de mesmo sentido. Na gangorra, por exemplo, o peso (uma força para baixo) de uma das pessoas equilibra o peso de outra pessoa. A balança permite que se saiba a massa do objeto quando o braço fica na horizontal.

A figura 11.12 mostra **alavancas inter-resistentes**, que, como o nome diz, são aquelas em que a força resistente está entre o ponto de apoio e a força potente.

11.12 **Exemplos de alavancas inter-resistentes. (Figura sem escala. Cores fantasia.)**

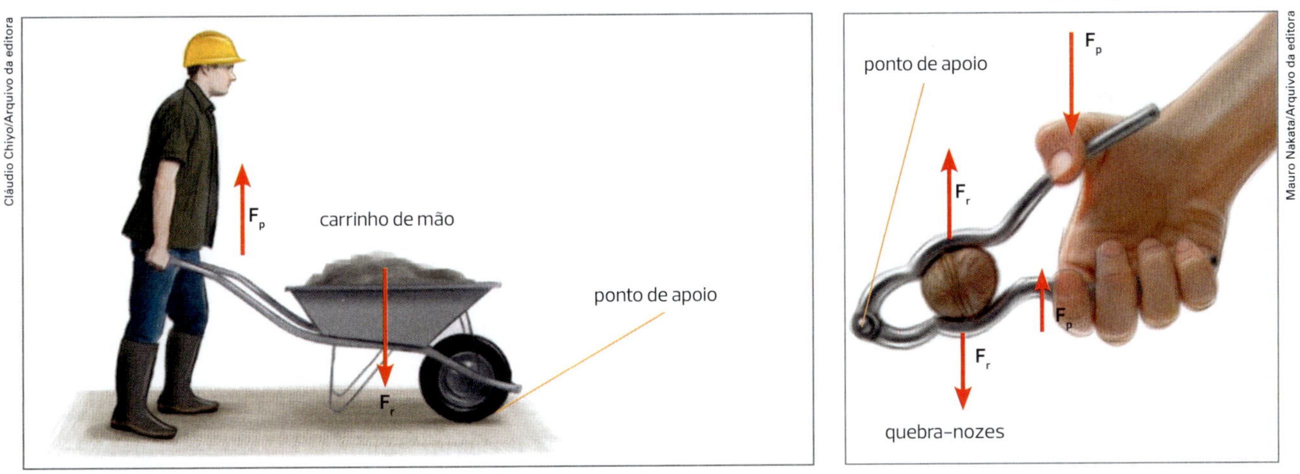

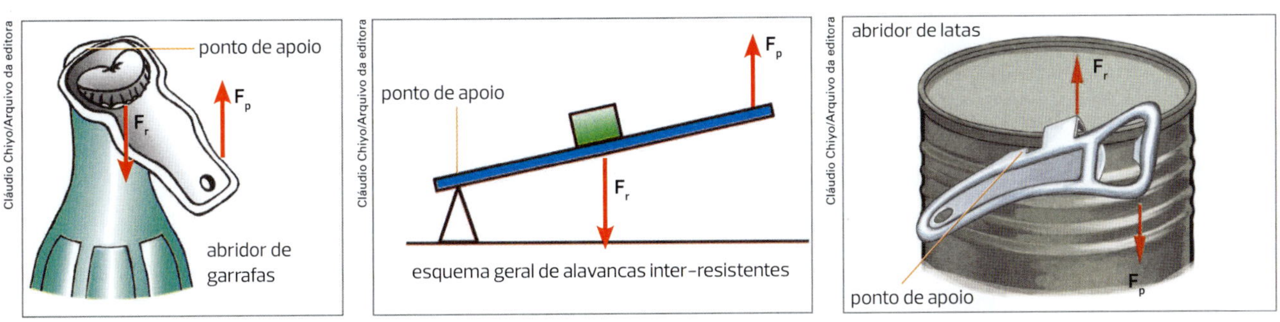

Pelo esquema geral, você pode ver que o braço da força potente é sempre maior do que o braço da força resistente. Portanto, a força potente é menor que a força resistente.

Nas **alavancas interpotentes**, a força potente fica entre o ponto de apoio e a força resistente, como você pode ver na figura 11.13.

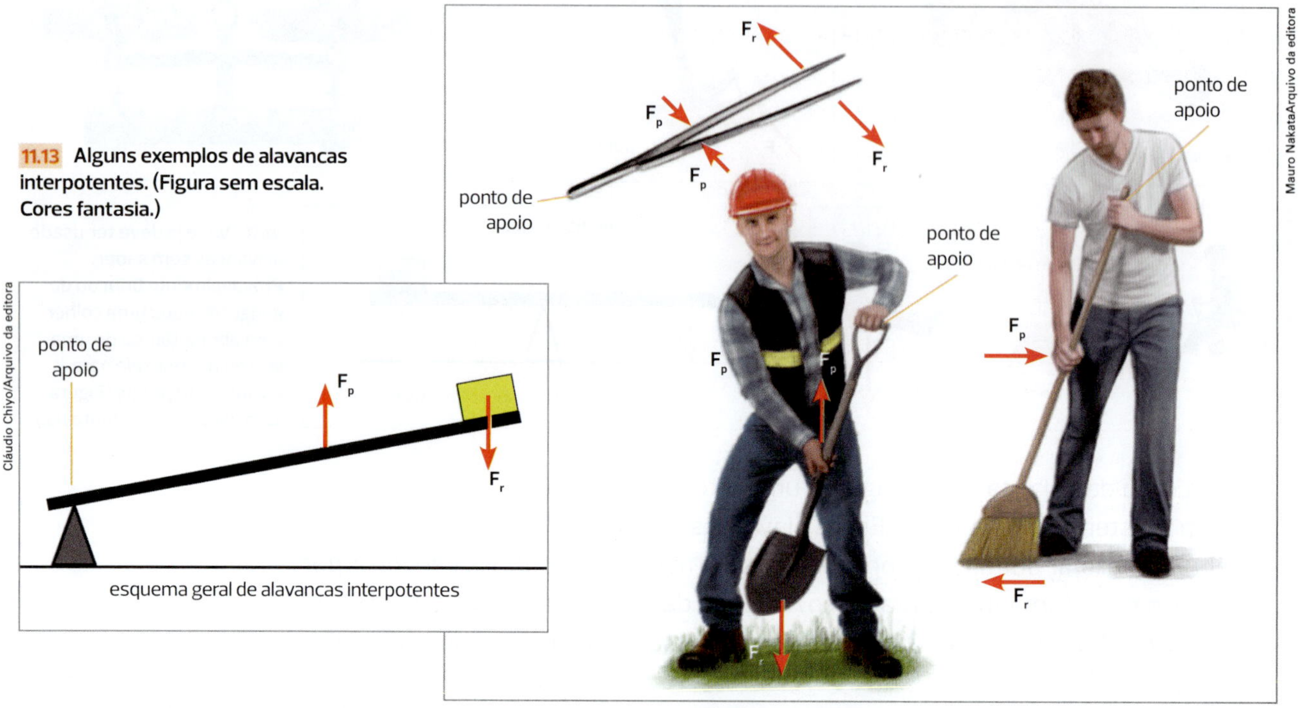

11.13 **Alguns exemplos de alavancas interpotentes. (Figura sem escala. Cores fantasia.)**

Observe que, nesse tipo de alavanca, o braço da resistência é sempre maior que o da força potente e, por isso, é preciso executar uma força maior do que a resistência. A vantagem aqui está na distância: um pequeno deslocamento da força potente provoca um deslocamento maior da força resistente.

Rodas, roldanas e engrenagens

O conjunto formado por rodas presas a eixos está presente em muitas situações com uma forma um pouco diferente, funcionando como uma espécie de alavanca redonda. Veja, por exemplo, na figura 11.14, um equipamento antigo, chamado de sarilho, usado para retirar água de poço.

Girando-se a manivela, a corda é enrolada e desenrolada em torno de um cilindro. A vantagem é que a força sobre a manivela é menor que o peso do balde. A distância percorrida pela mão da pessoa é maior do que se ela puxasse a corda diretamente. Por isso o trabalho realizado é o mesmo.

11.14 **Sarilho, usado para tirar água de poço. (Figura sem escala. Cores fantasia.)**

Embora maçanetas de porta, volantes de carro e chaves de fenda não pareçam rodas, o princípio é o mesmo: girando a maçaneta ou a chave de fenda, você faz rodar um eixo. Veja a figura 11.15. A vantagem é que a borda do eixo exerce uma força maior do que a que você faz. Você teria de fazer mais força para apertar um parafuso ou abrir uma porta se o cabo da peça fosse do mesmo diâmetro que o restante. Quanto maior o diâmetro do cabo em relação ao eixo, menor a força que você precisa fazer. Se o cabo tiver um diâmetro duas vezes maior que o eixo da maçaneta, a força será ampliada duas vezes. Assim, a roda com eixo funciona como uma alavanca, em que a força aplicada sobre a roda é menor que sobre o eixo.

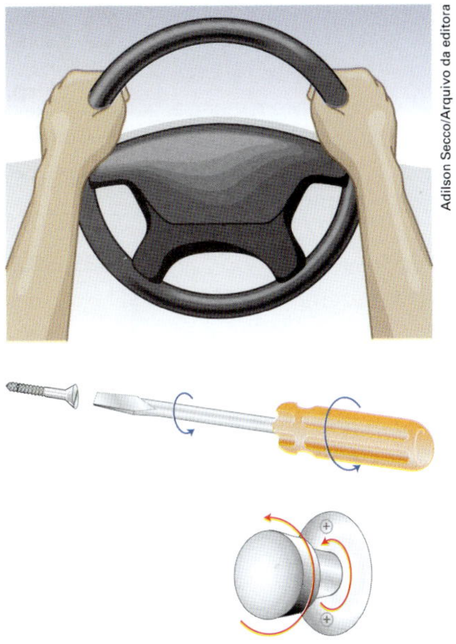

11.15 Figura sem escala. Cores fantasia.

A **roldana**, ou **polia**, é uma roda que gira em torno de um eixo. Ela tem um sulco ou canal na borda por onde passa um fio ou uma corda.

Observe na figura 11.16 que uma das roldanas está presa no teto. Trata-se de uma **roldana fixa**: o eixo é fixo num suporte. Nesse caso, a força necessária para equilibrar o peso do outro lado da corda tem o mesmo valor do peso. Em outras palavras, a força potente é igual à força resistente. Esse tipo de roldana altera apenas a direção e o sentido da força potente. Com isso, o trabalho pode se tornar mais cômodo (puxando para baixo em vez de para cima, por exemplo).

No caso da **roldana móvel**, cada trecho da corda sustenta a metade do peso do balde. A força que se faz para sustentar o balde é igual à metade de seu peso. Veja a figura 11.16. O comprimento da corda que vai ser puxada nesse caso será o dobro da altura atingida pelo balde. Isso quer dizer que a força diminui, mas o trabalho total será o mesmo, com ou sem roldanas.

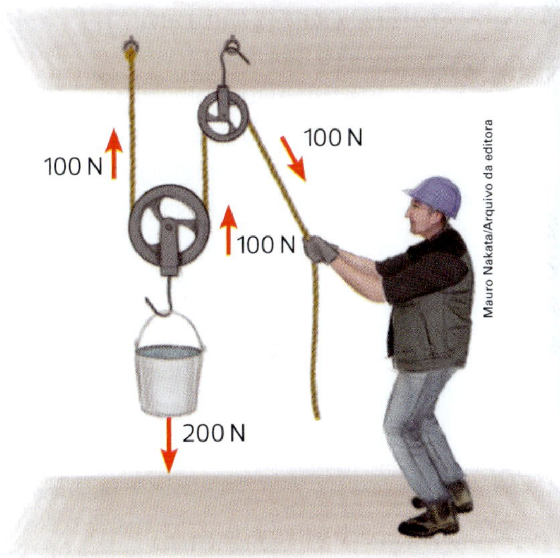

11.16 Com a combinação de uma roldana móvel e uma fixa, diminuímos a intensidade da força e mudamos a sua direção ou o seu sentido. (Figura sem escala. Cores fantasia.)

Rodas ligadas a outras por dentes ou correntes são chamadas de engrenagens e são usadas em bicicletas, motores, ferramentas elétricas, aparelhos de vídeo e em muitas máquinas complexas. Veja a figura 11.17.

As engrenagens podem ser usadas para transmitir movimentos e mudar forças e velocidades. Vamos supor que uma das rodas dentadas tenha o dobro do diâmetro da outra (além de ter o dobro de dentes da outra). O que acontece se aplicarmos uma força (impulsionando o pedal de uma bicicleta, por exemplo) na roda maior e a fizermos girar?

Cada vez que a roda maior der uma volta, a menor dará duas voltas. A vantagem, nesse caso, está no ganho de frequência, já que a roda de menor raio (com menor número de dentes) gira com maior frequência que a roda maior.

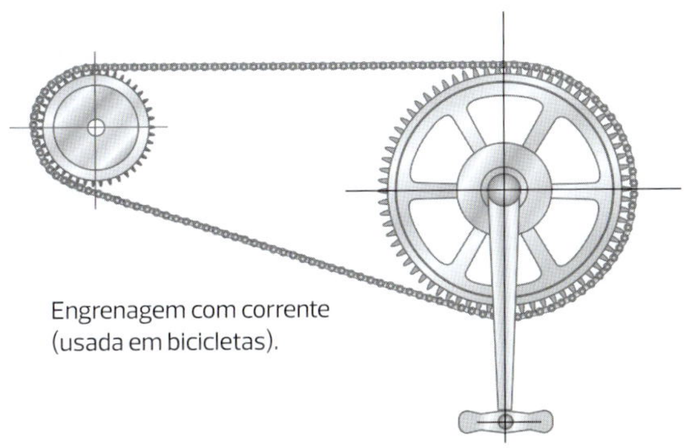

Engrenagem com corrente (usada em bicicletas).

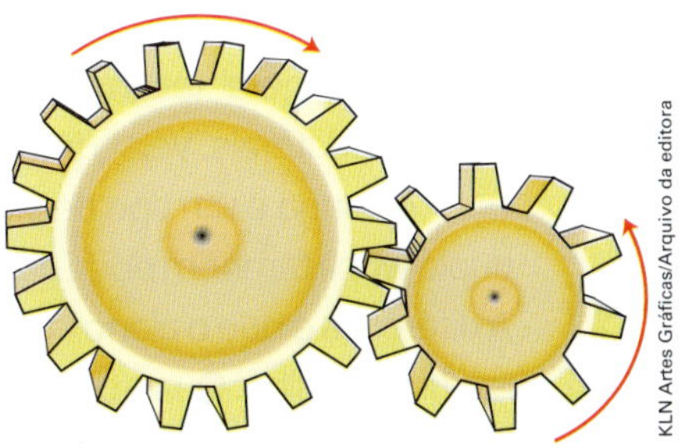

Engrenagem com dentes (usada em alguns relógios e máquinas).

11.17 Exemplos de engrenagens. (Figura sem escala. Cores fantasia.)

O plano inclinado

Rampas de acesso facilitam muito a locomoção de usuários de cadeiras de rodas. A esse respeito, a lei da Acessibilidade (Decreto-lei nº 5296, de 2 de dezembro de 2004) estabelece normas gerais e critérios para a promoção da acessibilidade das pessoas portadoras de deficiência ou com mobilidade reduzida.

Uma rampa ou qualquer plano que forme um ângulo com uma superfície horizontal é um **plano inclinado**. Veja a figura 11.18. A força necessária para elevar uma caixa pesada a 1 metro de altura, por exemplo, com o auxílio de um plano inclinado é menor do que se a caixa fosse levantada verticalmente. E quanto menor for a inclinação, menor será a força. Mas a distância percorrida pela caixa é maior e, portanto, o trabalho é o mesmo.

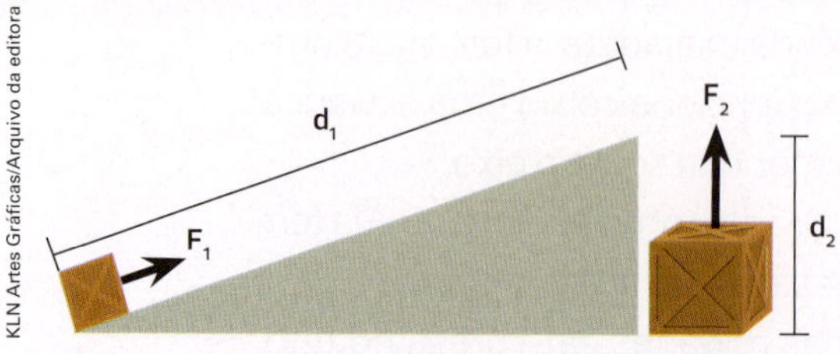

11.18 Com o plano inclinado, diminui a força necessária para transportar uma carga, embora o trabalho total permaneça o mesmo, pois a distância percorrida aumenta. (Figura sem escala. Cores fantasia.)

Ciência e História

As pirâmides

Na construção das pirâmides, supõe-se que os egípcios puxavam imensos blocos de pedra apoiados em troncos que podiam rolar e em rampas inclinadas. Veja a figura 11.19.

Imagine então vinte a quarenta anos de trabalho, contando com alguns milhares de pessoas: o resultado final foi uma espetacular pirâmide.

Eis algumas evidências sobre como as pirâmides foram construídas: cordas de couro foram encontradas nos túmulos; pinturas da época mostram cerca de duas centenas de pessoas puxando uma estátua bem maior que um bloco de pirâmide e há ainda restos soterrados de longas rampas de terra socada ao lado de pirâmides inacabadas.

11.19 Ilustrações mostrando a construção de pirâmides com o uso de rampas. A ilustração ao lado mostra um esquema das câmaras e passagens no interior da pirâmide de Quéops, com cerca de 140 m de altura, construída no século XXVI a.C. (Figuras sem escala. Cores fantasia.)

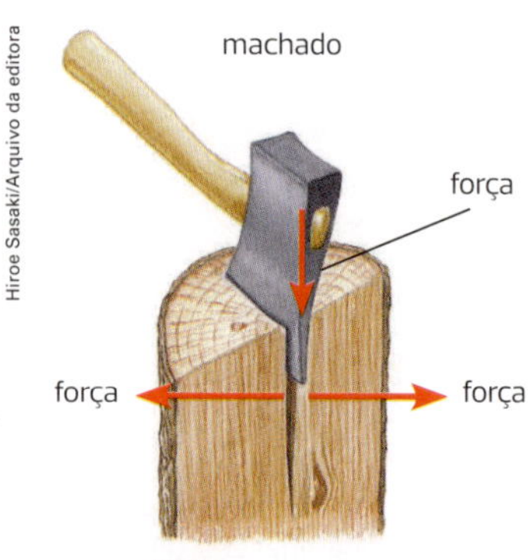

11.20

A cunha

Os instrumentos que cortam ou perfuram, como pregos, facas, machados e lâminas em geral, fazem uso da **cunha**, que converte uma força de cima para baixo em forças laterais. Veja a figura 11.20.

A cunha é um tipo de plano inclinado. Mais exatamente, é um plano inclinado duplo. Você também pode dizer que o plano inclinado é uma cunha cortada ao meio. A diferença é que o plano inclinado fica fixo e a cunha se movimenta enquanto realiza um trabalho. Quanto mais estreita ou afiada for a borda da cunha, menos força é preciso fazer para cortar ou separar em duas partes um objeto, e maior é a distância que a cunha terá de se deslocar por dentro dele.

O parafuso

Se você observar com atenção um parafuso, vai perceber que a rosca é um pequeno plano inclinado em volta de um cilindro. É como se fosse uma minúscula rampa em caracol.

Parafusos servem para fixar duas peças uma na outra ou para apertar ou afrouxar mais as partes de um equipamento. Pense nos móveis e outros aparelhos de sua casa e imagine quantos parafusos estão sendo usados. Além disso, os parafusos facilitam a realização do trabalho em máquinas, como alguns tipos de macacos mecânicos, usados para levantar carros.

Ciência e História

A invenção das máquinas simples

"Dê-me um ponto de apoio e eu moverei a Terra." Essa frase é atribuída ao matemático e inventor grego Arquimedes (287-212 a.C.).

O que Arquimedes quis dizer é que com alavancas e roldanas pode-se mover um objeto muito pesado fazendo pequena força, bem menor que o peso do objeto. Conta-se que ele conseguiu mover um navio que somente um grande número de pessoas teria conseguido. Para isso, teria usado um sistema de roldanas. Veja a figura 11.21.

Album/AKG-Images/Latinstock

11.21 Ilustração mostrando como Arquimedes teria movido um navio usando um sistema de roldana.

Entre as invenções de Arquimedes está o chamado parafuso de Arquimedes, formado por uma hélice dentro de um tubo oco. Veja a figura 11.22. A extremidade inferior do tubo ficava dentro da água. À medida que o parafuso girava, a água era levada até a parte de cima do tubo.

Além de várias invenções, Arquimedes calculou o valor aproximado do número pi, desenvolveu métodos para calcular a área de várias figuras geométricas e formulou a lei do empuxo, que mostra a condição de flutuação de um corpo. Ele teria sido morto por um soldado romano enquanto estava absorvido em cálculos matemáticos.

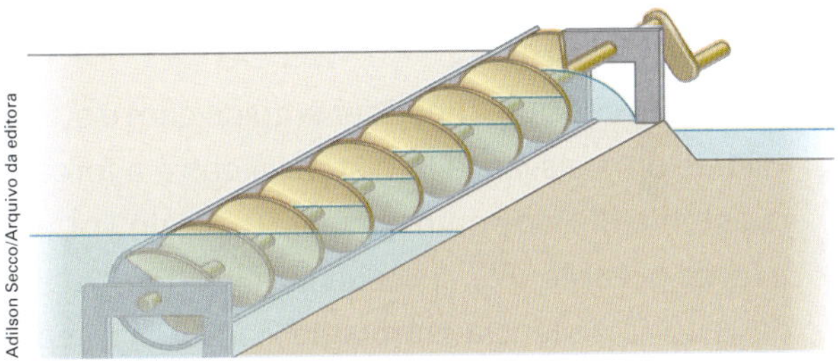

Adilson Secco/Arquivo da editora

11.22 Esquema de um parafuso de Arquimedes.

No entanto, embora Arquimedes tenha descrito o funcionamento das alavancas, provavelmente trata-se de uma invenção muito antiga: em 5000 a.C., os egípcios já usavam alavancas e rampas para movimentar rochas.

Algumas pinturas indicam o uso de polia, como a da figura abaixo, pelos assírios já no século VIII a.C. e o uso de rodas com eixo no século VIII a.C. (figura 11.23).

Fotos: Erich Lessing/Album Art/Latinstock

11.23 Polia (cerca de 900 a.C.) e carruagem com rodas sendo carregada (Iraque, século VIII a.C.).

Mundo virtual

<http://efisica.if.usp.br/mecanica/basico/maquinas/>

Site que explica o funcionamento de algumas máquinas simples e propõe um experimento sobre o tema. Acesso em: 15 mar. 2015.

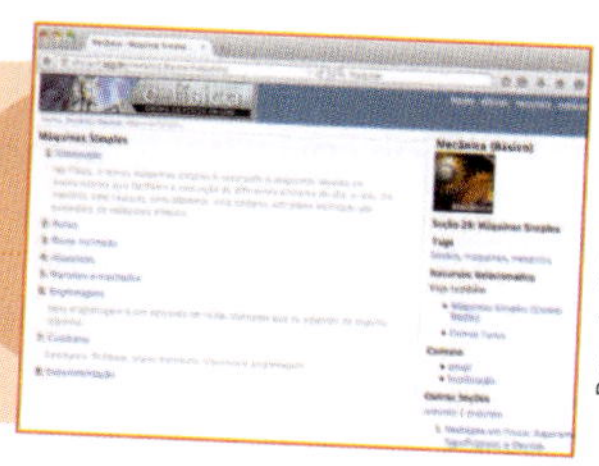

Reprodução/<efisica.if.usp.br>

Atividades

Trabalhando as ideias do capítulo

1. Explique a diferença entre trabalho e potência.
2. Explique a diferença entre energia potencial gravitacional e energia cinética.
3. Explique a vantagem de usar uma alavanca para levantar um objeto pesado.
4. Se quisermos levantar um objeto muito pesado com uma alavanca interfixa, devemos colocar o ponto de apoio mais próximo do objeto ou da extremidade onde a força é aplicada?
5. Um objeto de 100 kg deve ser erguido com o auxílio de uma alavanca. A distância entre a força resistente (F_r) e o ponto de apoio (b_R) é de 1 m, e a força potente (F_P) aplicada é de 200 N. Qual deve ser a distância entre a aplicação da força potente e o ponto de apoio (b_P) para erguermos esse corpo? (Considere $g = 10\ m/s^2$.)
6. Qual a vantagem oferecida pela roldana fixa? E pela roldana móvel?
7. "Dê-me um lugar onde me apoiar e eu moverei a Terra." Essa frase é atribuída ao matemático e inventor grego Arquimedes, que viveu entre 287 e 212 a.C. A que tipo de máquina Arquimedes estava se referindo e o que ele quis dizer exatamente com essa frase?
8. Calcule o trabalho realizado quando se levanta uma maleta de 5 kg a 1 m do solo (considere $g = 10\ m/s^2$). Qual a potência desenvolvida se esse trabalho for realizado em 0,5 s? Qual é o trabalho realizado enquanto a pessoa está em pé, parada, segurando só a maleta?
9. A potência de determinada televisão é de 170 W. Sabendo que ela fica ligada, em média, 4 horas por dia, qual o consumo mensal de energia elétrica em J? E em kWh? Calcule também quanto se paga de energia elétrica com essa televisão sabendo que o preço do kWh é de 25 centavos.
10. Imagine um livro caindo de uma mesa ao chão. Responda no caderno:
    a) Enquanto o livro estava sobre a mesa, que tipo de energia mecânica ele tinha em relação ao chão?
    b) À medida que ele caía e ganhava velocidade, essa energia se convertia em que outra forma de energia mecânica?
    c) Finalmente, quando ele pousou no chão, o que ocorreu à energia original do livro?
11. Um ciclista se desloca com velocidade de 5 m/s. Sabendo que a massa do ciclista mais a massa de sua bicicleta é 70 kg, qual a energia cinética do sistema (ciclista mais bicicleta)? Se o ciclista dobrar sua velocidade, quantas vezes aumentará essa energia cinética?
12. Uma pedra de 500 N de peso foi colocada a 0,5 m do ponto de apoio de uma alavanca interfixa com 1,5 m de comprimento total. Qual a força mínima necessária para levantá-la?
13. Observe os dois atletas da figura 11.24. O primeiro levantou 50 kg em 5 s a uma altura de 2,5 m. O segundo levantou 60 kg em 2 s à mesma altura. Qual o trabalho que cada atleta executou? Qual atleta desenvolveu maior potência? (Considere $g = 10\ m/s^2$.)

Mauro Nakata/Arquivo da editora

11.24

14. Qual é o trabalho realizado por uma pessoa que faz uma força de 80 N para arrastar um móvel a 2 m de distância na direção e no sentido da força?

15. Uma criança com 20 kg de massa está no alto de um escorregador, como o da figura a seguir, de 2 m de altura.

Marcelo Bartolomei/Folhapress

11.25

a) Qual é a energia potencial gravitacional da criança em relação ao solo, considerando o valor de 10 m/s² para a gravidade?

b) Se não houvesse atrito com o escorregador, nem resistência do ar, qual seria a energia cinética quando a criança estivesse prestes a tocar o solo?

16. Você aprendeu que a soma da energia potencial gravitacional da pedra com a energia cinética em determinado ponto da queda é a energia mecânica nesse instante. Se não houvesse resistência do ar, a energia mecânica seria a mesma em todos os instantes, isto é, permaneceria constante ao longo de toda a queda. Observe a queda de uma bola de tênis de 10 metros de altura na figura ao lado. Quais os valores, em joules, representados pelas letras nos retângulos? (Considere $g = 10\ m/s^2$.)

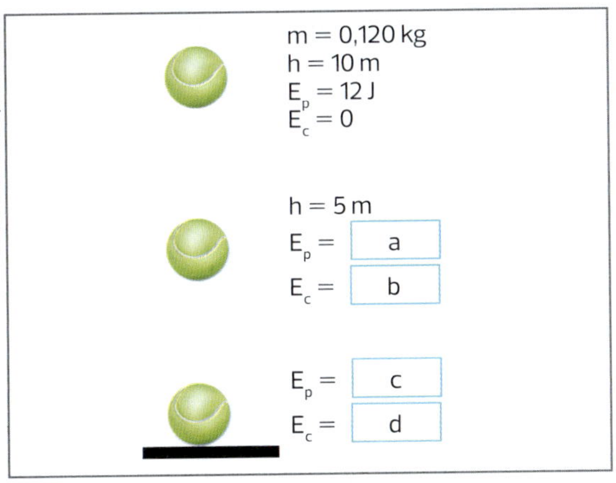

KLN Artes Gráficas/Arquivo da editora

11.26

17. Qual é o trabalho que um atleta deve fazer para elevar verticalmente, em 1 m, com velocidade constante, um halter de 100 kg? Leve em conta que, nesse caso, a força que o atleta faz é igual ao peso do halter levantado. (Considere $g = 10\ m/s^2$.)

18. Duas esferas de metal, uma com 100 gramas de massa e outra com 200 gramas caem simultaneamente. Quando ambas estiverem a 1 centímetro do chão (despreze a resistência do ar e indique a opção correta no caderno):

a) ambas terão a mesma energia cinética.

b) a esfera de maior massa cairá com maior aceleração.

c) ambas terão a mesma energia potencial gravitacional.

d) a esfera de maior massa terá maior energia mecânica.

e) a energia cinética se conserva ao longo da queda.

19. João e José estão resolvendo como carregar um carrinho de mudanças. João quer usar uma rampa bem comprida e pouco inclinada para empurrar os móveis para dentro do caminhão. José quer uma rampa mais curta, fazendo um ângulo maior com o chão. Em que situação a força utilizada será menor? E como será o trabalho desenvolvido para carregar o caminhão em cada caso?

20. Na figura abaixo, imagine que o garoto faça uma manobra e atinja o alto da rampa, no ponto 1, que fica a 2 metros do solo. Suponha que o garoto e seu *skate*, juntos, tenham massa de 50 kg. Em dado momento, sem dar impulso, o garoto começa a descer pela rampa. Despreze o atrito e a resistência do ar.

11.27 **Figura sem escala.**

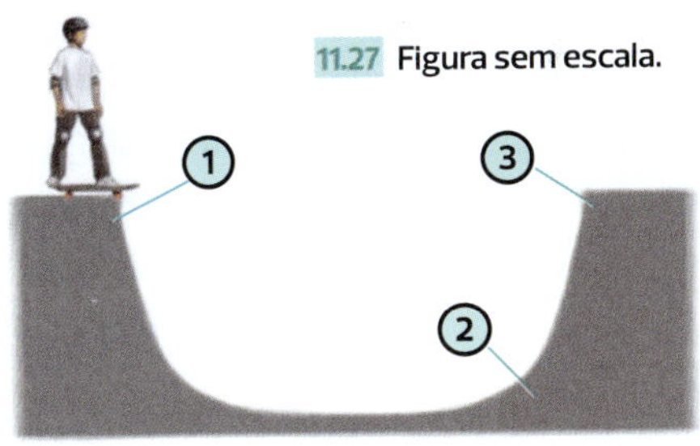

Mauro Nakata/Arquivo da editora

a) Qual a energia potencial gravitacional do garoto no ponto 1? (Considere $g = 10\ m/s^2$.)

b) Até que ponto da rampa (ponto 1, 2 ou 3) o garoto vai chegar?

c) Nessas condições, no ponto de chegada a energia potencial gravitacional do garoto em relação à parte horizontal da rampa é maior, menor ou igual à energia potencial gravitacional na posição inicial?

d) Se houvesse atrito e resistência do ar, o garoto chegaria ao mesmo ponto de chegada? Por quê?

21. No caderno, indique as afirmativas verdadeiras.

a) Quanto maior o deslocamento realizado por um objeto sob a ação de uma força, na direção e no sentido da força, maior o trabalho realizado.

b) Quanto menor o tempo para realizar determinado trabalho, menor a potência desenvolvida.

c) A unidade de potência, no Sistema Internacional, é o joule.

d) O quilowatt (kW) é uma unidade de potência.

e) A unidade de energia é a mesma unidade de trabalho.

f) O quilowatt-hora (kWh) mede a quantidade de energia.

g) A energia que um corpo possui em função de estar em movimento é chamada energia potencial gravitacional.

h) A energia cinética de um corpo é diretamente proporcional à sua massa e ao quadrado de sua velocidade.

i) Se não houver atrito, a energia mecânica de um corpo é igual à soma de suas energias cinética e potencial.

j) Quanto maior a velocidade de um carro, mais energia estará disponível em caso de colisão.

k) Quanto maior a velocidade de um carro, maior a distância que ele percorrerá depois de frear.

l) Se duplicarmos a velocidade de um corpo, sua energia cinética também dobrará.

m) Quando um objeto cai de uma determinada altura, sua energia potencial gravitacional é convertida gradualmente em energia cinética.

n) A potência do motor de um bate-estacas é tanto maior quanto menor for o tempo gasto para erguer o bloco de ferro até a posição inicial.

22. Qual a força, em newtons, que se deve fazer para sustentar um balde de cimento com 50 kg de massa total, sabendo que a corda que o sustenta passa por apenas uma roldana fixa? E se a corda passar por uma roldana móvel? (Considere $g = 10\ m/s^2$.)

23. Para hastear bandeiras em mastros, usam-se roldanas fixas. Qual é a força necessária para levantar uma bandeira de 100 N?

24. No caderno, indique as afirmativas verdadeiras.

a) Ao usar uma alavanca interfixa, uma pessoa faz uma força, chamada de força potente, para deslocar um peso, chamado de força resistente.

b) Na alavanca interfixa, a pessoa exerce uma força maior para levar um objeto para um local mais alto do que se o elevasse sem a alavanca.

c) O objeto a ser cortado pela tesoura oferece uma força resistente.

d) O carrinho de mão é um exemplo de alavanca interfixa.

e) Em uma alavanca, o trabalho da força potente é igual ao trabalho da força resistente.

f) Com uma roldana móvel, pode-se equilibrar um peso maior do que a força exercida na corda.

g) Nas alavancas interpotentes, a força resistente fica entre a força potente e o ponto de apoio.

h) Tanto o parafuso como a cunha podem ser considerados variações de um plano inclinado.

25. No caderno, relacione as máquinas das ilustrações abaixo com as seguintes opções: a) parafuso; b) roldana; c) alavanca interfixa; d) alavanca inter-resistente; e) alavanca interpotente; f) engrenagem; g) cunha; h) plano inclinado.

Ilustrações: Luis Moura/Arquivo da editora

Ilustrações: Paulo Nilson/Arquivo da editora

11.28

Agora, no caderno, responda às questões:

a) No quebra-nozes (2), a força aplicada é maior ou menor que a força resistente? E na pinça (7)?

b) A máquina de número 3 está fixa no teto. Ela modifica o valor e a direção da força?

c) A força necessária para elevar a caixa da imagem 1 é maior ou menor do que se ela fosse elevada verticalmente à mesma altura? E o trabalho?

Pense um pouco mais

1. Uma motocicleta está se movimentando com velocidade um pouco maior do que a de um carro, mas sua energia cinética é menor. Como você explica isso?

2. A figura 11.29 mostra uma parte do brinquedo conhecido como montanha-russa. A massa do carrinho na posição 1, com as pessoas dentro, é de 300 kg e ele está inicialmente parado a 30 metros de altura do solo. Leve em consideração que há atrito e resistência do ar.

Adilson Secco/Arquivo da editora

11.29

a) Qual é a energia potencial gravitacional do carrinho na posição 1 em relação ao solo? (Considere $g = 10 m/s^2$.)

b) O carrinho acaba de cair da posição 1 para a posição 2, rente ao solo. Quanto vale a energia potencial gravitacional do carrinho na posição 2? A energia cinética do carrinho aumentou ou diminuiu?

c) No ponto 3, a energia potencial gravitacional do carrinho é maior, menor ou igual à energia no ponto 1?

d) No ponto 4, o carrinho chegou ao final do percurso e parou. O que ocorreu com a energia mecânica que o carrinho tinha inicialmente?

3. A energia cinética de um aluno que estava correndo veio, em última análise, do Sol. Explique essa afirmativa.

4. Na figura 11.30, você vê uma mãe brincando de gangorra com o filho. Na situação da figura, o peso da mãe está equilibrando o peso do garoto. Calcule a que distância a mãe está do centro da gangorra (o peso da mãe e do garoto e a distância do garoto ao centro da gangorra estão indicados na figura).

Mauro Nakata/Arquivo da editora

11.30

5. Em regiões montanhosas, as estradas em zigue-zague, cheias de curvas, funcionam como um tipo de máquina simples. Responda que máquina é essa e explique que vantagem isso oferece.

6. A grua da figura 11.31 é um equipamento usado para levantar e movimentar cargas muito pesadas em obras.

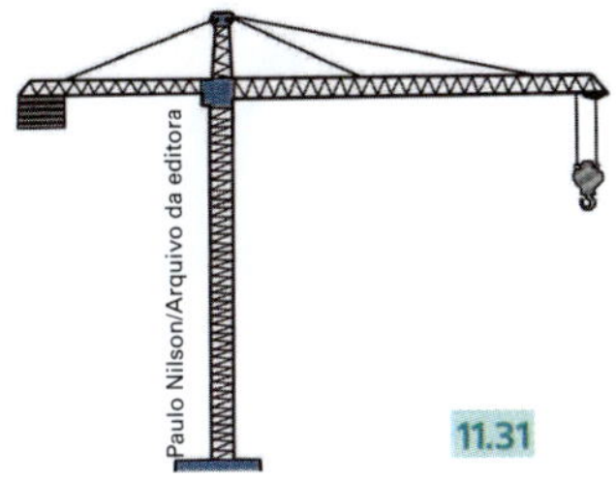

11.31

Na extremidade da haste horizontal, mais próxima à torre, há um enorme peso. Qual é a função desse peso?

7. Quais são as duas máquinas simples que podem ser identificadas numa tesoura? E em um carrinho de mão? Explique suas respostas.

8. Que tipo de energia possui a água represada nas usinas hidrelétricas? Ao cair, a água faz girar uma turbina: que tipo de energia possui a turbina?

9. Você aprendeu que, nas roldanas móveis, cada trecho da corda sustenta a metade do peso de uma carga. Então, cada vez que uma corda passa por uma roldana móvel, a força que se faz para sustentar a carga é igual à metade do peso inicial. Assim, podemos conseguir uma redução ainda maior da força necessária para equilibrar o peso associando várias roldanas móveis, como nas figuras abaixo.

Mauro Nakata/Arquivo da editora

11.32

- Calcule a força necessária para sustentar as cargas nos dois casos (esse cálculo é teórico, já que o atrito com a corda e o peso das roldanas diminuem um pouco essa vantagem).

De olho nos quadrinhos

Veja a história em quadrinhos abaixo:

Mauricio de Sousa Produções Ltda./Arquivo da editora

11.33

Do ponto de vista científico, Cebolinha realizou um trabalho sobre a barra? Justifique sua resposta.

Atividade em grupo

Com o auxílio de professores de várias disciplinas, escolham um dos temas abaixo para pesquisar (em livros, CD-ROMs, na internet, etc.). Depois, apresentem o resultado do trabalho para a classe e para a comunidade escolar.

1. Como está sendo usada a energia solar no Brasil e no mundo? Quais são as vantagens e desvantagens desse tipo de energia?
2. Como está sendo aproveitada a energia eólica no Brasil e no mundo? Quais são as vantagens e desvantagens desse tipo de energia?
3. Quais são as vantagens e desvantagens da energia hidrelétrica? Qual é a importância desse tipo de energia para o Brasil? Onde estão localizadas as principais usinas hidrelétricas no Brasil?
4. Quais as vantagens e desvantagens do uso da energia nuclear? Onde estão localizadas as principais usinas nucleares no Brasil?
5. Como está sendo usada a energia derivada da biomassa no Brasil e no mundo? Quais as vantagens e desvantagens desse tipo de energia?
6. Há um período histórico conhecido como Revolução Industrial. Pesquise quando e onde ocorreu esse processo e quais suas principais características.

Aprendendo com a prática

Providencie algumas roldanas. Podem ser de varais de roupa ou carretéis. Usando pedaços de madeira como apoio, construa alguns sistemas com roldanas fixas e roldanas móveis explicados neste capítulo. Você pode usar pesos pequenos (chumbos de pesca, bolinhas de gude, etc.) para avaliar a força potente necessária para equilibrar determinada resistência. Compare, por exemplo, quantos pesos devem ser usados para equilibrar um caderno, primeiro com roldanas fixas e depois com roldanas móveis. Outra opção é conseguir um dinamômetro para medir a força potente necessária para equilibrar um peso conhecido. Veja na figura abaixo um exemplo de montagem.

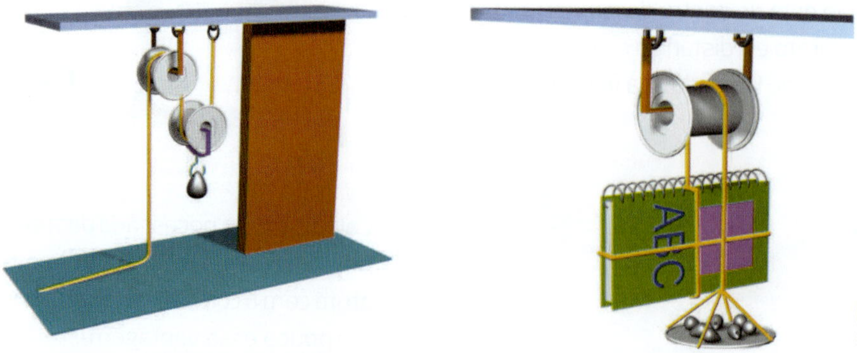

Ilustrações: Luís Moura/Arquivo da editora

11.34 Figuras sem escala. Cores fantasia.

Ponto de chegada

- Nesta Unidade você compreendeu vários conceitos ligados aos movimentos dos corpos, como os de velocidade e aceleração. Com isso pôde resolver problemas que envolvem movimentos em velocidade constante e movimentos com aceleração constante, como o de um corpo em queda livre. E já sabe também construir e interpretar alguns gráficos representando movimentos e realizar alguns experimentos simples envolvendo movimentos de corpos. Com esse estudo, pôde se conscientizar também da importância de seguir os procedimentos de segurança no trânsito.
- Ao estudar as três leis de Newton, você aprendeu que forças causam acelerações, passando então a calcular o valor da aceleração em função do valor da massa de um corpo e da resultante de forças que atua no corpo. Viu também como as leis de Newton podem explicar vários fenômenos do cotidiano e de como elas são úteis para a tecnologia.
- Além de explicar o movimento dos corpos e seu equilíbrio na Terra, Newton ainda formulou a lei da gravitação universal e com ela foi capaz de explicar o peso dos corpos, o movimento dos planetas e dos satélites, entre muitos outros fenômenos e aplicações práticas. Aliás, você pode fazer uma pesquisa para conhecer a história dos modelos astronômicos e a importância do trabalho de Galileu, Kepler e Newton para a Astronomia.
- Agora você já sabe por que se sente mais leve dentro da água e pode até calcular se um corpo vai boiar ou afundar: é só usar o princípio de Arquimedes para calcular a força de empuxo. Você realizou até alguns experimentos simples para verificar isso.
- Você compreendeu os conceitos de trabalho, energia e potência, além de aprender a diferenciar energia cinética de energia potencial e de compreender a lei da conservação da energia.
- Finalmente, ao final desta Unidade, você se tornou capaz de identificar e compreender como funcionam os diversos tipos de máquinas simples (alavancas, roldanas, etc.) que aparecem em objetos do cotidiano, além de suas aplicações práticas.

Ilustração: Suryara Bernardi/Arquivo da editora

Unidade 4

Anetphoto/Shutterstock/Glow Images

Um grande relâmpago no céu

Física: calor, ondas e eletromagnetismo

Como a geladeira funciona? Como se forma o arco-íris?
O que é uma corrente elétrica?
Nesta Unidade você vai continuar a ver como a Física nos ajuda a compreender o mundo e a criar tecnologias que facilitam nosso cotidiano (se forem bem empregadas).

Ponto de partida

1. De que maneira se podem diferenciar os conceitos de calor e de temperatura? Quais os diferentes processos de transferência de calor? Como eles estão presentes em nosso cotidiano?
2. O que é aquecimento global? Quais são suas consequências? Que medidas devemos tomar para minimizar seus efeitos?
3. Fenômenos luminosos e sonoros: qual é a explicação dada pela ciência? Como eles estão presentes no nosso cotidiano e quais são suas aplicações tecnológicas?
4. Diferença de potencial, carga e corrente elétrica, magnetismo: de que modo esses conceitos nos permitem compreender diversos fenômenos do cotidiano e quais são suas aplicações tecnológicas?

Capítulo

12 O calor

Na figura 12.1, vemos um exemplo de *fast-food*, gênero de comida gordurosa, calórica e com poucos nutrientes. Veja na legenda a quantidade de calorias deste prato e lembre-se: se uma pessoa ingere mais calorias do que gasta, o resultado pode ser o aumento do peso e a obesidade, com riscos para a saúde. Daí a importância de manter uma alimentação com a quantidade de calorias e nutrientes necessária ao organismo, além da prática regular de atividade física, sob orientação de especialistas.

A questão é

Você sabe o que ocorre com as partículas (átomos e moléculas) de um corpo quando sua temperatura aumenta? E qual é a relação do calor com a subida do nível do mercúrio no termômetro ou o derretimento de um pedaço de gelo? E sabe o que é calor específico? E qual a principal forma de transmissão de calor nos metais, nos gases e nos líquidos? Como o calor do Sol chega até a Terra? E o que é efeito estufa?

12.1 O lanche com batata frita pode chegar a mais de 1000 quilocalorias.

Bernard Prost/StockFood/Latinstock

1 Calor e temperatura

Toda matéria é constituída de partículas (átomos e moléculas) em constante agitação. Quanto mais quente estiver um corpo, maior o movimento, a agitação, a vibração e a energia cinética de cada uma de suas partículas. A temperatura é uma grandeza física que permite avaliar a agitação média das partículas (agitação média porque algumas partículas se movem mais rapidamente do que outras). Quanto maior a agitação das partículas, maior a temperatura do corpo.

Portanto, o aumento da temperatura de um corpo indica que houve um aumento na energia cinética média das partículas que o formam. Veja isso na figura 12.2.

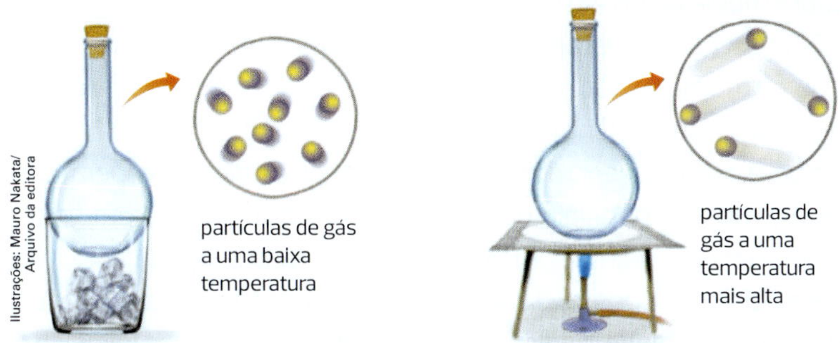

Ilustrações: Mauro Nakata/ Arquivo da editora

12.2 Se pudéssemos ver os átomos ou as moléculas, poderíamos constatar que em temperatura mais alta o movimento das partículas também é maior. (Figura sem escala. Cores fantasia.)

Atenção!
Não faça experimentos com fogo sem a supervisão do professor!

A soma das energias cinéticas dos átomos constituintes de um corpo é chamada de **energia interna**. **Calor** é a quantidade de energia transferida de um corpo para outro quando há uma diferença de temperatura entre eles. O calor passa sempre do corpo mais quente (com maior temperatura) para o corpo mais frio (com menor temperatura). Portanto, calor é uma energia em trânsito, isto é, uma energia que está sendo transferida de um corpo para outro por causa da diferença de temperatura entre eles.

Quando colocamos um pouco de leite frio no café quente, o café esfria e o leite esquenta até ficarem com a mesma temperatura. Isso acontece porque há transferência de energia na forma de calor do café para o leite, até que a mistura fique à mesma temperatura: dizemos então que a mistura atingiu o **equilíbrio térmico**.

Mas você poderia perguntar por que nos mantemos quentes num dia frio, isto é, por que não entramos em equilíbrio térmico com o ambiente. Isso acontece porque estamos constantemente transformando parte da energia química proveniente dos alimentos em calor, repondo dessa forma o calor que transferimos para o ambiente.

12.3 Termômetros usados para medir a temperatura do corpo.

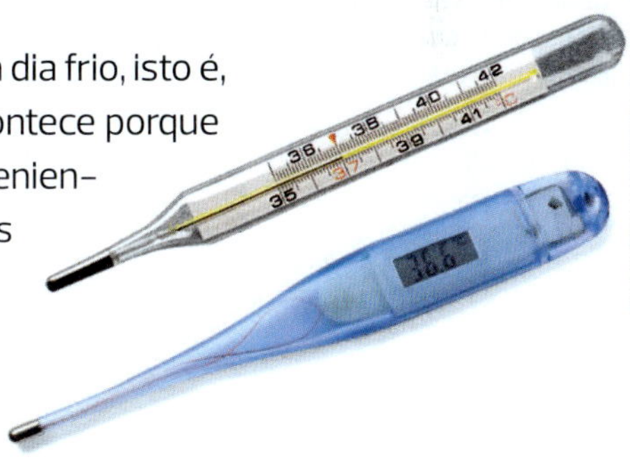

Eugene Shapovalov/Shutterstock/Glow Images

Medindo a temperatura

Em geral, os corpos dilatam quando sua temperatura aumenta, isto é, o volume de um corpo aumenta com o aumento da temperatura. Isso acontece porque, quando a temperatura aumenta, as partículas se movem mais rapidamente e se afastam mais umas das outras. Essa propriedade explica o funcionamento de alguns tipos de **termômetro**, aparelho construído para medir temperatura.

O termômetro clínico é usado para medir a temperatura de nosso corpo, permitindo saber se uma pessoa está com febre. Veja a figura 12.3.

Alguns termômetros clínicos são digitais e outros possuem um pequeno reservatório (bulbo) de mercúrio ligado a um tubo bem fino de vidro. (O mercúrio é tóxico e não deve ser manipulado caso o termômetro se quebre!).

Os termômetros digitais têm dispositivos eletrônicos que acusam a temperatura na forma de um número (daí o nome digital) num visor e emitem um som quando a temperatura já pode ser lida.

Dave King/Dorling Kindersley/Getty Images

12.4 Termômetro a álcool, que mede a temperatura do ambiente (cerca de 15 cm de comprimento).

Colocado em contato com o corpo, na axila, por exemplo, o termômetro recebe calor do corpo até entrar em equilíbrio térmico com ele. À medida que a sua temperatura aumenta, o mercúrio dilata-se e sobe pelo tubo de vidro. Quanto maior for a temperatura, mais o mercúrio se dilatará e mais a coluna subirá. No tubo de vidro há um estreitamento que impede que o mercúrio volte ao bulbo. Assim, a marca não muda, mesmo quando o termômetro deixa de estar em contato com o corpo da pessoa. Antes de usar de novo o termômetro, é preciso sacudi-lo verticalmente com o bulbo para baixo, até que a coluna do metal volte a ficar abaixo de 36 °C.

Os números no termômetro indicam a temperatura em graus Celsius, representada por °C, unidade de medida criada pelo astrônomo sueco Anders Celsius (1701-1744). A temperatura média de nosso corpo, por exemplo, medida na axila, costuma ficar em torno de 36,5 °C. Quando estamos com febre, ela ultrapassa 37 °C. As temperaturas marcadas no termômetro vão, em geral, de 35 °C a 42 °C (limites de temperatura que ocorrem no organismo humano).

Há também o termômetro doméstico a álcool, que indica a temperatura do ambiente. Ele segue o mesmo princípio do termômetro clínico, só que em vez de mercúrio contém álcool com um corante para facilitar a leitura. Veja a figura 12.4.

A **escala Celsius** foi construída atribuindo-se o valor de 0 °C à temperatura de fusão do gelo e de 100 °C à temperatura da água em ebulição — medidas feitas ao nível do mar, isto é, sob pressão atmosférica nessa altitude. O intervalo entre esses dois números é dividido em 100 partes iguais, cada uma correspondendo a 1 grau Celsius. A escala é estendida para graus abaixo de 0 e acima de 100.

Nos Estados Unidos, em Belize e na Jamaica, em vez da escala Celsius, é usada (para fins não científicos) a escala Fahrenheit (leia "farenráit"), que atribui 32 °F (graus Fahrenheit) para a temperatura de fusão do gelo e 212 °F para a temperatura da água em ebulição à pressão atmosférica ao nível do mar. Veja a figura 12.5.

O ponto zero da escala era o ponto de congelamento de uma mistura de água e cloreto de sódio (ou cloreto de amônio).

A escala Fahrenheit foi proposta no século XVIII pelo físico alemão Daniel Gabriel Fahrenheit (1686-1736), que também construiu o termômetro de mercúrio.

A temperatura é proporcional à agitação das partículas (átomos ou moléculas que formam a matéria). Quanto mais baixa a temperatura, menor essa agitação. Os cientistas se perguntavam se haveria uma temperatura mínima, na qual a agitação seria a menor possível. Essa temperatura existe e corresponde a aproximadamente −273,16 °C. Ela é chamada de **zero absoluto**.

Atenção!
Não faça experimentos com fogo!

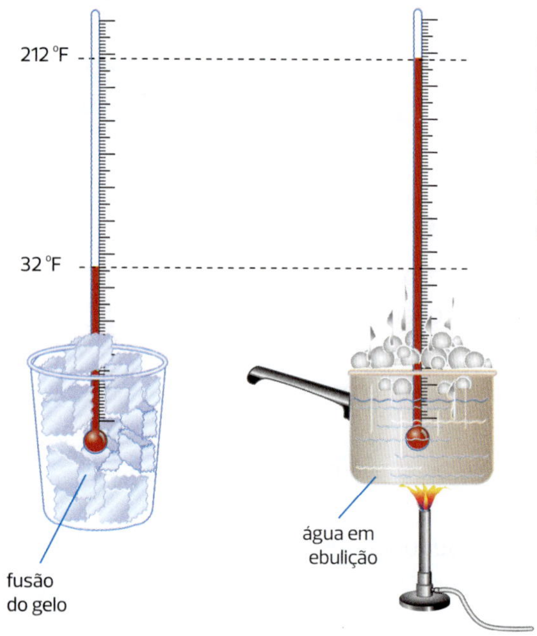

KLN Artes Gráficas/Arquivo da editora

12.5 32 °F correspondem à temperatura de fusão do gelo e 212 °F, à temperatura da água em ebulição. O intervalo entre essas medidas é dividido em 180 partes iguais. (Figura sem escala. Cores fantasia.)

A partir daí foi construída uma escala cujo zero corresponderia ao zero absoluto, ou seja, a aproximadamente −273 °C. Essa escala foi chamada de escala absoluta de temperatura ou **escala Kelvin**, criada pelo físico britânico William Thomson, conhecido como Lorde Kelvin (1824-1907). Ela é usada nos trabalhos científicos e é a unidade de temperatura do Sistema Internacional de Unidades.

Na escala Kelvin, 0 K (leia "zero kelvin", sem usar a expressão "grau") corresponde a −273,16 °C. Como o intervalo entre cada unidade é igual ao da escala Celsius, a conversão entre essas escalas é fácil. Veja a fórmula:

$T = t_c + 273$ (sendo T a temperatura em kelvin e t_c a temperatura na escala Celsius).

Observe, porém, que na escala Fahrenheit o intervalo entre essas duas medidas não é dividido em 100 partes iguais, como nas escalas Celsius e Kelvin, mas em 180 partes iguais, cada uma valendo 1 grau Fahrenheit. Por isso na conversão de Celsius em Fahrenheit é preciso levar em conta que 100 divisões da escala Celsius correspondem a 180 divisões da escala Fahrenheit e que 0 °C = 32 °F. Então, podemos escrever:

$$\frac{t_c}{100} = \frac{t_f - 32}{180} \quad \text{ou} \quad \frac{t_c}{5} = \frac{t_f - 32}{9}$$

Sendo t_c a temperatura em Celsius e t_f a temperatura em Fahrenheit.

Veja, por exemplo, como transformar 30 °C em °F:

$$\frac{30}{5} = \frac{t_f - 32}{9} \quad \text{ou} \quad 6 = \frac{t_f - 32}{9} \Rightarrow 6 \cdot 9 = t_f - 32$$

$t_f = 54 + 32 = 86$ °F

A fórmula que relaciona as escalas Fahrenheit e Kelvin é:

$$\frac{T - 273}{5} = \frac{t_f - 32}{9}$$

Se você preferir, use as seguintes regras: para transformar Fahrenheit em Celsius, subtraia 32, divida por 9 e multiplique por 5. Para converter Celsius em Fahrenheit, multiplique por 9, divida por 5 e some 32.

Ciência e História

O experimento de Joule

Vários experimentos e observações realizados ao longo do século XIX apoiaram a teoria de que o calor não é uma substância, mas algo relacionado à energia do movimento dos átomos e das partículas.

Até o século XVIII, os cientistas acreditavam que no interior dos corpos havia uma substância invisível, chamada calórico: quanto maior a quantidade de calórico, maior a temperatura do corpo.

Um desses experimentos foi realizado pelo físico inglês James Prescott Joule (1818-1889). Ele fez com que pesos, ao descerem por uma corda, girassem uma roda com pás dentro da água e mostrou que a quantidade de calor produzido pelo atrito das pás com a água era proporcional à energia liberada pela queda dos pesos. Veja a figura 12.6.

Com o valor dos pesos, da altura da queda, da massa de água e da variação de sua temperatura, Joule estabeleceu a relação entre a energia mecânica e a energia térmica. Ele verificou que 1 cal = 4,18 J.

KLN Artes Gráficas/Arquivo da editora

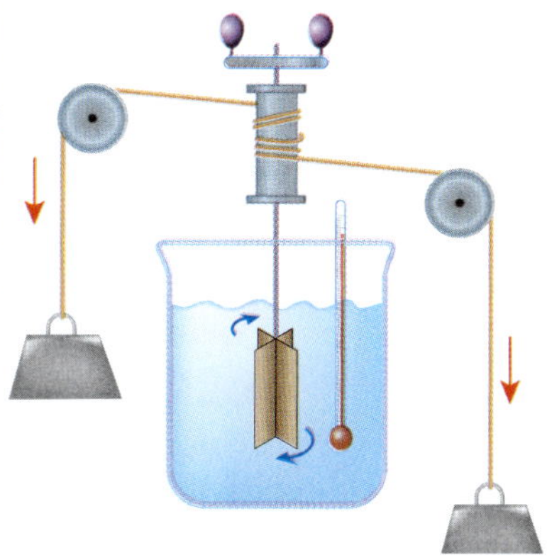

12.6 O experimento de Joule. Ao caírem, os pesos fazem girar pás dentro de um recipiente com água, isolado termicamente. A água se aquece por causa do atrito com as pás. (Figura sem escala. Cores fantasia.)

❷ O calor específico

Você já sabe que o calor é a energia transferida de um corpo para outro por causa da diferença de temperatura entre eles. Por isso a quantidade de calor medida, no Sistema Internacional de Unidades (SI), é o **joule** (**J**), que é uma unidade de energia. Mas no dia a dia é usada também uma unidade chamada **caloria** (**cal**). A caloria é uma quantidade de calor necessária para elevar em 1 °C (entre 14,5 °C e 15,5 °C) a temperatura de 1 grama de água sob pressão normal (1 caloria equivale a 4,18 joules, e 1 joule equivale a 0,24 caloria).

O **calor específico** (**c**) é uma grandeza usada para caracterizar a diferença entre as substâncias para ganhar (ou perder) energia na forma de calor. Por exemplo: a quantidade de energia necessária para elevar em 1 °C a massa de 1 grama de água (no estado líquido) é de 1 caloria. Então, o calor específico da água é de 1 caloria por grama, por grau Celsius, que se escreve: 1 cal/g · °C. No caso do ferro, o mesmo aumento de temperatura, com a mesma massa, é conseguido com cerca de 0,11 caloria, ou seja, seu calor específico é de 0,11 cal/g · °C.

No Sistema Internacional de Unidades, o calor específico da água vale $4{,}18 \cdot 10^3$ J/kg · K.

Como você viu, o calor específico da água é bem maior que o do ferro e dos metais em geral. E o calor específico dos líquidos é maior que o dos sólidos de modo geral. Assim, podemos compreender por que uma panela vazia esquenta mais rapidamente ao fogo do que uma panela com água. E também por que a areia da praia se aquece mais rapidamente que a água do mar. O alto calor específico da água contribui também para que a temperatura dos organismos não varie tanto durante o ganho ou a perda de calor pelo corpo. Veja a figura 12.7.

Atenção!
Não faça experimentos com fogo!

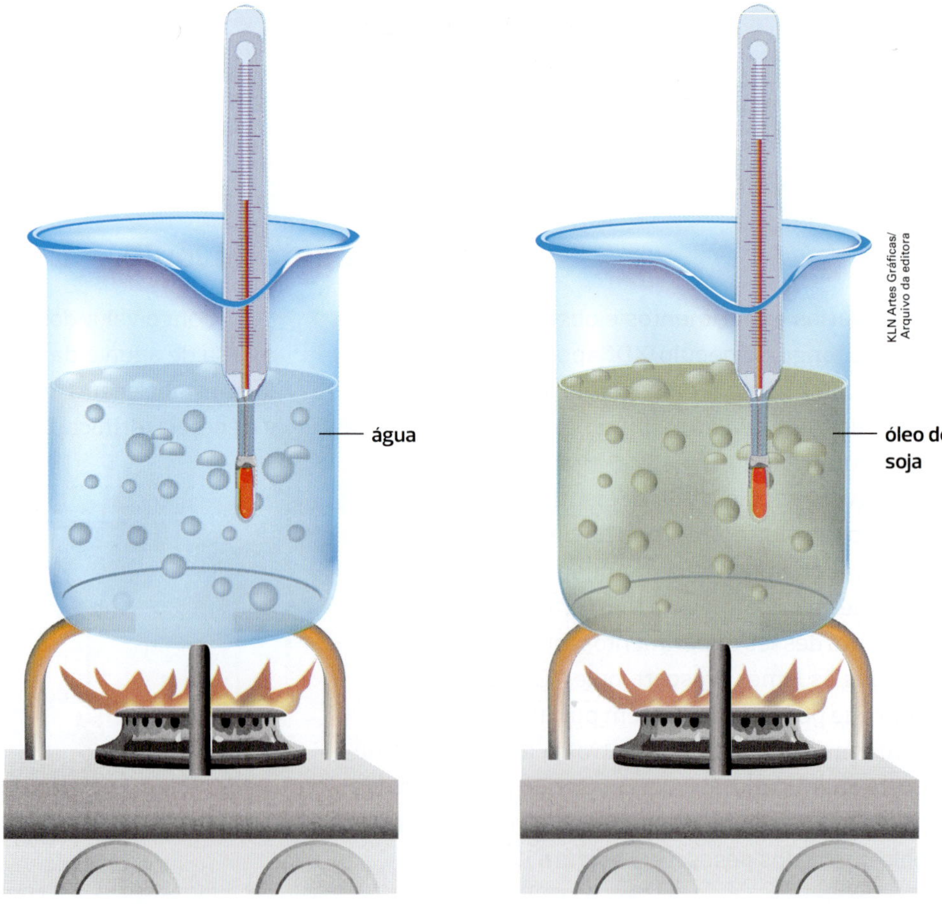

12.7 Massas idênticas de água e de óleo de soja sofrem variações diferentes de temperatura quando recebem a mesma quantidade de calor, pois o óleo de soja possui calor específico (que varia entre 0,2 e 0,4 cal/g · °C) diferente do da água (1 cal/g · °C). (Figura sem escala. Cores fantasia.)

Agora você já pode calcular a quantidade de calor absorvida ou cedida por um corpo quando sua temperatura varia.

Essa quantidade de calor (**Q**) é diretamente proporcional à massa do corpo (**m**), à variação de temperatura (**$t_2 - t_1$**) e ao calor específico da substância (**c**) de que é feito o corpo. Tudo isso é expresso numa fórmula simples:

$$Q = m \cdot c \cdot (t_2 - t_1)$$

Se na fórmula o calor específico aparecer em caloria por grama, por grau Celsius (cal/g · °C), a massa terá de ser indicada em gramas e a temperatura em graus Celsius.

Compare, por exemplo, a quantidade de calor necessária para elevar 0,5 quilograma de água no estado líquido (c = 1,0 cal/g · °C) e 0,5 quilograma de ferro (c = 0,11 cal/g · °C) de 25 °C a 90 °C.

- Para a água:

$$Q = 500 \cdot 1 \cdot (90 - 25) = 32\,500 \text{ cal}$$

- Para o ferro:

$$Q = 500 \cdot 0{,}11 \cdot (90 - 25) = 3\,575 \text{ cal}$$

Como você vê, a quantidade de calor necessária para provocar a mesma variação de temperatura numa massa de ferro é cerca de 9 vezes menor do que para a mesma massa de água.

Observe que, quando o corpo esfria, sua temperatura final será menor que a inicial e, consequentemente, o valor da quantidade de calor (Q) será negativo, indicando que o corpo cedeu calor.

Ciência e ambiente

O dia está quente, mas a água está fria

O calor específico da água no estado líquido (1 cal/g · °C) é maior do que o de outras substâncias.

Por isso em um dia quente a água do mar ou da piscina está fria: a temperatura do ar aumenta mais rapidamente do que a temperatura da água, com a mesma quantidade de calor. Ao longo do dia a água também vai esquentando e, à noite, ela esfria mais lentamente do que o ar e o solo.

A capacidade da água de absorver ou perder grandes quantidades de calor sem variar bruscamente a temperatura é importante para os seres vivos que vivem nela (variações bruscas de temperatura podem matar um organismo).

Agora você pode compreender também por que em regiões à beira-mar a variação de temperatura costuma ser menor do que em regiões longe do mar (na mesma latitude e altitude). A grande quantidade de água do mar absorve muito calor (sem alterar muito sua temperatura) de dia – ou no verão –, liberando o calor à noite – ou no inverno.

3 O calor latente

Quando esquentamos gelo a 0 °C (sob pressão atmosférica), a temperatura permanece a mesma até que todo o gelo tenha derretido. Só a partir daí a temperatura da água começa a aumentar (se continuarmos fornecendo calor).

Essa mudança de estado sólido para líquido é chamada fusão. O processo inverso (do estado líquido para o sólido) é chamado solidificação.

A energia recebida durante o derretimento do gelo aumenta a vibração das moléculas, que começam a se mover mais livremente, e a água vai passando para o estado líquido. Observe a figura 12.08.

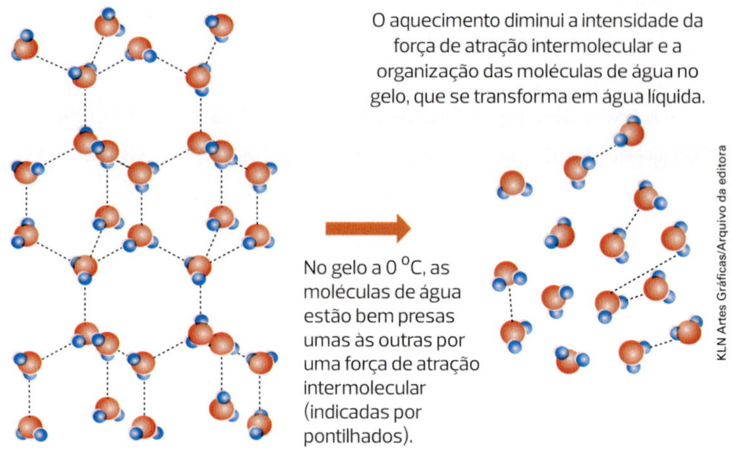

12.8 Modelo mostrando as mudanças que ocorrem na fusão do gelo no nível molecular (o oxigênio da molécula de água é representado por uma bola vermelha e os hidrogênios por bolas azuis). (Figura sem escala. Cores fantasia.)

A água tem um calor de vaporização alto. Você pode compreender então por que a transpiração ajuda a baixar a temperatura: a evaporação do suor faz a pele perder calor. Pode compreender também por que sente frio quando sai molhado de um banho de mar ou de piscina: a sensação é provocada pela evaporação da água na superfície do corpo.

Quanto maior for a massa de uma substância, maior a quantidade de energia necessária para a mudança de estado. A quantidade de energia necessária para fazer uma unidade de massa de substância mudar de estado é chamada **calor latente**, que pode ser de fusão ou de vaporização. No Sistema Internacional de Unidades, o calor latente é expresso em joule por quilograma (J/kg), mas é comum usar também a unidade caloria/grama (cal/g).

O calor latente de fusão da água é de 80 calorias por grama e o calor de vaporização é de 540 calorias por grama. Isso quer dizer que são necessárias 80 calorias para transformar 1 grama de gelo (a 0 °C) em água líquida (a 0 °C). E são necessárias 540 calorias para fazer 1 grama de água (a 100 °C) passar para o estado de vapor (a 100 °C). Do mesmo modo, quando 1 grama de água líquida a 0 °C transforma-se em gelo a 0 °C, são liberadas 80 calorias para o ambiente ou para o outro corpo que interage com o gelo, que é o calor latente de solidificação da água. Veja a figura 12.9.

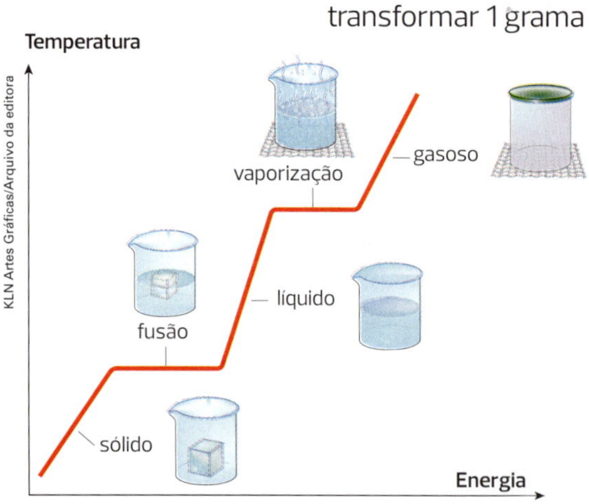

12.9 Gráfico mostrando a variação da temperatura à medida que certa quantidade de água recebe energia na forma de calor. Observe que durante as mudanças de estado a temperatura permanece constante. (Figura sem escala. Cores fantasia.)

Nota-se no gráfico que nas mudanças de fase a temperatura do corpo não se altera. O calor latente varia de uma substância para outra. A quantidade de calor (Q) necessária para fazer uma substância mudar de estado depende da massa (m) e do calor latente da substância, e pode ser calculada pela fórmula a seguir, em que **L** é o calor latente (de fusão, de vaporização, etc.) da substância.

$$Q = m \cdot L$$

4 O calor e a dilatação dos corpos

Você já tentou desatarraxar a tampa de metal de um frasco de vidro e não conseguiu? Se isso acontecer, experimente mergulhar a tampa do vidro em água morna por alguns minutos e então tente abri-lo.

Dessa forma, fica mais fácil abrir o frasco porque a água morna transfere calor para a tampa, aumentando sua temperatura. Esse aumento de temperatura faz o metal da tampa se dilatar mais que o vidro e ela fica mais folgada. Com isso o atrito com a rosca do vidro diminui.

Acontece aqui o mesmo fenômeno que explica a subida do mercúrio no termômetro: o aumento da temperatura provoca o aumento das dimensões de um corpo. Esse fenômeno é chamado de **dilatação térmica** e acontece com sólidos, líquidos e gases.

A maioria dos corpos dilata quando sua temperatura aumenta. Isso acontece porque, como você já sabe, quando a temperatura aumenta, as partículas se movem mais rapidamente e se afastam mais umas das outras. Consequentemente, o volume do corpo aumenta, isto é, ele dilata. Já quando a temperatura diminui, ocorre o inverso, e o corpo contrai. Veja a figura 12.10.

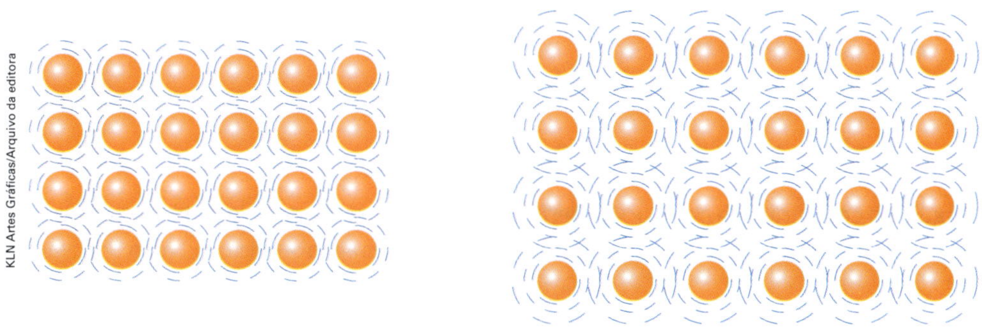

12.10 Em temperaturas mais altas, as partículas de um sólido vibram mais e a distância média entre elas aumenta, provocando a dilatação do corpo. (Figura sem escala. Cores fantasia.)

Cada material possui um **coeficiente de dilatação** diferente: o vidro comum, por exemplo, se dilata mais que certos vidros especiais que podem ir ao forno quando submetido à mesma variação de temperatura. Dizemos então que o vidro comum tem um coeficiente de dilatação maior que o desses vidros especiais. Uma barra de vidro comum com 1 m de comprimento se dilata cerca de 0,9 mm quando a temperatura sobe 100 °C. Nos vidros especiais esse aumento é de 0,3 mm.

Ciência no dia a dia

Variações de temperatura podem fazer o vidro quebrar

Por que uma garrafa de água (ou de outro líquido que contenha água, como um refrigerante) completamente cheia e tampada pode estourar no congelador?

No início, o volume da água começa a diminuir à medida que ela perde calor e a temperatura diminui. Mas, quando sua temperatura chega a 4 °C, a água começa a aumentar o volume e continua aumentando enquanto congela. Então, como a garrafa não dilata (ela se contrai um pouco), a água pode arrebentá-la.

E tome cuidado: um copo de vidro comum pode rachar quando recebe água muito quente. Isso acontece porque a superfície interna do copo se aquece e se dilata antes da superfície externa. Os vidros que vão ao forno (como o refratário, por exemplo) são de um tipo especial, que se dilata muito pouco.

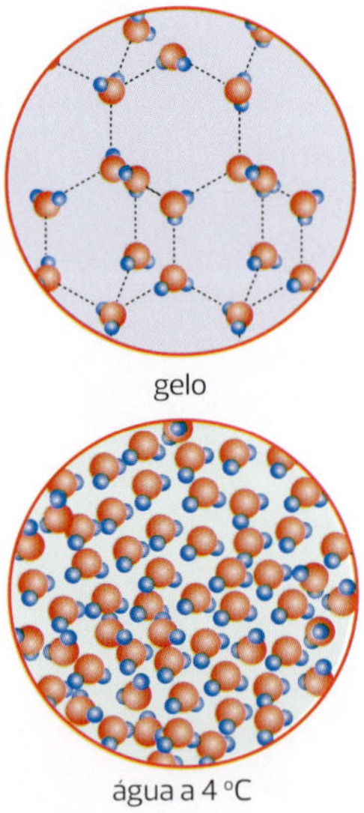

12.11 Modelo de moléculas de água no gelo e em água líquida a 4 °C. (Figura sem escala. Cores fantasia.)

O caso da água é interessante. A densidade do gelo é menor do que a da água, pois no estado sólido as moléculas de água estão mais afastadas do que no estado líquido. Isso acontece porque, no gelo, há ligações químicas entre as moléculas de água que as mantêm mais afastadas do que no estado líquido. Veja e compare na figura 12.11 os espaços maiores entre as moléculas no gelo em relação à água líquida.

Quando aquecemos gelo a 0 °C, ele vai derretendo e as moléculas de água se aproximam umas das outras. Quando a temperatura chega a cerca de 4 °C, a organização das moléculas é a mais compacta possível. Nesse ponto, a densidade da água é máxima (1 g/cm³): certa quantidade de água ocupa o menor volume possível.

Acima de 4 °C, a água comporta-se como outros líquidos: a energia recebida na forma de calor aumenta a distância média entre as moléculas e faz a água aumentar de volume — e ela diminui de volume quando perde calor. Veja a figura 12.12.

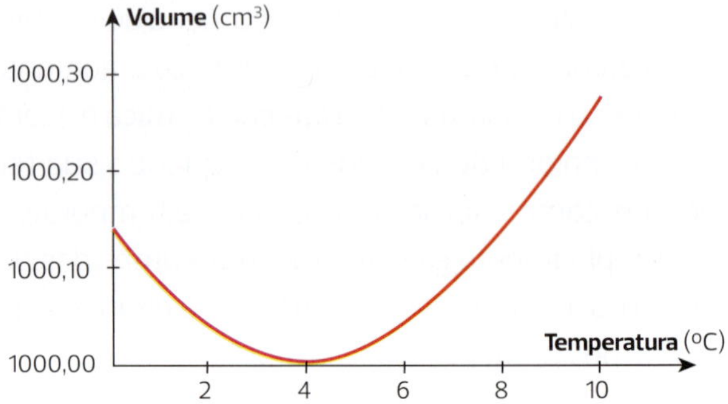

12.12 Gráfico da variação do volume da água em função da temperatura (sob pressão normal).

Ciência e ambiente

O gelo e a vida nas regiões geladas

Você viu então que a água, ao contrário dos outros líquidos, diminui de volume quando é aquecida de 0 °C a 4 °C.

Agora veja como essa propriedade é importante para a vida aquática nas regiões frias.

No inverno, a água da superfície de rios e lagos, em contato com o ar frio, perde calor, diminui de temperatura e começa a congelar. A água a 4 °C, mais densa, fica no fundo. Como o gelo flutua na água, o gelo que se forma na superfície não afunda e serve de isolante térmico, dificultando a perda de calor da água que fica por baixo. Se a água fosse como a maioria das substâncias, ou seja, se ficasse mais densa à medida que esfriasse, a água do fundo congelaria primeiro e depois todo o rio ou o lago congelaria rapidamente, impedindo a sobrevivência dos peixes e de outros organismos durante o inverno nessas regiões. Em vez disso, é raro uma massa de água de grandes dimensões congelar completamente. Veja a figura 12.13.

12.13 A dilatação irregular da água facilita a sobrevivência dos organismos aquáticos nas regiões mais frias. (Figura sem escala. Cores fantasia.)

Na figura 12.14, o primeiro balão de festa (bexiga) foi colocado à temperatura de vários graus Celsius negativos. Depois, esse balão ficou à temperatura ambiente. O que aconteceu?

Você já sabe que as partículas de um gás se movimentam o tempo todo, sem uma direção definida. Esse movimento faz um gás ocupar todo o volume do recipiente em que está contido. E as colisões ou os choques das partículas com as paredes do recipiente são responsáveis pela pressão do gás.

No balão de festa da figura 12.14, em temperatura baixa, as partículas (átomos e moléculas) dos gases do ar movimentavam-se com menos energia. À medida que a temperatura aumentou, as partículas passaram a se movimentar com mais energia e com velocidade maior. Com isso, passaram a exercer maior pressão sobre a parede interna do balão, que aumentou de volume.

Quando aquecemos um gás, sua pressão e seu volume tendem a aumentar. Se o volume do recipiente não muda, então a pressão do gás aumenta com a temperatura porque a velocidade das partículas aumenta e, com isso, a intensidade e o número dos choques por segundo contra a parede do recipiente também aumentam.

David Taylor/Science Photo Library

12.14 Um balão de festa que estava sob temperatura muito abaixo de 0 °C e depois foi deixado à temperatura ambiente.

Se o volume de um gás puder variar, e a pressão permanecer constante, o aquecimento do gás vai fazê-lo aumentar de volume. Observe que, com maior velocidade, a distância média entre as partículas também se torna maior.

Agora você já pode compreender como os chamados balões de ar quente, como o da figura 12.15, funcionam.

Os balões carregam, na parte de baixo, um recipiente com gás. Quando queimado, esse gás produz uma chama que, através de uma abertura, aquece o ar do balão. Quando o ar é aquecido, ele fica menos denso que o ar frio externo, e o balão sobe.

Gary C. Tognoni/Shutterstock/Glow Images

12.15 Balão de ar quente. (As marcas comerciais foram apagadas para evitar entendimento de publicidade.)

30 Ciência no dia a dia

Por que a pipoca estoura?

O milho usado para fazer pipoca é formado por várias substâncias químicas, como amido, óleo e cerca de 14% de água. Quando a pipoca é aquecida acima de 100 °C, essa água se transforma em vapor. Só que, enquanto a casca de outros tipos de milho e grãos é porosa e deixa o vapor sair, a casca do milho de pipoca impede a saída do vapor. Então, a pressão dentro dela aumenta, até que o grão arrebenta e a parte interna, cheia de amido, de cor branca, aparece. Veja a figura 12.16.

Loren Zemlicka/Getty Images

12.16 A pressão do vapor de água dentro do milho faz a pipoca estourar.

5 A transmissão do calor

Condução

A transmissão do calor nos metais ocorre por um processo chamado **condução**. Na condução há transferência de energia entre os átomos e elétrons livres (mais fracamente ligados aos átomos). Ao receberem calor, átomos e elétrons livres passam a vibrar mais, transmitindo essa energia para os átomos vizinhos. Veja a figura 12.17.

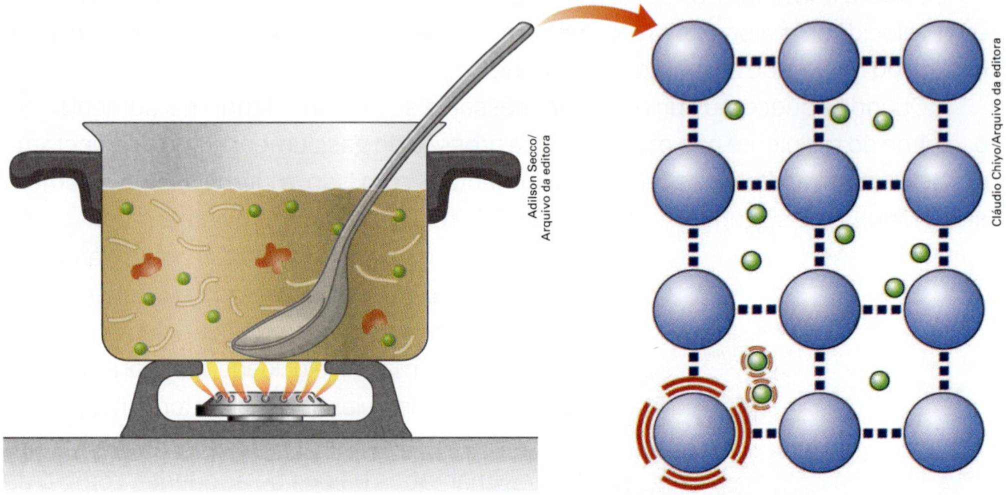

12.17 Condução do calor nos metais: o átomo e os elétrons livres (esferas menores) no canto inferior da figura receberam calor e passaram a vibrar mais transmitindo essa energia para os átomos vizinhos. (Figura sem escala. Cores fantasia.)

Se num dia frio você pisar com os pés descalços no ladrilho da cozinha ou do banheiro e depois pisar num tapete, ou então fizer como o garoto na figura 12.18, que pisa com um pé no ladrilho e o outro no tapete, vai sentir que o ladrilho está mais frio do que o tapete. Como podemos explicar isso?

O ladrilho e o tapete estão à mesma temperatura, mas o ladrilho conduz melhor o calor do que o tapete. Por isso a transferência de energia na forma de calor de nossos pés para o ladrilho ocorre mais facilmente, de forma mais rápida, do que para o tapete. Essa perda mais rápida de calor é que nos dá a sensação maior de frio. O mesmo ocorre quando tocamos numa maçaneta de metal e na porta de madeira: o metal conduz o calor mais rapidamente do que a madeira, nos dando a sensação de que está mais frio.

Agora você já pode compreender por que colheres de mexer sopa em geral são de madeira ou de material plástico ou têm cabos feitos com esses materiais, e por que os cabos das panelas também costumam ser desses materiais: o metal conduz melhor o calor do que a madeira ou o plástico (o ferro é cerca de 300 vezes melhor condutor de energia que a madeira).

12.18

Portanto, há materiais que são bons condutores de calor, como os metais, e outros que não conduzem bem o calor, como a madeira, os plásticos, as borrachas, o vidro, o ar, o papel, o gelo e o isopor. Os materiais que conduzem mal o calor são também chamados de **isolantes térmicos**.

Muitos tecidos, como a lã, são ideais para o inverno justamente porque são maus condutores de calor: eles dificultam a saída do calor liberado por nosso corpo para a atmosfera e assim ajudam a nos manter aquecidos no inverno.

Convecção

Na figura 12.19 você vê uma panela de vidro especial (que pode ser levada ao fogo) com água e um pouco de serragem. Enquanto a panela é aquecida, a serragem sobe e desce dentro da água. A **convecção** explica o que está acontecendo.

Atenção!
Não faça experimentos com fogo sem a supervisão do professor.

Adilson Secco/Arquivo da editora

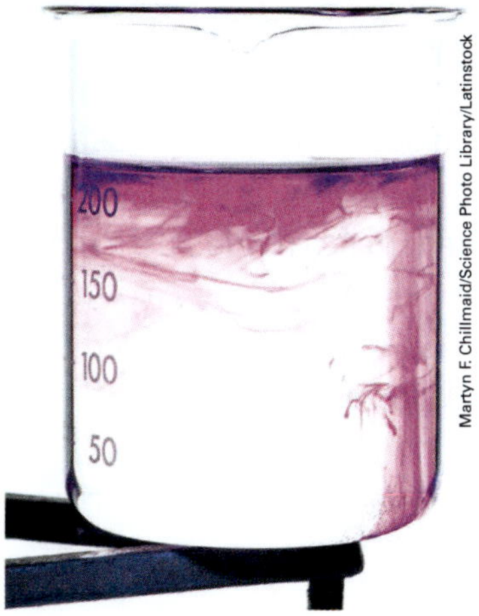

Martyn F. Chillmaid/Science Photo Library/Latinstock

12.19 **A convecção é o principal processo de transmissão de calor nos líquidos e gases. Na foto, a camada de água com corante que foi aquecida começa a esfriar e a descer pelo lado direito, como resultado das correntes de convecção. (Ilustração sem escala. Cores fantasia.)**

A camada de água em contato com o fundo da panela está recebendo calor por condução. Mas, ao receber calor, essa camada se expande (as moléculas se afastam mais umas das outras), ficando menos densa que a água mais fria da parte de cima e por isso sobe. A água da parte de cima, mais fria, desce e substitui a água que subiu. Esse processo se repete, e a água fica circulando pela panela, com a porção quente subindo e a fria descendo: são as **correntes de convecção**, que fazem com que toda a água da panela seja aquecida.

Os ventos também surgem por causa das diferenças de temperatura de um lugar para o outro, o que provoca correntes de convecção na atmosfera.

A fumaça aquecida que sai das chaminés das fábricas também sobe por convecção. E são as correntes de ar quente em ascensão que fazem com que os praticantes de asa-delta subam em certos momentos do voo. Aves de grande porte, como águias, também abrem as asas e se valem dessas correntes de convecção ascendentes para planar. Veja a figura 12.20.

12.20 **As correntes de convecção ajudam o voo de aves, como a águia (cerca de 1,1 m de comprimento), e de praticantes de asa-delta. Figuras sem escala.**

Frans Lanting/Latinstock

Gerolf Kalt/Corbis/Corbis (Dc)/Latinstock

A convecção acontece também nas geladeiras. Observe a figura 12.21. Como o congelador ou o sistema de refrigeração geralmente fica na parte superior da geladeira, o ar nessa região esfria, fica mais denso e desce. O ar da parte inferior da geladeira, mais quente, sobe, mas ao entrar em contato com o congelador esfria e o processo se repete, formando correntes de convecção dentro da geladeira.

Uma camada de ar aprisionado, para evitar que haja convecção, é um bom isolante térmico. As roupas ajudam a reter uma camada de ar junto ao corpo, dificultando a troca de calor com o ambiente e protegendo-nos do frio. É o caso também do isopor, que tem microscópicas bolhas de ar dentro dele.

A lã é um bom isolante térmico porque contém muitos poros que retêm bolhas de ar em seu interior. E, em muitas casas de países frios, as janelas possuem vidros duplos com uma camada de ar entre eles.

Entre os pelos dos mamíferos e as penas das aves também fica retida uma camada de ar, que ajuda a diminuir a perda de calor do corpo. (Veja a figura 12.22.) A gordura acumulada na pele também é um isolante térmico.

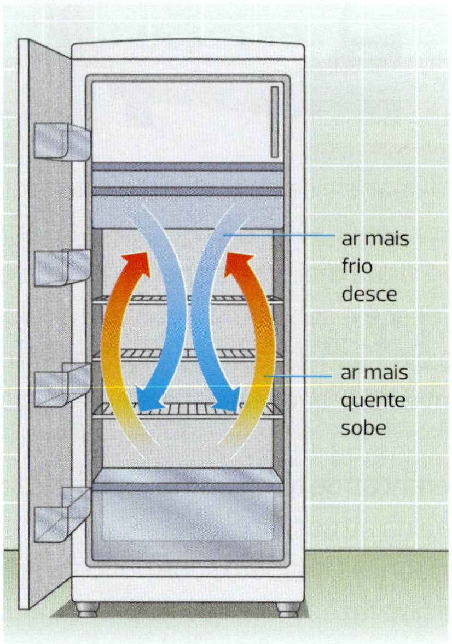

12.21 Dentro da geladeira formam-se correntes de convecção. (Figura sem escala. Cores fantasia.)

12.22 No frio, algumas aves eriçam suas penas, o que ajuda a reter uma camada maior de ar próximo à pele, diminuindo a perda de calor para o ambiente.

CONTEÚDO DIGITAL

Irradiação

A maior parte do espaço entre o Sol e a Terra é vazia, praticamente sem átomos ou moléculas (é o que chamamos de vácuo). Mas, então, como a luz e a energia solar na forma de calor chegam até nós, que estamos a cerca de 150 milhões de quilômetros de distância do Sol? E por que a pele de uma pessoa fica quente quando ela está tomando sol?

A luz é um tipo de radiação eletromagnética ou onda eletromagnética. A radiação eletromagnética não precisa de um meio material para se propagar, ou seja, ela é capaz de se propagar no vácuo.

Aqui vamos estudar a **radiação infravermelha** (também chamada de raios infravermelhos), uma radiação que não pode ser percebida por nossos olhos, mas que é sentida em nossa pele como calor, quando tomamos sol ou quando aproximamos a mão de uma lâmpada, por exemplo. O efeito da radiação infravermelha, emitida pelo Sol, é justamente o de aquecer os corpos. Isso significa que essa radiação, ao interagir com os objetos, pode transmitir calor a eles.

A transmissão de calor por ondas eletromagnéticas é chamada **irradiação** (ou **radiação**) **térmica** ou, simplesmente, irradiação (ou radiação).

Não é apenas o Sol que emite radiação: um corpo pode emitir vários tipos de radiação dependendo da temperatura em que ele esteja. Um ferro elétrico ligado emite radiação infravermelha, enquanto a chama de uma vela e uma lâmpada acesa emitem radiação infravermelha e também luz.

Há materiais que deixam passar parte da luz ou dos raios infravermelhos, isto é, são transparentes a essas radiações. O vidro deixa passar bem a luz, mas é opaco aos raios infravermelhos. Essa propriedade é aproveitada na construção de estufas de plantas, que têm paredes e telhados feitos de vidro ou plástico transparente.

12.23 A estufa mantém as plantas aquecidas. (Ilustração sem escala. Cores fantasia.)

Observe na figura 12.23 que o vidro deixa passar a luz do Sol. Essa luz é absorvida pelas plantas e outros objetos, que se aquecem e emitem raios infravermelhos. Só que esses raios não atravessam tão bem o vidro como a luz, o que mantém a estufa aquecida e ajuda na sobrevivência de certas plantas sensíveis a variações de temperatura.

O efeito estufa e o aquecimento global

As radiações do Sol passam pela atmosfera (como passam pelo vidro da estufa de plantas) e esquentam a superfície do planeta, que emite raios infravermelhos. Uma parte desses raios atravessa a atmosfera e vai para o espaço. Outra parte é absorvida pela atmosfera e irradiada para a Terra. Desse modo, o Sol e a atmosfera aquecem o planeta, mantendo sua temperatura nos níveis atuais.

Esse efeito da atmosfera sobre a temperatura da Terra foi chamado de efeito estufa, pois lembra o que acontece nas estufas de vidro. Veja a figura 12.24.

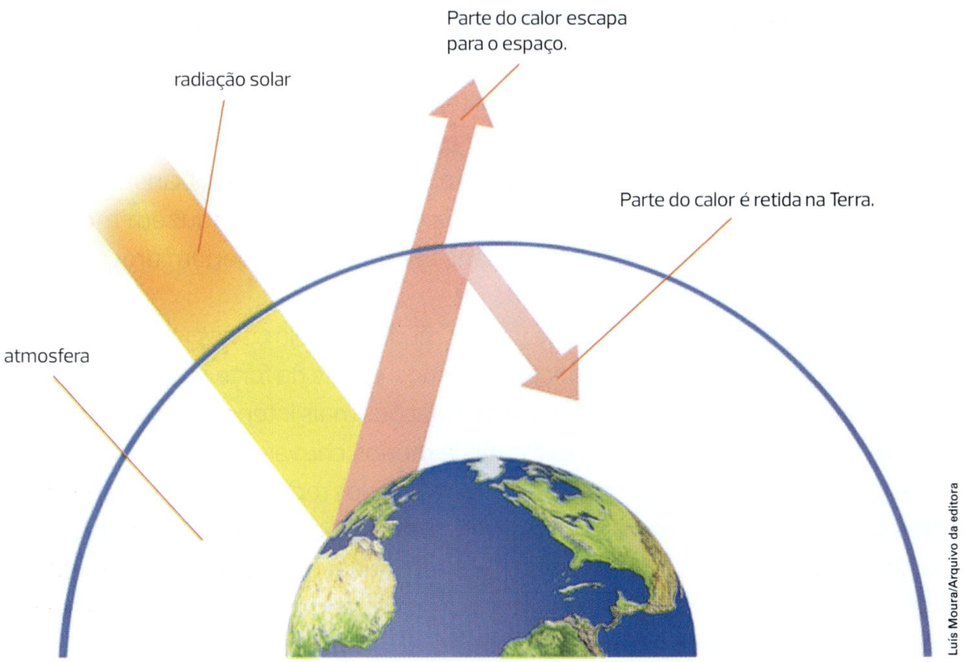

12.24 O gás carbônico e outros gases da atmosfera mantêm a Terra aquecida: é o efeito estufa. (Figura sem escala. Cores fantasia).

Marco Ambrosio/Agência Estado

Antonov Roman/Shutterstock/Glow Images

Ricardo Azoury/Pulsar Imagens

12.25 A liberação de gás carbônico na atmosfera aumenta a concentração desse gás, o que intensifica o efeito estufa.

O efeito estufa mantém a temperatura média da Terra em torno de 15 °C. Sem ele, o planeta ficaria coberto por uma camada de gelo e sua temperatura média estaria em torno de −18 °C.

O problema é que fábricas, veículos e também as queimadas em florestas lançam na atmosfera bilhões de toneladas de gás carbônico por ano (figura 12.25): uma quantidade maior do que aquela que os vegetais conseguem absorver pela fotossíntese.

Há muitas evidências de que esse fato vem provocando um aumento na temperatura média da Terra e várias outras mudanças climáticas. Esse fenômeno é chamado de **aquecimento global**.

A concentração de gás carbônico, que era de 315 partes por milhão (ppm) no final da década de 1950, passou de 400 ppm em 2015.

O símbolo ppm indica o número de moléculas de gás carbônico para cada milhão de moléculas presentes no ar seco.

A concentração no passado distante pode ser medida analisando-se bolhas de ar aprisionadas no gelo da Antártida a mais de 3 quilômetros de profundidade. Em 2009, havia mais gás carbônico no ar do que a média dos últimos 650 mil anos. E o século XX foi o mais quente dos últimos 500 anos, com um aumento da temperatura média do planeta entre 0,3 °C e 0,6 °C.

Também colaboram para o aquecimento global, ainda que em menor grau, o vapor de água na atmosfera, o gás metano (produzido na decomposição de matéria orgânica e na fermentação da comida no intestino de ruminantes) e o dióxido de nitrogênio (produzido na combustão de matéria orgânica). As concentrações de metano e dióxido de nitrogênio também aumentaram a partir da Revolução Industrial

Conjunto de mudanças tecnológicas, com o uso de máquinas e desenvolvimento de indústrias para a produção de bens em larga escala, iniciado na Inglaterra no século XVIII.

O aumento da temperatura pode provocar a elevação do nível dos mares por causa da expansão térmica da água e do degelo de parte das calotas polares. Com isso, grandes áreas do litoral podem ser inundadas e ilhas podem ficar submersas, deixando muitas pessoas desabrigadas.

Diques teriam de ser construídos em cidades costeiras. O avanço das águas salgadas pode ainda contaminar os reservatórios de água doce mais próximos das regiões costeiras.

A água que surge com o degelo pode alterar a formação das correntes marítimas, modificando o regime de ventos e chuvas e o clima de várias regiões, o que pode prejudicar a agricultura e desencadear a proliferação de insetos transmissores de doenças e que atacam plantações, uma vez que eles se reproduzem melhor em climas mais quentes. Além disso, as mudanças climáticas poderiam provocar a extinção de muitas espécies.

O aumento da temperatura pode causar mudanças climáticas importantes, com maior número de fenômenos climáticos extremos: ondas de forte calor, secas e inundações mais frequentes, ciclones tropicais e furacões mais intensos, aumento de chuvas torrenciais nas latitudes mais extremas e menos chuvas nas áreas subtropicais. As áreas afetadas por seca aumentariam, diminuindo os recursos de água potável para muitas pessoas. Em relação à Amazônia, estudos realizados pelo Instituto Nacional de Pesquisas Espaciais (INPE) indicam que o aumento de temperatura, aliado ao desmatamento, transformaria parte da floresta em savana, o que, entre outros efeitos, levaria a uma considerável perda de biodiversidade.

Particularmente atingidos seriam os recifes de corais: o aumento da concentração de gás carbônico já está provocando elevação da acidez da água, o que pode destruí-los. Os recifes abrigam enorme biodiversidade e deles dependem muitas espécies de peixes e o sustento de pescadores em várias partes do mundo.

O clima semiárido do Nordeste do Brasil (figura 12.26) poderia passar a árido, e a falta de água em regiões já secas, como o sertão nordestino e partes da África, afetaria milhões de pessoas.

Cassandra Cury/Pulsar Imagens

12.26 Povoado Gargalheiras, em Acari, Rio Grande do Norte. Foto de 2014.

Todas essas previsões, no entanto, dependem muito do que vai ocorrer com as emissões de carbono no futuro e de quanto será o aumento da temperatura média do planeta. As consequências serão mais graves, por exemplo, se ocorrer um aumento de temperatura que ultrapasse 2 °C até 2100, mas menos graves se esse aumento se mantiver em, no máximo, 2 °C. Portanto, são apenas tendências que podem ser modificadas — dependendo do que fizermos agora.

Para isso, são necessários investimentos que levem à diminuição da emissão de gás carbônico, como a redução do consumo de combustíveis fósseis por meio de equipamentos mais eficientes, que queimem menos combustível. É preciso também investir no desenvolvimento e aproveitamento de fontes alternativas de energia que não emitam gás carbônico, como a energia eólica e a solar, entre outras.

Novas tecnologias estão sendo pesquisadas para remover e armazenar o gás carbônico eliminado pelas indústrias. Por exemplo, tecnologias para bombear e armazenar o gás no subsolo ou no fundo do mar. O gás carbônico é separado da fumaça das chaminés das indústrias e usinas, comprimido e levado em tanques e injetado no solo, a 2 quilômetros de profundidade, ou depositado em antigos poços de petróleo já esgotados, por exemplo. No entanto, essas tecnologias ainda são caras e implicam riscos ambientais (é o caso do armazenamento de gás carbônico no fundo do mar).

Além de medidas tomadas por governos e empresas, cada um de nós pode colaborar para a solução do problema: diminuindo o consumo de energia, evitando seu desperdício e usando lâmpadas e aparelhos eletrônicos com consumo menor ou mais eficientes; utilizando, sempre que possível, transporte coletivo; mantendo os motores dos automóveis bem regulados; reduzindo o volume de lixo, reciclando e reaproveitando materiais; etc.

Para o Painel Intergovernamental sobre Mudanças Climáticas (IPCC, da sigla em inglês), se houver investimentos para a diminuição da emissão de gás carbônico, a temperatura poderá subir apenas 2 °C, o que diminuiria bastante os efeitos do aquecimento.

IPCC é um órgão das Nações Unidas responsável por produzir e divulgar periodicamente relatórios com informações científicas sobre o aquecimento global. Os relatórios são baseados na revisão de pesquisas de 2 500 cientistas de todo o mundo.
O relatório do IPCC de 2014 afirmava, com 95% de certeza, que o ser humano é responsável pelo aquecimento global. Isso significa que o índice de confiança passou de "muito provável" para "extremamente provável".

Mundo virtual

Calor e temperatura
<http://fisica.ufpr.br/grimm/aposmeteo/cap3/cap3-1.html>
Conjunto de páginas que explicam de forma simples e didática alguns tópicos de calor.

Perguntas e respostas
<www.cdcc.usp.br/fisica/perguntas.html>
Página que oferece explicações físicas para questionamentos sobre tópicos do cotidiano, como o funcionamento da garrafa térmica, como se formam os raios e trovões, etc.
Acesso em: 20 abr. 2015.

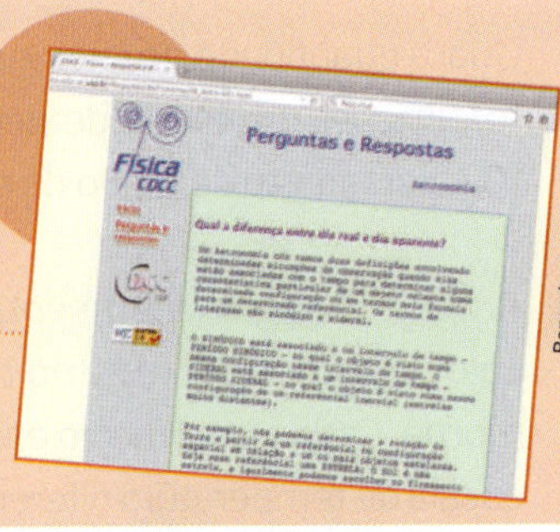

Reprodução/<http://fisica.sc.cdcc.usp.br/Perguntas.html>

Atividades

Trabalhando as ideias do capítulo

1. Em seu caderno, transforme:
   a) 0 °F em °C.
   b) 0 °C em °F.
   c) 0 °C em K.
   d) 293 K em °C.

2. Um cientista pôs para esquentar em um forno 0,5 kg de água e 0,5 kg de ferro. Ele observou que, em 2 min, o ferro atingiu a temperatura de 100 °C. Já a água levou 15 min para atingir a mesma temperatura. Como você explica isso?

3. Duas panelas idênticas, uma com meio litro de água e outra com um litro de água são colocadas sobre chamas iguais do fogão. Em qual delas a água ferverá primeiro? Justifique sua resposta.

4. Calcule o calor específico do estanho sabendo que foram necessárias 100 cal para elevar em 20 °C a temperatura de 100 g de estanho.

5. Qual a quantidade de calor necessária para elevar a temperatura de 100 g de cobre de 25 °C para 100 °C? (O calor específico do cobre é 0,092 cal/g · °C.)

6. Um líquido de 100 g recebe uma quantidade de calor de 54 000 cal para vaporizar. Qual o calor latente de vaporização dessa substância?

7. Por que é mais fácil abrir um recipiente de vidro se aquecermos um pouco sua tampa de metal?

8. Qual a quantidade de calor necessária para fundir totalmente um bloco de gelo de 500 g a 0 °C? (O calor latente de fusão da água é de 80 cal/g.)

9. A figura a seguir representa três termômetros colocados em um mesmo recipiente com água morna. Cada termômetro está graduado em uma escala de temperatura diferente, que estão representados pelos números **1**, **2** e **3**. O grau na parte inferior de cada termômetro indica a temperatura de fusão do gelo (em pressão normal) em cada uma das escalas. As letras **a**, **b** e **c** indicam a temperatura da água em ebulição (pressão normal) em cada escala, e as letras **x**, **y** e **z**, o número de partes iguais em que o intervalo entre a temperatura de fusão do gelo e a temperatura de ebulição da água são divididos em cada escala.

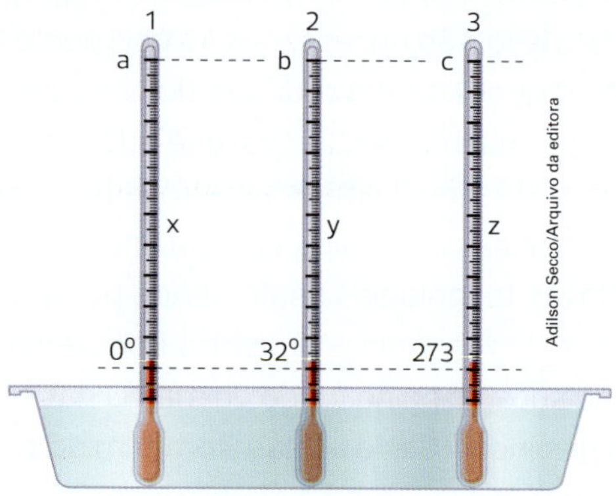

12.27

No caderno, identifique o que os números **1**, **2** e **3** e as letras **a**, **b**, **c**, **x**, **y** e **z** estão representando.

10. Depois da fervura, meio litro de água (500 g de massa) a 100 °C foi colocado para esfriar, até atingir a temperatura ambiente de 20 °C. Qual a quantidade de calor (em calorias) perdida pela água? (O calor específico da água é 1,0 cal/g · °C.)

11. Se uma caloria (1 cal) equivale a 4,18 J, qual a energia em joules de um alimento que libera no organismo 130 000 cal?

12. Escreva no caderno qual é o principal processo de propagação de calor envolvido em cada um dos seguintes casos:
    a) aquecimento das camadas superiores da água em uma panela sobre a chama do fogão;
    b) aquecimento de uma barra de ferro;
    c) aquecimento de uma pessoa exposta ao sol.

13. A tabela abaixo relaciona o volume de 1 kg de água com a temperatura (sob pressão normal):

Temperatura (°C)	Volume (L)
0	1,0002
4	1,0000
8	1,0002
10	1,0004

12.28

a) O que acontece com o volume da água entre 0 °C e 4 °C? E com a densidade?

b) E o que acontece com o volume e a densidade entre 4 °C e 10 °C?

c) Agora, em seu caderno, escolha qual o gráfico que melhor representa a variação do volume da água em função da temperatura e qual o que melhor representa a variação da densidade, também em função da temperatura.

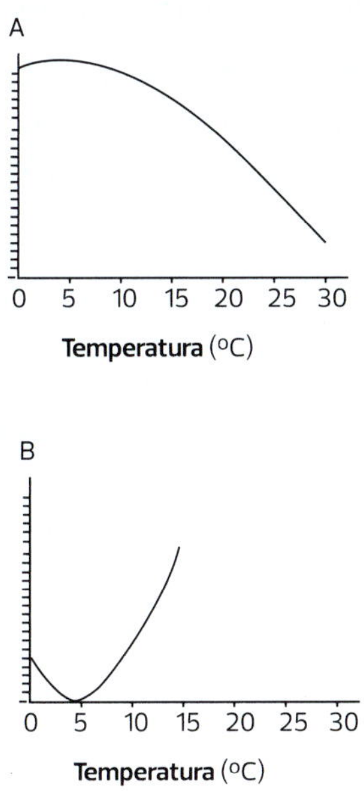

Banco de imagens/Arquivo da editora

12.29

14. Costuma-se dizer que um cobertor esquenta nosso corpo, mas não é bem assim. O que, na realidade, o cobertor faz?

15. Por que num dia frio a maçaneta de metal parece mais fria do que a madeira da porta?

16. Por que o telhado e as paredes de uma estufa de plantas são de vidro transparente?

17. Por que o aumento da concentração de gás carbônico na atmosfera pode aumentar a temperatura média do planeta?

18. O que acontece com as moléculas ou os átomos de um objeto quando sua temperatura aumenta?

19. Quando um metal é aquecido, sua densidade aumenta ou diminui? Por quê?

20. Explique em termos atômicos o que ocorre com os átomos de dois metais a diferentes temperaturas, ao serem colocados em contato um com o outro.

21. O calor específico do alumínio é maior do que o do ferro. Será preciso então mais calor para aquecer um bloco de alumínio do que um de ferro? (Considere a mesma massa para ambos os materiais.) Justifique a sua resposta e defina o que é calor específico.

22. Sabe-se que para elevar a massa de ferro de 50 °C para 70 °C foi necessária uma quantidade de calor de 440 cal. Qual a massa de ferro usada nesse processo? (c_{ferro} = 0,11 g/cal. · °C.)

23. O que acontece com o volume de um gás quando a temperatura aumenta (sob pressão constante)? E o que acontece com a pressão (sob volume constante)?

24. Por que os cabos das panelas costumam ser de plástico ou de madeira?

25. Se uma pessoa colocar a mão acima de chama, vai sentir mais calor (e pode até se queimar) do que se colocar a mão ao lado dela, à mesma distância. Qual a explicação para isso?

26. No caderno, indique as afirmativas verdadeiras:

a) Quanto maior a energia cinética média das partículas, menor a temperatura do corpo.

b) Para que haja transferência de calor entre dois corpos, eles devem estar a temperaturas diferentes.

c) A propriedade que alguns líquidos têm de se dilatar pode ser usada para medir temperaturas.

d) Quanto maior o calor específico de um material, menor a quantidade de calor necessária para o material ser aquecido até determinada temperatura.

e) Calor e temperatura são a mesma coisa.

f) A temperatura é proporcional à energia cinética média das partículas constituintes de um corpo.

g) A energia na forma de calor passa sempre do corpo de maior temperatura para o de menor temperatura.

h) No Sistema Internacional de Unidades, a quantidade de calor transferida de um corpo para outro é medida em joules.

i) Se fornecermos a mesma quantidade de calor, pelo mesmo tempo, a 1 kg de alumínio e a 1 kg de ferro, ambos atingirão a mesma temperatura.

j) Se a temperatura de um corpo aumentou 1 °C, ela aumentou também 1 °F.

k) Calor é a energia transferida de um corpo quente para um corpo frio em razão da diferença de temperatura entre eles.

l) Todos os corpos quando recebem a mesma quantidade de calor sofrem a mesma variação de temperatura.

m) O calor latente de fusão é a energia necessária para aumentar 1 °C na temperatura de um grama de determinada substância.

27. Em seu caderno, indique as afirmativas verdadeiras.

a) Na transmissão do calor em uma colher de metal, os átomos são transportados de um ponto a outro da colher.

b) Na convecção, a transferência de calor se dá por meio do movimento das partículas que formam um líquido ou um gás.

c) Na irradiação, não é necessário um meio material para a transmissão do calor.

d) Metais em geral são bons isolantes térmicos.

e) A temperatura média do planeta vem aumentando nos últimos anos.

f) Na condução, a vibração dos átomos é transmitida de um átomo para outro.

g) A transferência de calor por condução e convecção ocorre somente através de um meio material.

Mexa-se!

Faça uma pesquisa sobre os temas abaixo.

1. O que é anel de gravesande e como funciona um calorímetro?

2. O que é inversão térmica e que problemas ela traz nas cidades.

3. O que é o mecanismo de desenvolvimento limpo.

4. Procure notícias recentes sobre o aquecimento global: previsões dos cientistas sobre os efeitos das mudanças climáticas em diferentes regiões geográficas, incluindo o que pode ocorrer no Brasil e o que está sendo feito para minimizar as emissões de carbono, e os danos que o aquecimento global pode provocar.

5. Pesquise como funcionam os coletores solares que aquecem a água e que vantagens eles trazem.

6. Anote o número de calorias por grama e dos principais nutrientes nos rótulos de alimentos que vocês costumam consumir rotineiramente e selecionem os mais calóricos. Depois, discuta com a turma e o professor de Ciências se esse consumo faz parte de uma alimentação saudável.

7. Nas regiões à beira-mar, de dia sopra uma brisa do mar para a terra (brisa marítima). Durante a noite, a brisa sopra da terra para o mar (brisa terrestre). Pesquise por que isso acontece.

Pense um pouco mais

1. Um estudante disse que, quando se encosta a mão no gelo, o frio do gelo passa para a mão. Analise a afirmação desse estudante.

2. Muitos instrumentos e ferramentas que funcionam em alta velocidade, como a broca do dentista ou certas serras elétricas, recebem jatos de água durante o seu funcionamento. O radiador do carro também recebe água. Qual a função da água nesses casos? Que propriedade da água a torna uma substância ideal para essa função?

3. O gráfico a seguir indica a variação de temperatura e as mudanças de estado (sob pressão constante) ao longo do tempo de uma substância, inicialmente, no estado sólido a 10 °C.

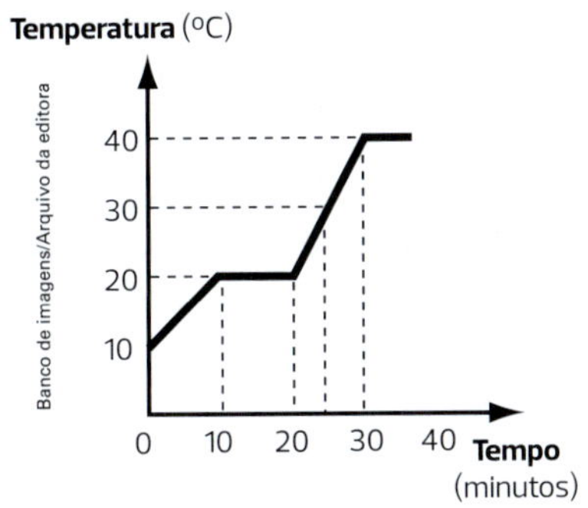

12.30

a) Qual a temperatura de fusão da substância?

b) Durante a fusão, a temperatura varia?

c) Durante a fusão, a substância está cedendo ou recebendo energia na forma de calor?

d) Qual a temperatura de vaporização da substância?

e) Em que estado físico está a substância sob temperatura ambiente de 30 °C?

4. Antigamente, a unidade do metro era definida como uma distância numa barra de uma liga de platina; hoje o metro é definido como a distância percorrida pela luz em 1/299 792 458 segundo. Por que era importante conservar essa barra sempre à mesma temperatura?

5. Ao longo dos trilhos de ferrovias antigas, há pequenos intervalos de espaços. Um aluno disse que esses espaços entre dois trilhos consecutivos são menores no verão que no inverno. Ele está certo? Justifique sua resposta.

6. Observe os fios elétricos na figura 12.31 em duas situações: em um dia muito quente e em um dia muito frio. Explique a diferença observada entre eles.

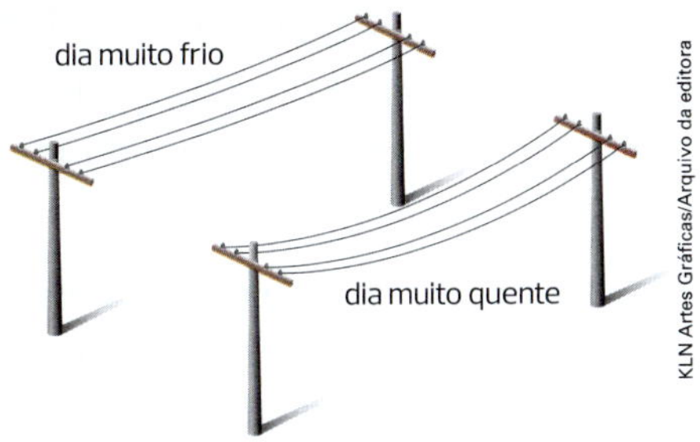

12.31 **Figura sem escala. Cores fantasia.**

7. Uma pessoa dirigia seu carro a 60 Km/h levando a filha ao médico, já que ela estava com um pouco de febre (38 °C). Em 20 minutos ela chegou ao consultório. Indique quais as grandezas escalares e vetoriais foram mencionadas nesse texto.

8. Por que um portão de ferro abre com mais dificuldade no verão do que no inverno?

9. Termostatos são aparelhos que mantêm a temperatura constante, como no ferro elétrico. Eles são formados por uma lâmina de dois materiais diferentes colados um ao outro (são chamadas de lâminas bimetálicas). Observe na figura 12.32 que, quando aquecida, a lâmina se curva. Na situação prevista na regulagem, essa curvatura é suficiente para desligar uma chave e interromper a passagem de corrente elétrica, desligando o aparelho. Com isso, a lâmina esfria e volta à posição inicial, fechando o circuito e ligando novamente o aparelho. Explique por que a lâmina se curva quando aquecida.

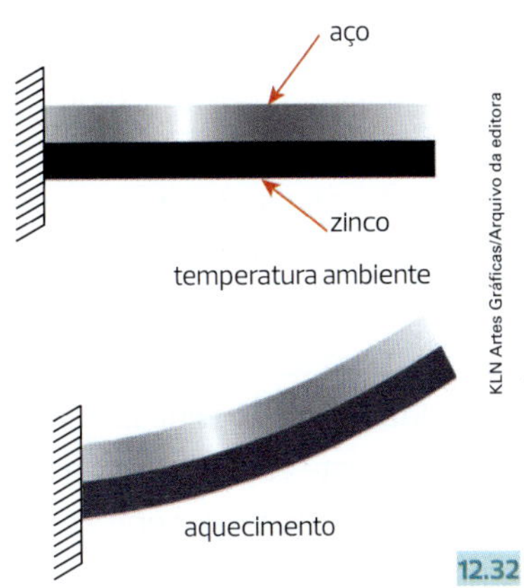

12.32

10. Você aprendeu que a energia se manifesta de várias formas na natureza. Aprendeu também que uma energia pode ser transformada em outra. Imagine então que uma pessoa tome o café da manhã, dê uma corrida até a academia, suba até o trampolim, dê impulso e mergulhe.

a) Ao tomar o café da manhã, que tipo de energia a pessoa está incorporando ao seu organismo?

b) O pão contém amido, uma substância com muitas moléculas de glicose. Como é produzida a glicose, que energia foi utilizada para isso e como se chama esse processo?

c) Uma parte da energia dos alimentos do café da manhã mantém o corpo da pessoa aquecido. Que tipo de transformação está ocorrendo nesse processo?

d) Ao correr até a academia, que tipo de transformação de energia ocorre no corpo da pessoa?

e) Que transformação de energia houve depois que a pessoa deu impulso no trampolim e, a partir do ponto mais alto, mergulhou na piscina?

11. Utilizando um conceito visto neste capítulo, explique por que num dia de sol uma quantidade de areia da praia fica mais quente do que a mesma quantidade de água do mar, mesmo que ambas recebam a mesma quantidade de energia do Sol.

12. Por que para esquentar mais rapidamente a comida é melhor uma panela de metal, mas para conservá-la aquecida é melhor um recipiente de vidro?

13. Sabendo que o aparelho de ar condicionado retira ar quente e lança ar frio no aposento, em que posição ele funciona melhor: colocado na parte de baixo da parede ou na parte de cima? E os aquecedores elétricos, usados para esquentar ambientes em regiões de clima frio?

14. Dentro de uma caixa de isopor com um pouco de água gelada a 10 °C foi colocado um pequeno copo com água quente a 70 °C. A caixa foi fechada. Suponha que a troca de calor entre o interior da caixa e o ambiente não foi significativa. O gráfico a seguir mostra o que ocorreu com a temperatura da água gelada e com a temperatura da água quente. Explique o que aconteceu.

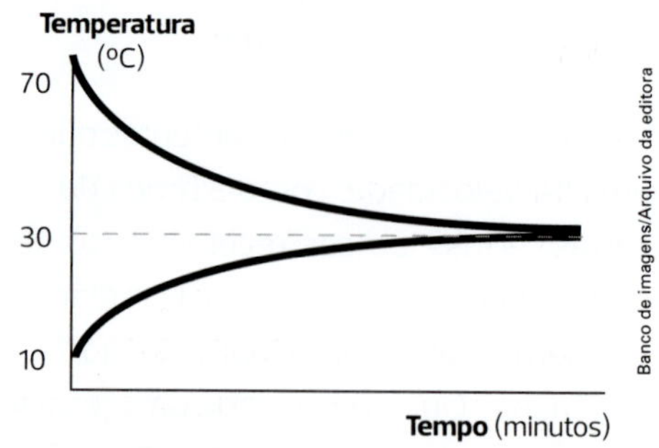

12.33 **Gráfico da temperatura em função.**

15. Você sabe que a transmissão de calor por condução é muito pequena no ar (e nos gases em geral). Então, se uma pessoa colocar a mão abaixo de uma lâmpada acesa, a mão vai se aquecer por convecção ou por irradiação? Justifique a sua resposta.

16. Ao medirmos a temperatura de uma pessoa, é preciso esperar uns 4 minutos com o termômetro em contato com o corpo dela, até que seja feita a leitura. Por que é preciso aguardar esse intervalo de tempo?

17. Por que um copo de vidro pode rachar quando recebe água muito quente?

18. Um estudante afirmou que, se espetarmos um prego comprido em uma batata, ela cozinha mais rápido. Você concorda? Por quê?

19. Se enrolarmos um cubo de gelo com um tecido grosso, ele vai demorar mais a derreter. Explique esse fato.

20. Imagine que um pedaço de metal e um pedaço de madeira tenham ficado certo tempo no sol e estejam ambos a uma temperatura um pouco mais alta do que a da nossa pele. Se uma pessoa tocar nos dois, vai sentir que o metal está mais quente (você pode se queimar: não faça esse experimento!) do que a madeira. Por que isso acontece?

21. Por que as paredes das geladeiras e dos fogões são forradas com lã de vidro? Que característica esse material deve ter?

22. Observe os gráficos a seguir e depois responda às questões.

Emissão global de gás carbônico (milhões de toneladas)

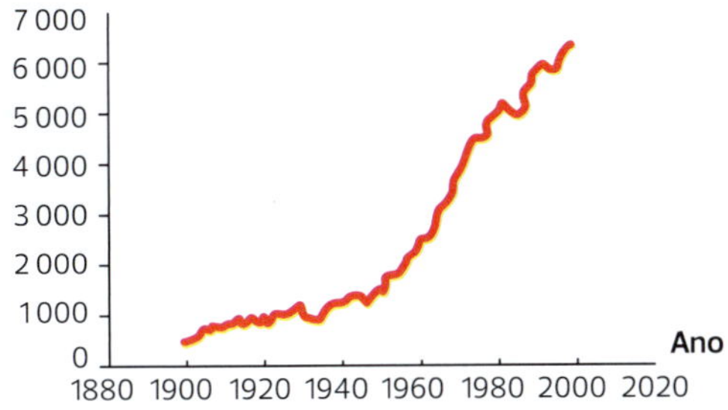

Fonte: WORLDWATCH Institute (WWI).

Concentração de CO_2 na atmosfera (ppm)

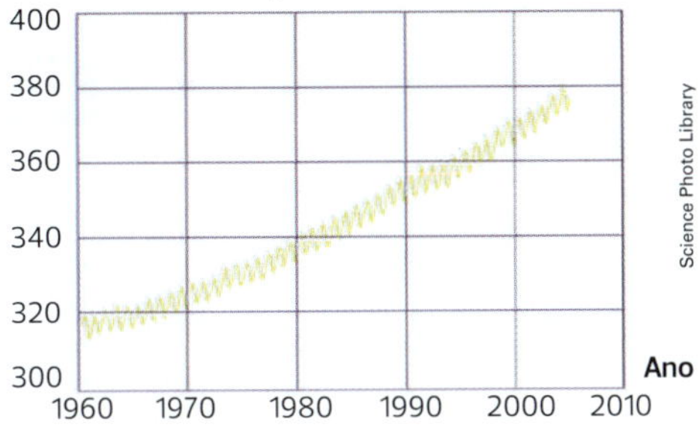

Temperatura média global (°C)

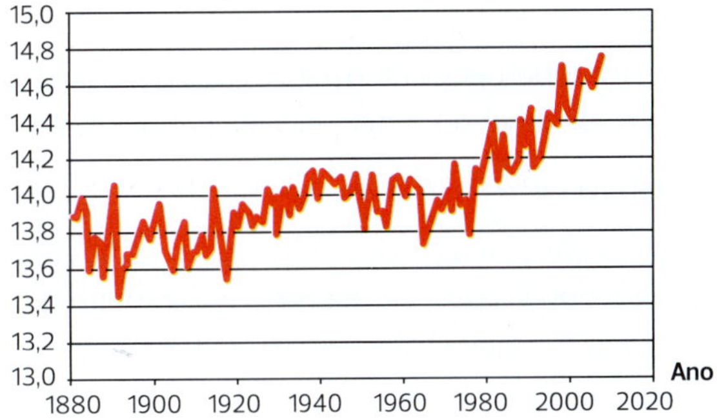

Fonte: GISS Nasa.

12.34

a) Apesar das subidas e descidas em cada gráfico, que tendência geral é possível observar em todos eles? Em seu caderno, explique com um pequeno texto.

b) Explique como os fatores listados a seguir estão relacionados entre si: emissão de gás carbônico, concentração de gás carbônico na atmosfera, temperatura média do planeta.

De olho no texto

Leia o texto abaixo e depois responda às questões.

Como a geladeira funciona

A geladeira retira calor de seu interior e o cede ao ambiente.

De modo geral, dentro da geladeira há tubos por onde circula uma substância, que se liquefaz e se vaporiza, alternadamente; isto é, fica passando do estado líquido para o estado gasoso e vice-versa. A vaporização retira calor do interior da geladeira e a liquefação cede esse calor para o ambiente.

Esse processo ocorre porque atrás da geladeira existe um compressor, que funciona com energia elétrica, e um conjunto de tubos, chamado condensador. O compressor faz com que o vapor circule sob pressão pelo condensador.

No condensador, o vapor passa para o estado líquido e cede para o ambiente o calor retirado de dentro do refrigerador. O líquido agora passa por um pequeno orifício em um tubo dentro da parede da geladeira. Ao absorver o calor do interior da geladeira, o líquido se vaporiza. O gás volta então para o compressor, recomeçando o processo. Há ainda a possibilidade de regular a temperatura da geladeira por meio do termostato, uma peça que liga o compressor quando a temperatura aumenta além do valor estabelecido ou o desliga quando ela atinge esse valor.

1. Como se chama a passagem de uma substância no estado líquido para o estado gasoso ou de vapor? E a passagem inversa? Qual delas absorve calor e qual libera calor?

2. Que semelhança você apontaria entre a função da sudorese (produção de suor pelo organismo) e o funcionamento do refrigerador?

3. Você é capaz de citar outro aparelho (além do *freezer*) presente em algumas casas e que funciona de modo semelhante ao do refrigerador?

4. Consulte em dicionários o significado das palavras que você não conhece, redigindo então de próprio punho uma definição para elas.

Aprendendo com a prática

1. O material necessário para a realização desta atividade deve ser providenciado pelo professor.

Material

- Três vasilhas grandes com água a temperaturas diferentes: água morna (sem estar muito quente para não queimar a mão); água à temperatura ambiente; e água levemente gelada.

Procedimentos

- Coloque a mão esquerda na água morna e a direita na água gelada por alguns segundos.
- Depois, mergulhe as duas mãos na água à temperatura ambiente (veja a figura 12.35).

Agora, responda no caderno: que sensação térmica (sensação de quente ou frio) você sentiu em cada mão? Por quê?

12.35

2. Providencie o material necessário para esta atividade. O professor se encarregará de conseguir a água aquecida, que não deve estar muito quente.

Material

- Um balão de festa.
- Uma garrafa de plástico vazia de cerca de 1 L e a tampa correspondente.
- Um recipiente grande (pode ser uma tigela) com cerca de 1 L de água gelada (e alguns cubos de gelo).
- Um recipiente grande (pode ser uma tigela) onde caiba cerca de 1 L de água quente.

12.36

Procedimentos

- O balão deve ser adaptado ao gargalo da garrafa sem a tampa.
- Em seguida, o professor vai pôr a água aquecida no recipiente e mergulhar a garrafa nela, como indica a figura acima, segurando-a na posição vertical por alguns instantes.
- Depois, ele vai mergulhar a garrafa na água gelada (com os cubos de gelo).

Explique o que aconteceu nas duas situações. Que fenômeno estudado neste capítulo esse experimento demonstrou?

> **Cuidado!**
> Esta atividade deve ser supervisionada pelo professor. Você não deve mexer com fogo.

Materiais como copos de plástico e garrafas PET podem ser reciclados, caso os experimentos não venham mais a ser utilizados.

3. O experimento a seguir deve ser feito com a supervisão de seu professor.

> **Atenção!**
> Esta atividade tem de ser supervisionada pelo professor, que se encarregará de providenciar a água quente. Você não deve mexer com fogo, pois há risco de acidentes graves com queimaduras. E não se esqueça: o laboratório não é lugar de brincadeiras! Não realize experimentos nem manipule produtos químicos sem o consentimento e a supervisão do professor. Não mexa em torneiras de gás, se houver. Não cheire nem prove produtos químicos e evite o contato deles com a pele e os olhos.

Material

- Um copo grande e largo ou alguma outra vasilha.
- Três objetos longos, mais ou menos do mesmo tamanho: um de plástico, um de metal e um de madeira. (Podem ser colheres, lápis, réguas, etc.)
- Um pano de prato.
- Água quente.
- Três colheres (de café) de manteiga ou margarina ainda gelada, firme na consistência.

Peça ao professor que prepare e coloque água quente na vasilha, até mais ou menos a metade. Ele deve colocar um pouquinho da manteiga ou da margarina na ponta de cada objeto e dispor os objetos dentro da vasilha, como mostra a figura 12.37. A abertura da vasilha deve então ser coberta.

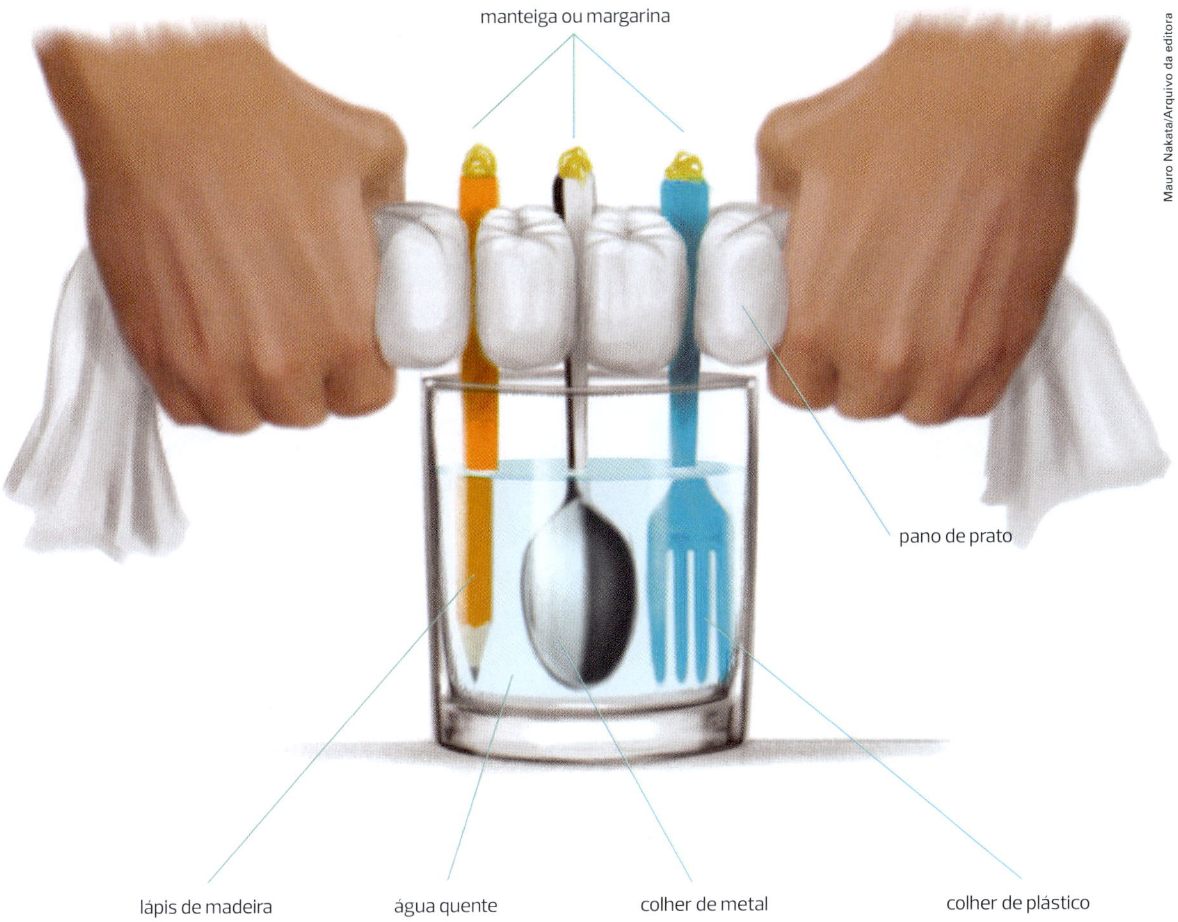

12.37

Observe o que acontece com a manteiga em cada caso. Explique o resultado com base no que você aprendeu neste capítulo.

Capítulo

13 As ondas e o som

Gotas de chuva caindo na água de um lago ou rio formam ondas, como na foto abaixo.

Neste capítulo você vai estudar as ondas mecânicas, como as ondas sonoras, que se propagam em um meio material (sólido, líquido ou gás). A parte da Física que
13.1 estuda as ondas sonoras é a **acústica**.

Gustoimages/Science Photo Library/Latinstock

A questão é

Som agudo, som grave, som fraco, som forte.
Como a Física explica essas diferenças?

1 As características de uma onda

Se você começar a sacudir uma corda presa a um objeto fixo para cima e para baixo periodicamente, procurando manter um ritmo constante, forma-se uma sequência ritmada de pulsos que se propagam pela corda, isto é, forma-se uma onda periódica. Observe a figura 13.2.

13.2 Uma onda propagando-se pela corda. (Figura sem escala. Cores fantasia.)

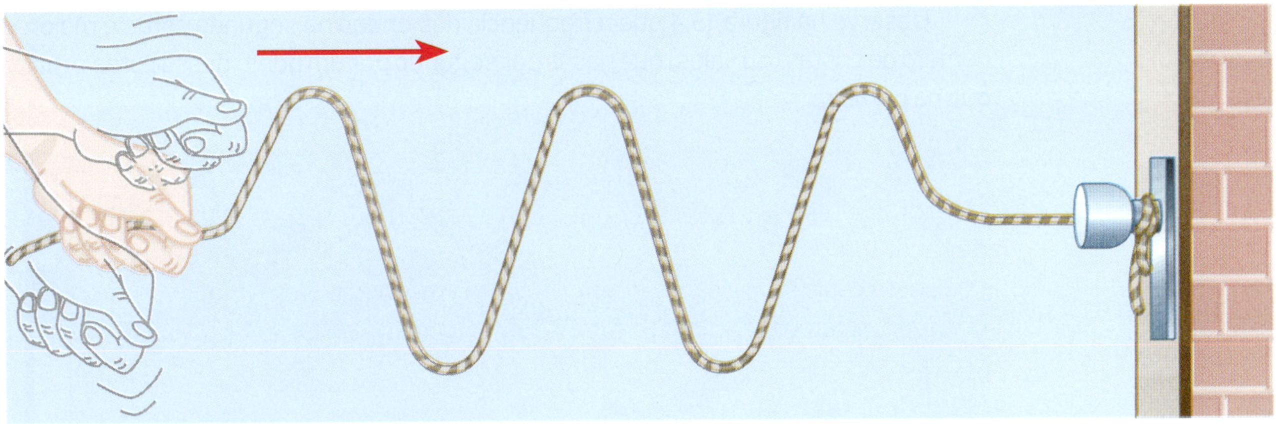

Alex Argozino/Arquivo da editora

Uma onda é, portanto, uma perturbação que se propaga em um meio sólido, líquido ou gasoso — ou até mesmo no espaço vazio (o vácuo), no caso das ondas eletromagnéticas (luz, ondas de rádio e de outras radiações).

Observe que a corda continua no mesmo lugar, mas cada ponto dela sobe e desce (oscila) quando o pulso passa por ele, como pode ser observado se amarrarmos uma fita em um ponto da corda. O que faz cada ponto da corda oscilar é a energia que está sendo transmitida pela onda. Portanto, não é a matéria que está sendo transportada pela onda, mas a energia. Ondas transportam energia sem transportar matéria.

A Z

O sinal λ é a letra grega lambda, minúscula.

Amplitude e comprimento de onda

A figura 13.3 mostra uma corda por onde passa uma onda em determinado instante. Observe que há regiões mais altas, chamadas **cristas**, e regiões mais baixas, chamadas **vales**. A distância entre uma crista ou um vale em relação a uma posição de equilíbrio é chamada **amplitude** da onda. Ela corresponde ao deslocamento máximo de um ponto em relação à sua posição de equilíbrio.

A distância percorrida por uma onda até que ela comece a se repetir (complete uma oscilação) pode ser obtida a partir da distância entre duas cristas (ou dois vales) e é chamada **comprimento de onda** (λ).

A amplitude está relacionada com a energia da onda: quanto maior a amplitude, maior a energia.

13.3 A primeira corda está sendo sacudida com mais energia, por isso tem amplitude maior. (Figura sem escala. Cores fantasia.)

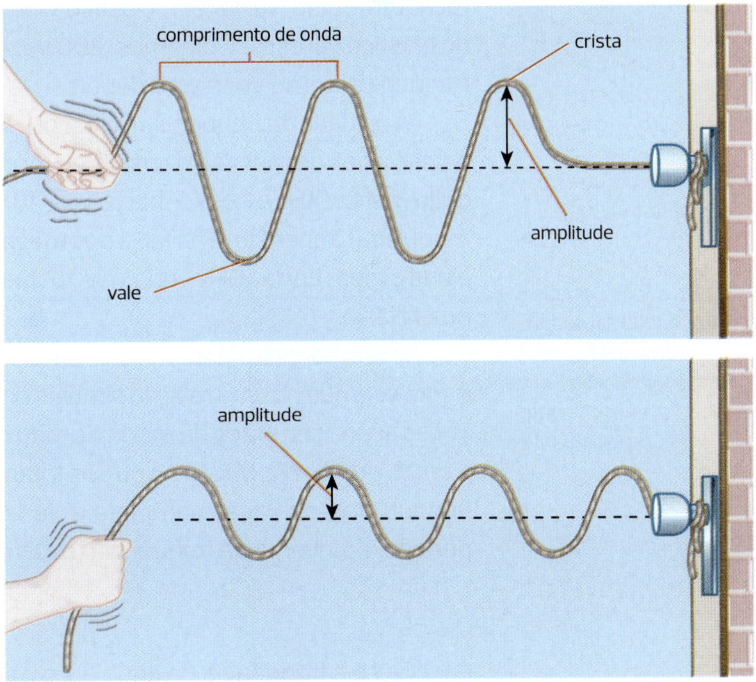

Ilustrações: Alex Argozino/Arquivo da editora

Frequência e período

Como você viu, cada ponto da corda que está sendo sacudida fica oscilando. A **frequência** da onda produzida é o número de oscilações completas que cada ponto realiza por unidade de tempo. No caso da corda, ela depende da rapidez do movimento que você faz com a mão: quanto mais rápido o movimento, maior a frequência de vibração da corda.

Observe na figura 13.4 que a frequência das ondas na segunda corda é maior: o número de cristas (ou vales) que passa por segundo por um ponto dessa corda é maior que na primeira.

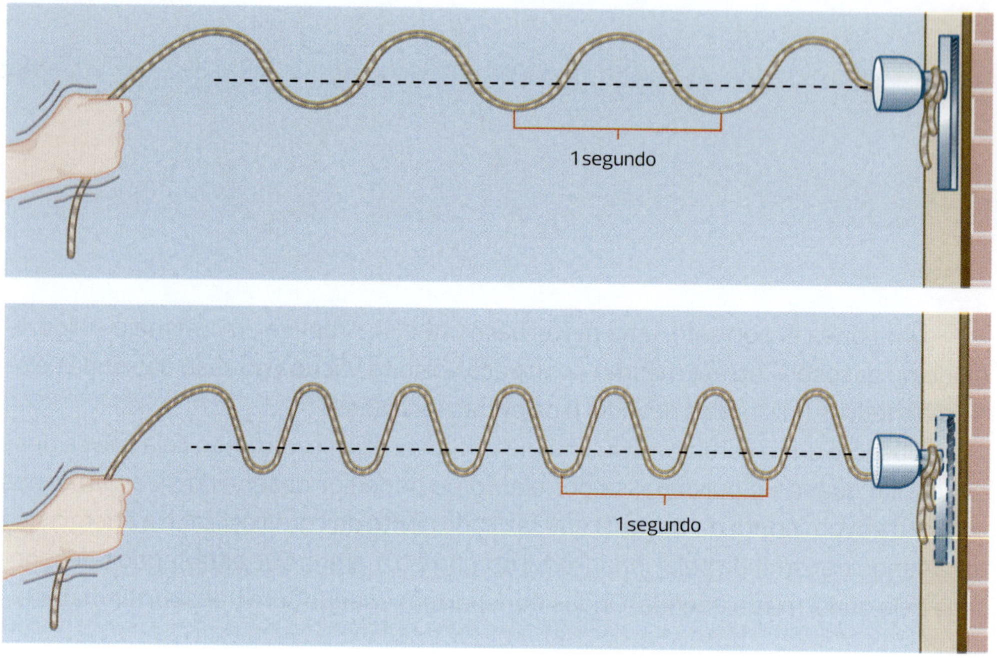

13.4 Duas ondas, cada qual com uma frequência. (Figura sem escala. Cores fantasia.)

Veja este outro exemplo: se você esticar um elástico e dedilhá-lo como se fosse tocar um violão, vai fazer o elástico vibrar ou oscilar com certa frequência: cada ponto do elástico vai oscilar, digamos, 200 vezes por segundo, e produzir um som com essa frequência, como você verá depois.

A unidade de frequência é o **hertz (Hz)**; por vezes, são usados os múltiplos do hertz. As estações de rádio AM (amplitude modulada), por exemplo, transmitem na faixa dos **quilo-hertz (kHz)**: 1 quilo-hertz vale 10^3 hertz. As estações de rádio FM (frequência modulada) transmitem na faixa dos **mega-hertz** (MHz): 1 mega-hertz vale 10^6 hertz. Há ainda o **giga-hertz (GHz)**, que vale 10^9 hertz. Radares e fornos de micro-ondas operam nessa faixa.

O nome é em homenagem ao físico alemão Heinrich Hertz (1857-1894), que mostrou ser possível produzir ondas eletromagnéticas a partir da eletricidade.

Luz, ondas de rádio e micro-ondas são alguns exemplos de ondas eletromagnéticas. Você vai estudar essas ondas no Capítulo 14.

O tempo gasto para realizar uma oscilação completa é chamado de **período (T)**. Agora veja que há uma relação simples entre o período e a frequência. Vamos supor que você sacuda seu braço de modo a produzir 4 pulsos por segundo. A frequência da onda é então de 4 hertz. Mas, se 4 pulsos foram produzidos por segundo, então o período de um pulso ou oscilação completa é de 1/4 de segundo ou 0,25 segundo. Portanto, o período é o inverso da frequência (ou a frequência é o inverso do período):

$$f = \frac{1}{T} \text{ ou } T = \frac{1}{f}$$

em que **f** é a frequência da onda e **T** é o período.

Velocidade

Cada tipo de onda tem uma velocidade de propagação diferente. O som, por exemplo, é uma onda que se propaga no ar (à temperatura ambiente) com velocidade de cerca de 340 metros por segundo. Já a luz visível, outro tipo de onda, tem velocidade bem maior: cerca de 300 mil quilômetros por segundo no vácuo.

Você vai aprender que há diferenças importantes entre as ondas sonoras, que são ondas mecânicas, e a luz, que é uma onda eletromagnética. Mas pela diferença de velocidade entre os dois tipos de onda, você já pode perceber por que vemos a luz de um relâmpago antes de ouvir o som do trovão.

Como a velocidade (v) é a relação entre o espaço percorrido e o tempo gasto em percorrê-lo e como uma onda gasta um tempo igual ao seu período (T) para percorrer uma distância igual ao seu comprimento de onda (λ), podemos estabelecer a seguinte relação:

$$v = \frac{\lambda}{T} \text{ ou } v = \lambda \cdot f$$

Observe que, se a velocidade de propagação da onda é constante, a frequência e o comprimento de onda são inversamente proporcionais, isto é, se a frequência de uma onda dobra, o comprimento de onda fica reduzido à metade. Veja a figura 13.5.

A velocidade da onda é constante para determinado meio (se ele for homogêneo, isto é, se tiver as mesmas propriedades em todos os pontos). Mas a velocidade muda de um meio para outro: a velocidade da luz é maior no ar do que na água, por exemplo.

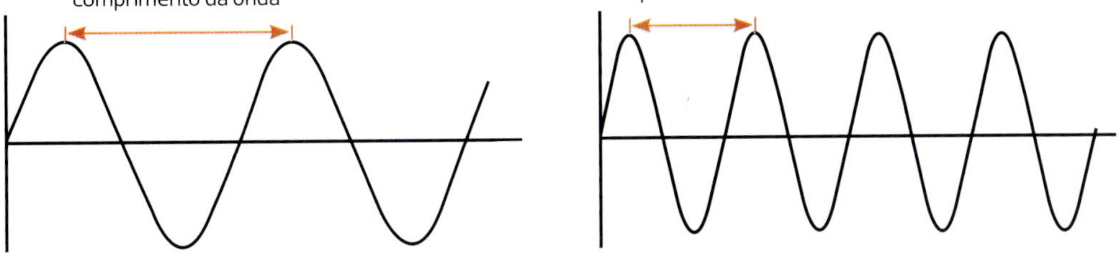

13.5 **A segunda onda tem frequência maior e comprimento de onda menor em relação à primeira onda.**

30 Ciência no dia a dia

A onda do mar

As ondas no mar são formadas, principalmente, pelo vento. Quanto maior for a força do vento e sua duração, maior será a altura da onda.

A velocidade da onda depende da profundidade da água. Quanto maior a profundidade, maior a velocidade. Quando a onda chega perto da praia, a parte de baixo fica próxima ao leito do mar e, então, diminui de velocidade. A parte superior da onda (crista), com velocidade maior, passa por cima dela: a onda se quebra e deixa de ser uma onda no sentido físico do termo, passando a transportar matéria (água), além de energia.

Além dessas ondas geradas pelo vento, há também ondas provocadas por abalos sísmicos ou atividade vulcânica, como os maremotos ou *tsunamis*. Essas ondas podem chegar à costa e provocar destruição e mortes. Em 2004, *tsunamis* atingiram o sul e o sudeste da Ásia, causando mais de 230 mil mortes e deixando milhões de desabrigados.

As ondas são também um recurso renovável, explorado em alguns países para gerar energia elétrica. Mesmo que a eficiência ainda seja baixa, é mais uma opção para diminuir a poluição e o aquecimento global. E, como se sabe, as ondas também se prestam à prática do surfe, como mostra a figura abaixo.

sw_photo/Shutterstock/Glow Images

13.6

Ondas transversais e longitudinais

A mola da figura 13.7 é de um tipo bem maleável e pode ser colocada para produzir ondas de duas maneiras. Ela pode ser sacudida verticalmente, como foi feito com a corda. Ou sua extremidade solta pode ser puxada e comprimida várias vezes.

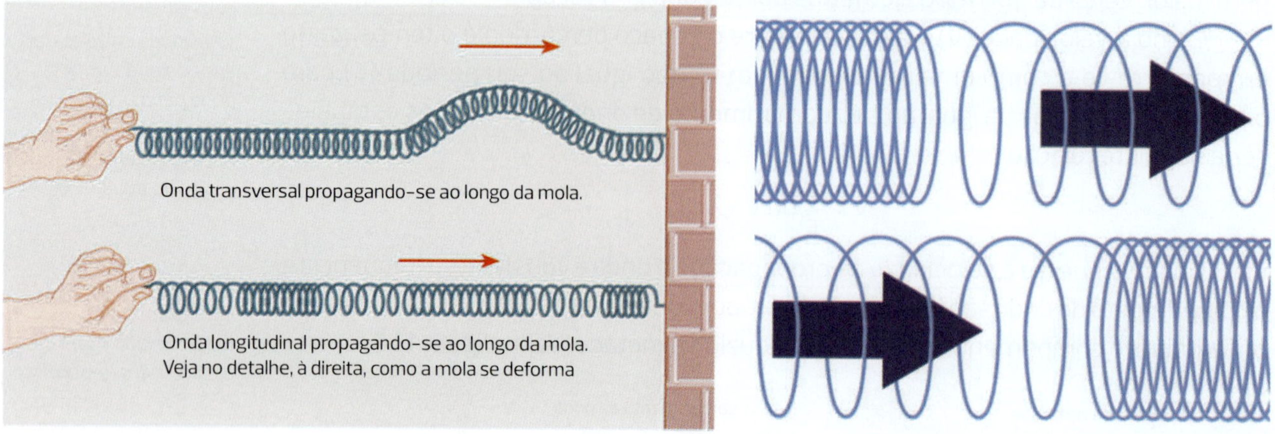

13.7 **Ondas transversais e longitudinais propagando-se por uma mola. (Figura sem escala. Cores fantasia.)**

No primeiro caso, cada ponto da corda oscila numa direção que é perpendicular à direção de propagação dos pulsos. Esse tipo de onda é, por isso, chamado de **onda transversal**. As ondas na corda que você já viu são desse tipo.

No segundo caso, cada ponto da mola também oscila, só que para a frente e para trás na mesma direção da propagação de energia. Formam-se regiões em que a mola está mais comprimida e regiões em que ela está mais distendida. Cada parte da mola oscila na mesma direção de propagação dos pulsos. Esse tipo de onda é chamado **onda longitudinal**.

2 As características do som

O som é uma sensação causada em nós por um tipo de onda, a onda sonora. As ondas sonoras são ondas longitudinais originadas a partir de vibrações de corpos materiais (lâminas, membranas, cordas, etc.). Essas ondas se propagam pela vibração das partículas (átomos ou moléculas) do ar ou de outro meio material. Por isso, elas não se propagam no vácuo: é preciso existir um número suficiente de partículas para haver uma onda de compressões e rarefações.

13.8

Você pode fazer a seguinte experiência: apoie a extremidade de uma régua de metal ou plástico duro na borda de uma mesa, colocando um livro sobre ela, segurando-o bem, como mostra a figura 13.8. Force a régua para baixo e em seguida solte-a: a régua vai vibrar várias vezes e um som poderá ser ouvido. Experimente diminuir e aumentar o comprimento da parte da régua apoiada sobre a mesa: os sons podem ficar mais intensos ou menos intensos e também mais agudos ou mais graves.

Quando dedilhamos uma corda de violão ou um elástico bem esticado, a vibração da corda ou do elástico faz oscilar as moléculas do ar que estão próximas. Essas moléculas interagem com as moléculas vizinhas fazendo-as oscilar também. Surgem assim regiões em que o ar está mais comprimido, isto é, as moléculas oscilam com pequena amplitude (ficam mais próximas umas das outras), e regiões em que elas oscilam com maior amplitude (ficam mais afastadas umas das outras). São as regiões de **compressão** (onde a pressão do ar é maior) e de **rarefação** (onde a pressão é menor). A sequência de compressões e rarefações propagando-se pelo ar forma uma onda longitudinal.

A distância que separa duas compressões (ou duas rarefações) corresponde ao comprimento de onda. Observe na figura 13.9 que as vibrações se propagam em todas as direções, isto é, elas tendem a ocupar todo o espaço por onde se propagam.

A Z

Infra significa 'abaixo de'.

Ultra significa 'acima de'.

13.9 Produção de ondas sonoras. (Figura sem escala. Cores fantasia.)

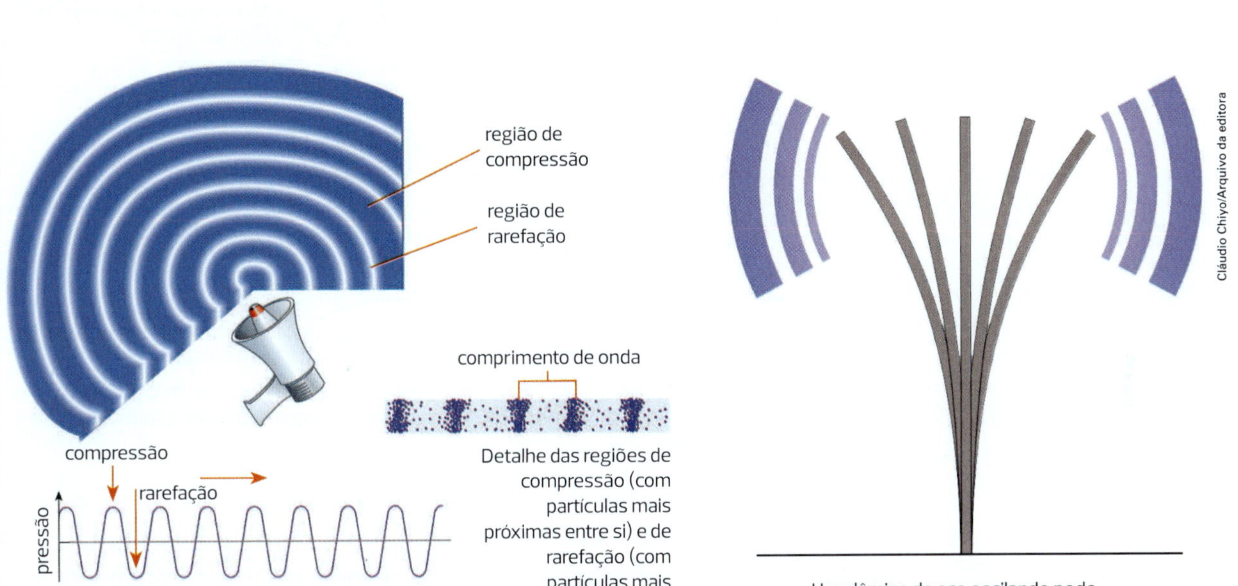

Alex Argozino/Arquivo da editora

Outra maneira de representar a onda indicando a variação da pressão do ar ao longo da onda.

Detalhe das regiões de compressão (com partículas mais próximas entre si) e de rarefação (com partículas mais afastadas entre si).

Uma lâmina de aço oscilando pode produzir ondas sonoras. Quanto maior a amplitude da oscilação, maior a intensidade do som.

Cláudio Chiyo/Arquivo da editora

Ondas sonoras são ondas longitudinais que podem produzir a sensação de som nos seres vivos. A orelha humana é capaz de captar somente as ondas que estão na faixa de cerca de 20 hertz a 20 quilo-hertz. Apenas ondas nessas frequências são capazes de ser percebidas como sons.

Pela terminologia anatômica, o termo "ouvido" é substituído por "orelha".

As ondas com frequência abaixo de 20 hertz são chamadas **infrassons** e as com frequência acima de 20 quilo-hertz (20 000 Hz) são chamadas **ultrassons**. Ondas nessas faixas não são captadas como sons por nós, mas podem ser captadas por alguns animais.

A velocidade do som

A velocidade do som depende do meio em que a onda se desloca. Quanto mais elástico e mais denso for um meio, maior a velocidade do som. Por isso a velocidade é geralmente maior nos sólidos que nos líquidos e maior nestes que nos gases (e no ar). No ferro, por exemplo, o som se propaga a 5 130 metros por segundo; na água, a 1 450 metros por segundo; no ar, a 340 metros por segundo. Esses valores são aproximados e variam com a temperatura do meio pelo qual o som se propaga.

A onda sonora é transmitida por compressão e descompressão, então, quanto mais próxima umas das outras estiverem as partículas (quanto mais densa) e quanto mais rapidamente elas voltarem à posição original (quanto maior a elasticidade), maior a velocidade da onda sonora.

A velocidade aproximada de 340 m/s, por exemplo, vale para o ar na temperatura de 20 °C.

A frequência do som

Você sabe que há vozes mais agudas e vozes mais graves e também notas musicais mais agudas e notas mais graves. Essa característica que nos permite distinguir sons agudos de graves é a **altura** do som. Ela está relacionada com a frequência da onda sonora: quanto maior a frequência, maior a altura, ou seja, mais agudo é o som. E quanto maior a frequência, menor o comprimento de onda. Veja a figura 13.10.

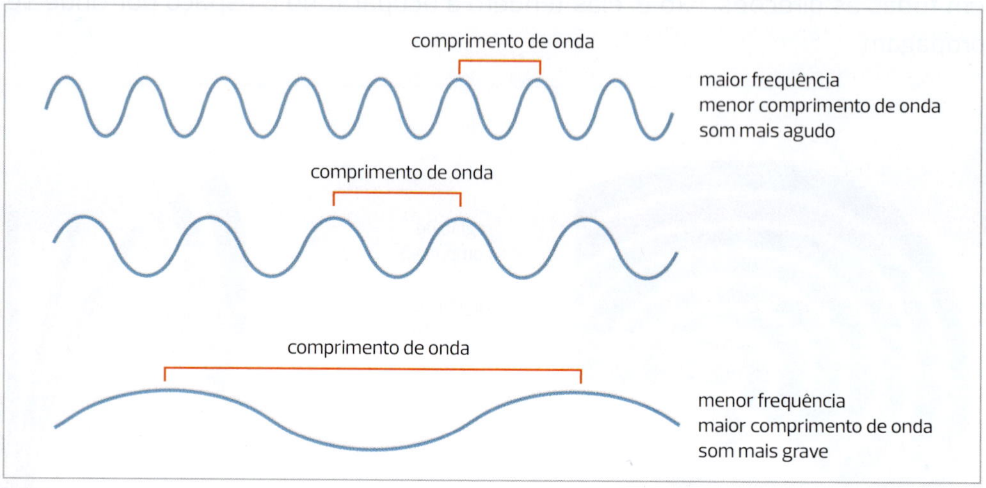

13.10 Quanto maior a altura do som, maior sua frequência, menor o comprimento de onda e mais agudo ele é. (Figura sem escala. Cores fantasia.)

Ao ouvir música, você percebe notas musicais diferentes e, portanto, frequências ou alturas diferentes. Mas, além disso, cada nota pode variar na intensidade, na duração e no timbre (que, como você verá na próxima página, é diferente de um instrumento para outro ou, no caso da voz humana, de uma pessoa para outra).

Como você viu, a orelha humana capta sons que vão de 20 hertz — que correspondem a sons muito graves — até 20 quilo-hertz — que são os sons muito agudos.

As notas de um instrumento musical diferem entre si por sua frequência. E as vozes humanas, em música, podem ser classificadas, de acordo com as frequências que elas emitem, em baixo, barítono, tenor, contralto, meio-soprano e soprano. O baixo, que é a voz mais grave, é capaz de emitir sons com frequência entre 80 e 300 hertz; o soprano, a voz mais aguda, emite sons entre 300 e 1100 hertz (valores aproximados).

Intensidade do som

Amplitude de uma onda é a distância entre uma crista ou um vale em relação a uma linha média. Reveja a figura 13.3.

A intensidade do som depende da amplitude da vibração das partículas por onde a onda passa: quanto maior a amplitude, maior a intensidade, ou seja, mais forte é o som. Veja a figura 13.11. A amplitude corresponde também à quantidade de energia por unidade de tempo por unidade de área transportada pela onda: quanto maior a energia da onda sonora que chega até nós, mais intenso será o som que percebemos. Só que essa energia se distribui pelo espaço e, quanto mais distante da fonte, menor a amplitude da vibração das partículas do ar e menor a energia que chega até nós, ou seja, menor a intensidade do som.

A unidade usada comumente para medir o nível de intensidade sonora é o **decibel** (um submúltiplo de outra unidade, o **bel**), cujo símbolo é **dB**. 1 decibel vale 1/10 do bel.

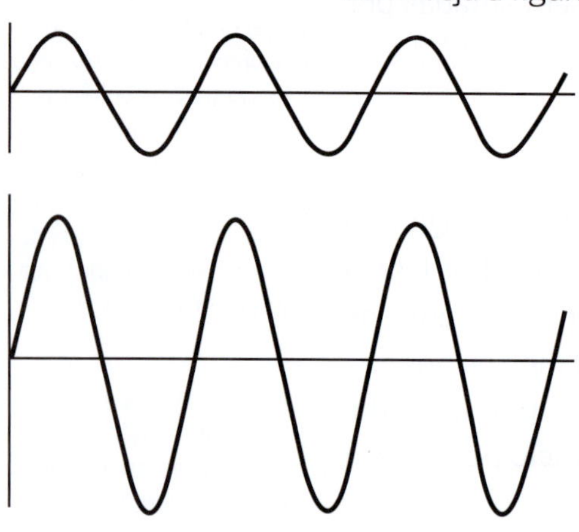

13.11 A amplitude da primeira onda é menor do que a da segunda, mas ambas têm a mesma frequência.

A intensidade diminui à medida que o som se afasta da fonte sonora. Veja na tabela a seguir o nível aproximado de intensidade do som em locais próximos à fonte emissora.

Situação inicial	Desfecho
Tique-taque de relógio, cochicho, respiração normal	10 dB
Conversa em tom normal (a 1 m)	60 dB
Aspirador de pó	70 dB
Rua com tráfego intenso	80 dB
Liquidificador à velocidade máxima	90 dB
Britadeira (a 1 m), buzina, carro com escapamento aberto, danceteria	90 dB
Avião a jato a 100 m de distância, *show* de "rock pesado"	120 dB

O timbre

Você já sabe que cada nota musical de um instrumento tem uma frequência diferente. Mas a mesma nota emitida por um piano, por um saxofone, por um violão ou por um cantor é percebida por nós de forma diferente, mesmo que todas tenham a mesma intensidade. Isso acontece porque essas notas têm um timbre diferente.

O timbre permite distinguir sons de mesma altura e intensidade produzidos por instrumentos diferentes ou por vozes de pessoas diferentes.

Cada instrumento musical ou cada voz humana produz várias vibrações que se somam e originam uma onda com uma forma, característica do instrumento ou da voz, isto é, de seu timbre. Veja a figura 13.12.

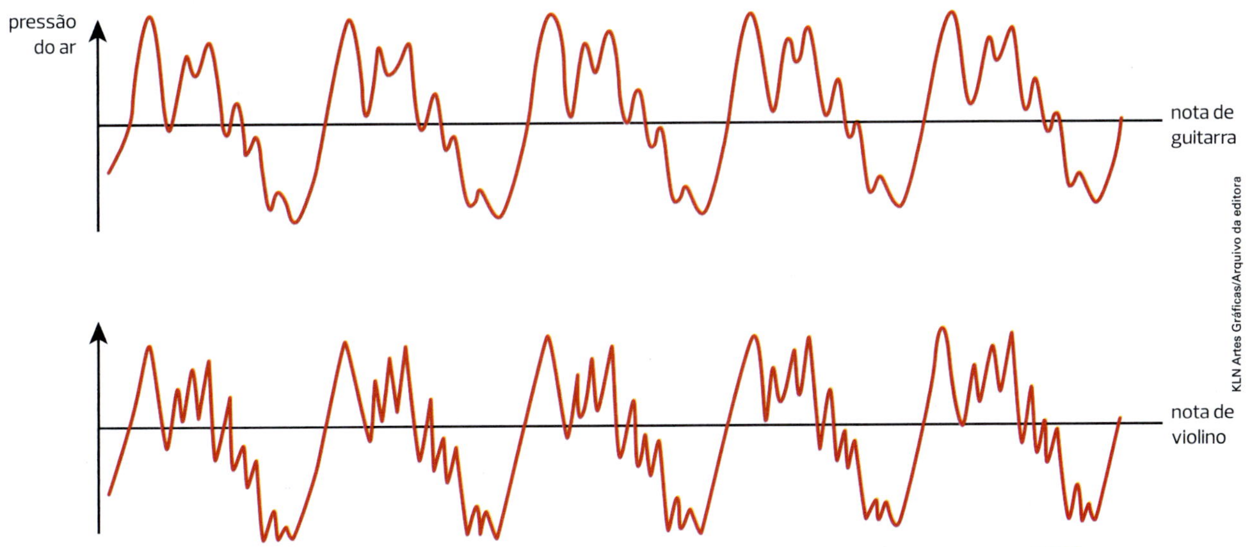

13.12 Timbres diferentes da mesma nota emitida por dois instrumentos diferentes.

Quando uma corda de violão vibra, outras partes do instrumento também vibram (a madeira, o ar na cavidade do instrumento, etc.). E isso vale para outros instrumentos.

30 Ciência no dia a dia

Instrumentos musicais

Nos instrumentos de corda (violão, violino, etc.), são fios de metal, náilon ou outros materiais que vibram. A frequência depende, entre outros fatores, do comprimento e da tensão a que a corda está submetida. Quanto menor ou mais tensa a corda, mais agudo é o som. Notas diferentes podem ser obtidas alterando o comprimento da corda, pressionando-as com os dedos, por exemplo. Veja a figura 13.13. No piano, as cordas são percutidas por martelos de madeira. As teclas à esquerda correspondem às notas de frequências menores (sons mais graves) e as da direita, às de frequências maiores (sons mais agudos).

Nos instrumentos de sopro (saxofone, flauta, etc.), o que vibra é uma coluna de ar, que pode variar de comprimento, no interior do instrumento. Isso pode ser conseguido abrindo ou fechando pequenos furos no instrumento. Quanto menor a coluna, mais agudo o som.

Nos instrumentos de percussão, como a bateria, a vibração ocorre por batidas em membranas (couro ou plástico), metais, madeira, etc. Reveja a figura 13.13.

Na guitarra elétrica, a vibração das cordas é transformada em sinais elétricos por captadores, compostos de ímãs envoltos por uma bobina de cobre. Esses sinais são amplificados e emitidos por um alto-falante, que os converte em ondas sonoras.

Na música, há emissão de ondas sonoras com um padrão regular e agradável à nossa audição – embora o que seja considerado agradável possa variar de uma pessoa para outra, ao longo do tempo e de uma sociedade para outra.

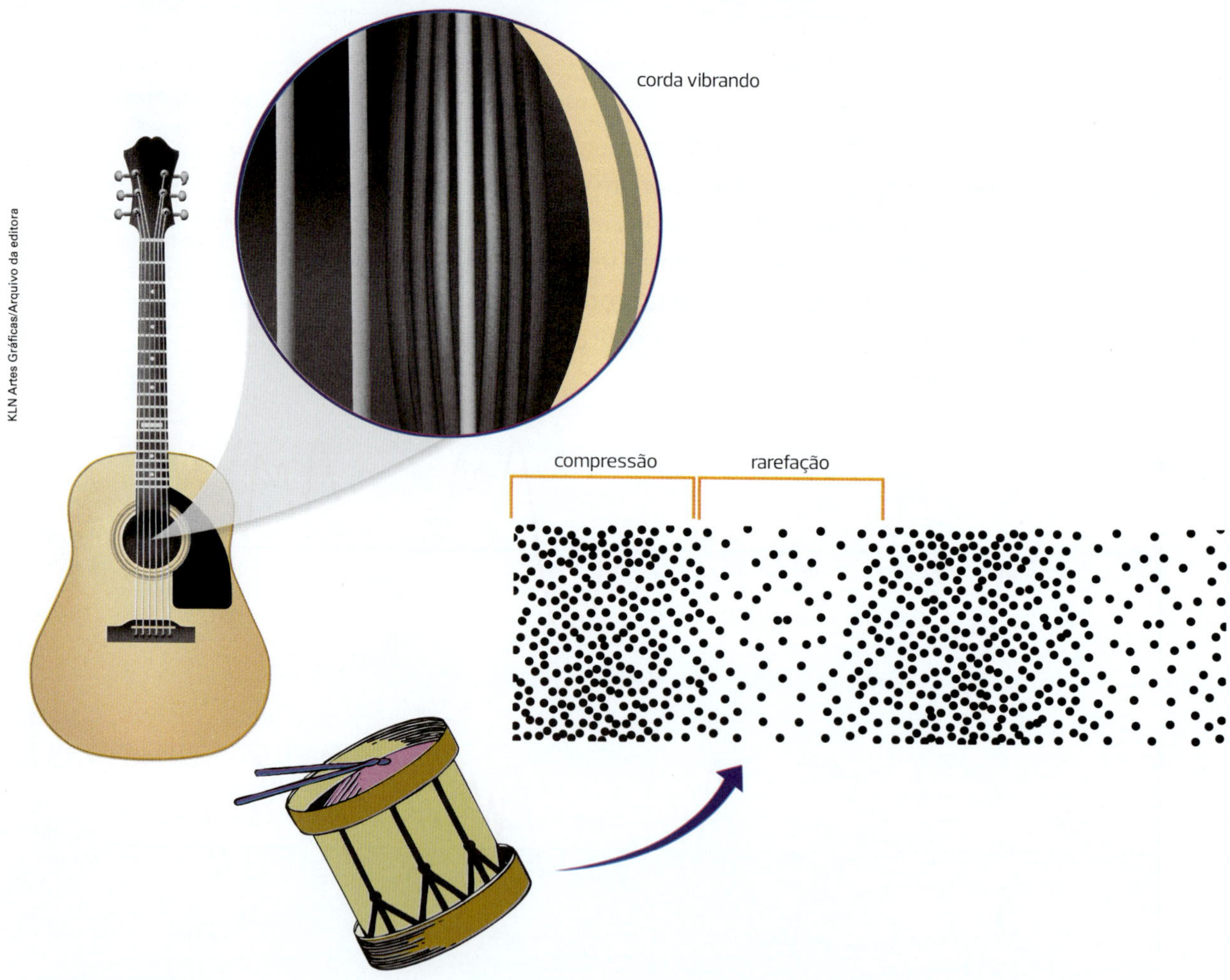

13.13 **Ao vibrar, cordas e membranas esticadas provocam compressões e rarefações no ar, formando ondas sonoras. (Figura sem escala. Cores fantasia.)**

3 O eco

Não são apenas corpos materiais, como uma bola de borracha ou de pingue-pongue, que podem se refletir quando atingem uma parede ou outra superfície. As ondas também se refletem.

Quando uma onda sonora atinge uma superfície, uma parte é absorvida e a outra é refletida. Imagine que você dê um grito e o som se choque contra um obstáculo, como mostra a figura 13.14, que reflita bem o som e ele volte para você. Nesse caso, pode acontecer um fenômeno interessante conhecido como **eco**: você vai ouvir seu grito de novo. Mas não é sempre que acontece o eco. Veja por quê.

Nós só podemos distinguir um som de outro se houver entre ambos um intervalo de tempo de pelo menos um décimo de segundo (0,1 segundo) entre eles. Menos que isso, vamos ouvir um único som: o segundo som aparece como uma continuação do primeiro. Agora, sabendo que a velocidade do som no ar à temperatura ambiente está em torno de 340 m/s, você poderia calcular a distância mínima que deve existir entre você e o obstáculo que vai refletir o som para haver eco?

Veja como o cálculo pode ser feito: para haver eco, o som tem de levar pelo menos 0,1 segundo para ir e para voltar. Então a distância total percorrida nesse intervalo pode ser calculada por uma fórmula simples da cinemática: $d = v \cdot t$. Logo, a distância total será $d = 340 \cdot 0{,}1 = 34$ m. Mas essa é a distância total que o som percorre, isto é, a distância para ir e voltar. Logo, a superfície que vai refletir o som precisa estar a pelo menos 17 metros de distância, para que o som percorra 17 metros na ida e 17 metros na volta.

13.14 A reflexão do som explica o fenômeno do eco. Veja no texto ao lado como calcular a distância mínima necessária para que haja eco. (Figura sem escala. Cores fantasia.)

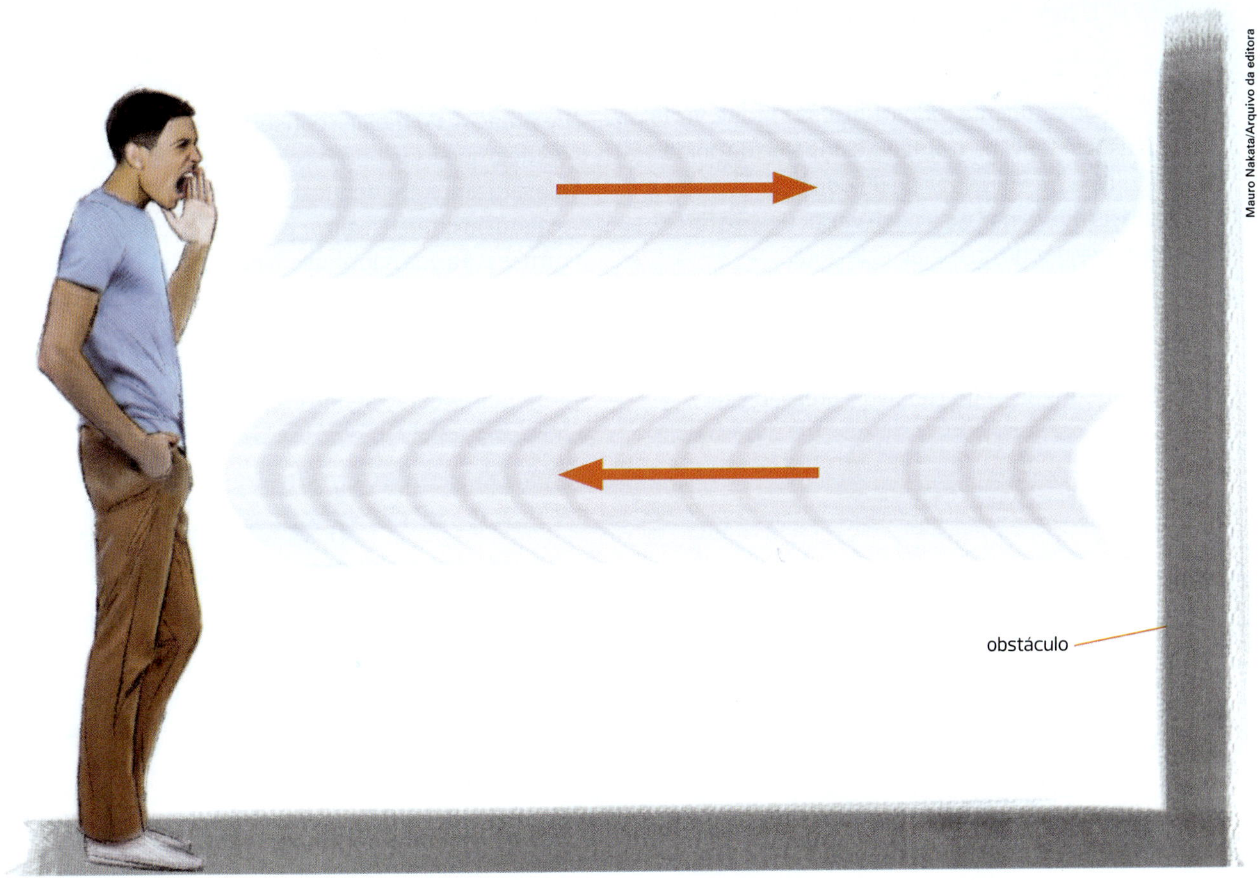

Ciência e saúde

Proteja-se do ruído excessivo!

Acima de 120 decibéis, sentimos uma sensação dolorosa, e há risco até de lesões permanentes. Mas mesmo intensidades menores podem causar problemas, dependendo do tempo que se fica exposto ao som.

Quanto maior a intensidade sonora, menor o tempo em que a exposição pode causar alguma perda de audição. O limite de tolerância a ruídos estabelecido pelo Ministério do Trabalho para ambientes industriais é de 85 decibéis por oito horas diárias. Para intensidades maiores, o tempo de exposição tem de ser progressivamente reduzido. Há leis que limitam o número de horas que determinados profissionais podem trabalhar por dia em função da intensidade sonora a que ficam expostos. Veja o quadro abaixo:

Tempo máximo de exposição diária	Nível de ruído (dB)
8 h	85
4 h	90
2 h	95
1 h	100
30 min	105
15 min	110

13.15

Fora do ambiente industrial, esse limite varia. Nas áreas residenciais, o limite é estabelecido por leis municipais e costuma ser de 55 decibéis (diurno) e 50 decibéis (noturno), mas pode variar de 45 a 65 decibéis, dependendo da região e da hora.

O ruído excessivo não afeta apenas a audição. Ele também pode provocar estresse, insônia, problemas emocionais, problemas no coração, problemas na circulação do sangue e hipertensão ("pressão alta").

Por isso, evite locais muito barulhentos e não ouça música com o volume muito alto. Não se deve escutar música com fones de ouvido com som no volume máximo ou por muitas horas. Com 60% do volume máximo, é indicado usar os fones apenas por cerca de meia hora. Com menor volume, o tempo pode ser prolongado por algumas horas. Veja se há um aviso nas instruções de uso do seu fone quanto ao limite de volume. Os fones de inserção na orelha trazem mais riscos que os externos.

Algumas medidas podem proteger o interior da casa contra o ruído excessivo de fora – instalar janelas antirruído (bem mais caras que as convencionais), por exemplo. Mas todos podemos contribuir para reduzir o ruído a nossa volta, evitando ouvir televisão ou música muito alto (e reduzindo o volume após às 22h), mantendo regulado o motor do carro, não acelerando o carro quando parado e evitando o uso da buzina (ela só pode ser usada, em toques breves, para evitar acidentes ou, fora das áreas urbanas, para avisar sobre uma ultrapassagem). Atitudes como essas beneficiam a própria pessoa e aquelas que estão próximas.

Algumas medidas governamentais são importantes para o controle da poluição sonora: desviar o trânsito pesado para longe dos centros residenciais, hospitais e áreas de lazer; instalar aeroportos longe de áreas residenciais; conservar e ampliar as áreas verdes, que funcionam como isolantes do som; promover campanhas educativas para que os motoristas evitem buzinar; fiscalizar os bares e outras casas noturnas para que não abusem do barulho. É importante também que o governo fiscalize os locais de trabalho para verificar se as leis que limitam o tempo de exposição ao ruído e determinam o uso de protetores auriculares estão sendo cumpridas.

Mundo virtual

As cores da luz
<www.seara.ufc.br/especiais/fisica/coresluz.htm>
Possui sugestões de atividades e experiências simples sobre diferentes temas de Física.

Silêncio: som demais causa poluição sonora
<http://super.abril.com.br/saude/silencio-som-demais-causa-poluicao-sonora-438877.shtml>
Reportagem que apresenta diferentes aspectos da audição e as características do som.

Percepções sonoras
<http://cienciahoje.uol.com.br/colunas/fisica-sem-misterio/percepcoes-sonoras>
Página que explica um pouco sobre as ondas sonoras, como percebemos os sons e quais são as ondas que não podemos ver, mas que utilizamos em nosso dias a dia, como as micro-ondas e a ultrassonografia.
Acesso em: 15 mar. 2015.

Reprodução/<http://cienciahoje.uol.com.br/colunas/fisica-sem-misterio/percepcoes-sonoras>

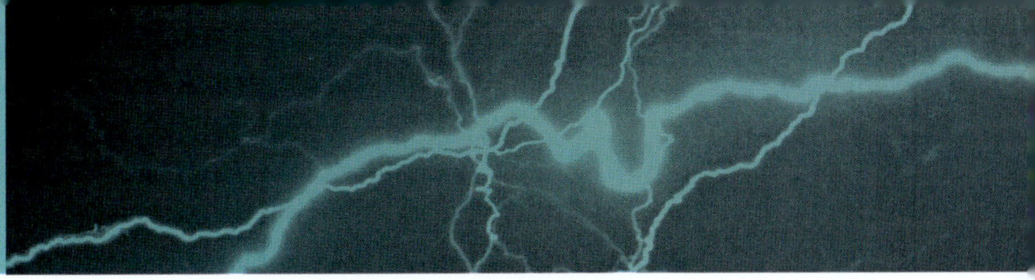

Atividades

Trabalhando as ideias do capítulo

1. Observe a representação das ondas abaixo e depois, no caderno, responda às questões.

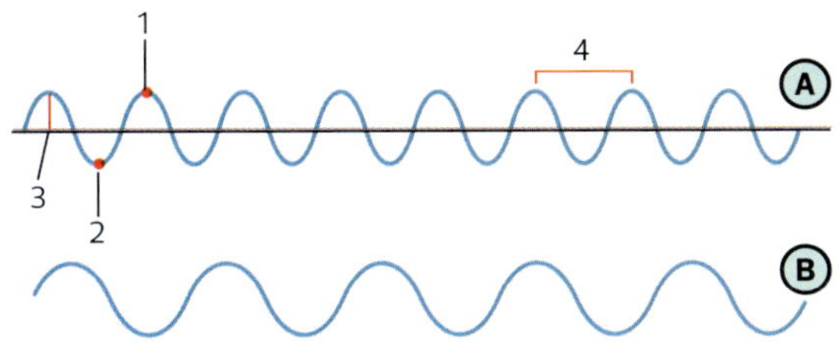

KLN Artes Gráficas/Arquivo da editora

13.16

a) A que correspondem os pontos indicados pelos números 1 e 2?

b) A que correspondem as distâncias indicadas pelos números 3 e 4?

c) Qual das duas ondas tem maior frequência: **A** ou **B**?

d) Supondo que o desenho esteja representando ondas sonoras, qual onda apresenta som mais grave?

2. A figura abaixo é uma representação de duas ondas sonoras propagando-se no ar a uma velocidade de 340 m/s.

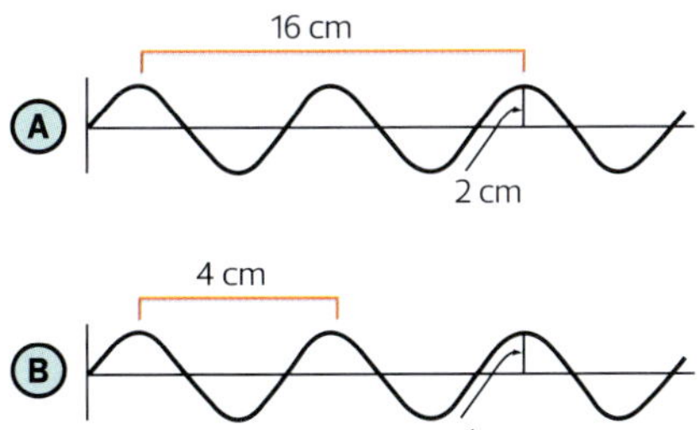

Banco de imagens/Arquivo da editora

13.17

a) Qual o valor do comprimento de cada uma das ondas?

b) Qual a amplitude de cada onda?

c) Qual a frequência de cada onda?

d) Qual a onda correspondente ao som mais agudo?

e) Qual a onda correspondente ao som mais intenso?

3. Qual a velocidade de propagação de uma onda com frequência de 20 Hz e comprimento de onda de 5 m?

4. Qual a frequência de uma onda que se propaga com velocidade de 300 m/s e tem comprimento de onda de 3 m? Calcule também o período dessa onda.

5. Se você colocar um despertador dentro de um recipiente de vidro fechado, provavelmente conseguirá escutar o barulho. E se o ar for removido do recipiente? Justifique a sua resposta no caderno.

6. Quando estamos conversando e pedimos a uma pessoa que fale mais baixo, a que característica da onda sonora (em linguagem científica) estamos nos referindo?

7. Quando mexemos no botão de volume de um aparelho de som, que característica da onda sonora é modificada?

8. Qual a característica da onda sonora que permite distinguir duas notas iguais emitidas com a mesma intensidade por dois instrumentos musicais diferentes?

9. Explique por que a distância mínima para haver eco é de 17 m.

10. As ondas de uma piscina fazem um barquinho de brinquedo subir e descer, de modo que ele leva 0,5 s para voltar à posição inicial. Qual o período e a frequência da onda que passa pelo barquinho?

11. Explique a diferença entre uma onda transversal e uma onda longitudinal. Dê um exemplo de cada tipo.

12. Por que pessoas que trabalham nas pistas de decolagem de aeroportos têm de usar protetores de ouvido?

13. Uma pessoa ouviu o eco de seu grito 0,4 s depois de ter gritado. Sabendo-se que a velocidade do som no local é de 340 m/s, qual a distância entre a pessoa e o obstáculo responsável pelo eco?

14. O gráfico abaixo mostra a velocidade do som no ar em função da temperatura. Com o aumento de temperatura, essa velocidade aumenta, diminui ou permanece constante?

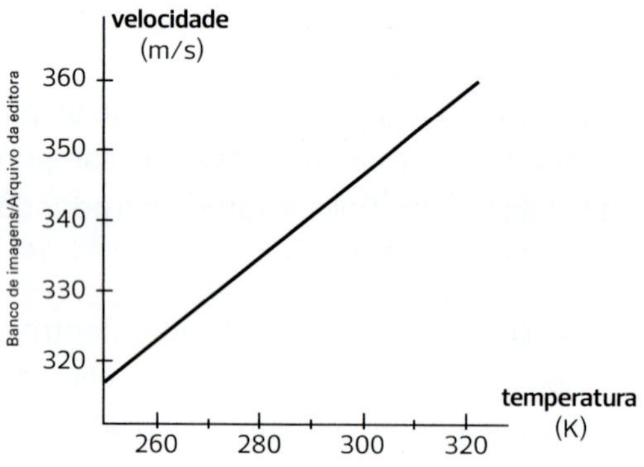

13.18

15. O quadro abaixo mostra os intervalos de frequências audíveis por diferentes espécies de seres vivos.

Ser humano (*Homo sapiens*)	20 a 20 000 Hz
Galinha (*Gallus gallus*)	125 a 2 000 Hz
Cão (*Canis familiaris*)	60 a 45 000 Hz
Baleia-azul (*Balaenoptera musculus*)	5 a 12 000 Hz
Baleia-branca ou beluga (*Delphinapterus leucas*)	1 000 a 123 000 Hz
Morcego fruteiro (*Artibeus jamaicensis*)	2 800 a 131 000 Hz
Elefante asiático (*Elephas maximus*)	16 a 12 000 Hz
Camundongo (*Mus musculus*)	2 300 a 85 500 Hz

13.19

a) Quais as espécies capazes de ouvir infrassons? E ultrassons?

b) Qual a espécie capaz de ouvir os infrassons na frequência mais baixa?

c) Qual a espécie capaz de ouvir os ultrassons na frequência mais alta?

d) Quais as duas espécies de animais que apresentam o espectro auditivo mais amplo entre os exemplos do quadro?

16. No caderno, indique as afirmativas verdadeiras.

a) Ondas podem transportar energia sem transportar matéria.

b) A frequência de uma onda é a distância entre duas cristas ou entre dois vales da onda.

c) Ondas sonoras propagam-se no vácuo.

d) Ondas sonoras são formadas por uma sequência de compressões e rarefações em um meio elástico.

e) Sons graves têm frequência mais alta do que sons agudos.

f) Quanto maiores a amplitude e a energia de uma onda sonora, maior sua intensidade.

g) O decibel é uma unidade usada para medir a intensidade de um som.

h) Duas notas musicais de mesma frequência e de mesma intensidade, emitidas por instrumentos diferentes, têm também o mesmo timbre.

i) As ondas sonoras são transversais.

j) A velocidade de propagação do som não depende do meio onde ele se propaga.

k) A intensidade diminui à medida que o som se afasta da fonte sonora.

l) Quanto maior o valor do decibel, mais agudo é o som.

m) O que diferencia uma onda transversal de uma longitudinal é a direção da vibração.

n) O infrassom e o ultrassom provocam sensações sonoras ao atingirem a orelha de uma pessoa.

o) A intensidade distingue os sons fortes (de alta amplitude) dos fracos (de baixa amplitude).

p) No eco ocorre a reflexão da onda sonora.

q) A nota *dó* e a nota *sol* emitidas pelo mesmo piano têm a mesma frequência.

r) A velocidade do som é maior no ar do que nos sólidos ou nos líquidos.

Pense um pouco mais

1. Por que um barulho forte, como uma explosão ou um avião passando, pode fazer a vidraça da janela vibrar ou até quebrar?

2. Uma pessoa afirmou que sentiu com a mão a vibração de uma pancada que outra pessoa deu em uma grade de ferro antes de ouvir o som da pancada. Você acha que ela pode estar correta? Justifique a sua resposta.

3. Uma pessoa soltou um grito curto e 0,5 s depois ouviu um eco. Considerando que a velocidade do som é de 340 m/s, qual a distância entre a pessoa e a superfície que refletiu o eco?

4. Em filmes de ficção científica é comum os tripulantes de uma espaçonave deslocando-se no espaço interplanetário, em regiões onde há vácuo, ouvirem sons de explosões de outras espaçonaves. Por que não é possível ouvir esses sons?

5. Algumas câmeras colocam o objeto em foco com auxílio da emissão de ultrassom. Um sensor detecta o tempo que leva para o ultrassom ir e voltar para a câmera depois de se refletir no objeto. Imagine que esse tempo foi de um décimo de segundo. Sabendo que a velocidade do ultrassom é de 340 m/s, a que distância está o objeto?

6. Nas histórias de aventuras de índios, vemos que eles encostam a orelha no chão para saber se cavalos estão se aproximando. Explique esse costume.

Atividade em grupo

Escolham um dos temas a seguir para pesquisa.

1. Vocês já sabem que as ondas aparecem quando alguma coisa vibra com certa frequência. Mas, quando nós estamos falando, o que é que vibra? Pesquisem como o som é produzido no nosso corpo. Pesquisem também por que algumas pessoas têm voz mais aguda e outras, mais grave.

2. Que parte de nossa orelha vibra com as ondas sonoras? Como essa vibração é transmitida até chegar ao nervo responsável por levar os impulsos nervosos ao cérebro? Pesquisem também qual a vantagem de termos duas orelhas.

3. Que animais são capazes de emitir e captar ultrassons? Como essas ondas auxiliam esses animais?

4. Que tecnologias o ser humano desenvolveu que se valem de ultrassons? Quais as aplicações dessas tecnologias?

Aprendendo com a prática

1. Este experimento envolve uma pesquisa adicional, que pode ser feita com o apoio do professor de Arte e/ou consultando livros, CD-ROMs ou a internet.

Material

- Uma lata de leite em pó vazia
- Tiras de elástico fechadas (circulares) de espessuras variadas

Procedimentos

- Ajuste o elástico sobre a lata, envolvendo-a conforme a figura 13.20. O elástico deve ficar bem esticado.
- Dedilhe o elástico como se estivesse tocando um violão. Preste atenção ao som emitido.

13.20

Depois mantenha o meio do elástico pressionado com um dedo e, apoiando a lata numa mesa, dedilhe de novo o elástico. Veja a figura 13.21.

a) Compare a altura do som nos dois casos: qual a relação entre a altura do som e o comprimento do elástico?

b) Cite alguns instrumentos de corda que se valem dessa propriedade, explicando como as diferentes notas são produzidas. (Consulte livros, CD-ROMs, a internet e o professor de Arte.)

13.21

Agora você vai puxar o elástico com uma das mãos, como mostra a figura 13.22. Ele vai ficar ainda mais esticado, sob maior tensão. Peça a alguém que dedilhe o elástico. Compare o som com o obtido anteriormente, quando o elástico estava menos tenso.

c) A altura do som muda em função da tensão do elástico? Explique.

d) Pesquise como se regula a tensão de alguns instrumentos musicais de corda. (Consulte livros, CD-ROMs, a internet e o professor de Arte.)

13.22

Ilustrações: Mauro Nakata/Arquivo da editora

- Repita os experimentos usando elásticos de diferentes espessuras, mas de mesmo comprimento. Compare a altura dos sons emitidos nos diversos casos.

e) Que relação você encontra entre a espessura dos elásticos e a altura do som?

f) Como essa propriedade é aproveitada em alguns instrumentos de corda? (Consulte livros, CD-ROMs, a internet e o professor de Arte.)

2. Providencie o que se pede a seguir e depois siga as orientações.

Material

- diversas garrafas vazias de vidro e de mesmo volume
- água

Procedimentos

- Distribua diferentes quantidades de água entre as garrafas, como mostra a figura 13.23.
- Sopre por cima da abertura das garrafas e compare a altura das notas emitidas em cada uma delas.

a) Quando você sopra, a coluna de ar na garrafa vibra, e uma onda sonora começa a se deslocar pelo ar. Verifique se há uma relação entre a altura do som e o comprimento da coluna de ar na garrafa.

13.23

b) Pesquise como o comprimento da coluna de ar é controlado em alguns instrumentos de sopro, como a flauta e o saxofone. (Consulte livros, CD-ROMs, a internet e, se possível, o professor de Arte.)

Ao final da atividade, cada grupo ficará encarregado de conseguir um instrumento musical diferente e também alguém que saiba tocá-lo para ilustrar, em uma apresentação geral, como são produzidos os diferentes sons em cada instrumento.

Os grupos podem também pesquisar na internet *sites* que ensinam a construir instrumentos musicais de sucata e, em conjunto com o professor de Arte e de Ciências, construir e utilizar esses instrumentos, analisando como o som é produzido em cada um deles.

Materiais como latas de metais, copos de plástico e garrafas PET podem ser reciclados, caso os experimentos não venham mais a ser utilizados.

Capítulo

14 A luz

Você já viu um arco-íris durante uma chuva ou depois dela? É um fenômeno que ocorre quando a luz do Sol atravessa as gotas da chuva e a luz branca é decomposta em várias cores. Veja a figura 14.1.

Francey/Shutterstock/Glow Images

14.1 A decomposição da luz branca pode ser feita pela água da chuva, quando se forma um arco-íris.

A questão é

Ondas de rádio, raios X, luz visível... O que esses fenômenos têm em comum? E o que o arco-íris indica sobre a natureza da luz branca? Que instrumentos e objetos do cotidiano são aplicações da reflexão da luz? E da refração da luz? Quais as características da imagem formada num espelho plano?

❶ As ondas eletromagnéticas

A luz é uma **onda eletromagnética**. Também são ondas eletromagnéticas: ondas de rádio e televisão, raios infravermelhos, radiação ultravioleta, micro-ondas, raios X e raios gama. No vácuo, todas as ondas eletromagnéticas se propagam com a mesma velocidade: 300 mil quilômetros por segundo (aproximadamente).

Na figura 14.2 você vê um conjunto de ondas eletromagnéticas que estão organizadas de acordo com a frequência. As ondas de menor frequência estão mais à esquerda, e as de maior frequência ficam à direita. Essa organização é chamada de **espectro eletromagnético**.

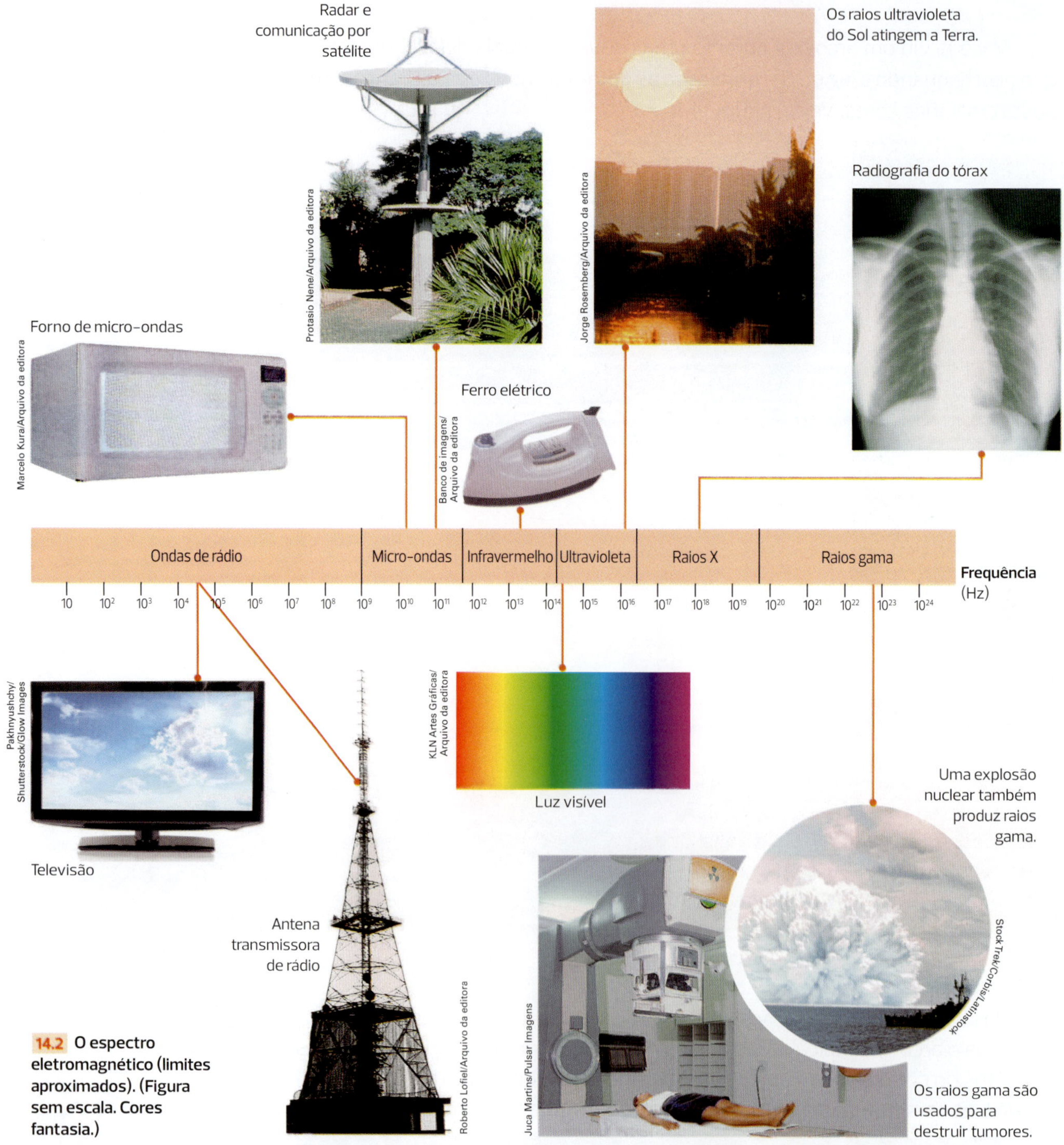

14.2 O espectro eletromagnético (limites aproximados). (Figura sem escala. Cores fantasia.)

As ondas eletromagnéticas diferem também no comprimento de onda, que varia de acordo com o meio em que ela se propaga. Como em todas as ondas, há uma relação entre velocidade, frequência e comprimento de onda dada pela fórmula $v = \lambda \cdot f$.

As ondas eletromagnéticas podem ser captadas com auxílio de instrumentos.

Achamos natural conversar ao telefone ou pela internet com alguém que esteja longe. Mas pense um pouco: como era a comunicação a distância 300 anos atrás? Era realizada por carta. Porém, esse meio era demorado, dependendo da distância.

Hoje, a comunicação é muito mais rápida e pode se dar em tempo real. Isso só foi possível graças ao uso das ondas eletromagnéticas nas telecomunicações: rádio, televisão, telefone, internet. Vamos conhecer melhor essas ondas e suas tecnologias.

Ondas de rádio e micro-ondas

No início do espectro, encontram-se as **ondas de rádio**, usadas na transmissão de rádio e televisão.

Quando você mexe no botão do rádio ou aciona o controle da televisão para sintonizar uma estação ou um canal, está regulando seu receptor para captar determinada onda com a frequência emitida pela estação ou pelo canal escolhido. Quando um canal de televisão está fora do ar, a televisão capta uma mistura de ondas eletromagnéticas emitidas por várias fontes, produzindo um "chuvisco" característico e um chiado.

As **micro-ondas** têm um comprimento de onda mais curto do que o das ondas de rádio. Elas são usadas na transmissão por satélite de televisão e telefone, nos radiotelescópios, nos radares e nos fornos de micro-ondas. Veja a figura 14.3.

Adilson Secco/Arquivo da editora

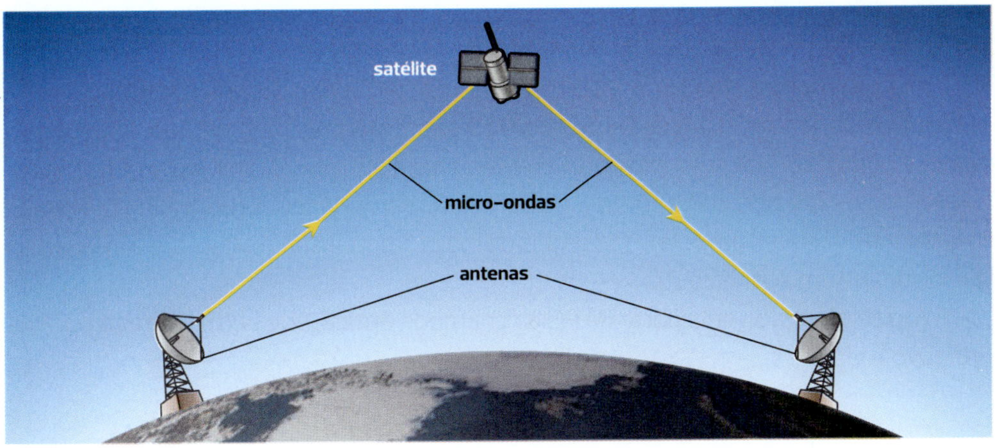

14.3 As micro-ondas são usadas para transmissões de TV ou telefonia por satélites. (Figura sem escala. Cores fantasia.)

Ciência e tecnologia

Forno de micro-ondas

As micro-ondas emitidas pelo forno de micro-ondas fazem as moléculas de água oscilarem rapidamente e transmitirem esse movimento às moléculas vizinhas. Essas colisões elevam a temperatura da comida.

Lembre-se: não ponha objetos metálicos no micro-ondas, pois eles refletem um excesso de ondas que pode danificar o magnétron (aparelho que emite as ondas) ou produzir correntes elétricas que provocam chamas. Veja a figura 14.4.

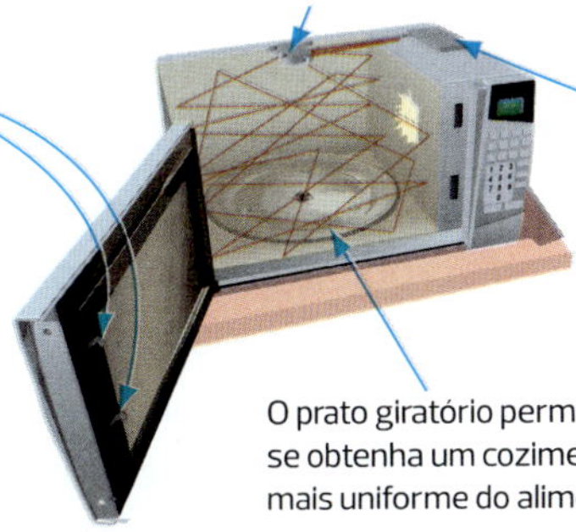

14.4 Forno de micro-ondas. (Figura sem escala. Cores fantasia.)

Adaptado de: MÁXIMO, Antônio; ALVARENGA, Beatriz. *Curso de Física*. São Paulo: Scipione. v. 3. p. 294./Arquivo da editora

O infravermelho

Os **raios infravermelhos** são emitidos pelos corpos aquecidos e, como você viu no Capítulo 12, podem ser absorvidos e aquecer um objeto, pelo processo de radiação térmica. Quando ficamos expostos ao sol, por exemplo, recebemos uma grande quantidade de raios infravermelhos (infravermelho significa que a frequência desta onda eletromagnética está 'abaixo do vermelho', ou seja, abaixo da frequência da onda que produz luz de cor vermelha).

Os raios infravermelhos são usados em binóculos e câmeras que permitem enxergar e fotografar à noite, em satélites de previsão do tempo (que detectam os infravermelhos emitidos pela Terra) e em controles remotos de aparelhos de televisão e de som. São utilizados também em sensores para acender lâmpadas ou disparar alarmes. Os sensores detectam variações na radiação infravermelha quando uma pessoa passa por eles. O infravermelho é usado ainda para ler o código de barras na embalagem de produtos: as barras negras absorvem os raios e os espaços brancos devolvem os raios para um sensor. As informações são digitalizadas e processadas por um computador.

A luz

A **luz** ou, mais exatamente, a **luz visível** é a parte do espectro em que estão as ondas eletromagnéticas capazes de produzir a visão. Essa parte é chamada de **espectro visível** e contém ondas com frequência de cerca de 430 mil a 750 mil giga-hertz (GHz). Cada frequência é percebida como uma cor diferente, variando do vermelho (as ondas de menor frequência) ao violeta (as ondas de maior frequência). Portanto, é a frequência que distingue uma cor da outra.

A luz é estudada pela parte da Física chamada **óptica**, que vem do grego *optikós* ('relativo a vista').

Evite a exposição excessiva ao sol, principalmente das 10 às 16h, e use filtro solar. Um médico (dermatologista) poderá indicar o melhor filtro para o tipo de sua pele.

O ultravioleta

Acima da luz visível estão os **raios ultravioleta** (ultravioleta significa 'acima do violeta'). Esses raios são emitidos pelo Sol e atuam na produção de vitamina D, necessária à formação dos nossos ossos. No entanto, a exposição excessiva aos raios ultravioleta aumenta os riscos de câncer de pele, além de provocar o surgimento de rugas e o envelhecimento precoce da pele.

Os raios X

Em 1895, quando os raios X foram descobertos pelo físico alemão Wilhelm Conrad Röntgen, não se sabia o que eram esses raios. Em Matemática, a letra *x* representa um valor desconhecido.

Os **raios X** são muito úteis à Medicina, pois servem para detectar fraturas e problemas nos ossos e em outros órgãos do corpo.

Eles são absorvidos pelos ossos, mas atravessam tecidos menos densos. Então, se uma parte do corpo for exposta aos raios X e estes forem captados num filme fotográfico, os ossos aparecem como regiões mais claras (que não foram atravessadas pelos raios) em fundo escuro (as regiões que foram atravessadas). Essa imagem, chamada **radiografia**, é usada para detectar fraturas e outros problemas. Veja a figura 14.5.

Existem aparelhos especiais que permitem formar imagens de todos os tecidos do corpo com mais detalhes que a radiografia, como é o caso da tomografia computadorizada. Veja a imagem à direita na figura 14.5.

Radiografia de ossos do pé e da perna.

Lester V. Bergman/Corbis/Latinstock

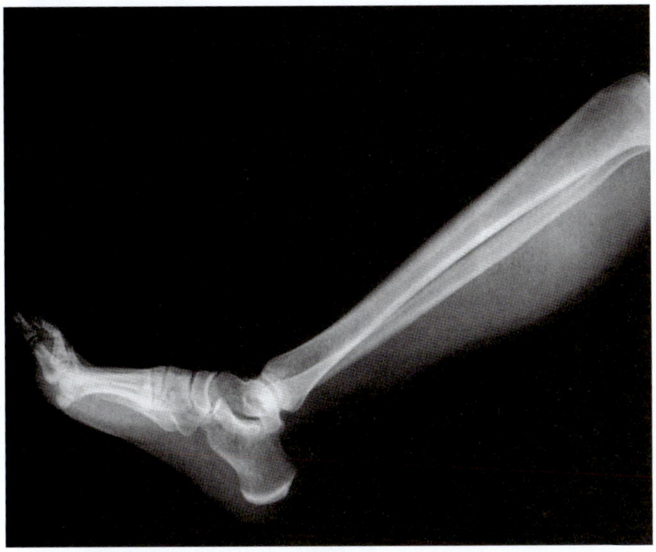

Tomografia computadorizada da próstata (em verde).

Dept. of Clinical Radiology, Salisbury District Hospital/Science Photo Library/Latinstock

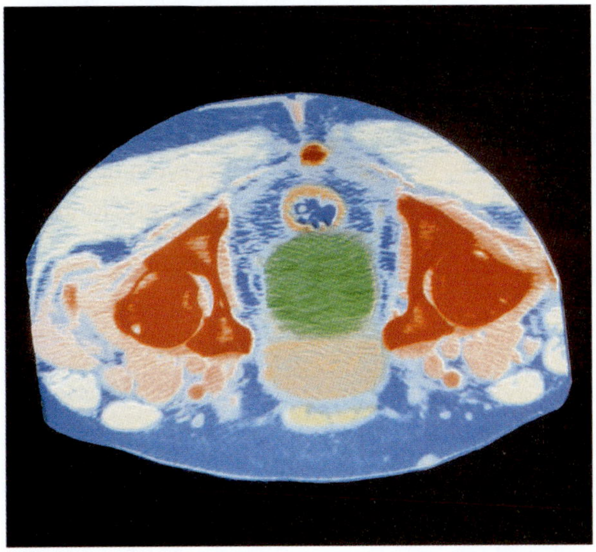

14.5 **Raios X: uma radiação importante para diagnósticos de doenças.**

A exposição frequente aos raios X é perigosa. As pessoas que trabalham com essa radiação devem se proteger com aventais de chumbo ou ficar atrás de paredes especiais durante a radiografia.

Os raios gama

Os **raios gama** são as ondas com frequência mais alta produzidas por materiais radioativos. Por terem grande poder de penetração, podem destruir as células dos organismos. Mas, usados sob condições controladas, são capazes de destruir também certos tumores. É o tratamento conhecido como **radioterapia**, usado para tratar certos tipos de câncer.

Os raios gama podem ser utilizados também para esterilizar materiais cirúrgicos (seringas, agulhas, etc.) e para conservar alimentos. Os raios destroem as células de bactérias, fungos e outros microrganismos, tornando o alimento estéril. A irradiação pode ser feita com o produto já na embalagem e não torna o alimento radioativo.

Hank Morgan/Science Source/Latinstock

14.6 **Utilização de raios gama para esterilizar equipamento de hospital.**

2 Luz e sombras

A formação de **sombras** depende de uma propriedade da luz em meios homogêneos: a luz se propaga em linha reta.

A luz pode sofrer um desvio na trajetória se o meio não for homogêneo, isto é, se não tiver as mesmas propriedades em todos os pontos. Ela também se curva um pouco em torno da borda de um objeto, mas, nas dimensões em que estamos tratando, podemos considerar que a luz se propaga em linha reta.

O Sol, uma vela e uma lâmpada acesa emitem luz em todas as direções. Isso pode ser representado por uma série de linhas retas saindo da fonte de luz: são os **raios de luz** ou **raios luminosos**. Os raios indicam a trajetória da luz, e o conjunto de raios luminosos emitidos pela fonte é chamado de **feixe de luz**.

Observe a figura 14.7. A sombra corresponde à parte da parede que não está recebendo luz da fonte luminosa, bloqueada pelo corpo opaco.

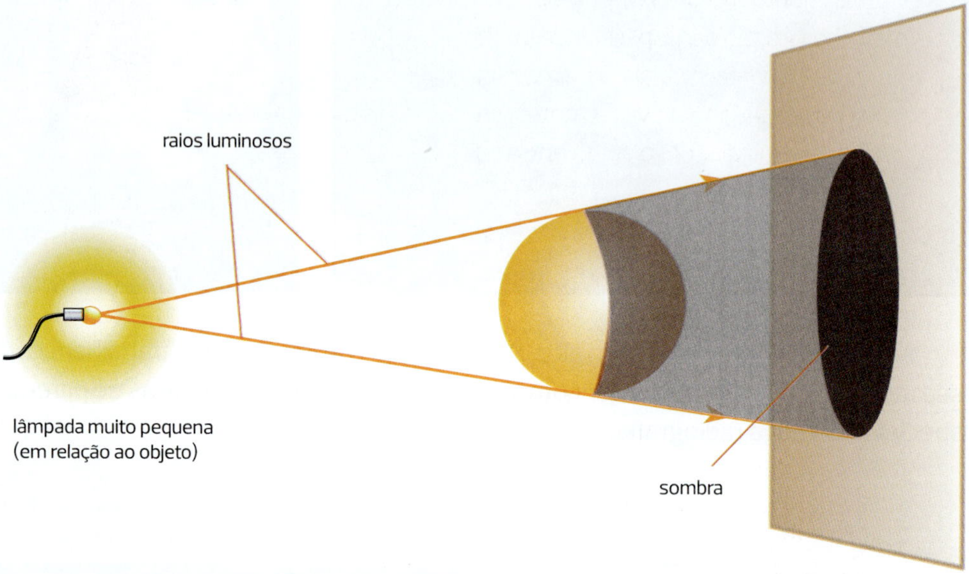

Ilustrações: KLN Artes Gráficas/Arquivo da editora

14.7 Figura sem escala. Cores fantasia.

Se a fonte de luz for extensa, além da sombra vai aparecer uma região um pouco mais clara. Essa sombra parcial é chamada de **penumbra**. Observe a figura 14.8.

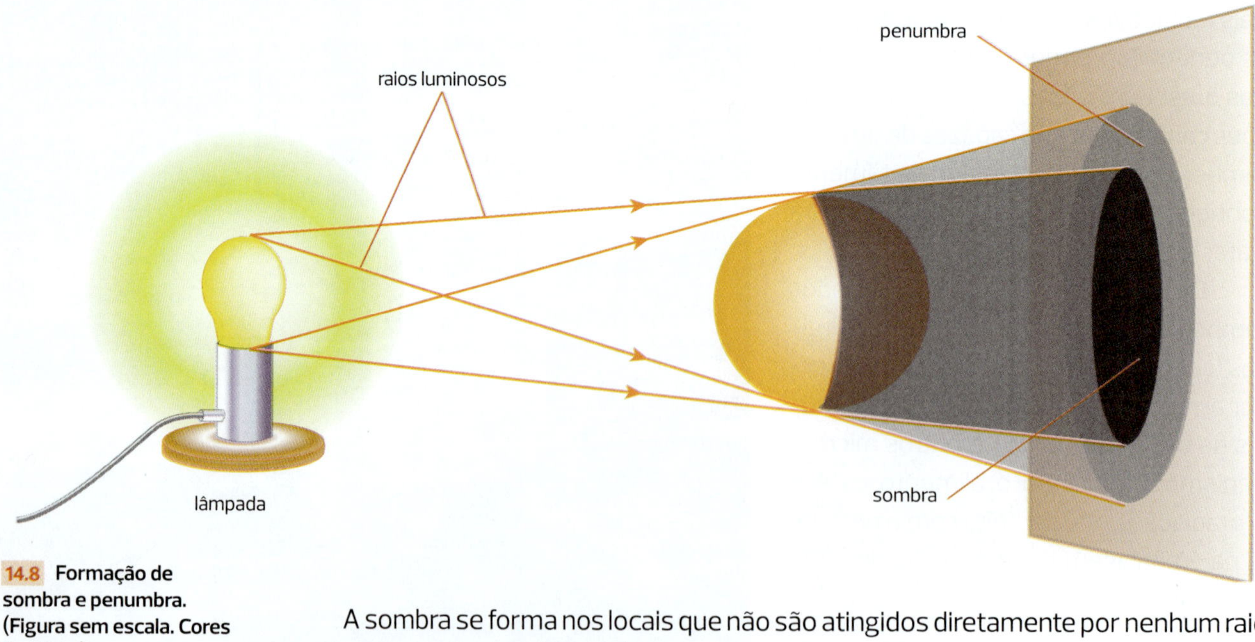

14.8 Formação de sombra e penumbra. (Figura sem escala. Cores fantasia.)

A sombra se forma nos locais que não são atingidos diretamente por nenhum raio luminoso da lâmpada. A região da penumbra forma-se nos locais em que alguns raios chegam e outros são bloqueados. Por isso ela é um pouco mais clara.

3 A decomposição da luz branca

Quando a luz passa de um meio para outro — como ocorre quando ela sai do ar, entra no prisma e sai novamente — ela pode mudar de direção. Esse fenômeno é chamado de **refração** da luz.

A luz branca é formada por uma mistura de ondas de várias frequências. Então, quando a luz do Sol ou de uma lâmpada atravessa o prisma, cada onda sofre um desvio diferente em sua trajetória. O resultado é que as ondas se separam e aí as várias cores podem ser percebidas. Veja a figura 14.9.

14.9 Decomposição da luz branca por um prisma

Matthias Kulka/Corbis/Corbis (DC)/Latinstock

Esse conjunto de cores é chamado de **espectro da luz branca** e o fenômeno é chamado de **dispersão** da luz. Embora se fale nas sete cores do espectro (vermelho, laranja, amarelo, verde, azul, anil e violeta), há um espectro contínuo de várias cores, com uma passagem gradual entre elas, sem uma distinção exata entre os limites de cada cor.

Ciência e História

Newton e a dispersão da luz

Antes de Newton, não se tinha ideia de que a luz branca era formada por uma mistura de cores. Dizia-se que as cores que apareciam quando a luz branca decompunha-se ao atravessar um vidro eram produzidas por impurezas do vidro.

Newton defendeu também a teoria de que a luz branca sofre dispersão ao atravessar um prisma, isto é, que o prisma desvia cada cor em um ângulo diferente. Ele mostrou ainda que cada cor do espectro não pode ser dividida em outras pelo prisma e que a luz branca pode ser recomposta, a partir de seu espectro, por outro prisma.

Explicando o arco-íris

Na formação do arco-íris, a luz é refratada ao entrar na gota de água, reflete-se e sai, sofrendo sempre um desvio na trajetória ao mudar de meio (da água para o ar).

Observe na figura 14.9 que o vermelho e o violeta, as duas cores na extremidade do espectro, sofrem desvios bem diferentes: o vermelho sofre um desvio menor, e o violeta, um desvio maior (as demais cores sofrem desvios intermediários).

Para ver o arco-íris, é preciso estar entre o Sol e a chuva. Vemos apenas uma das cores que saem de cada gota — as outras não atingem o nosso campo de visão. Reveja a figura 14.10.

Podemos concluir então que a luz do Sol contém ondas com várias frequências. Cada frequência é percebida por nós como uma cor. Misturadas, elas são percebidas por nós como a cor branca. O branco é a sensação que temos quando os olhos recebem todas as frequências do espectro correspondente à luz visível do Sol.

14.10 Esquema simplificado (apenas a luz vermelha e a violeta são indicadas) da formação do arco-íris. (Figura sem escala. Cores fantasia.)

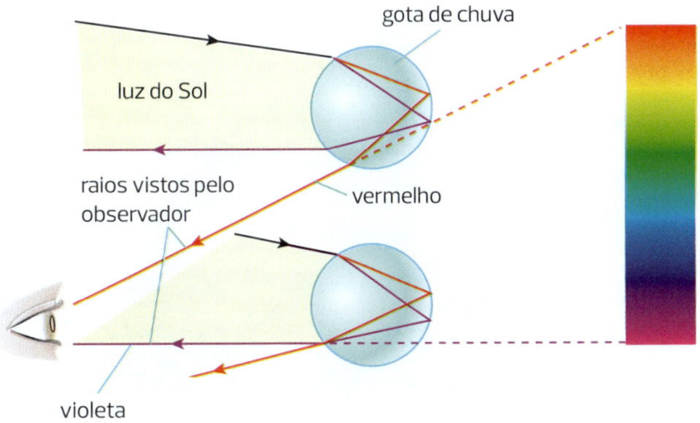

KLN Artes Gráficas/Arquivo da editora

Ciência e sociedade

Interdependência cultural

Veja estes trechos da música "Parabolicamará", de Gilberto Gil (Warner Music, 1992):

Antes mundo era pequeno
Porque Terra era grande
Hoje mundo é muito grande
Porque Terra é pequena
Do tamanho da antena parabolicamará
Antes longe era distante
Perto, só quando dava
Quando muito, ali defronte
E o horizonte acabava
Hoje lá trás dos montes,
dentro de casa, camará

A palavra "parabolicamará" foi inventada por Gilberto Gil unindo as palavras parabólica (de antena parabólica) e camará (um arbusto encontrado em todo o Brasil). O autor está dizendo que hoje a Terra é pequena, do tamanho de uma antena parabólica.

A antena parabólica capta ondas eletromagnéticas transmitidas pela televisão e outros aparelhos de telecomunicação, permitindo que as pessoas recebam notícias e informações em tempo real de várias partes do mundo. Nesse sentido, o mundo tornou-se pequeno.

Tecnologias como a televisão e a internet permitem o acesso rápido a outras culturas, mas podem ajudar a destruir a diversidade cultural.

Talvez Gil esteja nos alertando em sua música que devemos usar a tecnologia sem esquecer nossa herança cultural.

Um alerta em relação à influência de uma cultura sobre a outra já aparece em 1959, na música "Chiclete com banana", de Waldeck Arthur de Macedo e Almira Castilho. Veja a letra:

Mas eu só boto o *be-bop* no meu samba
Quando o Tio Sam tocar um tamborim
Quando ele pegar no pandeiro e no zabumba
Quando ele aprender que o samba não é rumba
Aí eu vou misturar Miami com Copacabana
Chiclete eu misturo com banana
E o meu samba vai ficar assim

Tirururuririruri bop-be-bop-be-bop
Tirururuririruri bop-be-bop-be-bop
Tirururuririruri bop-be-bop-be-bop
Eu quero ver a confusão

Tirururuririruri bop-be-bop-be-bop
Tirururuririruri bop-be-bop-be-bop
Tirururuririruri bop-be-bop-be-bop
Olhe o samba *rock*, meu irmão

É, mas em compensação
Eu quero ver o *boogie-woogie* de pandeiro e violão
Quero ver o Tio Sam, de frigideira
Numa batucada brasileira.

Christiane S. Messias/Arquivo da editora

4 A reflexão da luz

Se você jogar uma bola de borracha bem na vertical contra um chão plano, ela volta na mesma direção. Mas, se for lançada obliquamente, ela será refletida aproximadamente com o mesmo ângulo com que foi lançada. Veja a figura 14.11.

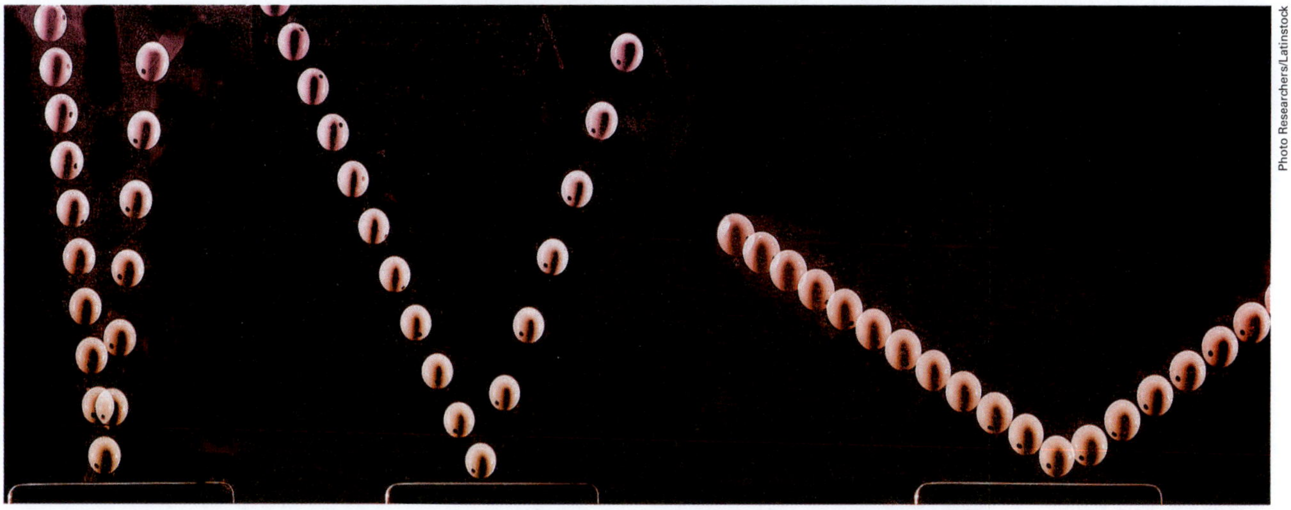

14.11 Fotos obtidas com técnicas especiais que mostram a reflexão de uma bola atirada em vários ângulos.

Quando um raio de luz incide sobre uma superfície plana e polida, como a superfície de um espelho comum, acontece algo parecido: ele é refletido com o mesmo ângulo com que incidiu. Essa é uma **lei da reflexão da luz**. Observe, na figura 14.12, que o ângulo do raio incidente (que incide no espelho) com a **reta normal** e o ângulo do raio refletido com essa mesma reta são iguais. Além disso, percebemos também que o raio incidente, o raio refletido e a reta normal estão situados no mesmo plano (na figura, é o plano da folha de papel).

Reta normal ou, simplesmente, normal é a reta perpendicular ao espelho no ponto de incidência da luz.

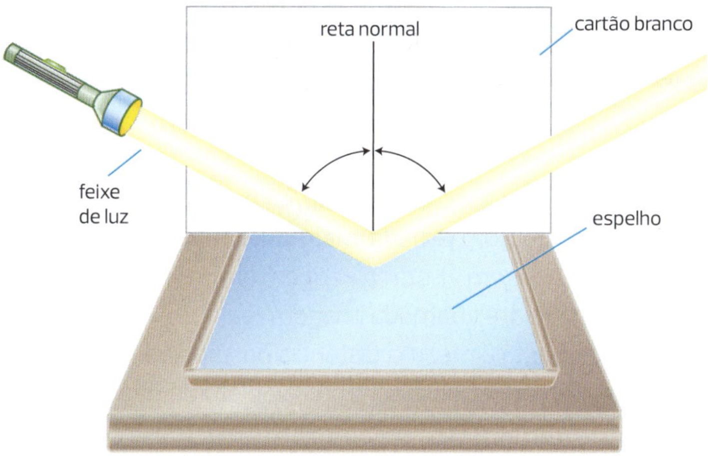

Feixe de luz incidindo num espelho.

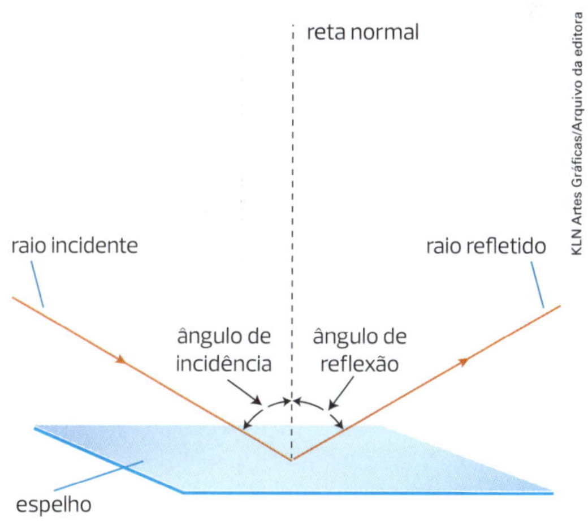

14.12 A reflexão da luz: o ângulo de incidência é igual ao ângulo de reflexão. (Figura sem escala. Cores fantasia.)

Agora: o que acontece se o raio incidir perpendicularmente ao espelho?

Nesse caso, ele volta na mesma direção.

Esse tipo de reflexão que ocorre em superfícies bem lisas, como a de um espelho, chama-se **reflexão regular** ou **especular**.

Nas superfícies que não são tão lisas como a dos espelhos, um feixe de raios paralelos se reflete em várias direções, de modo desordenado: é a chamada **reflexão difusa**. Nesse caso, não vemos uma imagem, como nos espelhos; vemos apenas o objeto. É justamente esse tipo de reflexão que nos permite ver os objetos do dia a dia. Compare as duas situações na figura 14.13.

Fotos: Photo Researchers/Latinstock

Ilustrações: KLN Artes Gráficas/Arquivo da editora

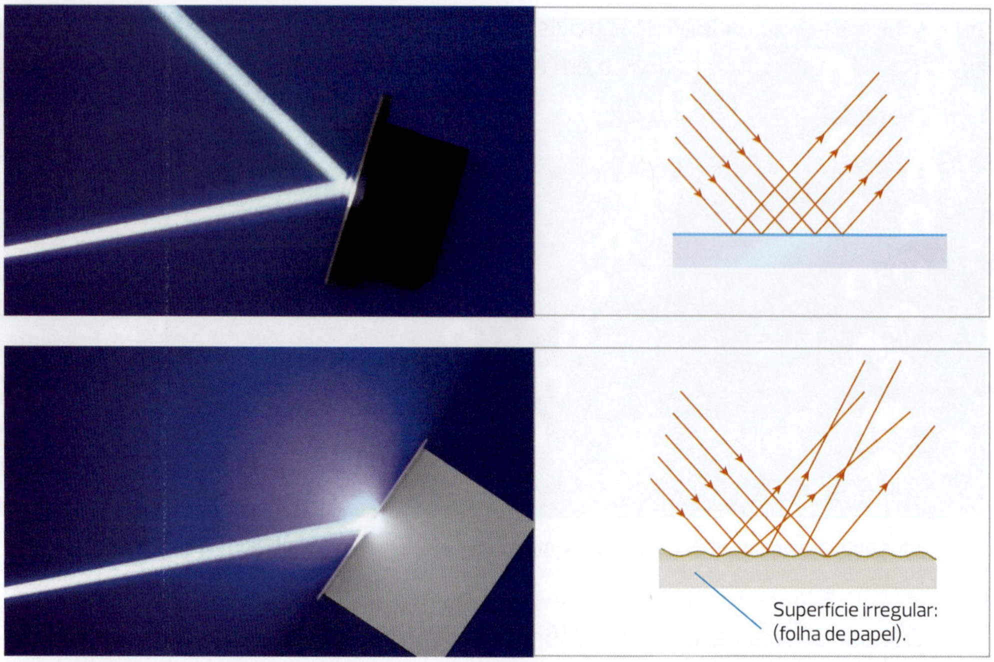

14.13 Na 1ª ilustração e na foto ao lado dela, vemos uma reflexão especular, e, na 2ª ilustração e na foto ao lado dela, uma reflexão difusa. (Ilustração sem escala. Cores fantasia.)

Vamos ver como a reflexão especular produz as imagens nos espelhos mais comuns, que têm a superfície plana.

A imagem no espelho plano

Em um espelho plano, as imagens parecem estar atrás do espelho. Isso acontece porque os olhos e o cérebro captam as imagens a partir dos raios luminosos que chegam até nós. Então, se prolongarmos os raios refletidos pelo espelho, veremos que tudo se passa como se esses raios tivessem partido de pontos atrás do espelho. A imagem do objeto é vista no ponto de encontro dos prolongamentos dos raios refletidos. Observe a figura 14.14.

14.14 A formação das imagens nos espelhos planos. Percebemos as imagens como se elas se formassem a partir de raios luminosos propagados sempre em linha reta. (Figura sem escala. Cores fantasia.)

KLN Artes Gráficas/Arquivo da editora

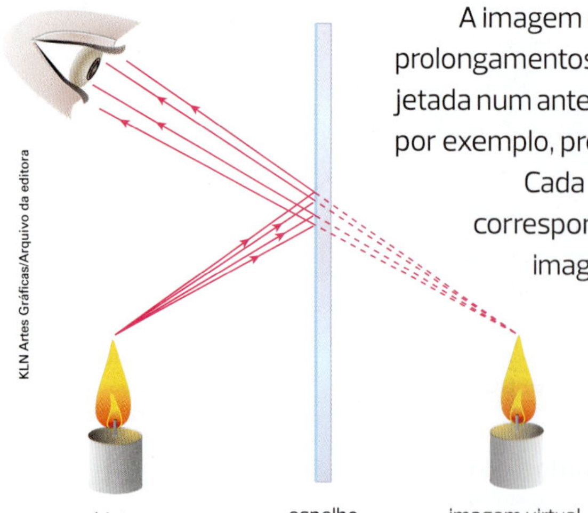

A imagem que parece se formar atrás do espelho, no ponto de encontro dos prolongamentos dos raios refletidos, é chamada **imagem virtual**. A imagem projetada num anteparo não é uma imagem virtual. A imagem que vemos no cinema, por exemplo, projetada em uma tela, é chamada imagem real.

Cada ponto do objeto está à mesma distância do espelho que o ponto correspondente da imagem. Quando afastamos o objeto do espelho, a sua imagem também se afasta. Além disso, a imagem é do mesmo tamanho que o objeto.

Agora, fique em frente a um espelho plano e observe que, quando você levanta a mão direita, a imagem faz o mesmo, mas com a mão esquerda. Há, então, uma inversão de lados: o lado esquerdo aparece como direito e vice-versa. Esse fenômeno é chamado reversão de imagens.

Espelhos esféricos

A superfície do espelho da figura 14.15 não é plana: ela é curva. Nesse caso, a superfície curva e espelhada é esférica. Além disso, é uma superfície convexa, como a superfície externa de uma colher.

Os **espelhos convexos** fornecem um campo de visão maior que os espelhos planos. Por isso são usados no retrovisor externo de veículos, nos estacionamentos, em saídas de elevador, em lojas e em outros locais que necessitem de um ângulo de visão maior. Reveja a figura 14.15.

Cordelia Molloy/Science Photo Library/Latinstock

14.15 **Espelhos convexos fornecem campo de visão maior que espelhos planos.**

Observe agora os espelhos da figura 14.16. A superfície espelhada é esférica e côncava, como a superfície interna de uma colher.

Os **espelhos côncavos** fornecem imagens ampliadas de objetos próximos, como podemos ver bem na segunda foto da figura 14.16. Por isso são utilizados pelos dentistas e em espelhos de maquiagem, entre outras aplicações.

14.16 **Espelhos côncavos fornecem imagens ampliadas de objetos próximos.**

MicroWorks/Shutterstock/Glow Images

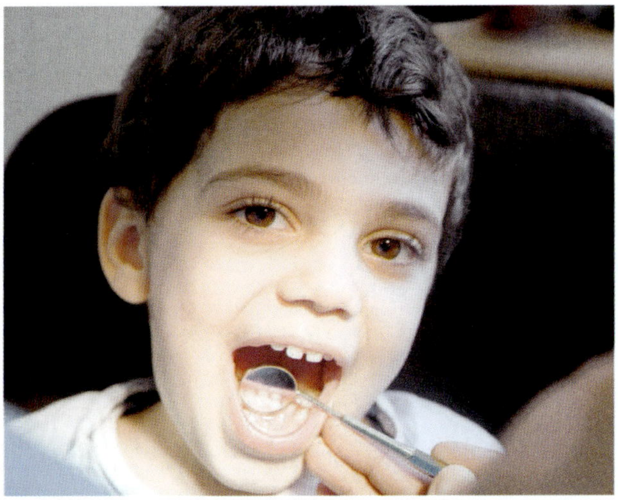

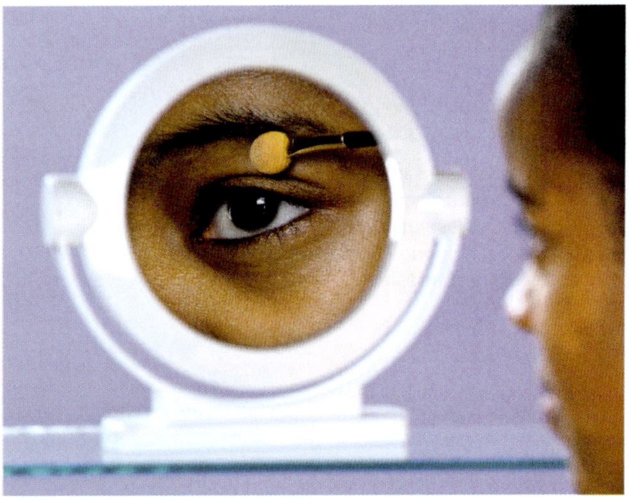

Martyn F. Chillmaid/Science Photo Library/SPL DC/Latinstock

5 A refração da luz

Uma bola que está rolando no asfalto perde velocidade se passar a rolar na areia. Do mesmo modo, as rodinhas do carrinho da figura 14.17 perdem velocidade quando passam da madeira do assoalho para o tapete.

Se uma das rodas do carrinho chega primeiro ao tapete, ela diminui de velocidade antes da outra. O resultado é que o carrinho muda de direção. Veja a figura 14.18.

Ilustrações: KLN Artes Gráficas/Arquivo da editora

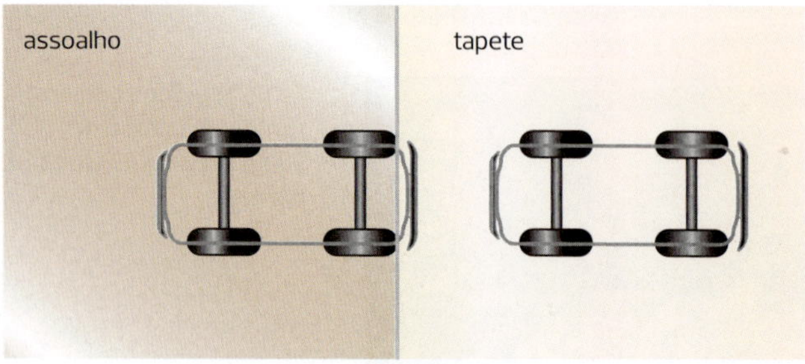

14.17 Figura sem escala. Cores fantasia.

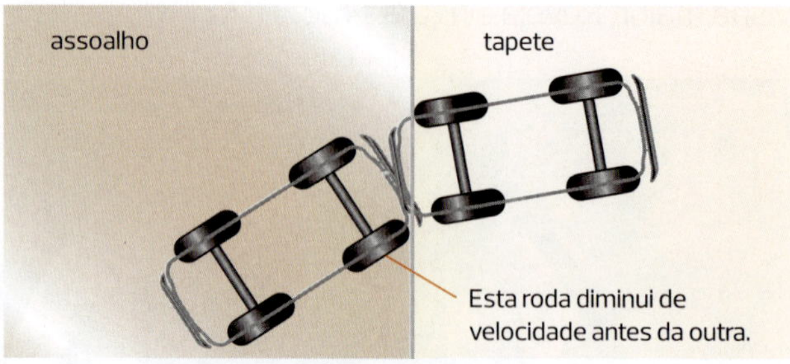

14.18 Figura sem escala. Cores fantasia.

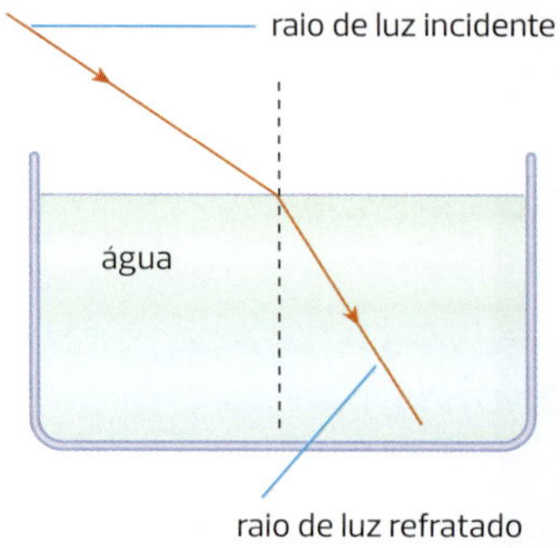

GIPhotoStock/Photo Researchers, Inc./Latinstock

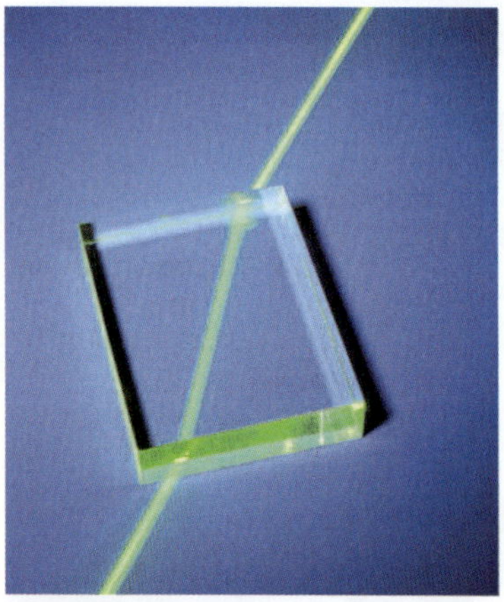

14.19 A refração da luz ao passar do ar para a água ou para o acrílico. Na foto, foi usado um raio *laser* para demonstrar o fenômeno. (Ilustração sem escala. Cores fantasia.)

Com a luz acontece algo semelhante. Quando um raio de luz passa do ar para a água ou do ar para um vidro ou outro meio transparente, por exemplo, ele diminui de velocidade. Se a luz incidir perpendicularmente sobre a superfície de separação dos meios, há apenas mudança de velocidade. Se incidir obliquamente, também muda de direção, como mostra a figura 14.19.

A mudança de velocidade que acontece quando a luz passa de um meio para outro é chamada **refração**.

A refração explica vários fenômenos do cotidiano.

A figura 14.20 mostra uma pessoa olhando um peixe no aquário. Só que ela vê o peixe acima de onde ele realmente está. Vamos entender por quê.

Observe na figura que os raios luminosos que saem do peixe, ao passarem da água para o ar, sofrem uma refração e mudam de direção. A pessoa vai observar o peixe no prolongamento dos raios que chegam até seus olhos, isto é, no prolongamento dos raios que sofreram refração. Por isso, a pessoa não está vendo o peixe onde ele realmente está, mas uma imagem dele que se forma acima da real posição do peixe. Trata-se, portanto, de uma imagem virtual que se forma no prolongamento dos raios refratados.

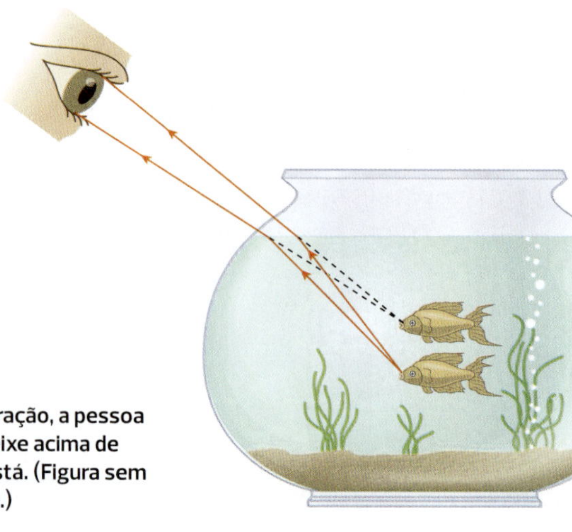

Adilson Secco/Arquivo da editora

14.20 Em razão da refração, a pessoa vê uma imagem do peixe acima de onde ele realmente está. (Figura sem escala. Cores fantasia.)

Lentes

CONTEÚDO DIGITAL

As lentes são feitas de vidro, plástico ou outros materiais transparentes e formam, por refração, imagens dos objetos. Veja na figura 14.21 que alguns tipos de lente fazem os raios paralelos (raios que incidem paralelos ao eixo principal da lente) convergirem para um ponto depois de a atravessarem: são as chamadas **lentes convergentes**. As lupas e as lentes de óculos para hipermetropia (dificuldade de ver de perto) são lentes desse tipo. Nas chamadas **lentes divergentes**, os raios que incidem paralelos (ao eixo principal da lente) se afastam uns dos outros. As lentes de óculos para miopia (dificuldade de ver de longe) e o olho mágico instalado nas portas são lentes divergentes.

14.21 Nas lentes convergentes, os raios paralelos convergem para um ponto, o foco (F), depois de atravessar a lente. Nas lentes divergentes, é o prolongamento dos raios refratados que converge para o foco. (Ilustração sem escala. Cores fantasia.)

Ilustrações: KLN Artes Gráficas/Arquivo da editora

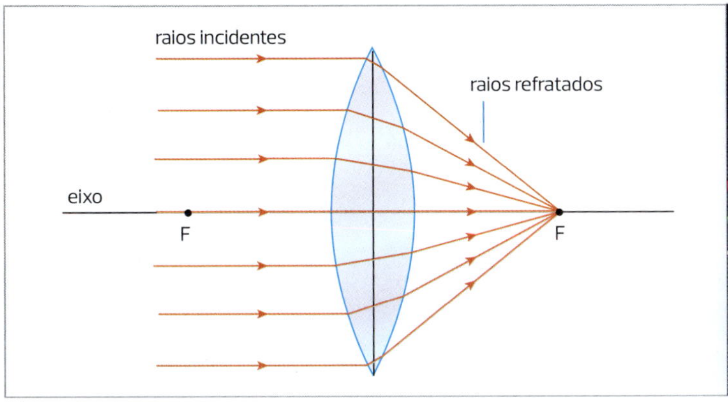

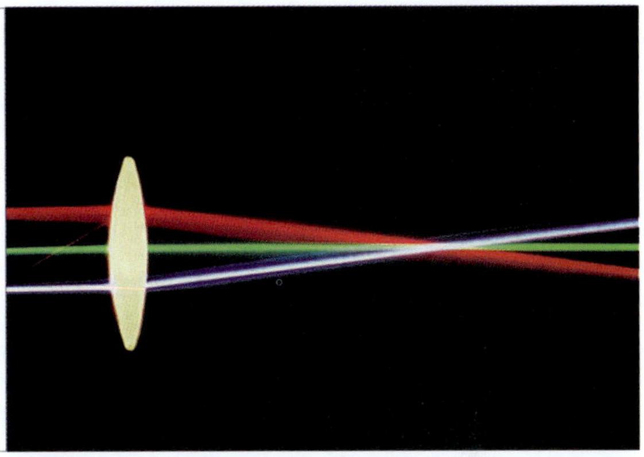

Lente convergente

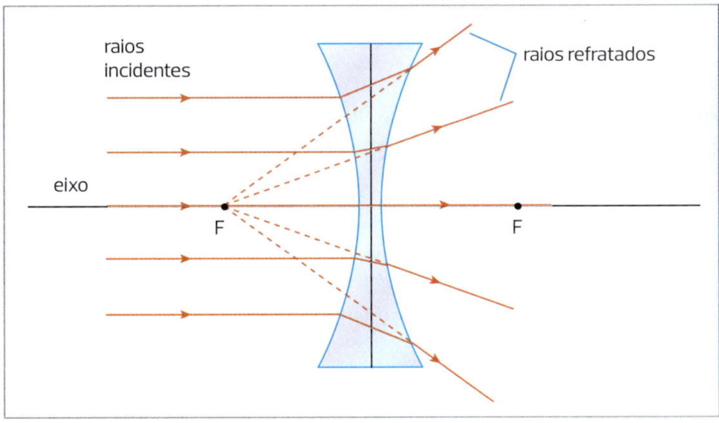

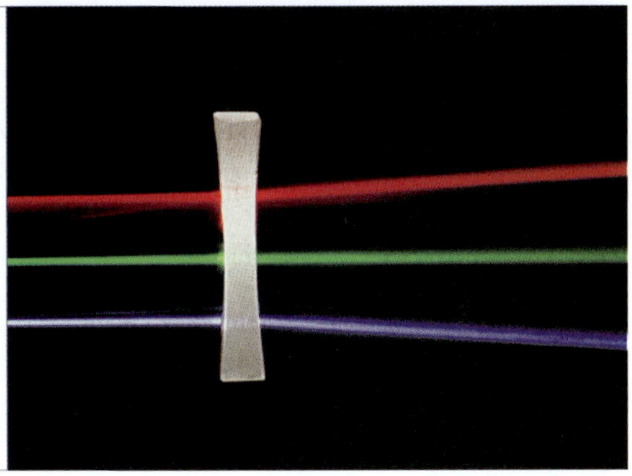

Lente divergente

Fotos: David Parker/Science Photo Library

As lentes possuem duas faces. Uma delas é uma superfície curva; a outra pode ser curva ou plana. As superfícies curvas são geralmente esféricas. Veja na figura 14.22 alguns tipos de lente esférica convergente e divergente. Observe também que as lentes convergentes (quando imersas no ar) têm as extremidades mais finas que a parte central, e as lentes divergentes têm as extremidades mais espessas que a parte central.

14.22 O nome de cada lente deriva da forma das suas superfícies. (Figura sem escala. Cores fantasia.)

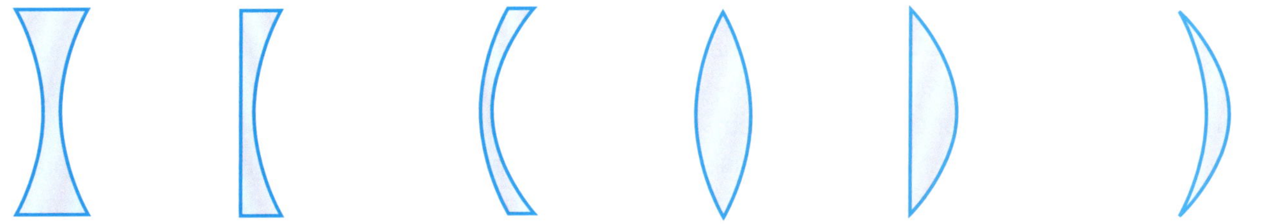

Você já deve ter usado ou visto uma lupa, também conhecida como lente de aumento. Veja a figura 14.23. A lupa é uma lente convergente usada para ver melhor um objeto, já que forma imagens aumentadas de objetos colocados próximos a ela. Para objetos distantes, as lentes convergentes formam uma imagem menor, que pode ser projetada em uma tela (ou qualquer anteparo). É assim que as imagens se formam nos nossos olhos, como veremos adiante.

Observe agora a figura 14.24, que mostra uma régua sendo observada com uma lente divergente. A imagem obtida é menor do que o objeto.

Andrew Brookes/Corbis/Corbis (DC)/Latinstock

14.23 Lupa (lente convergente) sendo usada para ver melhor os elementos da tabela periódica.

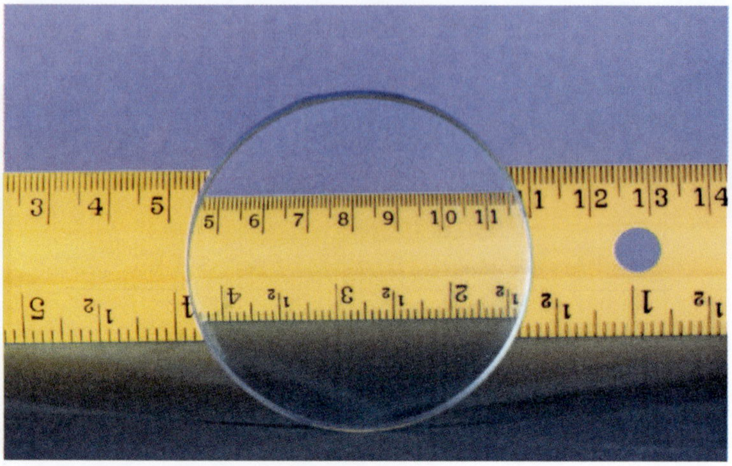

Jerome Wexler/Photo Researchers, Inc./Latinstock

14.24 Imagem produzida por lente divergente.

A máquina fotográfica

Nas máquinas fotográficas, a luz entra por uma abertura que pode ser regulada pelo **diafragma**. Para fotografar um objeto, aciona-se o **obturador**, que abre e fecha rapidamente, deixando a luz entrar por um período de tempo determinado. Com o diafragma e o obturador, controlamos a quantidade de luz que entra na máquina. Observe a figura 14.25.

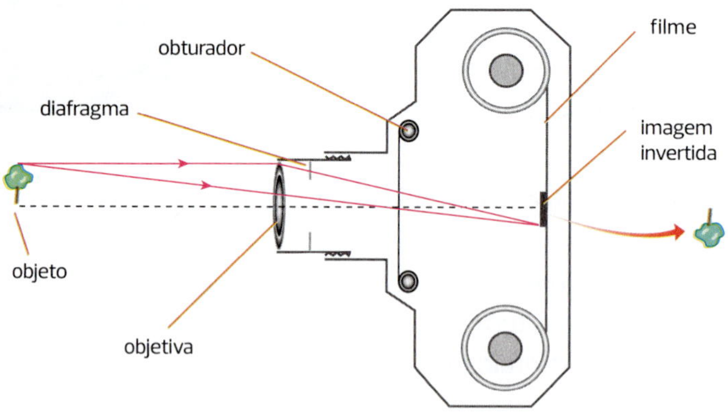

Ilustrações: KLN Artes Gráficas/Arquivo da editora

14.25 Esquema de uma máquina fotográfica com filme. (Figura sem escala. Cores fantasia.)

A **objetiva** é formada por um sistema de lentes que funciona como uma lente convergente. As lentes podem ser movimentadas para trás ou para a frente para colocar em foco a imagem, que é real e invertida.

Nas máquinas mais antigas há uma película (filme) com grãos de sais de prata. Nas regiões atingidas pela luz, os íons de prata transformam-se em prata metálica. Depois o filme deve ser revelado e impresso para que a imagem apareça.

Em vez de filme, as câmaras digitais possuem um sensor de imagem (um *chip* sensível à luz) que converte a luz em um fluxo de elétrons, que depois é transformado em dados digitais. Esses dados são armazenados na forma de um código de números binários (números 1 e 0). Os dados podem ser armazenados ou convertidos em imagens que são vistas em uma tela de cristal líquido. A imagem pode ser enviada também para um cartão de memória. Veja a figura 14.26.

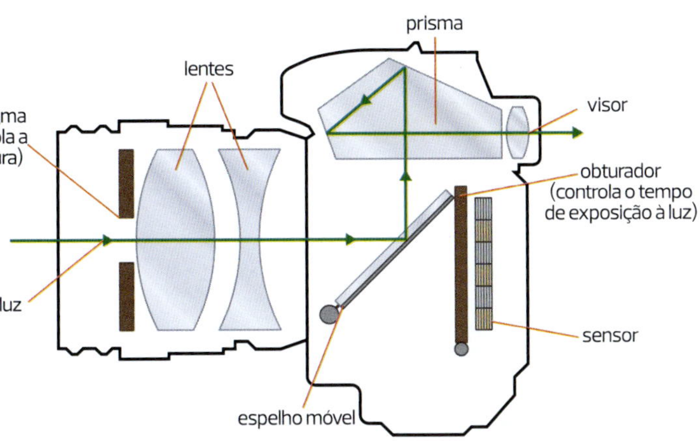

14.26 **Esquema simplificado de câmara digital e foto de um sensor que converte luz em cargas elétricas. (Ilustração sem escala. Cores fantasia.)**

Microscópios ópticos

Os microscópios ópticos fornecem imagens ampliadas de objetos pequenos, permitindo observar estruturas que são invisíveis a olho nu. São muito usados em Biologia, para observação de tecidos e células de organismos.

O material a ser examinado é colocado sobre uma lâmina de vidro e coberto por outra lâmina muito fina. Pode ser necessário cortar o material em "fatias" bem finas, para permitir que a luz o atravesse.

A luz emitida por uma lâmpada ou refletida por um espelho atravessa o objeto e passa pela **objetiva**, que é a lente convergente próxima ao objeto. A maioria dos microscópios possui um conjunto de três objetivas com capacidade de aumento diferentes. Veja a figura 14.27.

A objetiva fornece uma imagem real e ampliada do objeto. A outra lente, a **ocular**, que fica próxima dos olhos do observador, recebe os raios luminosos que atravessaram a objetiva e forma uma imagem virtual ampliada. O aumento total possibilitado pelo microscópio é o produto entre a capacidade de ampliação da ocular e a capacidade da objetiva.

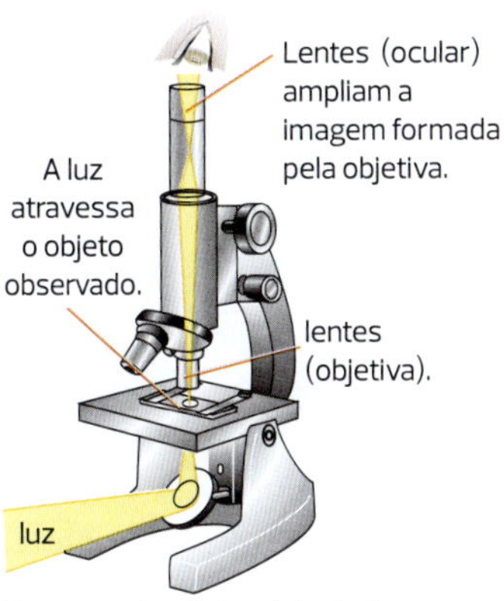

Esquema de microscópio óptico

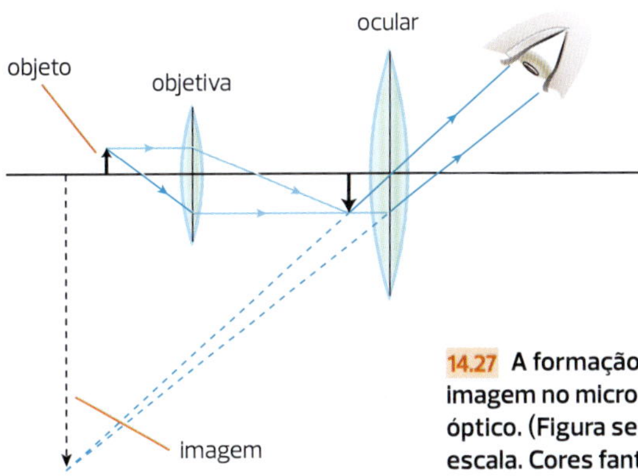

14.27 **A formação da imagem no microscópio óptico. (Figura sem escala. Cores fantasia.)**

Lunetas e telescópios

As lunetas e os telescópios fornecem imagens aumentadas de objetos distantes.

Da mesma forma que os microscópios, as **lunetas astronômicas** possuem sistemas de lentes convergentes reunidos em uma objetiva e uma ocular. O que muda é a distância do foco ao centro da objetiva e o tamanho da área coletora de luz, que é muito maior nas lunetas do que nos microscópios. Observe a figura 14.28.

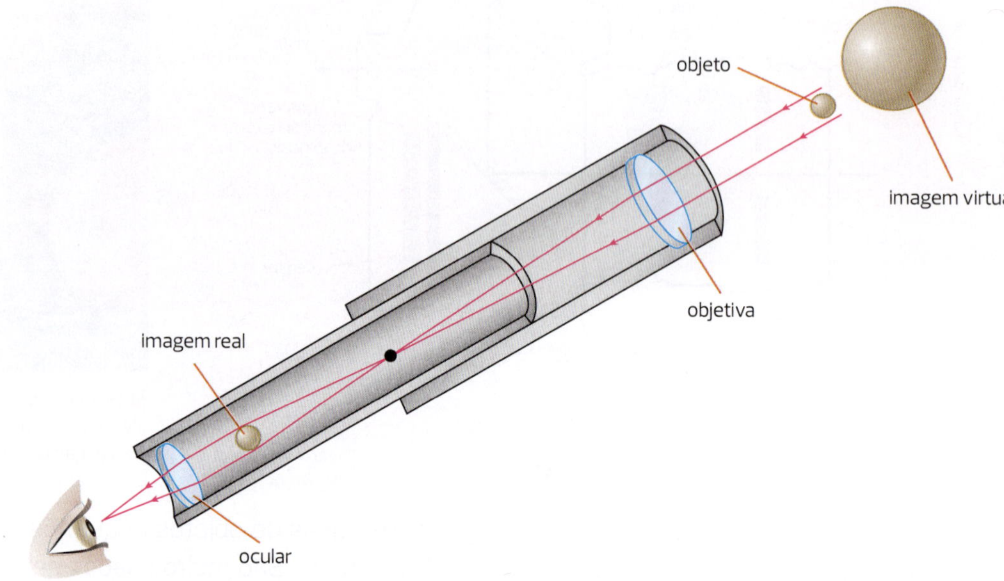

KLN Artes Gráficas/Arquivo da editora

14.28 Esquema de luneta astronômica. (Figura sem escala. Cores fantasia.)

As lunetas astronômicas fornecem imagens invertidas dos objetos. Nas lunetas terrestres é feita uma adaptação para que a imagem final seja direita, substituindo-se a lente convergente da ocular por uma divergente.

Os **telescópios de refração** são semelhantes às lunetas astronômicas, com mais recursos. Já os **telescópios refletores** usam espelhos côncavos (esféricos ou parabólicos) como objetivas.

Os espelhos concentram a luz de estrelas e outros corpos celestes no foco. Há também uma ocular que atua como uma lente convergente. Veja a figura 14.29.

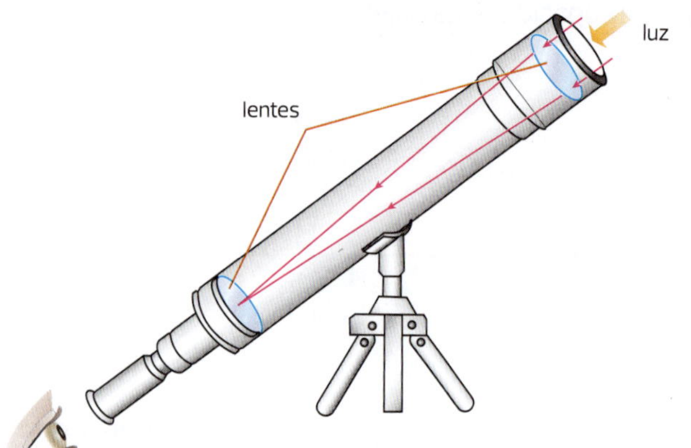

Esquema de telescópio refrator

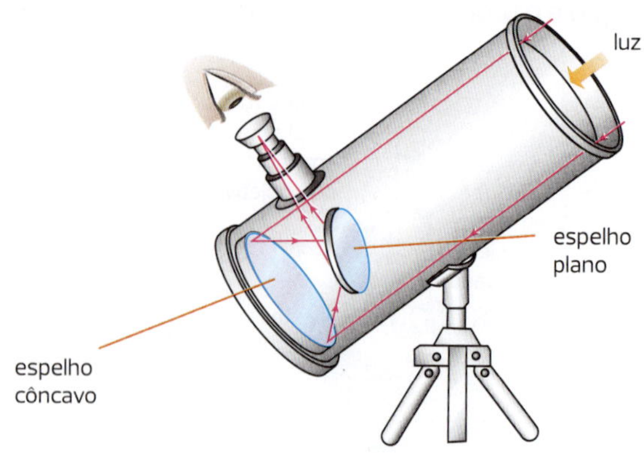

Esquema de telescópio refletor

KLN Artes Gráficas/Arquivo da editora

14.29 Tipos de telescópio. (Esquemas sem escala. Cores fantasia.) O telescópio refletor foi inventado por Isaac Newton.

Para saber mais

A formação das imagens nos espelhos e nas lentes

Podemos construir as imagens que se formam nos espelhos esféricos desenhando dois tipos de raio (veja a figura 14.30):

- raios que incidem paralelos ao eixo principal do espelho (a reta que passa pelo vértice e pelo centro de curvatura do espelho), que se refletem passando por um ponto chamado foco (F). O foco fica no meio da distância entre um ponto central do espelho, o vértice (V), e o centro de curvatura do espelho (C), que é o centro da superfície esférica do espelho;
- raios que incidem passando pelo centro de curvatura, refletindo sobre si mesmos (são raios que incidem perpendicularmente à superfície do espelho).

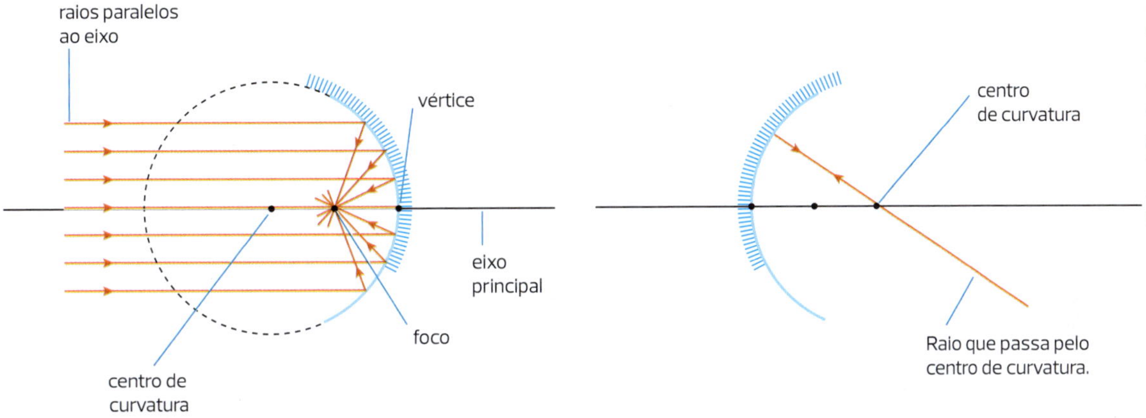

KLN Artes Gráficas/Arquivo da editora

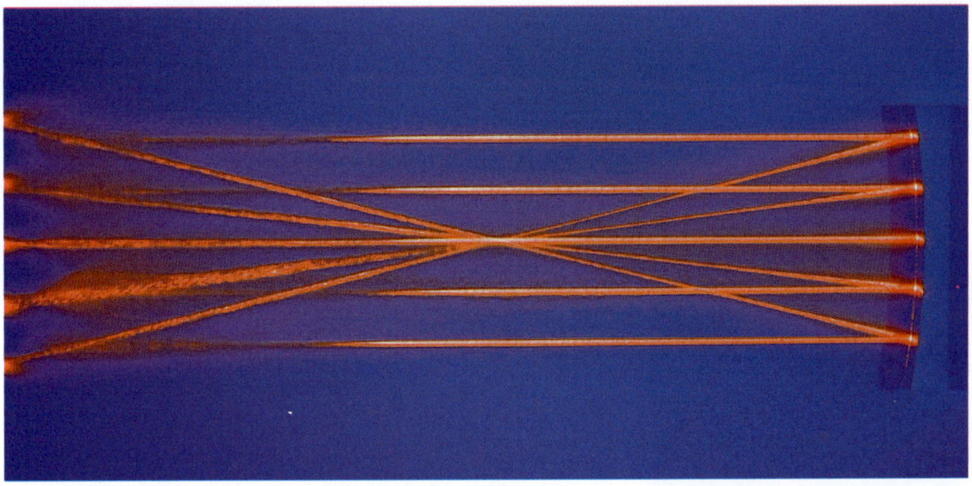

Visuals Unlimited/Corbis/Latinstock

14.30 A reflexão nos espelhos esféricos e côncavos (o espelho é representado por um arco de circunferência com traços na região não espelhada). (Figura sem escala. Cores fantasia.)

Veja na figura acima como se dá a reflexão nos espelhos côncavos.

O tipo de imagem formada depende da distância do objeto ao espelho. Objetos bem próximos de um espelho côncavo (que se localizam entre o vértice e o foco) formam imagens virtuais e maiores que o objeto, como você pode ver na figura 14.31. A imagem é virtual porque parece estar atrás do espelho, no ponto de encontro do prolongamento dos raios luminosos. Esse é o caso dos espelhos de aumento (figura 14.15), pois formam imagens virtuais de tamanho maior do que o objeto.

Para objetos situados longe de um espelho côncavo, a uma distância maior do que o centro de curvatura, a imagem produzida é menor e invertida. Confira isso na figura 14.32. Além disso, trata-se de uma **imagem real**. Isso quer dizer que ela é formada no cruzamento dos raios refletidos, e não no prolongamento desses raios. Ao contrário da imagem virtual, a imagem real pode ser projetada em um anteparo (uma tela branca ou um pedaço de papel, por exemplo) colocado no local em que a imagem se forma.

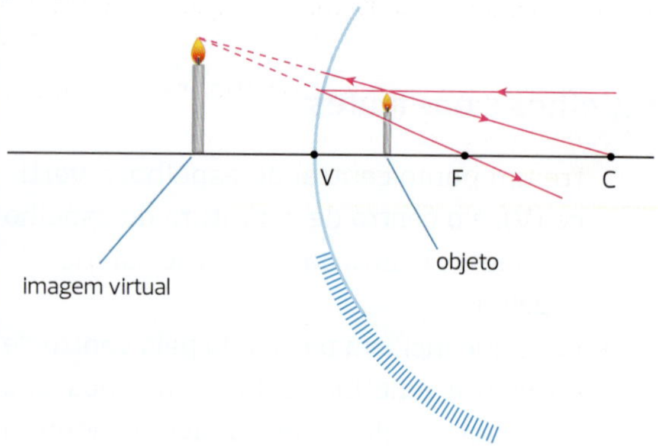

14.31 **Figura sem escala. Cores fantasia.**

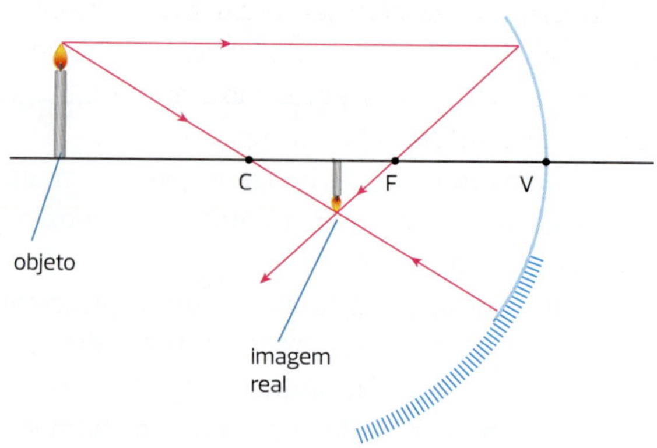

14.32 **Figura sem escala. Cores fantasia.**

Veja na figura 14.33 que nos espelhos convexos os raios refletidos por um feixe de raios incidentes paralelos ao eixo principal divergem, de modo que são os prolongamentos dos raios refletidos que passam pelo foco.

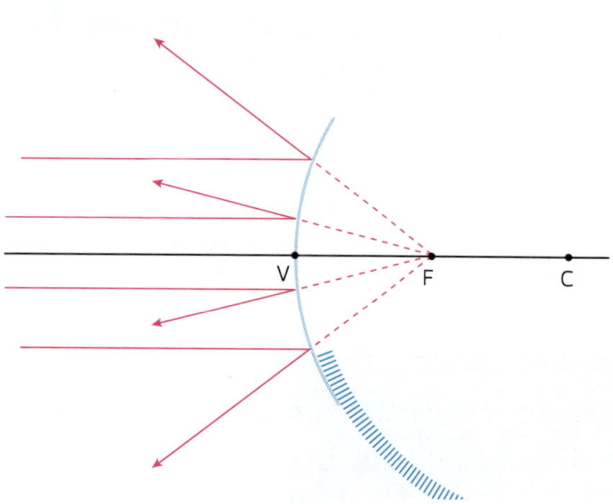

A reflexão dos raios que incidem paralelos ao eixo num espelho convexo.

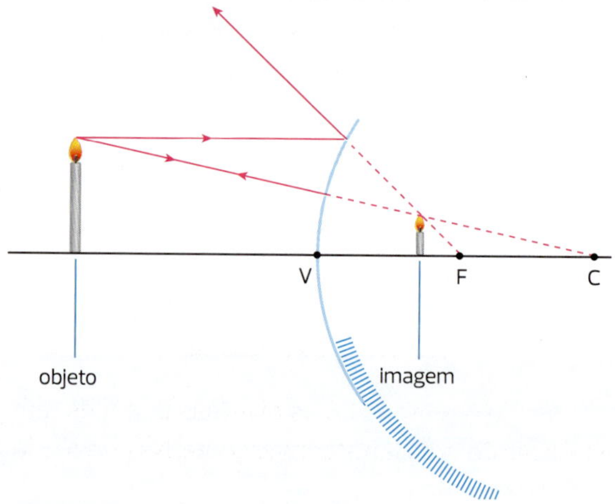

A formação da imagem nos espelhos convexos.

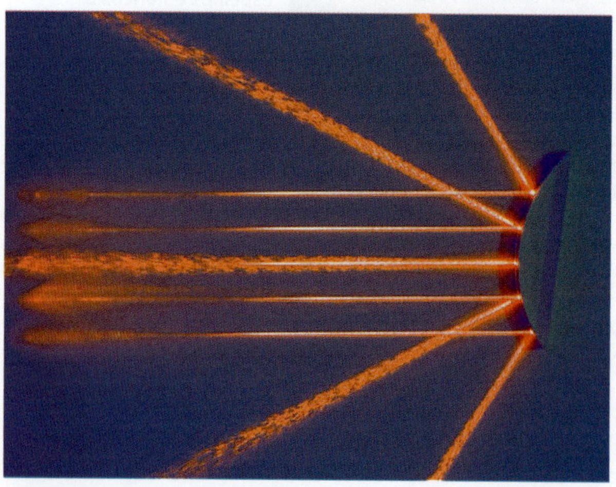

14.33 **Figura sem escala. Cores fantasia.**
Reflexão de raios *laser* incidentes paralelos ao eixo principal em um espelho convexo (à direita). Os prolongamentos dos raios refletidos passam pelo foco.

Observe também que, qualquer que seja a distância do objeto ao espelho, a imagem será virtual, direita (não está invertida) e menor que o objeto.

Nas lentes convergentes, os raios que incidem paralelos ao eixo principal da lente (a reta horizontal que passa pelos centros de curvatura das faces da lente) sofrem refração e convergem para um ponto, chamado **foco da lente** – assim como nos espelhos esféricos. Só que, nas lentes, há dois focos, já que a luz pode incidir tanto de um lado como do outro. Veja a figura 14.34.

Veja também na figura 14.34 que um raio que passa por um ponto chamado **centro óptico** sai da lente sem sofrer desvio.

Para simplificar, vamos representar a lente convergente por ↕. As duas extremidades pontiagudas ajudam a lembrar que a lente convergente tem as extremidades mais finas que o centro.

Traçando o raio paralelo ao eixo e o que passa pelo centro óptico, podemos construir a imagem formada: ela estará na interseção dos raios que sofreram refração.

Quando o objeto está próximo à lente (entre a lente e o foco), forma-se uma imagem virtual, maior e direita. Essa é a imagem formada pela lupa ou lente de aumento. Observe a figura 14.35.

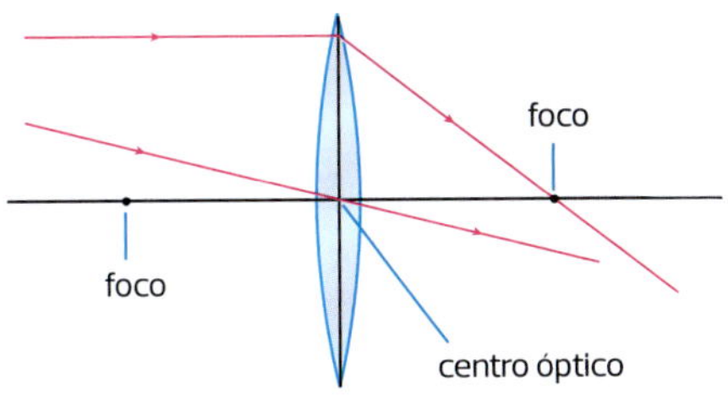

14.34 **Figura sem escala. Cores fantasia.**

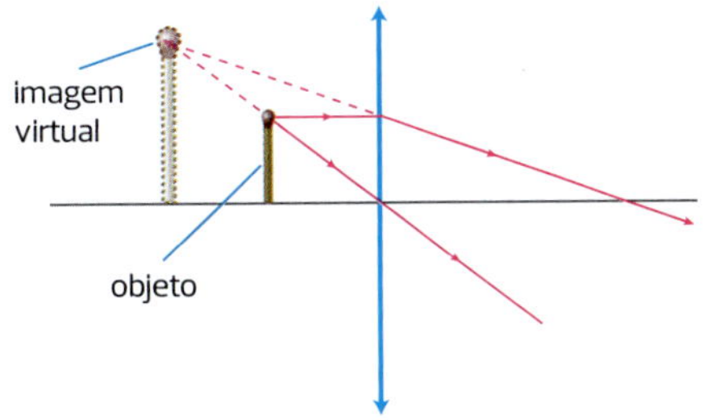

14.35 **Figura sem escala. Cores fantasia.**

Se o objeto estiver entre o foco e um ponto situado a uma distância igual ao dobro da distância focal, a imagem será real, invertida e maior que o objeto. Essa é a imagem formada pelos projetores de filmes e de *slides*. Veja a figura 14.36.

Veja agora na figura 14.37 a imagem de um objeto situado a uma distância maior que o dobro da distância focal: ela é real, invertida e menor que o objeto. É assim que as imagens se formam nas câmaras fotográficas.

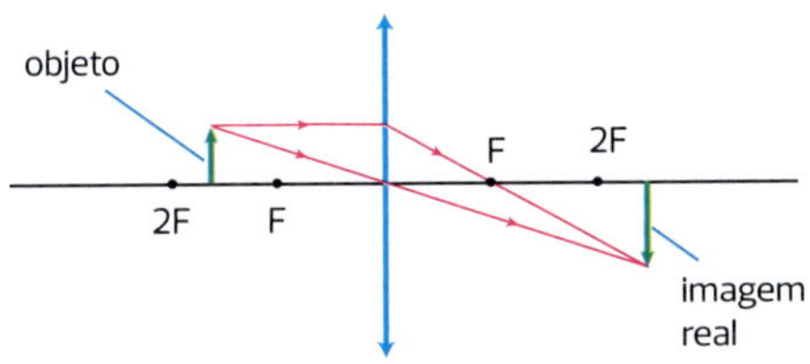

14.36 **Figura sem escala. Cores fantasia.**

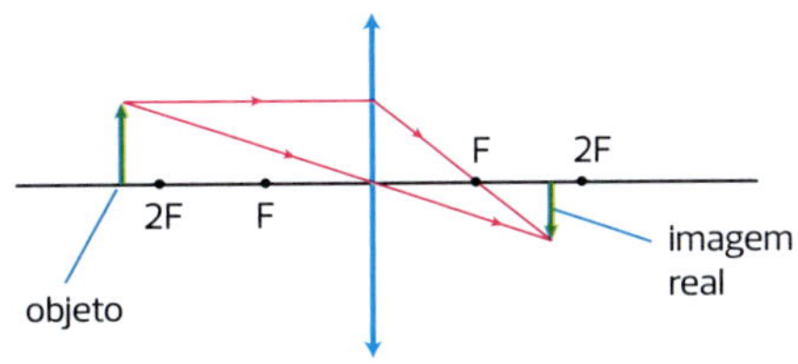

14.37 **Figura sem escala. Cores fantasia.**

Veja na figura 14.38 as diversas imagens (em azul) obtidas com objetos (em vermelho) situados a várias distâncias de uma lente convergente. Na posição indicada pelo número 6, não há formação de imagem.

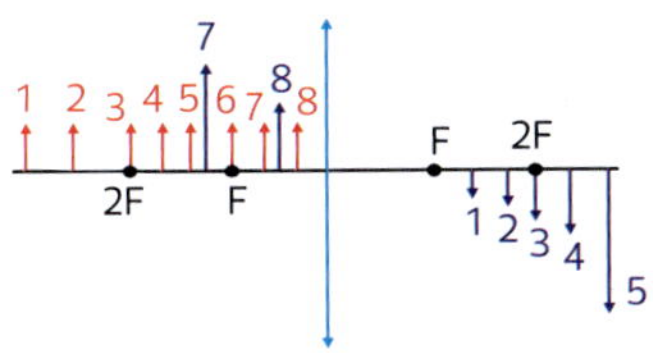

14.38 **Figura sem escala. Cores fantasia.**

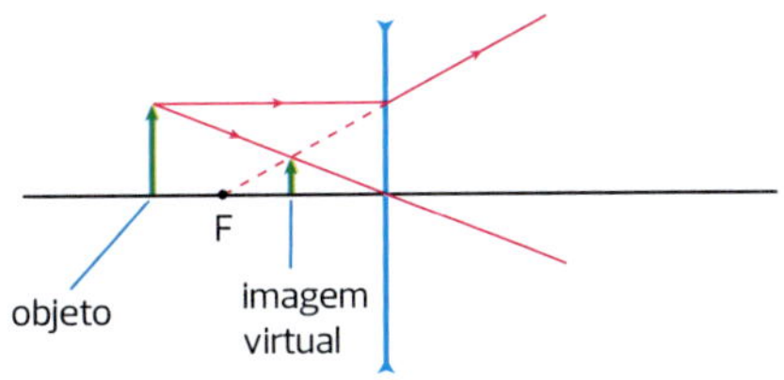

14.39 **Figura sem escala. Cores fantasia.**

Nas lentes divergentes, os raios paralelos ao eixo se afastam uns dos outros, mas seus prolongamentos se encontram no foco da lente. Nesse caso, qualquer que seja a distância, a imagem será sempre virtual, direita e menor que o objeto. Vamos representar as lentes divergentes por ✗, que indica que essas lentes têm extremidades mais espessas que o centro. Veja a figura 14.39.

Mundo virtual

As cores da luz
<www.seara.ufc.br/especiais/fisica/coresluz/coresluz.htm>
Página que apresenta as características e propriedades da luz. Contém sugestões de experimentos e atividades.

Segredos da Luz e da Matéria — Museu da Ciência
<www.museudaciencia.org/index.php?module=content&option=museum&action=exhibition&id=2>
Página da exposição permanente do Museu da Ciência da Universidade da Coimbra que discute aspectos históricos, físicos e biológicos da luz.

Acesso em: 15 mar. 2015.

Atividades

Trabalhando as ideias do capítulo

1. Que diferenças existem entre ondas sonoras e ondas eletromagnéticas?

2. Você estudou neste capítulo vários tipos de onda eletromagnética: raios infravermelhos, ondas de rádio, micro-ondas, raios X, raios ultravioleta, raios gama, luz visível. Então, no caderno, associe cada uma das frases a seguir com uma dessas ondas.

a) Atuam na produção de vitamina D em nosso organismo.

b) Usados em ortopedia para detectar fratura nos ossos.

c) Onda que nos permite enxergar objetos.

d) A onda com a menor frequência.

e) A onda com a maior frequência.

f) Usadas na transmissão de televisão por satélite.

g) Usadas em aparelhos que nos permitem enxergar à noite.

3. A luz refletida pela Lua leva cerca de 1,28 segundos para chegar à Terra. A que distância da Terra, aproximadamente, está a Lua? (velocidade da luz: 300 mil quilômetros por segundo).

4. Faltou luz em casa e sua mãe e seu pai fizeram a brincadeira que aparece na figura 14.40.

Adilson Secco/Arquivo da editora

14.40

De que eles brincaram e que propriedade da luz permite que essa brincadeira seja feita?

5. No caderno, identifique o que está acontecendo com os raios luminosos em cada figura abaixo.

a)

b)

c)

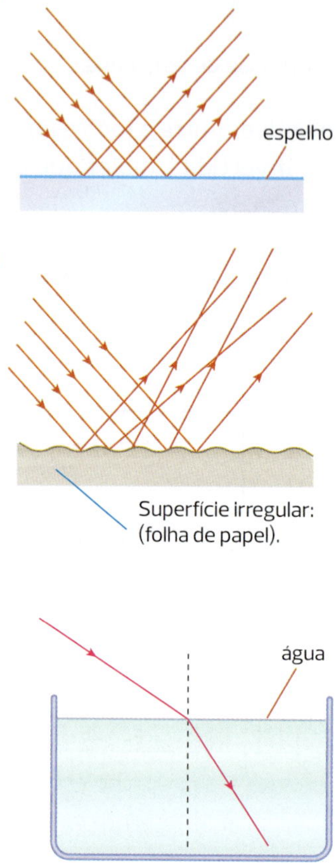

Ilustrações: KLN Artes Gráficas/Arquivo da editora

14.41 **Figura sem escala. Cores fantasia.**

6. No caderno, indique as afirmativas verdadeiras.

a) A luz se propaga no vácuo.

b) Os raios X não oferecem perigo para os seres vivos.

c) A luz e o som são ondas eletromagnéticas.

d) A luz e o som se propagam na água.

e) Todas as ondas eletromagnéticas possuem a mesma frequência.

f) No vácuo, o raio X e a luz visível têm a mesma velocidade.

g) Todas as ondas eletromagnéticas possuem o mesmo comprimento de onda.

h) Na formação do arco-íris ocorre dispersão da luz solar.

i) Nós enxergamos porque nossos olhos emitem partículas que se refletem nos objetos.

j) No espectro visível, o maior comprimento de onda está na região da cor violeta.

7. Se uma pessoa for pegar um peixe com arpão, ela deve atirar o arpão na posição em que vê o peixe? Mais acima? Mais abaixo? Justifique sua resposta no caderno.

8. Em seu caderno, copie apenas as afirmativas verdadeiras.

a) Quando um raio de luz incide sobre um espelho, o ângulo de reflexão é maior que o de incidência.

b) Os espelhos planos fornecem imagens virtuais dos objetos.

c) A reflexão difusa ocorre em superfícies polidas e refletoras.

d) Os espelhos convexos podem ser usados para ampliar o campo de visão.

e) Os espelhos côncavos podem ser usados para fornecer imagens ampliadas dos objetos.

f) O principal fenômeno que ocorre quando os raios de luz atravessam uma lente é a reflexão.

g) A superfície espelhada de um espelho côncavo assemelha-se à superfície externa de uma colher, enquanto a do espelho convexo assemelha-se à superfície interna da colher.

h) A refração explica por que um lápis parece quebrado quando parcialmente mergulhado na água.

i) A velocidade da luz não muda quando ela passa do ar para a água.

j) O centro da lente convergente é mais grosso do que a borda, ocorrendo o contrário com a lente divergente.

k) A lupa é uma lente convergente que pode fornecer imagens ampliadas dos objetos.

l) O microscópio óptico possui lentes convergentes que fornecem imagens ampliadas de objetos pequenos.

m) Os telescópios ampliam a imagem de objetos muito distantes.

9. O que acontece com a luz branca quando atravessa um prisma? Explique por que isso acontece.

10. Por que, no arco-íris, a cor vermelha aparece em cima e a violeta em baixo?

11. A figura abaixo mostra um raio que incidiu sobre um espelho plano e sofreu reflexão.

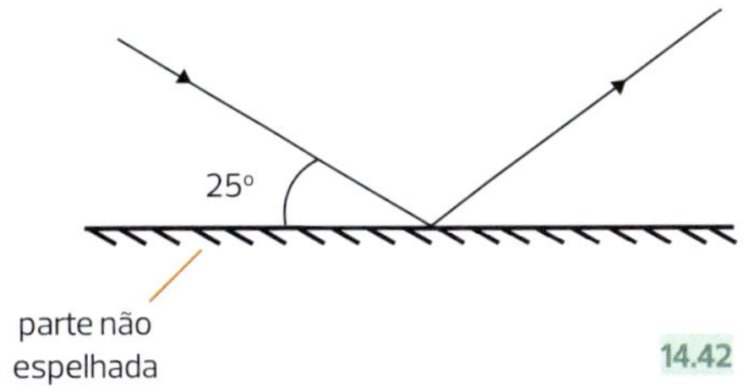

14.42

a) Qual o ângulo de incidência? E o de reflexão?

b) De quantos graus o raio incidente foi desviado?

Pense um pouco mais

1. A propaganda de uma estação de rádio diz: "103,4 MHz, a sua rádio". Que informação é fornecida com esse número?

2. Alguns heróis de histórias em quadrinhos têm "visão de raio X". Um desenho mostra raios saindo dos olhos do herói e se dirigindo ao objeto. Com base no que você estudou neste capítulo, qual é o erro desse desenho?

3. Depois de decompor a luz branca com o auxílio de um prisma, o astrônomo William Herschel (1792-1871) colocou um termômetro na região um pouco anterior à luz vermelha e constatou um aumento de temperatura. Como você explica isso?

4. Em um dia nublado, as nuvens bloqueiam boa parte da luz do sol, e mesmo assim uma pessoa pode ficar bronzeada. Também pode ficar bronzeada na praia permanecendo o tempo todo embaixo de uma barraca que bloqueie totalmente o sol. Explique por que o bronzeamento acontece nas duas situações.

5. Mamíferos e aves são animais endotérmicos ou homeotérmicos. Isso significa que esses animais podem manter a temperatura corporal mais elevada do que a do ambiente à custa do calor produzido no próprio corpo. Algumas serpentes peçonhentas que se alimentam de mamíferos e aves têm, de cada lado da cabeça, uma depressão entre o olho e a narina, chamada fosseta loreal. Veja a figura 14.43. A fosseta registra pequenas variações de temperatura ambiente.

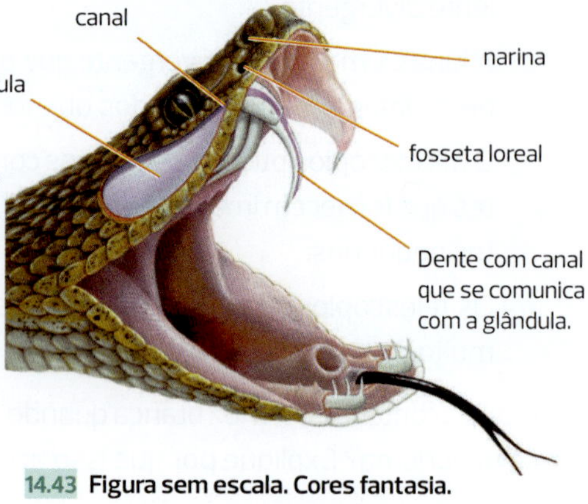

14.43 Figura sem escala. Cores fantasia.

a) Que tipo de onda eletromagnética esse órgão é capaz de detectar?

b) Qual é a utilidade da fosseta loreal para essas serpentes?

c) Essas serpentes peçonhentas conseguem caçar no escuro? Por quê?

6. Um estudante observou que ouviu o som de um trovão 5 segundos depois de ter visto um raio. Com base nessa informação, ele calculou a distância aproximada entre o local onde estava e o local onde o raio caiu. A distância obtida nesse cálculo foi de 1 700 metros. Responda: Qual foi o cálculo que ele fez?

7. Por que os astronautas que andaram na Lua só puderam conversar entre si com a transmissão de rádio?

8. Por que os letreiros que identificam ambulâncias e outros veículos de emergência, situados na frente do veículo, são escritos ao contrário? Veja a figura abaixo.

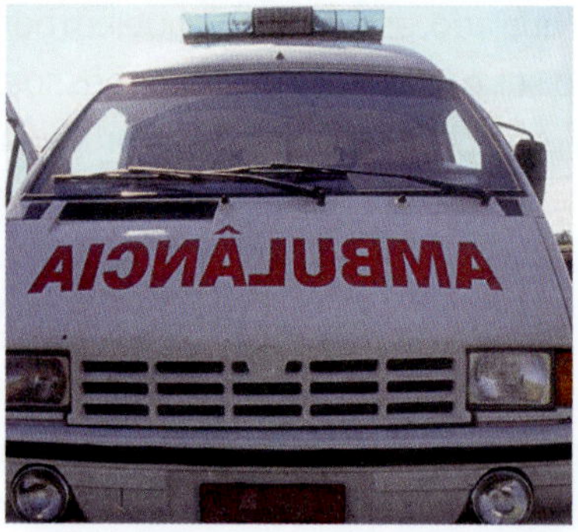

14.44

9. Um estudante afirmou que, se o Sol não existisse e nós continuássemos vivos, poderíamos ver as estrelas, mas não poderíamos ver os planetas nem a Lua. O estudante está certo? Justifique sua resposta.

10. A estrela Alfa da constelação de Centauro está a 4,5 anos-luz da Terra. Quando olhamos para essa estrela, estamos vendo seu presente, passado ou futuro? Justifique sua resposta.

11. Que transformação de energia nos permite enxergar uma lâmpada e uma vela acesas?

12. Se durante uma tempestade o trovão e o relâmpago se formam simultaneamente, por que vemos primeiro o relâmpago e só depois de algum tempo ouvimos o trovão?

13. Um aluno colocou um espelho plano em pé ao lado de uma folha de papel, como mostra a figura abaixo.

14.45 Figura sem escala. Cores fantasia.

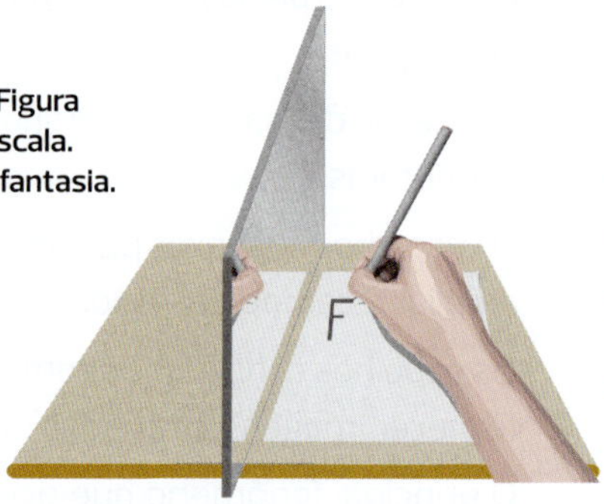

Depois, ele escreveu a letra **F** no papel. Em seu caderno, escolha a opção que mostra a imagem da letra vista pelo aluno.

a) 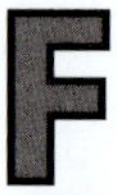

c) 

e) 

b) 

d) 

14. Na questão anterior, você deve ter observado que a imagem da letra **F** aparece de forma diferente da letra no papel. Então, pense: quais as letras de forma do alfabeto que, quando observadas através de um espelho plano, não aparecem diferentes do que são?

15. Você viu neste capítulo as inúmeras aplicações das lentes. São elas que permitem, por exemplo, que pessoas com problemas de visão, como a vista cansada, que afeta pessoas de mais idade, possam enxergar bem. Que outras aplicações das lentes ampliaram nossa concepção do Universo e nossa visão dos seres vivos?

16. Submarinos usam periscópios para observar objetos na superfície da água. Veja na figura 14.46 um modelo simplificado de um periscópio (bem mais simples que os dos submarinos).

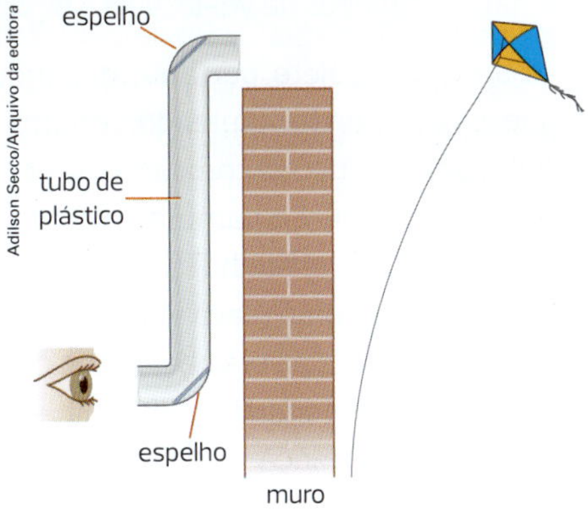

14.46 **Figura sem escala. Cores fantasia.**

No caderno, faça um esquema da trajetória de um raio luminoso para explicar por que um periscópio permite que o observador veja objetos fora do seu campo de visão.

17. A figura abaixo mostra o chamado disco de Newton, que reproduz um experimento feito por esse cientista. Trata-se de um círculo de cartolina branca dividido em sete seções iguais. Cada seção é pintada com uma das cores do arco-íris. No centro do disco foi encaixado um lápis, que permite rodá-lo bem rapidamente, como se fosse um pião.

14.47

a) O que acontece quando o disco é girado rapidamente?

b) O que Newton queria mostrar com um experimento desse tipo?

De olho nos textos

1. Leia o trecho a seguir, extraído de *O nome da rosa*, do escritor italiano Umberto Eco, e depois responda às questões em seu caderno.

> Guilherme enfiou as mãos no hábito, onde este se abria no peito, formando uma espécie de sacola. E de lá tirou um objeto que já vira em suas mãos e no rosto, no curso da viagem. Em uma forquilha, construída de modo a poder ficar sobre o nariz de um homem... E dos dois lados da forquilha, de modo a corresponder aos olhos, expandiam-se dois círculos ovais de metal, que encerravam duas amêndoas de vidro grossas como fundo de garrafa.
>
> ECO, Umberto. *O nome da rosa*. Rio de Janeiro: Nova Fronteira, 1983. p. 94.

a) Que dispositivo é descrito no texto?

b) Em que se baseia seu funcionamento?

2. Leia os textos abaixo e depois responda às questões no caderno.

Texto 1

Por que vemos os objetos

Só conseguimos enxergar os objetos que enviam luz até os olhos. Alguns deles emitem luz, isto é, são fontes de luz: o Sol e outras estrelas, uma lâmpada, uma vela, uma lanterna. Esses corpos transformam alguma outra forma de energia em luz, isto é, em radiação eletromagnética visível.

A maioria dos corpos que conhecemos não emite luz, mas podem ser vistos devido ao fenômeno da reflexão da luz.

Quando a luz bate em uma parede branca, por exemplo, uma parte da luz é refletida. Outra parte é absorvida, isto é, transformada em outra forma de energia, como o calor. Então, a parede, os planetas, os satélites e a maioria dos objetos podem ser vistos porque refletem a luz do ambiente.

Já uma lente, o vidro das vitrines, a água pura, o ar e certos plásticos são facilmente atravessados pela luz. Por isso, podemos ver bem os objetos através dos óculos e do vidro das vitrines, por exemplo.

Alguns vidros, porém, e outros materiais permitem apenas a passagem de uma parte da luz, de tal forma que os corpos são vistos sem nitidez através deles.

a) No texto aparecem dois tipos de corpos: corpos luminosos e corpos iluminados. Quais exemplos correspondem a cada uma dessas categorias?
b) No texto aparecem três tipos de corpos: opacos, translúcidos e transparentes. Cite alguns exemplos de cada um desses corpos.
c) A reflexão que nos permite ver os objetos é uma reflexão especular ou difusa?

Texto 2

A cor dos corpos

A folha de uma árvore é percebida como verde porque, iluminada pela luz branca, praticamente não absorve a frequência correspondente ao verde e reflete a maior parte da onda que se refere a essa cor. Com as outras cores ocorre o oposto: a maior parte é absorvida pela folha e uma pequena parte é refletida.

A cor de um objeto opaco depende então das luzes que ele vai absorver e das que vai refletir. Se um objeto reflete mais a cor vermelha e absorve bem as outras cores, ele será percebido como vermelho. Já a folha branca de seu caderno absorve pouca energia luminosa, refletindo quase toda a luz que incide sobre ela: por isso ela é branca. Já um objeto preto absorve quase toda a luz que incide sobre ele, daí a cor preta. Mas há sempre determinada quantidade de luz refletida: se não fosse assim, não seríamos capazes de vê-lo. Veja a figura 14.48.

A cor de um objeto, portanto, depende da luz com que ele está sendo iluminado: se iluminarmos uma folha branca apenas com luz azul, por exemplo, ela terá cor azul. Se iluminarmos uma maçã vermelha com luz vermelha, ela será observada como vermelha. Se uma maçã vermelha for iluminada com luz verde, ela será observada como preta, pois a cor verde é quase totalmente absorvida pelos pigmentos da maçã.

a) Um objeto é visto na cor verde quando iluminado com luz branca. De que cor ele será visto quando iluminado com luz verde? E com luz vermelha?
b) Por que um papel de cor branca esquenta menos do que um papel de cor preta quando ambos recebem a mesma intensidade de luz branca?
c) Por que um ciclista pedalando à noite deve se vestir de branco?

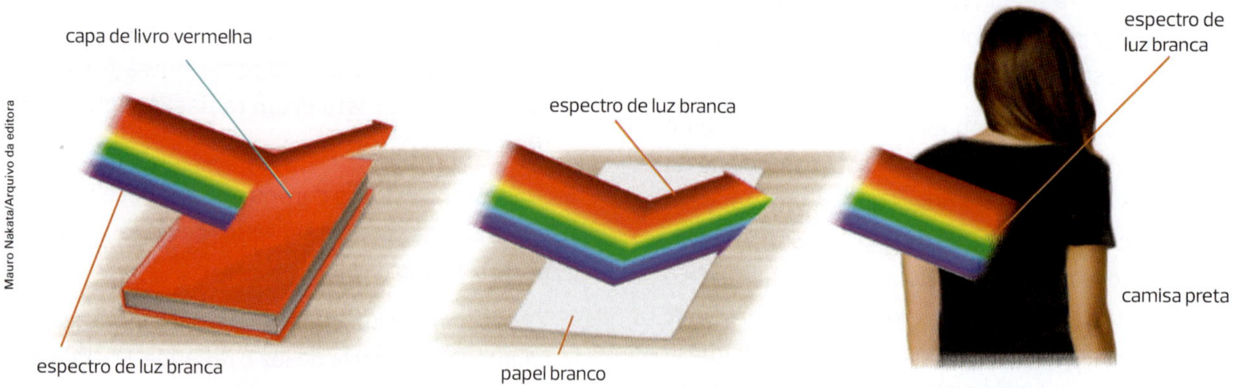

14.48 **As cores de um objeto opaco dependem das cores que ele absorve e das que ele reflete. (Figura sem escala. Cores fantasia.)**

Aprendendo com a prática

Os experimentos a seguir vão mostrar que a luz branca é formada por uma mistura de cores.

1. Mergulhe um pedaço de arame dobrado em forma de círculo, ou de outra figura fechada, em água com detergente. Retire o arame e veja se ficou retida uma película fina no espaço do arame. Observe essa película junto a uma janela iluminada pelo sol.

2. Ponha água em uma forma de assar, até a altura de 2 ou 3 cm. Apoie um espelho pequeno na borda da forma, mantendo-o inclinado, com um ângulo de cerca de 45°, como mostra a figura 14.49. Ajeite a forma para que o sol incida sobre o espelho. (Não olhe para o reflexo do Sol no espelho, porque isso pode causar problemas graves à vista.) Ajuste o espelho até que se forme um reflexo sobre

uma superfície, que pode ser uma parede, o teto da casa ou uma folha de papel branca.

KLN Artes Gráficas/Arquivo da editora

14.49 **Figura sem escala. Cores fantasia.**

3. Para realizar esta prática, providencie o que se pede a seguir e depois siga as orientações.

Material

- dois espelhos planos retangulares
- dois suportes (podem ser duas pilhas de livros)
- um objeto pequeno (um lápis, uma borracha ou um apontador, por exemplo)
- um transferidor

Procedimentos

- Apoie os dois espelhos nos suportes de modo que suas partes espelhadas formem um ângulo reto entre si, como mostra a figura 14.50. Coloque um objeto pequeno entre eles. Observe quantas imagens são formadas.
- Com auxílio de um transferidor, forme entre os espelhos um ângulo de 60° e conte o número de imagens observadas. Faça o mesmo com os espelhos abertos em um ângulo de 120°. Finalmente, disponha um espelho exatamente em frente ao outro (eles ficam paralelos entre si) e um objeto entre eles, como mostra a figura 14.50. Observe as imagens formadas.

KLN Artes Gráficas/Arquivo da editora

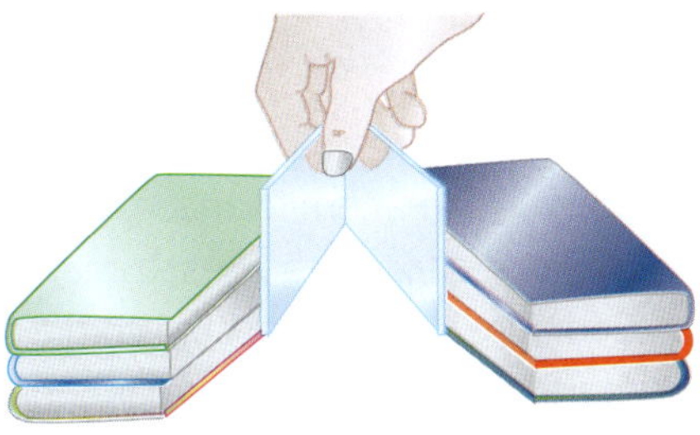

14.50 **Figura sem escala. Cores fantasia.**

Responda às questões:

a) Quantas imagens você é capaz de ver em cada uma das três primeiras observações?

b) Pesquise uma fórmula matemática que indique o número de imagens para cada ângulo de abertura entre os espelhos.

c) Como você explica o número de imagens observadas com os espelhos paralelos entre si?

d) Utilizando a fórmula que você pesquisou no item **b**, descubra qual o ângulo formado pelos espelhos nas figuras a seguir.

14.51

14.52

Sérgio Dotta Jr./The Next

4. Para realizar esta atividade, providencie o que se pede a seguir e, depois, siga as orientações.

Material

- uma moeda
- uma xícara ou qualquer vasilha não transparente
- água
- cartolina
- massa de modelar

Procedimentos

- Ponha a moeda dentro (no meio) da vasilha ou da xícara. Olhando a vasilha pela beirada, vá afastando-a, até que ela chegue a uma posição em que não seja mais possível você ver a moeda. Como na figura 14.53

14.53

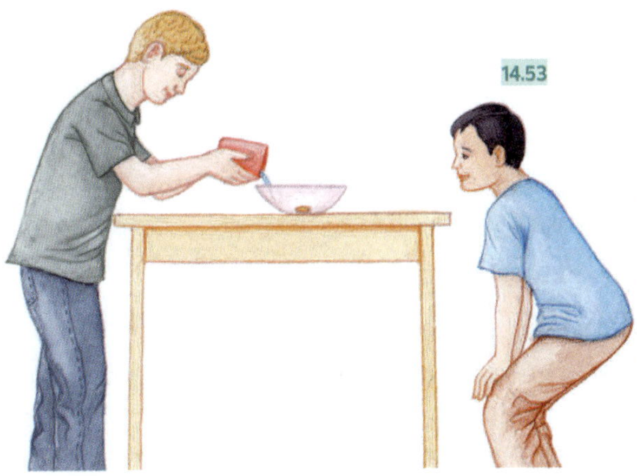

Hiroe Sasaki/Arquivo da editora

- Mantendo-se na mesma posição, peça a alguém que encha a vasilha lentamente com água. Se quiser, fixe a sua visão olhando por um furo feito na cartolina dobrada, como mostra a figura 14.54. Se a moeda sair de posição, use massa de modelar para mantê-la no lugar enquanto a água é despejada.

Hiroe Sasaki/Arquivo da editora

14.54

Com base no que aprendeu neste capítulo, explique por que a moeda aparece depois que a água é colocada na vasilha.

5. Para realizar esta prática, providencie o que se pede a seguir e depois siga as orientações.

Material

- um telefone celular
- uma lupa
- um anteparo de cor clara (cartolina branca, pano branco ou uma parede branca)

Procedimentos

Em uma sala escurecida, tente projetar a tela do celular acesa em um anteparo interpondo a lupa entre o celular e o anteparo. A lente deve ser deslocada até que a imagem entre em foco.

a) A imagem formada é direita ou invertida?
b) A imagem é real ou virtual?

6. Para realizar esta prática, providencie o que se pede a seguir e depois siga as orientações.

Material

- uma caixa de sapatos com tampa
- folhas de papel preto
- folhas de papel vegetal
- alfinete
- tesoura
- fita adesiva
- tecido preto ou cartolina preta

Procedimentos

- Forre a caixa de sapatos por dentro usando o papel preto (forre também a tampa por dentro). Faça um pequeno furo com o alfinete em um dos lados menores da caixa e, do lado oposto, abra uma janela de cerca de 5 cm por 10 cm como indica a figura 14.55. Cubra essa janela com papel vegetal, prendendo-o com fita adesiva, de modo a mantê-lo bem esticado. Coloque a tampa na caixa e fixe-a com fita adesiva.

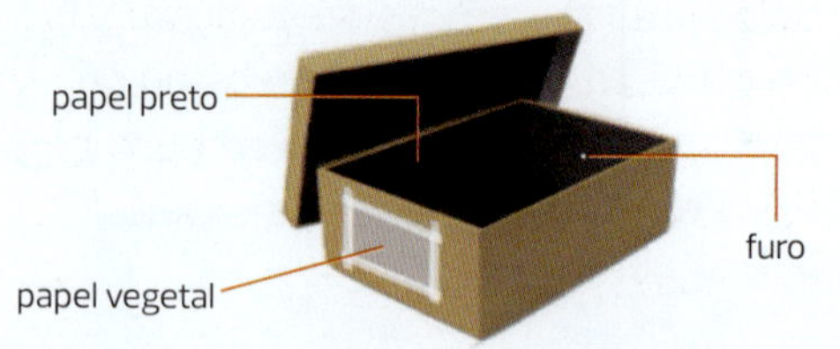

Mauro Nakata/Arquivo da editora

14.55

- Você acaba de construir uma câmara escura, capaz de formar imagens de objetos bem iluminados sobre o papel vegetal. Experimente apontar o orifício da câmara para uma lâmpada ou para uma televisão ligada num ambiente escuro, movendo a caixa para a frente e para trás até ver formada uma imagem no papel.
- Você pode também abrir uma fresta na janela da sua casa e apontar o orifício da câmara para a paisagem do lado de fora. Ou ainda usar sua câmara escura em ambientes iluminados, cobrindo sua cabeça e a parte de trás da câmara com um tecido preto, como mostra a figura 14.56. Em vez do tecido, você pode usar um tubo de cartolina preta que possa ser encaixado na janela de papel vegetal e olhar a imagem por esse tubo. Depois de fazer suas observações, responda:

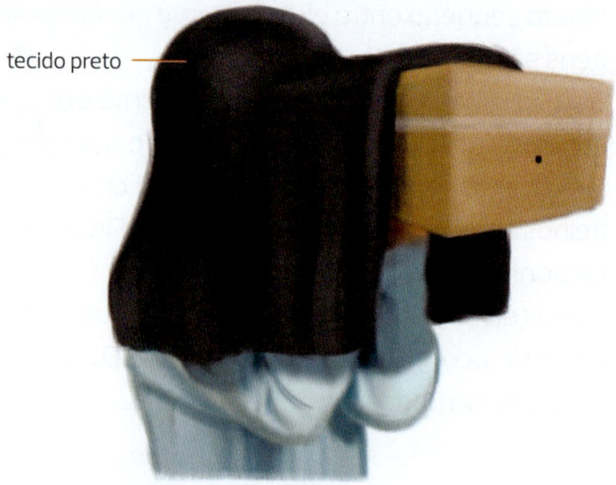

Mauro Nakata/Arquivo da editora

14.56

a) Como é a imagem formada no papel vegetal? Explique a formação dessa imagem.
b) Compare a câmara escura com a máquina fotográfica e com o olho humano. Indique semelhanças e diferenças.

Atividade em grupo

Escolham um dos temas abaixo para pesquisa (em livros, CD-ROMs, internet, etc.) em grupo, com o auxílio de professores de várias disciplinas (Ciências, História, Geografia, entre outras). Depois, apresentem o resultado do trabalho, ilustrado com cartazes, fotos, vídeos ou outros recursos, para a classe e para a comunidade escolar (alunos, professores e funcionários da escola e pais ou responsáveis).

1. O que é o *laser*, como é produzido e quais são suas aplicações.

2. A história da descoberta dos raios X; o uso indevido dos raios X por causa da ignorância de seus efeitos; suas aplicações na Medicina, indústria, pesquisa e em outras áreas.

3. Funcionamento de uma câmara fotográfica e procedimentos básicos para tirar uma boa fotografia (convidem um fotógrafo para uma palestra para a comunidade).

4. História e evolução das lentes e do microscópio e de suas aplicações.

5. História e evolução dos telescópios.

6. Quais os três tipos de raio ultravioleta; como é a absorção desses raios pela camada de ozônio; quais os seus efeitos no corpo humano; e o que devemos fazer para nos proteger da exposição excessiva a esses raios.

7. Como se formam os eclipses. Façam um esquema mostrando a posição do Sol, da Terra e da Lua no eclipse do Sol e no da Lua. Expliquem os eclipses total e parcial do Sol empregando os conceitos que vocês aprenderam neste capítulo. Expliquem também qual a importância desses fenômenos ao longo da história da humanidade.

8. A figura a seguir mostra uma receita para a prescrição de lentes para uma pessoa (receita oftalmológica).

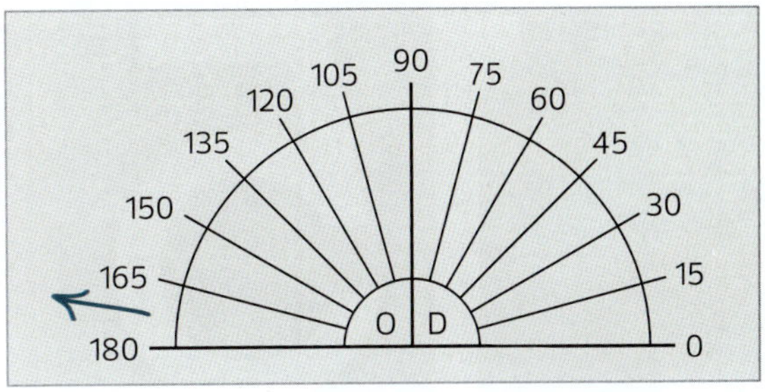

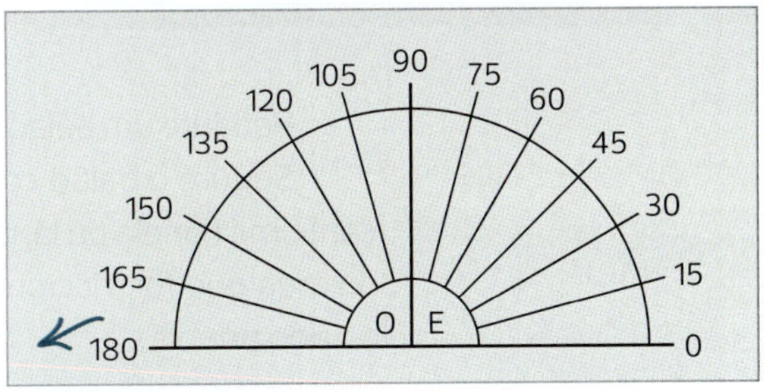

Ilustrações: Adilson Secco/Arquivo da editora

Longe	Esférico	Cilíndrico	Eixo	DP
O.D	−4,50	−1,00	160°	a medir
O.E	−4,50	−1,50	170°	
Perto	**Esférico**	**Cilíndrico**	**Eixo**	**DP**
O.D	−1,50	−1,00	160°	a medir
O.E	−1,50	−1,50	170°	

14.57

Pesquisem e descubram o que querem dizer:

- as abreviaturas O.D., O.E. e D.P. e a expressão "a medir";
- os termos "esférico", "cilíndrico" e "eixo";
- todos os números que aparecem na receita (e por que alguns têm um sinal negativo).

Descubram também que tipo de problemas visuais essa pessoa deve ter e que tipo de lente está sendo indicado.

9. Pesquisem qual a trajetória de um raio luminoso ao chegar ao olho humano. Que partes do olho funcionam como lentes, onde a imagem é formada, o que ocorre nos casos de miopia e hipermetropia e como esses problemas são corrigidos.

Capítulo

15 Eletricidade e magnetismo

Pendure um balão de festa cheio de ar em algum suporte, como na figura abaixo.

Segure o balão com uma das mãos e esfregue várias vezes uma mesma área com uma flanela ou lã, como mostra a figura. Solte o balão e aproxime a flanela ou a lã da área que foi friccionada: o balão se movimenta em direção a ela, como se fosse atraído por ela.

Neste capítulo você irá compreender como explicar esses e outros fenômenos ligados à eletricidade.

Mauro Nakata/Arquivo da editora

15.1

A questão é

Como um corpo pode ficar carregado com eletricidade? O que é uma corrente elétrica? E qual a relação entre diferença de potencial e a intensidade e resistência elétricas? Quais as propriedades de um ímã?

1 A eletrização por atrito

A **carga elétrica** é um conceito fundamental em eletricidade. Ela explica vários fenômenos da natureza.

Você já sabe que o número de elétrons de um átomo é igual ao de prótons. Como suas cargas elétricas têm o mesmo valor, apenas com sinais contrários (o elétron tem carga negativa, e o próton, carga positiva), o átomo é eletricamente neutro.

Em certas situações, porém, os elétrons podem passar de um corpo para outro, ou seja, um corpo pode ganhar ou perder elétrons. Quando um corpo ganha elétrons, ele fica com **carga total negativa**. Quando perde, fica com **carga total positiva**.

Uma das maneiras de remover elétrons de um corpo consiste em friccioná-lo em outro de material diferente. Foi isso o que aconteceu com a flanela e o balão da figura 15.1. Com o atrito, certo número de elétrons passou da superfície do tecido para o balão. O balão ficou com carga elétrica total negativa, isto é, ficou carregado negativamente. A superfície do tecido ficou com carga elétrica total positiva, isto é, ficou carregada positivamente. Veja a figura 15.2. Dizemos então que o balão e o tecido ficaram **eletrizados** ou que ficaram com eletricidade estática. Esse tipo de eletrização é chamado **eletrização por atrito**. O balão aproximou-se do tecido porque **cargas elétricas de sinais diferentes** (positivo e negativo) **se atraem**.

Na eletricidade estática as cargas ficam quase sempre em repouso. A parte da eletricidade que estuda esse fenômeno é chamada de eletrostática. Nesse estudo, os efeitos do movimento das partículas carregadas não são considerados para analisar os fenômenos estudados.

Agora observe a figura 15.3. Veja o que acontece se aproximarmos duas canetas de plástico que foram friccionadas numa flanela ou lã.

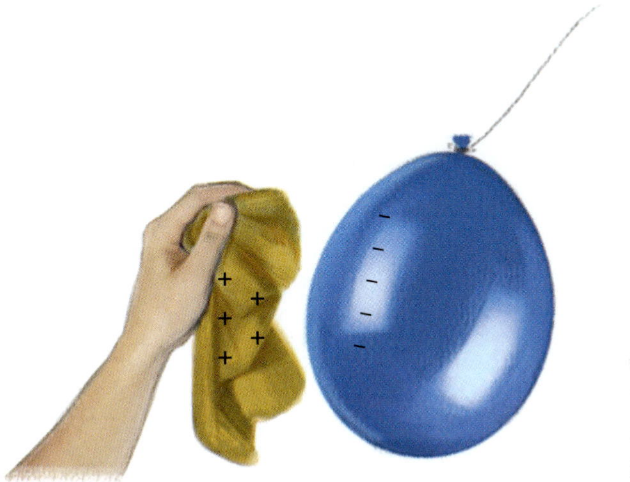

15.2 Figura sem escala. Cores fantasia.

Ilustrações: Mauro Nakata/Arquivo da editora

15.3 Figura sem escala. Cores fantasia.

A caneta presa ao suporte se afasta da outra porque ambas ficaram eletrizadas negativamente, isto é, ficaram com carga total negativa, depois de friccionadas na flanela. Este é outro princípio básico da eletricidade: **cargas elétricas de mesmo sinal se repelem**.

A eletrização por atrito acontece porque algumas substâncias têm mais facilidade para perder elétrons do que outras. Assim, quando friccionamos dois materiais diferentes, alguns elétrons são transferidos de um material para o outro. Lembre-se de que os prótons e os nêutrons estão no núcleo do átomo e não podem ser deslocados de lá pelo simples atrito: somente os elétrons é que podem passar de um corpo para outro. O sentido da transferência de elétrons vai depender dos materiais que sofrem atrito. O plástico da caneta retira elétrons da flanela ou da lã, mas, se friccionarmos o vidro na flanela ou na lã, será o tecido que vai retirar elétrons do vidro, adquirindo carga negativa.

Condutores e isolantes

Materiais como vidro, plástico, tecido, papel, madeira, ar seco e borracha são chamados **isolantes elétricos**. Esses materiais podem perder ou ganhar elétrons de outro corpo por atrito, mas os elétrons não se movem bem entre seus próprios átomos. Por isso eles são maus condutores de eletricidade.

Em outros materiais, a ligação entre os elétrons da última camada e os átomos é fraca e eles podem se mover com bastante facilidade entre os átomos. Esses materiais são chamados **condutores elétricos**, porque conduzem bem a eletricidade. É o caso da maioria dos metais e das soluções aquosas de ácidos e sais.

Se um corpo condutor eletrizado for colocado em contato com a Terra, ele se descarrega rapidamente, tornando-se neutro. Essa é uma propriedade importante de nosso planeta: por ter um volume muito maior que qualquer objeto, ele pode doar para outros corpos ou receber deles uma grande quantidade de elétrons. Veja a figura 15.4. Observe, porém, que, se em vez de um fio condutor houvesse um material isolante, como um fio de plástico, o corpo continuaria carregado, já que não haveria transferência de elétrons entre o corpo e a Terra.

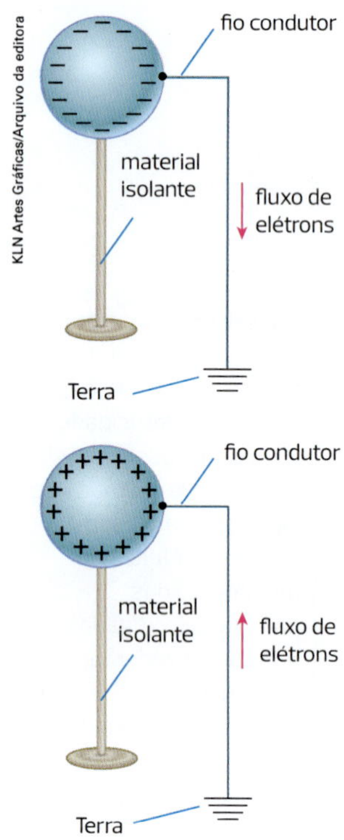

15.4 A ligação de um corpo à Terra descarrega suas cargas. No primeiro desenho, os elétrons vão fluir da esfera à Terra; no segundo, vão fluir da Terra à esfera. (Figuras sem escala. Cores fantasia.)

O ar úmido conduz melhor a eletricidade do que o ar seco, fazendo com que um corpo eletricamente carregado perca a carga mais rapidamente do que com o ar seco (a carga elétrica escoa para a Terra através do ar). Por isso, o experimento do balão descrito na abertura do capítulo, por exemplo, funciona melhor em dias secos. A água pura (destilada) é isolante, mas a água utilizada no dia a dia contém sais minerais dissolvidos e, por isso, é condutora. Nosso corpo, que contém água e sais dissolvidos, também é condutor (é mais condutor ainda com a pele molhada), o que explica por que devemos ter cuidado ao lidar com eletricidade para não levarmos choques elétricos.

30 Ciência no dia a dia

Cuidado com a eletricidade estática!

Quando o ar está seco e uma pessoa atrita a sola do sapato várias vezes sobre um tapete, seu corpo pode se eletrizar por atrito. Se ela tocar em uma maçaneta ou em outro objeto metálico ligado ao solo, pode levar um pequeno choque por causa da passagem da carga elétrica entre o objeto e seu corpo. Às vezes, basta aproximar a mão, e uma pequena faísca salta para o objeto ou até para o corpo de outra pessoa.

Nesses casos, as pessoas ficam, em geral, apenas um pouco assustadas. Mas a eletricidade estática pode causar problemas sérios.

No abastecimento de aviões e no reabastecimento de postos de combustível por caminhões-tanque, é preciso aterrar (ligar à Terra) o avião e o caminhão para evitar que eventuais acúmulos de carga produzidos pela eletrização por atrito produzam faíscas próximo aos combustíveis.

Pelo mesmo motivo, chuveiros elétricos, máquinas de lavar e fornos de micro-ondas possuem um fio e uma tomada com três pinos para fazer escoar para o solo o excesso de carga elétrica que poderia ficar acumulada em suas carcaças e provocar um choque nos seus usuários.

Nas corridas de Fórmula 1, o atrito do carro com o ar arranca elétrons dos átomos na superfície do metal. Com isso, o veículo fica carregado positivamente, o que poderia produzir faíscas e provocar incêndios durante o abastecimento do carro. Assim, há no chão do boxe chapas de cobre que descarregam essas cargas quando o carro passa por elas.

2 A indução eletrostática

Esfregue várias vezes com flanela ou lã um balão de festa e aproxime-o de pedacinhos bem pequenos de papel-alumínio: os papéis são atraídos pelo balão, aderindo a ele.

Agora veja a explicação para o que aconteceu.

O atrito com a flanela ou a lã fez o balão ficar com carga negativa. Então, quando aproximamos o balão, os elétrons do alumínio são repelidos pela carga negativa, deslocando-se para o lado oposto ao do balão. Veja a figura 15.5.

A carga positiva do alumínio fica então mais próxima do balão que a carga negativa. Como a força de atração é maior quando a distância diminui, a força de atração entre a carga negativa do balão e a carga positiva do alumínio é maior do que a força de repulsão entre as cargas negativas. Desse modo, os pedaços de papel-alumínio movem-se em direção ao balão.

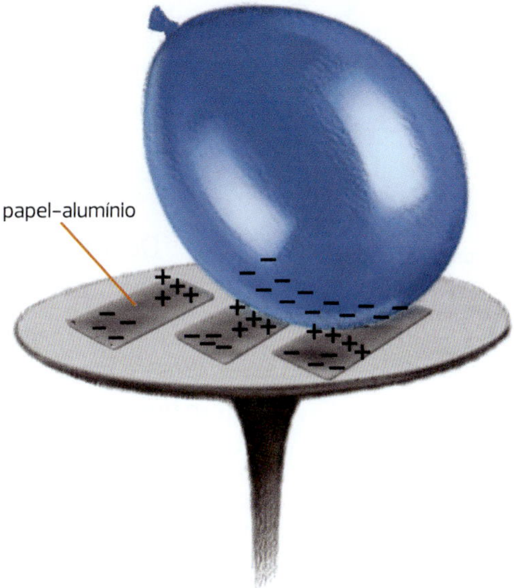

15.5 **A indução eletrostática explica a atração do papel-alumínio pelo balão. (Figura sem escala. Cores fantasia.)**

Essa separação de cargas elétricas num corpo provocada pela proximidade de um corpo carregado é chamada **indução eletrostática**.

Esfregando várias vezes uma caneta de plástico em um pano ou passando várias vezes um pente de plástico no cabelo, esses objetos poderão atrair pequenos pedaços de papel. Só que, como o papel é um isolante, seus elétrons não se movimentam tão facilmente quanto os do alumínio. O que acontece é que os átomos e as moléculas da superfície do papel se organizam de modo a ficarem com as cargas negativas mais próximas da caneta, e o efeito final é o mesmo que no caso do alumínio. Veja figura 15.6.

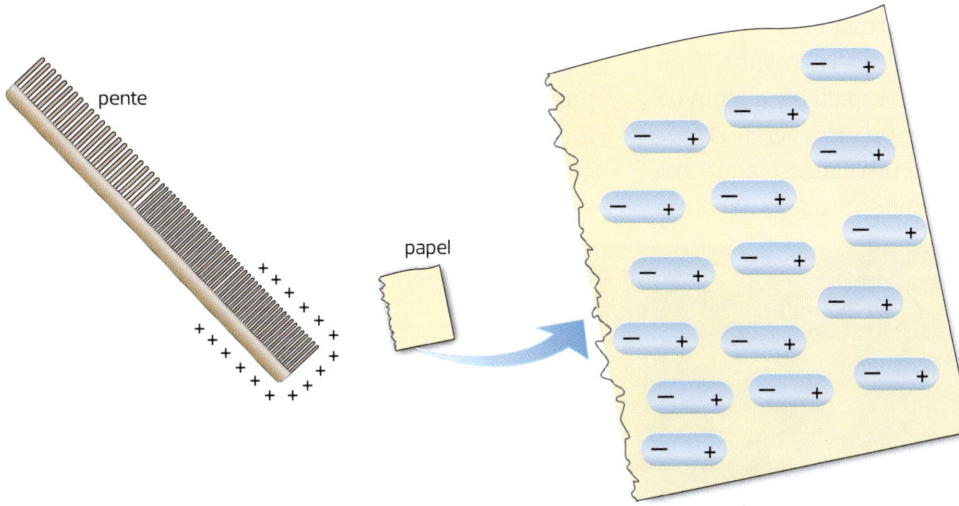

15.6 **A atração dos pedaços de papel pelo pente é explicada pela indução eletrostática. (Esquema sem escala. Cores fantasia.)**

A indução eletrostática pode fazer um corpo ficar carregado eletricamente. Veja como isso acontece.

Aproximamos um bastão de plástico, ou de outro material isolante, com carga elétrica negativa de uma esfera de metal eletricamente neutra (com carga elétrica total zero) e isolada da Terra. Devido à repulsão elétrica, os elétrons próximos ao bastão se deslocam para o lado oposto da esfera. Veja a figura 15.7.

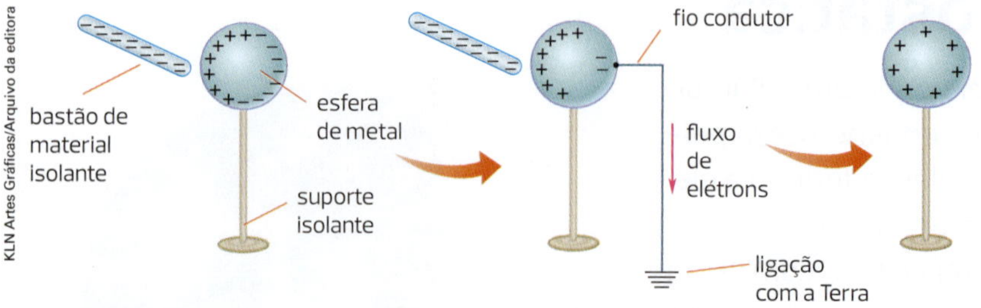

15.7 A indução eletrostática pode fazer um corpo ficar carregado eletricamente. (Figura sem escala. Cores fantasia.)

Estabelecemos então uma ligação com a Terra, fazendo a carga negativa deixar o corpo. Com isso, a esfera fica carregada positivamente quando a ligação com a Terra é interrompida. Reveja a figura 15.7. Essa maneira de eletrizar um condutor é chamada **eletrização por indução**.

Quando se encosta um objeto eletrizado em outro neutro, parte das cargas elétricas do primeiro passa para o segundo: é a **eletrização por contato**. Se um corpo com carga negativa encostar em um corpo neutro, por exemplo, parte dos elétrons do primeiro corpo passará para o segundo. Já se um corpo com carga positiva encostar em um corpo neutro, parte dos elétrons do segundo passará para o primeiro. Observe que em ambos os casos os dois corpos ficarão com cargas elétricas de mesmo tipo (ambos com carga elétrica positiva ou ambos com carga elétrica negativa).

30 Ciência no dia a dia

Raios e trovões!

Durante uma tempestade, as gotas de água e as partículas de gelo das nuvens podem ficar eletrizadas por atrito. É possível que ocorram então descargas elétricas (raios) dentro de uma nuvem ou entre nuvens próximas, provocando clarões: são os relâmpagos. Veja a figura 15.8.

As descargas elétricas ocorrem também entre a nuvem e o solo ou do solo para a nuvem. Elas acontecem por causa da indução eletrostática: a superfície da Terra abaixo da nuvem fica carregada. Com isso, pode haver uma súbita e rápida passagem de elétrons da nuvem para o solo ou vice-versa. O movimento de elétrons provoca um clarão e aquece o ar, que se expande. A expansão se propaga na forma de uma onda sonora, produzindo um som forte, o trovão. Como a velocidade do som no ar (340 m/s) é bem menor que a velocidade da luz (300 000 km/s), sempre vemos o relâmpago antes de ouvirmos o estrondo do trovão.

Os raios das tempestades são capazes de provocar sérias queimaduras e até a morte. Por isso prédios e casas têm de ser equipados com para-raios, uma espécie de poste de metal ligado à Terra. As cargas elétricas tendem a se concentrar nas partes pontiagudas dos corpos. Em razão de sua forma pontiaguda, os para-raios concentram muita carga elétrica por indução e têm mais chance de serem atingidos por raios que as áreas ao seu redor, possibilitando o escoamento da carga elétrica com segurança até o solo.

15.8 Raios sobre a cidade de Londrina (PR), em outubro de 2013.

Se você estiver fora de casa durante uma tempestade com raios, evite lugares descampados, onde você possa ser o ponto mais alto do local, não se aproxime de árvores e postes e procure ficar perto de construções com para-raios. Não fique dentro da água (mar, piscina, etc.) e não use telefone com fio. Numa emergência, prefira um telefone sem fio ou celular. Em casa, não use eletrodomésticos (é melhor desligá-los).

3 A corrente elétrica

Observe a figura 15.9. A lâmpada acende porque uma **corrente elétrica** está passando pelos fios, pela pilha e pela lâmpada. A corrente elétrica provoca o aquecimento do filamento da lâmpada, que passa a emitir luz.

Mas o que é uma corrente elétrica?

Normalmente, os elétrons dos metais movem-se de forma desorganizada em todas as direções. Quando ligamos os fios metálicos a uma pilha, o movimento fica mais organizado: o fluxo de elétrons segue determinado sentido. Esse fluxo ordenado de elétrons forma a corrente elétrica.

Atenção!
Não mexa com eletricidade sem o acompanhamento de seu professor. Só realize experimentos com correntes contínuas fornecidas por baterias ou pilhas e com tensão máxima de 9 volts.

Sérgio Dotta Jr./The Next

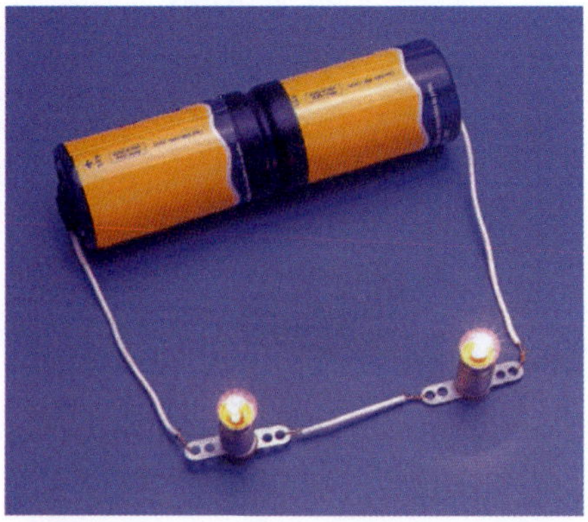

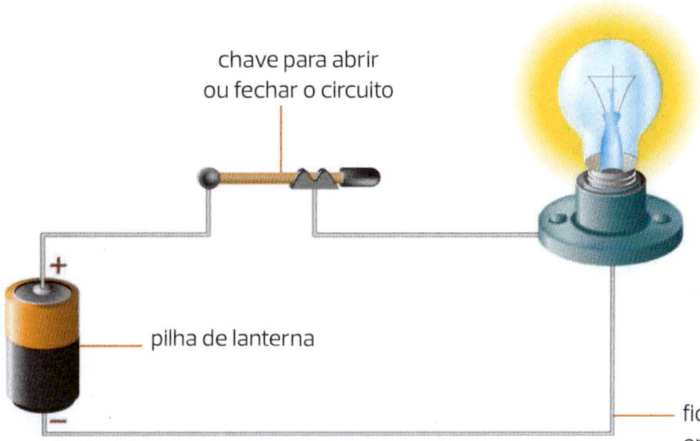

KLN Artes Gráficas/Arquivo da editora

15.9 A lâmpada acende porque uma corrente elétrica passa pelo fio. Na foto, um circuito com duas pilhas ligadas por fio a duas lâmpadas de lanterna. (Ilustração sem escala. Cores fantasia. A marca comercial foi apagada para evitar entendimento de publicidade.)

O conjunto formado pela pilha, pelos fios e pela lâmpada forma um **circuito elétrico**. O circuito da figura 15.9 está fechado. Se levantarmos a chave, o circuito se abre e o fluxo de elétrons fica interrompido. Um interruptor, que serve para ligarmos e desligarmos lâmpadas e outros aparelhos, abre ou fecha um circuito e, com isso, permite ou interrompe o fluxo de elétrons.

A pilha fornece a energia que mantém os elétrons em movimento a partir de transformações químicas que ocorrem em seu interior. Pilhas e baterias são chamadas de **geradores**, dispositivos que transformam outras formas de energia em energia elétrica.

A corrente elétrica gerada por pilhas e baterias é chamada **corrente contínua**, porque o fluxo de elétrons se dá em um único sentido. Nos aparelhos que funcionam com corrente contínua aparece a indicação CC ou DC.

CC corresponde às iniciais de corrente contínua. DC vem da expressão inglesa *direct current*.

A corrente que usamos em nossa casa, quando ligamos um aparelho na tomada ou quando acendemos uma lâmpada, é uma **corrente alternada**. Os elétrons ficam oscilando rapidamente no interior do condutor, ora para um lado, ora para o outro, invertendo periodicamente o sentido da corrente. Nos aparelhos que funcionam com corrente alternada aparece a indicação CA ou AC.

CA corresponde às iniciais de corrente alternada. AC vem da expressão inglesa *alternating current*.

Enquanto a corrente contínua é gerada por pilhas e baterias, a corrente alternada origina-se da rotação de bobinas ou ímãs, como veremos no final do capítulo.

A **intensidade** de uma corrente elétrica é a quantidade de carga elétrica que passa por uma seção transversal do condutor num intervalo de tempo. Ela é medida em **ampère (A)**. A unidade de carga elétrica é o **coulomb (C)**. O coulomb é uma unidade muito grande e, por isso, usamos submúltiplos, como o **microcoulomb** (μC), que corresponde a 10^{-6} C.

Pronuncia-se "ampér". Trata-se de uma homenagem ao físico francês André-Marie Ampère (1775-1836). O aparelho que mede a intensidade de uma corrente é chamado amperímetro.

Nas soluções de compostos iônicos, a corrente elétrica é produzida pelo movimento de íons dos átomos. No caso de uma solução de sal de cozinha (cloreto de sódio), há um fluxo de íons de sódio e de cloro. Veja a figura 15.10.

No século XIX pensava-se que havia um "fluido elétrico" que passava dos corpos positivos para os negativos e, por isso, até hoje se adota um sentido convencional da corrente elétrica: é o sentido da corrente que seria formada pelo movimento de cargas positivas. Esse movimento é oposto ao dos elétrons. Veja a figura 15.11.

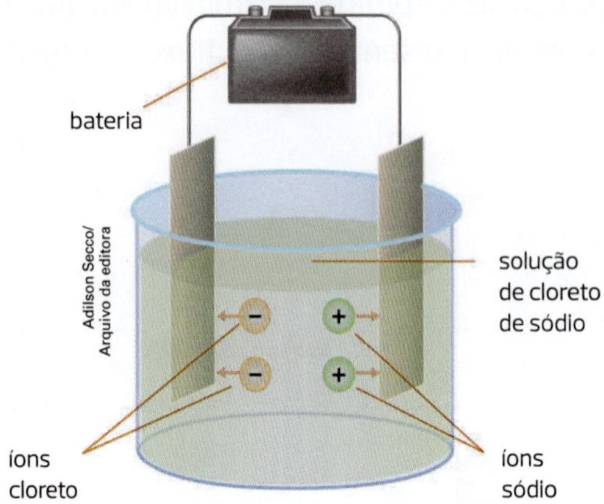

15.10 Condução de corrente elétrica em uma solução de cloreto de sódio. (Figura sem escala. Cores fantasia.)

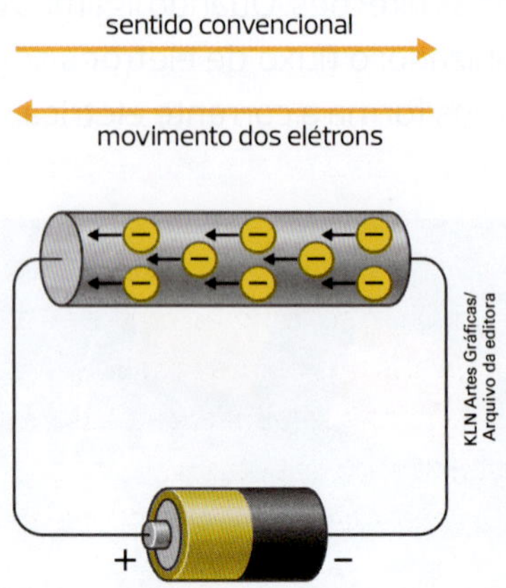

15.11 O sentido convencional da corrente elétrica é oposto ao movimento dos elétrons. (Figura sem escala. Cores fantasia.)

A diferença de potencial

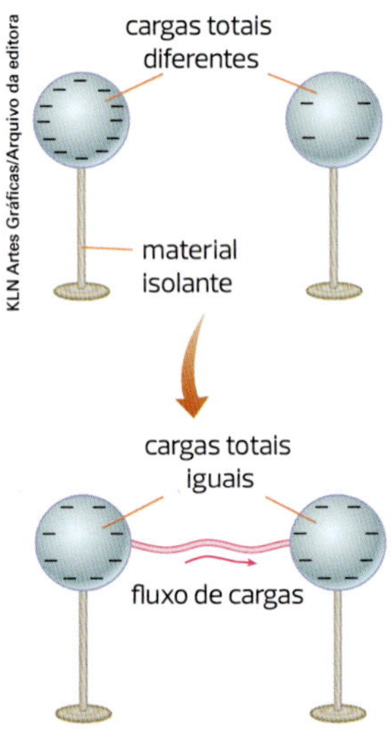

15.12 Depois de unidas por um fio condutor, as duas esferas ficam com cargas elétricas totais iguais. (Figura sem escala. Cores fantasia.)

As tomadas de sua casa são de 110, 127 ou 220 volts?

Talvez você conheça a resposta, mas será que sabe o que significa "volt"? Ou o que é voltagem?

Veja na figura 15.12 o que acontece quando unimos por um fio condutor duas esferas idênticas com cargas elétricas totais diferentes. Há passagem de elétrons da esfera com maior carga para a esfera com menor carga, até que as cargas elétricas se equiparem.

Compare essa situação com a distribuição de água num prédio. A água desce da caixa-d'água para os apartamentos em razão de uma diferença de altura. De modo semelhante, as cargas elétricas se deslocam por causa do que chamamos de **diferença de potencial elétrico**. Assim, enquanto a maior altura da caixa-d'água faz a água descer pelos canos, a diferença de potencial elétrico faz a corrente elétrica circular pelos fios.

Uma pilha tem dois polos: o positivo (+) e o negativo (–). Entre eles existe uma diferença de potencial elétrico que mantém uma corrente elétrica quando os polos são ligados por um fio. A pilha usa energia química para manter essa diferença de potencial.

A diferença de potencial elétrico é chamada também de **tensão elétrica** ou **voltagem**, e é representada pela letra U. Ela é medida em volts (V) por meio de aparelhos chamados voltímetros.

Em homenagem ao físico italiano Alessandro Volta (1745-1827), que construiu a primeira pilha elétrica.

Quando um aparelho é ligado à tomada, a tensão elétrica da tomada aplica uma força elétrica sobre os elétrons livres do fio, organizando seu movimento no interior dos condutores. Essa organização gera uma corrente elétrica.

Ciência e tecnologia

Pilhas e baterias

O princípio de funcionamento de toda bateria ou pilha é uma transferência de elétrons entre duas substâncias químicas.

As pilhas comuns são feitas com zinco metálico (que forma o corpo da pilha) no polo negativo e um cilindro de grafita coberto por dióxido de manganês no polo positivo. No interior, há uma pasta ácida de cloreto de zinco e de amônio. Os elétrons que saem do zinco retornam pelo circuito e são recebidos pelo dióxido de manganês, que acaba virando um óxido misto de zinco e manganês. Como não é possível devolver os elétrons ao zinco, a reação é irreversível. Nas chamadas pilhas alcalinas, que duram mais, a pasta contém hidróxido de potássio (uma base) e óxido de zinco, no lugar do cloreto de zinco e de amônio.

Os acumuladores ou baterias de carros e de outros veículos possuem eletrodos à base de chumbo e de óxido de chumbo imersos em uma solução de ácido sulfúrico. O ácido reage com o chumbo e com o óxido de chumbo, formando sulfato de chumbo e água. A bateria é recarregada com um gerador que faz passar uma corrente elétrica no sentido contrário ao da reação. Com isso, o sulfato de chumbo se combina com a água e libera o chumbo, o óxido de chumbo e o ácido originais.

Após o uso, pilhas e baterias devem ser entregues aos estabelecimentos que as comercializam, a postos de coleta de lixo eletrônico, ou à rede de assistência técnica autorizada pelas indústrias. Elas nunca devem ser descartadas no lixo comum.

Moura Foto/Arquivo da editora

Bateria aberta feita de um conjunto de pilhas.

Special Instructions: Source

baterias para telefone celular

Sérgio Dotta Jr./The Next

bateria de automóvel aberta

Esquema de pilha comum

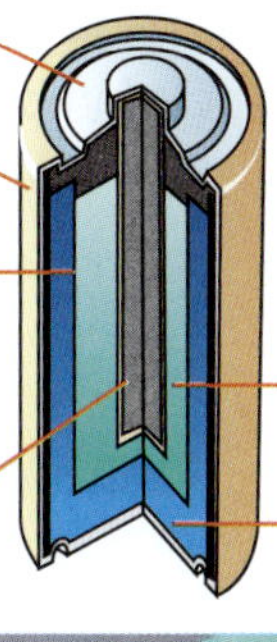

KLN Artes Gráficas/Arquivo da editora

Esquema de bateria de automóvel

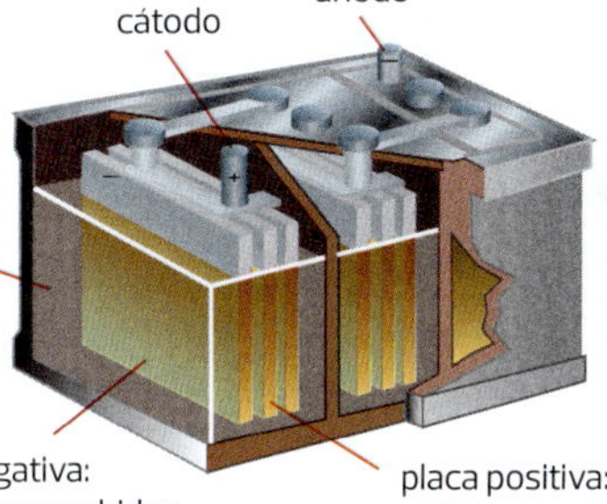

KLN Artes Gráficas/Arquivo da editora

15.13 **Esquemas de pilha comum e de bateria (ilustração sem escala; cores fantasia). Baterias de 9 V, como as da foto à esquerda e acima, são formadas por um conjunto de pilhas ligadas em série (com o polo positivo de uma ligada ao polo negativo da outra). (As marcas comerciais foram apagadas para evitar entendimento de publicidade.)**

Rogério Reis/Pulsar Imagens

15.14 **Posto de coleta de pilhas e baterias em Goiânia (GO), 2010.**

A resistência elétrica

Você já sabe que os metais são bons condutores de eletricidade. Ao contrário dos isolantes, eles possuem elétrons livres que se movimentam com facilidade, permitindo a passagem da corrente elétrica. Mas mesmo os metais oferecem alguma dificuldade à passagem da corrente. O grau de dificuldade que o condutor oferece à passagem da corrente é chamado **resistência elétrica**.

A resistência depende do material de que é feito o condutor. O cobre, por exemplo, conduz bem a eletricidade e por isso é o metal mais usado nos fios elétricos.

A resistência depende também do comprimento do fio condutor e da área de sua seção transversal. Quanto maior o comprimento, maior a resistência elétrica. E, quanto maior a espessura do fio, menor a resistência elétrica.

A unidade de medida da resistência elétrica é o **ohm**, cujo símbolo é a letra grega ômega (Ω).

Pronuncia-se 'ôm'. É uma homenagem ao físico alemão Georg Simon Ohm (1787-1854).

A relação entre a intensidade da corrente, a resistência e a diferença de potencial elétrico entre dois pontos de um condutor pode ser expressa por:

$$U = R \cdot i$$

É a expressão conhecida como **lei de Ohm**. Pela fórmula, vemos que a intensidade da corrente é inversamente proporcional à resistência elétrica ($i = U/R$), ou seja, quanto maior a resistência, menor a corrente elétrica, e vice-versa. Veja um problema resolvido com a aplicação dessa fórmula.

As extremidades de um fio com resistência igual a 5 ohms estão ligadas a uma tensão de 10 volts. Qual a intensidade da corrente que passa pelo fio?

No diagrama de circuito elétrico, a resistência é representada da seguinte maneira:

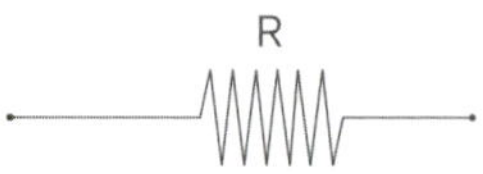

Vamos aplicar a lei de Ohm: $10 = 5 \cdot i$; logo, $i = 10/5 = 2$ A. O valor da corrente é, portanto, de 2 ampères.

Veja este outro exemplo: uma lâmpada está ligada a uma tensão de 120 volts. Sabendo que uma corrente de 2 ampères passa pela lâmpada, qual o valor da resistência de seu filamento?

Aplicando a lei de Ohm, temos:

$$120 = R \cdot 2; \text{logo, } R = \frac{120}{2} = 60 \text{ ohms}$$

Potência elétrica

A energia elétrica facilita nossa vida e nos ajuda a realizar tarefas, colocando em funcionamento uma máquina de lavar roupa, por exemplo. Mas ela também custa dinheiro: é possível calcular esse custo conhecendo-se a potência elétrica de um aparelho.

A **potência elétrica** indica o consumo de energia elétrica em cada unidade de tempo. No Sistema Internacional de Unidades, ela é medida em **watts** (W). Uma lâmpada de 60 watts consome 60 joules de energia elétrica em cada segundo de funcionamento.

A potência de uma lâmpada indica os custos de mantê-la acesa. O mesmo vale para o funcionamento de um aparelho elétrico. Veja o cálculo para sabermos quantos joules uma lâmpada de 100 watts gasta se ficar ligada por 6 horas (é preciso converter esse tempo para segundos, que é a unidade de tempo do Sistema Internacional de Unidades):

Quanto maior for a potência de uma lâmpada ou de um aparelho eletrodoméstico e quanto maior for o tempo que ele ficar ligado, maior será a quantidade de energia elétrica que vai utilizar. Essa energia será transformada em outras formas de energia.

$$P = \frac{\text{Energia}}{\Delta t}\text{; logo } 100 = \frac{\text{Energia}}{6 \cdot 3\,600}$$

e o cálculo da energia fica:

$$\text{Energia} = 100 \cdot (6 \cdot 3\,600) = 2\,160\,000 \text{ J}$$

Você viu no Capítulo 15 que a energia consumida ou o trabalho realizado pode ser expresso pelo produto da potência pelo intervalo de tempo ($P \,.\, \Delta t$). Por isso, nos aparelhos elétricos, o consumo de energia pode estar indicado por uma unidade chamada quilowatt-hora (kWh).

A potência elétrica de um aparelho está relacionada com a intensidade da corrente elétrica (i) no aparelho e com a voltagem (U) pela fórmula:

$$P = U \cdot i$$

Essa fórmula permite calcular a intensidade da corrente elétrica que passa em certo trecho do circuito e também a resistência desse trecho. Veja um exemplo:

- Se um ferro elétrico com potência de 550 watts está ligado a uma tensão de 110 volts, a intensidade que passa por ele é de:

$$550 = 110 \cdot i\text{; logo, } i = 5 \text{ A}$$

A resistência pode ser calculada pela lei de Ohm:

$$110 = R \cdot 5\text{; logo, } r = 22\ \Omega$$

30 Ciência no dia a dia

O consumo de energia dos aparelhos elétricos

O consumo de energia dos aparelhos elétricos varia com a potência do aparelho e com o tempo durante o qual ele fica ligado (aliás, lembre-se de que aparelhos como a televisão, quando desligados apenas pelo controle remoto, continuam a consumir um pouco de energia).

O chuveiro elétrico é um dos que mais gastam energia. Dependendo de sua potência, que pode variar de 2 000 a 9 000 watts, em um banho diário de 10 minutos, um chuveiro pode gastar, em média, de 40 a 120 kWh por mês (na posição 'verão' o consumo de energia é cerca de 30% menor do que na posição 'inverno'). Isso pode significar, em média, 25% a 35% do valor da conta de luz. Portanto, banhos quentes demorados, além de aumentarem o consumo de água e de energia elétrica, significam maior gasto de dinheiro.

Geladeiras e aparelhos de ar condicionado contribuem, em média, com 20% a 30% do valor da conta de luz. Esses aparelhos só consomem energia quando o motor estiver funcionando. Se a porta de uma geladeira for aberta com frequência, ela vai consumir mais energia. E um aparelho de ar condicionado de pequeno porte, funcionando durante 8 horas, consome o mesmo que 10 ventiladores ligados por esse mesmo período de tempo.

A iluminação elétrica consome, em média, de 15% a 25% do total de energia, sendo que lâmpadas fluorescentes consomem bem menos do que as incandescentes e têm uma durabilidade bem maior.

Em homenagem a James Prescott Joule (1818-1889), que estudou esse efeito.

Efeito Joule

A energia que passa por um condutor se transforma, em parte, em calor. Por isso lâmpadas e aparelhos elétricos se aquecem quando estão funcionando. Esse efeito é conhecido como efeito Joule. Ferros de passar roupa, torradeiras, secador de cabelo e chuveiros elétricos utilizam esse calor para executar uma tarefa.

Gabor Mendes/kino.com.br

15.15 Chuveiro elétrico desmontado para mostrar a resistência elétrica. (Não desmonte dispositivos elétricos sem o acompanhamento de um técnico habilitado para isso!)

No inverno, regulamos o chuveiro elétrico para esquentar mais a água. A chave reguladora na qual mexemos faz a corrente elétrica passar por um trecho mais curto do fio que aquece a água, diminuindo sua resistência (mas não mude a chave com o chuveiro ligado e a torneira aberta para evitar um risco de choque elétrico, que pode ser fatal). Com isso, a intensidade da corrente e a potência elétrica aumentam, liberando mais calor.

Com a chave na posição verão, a corrente elétrica passa por um trecho mais comprido do fio que aquece a água, aumentando a resistência e fazendo com que ele se aqueça menos. Desse modo, economizamos energia, visto que o consumo de eletricidade desses chuveiros é alto. Veja a figura 15.15.

O efeito Joule ocorre também nas lâmpadas incandescentes. Nessas lâmpadas a energia elétrica é usada para aquecer um filamento de tungstênio, um metal resistente a altas temperaturas. Quando o filamento atinge uma temperatura próxima dos 2 600 °C, ele passa a emitir luz.

Boa parte da energia, porém, é transformada em calor, o que diminui muito o rendimento desse tipo de lâmpada. As lâmpadas fluorescentes funcionam de forma diferente: os gases (argônio e vapor de mercúrio) no interior do tubo liberam ultravioleta, que estimula a produção de luz pelo revestimento fluorescente da lâmpada, à base de fósforo. Como libera menos calor, esse tipo de lâmpada consome menos energia. Veja a figura 15.16. Por isso, as lâmpadas incandescentes de uso geral estão sendo retiradas do mercado e substituídas por lâmpadas fluorescentes, ficando apenas as com potência igual ou inferior a 40 watts e algumas lâmpadas especiais para estufas, equipamentos hospitalares, etc.

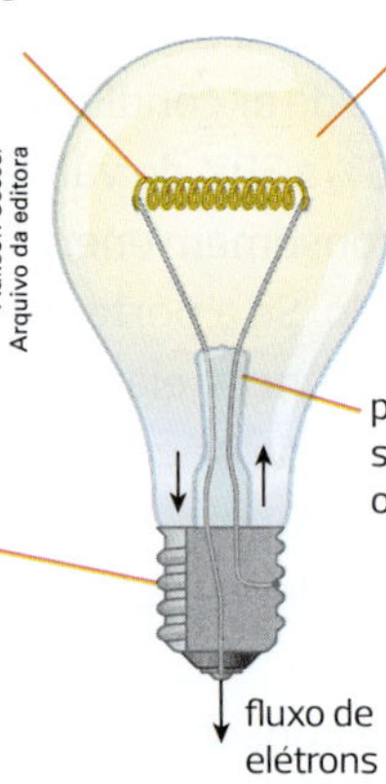

Jacek/kino.coom.br

Fabio Colombini/Acervo do fotógrafo

15.16 Esquema simplificado (cores fantasia) do interior de lâmpada incandescente (que aparece também na foto) e fotos de lâmpadas fluorescentes do tipo compacta e do tipo tubular. Uma lâmpada fluorescente de 20 watts emite a mesma quantidade de energia luminosa que uma lâmpada incandescente de 75 watts.

4 Cuidado com as instalações elétricas!

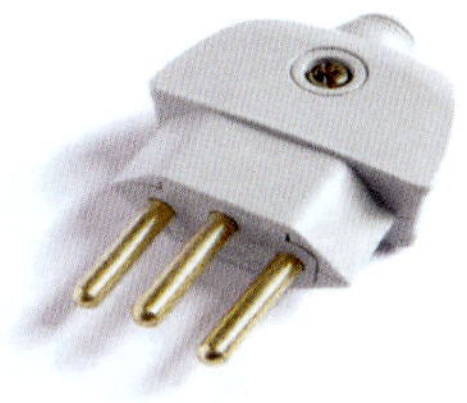
Jacek/kino.com.br

Nos aparelhos elétricos e nas lâmpadas aparece escrita a tensão ou a voltagem a que eles devem ser ligados: 110, 127 ou 220 volts. Se o aparelho for ligado a uma tensão maior, ele pode ser danificado e parar de funcionar. Se for ligado a uma tensão menor, não funciona ou funciona mal.

Se uma lâmpada com a especificação de 120 V e 60 W, por exemplo, for ligada a uma tomada de 220 V, ela vai dissipar uma potência maior do que 60 W e, provavelmente, vai queimar. Já se uma lâmpada com a especificação de 220 V for ligada a 120 V, ela não vai funcionar com a potência máxima e vai emitir uma intensidade de luz menor.

Muitos aparelhos são bivolts, com uma chave que permite ajustá-los à voltagem disponível no local em que precisam ser utilizados.

Para diminuir as chances de choques e proteger alguns aparelhos elétricos, é feita uma "ligação terra": o aparelho é ligado por um fio (o "fio terra") a uma barra de cobre enterrada no solo ou alojada na parede da casa, permitindo que o excesso de cargas elétricas escoe rapidamente para a Terra. Para isso, os aparelhos elétricos e eletrônicos são fabricados atualmente com plugues no padrão de 3 pinos, sendo que um deles é o pino terra, que faz a ligação do aparelho com o sistema de aterramento. O aterramento é obrigatório por lei nas construções novas desde 2009. Veja a figura 15.17.

Jacek/kino.com.br

15.17 Plugue e tomada de três pinos

Enrolar um fio em outro para fazer emendas é muito perigoso e pode provocar **curtos-circuitos**. O curto-circuito acontece quando os terminais de um aparelho ou dois fios adjacentes se tocam ("entram em curto"), e a corrente elétrica passa a percorrer um caminho com muito pouca resistência. Consequentemente, a intensidade da corrente aumenta muito e o calor produzido aquece o circuito a ponto de queimar o aparelho ou até provocar um incêndio.

Para proteger as instalações elétricas dos efeitos de curtos-circuitos e de eventuais aumentos de corrente elétrica existem dispositivos chamados fusíveis e disjuntores.

O **fusível** contém em seu interior um fio, que geralmente é de chumbo (nos fusíveis de rosca) ou de estanho (nos fusíveis de cartucho). Esses metais têm ponto de fusão mais baixo que o cobre (o material do fio das instalações da casa). Então, se a corrente elétrica ultrapassar determinado valor (que pode ser de 10 ampères ou 20 ampères, por exemplo, dependendo do fusível), o calor gerado derrete o chumbo ou o estanho, interrompendo a passagem da corrente e protegendo a instalação elétrica. É o que acontece quando se diz que o fusível "queimou". Observe a figura 15.18.

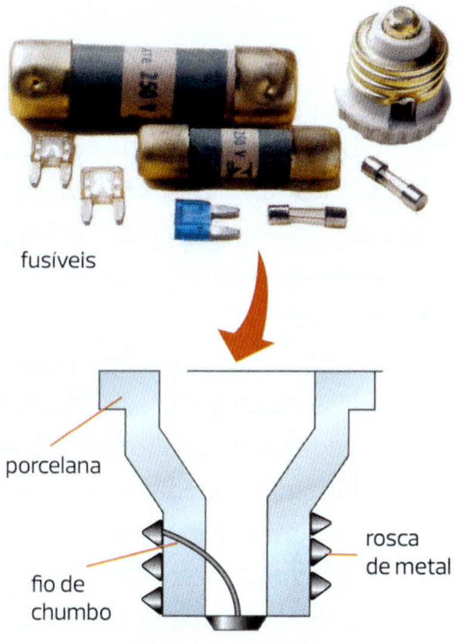

Fabio Colombini/Acervo do fotógrafo
KLN Artes Gráficas/Arquivo da editora

fusível por dentro

15.18 Na primeira foto, os fusíveis maiores (de cartucho e de rosca), ainda encontrados em algumas residências, devem ser trocados por disjuntores, como os das fotos abaixo. Os fusíveis menores, na parte inferior da primeira foto, são usados em veículos e aparelhos eletrônicos. (Ilustração sem escala. Cores fantasia. As marcas comerciais foram apagadas para evitar entendimento de publicidade.)

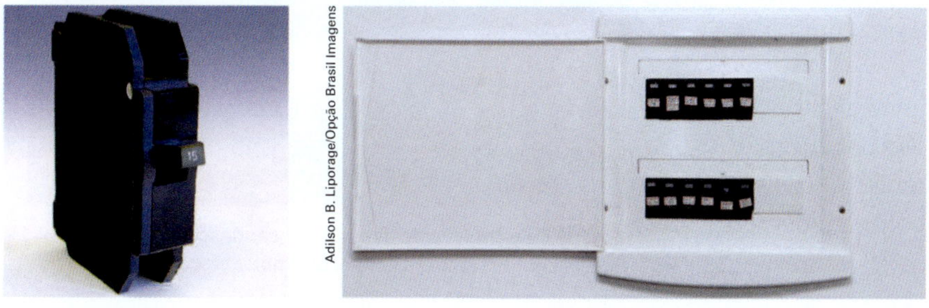
Jacek/kino.com.br
Adilson B. Liporage/Opção Brasil Imagens

Um disjuntor e um quadro de disjuntores. Em geral, há um disjuntor para cada parte da residência e um disjuntor geral.

Nas residências, o fusível vem sendo substituído pelo **disjuntor**, que desliga automaticamente (desarma) se a corrente ultrapassar certo valor. A vantagem é que basta ligá-lo novamente (acionando um interruptor) depois que o problema tiver sido resolvido. Não é preciso substituí-lo por outro, como no caso do fusível. Se um disjuntor estiver desarmando toda hora, procure um profissional habilitado para identificar o problema.

15.19 Símbolo de advertência da eletricidade

Finalmente, lembre-se sempre de que é muito perigoso mexer em aparelhos elétricos. Algumas partes internas de aparelhos elétricos, mesmo desligados, acumulam eletricidade e podem dar choques. Dependendo da intensidade da corrente elétrica que passa pelo corpo, um choque pode provocar sérias queimaduras e até fazer o coração parar, levando a pessoa à morte. Por isso, crianças não devem mexer em aparelhos elétricos ou tocar nos fios. É importante usar protetores nas tomadas que estejam ao alcance delas. Não use aparelhos com fios desencapados ou danificados. Leia as instruções do fabricante antes de usar um aparelho elétrico novo. Saiba que ligar mais de um aparelho na mesma tomada pode causar sobrecarga, com risco de acidentes e até de incêndios.

Ciência e sociedade

Economize energia

Economizar energia elétrica é bom não só para o bolso, mas também para o ambiente. Dependendo da forma como essa energia é obtida, ela pode levar à poluição do ar, a desequilíbrios ecológicos, entre outros problemas.

Veja alguns conselhos práticos:

- Nas áreas dos prédios ou das casas onde as lâmpadas ficam muito tempo ligadas, é preferível usar lâmpadas fluorescentes, pois elas consomem menos energia e duram mais.
- Apague a luz quando sair de um aposento desocupado e desligue a televisão se ninguém estiver assistindo a ela.
- Procure acumular a roupa a ser lavada na máquina (observando o limite que o fabricante recomenda) e procure passá-la toda de uma só vez. Use esses aparelhos preferencialmente durante o dia, quando não há muitos aparelhos elétricos ligados, ou fora dos horários de maior consumo (das 18h às 21h).
- A geladeira deve ficar em áreas ventiladas e não expostas ao sol. Evite colocá-la perto do fogão. Não deixe a porta da geladeira (ou do *freezer*) aberta por muito tempo. Mantenha as borrachas de vedação da porta em bom estado.
- O chuveiro elétrico consome muita energia. Por isso, quando não estiver muito frio, deixe a chave na posição **verão** ou **menos quente**. Não deixe a água ligada enquanto se ensaboa, nem demore muito no banho.
- Não regule o aparelho de ar condicionado para **muito frio**. Sempre deixe janelas e portas bem fechadas durante o seu funcionamento e limpe periodicamente o filtro (além de facilitar a circulação do ar, é uma importante medida de higiene).

Gary Wade/Getty Images

15.20 A substituição de lâmpadas incandescentes pelas fluorescentes também gera economia.

5 O magnetismo

CONTEÚDO DIGITAL

Com **ímãs** você pode atrair pregos, clipes e outros objetos. Mas nem todos os materiais podem ser atraídos por ímãs — só alguns metais. Os metais que podem ser atraídos por um ímã, como o ferro, o níquel, o cobalto e a liga desses metais, são chamados **ferromagnéticos**. Veja a figura 15.21.

A pedra da figura 15.22 atrai objetos metálicos. Ela contém o mineral magnetita (um óxido de ferro).

A magnetita é um ímã natural. Mas qualquer metal ferromagnético também pode se tornar um ímã. Isso é possível friccionando-se um pedaço de ferro ou outro material ferromagnético, sempre no mesmo sentido, com um ímã.

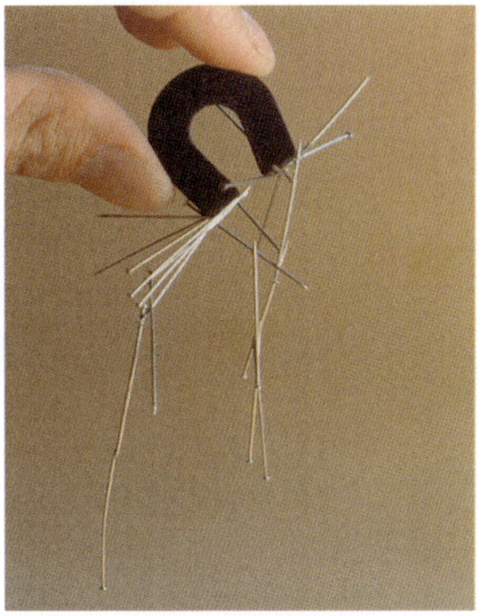

Fabio Colombini/Acervo do fotógrafo

15.21 Os ímãs atraem certos metais.

Polo norte e polo sul

O poder de atração de um ímã é maior em suas extremidades, isto é, em seus polos. Há dois **polos magnéticos** em um ímã: o **polo norte** e o **polo sul**. Polos de nomes diferentes se atraem e polos de mesmo nome se repelem. Portanto, se aproximarmos o polo norte e o polo sul de dois ímãs, eles se atraem; se aproximarmos um polo norte de outro polo norte ou um polo sul de outro polo sul, eles se repelem.

Qualquer ímã tem sempre um polo norte e um polo sul. Quando partimos um ímã em dois pedaços, formam-se dois ímãs, cada um com seu par de polos. Os polos dos ímãs aparecem, portanto, sempre aos pares.

Assim como as cargas elétricas, os ímãs exercem seus efeitos a distância. Fala-se então que há um campo magnético ao redor do ímã. A intensidade e os efeitos desse campo diminuem com a distância em relação ao ímã.

Não podemos ver o campo magnético, mas seus efeitos podem ser observados colocando-se, por exemplo, um ímã sob uma folha de papel e espalhando-se pequenos pedaços de limalhas de ferro sobre a folha. As limalhas se organizam como na figura 15.23. Elas acompanham as chamadas **linhas de força** do campo magnético.

A. Parramón/AP Photo

15.22 Fragmento de magnetita atraindo objeto de metal.

Ao redor das cargas elétricas existe um campo elétrico.

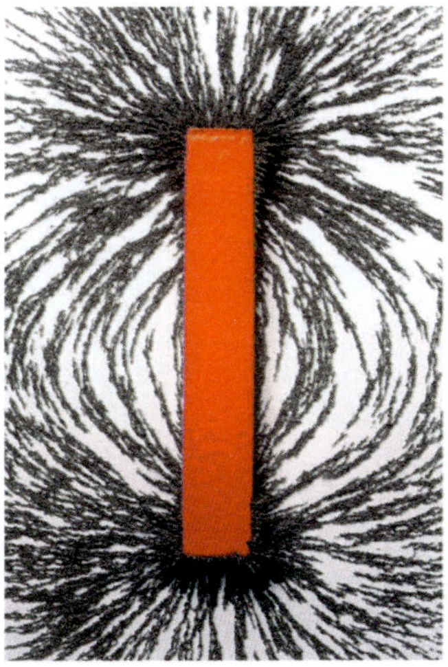

Cordelia Molloy/Science Photo Library

Fotos: Gabor Nemes/Kino.com.br

15.23 O campo magnético atuando sobre a limalha de ferro produz o aspecto da primeira imagem. Na segunda imagem, os dois ímãs estão com os polos opostos próximos, e na terceira, os dois polos de mesmo nome estão próximos.

Hoje em dia, a orientação pode ser feita por meio do aparelho conhecido como GPS.

A bússola

Uma aplicação importante dos ímãs é a **bússola magnética**. Veja a foto da figura 15.24. Ela consiste em uma agulha imantada que pode girar livremente, voltando-se sempre para a direção norte-sul do planeta. A bússola foi um instrumento importantíssimo na história da navegação, permitindo que as pessoas se orientassem em suas viagens.

A agulha da bússola aponta sempre para a mesma direção (a direção norte-sul) porque a Terra apresenta um magnetismo natural (resultante do núcleo com ferro que existe em seu interior), como se fosse um grande ímã com dois polos magnéticos, localizados próximos aos polos geográficos: próximo ao polo norte geográfico está um polo sul magnético e próximo ao polo sul geográfico está um polo norte magnético. Veja a figura 15.25.

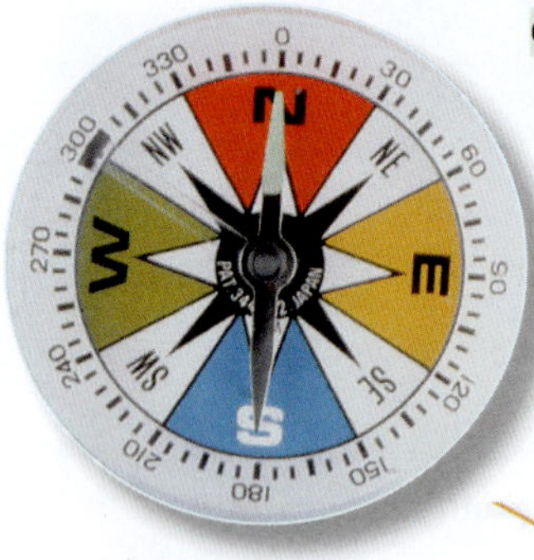

15.24 Uma bússola magnética

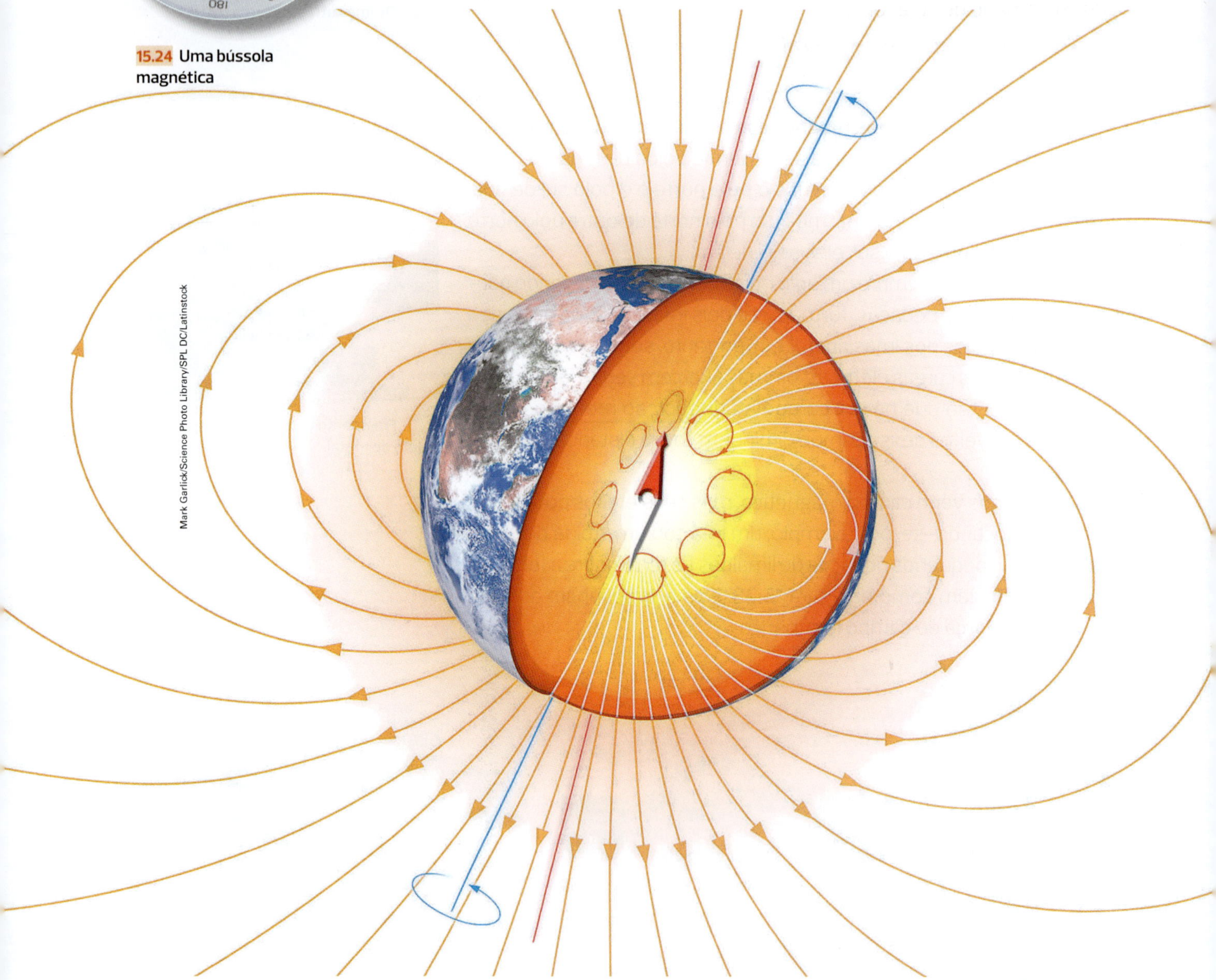

15.25 Representação artística da Terra mostrando o núcleo em seu interior e linhas de força do campo magnético (em cor-de-laranja). A figura mostra também a diferença entre o polo norte geográfico (linha azul) e o polo norte magnético (linha cor-de-rosa). (Figura sem escala. Cores fantasia.)

6 O eletromagnetismo

A propriedade que certas rochas de ferro têm de atrair o ferro e outros materiais já era conhecida na Grécia antiga. O que não se sabia na época e o que sabemos hoje é que há uma relação entre magnetismo e eletricidade: por meio da eletricidade podemos gerar magnetismo e por meio do magnetismo podemos gerar eletricidade.

Em 1820 o físico dinamarquês Hans Christian Oersted (1777-1851) montou um circuito elétrico semelhante ao da figura 15.26.

Ele observou que, quando uma corrente elétrica passava pelo circuito, a agulha da bússola mudava de direção. Concluiu, então, que uma corrente elétrica podia funcionar como um ímã, ou seja, que a corrente era capaz de produzir campos magnéticos. Veja na figura 15.27 como um fio enrolado em espiral e conduzindo uma corrente elétrica gera um campo magnético ao seu redor. Um condutor enrolado em forma de bobina é chamado de solenoide.

Já sabemos que entre duas cargas elétricas há uma força de atração ou de repulsão elétrica (cargas de sinais contrários se atraem e cargas de mesmo sinal se repelem). Vários estudos e experimentos mostraram que, quando duas cargas elétricas estão em movimento, há entre elas, além de uma força elétrica, uma força magnética. Em outras palavras, os campos magnéticos, tanto ao redor de uma corrente elétrica como de um ímã, são produzidos por cargas elétricas em movimento. No interior dos átomos, as cargas em movimento são os elétrons. De modo simplificado, podemos dizer que na maioria dos materiais um campo magnético criado por um elétron é anulado pelo campo de outro elétron. Nos materiais ferromagnéticos os campos não se anulam, o que explica suas propriedades magnéticas.

A parte da Física que estuda as interações entre a eletricidade e o magnetismo é chamada **eletromagnetismo**.

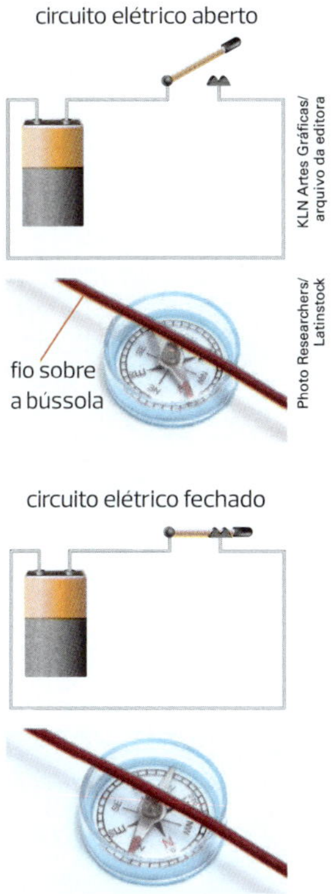

15.26 Quando a chave é fechada, uma corrente elétrica passa pelo circuito e provoca desvios na agulha magnética. (Ilustração sem escala. Cores fantasia.)

O eletroímã

Para demonstrar que a corrente elétrica é capaz de gerar efeitos magnéticos, com a supervisão do professor, pode-se fazer o experimento da figura 15.28, que mostra um prego se magnetizando quando uma corrente elétrica passa por um fio enrolado ao redor dele. E, enquanto estiver conduzindo a corrente, o fio também apresenta propriedades magnéticas: ele é capaz de desviar a agulha da bússola se estiver próximo a ela. Os ímãs produzidos pela corrente elétrica são chamados **eletroímãs**.

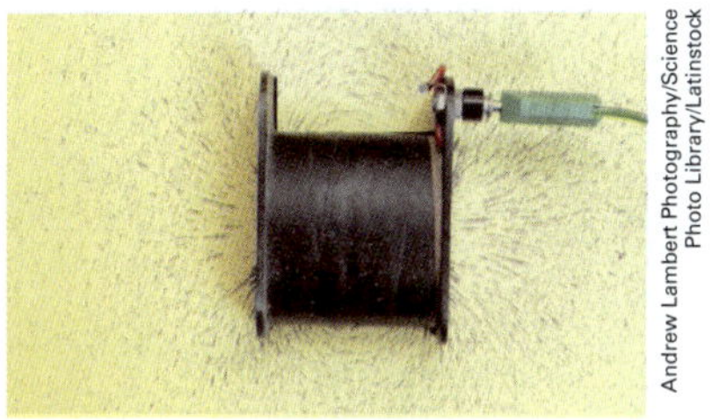

15.27 O solenoide atua como um ímã, agrupando limalhas de ferro ao seu redor.

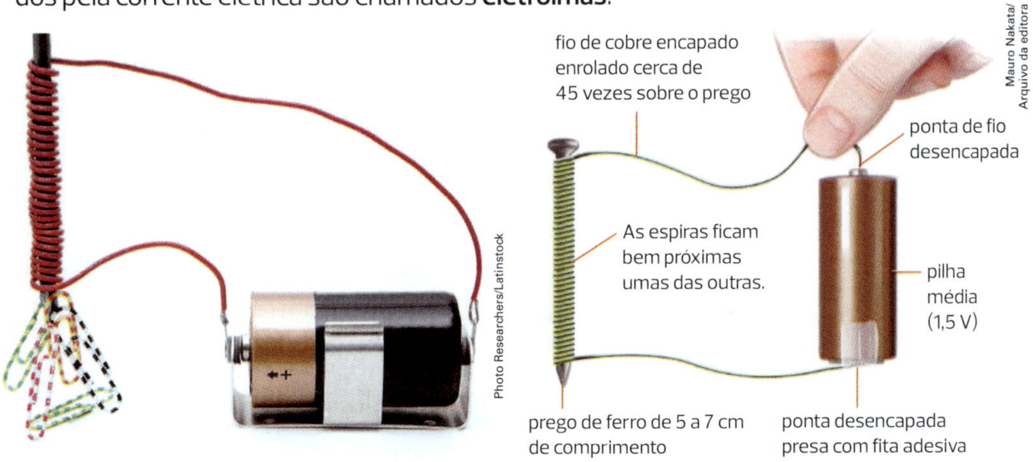

15.28 Foto e ilustração de um eletroímã simples. Cuidado, não se deve ficar mais que alguns segundos segurando o fio, porque ele se aquece e a temperatura aumenta com o tempo. Na foto, as marcas foram apagadas para evitar entendimento de publicidade. (Sem escala. Cores fantasia.)

Eletroímãs como o da figura 15.29 podem ser usados para levantar grandes cargas ou para separar sucata de ferro de outros materiais. Os eletroímãs estão presentes também em telefones, alto-falantes, microfones, televisores, computadores, etc.

Miriam Anr Ira D. Wallach Division of Art, Prints and Photographs/ New York Public Library/Science Photo Library/SPL Dc/Latinstock

15.29 Eletroímã em forma de ferradura, capaz de levantar até 1 400 kg, construído pelo físico americano Joseph Henry (1797-1878) em 1831.

Indução eletromagnética

No experimento da figura 15.30, podemos observar que, quando um ímã é movimentado para dentro e para fora das espiras do fio, a agulha da bússola se movimenta.

O experimento demonstra que um campo magnético variável gera corrente elétrica em um condutor. O fenômeno é chamado de **indução eletromagnética**. A corrente também aparece quando o condutor se movimenta em relação ao ímã. O que importa é o movimento relativo dos dois. O experimento mostra também que uma corrente elétrica produz um campo magnético ao seu redor, fazendo com que um condutor se comporte como um ímã.

Mauro Nakata/Arquivo da editora

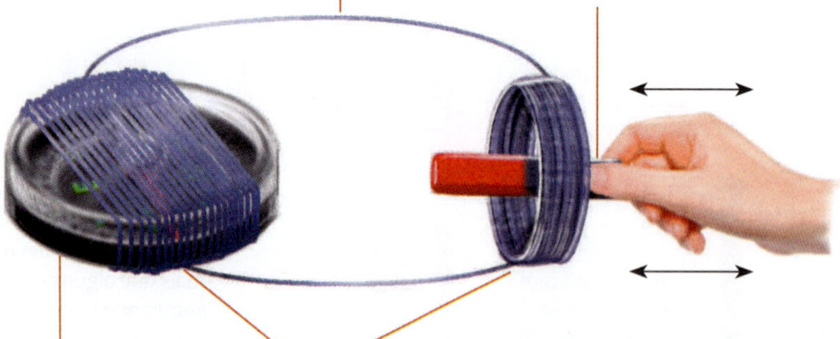

15.30 Antes de realizar o experimento, é preciso ter certeza de que o ímã está longe o suficiente da bússola para que seu magnetismo não influa diretamente no desvio da agulha. (Figura sem escala. Cores fantasia.)

Observe a figura 15.31. Nas usinas hidrelétricas há imensas rodas, as **turbinas**, que giram impulsionadas pela queda-d'água. A turbina faz espiras de fios condutores, dentro de um gerador, girarem entre os polos de eletroímãs. O efeito é o mesmo de um ímã se movimentando próximo a um fio: uma corrente elétrica começa a passar pelo fio. Desse modo, a energia mecânica da queda-d'água é transformada na energia elétrica (eletricidade) que abastece as casas. Nas usinas termoelétricas, a turbina é impulsionada pelo vapor de água produzido a partir do aquecimento da água com a queima de carvão ou outro combustível. Reveja a figura 15.31.

Esquema simplificado de gerador

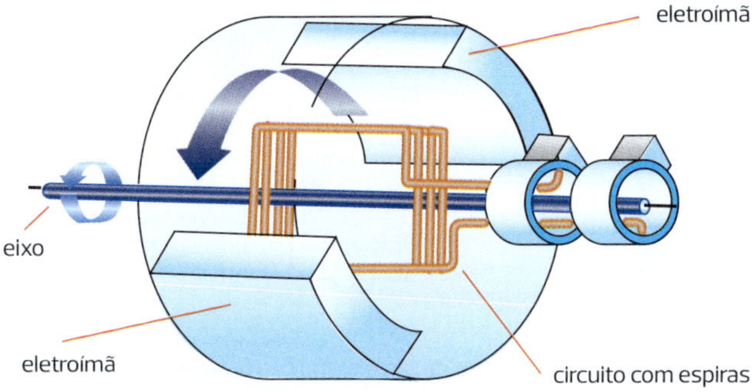

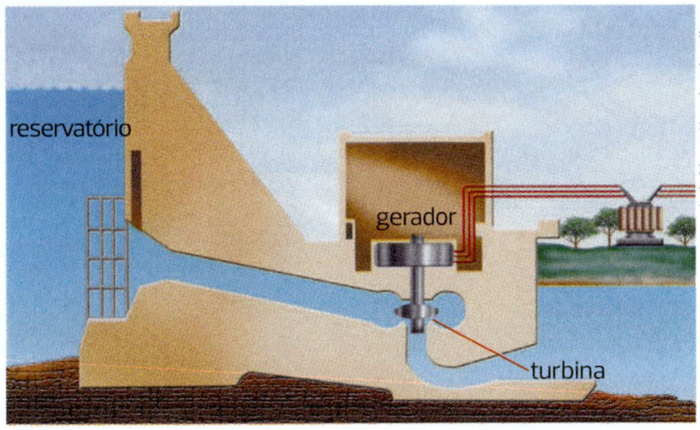

Luís Moura/Arquivo da editora

Turbina de usina termoelétrica

Ria Novosti/Science Photo Library/Latinstock

Gerador de usina termoelétrica

Adam Gault/Science Photo Library

Esquema de usina termoelétrica

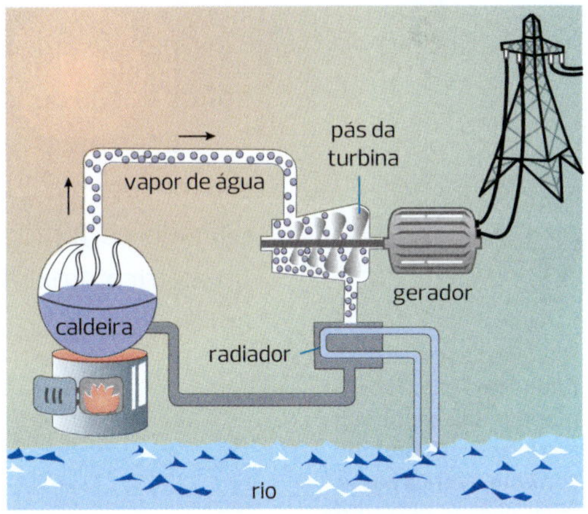

Antonio Robson/Arquivo da editora

15.31 Esquema simplificado de usinas hidrelétricas e termoelétricas. As turbinas fazem as espiras girarem entre os polos de eletroímãs, produzindo uma corrente elétrica. (Figura sem escala. Cores fantasia.)

Na energia eólica, o vento faz girar as pás da turbina e o gerador transforma a energia cinética em energia elétrica. Nas usinas nucleares, o calor para a produção do vapor vem da energia nuclear. Veja a figura 15.32.

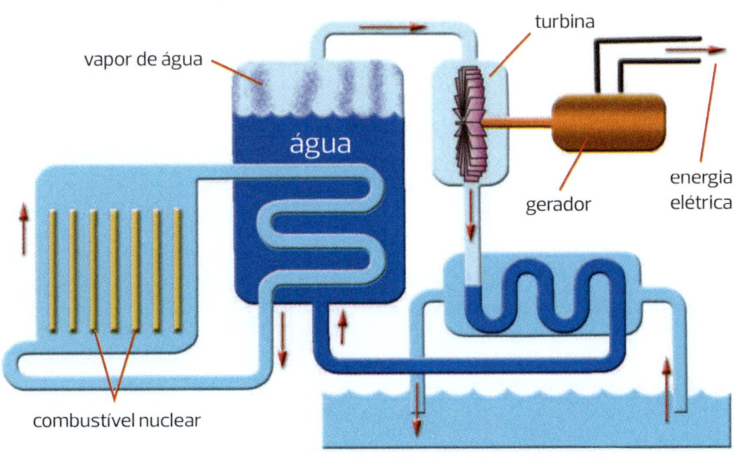

Luís Moura/Arquivo da editora

15.32 Esquema de uma usina nuclear. (Figura sem escala. Cores fantasia.)

Nos **dínamos** utilizados em bicicletas, o movimento das rodas faz um ímã girar e produzir corrente elétrica em um circuito, que pode ser usada para acender um farol. Veja a figura 15.33.

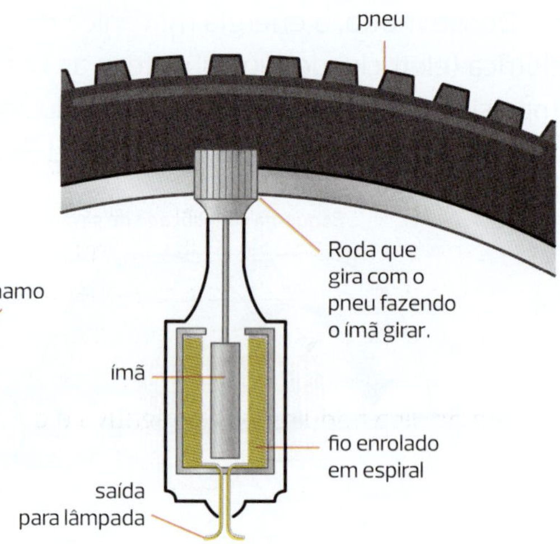

15.33 Dínamo de bicicleta (12 V e 6 W) e esquema simplificado de um dínamo (sem escala; cores fantasia).

> **Atenção!**
> Nunca tente desmontar um aparelho elétrico. Isso pode causar um choque elétrico ou outros acidentes.

Motores elétricos

Cargas elétricas em movimento ou fios que conduzem corrente elétrica podem sofrer a ação de forças quando colocados num campo magnético.

Esse efeito é utilizado nos motores elétricos, que transformam energia elétrica em movimento. Eles estão presentes, por exemplo, em geladeiras, ventiladores, liquidificadores, furadeiras e máquinas de lavar roupa. Nesses aparelhos, as espiras de um fio elétrico próximo a um ímã ou eletroímã ficam submetidas à ação de uma força e começam a girar.

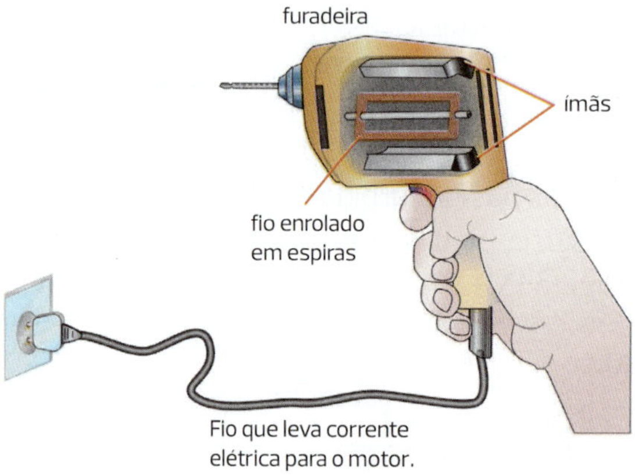

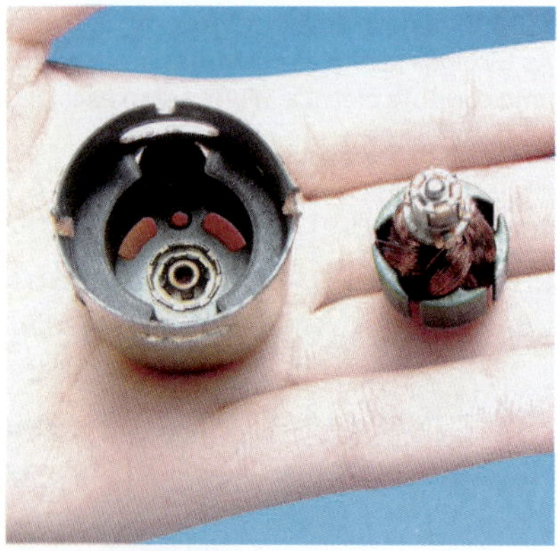

15.34 Na ilustração, furadeira elétrica aberta mostrando o motor em seu interior. Quando a corrente elétrica passa pelas espiras, elas sofrem a ação de uma força em razão do campo magnético do ímã e começam a girar. Na foto, um motor aberto: à esquerda podem ser vistos ímãs (em vermelho) e, à direita, espiras.

Mundo virtual

Eletromagnetismo
<www.if.usp.br/gref/eletromagnetismo.html>
Contém *links* para publicações sobre aparelhos elétricos, motores elétricos, fontes de energia elétrica, etc.

Magnetismo e eletricidade
<chc.cienciahoje.uol.com.br/magnetismo-e-eletricidade>
Matéria que explica como foram descobertos os fenômenos de atração entre dois corpos.
Acesso em: 8 abr. 2015.

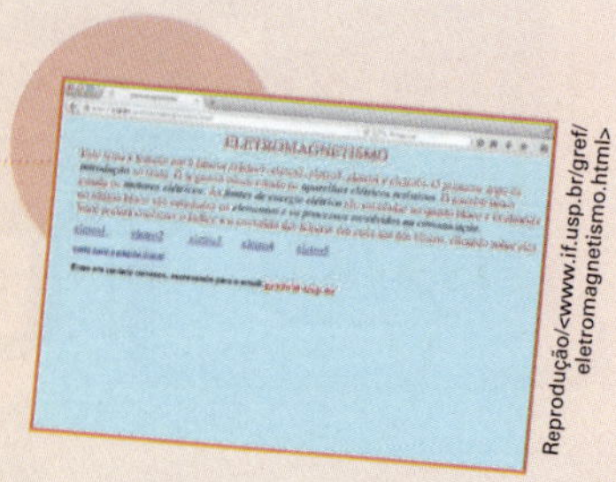

Atividades

Trabalhando as ideias do capítulo

1. Cada material do quadro abaixo adquire carga positiva quando atritado com qualquer outro material que vem depois dele na lista. Já quando um desses materiais é atritado com qualquer outro que vem antes dele, adquire carga negativa. Se um pedaço de acrílico for atritado com um papel, por exemplo, o acrílico adquire carga negativa e o papel, carga positiva.

Vidro	Algodão
Cabelo	Madeira
Náilon	Âmbar
Lã	Acrílico
Seda	Filme de PVC
Alumínio	Plástico de caneta (polipropileno)
Papel	

a) Ao atritarmos uma caneta de plástico com um pano de lã, a caneta fica com carga elétrica positiva ou negativa? E ao atritarmos um bastão de vidro com a lã?

b) O valor da carga elétrica da caneta é maior, menor ou igual à carga da lã?

c) O que foi transferido entre a lã e o vidro ou a caneta?

d) Se atritarmos dois panos de lã entre si eles ficarão eletrizados? Por quê?

e) Duas canetas de plástico foram atritadas em um pano de lã. Se aproximarmos as duas canetas, elas vão se atrair ou se repelir? Por quê?

f) Depois de atritada com lã, aproximamos uma das canetas de pedacinhos de papel alumínio sobre uma mesa de madeira. O que acontece com esses pedacinhos? Por quê? Como se chama esse fenômeno?

2. Um garoto esfregou um pente várias vezes em um pedaço de lã e depois aproximou-o de um filete de água. Veja o que aconteceu na figura abaixo.

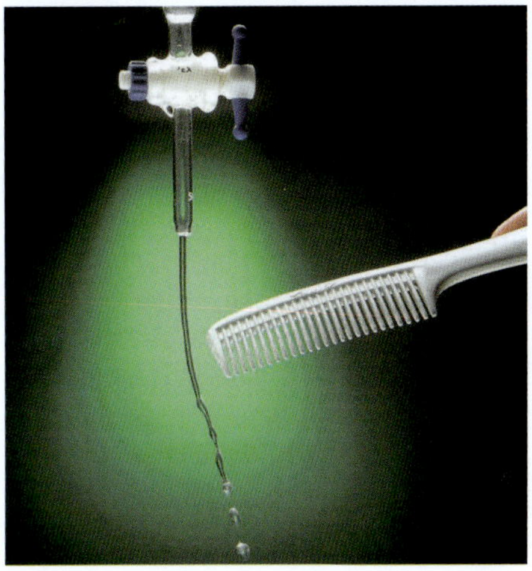

15.35 Charles D. Winters/Photo Researchers, Inc./Latinstock

Como você explica esse fenômeno?

3. Qual a diferença entre um corpo condutor e um corpo isolante? Dê exemplos dos dois tipos de corpos.

4. O que é um curto-circuito? Qual o perigo que ele traz?

5. Que tipo de substâncias podem ser atraídas por ímãs?

6. O que acontece quando ligamos por um condutor um corpo eletricamente carregado à Terra? E se a ligação fosse feita por um material isolante?

7. No caderno, indique as afirmativas verdadeiras.

a) Cargas elétricas de mesmo sinal se atraem e cargas elétricas de sinais opostos se repelem.

b) Ao atritarmos um pente de plástico com uma flanela, há uma transferência de prótons entre o tecido e o pente.

c) Ao atritarmos um pente de plástico com uma flanela, o tecido e o pente adquirem cargas elétricas de sinais opostos.

d) Nos corpos com carga negativa, o número de elétrons é maior que o número de prótons.

e) Nos corpos eletrizados positivamente, o número de prótons é menor que o número de elétrons.

f) Na eletrização por contato, os dois corpos ficam com cargas elétricas de mesmo sinal.

g) Na eletrização por indução, os dois corpos ficam com cargas elétricas de sinais contrários.

h) Aumentando-se a distância entre duas cargas elétricas, a força de atração ou repulsão entre elas também aumenta.

i) Um corpo eletricamente neutro não possui cargas positivas nem negativas.

8. Qual a resistência de um ferro elétrico pelo qual passa uma corrente de 5 A, sob tensão de 120 V?

9. Qual a corrente que passa por uma lâmpada de 120 ohms de resistência, sob voltagem de 120 V?

10. Qual o valor da energia elétrica, em kWh, utilizada por um aspirador de pó com potência de 0,3 kW que ficou 2 horas ligado?

11. O que são geradores elétricos?

12. Como a resistência varia em função do comprimento e da área da seção transversal de um fio?

13. Em uma lâmpada comum, estão escritas as seguintes especificações: 60 W; 120 V.

a) Qual o significado dessas especificações?

b) Qual a intensidade da corrente elétrica gerada quando a lâmpada é acesa e está corretamente instalada?

c) O que pode acontecer se essa lâmpada for ligada a uma tomada de 220 V? E se uma lâmpada com a especificação de 220 V for ligada a uma tomada de 120 V?

14. Um chuveiro elétrico tem potência de 3 kW. Sabendo que o kWh custa 45 centavos, calcule:

a) a quantidade de energia, em kWh, consumida em um mês (30 dias) por uma pessoa que toma todo dia um banho de 10 minutos;

b) o custo por mês desse banho;

c) o que consome mais energia em um mês: o banho ou uma lâmpada de 60 W ligada 8 horas por dia.

15. Qual a função de fusíveis e disjuntores?

16. Observe a figura e responda: em que situações você teria de fazer força para aproximar os ímãs? E para afastá-los?

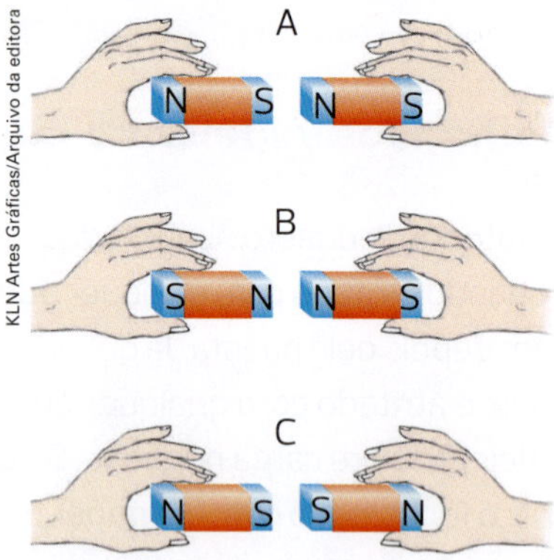

15.36 **Figura sem escala. Cores fantasia.**

17. Por que a agulha da bússola, na Terra, aponta sempre para a mesma direção?

18. Você já sabe que as bússolas apontam sempre para mesma direção. Então, o que deve estar acontecendo para que as bússolas da figura abaixo apontem para direções diferentes?

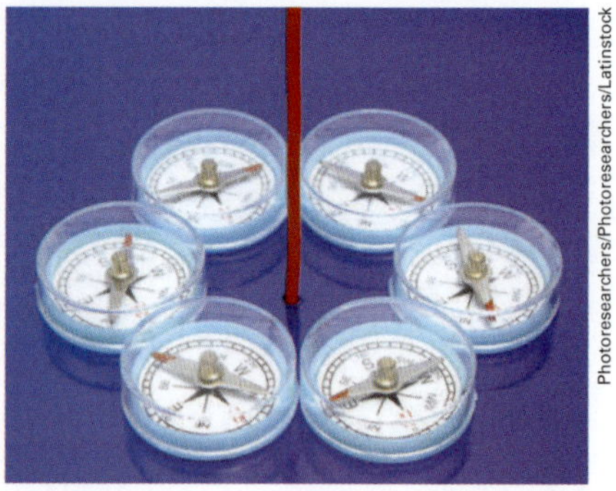

15.37

19. No caderno, indique as afirmativas verdadeiras.

a) O valor da corrente elétrica que passa por um fio é inversamente proporcional à voltagem a ele aplicada.

b) Variando o comprimento de um fio, mudamos sua resistência.

c) A intensidade de uma corrente pode ser medida em volts.

d) O quilowatt-hora equivale ao trabalho realizado em uma hora por uma máquina de potência igual a 1 kW.

e) Pilhas transformam energia química em energia elétrica.

f) O valor da intensidade da corrente é diretamente proporcional à resistência elétrica.

g) O aquecimento de um ferro elétrico é baseado no efeito Joule.

20. Compare duas lâmpadas de 20 W, uma incandescente e outra fluorescente.

a) Qual tem a maior potência?

b) Qual dissipa mais energia térmica?

c) Qual ilumina mais o ambiente?

21. Por que se diz que os polos de um ímã são inseparáveis?

22. Explique por que o prego da foto abaixo consegue atrair tantos clipes de metal.

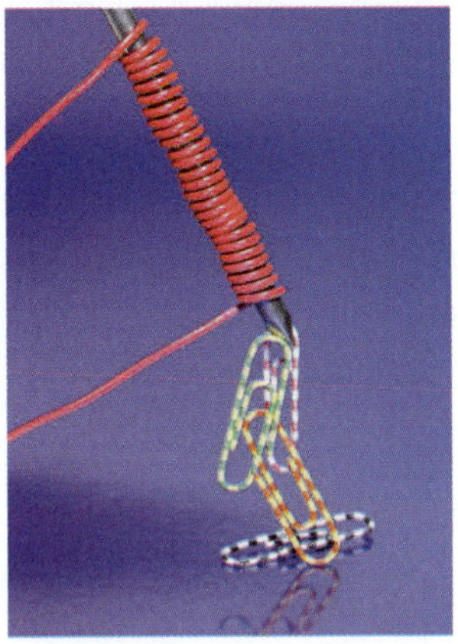

Photo Researchers/Photo Researchers/Latinstock

15.38

23. No caderno, indique as afirmativas verdadeiras.

a) Os ímãs são capazes de atrair qualquer metal.

b) A bússola foi um instrumento importante para as navegações.

c) Polos magnéticos de mesmo nome se atraem e polos magnéticos de nomes contrários se repelem.

d) Correntes elétricas geram efeitos magnéticos.

e) Variação de campo magnético pode gerar corrente elétrica numa bobina.

f) Os eletroímãs são produzidos com auxílio de correntes elétricas.

g) Uma peça de ferro ao redor da qual se enrola um fio conduzindo eletricidade pode ser usada para levantar pesos.

h) A turbina eólica e o dínamo são motores elétricos.

i) No interior de um ventilador há um motor elétrico.

Pense um pouco mais

1. Cada balão abaixo foi friccionado com um pano de lã. Depois da fricção, foram pendurados. Por um tempo, eles ficaram afastados um do outro, como indica a figura. Explique por que isso aconteceu.

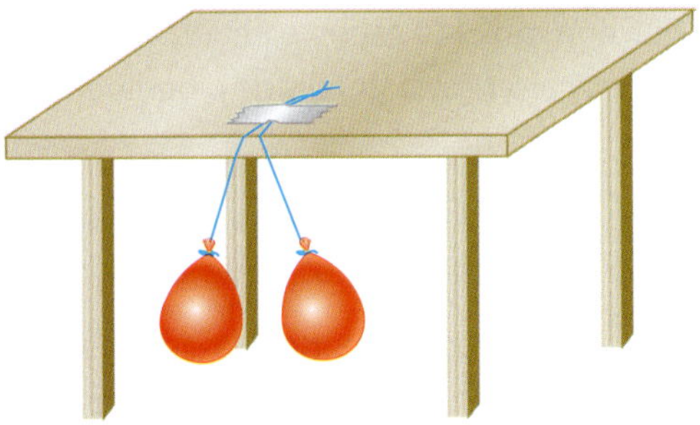

KLN Artes Gráficas/Arquivo da editora

15.39 **Figura sem escala. Cores fantasia.**

2. Às vezes passamos um pano seco em uma janela ou em um tampo de vidro e logo em seguida essa superfície está coberta de poeira novamente. Como você explica isso?

3. Em feiras de ciências você pode encontrar aparelhos que geram eletricidade estática, acumulando muita carga elétrica. Sob a orientação do professor, a garota da figura encostou a mão em um desses geradores. Explique por que o cabelo dela ficou dessa maneira.

Peter Menzel/Science Photo Library/Latinstock

15.40

4. Os dois aparelhos a seguir são usados para medir o valor de duas grandezas em circuitos elétricos.

Observe-os atentamente e diga qual é o nome de cada um e o que medem. Diga também o que um ohmímetro e um multímetro, que não aparecem na foto, medem. Justifique sua resposta.

Fotos: Fabio Colombini/Acervo do fotógrafo

15.41

5. Observe os esquemas abaixo. Cada um mostra uma lâmpada ligada a uma pilha por um fio condutor.
   a) Em qual dos três esquemas abaixo a luz vai acender? Justifique sua resposta.
   b) Se trocássemos o fio condutor por um fio de linha, a lâmpada se acenderia em algum dos esquemas? Por quê?

KLN Artes Gráficas/Arquivo da editora

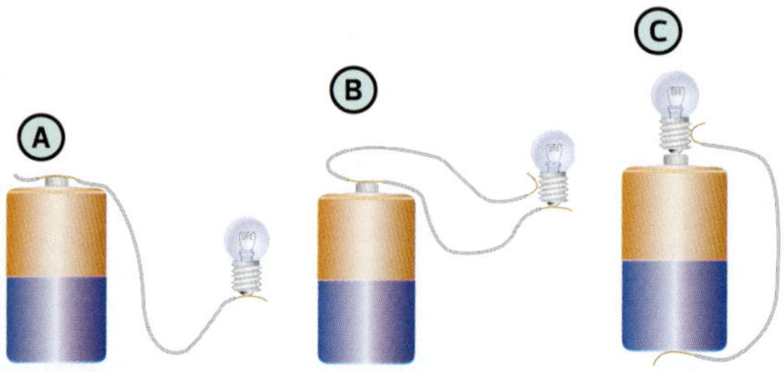

15.42 **Figura sem escala. Cores fantasia.**

6. Observe a figura 15.43. Em algumas instalações elétricas, como nas árvores de Natal, as lâmpadas são unidas da forma indicada no primeiro desenho. É a chamada ligação em série. As lâmpadas podem também ser ligadas de outra forma — como a do segundo desenho. É a ligação em paralelo.

Adilson Secco/Arquivo da editora

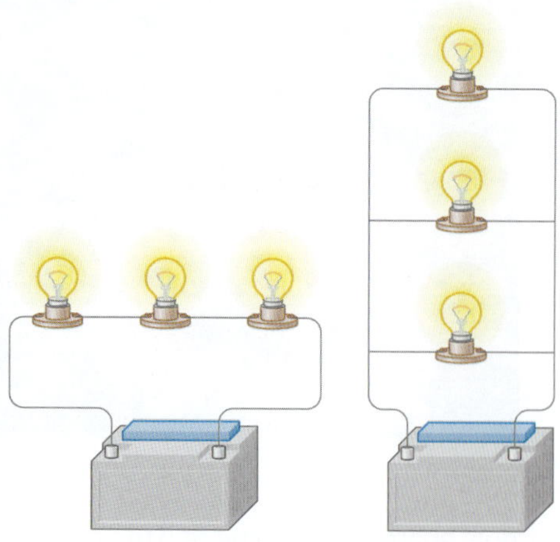

15.43 **Figura sem escala. Cores fantasia.**

Observando os desenhos, responda:
   a) O que acontecerá às lâmpadas da primeira instalação se uma delas queimar? Por quê?
   b) E às da segunda instalação? Por quê?
   c) Pelo que acabou de ver, como você acha que lâmpadas e aparelhos eletrodomésticos de uma residência estão conectados: em série ou em paralelo? Por quê?

7. Se esfregarmos um canudo de refresco em um lenço de papel e depois o encostarmos na parede, ele fica grudado por um tempo. Por quê?

8. Um aluno afirmou que sua borracha era eletricamente neutra porque não possuía cargas elétricas positivas nem negativas. Utilizando seu conhecimento sobre a estrutura da matéria, indique o erro na afirmação do estudante.

9. Por que os fios de cobre da figura abaixo precisam ficar envolvidos por um plástico?

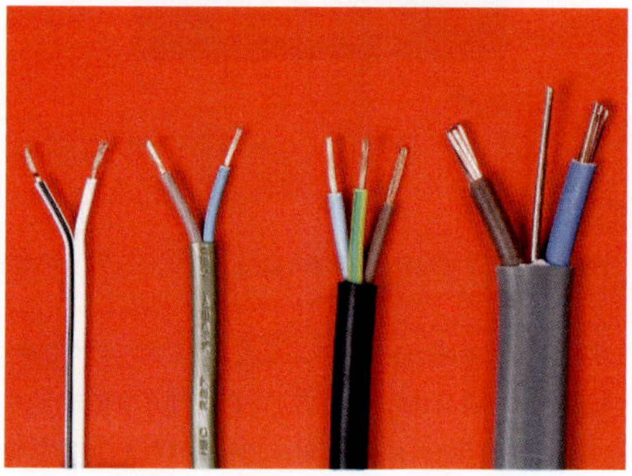

Martyn F. Chillmaid/Science Photo Library/Latinstock

15.44

10. Por que em dias secos o cabelo de uma pessoa pode ficar eriçado depois de o pentear?

11. Quando o filamento de uma lâmpada incandescente se rompe, dizemos que ela "queimou". Na lâmpada "queimada" o circuito está aberto ou fechado?

12. A lei de Coulomb, enunciada pelo físico francês Charles de Coulomb (1736-1806) diz que o valor da força entre cargas elétricas é diretamente proporcional ao produto dessas cargas elétricas e inversamente proporcional ao quadrado da distância entre elas. Então, responda:
   a) O que acontece com o valor da força se o valor de uma das cargas for duplicado? E se a distância entre as cargas for duplicada?
   b) Que diferenças você vê entre a força gravitacional e a força entre cargas elétricas?

13. Proponha uma hipótese para explicar por que na Lua não é possível usar uma bússola magnética para se orientar.

14. Pense agora no que acontece em uma usina termoelétrica que usa carvão mineral, e responda em seu caderno.

a) Que tipo de energia possui inicialmente o carvão mineral?

b) Como essa energia é usada nessa usina?

15. Pense nas transformações de energia que ocorrem numa usina hidrelétrica quando as comportas do reservatório de água estão abertas e as turbinas estão girando.

a) Que tipo de energia possui a água dentro do reservatório?

b) Que transformação de energia ocorre desde a saída da água até a passagem da corrente elétrica pelos fios?

Christian Rizzi/Gazeta do Povo/Futura Press

15.45 **A vazão média vertida pelas calhas da Represa de Itaipu Binacional no Paraná passou a ser de 11 mil metros cúbicos de água por segundo. O vertimento garante um espetáculo a mais para quem visita a hidrelétrica na época mais chuvosa da estação. Na foto: vista aérea do vertedouro da Usina de Itaipu com vazão de mais de 11 mil metros cúbicos por segundo, em 2011.**

Mexa-se!

- Ao longo do estudo de Ciências você aprendeu que o ser humano modifica o ambiente de modo a extrair recursos naturais para melhorar sua qualidade de vida. No entanto, essa atividade gera também problemas ambientais. Então, faça em seu caderno, uma pequena redação explicando o que vem a ser um desenvolvimento sustentável (ou sustentabilidade) e qual a sua importância para o ser humano e para o ambiente.

Atividade em grupo

- Em grupo, escolham um dos temas a seguir para pesquisa.

1. As lâmpadas fluorescentes são muito mais econômicas que as lâmpadas incandescentes. No entanto, elas possuem mercúrio em seu interior. Pesquisem por que essas lâmpadas não podem ser descartadas como lixo comum e como deve ser seu descarte. Pesquisem também que leis regulam o descarte desse produto e qual o objetivo da Política Nacional de Resíduos Sólidos.
2. O eletromagnetismo tem várias aplicações tecnológicas. Pesquisem algumas dessas aplicações e deem uma explicação resumida do papel do eletromagnetismo no funcionamento dessas aplicações.
3. Onde e quando a bússola foi inventada e qual a sua importância ao longo da história.

Aprendendo com a prática

1. Passe um pente de plástico várias vezes em seus cabelos, que devem estar limpos e secos. Depois, aproxime o pente de pequenos pedaços de papel.

a) O que acontece quando você aproxima o pente dos pedaços de papel? Explique por que isso acontece.

b) O que acontece quando o pente é aproximado de uma folha inteira de papel? Por que isso acontece?

c) Por que em dias mais úmidos o resultado dessa atividade pode ser diferente do que acontece em dias mais secos?

2. Para construir um pêndulo eletrostático, providencie o que se pede a seguir e, depois, siga as orientações.

Material

- papel-alumínio
- dois canudos de plástico, um deles com uma parte dobrável (canudo sanfonado)
- copo de plástico
- fio de meia-calça de náilon
- fita adesiva
- lenço de papel ou um pedaço de papel higiênico

Procedimentos

Faça um pequeno círculo de papel-alumínio e prenda-o na ponta do fio de meia-calça de náilon com fita adesiva. Prenda a outra ponta do fio na parte menor do canudo de plástico. A outra ponta do canudo ficará presa no copo de plástico com o auxílio da fita adesiva. Veja a figura 15.46.

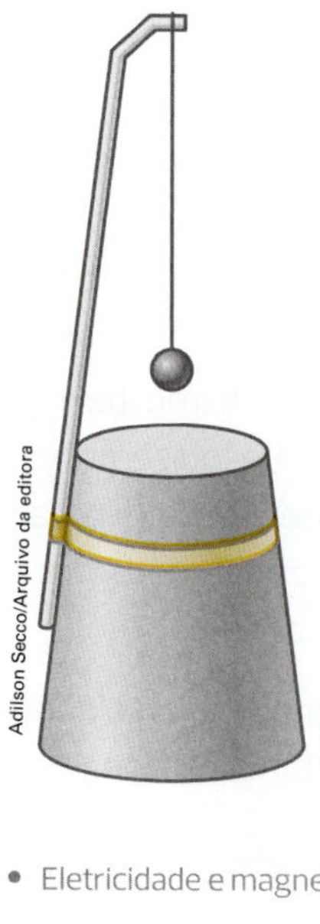

15.46

a) Toque o círculo de alumínio com o dedo. Depois, aproxime o canudo de plástico livre do alumínio. O que acontece com o pêndulo? Por quê?

b) Esfregue o canudo de plástico no papel e aproxime-o do alumínio. O que acontece? Por quê?

c) O que acontece depois que o alumínio toca no canudo? Por que isso acontece?

3. Para construir um aparelho chamado eletroscópio de folhas, providencie o que se pede a seguir e, depois, siga as orientações.

Material

- papel-alumínio
- tesoura
- um frasco de vidro de boca larga
- 15 cm de fio de cobre encapado rígido e grosso
- um pregador de roupa
- fita adesiva
- lâmina de barbear
- caneta esferográfica
- pedaço de flanela ou lã

Procedimentos

- Peça ao professor que, com a lâmina, desencape o fio de cobre nas extremidades, mantendo a capa em sua região central. Depois, dobre-o como mostra a figura 15.47.

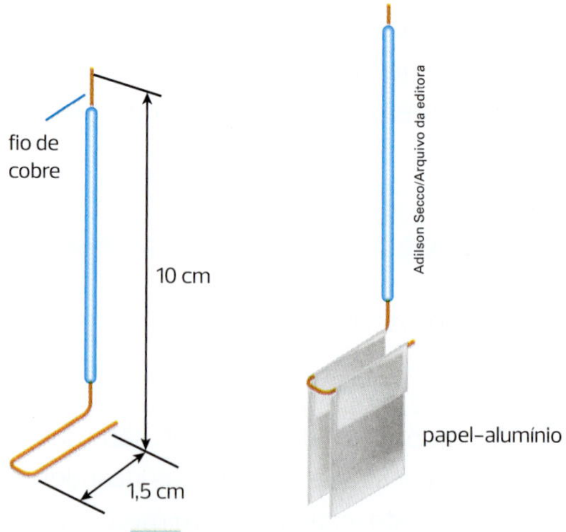

15.47

- Corte duas tiras de alumínio (apare as pontas, para diminuir a perda de carga) e pendure-as na extremidade dobrada do fio, como mostra a figura 15.48.

15.48

- Com o papel-alumínio, faça uma bola de pouco mais de 1 cm de diâmetro e espete-a na outra ponta do fio de cobre. Veja na figura 15.48 como esse conjunto ficará apoiado no frasco de vidro.
- Tenha cuidado para não deixar pontas acentuadas na bola de alumínio, pois elas aumentam a perda de carga para o ar. Se ficar alguma, você pode prendê-la com fita adesiva, deixando sempre uma parte do alumínio exposta, para permitir o contato elétrico.

  a) Atrite uma caneta esferográfica com um pedaço de flanela ou lã e aproxime-a da esfera. O que acontece com as folhas de alumínio? Como você explica isso?

  b) Toque a esfera com a caneta. O que acontece com as folhas? Por quê?

  c) O que acontece se, depois do experimento anterior, você tocar a esfera com a mão? Por quê?

4. Para construir uma bússola, providencie o que se pede a seguir e, depois, sigas as orientações.

Material

- uma agulha de costura
- um ímã
- uma vasilha ou um copo com água
- um pedaço de rolha de cortiça ou de isopor de cerca de 4 cm de altura
- fita adesiva

Procedimentos

- Segure a agulha numa das mãos e passe 30 vezes (ou mais) um dos polos do ímã ao longo do comprimento da agulha, sempre no mesmo sentido, como indica a figura 15.49.

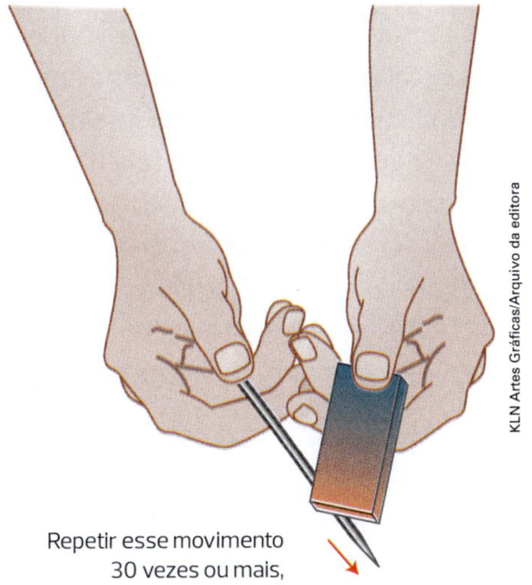

15.49

- Prenda a agulha à rolha usando fita adesiva. Coloque o conjunto flutuando sobre a água. Veja a figura 15.50. (Para que a rolha se mova com mais facilidade, pode-se misturar à água uma gota de detergente.)

15.50

  a) Rotacione a vasilha num sentido. Espere que a água pare de se mexer. Observe a posição da agulha. Agora gire a vasilha no outro sentido e observe. Como você explica o que aconteceu?

  b) Aproxime o ímã da agulha e veja o que acontece.

  c) A agulha não aponta exatamente para o polo norte e o polo sul geográficos. Para onde então ela aponta? Pesquise o que são esses polos.

Ponto de chegada

CONTEÚDO DIGITAL

- Nesta Unidade você aprendeu a diferenciar os conceitos de calor e de temperatura, conheceu as diferentes escalas termométricas e os diferentes processos de transferência de calor e ainda aprendeu a calcular a quantidade de energia na forma de calor transferida entre corpos. Você tinha imaginado quantos fenômenos do cotidiano podem ser explicados com esses conceitos? E já tinha percebido as consequências do aquecimento global e a importância de tomarmos medidas para minimizar seus efeitos?
- Aprendeu que tanto a luz como os sons são ondas, embora as ondas sonoras se propagem em meios materiais, pela vibração de átomos ou moléculas, enquanto a luz é uma onda eletromagnética, capaz de se propagar no vácuo.
- Você já pode compreender também como a Física explica a diferença entre sons graves e agudos, sons fortes e fracos e sons de mesma altura e intensidade produzidos por instrumentos diferentes. As atividades práticas ao final dos capítulos o ajudaram a conhecer melhor essas propriedades. Você viu ainda as consequências da exposição a ruídos excessivos e os cuidados que temos de tomar quanto a isso.
- Agora você já sabe que a luz visível é uma onda eletromagnética, como são também as ondas de rádio, os raios X, o infravermelho, o ultravioleta e os raios gama, e como o arco-íris e as cores dos corpos se formam. E, ao entender os fenômenos de reflexão e refração da luz, pôde compreender a formação da imagem em espelhos e lentes e as tecnologias criadas a partir desse conhecimento.
- A compreensão dos conceitos de diferença de potencial, de carga e de corrente elétrica, de como ocorre a eletrização dos corpos pode abranger inúmeras aplicações: o funcionamento de pilhas e baterias, o aquecimento de um chuveiro elétrico e até mesmo os cuidados que devemos ter com as instalações elétricas, além de outros fenômenos do cotidiano. E você viu também que há uma interação entre magnetismo (aprendeu até a construir um ímã) e eletricidade, e que essa interação (eletromagnetismo) está presente em um número imenso de aparelhos elétricos e eletrônicos.
- Para finalizar, pense como, ao longo desses anos de estudo de Ciências, você teve o prazer de encontrar explicações para fatos relacionados com a tecnologia, o ambiente, a vida e o seu corpo. Você percebeu que as aplicações da Física, da Química e de qualquer ciência podem servir para melhorar nossa qualidade de vida, mas também podem criar problemas. Você já sabe então que cabe à sociedade, e a você, portanto, fiscalizar o mau uso da ciência. Afinal, conhecer ciências e aprender a melhor forma de usá-las é um objetivo que todos nós devemos perseguir para melhorar as condições de vida no planeta.

Suryara Bernardi/Arquivo da editora

Leitura especial

O cientista estuda o mundo

A ciência não é apenas um conjunto de conhecimentos acumulados pela espécie humana. É também uma forma de estudar o mundo empregando-se certos procedimentos.

Observando e tentando resolver problemas

Por que o ferro enferruja? Por que o arco-íris aparece em dias com sol e chuva? Por que os metais em geral conduzem bem a eletricidade? Será que determinado inseticida prejudica outros organismos além dos insetos que destroem as plantações?

O cientista observa a natureza e tenta resolver problemas explicando como certas coisas acontecem. Muitas das questões acima estão ligadas a fatos do nosso dia a dia. Mas a maioria dos problemas que o cientista tenta resolver surge dentro de sua área de estudo específica.

Cada resposta pode originar novas perguntas. Por exemplo, se um novo produto provoca poluição, precisamos criar outro que desempenhe as mesmas funções sem agredir o ambiente.

O conhecimento científico, assim como a curiosidade humana, não tem fim.

Formulando hipóteses

Para resolver problemas, o cientista arrisca um palpite, ou seja, ele formula uma hipótese. Ele pode supor, por exemplo, que há algo na estrutura dos átomos dos metais que os torna bons condutores de eletricidade. Ou pode supor que alguns animais de uma região morreram contaminados por inseticida. Repare que, ao formular hipóteses, ele usa certos conhecimentos que adquiriu.

Ao formular uma hipótese, o cientista precisa usar sua criatividade. É famosa a história do químico alemão Friedrich August Kekulé (1829-1896), que, em 1865, tentava descobrir como estavam organizados os átomos que formam a molécula de uma substância chamada benzeno.

Um dia, Kekulé estava dormindo em frente às chamas de uma lareira, quando sonhou com átomos enfileirados que se movimentavam como cobras. De repente, uma dessas "cobras" começou a morder a própria cauda.

Ao acordar, Kekulé percebeu que ali poderia estar a solução para o problema que ele estava estudando: o benzeno poderia ser constituído por uma série de átomos na forma de um anel fechado. Observe a figura 1.

Banco de imagens/Arquivo da editora

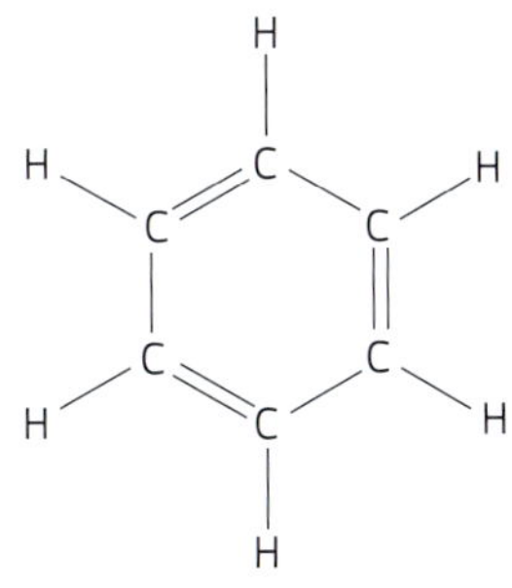

1 Fórmula estrutural do benzeno proposta por Kekulé. A letra C indica um átomo de carbono e a letra H, um átomo de hidrogênio. Os traços indicam ligações químicas entre os átomos.

Mas Kekulé não se limitou a formular a hipótese: passou a testá-la por meio de observações e experimentos para ver se era correta.

Testando hipóteses

Vamos supor que queiramos testar a hipótese de que certos materiais, como os metais, conduzem melhor a eletricidade do que certos materiais não metálicos, como os plásticos. Podemos construir um experimento colocando um metal e depois um material não metálico em um circuito elétrico, como o indicado na figura 2. Se o material conduzir a eletricidade, a lâmpada vai acender; caso contrário, ficará apagada.

Luis Moura/Arquivo da editora

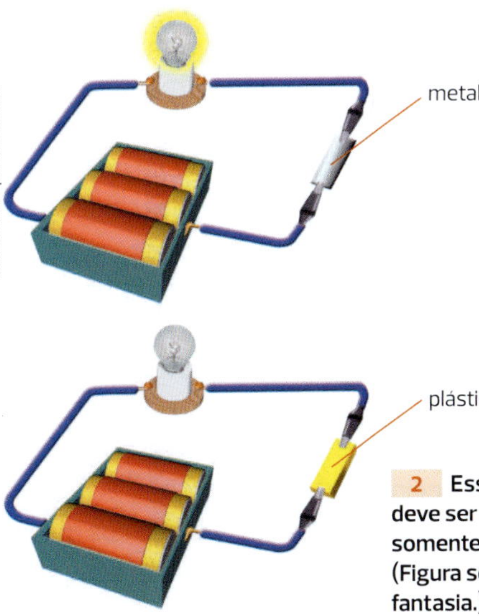

2 Esse experimento deve ser realizado somente pelo professor. (Figura sem escala. Cores fantasia.)

Experimento é o teste de uma hipótese realizado em condições em que se procura controlar a interferência de algum fator nos resultados. É também chamado de **teste controlado**. Esse tipo de teste geralmente é feito em laboratório. Assim é mais fácil fazer com que o metal e o material não metálico fiquem à mesma temperatura e umidade do ambiente, por exemplo. Caso contrário, poderíamos supor que foi a temperatura ou a umidade que influiu na condutividade elétrica do material, e não o fato de ele ser metal ou não. É importante, portanto, tentar eliminar outros fatores que podem interferir nos resultados.

A necessidade de repetir os testes

Numa pesquisa científica, é preciso admitir que uma hipótese pode estar errada. E é necessário testá-la da forma mais rigorosa possível, de modo que um erro possa ser descoberto e corrigido.

Apesar de todos os cuidados e controles, os experimentos científicos podem ser bem complicados, e as conclusões nem sempre são muito claras.

Por isso um mesmo experimento precisa ser repetido por outros cientistas, para que eles também testem e critiquem a hipótese. Isso só é possível se o cientista comunicar suas descobertas, publicando-as em revistas científicas e discutindo-as em congressos.

Corrigir e reformular o conhecimento

Veja o que disse o matemático e físico francês Henri Poincaré (1854-1912): "Faz-se ciência com os fatos, como se faz uma casa com pedras; mas uma acumulação de fatos não é ciência, assim como um monte de pedras não é uma casa". O que Poincaré quis dizer é que a ciência não é apenas uma coleção de fatos, e sim um conjunto de leis e teorias que explicam os fatos. Mas o que são leis e teorias científicas?

Afirmações gerais que foram testadas podem ser consideradas **leis científicas**.

É o caso de uma das leis da reflexão da luz, que diz o seguinte: "Um raio de luz que incide sobre uma superfície lisa, como um espelho, é refletido com o mesmo ângulo com que incidiu".

Outro exemplo é a lei da conservação das massas: "Numa reação química, não ocorre alteração na massa do sistema".

Ou, ainda, esta lei: "Quando aumentamos a temperatura de um gás, em volume constante, sua pressão aumenta".

Um conjunto de leis científicas e modelos pode vir a fazer parte de uma **teoria científica**. A teoria atômica, por exemplo, consiste de uma série de leis e modelos que explicam muitas propriedades do átomo.

As leis científicas podem ser expressas também na forma de equações matemáticas. Por exemplo, a segunda lei de Newton pode ser expressa como $F = ma$, em que **F** é a força, **m** é a massa de um corpo e **a** é a aceleração conferida pela força que atua sobre o corpo. Leis com um papel fundamental em uma teoria são chamadas também de **princípios**.

Vamos supor que uma hipótese ou uma teoria tenha passado pelos testes. Isso quer dizer que ela será considerada verdadeira para sempre? Não. Novas observações ou testes podem nos mostrar que estávamos errados e que a hipótese (ou teoria) tem de ser substituída por outra. Foi o que ocorreu, por exemplo, com diversas hipóteses formuladas sobre a natureza do átomo.

Modelos

Alguns carros de brinquedo são tão benfeitos que, por fora, parecem cópias em miniatura de um carro de verdade: são modelos de carros.

Maquetes de casas usadas em alguns filmes e o mapa de uma cidade também são tipos de modelo. E hoje é possível construir também modelos de objetos em computadores.

Os cientistas também constroem modelos para explicar os fenômenos, embora eles possam não se parecer com os modelos dos objetos que você conhece.

No caso do modelo de um carro, já sabemos como o carro é. Mas em ciência não é assim. Mesmo sem ver o átomo e sem saber direito como ele é, os cientistas se valem de alguns fenômenos que observam na natureza para construir modelos de átomos.

Os modelos dos átomos não são iguais aos átomos que eles representam, assim como um modelo de carro ou de avião não é igual a um carro ou avião, mas eles ajudam os cientistas a estudar e a explicar como são os átomos, as moléculas e outras coisas complexas e difíceis de serem observadas diretamente.

A ciência não explica tudo

Nem todo conhecimento precisa passar por testes semelhantes aos das Ciências Naturais (da natureza). As Ciências Sociais (Sociologia, História, etc.), por exemplo, podem usar métodos diferentes para compreender os fatos sociais.

Há também conhecimentos ligados a questões que não podem ser testadas. É o caso da Filosofia – que discute, por exemplo, o que é a verdade ou a natureza do conhecimento. Dentro da Filosofia, temos a Ética, que discute os valores: o que é certo, o que é errado, o bem, o mal. Essas questões não são resolvidas pela ciência, já que não podem ser submetidas a testes. Nem por isso são falsas ou deixam de ser importantes. Nem há necessariamente um choque entre a ciência e a religião: muitos cientistas acreditam em Deus e são religiosos – não há contradição nenhuma nisso.

A ciência é apenas uma parte da cultura humana, juntamente com a arte, a filosofia, a religião, o conhecimento cotidiano. Não se pode provar cientificamente que uma obra de arte é bela. Mas a arte nos ensina muito sobre as emoções e os sentimentos humanos: lendo um romance, por exemplo, podemos sentir as emoções das personagens e refletir sobre nossas próprias emoções.

Todos nós sabemos muitas coisas que nos ajudam em nosso dia a dia e que não foram aprendidas na escola. Nas zonas rurais, por exemplo, muitas pessoas sabem a época certa de plantar e de colher. Esse conhecimento, de caráter prático, que procura geralmente resolver problemas do dia a dia, forma o que se costuma chamar de conhecimento cotidiano, ou senso comum.

Tecnologia

Quando se fala em **tecnologia**, muitos pensam logo em computadores, aparelhos eletrônicos e outras máquinas complicadas. Mas a invenção da roda e a do machado e o desenvolvimento de técnicas agrícolas mostram que há muito tempo a espécie humana usa seu conhecimento para construir ferramentas e tentar controlar o ambiente em que vive. Cada vez mais, a tecnologia, isto é, as aplicações práticas do conhecimento científico, vem alterando nossa vida e o ambiente.

Tanto a ciência como a tecnologia são profundamente influenciadas pela cultura de uma época e por fatores sociais e econômicos. A pesquisa científica hoje depende imensamente de recursos econômicos. E a quantidade de recursos disponíveis para determinada pesquisa muitas vezes depende dos interesses das empresas em investir em um produto e do lucro que ele pode dar. Por isso, algumas vezes, os cientistas podem acabar se submetendo a esses interesses e desenvolver tecnologias discutíveis, como armas de guerra. É aí que entra a Ética, uma discussão filosófica que busca os valores que devem ser respeitados pela sociedade.

A ciência não resolve todos os problemas

É importante lembrar que boa parte da população mundial ainda vive na pobreza, sem água limpa, sem rede de esgotos, sem boas condições de habitação, saúde e educação. Para resolver essa situação não bastam pesquisas científicas: é necessário que os governos invistam mais na educação, no saneamento básico e nos serviços de saúde. E é preciso também que a população acompanhe a atuação dos políticos e cobre deles a elaboração e a execução de projetos nessas áreas.

Nunca é demais repetir que a ciência e a tecnologia são "ferramentas" poderosas e eficazes – para o bem e para o mal. A tecnologia salva vidas, mas também pode causar poluição, desequilíbrio ecológico e doenças, se não desenvolvermos e considerarmos as pesquisas sobre seus efeitos a longo prazo. Ou se ela for empregada apenas para produzir lucro, sem preocupação com a saúde da população, com os efeitos da poluição ou com a conservação da natureza. Também acontece de certas tecnologias estarem nas mãos de alguns grupos que usam essa vantagem para dominar indivíduos e povos, sem preocupações éticas.

É preciso, então, que órgãos governamentais e determinadas organizações fiscalizem e regulem as aplicações científicas. Ao mesmo tempo, é importante que a sociedade pressione o governo e participe das decisões que afetam as condições de sua vida.

Uma vez que a pesquisa científica tem aplicações práticas e consequências sociais importantes, cabe ao cientista assumir compromissos sociais e éticos respeitando valores e direitos humanos.

A esse respeito, disse o físico Albert Einstein certa vez: "A preocupação com o próprio homem e seu destino deve constituir sempre o interesse principal de todos os esforços técnicos. Nunca se esqueçam disso em seus diagramas e equações".

Recordando alguns termos

Você pode consultar a lista a seguir para obter uma informação resumida de alguns termos utilizados neste livro. Aqui nos limitamos a dar a definição de cada palavra ou expressão apenas em função dos temas deste volume: a Química e a Física.

A

Aceleração da gravidade. Aceleração dos corpos em queda livre.

Aceleração média. Aceleração que, mantida constante, provoca determinada variação de velocidade em um dado intervalo de tempo. Corresponde à razão entre a variação da velocidade e o tempo em que ocorre essa variação.

Ácido. Composto que libera íon hidrogênio ($H+$) quando dissolvido em água.

Ácido clorídrico. Substância ácida produzida no estômago.

Aço. Liga de ferro e carbono (outros metais podem ser adicionados).

Alavanca. Máquina simples formada por uma barra rígida que pode girar em torno de um ponto fixo.

Alavanca interfixa. Alavanca em que o ponto de apoio fica entre a força potente e a força resistente.

Alavanca interpotente. Alavanca em que a força potente fica entre o ponto de apoio e a força resistente.

Alavanca inter-resistente. Alavanca em que a força resistente está entre o ponto de apoio e a força potente.

Altura (de um som). Característica que permite distinguir os sons graves dos agudos.

Ampère. Unidade de intensidade da corrente elétrica no Sistema Internacional.

Amplitude (de uma onda). Distância entre uma crista ou um vale de uma onda e uma linha média. Grandeza associada à quantidade de energia transportada por uma onda.

Ânion. Íon com carga elétrica negativa.

Aquecimento global. Aumento na temperatura média do planeta, causado principalmente pela poluição, que intensifica o efeito estufa.

Átomo. A menor parte de um elemento que mantém sua identidade química.

B

Balança. Instrumento que mede a massa dos corpos.

Base. Composto que libera íons hidroxila ($OH-$) quando dissolvido na água.

Bússola magnética. Instrumento que serve para determinar direções devido ao magnetismo terrestre.

C

Calor. Quantidade de energia que passa de um corpo para outro devido a uma diferença de temperatura entre eles.

Calor específico. Quantidade de energia necessária para elevar em 1 °C uma unidade de massa de uma substância. Pode ser expresso em cal/g · °C ou em J/kg · K (no Sistema Internacional).

Calor latente. Quantidade de energia necessária para fazer uma unidade de massa mudar de estado físico.

Caloria. Unidade de energia (1 cal = 4,18 J).

Cátion. Íon com carga elétrica positiva.

Centro de gravidade. Ponto de aplicação do peso de um corpo.

CFC. Abreviação de clorofluorcarboneto (ou clorofluorcarbono). Gás usado como propelente em alguns produtos e em algumas geladeiras e condicionadores de ar que destrói a camada de ozônio.

Clorofluorcarboneto ou clorofluorcarbono. Ver CFC.

Comburente. Substância que alimenta a combustão.

Combustão. Reação rápida de uma substância com o oxigênio, que libera energia.

Combustível. Substância que pode ser queimada para liberar energia.

Comprimento de onda. Distância entre duas cristas (ou dois vales) de uma onda.

Condensação. Passagem do estado gasoso para o estado líquido.

Condução (do calor). Propagação de energia por meio dos choques entre as partículas de um corpo, sem deslocamento de matéria.

Condutor elétrico. Corpos que conduzem bem a corrente elétrica.

Convecção. Processo de transferência de calor por meio do movimento das moléculas de um líquido ou gás.

Córnea. Membrana transparente que cobre a porção anterior do globo ocular.

Corpos iluminados. Corpos que podem ser vistos porque refletem a luz.

Corpos luminosos. Corpos que emitem luz (são fontes de luz).

Cor primária. Cada uma das três cores que, misturadas, fornecem a cor branca.

Corrente elétrica. Movimento ordenado de partículas carregadas dentro de um corpo condutor.

Coulomb. Unidade de carga elétrica no Sistema Internacional.

Crista. A região mais alta de uma onda.

Cristal. Sólido com um arranjo regular de átomos ou íons.

Cunha. Máquina simples formada por duas superfícies inclinadas que formam um ângulo entre si e se movimentam enquanto realizam um trabalho, cortando um objeto ou afastando suas partes. Ex.: a lâmina de uma faca ou de um machado.

D

Decibel. Unidade usada para medir o nível de intensidade sonora.

Decomposição. Reação química em que uma substância é transformada em substâncias mais simples.

Densidade. Razão entre a massa de uma substância e seu volume.

Deslocamento. Variação da posição de um corpo ou ponto material em relação a um referencial.

Destilação. Processo de separação de misturas em que um líquido é vaporizado e depois condensado.

Diferença de potencial elétrico. O mesmo que voltagem ou tensão elétrica.

Dinamômetro. Aparelho utilizado para medir a intensidade de uma força.

Disjuntor. Dispositivo que protege as instalações elétricas dos efeitos do aumento de corrente elétrica.

Dispersão da luz. Separação das diversas cores que compõem a luz branca.

E

Ebulição. Passagem de uma substância do estado líquido para o estado gasoso, a temperatura constante, com formação de bolhas.

Eclipse. A passagem de um corpo celeste pela sombra de outro.

Eco. Repetição de um som devido à reflexão da onda sonora.

Efeito estufa. Fenômeno que ocorre quando parte da energia irradiada pela Terra é retida por gases da atmosfera. O efeito estufa influencia na temperatura média do planeta.

Elemento. Substância que não pode ser separada em componentes mais simples por processos químicos. Pode ser definido também como um conjunto de átomos com o mesmo número atômico.

Eletroímã. Ímã produzido pela corrente elétrica.

Elétron. Partícula de carga elétrica negativa de um átomo.

Energia. Capacidade de realizar trabalho.

Energia cinética. Energia que um corpo possui por estar em movimento.

Energia mecânica. Soma da energia potencial de um corpo com sua energia cinética naquele ponto.

Energia potencial gravitacional. Energia de um corpo devido à sua posição em relação a um nível de referência.

Engrenagem. Máquina simples formada por um conjunto de rodas ligadas entre si por dentes, correntes ou correias, para que o movimento de uma faça a outra se mover também.

Equação química. Uma representação do que ocorre em uma reação química por meio das fórmulas das substâncias envolvidas.

Escala Celsius. Escala de temperatura em que a água congela a zero grau e ferve a 100 graus, ao nível do mar.

Escala Fahrenheit. Escala de temperatura que atribui 32 °F para a temperatura de fusão do gelo e 212 °F para a temperatura de ebulição da água, ao nível do mar.

Escala Kelvin. Escala de temperatura no Sistema Internacional baseada na suposição científica da existência de uma temperatura inferior limite, o zero absoluto, que corresponde a −273 °C.

Espectro da luz branca. Conjunto de cores que formam a luz branca.

Espectro eletromagnético. Conjunto de todas as ondas eletromagnéticas.

Evaporação. Passagem de um líquido para o estado gasoso a uma temperatura abaixo do seu ponto de ebulição.

Experimento. Teste realizado sob condições controladas.

F

Feixe de luz. Conjunto de raios luminosos convergentes, divergentes ou paralelos.

Ferromagnético. Metal que pode ser atraído por um ímã ou que pode se transformar em ímã.

Filtração. Separação de uma mistura heterogênea por meio de filtros.

Foco. Ponto de uma lente ou espelho para o qual convergem os raios (ou seus prolongamentos) que incidem paralelamente ao eixo, depois de terem sido refletidos ou refratados.

Força. Interação entre dois corpos que provoca deformação ou aceleração.

Força centrípeta. Força que atua mudando a direção da velocidade do corpo, mantendo-o em movimento curvilíneo.

Força gravitacional. Força de atração entre dois corpos devido às suas massas. O mesmo que força da gravidade.

Força potente. Força aplicada em uma máquina simples para vencer a força resistente e realizar um trabalho.

Força resistente (ou resistência). Força que se opõe à força potente nas máquinas simples.

Força resultante. A força que pode substituir o sistema de forças aplicado no corpo, produzindo o mesmo efeito.

Fórmula estrutural. Fórmula química que mostra como os átomos de uma molécula se unem uns aos outros.

Fórmula molecular. Fórmula que mostra o número de cada átomo presente em uma molécula.

Frequência (de uma onda). Número de oscilações (por unidade de tempo) de cada ponto do meio por onde passa uma onda.

Fusão. Passagem do estado sólido para o estado líquido.

Fusível. Dispositivo que protege as instalações elétricas dos efeitos de aumento de corrente elétrica.

G

Gás nobre. Um elemento do grupo 18 da tabela periódica e muito pouco reativo. Os gases nobres são também chamados de gases raros.

Gerador. Dispositivo que transforma outras formas de energia em energia elétrica. Provoca uma diferença de potencial necessária para a ocorrência de corrente elétrica.

Grandeza escalar. Grandeza que fica perfeitamente definida com um valor numérico e uma unidade. Ex.: massa, comprimento, volume.

Grandeza vetorial. Grandeza que necessita de uma orientação no espaço. É caracterizada por um módulo ou uma intensidade, uma direção e um sentido. Ex.: força, velocidade, aceleração.

H

Halogênio. Elemento do grupo 17 (7A).

Hertz. Número de oscilações por segundo. Unidade de medida de frequência no Sistema Internacional.

Higrômetro. Instrumento que mede a umidade do ar.

Hipótese. Uma explicação provisória de algum fenômeno que ainda precisa ser testada.

I

Imagem real. Imagem que se forma no ponto de encontro dos raios refletidos ou refratados e pode ser projetada em um anteparo.

Imagem virtual. Imagem que se forma no ponto de encontro dos prolongamentos dos raios refletidos ou refratados. Não pode ser projetada em um anteparo.

Indicador. Substância cuja cor muda de acordo com a acidez ou a alcalinidade de uma solução.

Indução eletrostática. Separação de cargas elétricas de um corpo provocada pela proximidade de um corpo eletrizado.

Inércia. Propriedade da matéria de manter seu estado de repouso (se já estiver em repouso) ou de movimento retilíneo uniforme (se já estiver em movimento).

Infravermelho (raio ou radiação). Ondas de frequência inferior à da luz vermelha e superior à das ondas de rádio. É a radiação que transfere calor de um corpo para outro.

Intensidade (de uma corrente elétrica). Quantidade de carga elétrica que passa por um trecho (uma seção transversal) do condutor em determinado intervalo de tempo.

Intensidade (de um som). Característica que distingue sons fortes de fracos.

Íon. Átomo ou grupo de átomos eletricamente carregados.

Ionosfera. Camada da atmosfera com muitas partículas eletricamente carregadas.

Íris. Parte anterior do olho que regula a entrada de luz pela pupila.

Irradiação térmica. Transmissão de energia por meio de radiação infravermelha.

Isolante elétrico. Corpo que não conduz bem a corrente elétrica.

Isótopos. Átomos que têm o mesmo número atômico, mas com números de massa diferentes.

J

Joule. Unidade de energia no Sistema Internacional.

L

Lei científica. Afirmação que indica uma relação entre fenômenos naturais.

Lente (ou cristalino). Estrutura do olho que ajuda a focalizar os raios luminosos na retina.

Lente convergente. Lente que faz os raios paralelos ao eixo convergirem para um foco depois de serem refratados.

Lente divergente. Lente que faz os raios paralelos ao eixo divergirem uns dos outros.

Lente esférica. Corpo transparente limitado por superfícies esféricas ou por uma superfície esférica e outra plana.

Liga. Mistura de um metal com outros ou, às vezes, com um não metal.

Ligação covalente. Ligação em que um par de elétrons é compartilhado por dois átomos.

Ligação iônica. Ligação formada pela atração elétrica entre um cátion e um ânion.

Ligação química. União entre átomos.

Liquefação. O mesmo que condensação.

Luneta. Instrumento que fornece imagens aumentadas de objetos distantes.

M

Marés. Subida e descida regular do nível da água dos oceanos em razão da atração gravitacional da Lua e do Sol.

Massa. Medida da inércia de um corpo.

Massa atômica (ou massa atômica relativa). Massa de um átomo em relação à massa do isótopo carbono 12.

Membrana timpânica. Membrana que separa a orelha externa da orelha média e que vibra com as ondas sonoras.

Metal alcalino. Metal do grupo 1 da tabela periódica.

Metal alcalinoterroso. Metal do grupo 2 da tabela periódica.

Microscópio. Instrumento que permite a observação de estruturas muito pequenas, não visíveis a olho nu.

Mistura. Reunião de duas ou mais substâncias sem combinação química entre elas.

Molécula. Um grupo de átomos unidos por uma ligação covalente.

Motor elétrico. Dispositivo que transforma energia elétrica em movimento.

Movimento retilíneo uniforme. Movimento em linha reta com velocidade de módulo constante.

Movimento retilíneo uniformemente variado. Movimento em linha reta com aceleração constante. A velocidade varia de modo uniforme.

N

Nêutron. Partícula sem carga elétrica encontrada no núcleo dos átomos.

Newton. Unidade de força no Sistema Internacional.

Nitrogênio. Elemento químico que forma o gás mais abundante no ar.

Núcleo (do átomo). Parte central do átomo.

Número atômico. Número de prótons de um átomo.

Número de massa. A soma do número de prótons e nêutrons de um átomo.

O

Ohm. Unidade de resistência elétrica no Sistema Internacional.

Onda. Uma perturbação que transmite energia pelo espaço sem o transporte de matéria.

Onda eletromagnética. Onda provocada pelo movimento de cargas elétricas. Ex.: ondas de rádio, infravermelho, luz, raios ultravioleta, raios X, raios gama.

Onda longitudinal. Onda em que as vibrações ocorrem na mesma direção que a da propagação da onda.

Onda sísmica. Energia liberada em um terremoto.

Onda transversal. Onda em que as vibrações ocorrem perpendicularmente à direção de propagação da onda.

Órbita. A trajetória seguida por um corpo celeste no espaço.

Óxido. Composto formado exclusivamente por oxigênio e outro elemento.

Oxigênio. Elemento que forma o gás que a maioria dos seres vivos usa na respiração.

Ozônio. Gás presente na atmosfera da Terra. Forma uma camada que absorve boa parte dos raios ultravioleta do Sol.

P

Parafuso. Máquina simples formada por um cilindro com um plano inclinado ao seu redor.

Período (da tabela periódica). Um conjunto de elementos situados na mesma fila (linha horizontal) da tabela periódica.

Período (de uma onda). Tempo que cada um dos pontos leva para realizar uma oscilação completa por onde passa a onda.

Peso. Força com que a Terra ou outro corpo celeste atrai um corpo.

pH. Uma escala que indica o grau de acidez ou alcalinidade de uma solução.

Plano inclinado. Máquina simples formada por uma superfície inclinada que facilita a subida ou descida de um objeto.

Polia. Ver roldana.

Potência. Trabalho realizado por unidade de tempo. Quantidade de energia transferida por unidade de tempo.

Potência elétrica. Consumo ou geração de energia elétrica em cada unidade de tempo.

Princípio científico. Ver lei científica.

Princípio de Pascal. "Mudanças na pressão em um ponto de um líquido são transmitidas integralmente a todos os pontos do líquido."

Prisma óptico. Corpo transparente limitado por superfícies planas não paralelas que provoca a dispersão da luz.

Produto. Substância formada em uma reação química.

Propriedade física. Característica observada em uma substância que não altera a identidade química dessa substância.

Propriedade química. Característica de um material que envolve alguma transformação química.

Próton. Partícula positiva encontrada no núcleo do átomo.

Q

Queda livre. Queda de um corpo nas situações em que a resistência do ar é desprezível.

Queima. Ver combustão.

Quilograma. Unidade de massa no Sistema Internacional.

Quilowatt-hora. Unidade de trabalho ou de energia que se utiliza em eletricidade.

R

Radiação. Energia na forma de ondas ou partículas emitidas por uma fonte.

Raio de luz. Ver raio luminoso.

Raio luminoso. Linhas retas que representam a trajetória seguida pela luz. O mesmo que raio de luz.

Raios gama. Ondas eletromagnéticas de alta frequência produzidas por materiais radioativos.

Raios ultravioleta. Onda eletromagnética com frequência maior que a da luz violeta e menor que a dos raios X.

Raios X. Onda eletromagnética com frequência maior que a dos raios ultravioleta e menor que a dos raios gama.

Reação de deslocamento. Reação em que um átomo de uma substância substitui um átomo de outra.

Reação de dupla troca. Reação em que há uma troca entre os átomos de duas substâncias.

Reação química. Transformação de uma ou mais substâncias em substâncias químicas diferentes.

Reagente. Substância que reage quimicamente com outra.

Reflexão difusa. Reflexão da luz em superfícies irregulares, em que os raios de um feixe se espalham em direções diversas.

Reflexão regular (ou especular). Reflexão da luz em uma superfície bem lisa e polida, como a de um espelho.

Refração. Mudança de velocidade de um raio luminoso, na passagem de um meio transparente para outro.

Retina. Parte interna dos olhos onde se forma a imagem.

Roldana. Máquina simples formada por uma roda com um sulco por onde passa uma corda usada para levantar uma carga. O mesmo que polia.

S

Sal. Composto iônico formado pela reação química entre um ácido e uma base.

Síntese (reação química de síntese). Reação em que uma substância é formada a partir de substâncias mais simples.

Solidificação. Passagem do estado líquido para o estado sólido.

Solução. Mistura homogênea de duas ou mais substâncias.

Soluto. O componente da solução que estiver em menor quantidade.

Solvente. O componente da solução que estiver em maior quantidade.

Som. Ondas longitudinais que podem ser percebidas pelos órgãos auditivos.

Sublimação. Passagem do estado sólido diretamente para o estado gasoso e vice-versa.

Substância molecular. Substância formada por moléculas.

T

Tabela periódica. Tabela em que os elementos são organizados em ordem crescente de número atômico para formar grupos de elementos com propriedades semelhantes.

Telescópio. Instrumento que fornece imagens aumentadas de objetos distantes.

Temperatura. Grandeza relacionada com a energia cinética média das partículas de um corpo. Indica o sentido do fluxo de calor de um corpo para outro.

Teoria. Conjunto de leis e conceitos proposto para explicar vários fenômenos.

Termômetro. Instrumento que serve para medir a temperatura.

Termosfera. A penúltima camada da atmosfera.

Timbre. Característica que distingue sons de mesma altura e intensidade, mas provenientes de fontes diferentes.

Trabalho. Processo de transferência de energia causado pela ação de uma força. O trabalho corresponde ao produto da intensidade da força pelo valor do deslocamento produzido na mesma direção da força.

Transformação química. Ver reação química.

U

Umbra. A parte mais escura da sombra em um eclipse.

Umidade. Quantidade de vapor de água na atmosfera.

Umidade relativa. A relação entre a quantidade de vapor de água no ar e a máxima quantidade de vapor de água possível em certa temperatura.

Universo. O conjunto de tudo o que existe.

Urânio. Elemento radioativo usado como fonte de energia nas usinas nucleares.

Usina nuclear. Usina onde a energia nuclear é convertida em outras formas de energia, como a elétrica.

V

Vale (de uma onda). A região mais baixa de uma onda.

Valência. O número de ligações químicas que um átomo pode formar com outros.

Vaporização. Passagem do estado líquido para o estado gasoso por ebulição ou evaporação.

Velocidade média. Velocidade que, mantida constante, faz um corpo percorrer certa distância em determinado intervalo de tempo. Corresponde à razão entre o deslocamento de um corpo e o tempo gasto nesse deslocamento.

Volume. O espaço ocupado por um corpo.

Volt. Unidade de tensão elétrica no Sistema Internacional.

Leitura complementar para o aluno

Química: a constituição da matéria

Capítulo 1

Como se faz química: uma reflexão sobre a química e a atividade do químico. Aécio Pereira Chagas. 3. Ed. São Paulo: Unicamp, 2006.

Apresenta os diversos espaços de atuação do químico, alertando também para sua responsabilidade social.

Química. São Paulo: Ática, 1997. (Atlas visuais).

Numa visão abrangente sobre o mundo da Química, este atlas apresenta muitas imagens, esquemas e textos complementares em todas as áreas da Química (inorgânica e orgânica), além de estudos de modelos, elementos e compostos, misturas, átomos e moléculas, tabela periódica e análise química.

Viagem ao interior da matéria. Valdir Montanari. São Paulo: Atual, 2003. (Projeto Ciência).

Neste livro o autor trata do estudo da matéria livremente, oferecendo aos leitores uma visão multilateral do tema e se valendo dos diferentes campos de estudo da ciência.

Capítulo 2

O mágico dos quarks – a Física de partículas ao alcance de todos. Robert Gilmore. Rio de Janeiro: Jorge Zahar, 2002.

Neste livro o autor apresenta os átomos, as partículas subatômicas e as forças básicas que atuam sobre elas por meio dos personagens do *Mágico de Oz*.

Capítulo 3

O elemento misterioso: uma história sobre Marie Curie. São Paulo: Moderna, 2003.

Neste livro, é apresentada a história da cientista polonesa Marie Curie e como ela descobriu o elemento químico Rádio.

O sonho de Mendeleiev: a verdadeira história da Química. Paulo Strathern. Rio de Janeiro: Jorge Zahar, 2002.

Um livro que conta a história da Química, desde os gregos, passando pela alquimia até a fissão do átomo.

Química: substâncias e transformações químicas

Capítulo 4

Os botões de Napoleão: as 17 moléculas que mudaram a história. P. Le Couteur; J. Burreson. Rio de Janeiro: Jorge Zahar, 2006.

Este livro apresenta histórias e curiosidades envolvendo 17 grupos de moléculas que influenciaram a história mundial. Um exemplo é o estanho dos botões do uniforme napoleônico, que se desintegraram no inverno russo.

Capítulo 5

Química em casa. Breno P. Espósito. São Paulo: Atual, 2003.

Neste livro o autor apresenta diversas situações cotidianas em que é possível observar a presença da Química. São abordados aspectos de higiene, beleza, alimentação, saúde, etc.

Capítulo 7

Lavoisier no ano um. Madison S. Bell. São Paulo: Companhia das Letras, 2007.

Neste livro, o autor conta a história do cientista Lavoisier e suas descobertas. Ao longo da obra, são apresentadas as suas contribuições para a ciência e para a sociedade no contexto da Revolução Francesa.

Física: movimentos, força e energia

Capítulos 8, 9 e 10

Galileu e o Universo. Steve Parker. São Paulo: Scipione, 1996.

Um livro ilustrado que apresenta a biografia de Galileu Galilei, um homem que preferiu testar as explicações a confiar nos sábios da Antiguidade e tornou possível o desenvolvimento científico que se viu nos séculos seguintes.

Newton e a gravitação. Steve Parker. São Paulo: Scipione, 1996.

Apresenta as principais concepções de Newton, um dos cientistas mais importantes da História. Suas teorias sobre a gravitação, as órbitas dos planetas e as leis do movimento foram fundamentais para o avanço do conhecimento científico.

Os movimentos: pequena abordagem sobre mecânica. Nicolau Gilberto Ferraro. 2. ed. São Paulo: Moderna, 2003.

Apresenta uma introdução ao estudo do movimento dos corpos, ou seja, à Mecânica. Além disso, descreve como pensadores e cientistas se empenharam para formular teorias e leis que explicam os movimentos.

Capítulo 11

Energia nossa de cada dia. Valdir Montanari. São Paulo: Moderna, 1998.

Este livro faz uma viagem ao interior da matéria e mostra um estudo dos modelos atômicos, da Antiguidade aos dias de hoje, apresentando, de maneira clara, noções de física nuclear, além de informações específicas sobre os principais pesquisadores da estrutura da matéria.

Máquinas. Charline Zeiton e Peter Allen. São Paulo: Companhia Editora Nacional, 2006.

Este livro apresenta uma série de sugestões de experiências científicas envolvendo diferentes tipos de máquinas.

Física: calor, ondas e eletromagnetismo

Capítulo 12

Aquecimento global. José Eli da Veiga. São Paulo: Senac, 2008.

Calor e temperatura. Aníbal Figueiredo e Maurício Pietrocola. São Paulo: FTD, 2000.
Este livro mostra o comportamento da água em relação a temperatura e pressões diferentes.

O aquecimento global. Fred Pearce. São Paulo: Publifolha, 2002. (Mais ciência).
Esses três livros explicam em linguagem acessível o que é o aquecimento global e suas consequências para o planeta.

Uma verdade inconveniente: o que devemos saber (e fazer) sobre o aquecimento global. Albert Gore. São Paulo: Manole, 2007.
Um alerta sobre as dramáticas consequências que o aquecimento global pode trazer para o planeta.

Capítulo 13

Som. Emmanuel Bernhard. São Paulo: Ibep, 2006 (Coleção O que é?)
Explica várias características do som e sugere experimentos.

Capítulo 14

Ação e aventura: luz e ilusão. Evandro Barreto. São Paulo: Globo, 1998.
Discute os conceitos de luz, visão e ilusões de óptica.

Capítulo 15

Edison e a lâmpada elétrica. Steve Parker. São Paulo: Scipione, 1996.
Retrata a história de um dos cientistas mais inventivos de seu tempo: Thomas Edison.

Faraday & Marwell: luz sobre os campos. Frederico Firmo de Souza Cruz. São Paulo: Odysseus, 2005. (Coleção Imortais da Ciência)

Usando o gênero ficcional, o autor explica as ideias inovadoras desses dois cientistas.

Sugestões de filmes

***A alternativa berço a berço.* EUA. 2002. 50 minutos.**

Documentário estadunidense que mostra um novo princípio conhecido pelo termo em inglês "cradle to cradle". De acordo com esse princípio, as indústrias e designers dos produtos devem incorporar e ser responsáveis pela reciclagem total dos materiais que produzem.

***Avisos da natureza: lições não aprendidas – o chumbo vital.* Jakob Gottschau. Dinamarca. 2006. 30 minutos.**

O chumbo foi adicionado à gasolina para criar um combustível mais eficiente no início da década de 1920. Naquela época o chumbo já era conhecido por ser tóxico. Mesmo assim, durante 60 anos, milhares de toneladas de chumbo foram espalhadas, causando danos à nossa saúde. O documentário discute esse fato e suas consequências.

***Ouro azul: a guerra mundial pela água.* Purple Turtle Films. Canadá. 2008. 89 minutos.**

Baseado em um livro, esse documentário ilustra os riscos acarretados pela falta de água potável do planeta e suas aplicações. O filme trata dos conflitos atuais e futuros pela água. São mostrados diversos países no mundo que já sofrem com a falta de água, sobretudo pela má administração desse recurso valiosíssimo.

***2001 – Uma odisseia no espaço.* Stanley Kubrick. Inglaterra/Estados Unidos. 1968. 139 minutos.**

Em 2001, em uma missão espacial rumo ao planeta Júpiter, os astronautas Dave Bownam e Frank Poole se veem à mercê do computador HAL 9000, que controla a nave. HAL cometeu um erro, mas se recusa a admiti-lo. Seu orgulho de máquina perfeita impede que reconheça a evidência de falha. Por isso, para encobrir a própria e insuspeitada imperfeição, começa a eliminar os membros da equipe.

***Wall-e.* Andrew Stanton. Estados Unidos. 2008. 105 minutos.**

Wall-e é um robô que foi deixado sozinho no poluído planeta Terra, cerca de setecentos anos no futuro, e que exerce a função de coletor de lixo. Os humanos vivem na estação espacial *Axiom*, que transita pelo espaço à espera de que a Terra esteja em condições ideais de receber os humanos de volta. Para sondar a situação no planeta, é enviado um robô de traços femininos, EVA, por quem Wall-e, que desenvolveu consciência e personalidade, se apaixona.

***Alerta animal: água doce.* Animal Planet. 2010. 45 minutos.**

O documentário retrata o ciclo hidrológico considerando os problemas causados pelo aquecimento global.

***Cosmos*. Série apresentada pelo astrônomo Carl Sagan. 13 episódios com 45 minutos de duração.**

Inspirado no livro homônimo de Carl Sagan e Ann Druyan, o documentário contextualiza o ser humano no Universo e apresenta conceitos, como a teoria da relatividade, de Einsten.

***Uma verdade inconveniente.* Davis Guggenheim. EUA. 2006. 1h58min.**

O documentário analisa a questão do aquecimento global, a partir da perspectiva do ex-vice-presidente dos Estados Unidos, Al Gore. Ele apresenta uma série de dados que relacionam o comportamento humano e o aumento da emissão de gases na atmosfera. A Revolução Industrial foi um período particularmente marcante no aumento dos impactos causados pela atividade humana no meio ambiente. A partir daquele período, os dados apontam para transformações cada vez mais aceleradas. Ainda que muitos estudos apontem uma tendência cíclica natural de transformações climáticas, Al Gore é um dos que defende que o ritmo de alterações que vivemos hoje não pode ser explicado simplesmente como um fenômeno natural cíclico.

Sites com conteúdo de Ciências em geral

Centro de divulgação científica e cultural

<www.cdcc.sc.usp.br>

Material de apoio, experimentoteca, exposições e olimpíadas de Ciências.

Ciência e cultura na escola

<www.ciencia-cultura.com>

Banco de questões, centros de história, museus de ciências, reportagens e entrevistas sobre Ciências.

Ciência Hoje

<http://cienciahoje.uol.com.br/view>

Contém notícias, curiosidades e atualidades sobre os diferentes temas de Ciências.

Ciência Viva - Agência Nacional para a Cultura Científica e Tecnológica

<http://www.cienciaviva.pt/home/>

<http://www.cienciaviva.org.br/>

Espaço Ciência

<www.espacociencia.pe.gov.br>

Site que contém informações e notícias sobre diversos temas de Ciências.

Estação Ciência

<www.eciencia.usp.br>

Site contendo atividades, notícias, *links* e informações sobre espaço e o Universo.

Museu de Ciências e Tecnologia da PUC-RS

<http://www.pucrs.br/mct/>

Apresenta informações sobre o Museu de Ciências e Tecnologia, além de dados sobre a visitação.

Museu da vida (Casa de Oswaldo Cruz - Fundação Oswaldo Cruz)

<http://www.museudavida.fiocruz.br/>

Apresenta informações, publicações e eventos relacionados à saúde.

Pontociência

<http://www.pontociencia.org.br/index.php>

Site com experiências de Física, Química e Biologia. Os experimentos são organizados passo a passo, com apresentação dos materiais, seu custo, grau de dificuldade e segurança.

Portal de Divulgação Científica e Tecnológica

<www.canalciencia.ibict.br>

Site com atualidades e pesquisas científicas brasileiras em Ciência, Tecnologia e Inovação.

Programa Educar

<http://educar.sc.usp.br>

Site com resumos e atividades de Ciências e Biologia.

Representação da Unesco no Brasil

<http://www.unesco.org/new/pt/brasilia/>

Site com publicações de Ciências, Comunicação e Educação. No que se refere às Ciências Naturais, trata do desenvolvimento sustentável relacionado aos recursos hídricos, ao meio ambiente, à tecnologia e à educação.

Secretaria da Educação do Paraná

<http://ciencias.seed.pr.gov.br>

Apresenta objetos educacionais digitais, sugestões de atividades, material didático e *links* que contribuem para o estudo de Ciências e Biologia.

Bibliografia

ATKINS, Peter; JONES, Loretta. *Princípios de Química*: questionando a vida moderna. São Paulo: Bookman, 2006.

BIZZO, Nélio. *Ciências*: fácil ou difícil?. São Paulo: Biruta, 2010.

BRADY, James E.; HUMISTON, Gerard E. *Química geral*. Rio de Janeiro: LTC, 1986. v. I e II.

BRASIL. Ministério da Educação. Secretaria de Educação Fundamental. *Parâmetros Curriculares Nacionais*: Ciências Naturais: terceiro e quarto ciclos do Ensino Fundamental. Brasília, 1998.

BUENO, Willie A.; LEONE, Francisco de A. *Química geral*. São Paulo: McGraw-Hill, 1978.

CARRON, Wilson; GUIMARÃES, Oswaldo. *As faces da Física*. 2. ed. São Paulo: Moderna, 2002. Volume único.

CHAGAS, Pereira Aécio. *Como se faz química*: uma reflexão sobre a química e a atividade do químico. 2. ed. Campinas: Unicamp, 1992.

CHASSOT, Attico. *A ciência através dos tempos*. São Paulo: Moderna, 2004.

CHURCHILL, E. Richard; LOESCHING, Louis V.; MANDELL, Muriel. *365 Simple Science Experiments with Everyday Materials*. New York: Sterling, 1997.

COMO a Ciência funciona. São Paulo: Globo, 1994. (Guia prático de Ciências).

DOCA, Ricardo Helou; BISCUOLA, Gualter; VILLAS BÔAS, Newton. *Tópicos de Física*. São Paulo: Saraiva, 2007. 3 v.

EBBING, Darrell D. *Química geral*. Rio de Janeiro: LTC, 1998. v. I.

FORÇAS físicas. Rio de Janeiro: Abril/Time Life, 1996. (Ciência e natureza).

GARRITZ RUIZ, Andoni; CHAMIZO GUERRERO, José Antonio. *Química*. Upper Saddle River: Prentice Hall, 2003.

GASPAR, Alberto. *Física*: Eletromagnetismo e Física moderna. São Paulo: Ática, 2009. v. 3.

GIANCOLI, D. C. *Physics*: Principles with Applications. 6th ed. Upper Saddle River: Prentice Hall, 2004.

GOLDSMITH, Mike. *Os cientistas e seus experimentos de arromba*. São Paulo: Companhia das Letras, 2007.

GRUPO DE REELABORAÇÃO DO ENSINO DE FÍSICA. *Física*: Eletromagnetismo. 5. ed. São Paulo: Edusp, 2001. v. 3.

__________. *Física*: Física térmica e Óptica. 5. ed. São Paulo: Edusp, 2001. v. 2.

__________. *Física*: Mecânica. 7. ed. São Paulo: Edusp, 2001. v. 1.

GUIMARÃES, Luiz Roberto; FONTE BOA, Marcelo. *Física*: Eletricidade e Ondas. 2. ed. Niterói: Galera Hipermídia, 2008.

__________. *Física*: Mecânica. 3. ed. Niterói: Galera Hipermídia, 2010.

__________. *Física*: Termologia e Óptica. 2. ed. Niterói: Galera Hipermídia, 2004.

HAZEN, Robert M.; TREFIL, James S. *The Physical Sciences*: an Integrated Approach. New York: John Wiley & Sons, 1996.

HECHT, Eugene. *Physics:* Algebra/Trig. 3rd ed. Pacific Grove: Brooks/Cole, 2002.

HEWITT, Paul G. *Física conceitual*. 9. ed. Porto Alegre: Bookman, 2002.

JOESTEIN, Melvin D.; CASTELLION, Mary E.; HOGG, John L. *The World of Chemistry:* Essentials. 4th ed. Belmont: Thomson Brooks/Cole, 2007.

JONES, Mary. *Balanced Science 1*. 2nd ed. Cambridge: Cambridge University, 1998.

__________. *Balanced Science 2*. 2nd ed. Cambridge: Cambridge University, 1998.

KOTZ, John C.; TREICHEL JR., Paul. *Química e reações químicas*. Rio de Janeiro: LTC, 1998. v. I e II.

LAFFERTY, Peter. *Força e movimento*. São Paulo: Globo, 1994. (Aventura na Ciência).

LEE, J. D. *Química inorgânica não tão concisa*. 4. ed. São Paulo: Edgard Blücher, 1996.

LEE, Rupert. *Eureka! 100 grandes descobertas científicas do século XX*. Rio de Janeiro: Nova Fronteira, 2006.

LOURENÇO, Maria da Graça. *Química, ciências físico-químicas*. Porto: Porto Editora, 1996.

LUTFI, Mansur. *Os ferrados e os cromados*. Ijuí: Unijuí, 1992.

LUZ, Antônio Máximo Ribeiro da; ÁLVARES, Beatriz Alvarenga. *Física*: contexto e aplicações. 1. ed. São Paulo: Scipione, 2011. 3 v.

MACAULAY, David. *The New Way Things Work*. London: Dorling Kindersley, 1998.

MILNER, Bryan. *Physics*. Cambridge: Cambridge University, 1997.

MORRISON, R.; BOYD, R. *Química orgânica*. 13. ed. Lisboa: Fundação Calouste Gulbenkian, 1996.

MORTIMER, Eduardo Fleury; MACHADO, Andréa Horta. *Química para o Ensino Médio*. São Paulo: Scipione, 2003. (Parâmetros).

PERRY, Robert H.; GREEN, Don W. *Perry's Chemical Engineer's Handbook*. 6th ed. Kansas: McGraw-Hill, 1984. (Chemical Engineering).

PERUZZO, Francisco Miragaia; CANTO, Eduardo Leite. *Química na abordagem do cotidiano*. 5. ed. São Paulo: Moderna, 2009. 3 v.

PIMENTEL, George C. (Org.). *Química*: uma ciência experimental. 4. ed. Lisboa: Fundação Calouste Gulbenkian, 1963.

PRESS, H. J. *Giant Book of Science Experiments*. New York: Sterling, 1998.

QUÍMICA. São Paulo: Ática, 1998. (Atlas visuais).

RAMALHO JUNIOR, Francisco; FERRARO, Nicolau Gilberto; SOARES, Paulo A. de Toledo. *Os fundamentos da Física*. 9. ed. São Paulo: Moderna, 2007. 3 v.

RIVAL, M. *Os grandes experimentos científicos*. Rio de Janeiro: Jorge Zahar, 1997.

ROCHA, Julio Cesar; ROSA, Andre Henrique; CARDOSO, Arnaldo Alves. *Introdução à Química ambiental.* São Paulo: Bookman, 2009.

SERMAY, Raymond A.; JEWETT, John W. *Principles of Physics*: a Calculus Based Text. 4th ed. Pacific Grove: Brooks/Cole, 2005. v. 2.

SMOOT, Robert C.; SMITH, Richard G.; PRICE, Jack. *Merrill Chemistry*. New York: McGraw-Hill, 1997.

SNYDER, Carl. H. *The Extraordinary Chemistry of Ordinary Things.* 4th ed. Hoboken: John Wiley & Sons, 2003.

SOCIEDADE BRASILEIRA DE ANATOMIA. *Terminologia anatômica*: terminologia internacional. Barueri: Manole, 2001.

SPENCER, James N.; BODNER, George M.; RICKARD, Lyman H. *Química*: estrutura e dinâmica. Rio de Janeiro: LTC, 2007.

SUPERINTERESSANTE. São Paulo: Abril, 1987-.

SUPLEE, Curt. *Everyday Science Explained.* Washington: National Geographic Society, 1999.

THIS, Hervé. *Um cientista na cozinha.* São Paulo: Ática, 1996.

TOCCI, Salvatore; VIEHLAND, Claudia. *Holt Chemistry*: Visualizing Matter. Austin: Holt, Rinehart and Winston, 1998.

TRO, Nivaldo. *Chemistry in Focus*: a Molecular View of Our World. 4th Florence: Brooks/Cole, 2009.

UNESCO. 700 *Science Experiments for Everyone.* New York: Doubleday, 1962.

USBERCO, João; SALVADOR, Edgard. *Química*: Físico-Química. 12. ed. São Paulo: Saraiva, 2009. v. 2.

__________. *Química*: Química geral. 14. ed. São Paulo: Saraiva, 2009. v. 1.

__________. *Química*: Química orgânica. 12. ed. São Paulo: Saraiva, 2009.

VANCLEAVE, Janice. *Janice Vancleave's Electricity*: Mind-Boggling Experiments You Can Turn into Science Fair Projects. New York: John Wiley & Sons, 1994.

VANIN, José Atílio. *Alquimistas e químicos*: o passado, o presente e o futuro. 2. ed. São Paulo: Moderna, 2005. (Polêmica).

WOLKE, Robert L. *O que Einstein disse a seu cozinheiro*: a ciência na cozinha. Rio de Janeiro: Jorge Zahar, 2003. v. 1 e v. 2.